纪念中国人民抗日战争暨世界反法西斯战争胜利70周年

明证

“以报为证——老报刊见证中国抗战”丛书

明　证

——在敌后壮大的抗日根据地报刊

主编：马志春
编著：王海勇　杨宏伟　张用贵

浙江工商大學出版社
ZHEJIANG GONGSHANG UNIVERSITY PRESS

图书在版编目(CIP)数据

明证：在敌后壮大的抗日根据地报刊 / 王海勇，杨宏伟，张用贵编著. — 杭州：浙江工商大学出版社，2015.12

(以报为证——老报刊见证中国抗战)

ISBN 978-7-5178-1312-5

Ⅰ. ①明… Ⅱ. ①王… ②杨… ③张… Ⅲ. ①抗日战争—史料—中国 Ⅳ. ①K265.06

中国版本图书馆 CIP 数据核字(2015)第 221342 号

明　证

——在敌后壮大的抗日根据地报刊

主编　马志春　编著　王海勇　杨宏伟　张用贵

责任编辑　王黎明　孙一凡
封面设计　包建辉
责任校对　袁金麟
责任印制　包建辉
出版发行　浙江工商大学出版社
(杭州市教工路 198 号　邮政编码 310012)
(E-mail:zjgsupress@163.com)
(网址:http://www.zjgsupress.com)
电话:0571-88904980,88831806(传真)
排　　版　杭州朝曦图文设计有限公司
印　　刷　杭州五象印务有限公司
开　　本　710mm×1000mm　1/16
印　　张　48
字　　数　710 千
版 印 次　2015 年 12 月第 1 版　2015 年 12 月第 1 次印刷
书　　号　ISBN 978-7-5178-1312-5
总 定 价　99.00 元

浙江工商大学出版社营销部邮购电话　0571-88904970

丛书编委会

总 序

以报为证 以史为鉴

马志春

习近平总书记2015年7月30日在中央政治局第25次集体学习时发表讲话，指出："抗战研究要深入，就要更多通过档案、资料、事实、当事人证词等各种人证、物证来说话。"诚如斯言，如何让集报人所收藏报刊中的文字活起来，也成为近年来集报界热议的话题。

今天的新闻就是明天的历史，报刊是记录历史的底稿。对于集报者来说，如果能把手中的报刊资源整理出来，编辑成人们回顾过去、学习历史、昭示未来的鲜活教科书，将是一件有意义的事情。2015年是中国人民抗日战争和世界反法西斯战争胜利70周年，浙江工商大学出版社从2014年就开始策划出版系列图书以资纪念。在著名集报家、浙江省报友联谊会会长张雪根的牵线搭桥下，出版社的编辑与我达成协议，由我主编这套"以报为证——老报刊见证中国抗战"丛书。通过集报家收藏的报道中国人民抗日战争的国内外原版报刊，以图带文，印证历史，真实地还原那场全民族抗战的伟大胜利历程。与记录抗战的其他载体相比，报刊是第一手资料，具有无可替代的史料性和珍稀性，本丛书中的不少报刊史料还是第一次公布，难得一见，堪称珍贵的抗战文物。

本丛书坚持让历史说话、让事实说话、让典型说话的原则，充分尊重历史，充分肯定中国人民抗日战争的伟大胜利是中华民族全体同胞团结奋斗的结晶，也是中国人民同世界反法西斯同盟国人民并肩战斗的结晶。当年，许多外

国媒体和驻华记者客观、翔实地报道了中日战争,他们的报道虽然视角不同,但也是这段苦难辉煌历史的见证。特别是外媒上那些别出心裁的细节报道,使这些历史事件更加丰满,让人过目难忘。当然,其中也不乏一些日本出版的战地报刊,在鼓吹日军所谓“战绩”的同时,反而成为日本侵略者肆意践踏中国大好河山、屠杀中国军民、强行掠取劳工、蹂躏和摧残妇女、进行细菌战和化学战、制造南京大屠杀等罪行的有力证据。

中国人民抗日战争是世界反法西斯战争的重要组成部分,是世界反法西斯战争的东方主战场。中国国民党和中国共产党领导的抗日军队,分别担负着正面战场和敌后战场的作战任务,形成了共同抗击日本侵略者的战略态势。以国民党军队为主体的正面战场,组织了一系列大型战役,特别是抗战初期的淞沪、忻口、徐州、武汉等战役,给日军以沉重打击。当年,国统区的报刊对此做了大量全面而详细的报道,不仅极大鼓舞了国民抗战的士气,也成了全体中华儿女万众一心、众志成城,各党派、各民族、各阶级、各阶层、各团体同仇敌忾,共赴国难的铁证。

中国共产党领导的敌后战场,广泛发动群众,开展游击战争,建立了19块敌后抗日根据地,钳制和歼灭了日军大量兵力和大部分伪军,逐渐成为中国人民抗日战争的主战场。日本侵略者和部分国民党顽固派、投降派对此极为仇视,诬蔑共产党为“匪”,敌后抗日根据地为“匪区”。然而,在敌后角逐中不断发展壮大的抗日根据地报刊让敌人的谣言和诬蔑不攻自破。这些报刊诞生在中国陷入前所未有的民族灾难,面临亡国灭种威胁的危难关头,是不愿做奴隶的中国人民毅然奋起,用纸笔做刀枪,英勇抵抗日本侵略者的武器,也是抗日根据地人民的喉舌和号角。抗日根据地报刊在极为艰难困苦的条件下坚持出版,忠实记录了在空前惨烈的抗日战争中,中国军民前仆后继、浴血奋战,以血肉之躯和气吞山河的英雄气概所谱写的惊天地、泣鬼神的历史华章,成为中国共产党在全民族抗战中发挥了中流砥柱作用的明证。

一提起波澜壮阔的抗日战争,人们脑海中往往浮现出八路军“狼牙山五壮士”、新四军“刘老庄八十二烈士”、东北抗联八女投江、国民革命军“八百壮士”等壮烈的英雄群体,还有平型关大捷、台儿庄大捷、中国空军空袭日本、百团大战，以及地雷战、地道战、铁道游击队等生动的战斗场面。为此，本丛书编委会精心挑选了一些直观反映重要抗战事件的报刊，集辑成书，作为全民抗战历史的图证。

同时，本丛书还试图用当年报刊中的第一手资料准确再现历史，为破解当前抗日战争历史研究中许多悬而未决的问题找到一条新的路径。如：中国人民抗日战争开始时间问题。

在世界反法西斯战争中，中国人民抗日战争开始最早，持续时间最长。过去人们常说“八年抗战”，但在中国人民抗日战争开始的时间节点上，比较通行的说法是：1931 年“九一八”事变是中国抗日战争的起点，中国人民不屈不挠的局部抗战揭开了世界反法西斯战争的序幕；1937 年“七七”事变成为世界反法西斯战争在东方的爆发点，中国的全民族抗战开辟了世界第一个大规模反法西斯战场。

翻开当时的国内外报刊仔细研读，我们不难发现，日本对中国的侵略是蓄谋已久、步步蚕食，不仅早就制定了一系列方案，而且贯穿在其数十年的国民教育中，甚至毫不隐讳，在媒体上长期公开宣传中国是日本的战略目标。因此，许多报刊特别是外国媒体，认为自 1895 年日本在中国台湾实行殖民式统治后，中国人民的抗日战争就一刻也没有停止过。

从 19 世纪后半叶起，日本逐渐走上军国主义道路，发动和参加了一系列侵略战争，其中大多数是侵华战争。日本 1874 年进犯中国台湾，1894 年挑起甲午战争并侵占台湾，1900 年充当八国联军的主力侵略中国，1904 年发动日俄战争侵犯中国东北领土和主权，1915 年提出“二十一条”企图灭亡中国，1920 年支持军阀混战，1928 年制造济南惨案，公开占领中国的省会城市，随后又制造皇姑屯事件，谋杀张作霖。

因此，有学者认为，1928 年济南惨案才是中国人民抗日战争的肇始，济南惨案、“九一八”事变、“七七”事变，这三件大事就是日本全面侵华的序幕、开篇和高潮。

1946 年，远东国际军事法庭审理日本战犯时，将皇姑屯事件视为日本侵华的起点。理由为张作霖是当时中国的元首，谋杀一国的国家元首理应是违反国际法的战争罪行。

本丛书收录了一张1874年日本《读卖新闻》创刊时随报附送的《增补清国舆地及近邦全图》，图上精确地注明了日本到中国各主要港口的距离，所描述的中国山川、道路、河流、港口等的精确程度甚至超过当时中国政府和军队使用的官方地图。由此可见，日本早已对中国台湾进行情报侦察等战争准备和舆论动员。

我们应当警醒的是，虽然中国人民抗日战争以中国人民的彻底胜利载入了史册，但是，日本军国主义者并没有得到彻底清算。作为侵略者，日本至今不但没有负罪感，反而有一股右翼势力还要竭力歪曲、否定侵略历史，为那些双手沾满中国人民鲜血的罪魁祸首翻案，试图挑战远东国际军事法庭及中国军事法庭对日本战犯的正义审判。

事实胜于雄辩，历史不容篡改。我们将当年抗战烽火岁月出版的原版报刊中的有关内容结集成书，就是为了牢记历史、不忘过去、珍爱和平、开创未来，用这些鲜活的第一手文献资料印证历史的伟大瞬间，以此纪念中国人民抗日战争暨世界反法西斯战争胜利70周年，纪念这一正义战胜邪恶、光明战胜黑暗、进步战胜反动的伟大胜利。

（作者系中国首批集报家、中国报业协会集报分会常务理事、江苏报友联谊会会长、《集报家》杂志主编、宿迁市图书馆馆长）

前 言

王海勇

2015年是中国人民抗日战争暨世界反法西斯战争胜利70周年。70年前,中国人民经过14年艰苦卓绝的顽强拼博,取得了抗日战争的伟大胜利,这是中国人民一百多年来第一次取得反对外来侵略斗争的完全胜利,为世界反法西斯战争的胜利做出了巨大贡献。

1931年"九一八"事变,日本帝国主义开始了其蓄谋已久的对中国的武装侵略。1937年7月7日,日本帝国主义又发动了以卢沟桥事变为标志的全面侵华战争,中国拉开了全国性抗日战争的帷幕。面对穷凶极恶的侵略者,中华民族开始了长达14年的誓与日寇殊死抗争的历程。中国共产党以中华民族利益为根本利益,及时做出《关于日本帝国主义强占满洲事变的决议》,随后又连续多次发表宣言,声讨日本法西斯的侵略罪行,号召全国人民发动民族革命战争,将日本侵略者驱逐出中国,以求中华民族的彻底解放和独立。中国共产党不仅第一个表明抗击日本侵略者的立场和决心,而且第一个敏锐地认识到赢得抗战胜利的基本途径是动员全体人民共同抗战,建立抗日民族统一战线。中共领袖毛泽东第一个以令人信服的分析和论证指明了抗日战争的道路、前途和命运,做出了中国不会灭亡,也不能速胜,只要经过艰苦、持久的抗战,最后的胜利一定属于中国的正确结论。为此,中国共产党进行了长期不懈的努力。

在这个过程中,在中国共产党直接领导下的敌后抗日根据地民主政权、八路军、新四军等抗日武装和民众团体等所创办的报刊,中国共产党地下组织在国统区、沦陷区所创办的报刊(包括共产党员参与主编的抗日报刊和在共产党领导下由党外进步人士主编的抗日报刊)，从无到有，从小到大，逐步发展壮大，把中国共产党在不同时期对日本帝国主义斗争和敌后抗日根据地党政建设、经济建设及文化斗争的各项政策，及时传达给全国军民，成为宣传贯彻共产党方针政策的喉舌和共产党联系群众的纽带，成为对敌斗争的锐利武器，为推动抗日战争胜利进程做出了重要贡献，发挥了历史性的作用。这些报刊在宣传和动员全民抗战的运动中，高举抗日救亡的大旗，积极宣传中国共产党关于抗日民族统一战线的主张，以大量篇幅讨论抗日救亡问题，及时揭露日本侵略者的阴谋，反对日本帝国主义的侵略，报道爱国军民反抗侵略的英雄事迹；同时，猛烈抨击国民党当局以“赤化”“妨碍邦交”等借口镇压人民大众的抗日运动的行为，为促进国内团结起到了积极作用。这些报刊在全面抗日战争时期，刊登大量的消息、通讯、评论，揭露日本侵略者的法西斯暴行，反映抗日军民的事迹，鼓舞、激励人民的抗日斗志，积极宣传抗战、团结、进步，反对投降、分裂、倒退，系统地报道了中共领导下的八路军、新四军等抗日武装的战绩以及抗日民主根据地的政治、经济、军事、文化、教育等方面的成就，向全世界宣传了中国敌后的艰苦抗战，引起了国际正义人士的同情和声援。同时，这些红色报刊的创办，还为中国共产党培养了一大批优秀的新闻人才，成为新中国成立后全国各地新闻和文化教育战线上的重要力量；在极其恶劣的战争环境下，他们坚定的信念、顽强的意志和高度的敬业精神，都为新中国的新闻事业留下了宝贵的精神财富，在中国抗战新闻史上留下了光辉的一页。

然而，在当前全球反思战争、祈祷和平之际，曾经的施暴者却在否定、歪曲甚至美化侵略历史；当和平、发展、合作、共赢的理念日益成为各国共识之际，日本当局却公然挑战国际秩序，不断在亚太制造事端。

今天，作者将珍藏的当年出版的部分有代表性的红色报刊介绍给读者，目的是进行一场新的“抗战”——抗击的是遗忘和篡改，保卫的是记忆和真相。就是要揭露日本军国主义的滔天罪行，把侵略者永远钉在历史的耻辱柱上；就是要讴歌中国人民抗击日本侵略者，惊天地、泣鬼神的英雄壮举。让大家牢记历史，不忘过去，珍爱和平，开创未来。

2015 年 4 月于太原

目 录

第一章　中共中央机关报刊

一、中共中央在抗日根据地创办的第一份机关报《解放日报》

《解放日报》是中国共产党在敌后抗日根据地创办的第一份大型的中共中央机关报，1942 年 10 月起又兼中共中央西北局机关报。1941 年，陕甘宁边区和各敌后抗日根据地进入了抗日战争时期最困难的阶段，日本侵略军以疯狂的“扫荡”与“蚕食”进攻来对付共产党及其领导的抗日根据地，国民党顽固派也在此时对边区进行军事围困和经济封锁；而同时中国共产党及其领导的武装力量的威望却在全国人民心中迅速提高，陕甘宁边区和各敌后抗日根据地在抗敌斗争和政权建设方面都取得了丰富的经验。上述这些方面的情况需要沟通交流，这又对宣传报道的质量提出了更高的要求。当时，延安的刊物大都是刊期较长的理论性杂志，中共中央机关报《新中华报》是四开四版的小型三日报，显然担负不了上述繁重的宣传报道任务。因此，中共中央定于 1941 年 5 月 15 日停办《新中华报》，将该报与新华社编发的《今日新闻》合并，于 16 日正式出版了《解放日报》。

《解放日报》是一张具有党性、群众性、战斗性和组织性的报纸。作为中共中央、西北局、陕甘宁边区和抗日根据地的喉舌，它真实记录了这个时期风云变幻的历史，是中国新民主主义革命时期贡献最大、影响最深的红色报纸。1947 年 3 月 27 日，随着解放战争形势的发展而停刊，共出版 2130 期，历时近 6 年。

1945 年 7 月开始，世界反法西斯战争进入最后阶段。出版于 1945 年 8 月 10 日的第 1541 号《解放日报》重点报道了苏联对日宣战、出兵东北的内容（图 1-1）。

该报第三版为国际版，当天的头条新闻即是路透社关岛史巴兹将军总部 10 日电《原子炸弹又炸长崎》。新闻说："沿满洲边界苏军大炮轰鸣时，美机又在长崎投下第二颗原子炸弹。海空进攻以毫未减缓的程度继续进行。日本通讯社竟日竭力暗示可能有紧急的'重要宣告'。至很晚时刻，这种重要宣告亦未发表，而且其内容为何毫无征兆。"新闻中所提到的"重要宣告"，即日本向中、美、英、苏四国提出的投降照会（图 1-2）。

该期报纸记载了抗日战争临近结束时的两个重大事件，非常珍贵。

此前，出版于 1945 年 1 月 28 日的《解放日报》在头版刊发《新四军第四师师长彭雪枫同志殉国》的消息，并同版配发陈毅的《追忆彭雪枫同志》（图 1-3）。

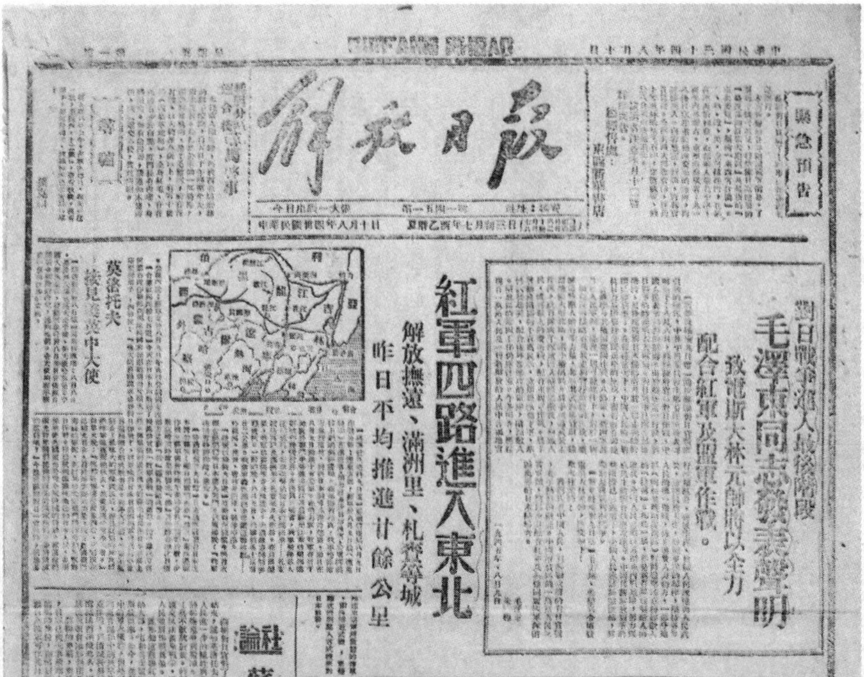
解放日報

緊急預告

對日戰爭進入最後階段
毛澤東同志發表聲明
致電斯大林元帥願以全力配合紅軍及盟軍作戰

紅軍四路進入東北
解放撫遠、滿洲里、札賚諾爾等城
昨日平均推進廿餘公里

莫洛托夫接見美英中大使

社論
蘇聯對日宣戰

解放區人民代表會議籌委會
綱領起草委員會成立

洪濤我某支隊強襲曲亭
太行各地打擊搶糧敵偽

图 1-1　《解放日报》1945 年 8 月 10 日头版

该版刊发《对日战争进入最后阶段　毛泽东同志发表声明》和社论《苏联对日宣战》。

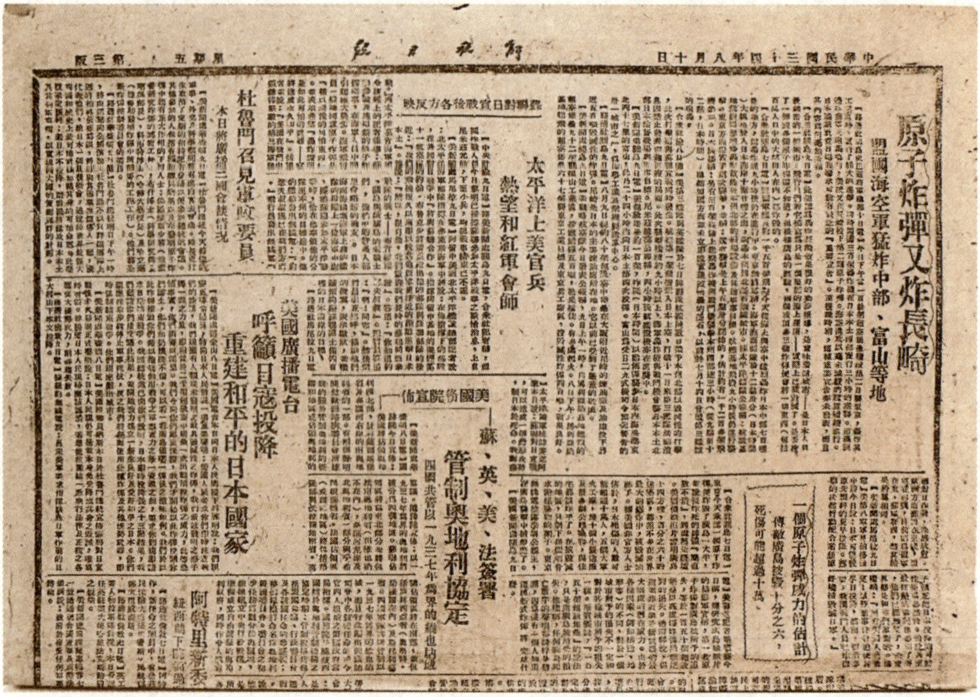
中華民國三十四年八月十日 解放日報 星期五 第三版

原子炸彈又炸長崎
盟國海空軍猛炸中部、富山等地

蘇聯對日宣戰後各方反映

太平洋上美官兵 熱望和紅軍會師

杜魯門召見軍政要員

美國廣播電台 呼籲日寇投降 重建和平的日本國家

美國務院宣佈——蘇、英、美、法簽署 管制奧地利協定

一個原子炸彈威力的估計

阿特里新委

图 1-2 《解放日报》1945 年 8 月 10 日第三版

该版刊发《原子炸弹又炸长崎》等。

解放日報

紅軍攻抵但澤灣

東普魯士全部被圍

新四軍第四師師長

彭雪楓同志殉國

追悼彭雪楓同志

希望中國內部團結

八路軍新四軍戰績

图 1-3　《解放日报》1945 年 1 月 28 日头版

该版刊发《新四军第四师师长彭雪枫同志殉国》等。

二、中共中央在抗日根据地创办的第一份机关刊《解放》周刊

《解放》周刊于1937年4月24日在延安蓝家坪创刊。它是中共中央机关主办的当时最有权威的政治理论刊物，是中国共产党的喉舌。

《解放》周刊在延安创刊时，物资条件极为困难，出版周期也不固定。《解放》周刊辟有时事短评、专（特）载、论著、翻译、通讯、来件选辑、特辑、随感录、书报研究、木刻、文艺（创作）等栏目。本文介绍其中的4期。

第一份是出版于1937年7月12日的第10期。该期的内容全部与西班牙战争有关，封面套红双色印刷，除标有“西班牙专号”字样外，西班牙地图占据了绝大部分位置（图1-4）。翻开封面，映入眼帘的是一张既无页码，内容又与“专号”无关，印刷版式也与该期其他页面极不相称的纸张，很明显是临时贴上去的。这张纸第一面刊印的是卢沟桥事变爆发第二天，中共中央向全国发布的著名的《中国共产党为日军进攻卢沟桥通电》。第二面刊印的是《七月八日红军将领为日寇进攻华北致蒋委员长电》《七月八日红军将领为日寇进攻华北致宋哲元等电》。这三份电文呼吁“国共两党亲密合作抵抗日寇的新进攻！驱逐日寇出中国！”，提出只有实行全民族抗战，才是中国的出路，号召全国人民、军队和政府团结起来，筑成民族统一战线的坚固长城，抵抗日本的侵略。三份电文在《解放》周刊上的刊出，也使该刊从此进入了一个新的历史时期（图1-5）。

第二份是出版于1937年9月25日的第17期《解放》周刊。该期是毛泽东为《解放》周刊亲笔题写刊头的第1期。该期的最后一页刊登了著名的《中国共产党抗日救国十大纲领》（图1-6）。

该期还刊载了洛甫（张闻天）于9月18日撰写的《论抗日民族革命战争的持久性》一文。这是中国共产党在机关刊上对抗日战争持久性的第一次明确表述（图1-7）。

第三份是出版于1938年5月30日的第40期《解放》周刊（图1-8），该期

发表了毛泽东的重要军事论著《抗日游击战争的战略问题》(图 1-9)。

第四份是出版于 1938 年 11 月 25 日的第 57 期《解放》周刊。该期全部是中共扩大的六届六中全会的内容:有毛泽东的政治报告《论新阶段》(图 1-10),全会的政治决议案,关于召开中共第七次代表大会的决议案,告全国同胞、全体将士和国共两党同志书,还有致蒋委员长、东北义勇军、八路军、新四军、日本共产党、西班牙共产党和各国共产党的电文等。可以说,这一期是中共扩大的六届六中全会专刊。

中共扩大的六届六中全会于 1938 年 9 月 29 日至 11 月 6 日在延安桥儿沟天主堂召开,是中国共产党历史上具有重要意义的中央全会。全会完全赞同毛泽东代表中央政治局所做的《论新阶段》的报告和会议总结。

毛泽东在回忆新民主主义革命时期党的历史时曾说:"中共在历史上有两个重要会议。一次是 1935 年遵义会议,一次是 1938 年六中全会。""六中全会是决定中国之命运的"(图 1-11)。

图 1-4 《解放》周刊 1937 年 7 月 12 日第 10 期西班牙专号

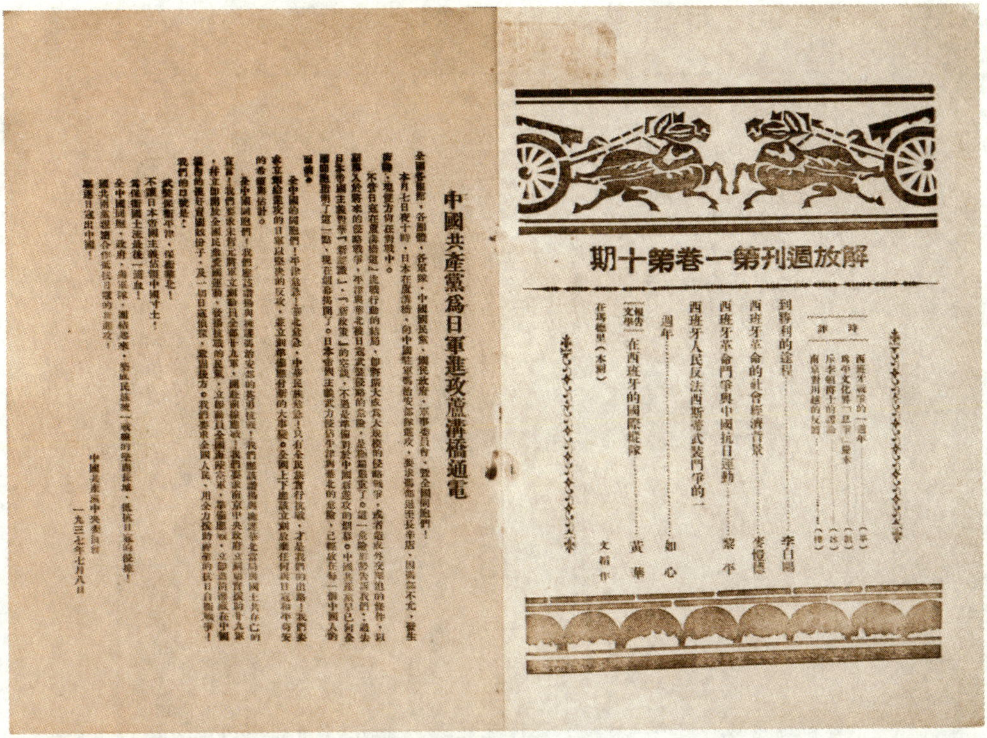

图 1-5　《解放》周刊 1937 年 7 月 12 日第 10 期加印的《中国共产党为日军进攻卢沟桥通电》

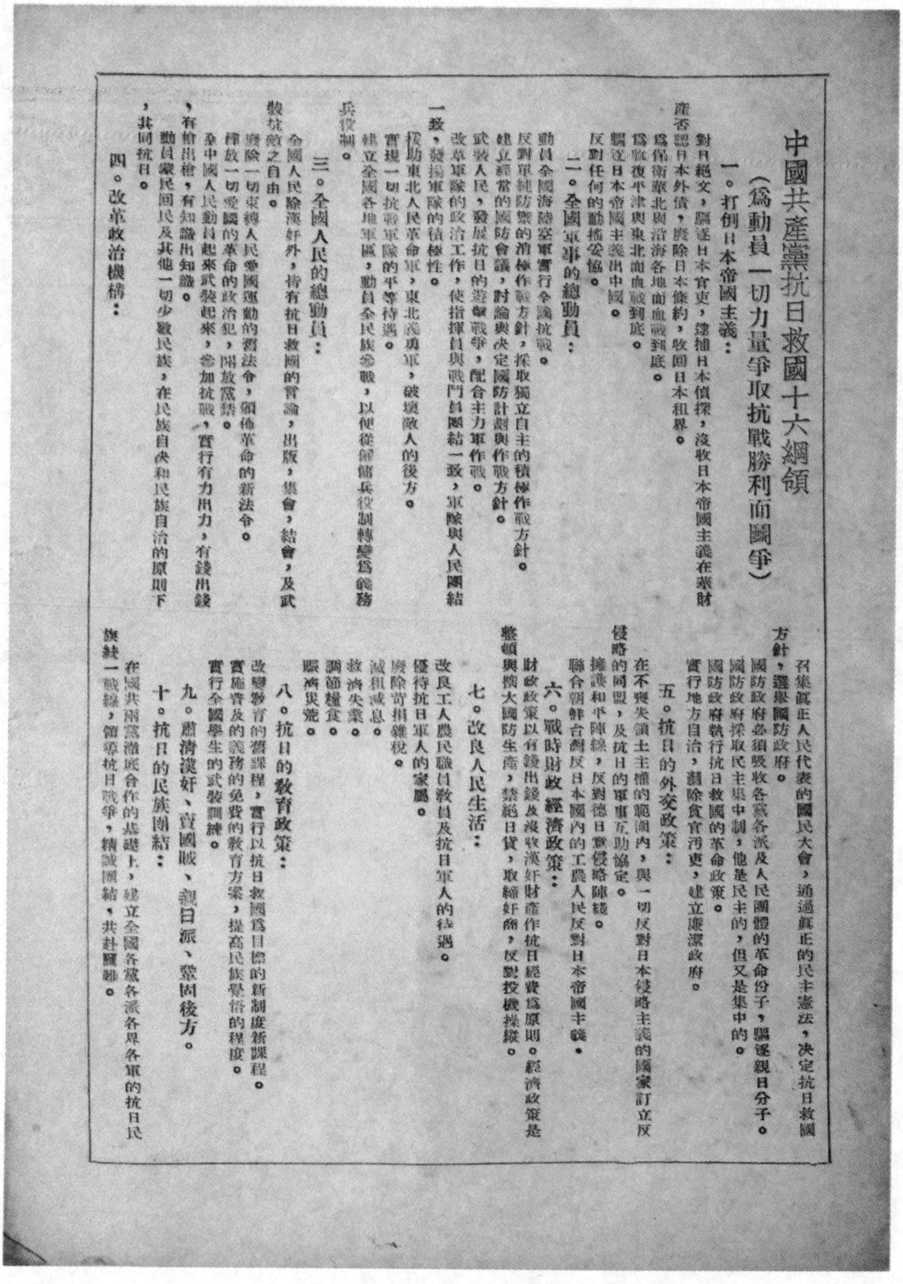

中國共產黨抗日救國十大綱領
（爲動員一切力量爭取抗戰勝利而鬪爭）

一。打倒日本帝國主義：

對日絕交，驅逐日本官吏，逮捕日本偵探，沒收日本帝國主義在華財產，否認日本外債，廢除日本條約，收回日本租界。

爲保衛華北與沿海各地而血戰到底。

爲收復平津與東北而血戰到底。

驅逐日本帝國主義出中國。

反對任何的動搖妥協。

二。全國軍事的總動員：

動員全國海陸空軍實行全國抗戰。

反對單純防禦的消極作戰方針，採取獨立自主的積極作戰方針。

建立經常的國防會議，討論與決定國防計劃與作戰方針。

武裝人民，發展抗日的遊擊戰爭，配合主力軍作戰。

改革軍隊的政治工作，使指揮員與戰鬥員團結一致，軍隊與人民團結一致，發揚軍隊的積極性。

援助東北人民革命軍，東北義勇軍，破壞敵人的後方。

實現一切抗戰軍隊的平等待遇。

建立全國各地軍區，動員全民族參戰，以使從僱傭兵役制轉變爲義務兵役制。

三。全國人民的總動員：

全國人民除漢奸外，皆有抗日救國的言論，出版，集會，結會，及武裝抗敵之自由。

廢除一切束縛人民愛國運動的舊法令，頒佈革命的新法令。

釋放一切愛國的革命的政治犯，開放黨禁。

全中國人民動員起來武裝起來，參加抗戰，實行有力出力，有錢出錢，有槍出槍，有知識出知識。

動員蒙民回民及其他一切少數民族，在民族自決和民族自治的原則下，共同抗日。

四。改革政治機構：

召集眞正人民代表的國民大會，通過眞正的民主憲法，決定抗日救國方針，選舉國防政府。

國防政府必須吸收各黨各派及人民團體的革命份子，驅逐親日分子。

國防政府採取民主集中制，他是民主的，但又是集中的。

國防政府執行抗日救國的革命政策。

實行地方自治，剷除貪官汚吏，建立廉潔政府。

五。抗日的外交政策：

在不喪失領土主權的範圍內，與一切反對日本侵略主義的國家訂立反侵略的同盟，及抗日的軍事互助協定。

擁護和平陣綫，反對德日意侵略陣綫。

聯合朝鮮台灣反日本國內的工農人民反對日本帝國主義。

六。戰時財政經濟政策：

財政政策以有錢出錢及沒收漢奸財產作抗日經費爲原則。經濟政策是整頓與擴大國防生產，禁絕日貨，取締奸商，反對投機操縱。

七。改良人民生活：

改良工人農民職員教員及抗日軍人的待遇。

優待抗日軍人的家屬。

廢除苛捐雜稅。

減租減息。

救濟失業。

調節糧食。

賑濟災荒。

八。抗日的教育政策：

改變教育的舊課程，實行以抗日救國爲目標的新制度新課程。

實施普及的義務的免費的教育方案，提高民族覺悟的程度。

實行全國學生的武裝訓練。

九。肅淸漢奸、賣國賊、親日派、鞏固後方。

十。抗日的民族團結：

在國共兩黨徹底合作的基礎上，建立全國各黨各派各界各軍的抗日民族統一戰綫，領導抗日戰爭，精誠團結，共赴國難。

图 1-6　《解放》周刊 1937 年 9 月 25 日第 17 期

该期刊发《中国共产党抗日救国十大纲领》。

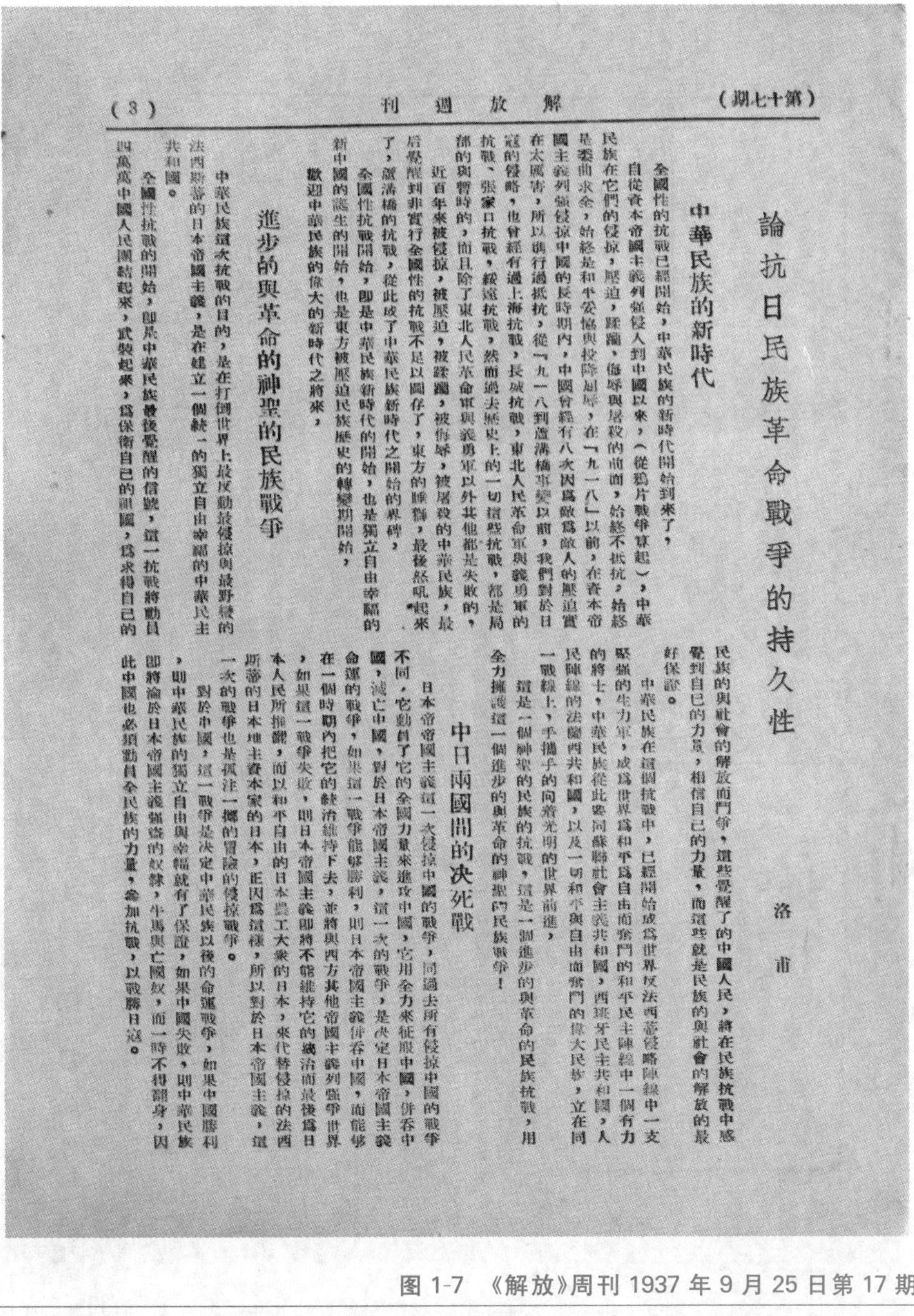

（第十七期）　解放週刊　（3）

論抗日民族革命戰爭的持久性

洛甫

中華民族的新時代

全國性的抗戰已經開始，中華民族的新時代開始到來了，

自從資本帝國主義列強侵入到中國以來，（從鴉片戰爭算起），中華民族在它們的侵掠，壓迫，蹂躪，侮辱與屠殺的面前，始終不抵抗，始終是委曲求全，始終是和平妥協與投降屈辱，在「九一八」以前，在資本帝國主義列強侵掠中國的長時期內，中國曾經有八次因為敵人的壓迫實在太厲害，所以進行過抵抗，從「九一八」到盧溝橋事變以前，我們對於日寇的侵略，也曾經有過上海抗戰，長城抗戰，東北人民革命軍與義勇軍的抗戰、張家口抗戰，綏遠抗戰，然而過去歷史上的一切這些抗戰，都是局部的與暫時的，而且除了東北人民革命軍與義勇軍以外其他都是失敗的，

近百年來被侵掠，被壓迫，被蹂躪，被侮辱，被屠殺的中華民族，最後覺醒到非實行全國性的抗戰不足以圖存了，東方的睡獅，最後怒吼起來了，盧溝橋的抗戰，從此成了中華民族新時代之開始的界碑，

全國性抗戰開始，即是中華民族新時代的開始，也是獨立自由幸福的新中國的誕生的開始，也是東方被壓迫民族歷史的轉變期開始，

歡迎中華民族的偉大的新時代之將來，

進步的與革命的神聖的民族戰爭

中華民族這次抗戰的目的，是在打倒世界上最反動最侵掠與最野蠻的法西斯蒂的日本帝國主義，是在建立一個統一的獨立自由幸福的中華民主共和國。

全國抗戰的開始，即是中華民族最後覺醒的信號，這一抗戰將動員四萬萬中國人民團結起來，武裝起來，為保衛自己的祖國，為求得自己的民族的與社會的解放而鬥爭，這些覺醒了的中國人民，將在民族抗戰中感覺到自己的力量，相信自己的力量，而這些就是民族的與社會的解放的最好保證。

中華民族在這個抗戰中，已經開始成為世界反法西蒂侵略陣線中一支堅強的生力軍，成為世界為和平為自由而奮鬥的和平民主陣線中一個有力的將士，中華民族從此要同蘇聯社會主義共和國，西班牙民主共和國，人民陣線的法蘭西共和國，以及一切和平與自由而奮鬥的偉大民族，立在同一戰線上，手攜手的向着光明的世界前進，

這是一個神聖的民族的抗戰，這是一個進步的與革命的民族抗戰，用全力擁護這一個進步的與革命的神聖的民族戰爭！

中日兩國間的決死戰

日本帝國主義這一次侵掠中國的戰爭，同過去所有侵掠中國的戰爭不同，它動員了它的全國力量來進攻中國，它用全力來征服中國，併吞中國，滅亡中國，對於日本帝國主義，這一次的戰爭，是決定日本帝國主義命運的戰爭，如果這一戰爭能夠勝利，則日本帝國主義併吞中國，而能夠在一個時期內把它的統治維持下去，並將與西方其他帝國主義列強爭世界，如果這一戰爭失敗，則日本帝國主義即將不能維持它的統治而最後為日本人民所推翻，而以和平自由的日本農工大衆的日本，來代替侵掠的法西斯蒂的日本地主資本家的日本，正因為這樣，所以對於日本帝國主義，這一次的戰爭也是孤注一擲的冒險的侵掠戰爭。

對於中國，這一戰爭是決定中華民族以後的命運戰爭，如果中國勝利，則中華民族的獨立自由與幸福就有了保證，如果中國失敗，則中華民族即將淪於日本帝國主義強盜的奴隸，牛馬與亡國奴，而一時不得翻身，因此中國也必須動員全民族的力量，參加抗戰，以戰勝日寇。

图 1-7　《解放》周刊 1937 年 9 月 25 日第 17 期

该期刊发洛甫（张闻天）的《论抗日民族革命战争的持久性》。

第四十期
二十七年五月卅日出版
編輯：解放社
發行：新華書店

解放

零售　每冊國幣五分
預訂　十期以上九折
　　　廿期以上八折
歡迎訂閱·歡迎代售

時評

徐州的放棄

十九日晚，我國軍隊放棄了徐州，日寇軍隊於二十日上午進了徐州。由於我國這一戰略要點的喪失，使日寇在基本上達到了它打通津浦綫的目的。

由於我全國上下一致保衛徐州的決心，所以我們在津浦綫上同日寇支持了四個月的英勇戰爭，取得了大大小小許多的勝利，給了日寇以很大的打擊，鞏固了國內團結與全國人民勝利的信心，提高了中國在國際上的地位。這次保衛徐州的戰爭，無疑的是完全正確的，是得到了極好的結果的。

但是當日寇在魯南失敗之後，在津浦綫又集中了十多個師團的兵力向我們進行更加瘋狂的與猛烈的進攻，使最近戰況的變化，顯然不利於繼續保衛徐州時，如果我們仍然不顧一切犧牲，死守徐州，那當然是不應該的。這種死守，結果仍然不能保衛徐州，而且將遭受不可補償的損失。因此，爲了保存實力，爲了尋求作戰的有利條件，放棄徐州的決定，是必要的與適當的。

當然，我們今天還沒有足够的材料來研究最後一次會戰的經驗與教訓。在台兒莊偉大勝利之後至放棄徐州爲止的這個時期內，究竟我們在軍事方面主觀上有無缺點與錯誤，這當然需要我們以後的詳細研究。但在情況已經不利於我們繼續保衛徐州時，放棄徐州的決定，無疑義的是正確的。

我們已經再三的向全國同胞說明，中日兩國的戰爭，是持久的戰爭。我們的任務是要在持久戰中困憊敵人，消耗敵人，殲滅敵人，而同時不斷的鞏固自己，加強自己，積蓄自己的力量，使敵我力量的對比有決定的轉變，使我們能够最後的去戰勝敵人。一個城市、一條鐵路、某個地區的得失，在我們這個持久戰中，不能起什麼決定作用。徐州的喪失，也只能作如此的看法。而且，根據於這個持久戰的基本原則，在某種情況下，爲了保存實力不受重大損失，爲了求得在運動戰中消滅與打擊敵人的有利條件，自動的放棄某個城市，某條鐵路，某個地區是必要的。徐州的放棄就是在這種情況下實現的。我們深信：只要我們堅持這個持久戰的方針，不爲一時的勝利而冲昏頭腦，空喊「決戰」或「準決戰」，也不爲一時的部分領土的喪失或挫折而悲觀失望，大叫「中國無法戰勝日寇」，那今天我們喪失的一切城市、鐵路與土地，我們明天就有力量將它們全部收復過來。

所以，我們對於徐州的喪失，絕不應該有絲毫的悲觀失望。在我軍轉移到新的有利地區之後，我們相信我們將繼續採取運動戰、游擊戰與陣地戰適當配合的新戰略，去困憊敵人，消耗敵人，殲滅敵人。同時我們要百倍努力去動員全國力量爲保衛武漢與保衛中國而戰，爲最後驅逐日寇出中國收復一切失地而戰。

（劉，四月廿二日）

本期目次

图 1-8　《解放》周刊 1938 年 5 月 30 日第 40 期

第四十期　　解放　　4

抗日游擊戰爭的戰略問題

毛澤東

延安抗日戰爭研究會，正在寫作一部抗日戰爭叢書，由解放社出版。其第一本『抗日游擊戰爭』已經集稿，開始付印，是集體寫的，全部均經過毛澤東先生校閱。其第二章『論抗日游擊戰爭的一般問題』並是毛先生自己寫的，現將這一章裏面的一節『抗日游擊戰爭的戰略問題』，得毛先生同意，提前在本報發表，以快今睹。

——編者

一　為什麼提起游擊戰爭的戰略問題

抗日戰爭中，正規戰爭是主要的，游擊戰爭是輔助的，這一點，我們已經正確地解決了。那末，游擊戰爭就只有戰術問題，為什麼提起戰略問題呢？

如果我們是一個小國，游擊戰爭只在正規軍的戰役作戰上起些近距離的直接的配合作用，那當然只有戰術問題，沒有什麼戰略問題。又如果中國也像蘇聯那樣的強大，敵人進來，很快就能被趕出，或雖時間較久，但被佔地區不廣，游擊戰爭也只是一種戰役的配合作用，當然也只有戰術問題，沒有什麼戰略問題。

游擊戰爭的戰略問題是在這樣的情況之下發生的：中國既不是小國，又不像蘇聯；是一個大而弱的國家。這一個大而弱的國家被另一個小而強的國家所攻擊，但這個大而弱的國家卻處於進步的時代，全部問題就從這裏發生了。在這樣的情況下，敵人佔地甚廣的現象發生了，戰爭的長期性發生了。敵人在我們這個大國中佔地甚廣，但它是小國，兵力不足，留了很多空虛的地方，抗日游擊戰爭就主要的不是在內線配合正規軍的戰役作戰，而是在外線單獨作戰；並且由於中國的進步，它不是小規模的，而是大規模的；於是戰略防禦與戰略進攻等等一全套的東西都發生了。戰爭的長期性（隨之也是殘酷性），規定了游擊戰爭不能不做許多異乎尋常的事情，於是根據地的問題，向運動戰發展的問題等等也發生了。於是中國抗日的游擊戰爭，就從戰術範圍跑了出來向戰略敲門，要求把游擊戰爭的問題放在戰略的觀點上加以考察。特別值得注意的，是這樣又廣大又持久的游擊戰爭，在整個人類的戰爭史中，都是頗為新鮮的事情，這件事是與時代進步到二十世紀的三四十年代一事分不開的，這乃是問題的焦點所在。我們的敵人大概還在那裏做元朝滅宋，滿清滅明，英佔北美與東印度，拉丁佔中南美等等的好夢，這等夢在今天的中國已經沒有現實的價值，因為今天的中國比之上述歷史多了一些東西，頗為新鮮的游擊戰爭就是其中的一點，假如我們的敵人少估計了這一點，它就一定要在這一點上面碰一個很大的釘頭。

這就是抗日游擊戰爭雖在整個抗日戰爭中仍處於輔助的地位，但必須放在戰略觀點上加以考察的理由。

二　那末為什麼不將抗日戰爭的一般戰略問題中的東西用之於游擊戰爭呢？

抗日游擊戰爭的戰略問題，本來是密切聯系於整個抗日戰爭的戰略問題的，許多東西二者都是一致的。然而游擊戰爭又區別於正規戰爭，它本

图 1-9　《解放》周刊 1938 年 5 月 30 日第 40 期

该期刊发毛泽东的《抗日游击战争的战略问题》。

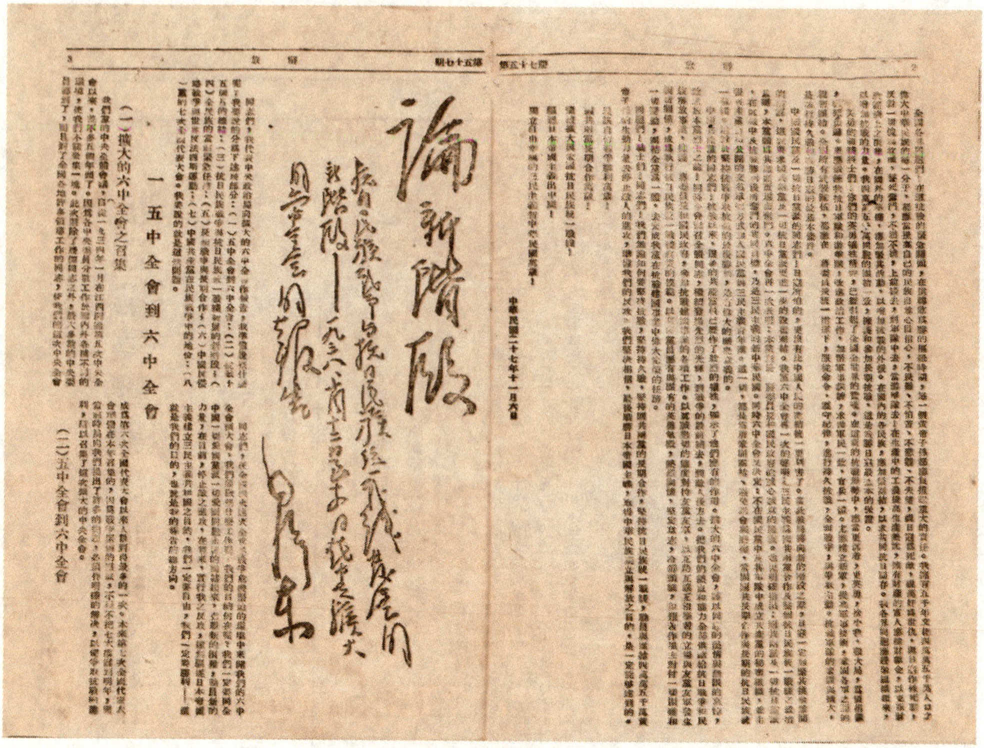

論新階段

一　五中全會到六中全會

(一)擴大的六中全會之召集

(二)五中全會到六中全會

中華民國二十七年十一月六日

图 1-10　《解放》周刊 1938 年 11 月 25 日第 57 期

该期最早刊发毛泽东的《论新阶段》。

第五十七期

廿七年十一月廿五日出版

編輯：延安解放社

發行：延安新華書店

解放

零售：每冊國幣八分

預訂　十期以上九折　廿期以上八折

歡迎訂閱　歡迎代售

中國共產黨擴大的六中全會告全國同胞、全體將士和國共兩黨同志書

我中華民族為了抵禦日寇的侵略，進行神聖的民族自衛戰爭，已經十六個月了。在偉大的民族抗戰中，我中華民族獲得了空前的進步。全國上下一致團結起來了，各黨各派攜手合作了，國民政府與國民革命軍堅強的統一了，政府與人民、軍隊與人民之間的關係漸漸改善了。戰爭的烽火鍛鍊着整個民族，驚醒和激發着四萬萬五千萬中國人民，使他們逐漸的動員起來，組織起來，武裝起來了。廣泛的游擊戰爭，正在敵人後方開展着，創立了許多抗日根據地，牽制、疲憊與消耗了敵人的力量。這一切，都使得日本法西斯強盜，雖然花費了十六個月的時間，消耗了數十萬的兵力，數十萬萬的經費，終不能實現其「速戰速決」的迷夢！

中共擴大的六中全會謹向堅決領導抗戰的民族領袖　蔣委員長致崇高之敬意！並以無限的熱忱與誠摯之敬禮，致之於前線奮勇抗日將領、全體政治工作人員，全體抗日戰士，全體游擊隊指戰員，中央及各級地方機關的領導者與工作人員，以及領導民眾運動的全體愛國志士之前！中國在抗戰中所得的成績是數十萬先烈的鮮血換來的，中共擴大的六中全會謹向抗日戰爭中壯烈犧牲的將士們，民眾們，致沉痛的弔唁！

在十六個月抗戰中，因為敵我力量的懸殊，喪失了許多土地、城市與鐵路，全國人民遭受了很大的災難。現在武漢失守，廣州淪陷，戰線已由華北、華中伸展到華南。敵人正在繼續進攻，並已揚言將西安、宜昌、衡陽、北海以東地帶置於其侵略目標之下。無疑的，這是一個嚴重的時期。在這時期中，我國的抗戰，將遭遇到比過去更多的困難，成為我民族解放鬥爭中最艱苦的一段路程。

然而我偉大的中華民族，決不因這些困難而對抗戰到底的決心有所動搖。　蔣委員長十月三十一日告全國國民書中所昭示全國的抗戰到底的正確方針，中共擴大的六中全會特表示全部的贊同與忠誠的擁護。在抗戰的目前時期中，我們的困難雖然加多，然而我們的力量是在不斷的鍛鍊、進步與增加了。我們遭受很大的損失，然而全國上下一致堅持持久抗戰的決心更加堅固中。我們忍痛放棄了許多城市與鐵路，然而作戰行動因為某些地方的放棄而更加主動自由了。日寇與親日分子利用困難正加緊其破壞我國團結引誘我屈服的活動，然而國共合作與抗日民族統一戰線是更加進步與鞏固了。全國很多的英勇抗戰將士已為國犧牲，然而幾百萬的軍隊是在鍛鍊中更加堅強了。廣大的民眾受到了日寇駭人聽聞的蹂躪，然而民眾已經奮起抗戰並且組織起來了。日寇佔領地區增多，然而淪陷後的游擊戰爭與抗日根據地也隨着擴大與鞏固了。我們的財政經濟更加困難，然而憤慨捐輸減省糧食是更加普遍了。日寇在中國更加前進與深入，然而敵人因戰線延長、兵力不足、前後受敵將更要疲於奔命了。所有這些，都說明抗戰雖存在着許多困難，然而我國卻已有了空前的進步。從今以後，全國上下一齊努力，在已有進步基礎之上爭取更大的進步，就使我偉大中華民族一定能夠克服困難，增加力量，停止敵之進攻，轉弱為強，準備我之反攻，以驅逐日寇，還我河山，求得我中國之徹底解放。

图 1-11　《解放》周刊 1938 年 11 月 25 日第 57 期

该期是中共扩大的六届六中全会专刊。

第二章 陕甘宁抗日根据地报刊

一、中共陕甘宁边区委机关刊《团结》

笔者珍藏有一份出版于 1940 年 1 月 10 日的《团结》期刊第 21、22 期合刊。刊物 32 开铅印,58 页。封面印有“中国共产党陕甘宁边区委员会出版”字样。

这一两期合刊的《团结》为套红印刷,其珍贵之处在于它是“中国共产党陕甘宁边区第二次代表大会专号”(图 2-1)。相关内容有:《抗战新阶段中陕甘宁边区的任务》《中共陕甘宁边区第二次代表大会告边区全体党员书》《中共陕甘宁边区第二次代表大会告全边区民众书》《大会致八路军、新四军电》《大会决议十件》等。

陕甘宁边区第二次党代会是继 1937 年 5 月第一次党代会后两年半来召开的一次非常重要的会议,也是抗日战争全面爆发后边区召开的第一次党代会。毛泽东等中央领导到会祝贺并讲了话。边区党委书记高岗代表区党委做了题为《抗战新阶段中陕甘宁边区的任务》的工作报告。报告总结了全面抗战两年半来边区所取得的成绩,提出了边区党、军、民今后的重要任务:继续抗战动员,加强锄奸保卫工作,发展边区经济,提高人民文化生活水平,更加巩固我们的党。

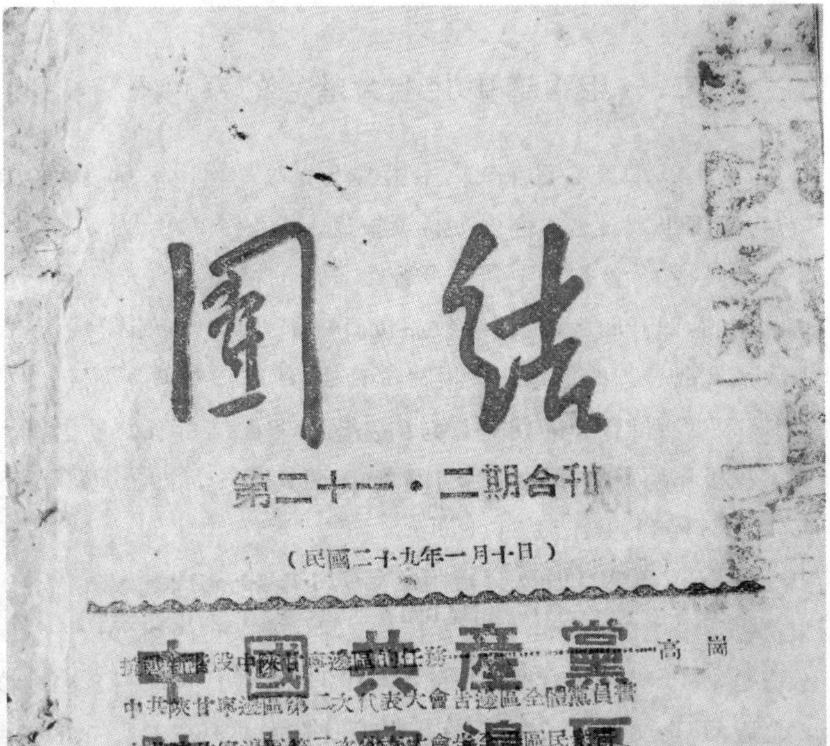
團結

第二十一・二期合刊

（民國二十九年一月十日）

中國共產黨陝甘寧邊區第二次代表大會專號

大會決議十件

中國共產黨陝甘寧邊區委員會出版

（本期定價一角）

图 2-1　《团结》1940 年 1 月 10 日第 21、22 期合刊

该刊为中国共产党陕甘宁边区第二次代表大会专号。

二、一组报道中共七大消息的系列报

1945年4月23日至6月11日，中国共产党第七次全国代表大会在延安隆重举行，有很多报纸对这次会议进行了报道。

一、《抗战日报》。该报是中共中央晋绥分局的机关报，1940年9月18日在山西兴县创刊，四开四版，是晋绥敌后抗日根据地第一份铅印报，是代表晋西500万人民抗战意志的报纸。该报在抗日战争时期，忠实地履行其“抗战到底，团结到底，建设晋西北”的使命，为宣传、动员和团结所有的爱国军民坚持抗战发挥了积极作用。抗日战争胜利后，1946年7月1日更名为《晋绥日报》，1949年5月1日停刊，共出版2171期。

其中一份是1945年5月4日出版的第779号《抗战日报》(图2-2)。该报在头版头条报道了中国共产党举行第七次全国代表大会的消息。

另一份是1945年7月4日出版的第839号《抗战日报》(图2-3)。该报整整用了六个版面，全文刊登了朱德于4月25日在中共七大上所做的抗战军事报告《论解放区战场》。

二、《晋察冀日报》。该报是中共中央晋察冀分局的机关报，1937年12月11日在河北省平山县创刊，原名《抗敌报》，1941年11月7日改为现名。该报吹响了敌后抗日根据地新闻战线上向敌人战斗的第一声号角，是中国共产党在敌后抗日根据地创刊最早，连续出版时间最长的大区级党报之一。

1945年5月5日出版的第1757期《晋察冀日报》(图2-4)，用头版一个整版和第三版半个版的篇幅刊发了在中共七大上毛泽东政治报告的摘要内容。毛泽东的政治报告《论联合政府》，是这次大会的中心议题。

三、《大众报》。该报是中共胶东区委机关报，1938年8月13日在山东黄县创刊。该报作为山东抗日根据地最早出版的区级以上党报，面向胶东人民，发挥了巨大的组织和宣传鼓动作用。

1945年6月21日出版的第1172期《大众报》(图2-5)，在头版配以套红报头、套红特大字标题、套红 3 寸毛泽东半身像照片，隆重报道了中共七大胜利闭幕的消息。还在第四版用一个整版加头版一小部分的篇幅，以套红特大字标题，全文刊载了《解放日报》于 6 月 14 日发表的社论《团结的大会　胜利的大会》。

KANGZHAN RHBAO

中華民國三十四年五月四日　星期五　第一版

抗戰日報

第七七九號

中國共產黨舉行第七次全國代表大會

團結全黨，團結全民族；打敗日本，建立新中國！

紅軍突入德京最後據點 佔領柏林十分之九

南德美軍攻入慕尼黑

蘇北我軍攻克阜寧

俘虜七百餘 繳機槍二十二挺

蘇北敵又抓丁

八分區部隊抽調人員 幫助指導群衆種棉

納粹向英美乞和被拒

破壞三强團結的最後企圖粉碎

墨索里尼伏法

法西斯匪徒與賣國賊的末路

法奸貝當受審

图 2-2 《抗战日报》1945 年 5 月 4 日头版

该版刊发中国共产党举行第七次全国代表大会的消息。

中華民國三十四年七月四日 星期三 第一版

KANGZHAN RHBAO

抗戰日報

本報啟事

今日刊登朱德同志軍事報告「論解放區戰場」，增刊一張，共出八版，希讀者注意。

論解放區戰場

（在中國共產黨第七次全國代表大會上所作的軍事報告。一九四五年四月二十五日）

朱德

內容

（一）抗戰八年

（二）論解放區戰場

（三）中國人民抗戰的軍事路線

（四）今後的軍事任務

（五）結束語

朱德同志

一 抗戰八年

图 2-3 《抗战日报》1945 年 7 月 4 日头版

该版刊发朱德的《论解放区战场》。

图 2-4 《晋察冀日报》1945 年 5 月 5 日头版

该版刊发《中共第七次全国代表大会毛主席政治报告摘要》。

DAZHUNG BAO

大衆報

第一一七二期

毛澤東同志

[論聯合政府]

即將出版！

大衆報社印

新書預告

論解放區戰場

建設民主的日本

大衆報社印

中國共產党第七次大會勝利閉幕

大會選出以毛澤東同志爲首的党中央

毛澤東同志

警惕敵人妥協陰謀

國民黨戰場

敵自湘桂等地後撤

敵並放回國民黨四降將回渝

澳軍第九軍

在英屬婆羅州登陸

图 2-5　《大众报》1945 年 6 月 21 日头版

该版刊发《中国共产党第七次大会胜利闭幕》。

三、稀见的《解放日报选刊》

这是笔者收藏的“解放”系列报刊中唯一一份铅印八开二版的小报。该期报纸出版于 1942 年 8 月 15 日，为第 15 号，社址是延安《解放日报》社。报头位于头版上方的正中位置，“解放日报”四字取自毛泽东为《解放日报》题写的报头字，“选刊”两字为印刷体，较为瘦小，若不仔细看，还会误以为是《解放日报》的另一个版本（图 2-6）。

《解放日报选刊》由解放日报社编印，1941 年 5 月 31 日创刊。

这份《解放日报选刊》上刊登了两篇文章。一篇是陕甘宁边区政府主席林伯渠代表政府所做的 1941 年 12 月至 1942 年 4 月的《陕甘宁边区政府五个月工作报告》；另一篇是陕甘宁边区政府秘书长谢觉哉写的《我们应该有的作风》（图 2-7）。这两篇文章见证了当时抗日根据地所面临与需要应对的各方面的问题。

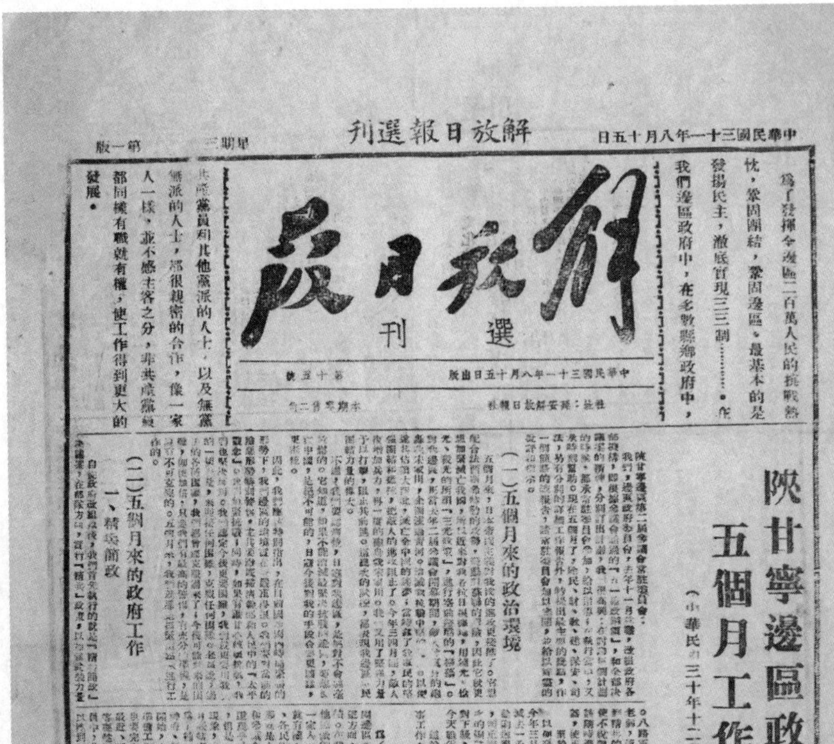
中華民國三十一年八月十五日　解放日報選刊　星期三　第一版

為了發揮全邊區二百萬人民的抗戰熱忱，鞏固團結，鞏固邊區，最基本的是發揚民主，澈底實現「三三制」……。在我們邊區政府中，在多數縣鄉政府中，共產黨員和其他黨派的人士，以及無黨無派的人士，都很親密的合作，像一家人一樣，並不感主客之分，非共產黨員都同樣有職就有權，使工作得到更大的發展。

解放日報　選刊

中華民國三十一年八月十五日出版　第十五號

陝甘寧邊區政府五個月工作報告

（中華民國三十年十二月到三十一年四月）

林伯渠

（一）五個月來的政治環境

（二）五個月來的政府工作

一、精兵簡政

二、民主建設

三、財政經濟

图 2-6　《解放日报选刊》1942 年 8 月 15 日头版

该版刊发林伯渠的《陕甘宁边区政府五个月工作报告》。

中華民國三十一年八月十五日　解放日報選刊　星期三　第二版

四　文化教育

（三）工作中的優點和缺點

（四）今後的工作方針

我們應該有的作風

謝覺哉

一　計日程功反對拖延

二　學習與培養專才

四　養成法治深入民主

五　保持健康作持久戰

图 2-7　《解放日报选刊》1942 年 8 月 15 日第二版

该版刊发谢觉哉的《我们应该有的作风》。

四、刊载中共和平解决西安事变通电的《民众报》

笔者手中的这份《民众报》出版于1937年1月16日，为第2期（图2-8）。该报为中共陕西省委领导下的陕西民众运动指导委员会机关报，于1937年1月11日创刊。

该期《民众报》共刊载有8篇文章，其中多篇文章都是有关西安事变的内容。第一版有社论《目前最急迫的工作》；第三版有署名之扬的《"防共"与"容共"》，以及《杨虎城等五日通电》（下转第四版）；第四版有《苏维埃中央政府共产党中央委员会对西安事件提议召集和平会议通电》《抗日联军临时西北军委会释放政治犯通令》。这些文章均发表于西安事变发生后一周之内，具有极高的史料价值（图2-9）。

从社论《目前最紧迫的工作》和《苏维埃中央政府共产党中央委员会对西安事件提议召集和平会议通电》中，可以看到中国共产党对西安事变的明确态度：制止亲日官僚的阴谋活动，由南京立即召集和平会议，基本纲领应是"团结全国，反对一切内战，一致抗日"。

在西安事变和平解决的同时，中共中央于12月25日派秦邦宪重新组建被破坏的中共陕西省委。1937年1月，省委根据形势发展的需要加强了组织建设，亦迅速创办了机关报《民众报》。这份出版于1937年1月16日的第2期《民众报》，也成为中国共产党和平解决西安事变的历史见证之一。

MINZHUNG BAO

民衆報

每隔五天出版一次

第二期

民國二十六年一月十六日

「有我在，決不使內戰再起」！

蔣委員長在西安聞中央飛機在渭南三原擲彈時答語。

本期要目

目前最急迫的工作 編者
我們對德國的態度 顧立人
「防共」與「容共」之揭
楊虎城等五日通電
紅軍對西安事件的提議
西安釋放政治犯通令
廿三區縣長擁護抗日主張
揭破挑撥內戰陰謀

編輯人：民衆五日刊社
發行人：卡子香
代售處：各大書店報攤
定價：每份洋一分

社論

目前最急迫的工作

編者

時局還在兩種勢力鬥爭之中發展著。這兩種勢力一面是我全國人民和政府較近民意的領袖，再加上國際上英美法蘇的反日的力量；另一方面是國內在日德帝國主義領導之下的少數親日派的力量。

最近局面的發展極不利於我們民衆救亡運動的開展，極不利於對日抗戰的前途。這完全是日帝國主義（德帝國主義在從中幫忙）陰謀教唆的結果。關於敵人及其走狗的活動要特別注意於下列幾點。

第一，敵人及其忠實走狗政學系的吳鼎昌等，最近爲要對抗英美對華金融財政的優勢，爲要使接近英美的政治家宋子文先生等沒有實力執政，他們正在華北的銀行界裏極力調度，使北四行的銀行集團成爲南京政府的台柱，使日帝國主義可能透過這個台柱，直接控制南京。最近吳鼎昌的奔走實務就是爲的這個。

第二，敵人及其走狗正在發動和擴大對西安的內戰。日帝國主義報紙及其政府人員拚命在造作種種謠言，說西安如何如何赤化，這樣立刻可以使南京把小規模的討楊之戰，立刻擴大爲大規模的「勦匪」軍事行動。另一方面，敵人這樣還可以利用英美同樣畏懼共黨統治西安的心理，以威脅英美。

第三，由於敵人的教唆使親日人員現在得到更大的團結，雖然他們之間有許多矛盾。尤其可以注意的，南京親日份子表面上雖然還是擁蔣，實際上却用日帝國主義的策略已經在醞釀一個反蔣，而擁汪（精衛）何（應欽）的叛亂行動。日文報紙已經口口聲聲在說：「蔣介石已對張學良屈服」，而汪精衛可以回任行政院長了。此次汪精衛回國，希特拉和德國國防軍的指使，極力要教中國立刻加入日德意集團變成法西侵略份子的犧牲品。特別應當指出，汪精衛此次從德國帶了大批軍貨信用回國，還想在國外透過德國，在國內透過何應欽的關係把熱血的青年將領控制住。汪氏所謂要求日本把滿洲退回中國，以及所謂總理的民權主義是救國最好的辦法等等，都是騙人的甘言蜜語。我們決不能輕易相信，再度上當。

在敵人及其走狗汪精衛，何應欽，吳鼎昌，戴季陶（這是一位親日賣國理論的製造者，南京親日文治系的靈魂，同時和法西德國又有極密的來往）等無恥勾結向民主和反日力量做猛烈反攻之前，我們急乎要做到下面幾項工作：

第一，我們應當要求蔣介石先生立刻回京主持大計制止親日官僚的陰謀活動，對陝事務期第一步達到他所主張的「和平辦理，保全國力」（見時事新報一月十四日）的目的。要求他完全履行他所答應於西北軍民的各項要求，聽從人民和友邦（如英美報紙所表示的）善意勸告，罷免一切親日份子，引用宋子文，馮玉祥，及其他主張抗日救國的政治人員。我們特別希望蔣先生對於青年將領的行動要多負責任。因爲青年將領固然愛國情切，然而因爲平素缺乏政治訓練，一時激於感情，易爲敵人和敵人的走狗利用。目前政學系官僚（他們基本的口號是第一步以蔣倒黨，第二步是以政倒蔣——所謂「政」即指政學系）正在利用青年將領對於陳立夫陳果夫先生的不滿，拚命拉攏，要他們脫離蔣先生的部勒，直接受敵人的指揮。我們希望蔣先生對此嚴加注意，務使青年將領所統率的六十四師七八十萬精銳步隊成爲眞正抗敵的中心步隊，而不做西班牙的叛軍（現在日德拚命要使中國變爲西班牙第二，使南京成爲摩洛哥）。

第二、我們要揭發敵人及親日派官僚的一切陰謀，要把「驅逐親日派滾出政府」的口號提到第二位。（第一位是「驅逐日本帝國主義滾出中國！」）這是消極的一面。在積極方面，人民的救亡團體應當跟上層的反日人物（如宋子文，孔祥熙，孫科，馮玉祥，李宗仁，白崇禧，張學良等）保持更密切的聯系，應當使他們了解他們如果沒有人民的援助，決不能使政府政策有所改變；同時人民如果要求抗日救亡的最後勝利，也非得到那些領袖的澈底合作不可。同時，我們還希望一切反日的領袖在他們內部之間應當建立最好的聯繫，他們不應當把那種工作當作他們個人的政治活動，而應當把它看作爲要求民族生存而爲全國人民熱烈擁護的巨大工作。他們絕對不能只取消極的守勢，他們對於一切親日派的陰謀進攻應當採取積極的反攻，他們應當知道，親日派的陰謀是爲舉國民衆所唾棄的，而他們的反攻和進攻都是人民熱烈擁護的。

第三、中國人民應當正確地運用友邦的援助。現在蘇聯固然不必說它，英美法國對於中國的政治正在採取積極的關心態度。英美等國對於中國的援助自然極有限度，而且在基本上還是爲了它們自身在遠東的利益。不過我們決不能藐視這種援助。我們以爲中國一旦和暴日大規模作戰，我們在金融財政上，在

图 2-8 《民众报》1937 年 1 月 16 日头版

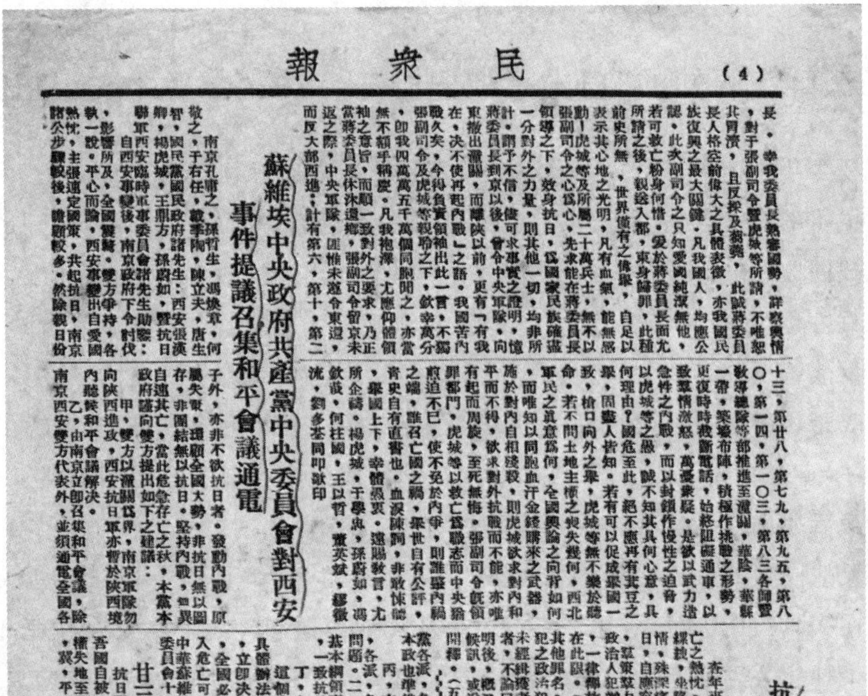

民眾報　（4）

蘇維埃中央政府共產黨中央委員會對西安事件提議召集和平會議通電

抗日聯軍臨時西北軍委會——釋放政治犯通令

廿三區各縣長擁護抗日

图 2-9　《民众报》1937 年 1 月 16 日第四版

该版刊发《苏维埃中央政府共产党中央委员会对西安事件提议召集和平会议通电》。

五、鲜为人知的“日本反战同盟”出版的《士兵之友》月刊

在当年全面抗日战争的抗日大军中，有一支鲜为人知的特殊队伍——一批觉悟了的日军俘虏，他们毅然加入中国人民反侵略战争的行列，这就是“日本反战同盟”。它是一个由在华日本人组织的反对侵略的国际主义队伍，被中国老百姓称为“日本八路”。

反战组织陆续建立，遍及敌后抗日战场。其中，1940年7月7日在日共中央代表野坂参三（抗日战争胜利后，曾任日共中央委员会第一书记、名誉主席。笔者注）直接领导下成立的“在华日人反战同盟延安支部”，实际上起到了作为整个敌后战场日本反战同盟总部的作用。

反战同盟的反战活动，主要是发动宣传攻势，瓦解日军士兵，唤起日兵觉醒。在实际工作中，反战盟员结合日本的民族习惯和日兵思乡厌战心理，创造了几十种斗争方法，直捣日军的心理防线。到1945年8月，共发展建立了2个地方协议会、4个地区协议会、20个支部，盟员达1000余人。抗日战争末期，反战盟员积极投身受降工作。他们向日军士兵发出通电，号召他们向八路军、新四军投降。各地支部将通电印成传单，大量向日军散发，并反复向抵抗士兵喊话，叫他们放弃抵抗。同时认真安顿被解除武装的日军士兵，为他们消除疑虑，安排生活，联系遣返。抗战胜利后，各联盟解散，除一部分留在中国参与建设外，大部分反战盟员陆续回国，继续从事中日友好工作。

《士兵之友》月刊为“在华日人反战同盟延安支部”的机关刊，为日文版，1940年秋在延安创刊，4开4版铅印，每月出版一期，后改为半月刊。其宗旨主要是向日本士兵和八路军、新四军中的日俘宣传中国共产党及其领导的八路军、新四军抗日部队对待日本人民的态度和立场，以及优待反战日人、宽待日俘等政策，指明中日战争的性质，揭露日本法西斯对日军官兵的政治欺骗，消除日军官兵对中国共产党和八路军、新四军的疑虑和误解，激发其反战意识。从1942年起，《士兵之友》的发行对象逐步扩大为整个侵华日军部队中的士兵。由八路军等抗日武装的敌军工作部门和各地日本反战同盟

组织以散发传单的形式发出该刊。1945 年 9 月停刊，共出版 60 多期。

这份《士兵之友》月刊号外出版于 1941 年 6 月，为小 16 开单面日文铅印（图 2-10）。号外的题目为《日本南进，我们的兵队》。

这份非常珍贵的具有重要史料价值的号外见证了日本帝国主义“南进”企图的覆灭。

图 2-10　《士兵之友》月刊 1941 年 6 月号外

第三章 晋察冀抗日根据地报刊

一、敌后抗日根据地的第一声号角——《晋察冀日报》

《晋察冀日报》是在敌后抗日游击战争极端困难的环境中创刊，伴随晋察冀边区根据地一起发展壮大起来的。它从1937年12月11日创刊，到1948年6月14日终刊，坚强地战斗了10年6个月，是中国共产党在敌后抗日根据地创刊最早、连续出版时间最长的党报之一。

《晋察冀日报》创刊时名为《抗敌报》，1940年11月7日根据地成立3周年时更名为《晋察冀日报》。早期油印和石印的《抗敌报》由于印刷量小，报社又处于游击办报时期，因此存留于世的为数极少。笔者藏有一份出版于1938年6月30日的第51期石印《抗敌报》(图3-1)。

《晋察冀日报》(含《抗敌报》)在10余年里先后出版和编辑过20余种副刊，其中最具代表性的是《晋察冀日报》出版的第一个文艺副刊，也是晋察冀抗日根据地的第一个文艺刊物——《海燕》，创刊于1938年10月26日。

笔者所存的一期《海燕》出版于1939年，封面标有“1”字样(图3-2)。根据“后记”所说，这应该是《海燕》的复刊号。

在《晋察冀日报》副刊发挥积极作用的同时，随着抗日战争进入战略相持阶段，正报也开始了它的大发展时期。1939年1月，中共中央北方局成立，

《晋察冀日报》旋即成为北方局机关报，以彭真为首的北方局决定扩大《晋察冀日报》，为加强内外通讯工作，单独成立了晋察冀通讯社，培养和锻炼出一支初步适应敌后游击办报的新闻队伍，建立起游击办报中机动灵活的新闻机构。原本是隔日刊的《抗敌报》，克服重重困难，改为在敌后游击战争中能天天出版的《晋察冀日报》。1944年12月15日，毛泽东发表《1945年的任务》，向敌后军民发出了扩大解放区、缩小沦陷区的号召。《晋察冀日报》配合这一时期根据地的发展形势，在1945年6月28日发表社论《晋察冀扩大解放区的新胜利》，并做了综合报道。7月5日发文报道抗战第八年晋察冀军区的战绩。

1945年6月28日出版的第1803期《晋察冀日报》在头版和第二版刊发了社论《晋察冀扩大解放区的胜利》(图3-3)。

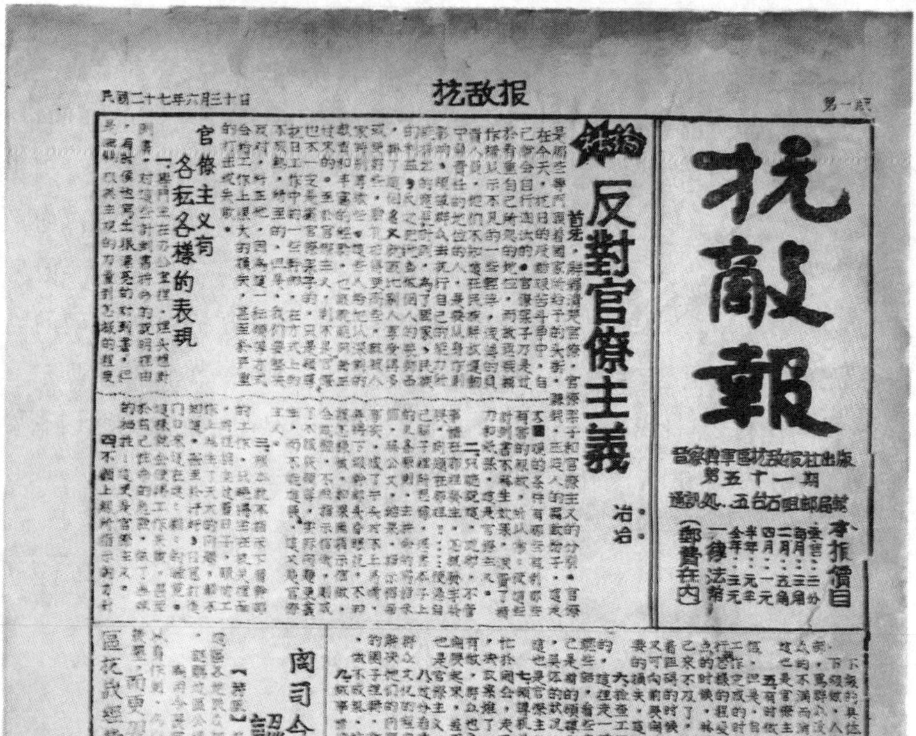
民國二十七年六月三十日 抗敌报 第一版

抗敵報

晉察冀軍區抗敵報社出版

第五十一期

通訊處、五台石咀郵局轉

社論

反對官僚主義

岩岩

官僚主义有各種各樣的表現

司令長官認購边區公債十万元

图 3-1 《抗敌报》1938 年 6 月 30 日头版

该报为晋察冀军区机关报。

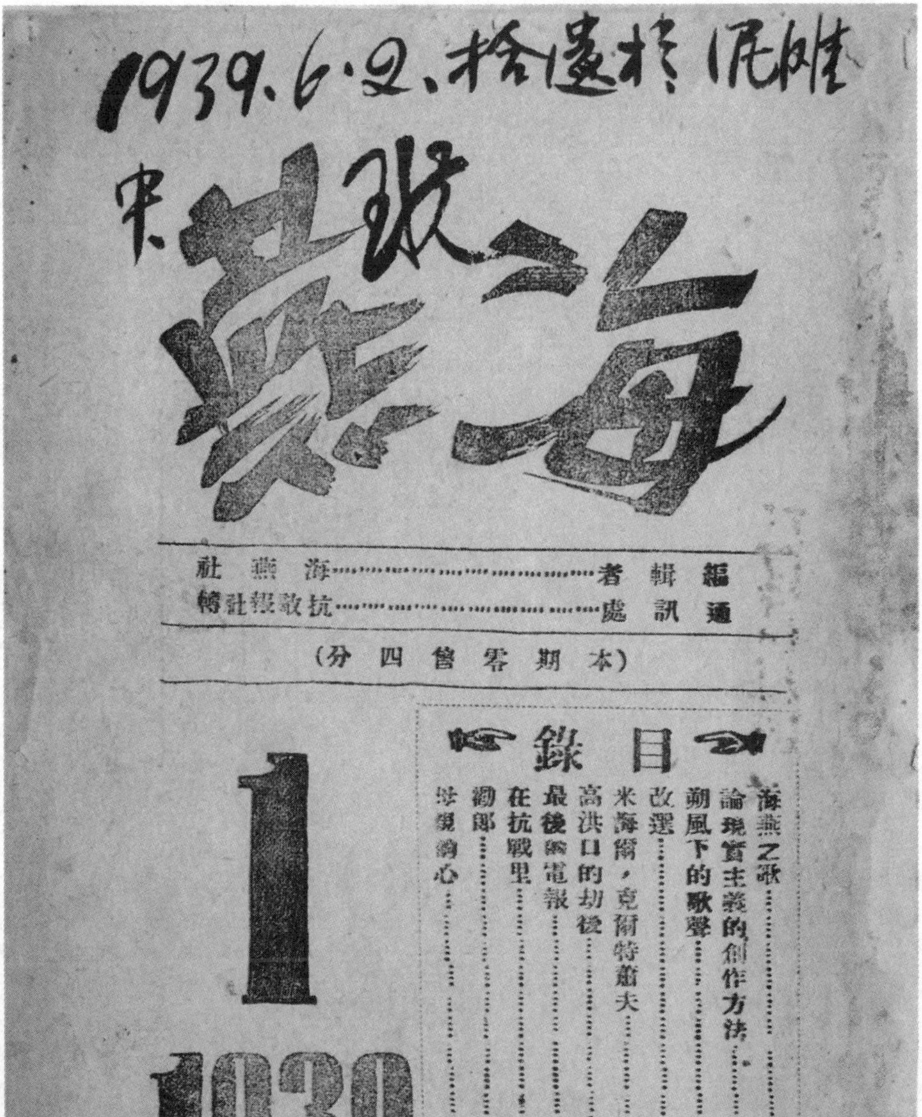

图 3-2　《海燕》1939 年 1 月复刊号

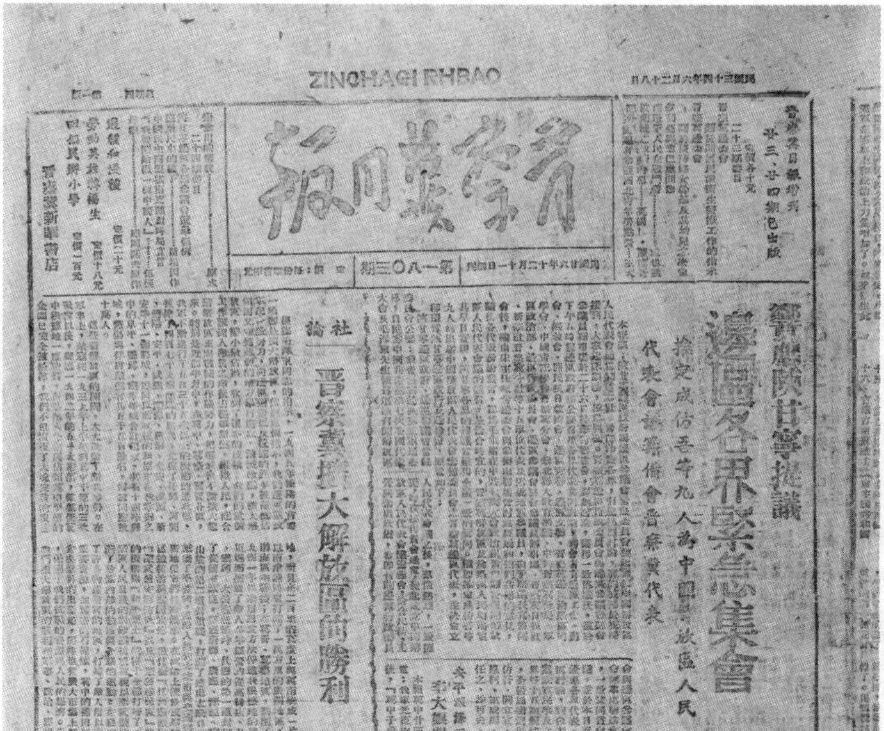
ZINCHAGI RHBAO

晋察冀日報

響應陝甘寧提議

邊區各界緊急集會

推定成仿吾等九人為中國解放區人民代表會議籌備會晉察冀代表

社論 晉察冀擴大解放區的勝利

我在妙峰山廟會上進行盛大宣傳活動

图 3-3 《晋察冀日报》1945 年 6 月 28 日头版

该版刊发《晋察冀扩大解放区的胜利》。

二、在极端艰难的敌后平原抗日根据地出版的《冀中导报》

《冀中导报》是中共冀中区委机关报，1938 年 9 月 10 日在任丘县陈王庄创刊，初名《导报》，1949 年 2 月更名为《河北日报》。1949 年 8 月 1 日与《冀南日报》《冀东日报》合并为新的《河北日报》。

1941 年 10 月 27 日的第 362 期《冀中导报》，四开四版石印（图 3-4），该期报纸在“地方新闻”的第三版头条刊登了新闻《十八集团军总部朱、彭、罗、陆电全国褒扬伟大马母》（图 3-5）。（马母是指抗日民族英雄马本斋的母亲。）

1945 年春，冀中平原敌后抗日根据地的形势大大好转，区党委决定停办各地委报纸，恢复《冀中导报》。6 月 15 日，《冀中导报》在饶阳县长流庄再次复刊。报纸开始为石印，同年 8 月 13 日改为铅印四开四版日报，发行量由石印时的 2200 份迅速发展到 2.2 万份，遍及冀中各县农村。报纸复刊后，正是抗日战争胜利的前夕。该报集中报道了八路军一系列大小战役胜利的消息。《冀中导报》在这一时期还突出宣传贯彻党的七大精神，发表了毛泽东《对日寇的最后一战》的声明，下达了朱德对日寇开展大反攻和向解放区周围敌伪招降的紧急命令等，报道了八路军在胜利形势下积极开展建军活动、大生产运动以及我党我军开辟扩大根据地工作的方针政策和工作经验等。

《冀中导报》作为冀中八百万军民的喉舌，在艰苦卓绝的抗日战争时期，始终把我党我军保卫、巩固和发展冀中平原敌后抗日根据地的一系列方针政策和胜利的消息传播给广大军民，成为鼓舞抗日军民开展对敌斗争、联系和发动群众的重要武器。

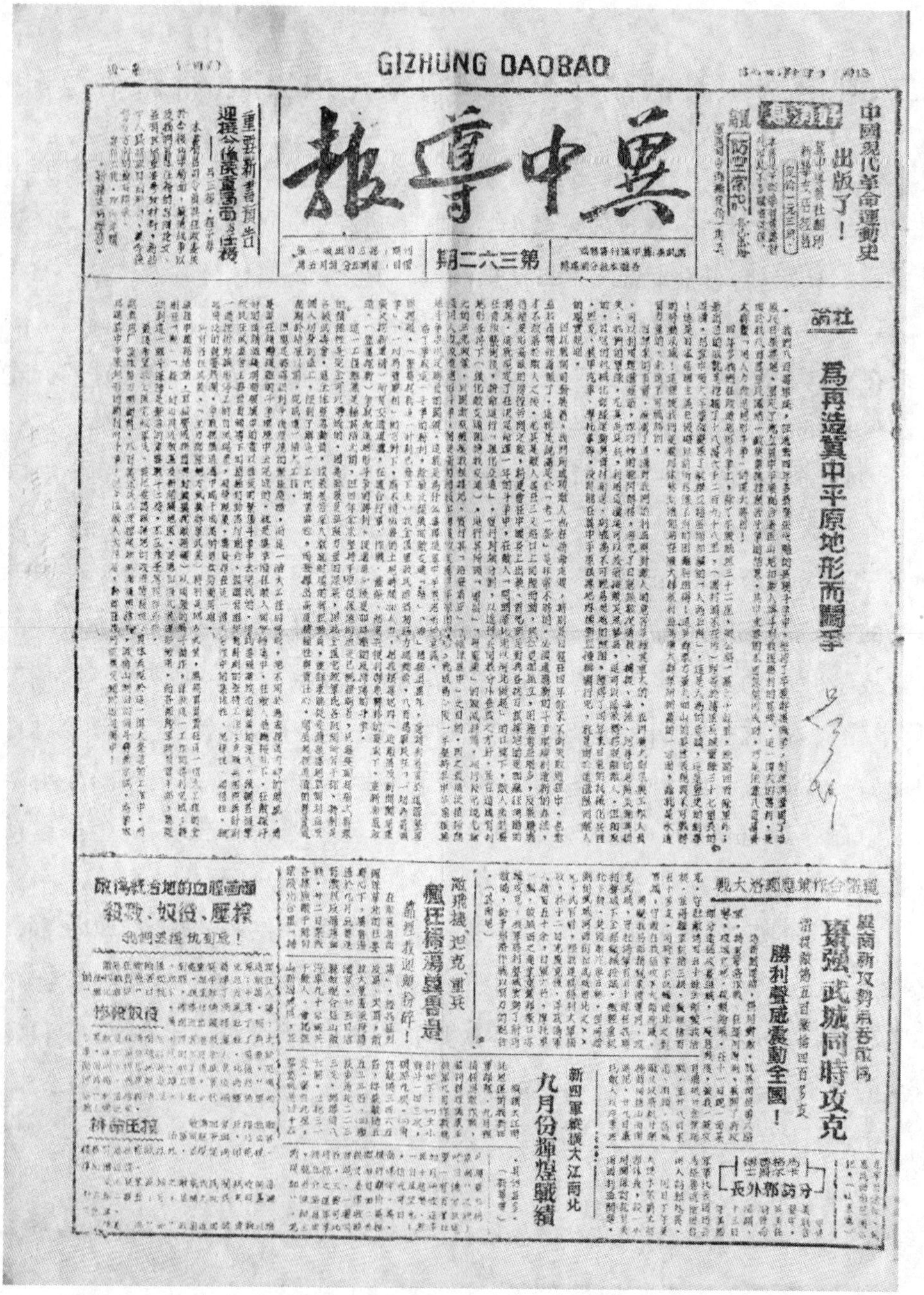

GIZHUNG DAOBAO

冀中導報

第三六二期

中國現代革命運動史 出版了！

社論 為再造冀中平原地形而鬪爭

冀南新攻勢展開 棗強、武城同時攻克

勝利聲威震動全國！

新四軍縱橫大江南北 九月份輝煌戰績

敵飛機、坦克、重兵 瘋狂獵掃晉察冀邊區

敵偽統治地的血腥畫圖 殺戮、奴役、壓搾

图 3-4　《冀中导报》1941 年 10 月 27 日头版

GIZHUNG DAOBAO

十八集團軍總部

朱、彭、羅、陸、電全國褒揚偉大馬母

中國人民中有這樣的母親
是中華民族絕不滅亡的鐵証！

全區掀起改造地形狂潮

石德路上的一幕破擊戰

八專署召開宣教聯席會

冀中子弟兵
四年來輝煌交通戰績
（1937.9.——1941.9.30）

參加民眾	1663959人
破壞路次數	146次
破壞路里數	335里
挖公路次數	1729次
挖公路里數	16170里
平溝次數	186次
平溝里數	782里

图 3-5　《冀中导报》1941 年 10 月 27 日第三版

该版刊发《十八集团军总部朱、彭、罗、陆电全国褒扬伟大马母》。

三、开敌后抗日根据地大型摄影画报先河的《晋察冀画报》

《晋察冀画报》是抗日战争时期敌后根据地出版的第一个以刊载新闻照片为主的大型摄影画报，1942 年 7 月 7 日在河北平山县一个叫碾盘沟的地方创刊。主要创办人沙飞，是我军历史上第一位战地摄影记者。

《晋察冀画报》的出版，在各抗日根据地、国统区、沦陷区，甚至世界上的一些国家和地区，造成了不同程度的影响。该画报创刊后，《晋察冀日报》以《文化的鲜花》一文，详细介绍了《晋察冀画报》出版的经过，对《晋察冀画报》给予了很高的赞誉。

《晋察冀画报》发行到部队，指战员都把它当作珍贵的活教材，在战士中宣讲，在战地传阅，并把它作为重要文件交专人认真保管。发行到地方，同样受到欢迎和重视，他们常常召开会议，把《晋察冀画报》作为重要文件进行阅读、讨论；大家看到自己出版的反映边区人民抗战生活的精美画报，无不欢欣鼓舞。在游击区、沦陷区，《晋察冀画报》也有着重大影响；武工队经常携带画报在群众中进行宣传，产生了巨大的政治影响，使受尽日寇欺辱的群众在黑暗中看到了光明。《晋察冀画报》传到北平、天津、保定等城市，由党的地下工作者在工人、学生中秘密组织传阅，有些进步的青年受到画报影响，投奔解放区。《晋察冀画报》传送到日伪内部，起到了瓦解军心、动摇斗志、宣传教育的作用，有些厌战的日本士兵受到正义的感召，带上画报向八路军投诚，有些受骗的伪军受到教育，弃暗投明。《晋察冀画报》在国外也产生了一定影响，争得了反法西斯盟友、人民和海外侨胞的同情和支持。据一位美军观察组的人员说，他们来中国之前，偶然看到一本 1942 年 7 月 7 日出版的《晋察冀画报》创刊号，知道在华北侵华日军的后方有一块八路军的根据地，所以主动要求到这块根据地来视察，要目睹这里的一切。

笔者珍藏着一本《晋察冀画报》创刊号（图 3-6）。创刊号用晋察冀军区的名义出版，16 开本。全本画报共发表新闻照片 160 多幅，用汉、英两种文字做说明。

《晋察冀画报》创刊号比较全面地记载了晋察冀敌后抗日根据地军民5年来战斗和建设的情况。主要内容有：八路军初创晋察冀抗日根据地的各场战斗战役，包括黄土岭大战、大龙华战斗、百团大战、陈庄大战；收复涞源、蔚县、喜峰口、平型关、紫荆关、妙峰山、西斋堂等城镇要隘的场面；我军部队的军旅生活；群众支前，青年参军，军民血肉相连鱼水情深的关系；边区生产运动、民主政权建设；艺术、教育、文化、出版事业的发展；日本侵略者犯下的残暴罪行；外宾来访、八路军优待俘虏、日本反战同盟与支部活动。除此之外，画报还刊用了三组可歌可泣、感人至深的历史镜头。

第一组镜头：

以《纪念国际反法西斯伟大战友诺尔曼·白求恩博士》为题，用10张照片报道了国际共产主义战士白求恩带领医务队援助西班牙反法西斯战争和在中国抗日前线救治伤员的可歌可泣的故事，以及他去世时晋察冀根据地军民隆重追悼的场面。（图3-7，图3-8）

第二组镜头：

画报中用4幅照片，以《将军与幼儿》为题，记述了八路军晋察冀军区司令员聂荣臻救护日本小姑娘的事迹。（图3-9）

1940年8月，为了摧毁以正太铁路为主的交通命脉，打击日寇的有生力量，八路军总部发起了著名的“百团大战”。聂荣臻率领的晋察冀军区攻击的重点是井陉煤矿和娘子关。在攻打井陉煤矿的战斗中，八路军战士从战火中救出了两个失去父母的日本小姑娘，大的五六岁，小的不满周岁，还受了伤。聂司令员知道后，立即叫前线部队把孩子送到他那里。他对战士们说：“虽然敌人残忍地杀害了我们无数同胞，但这两个孩子是无辜的，她们也是战争的受害者。我们一定要好好地照料，绝不能伤害日本人民和他们的后代。”两个日本孤女很快被送到了指挥部。聂荣臻决定把她们送回石家庄的日军指挥部，让日方把孩子转送回国，交给她们的亲友。临行前的一天，聂荣臻和这两个孩子一起照了相。他还亲笔写了一封信给日军官兵，信中说：“中国人民决不以日本士兵及人民为仇敌。……我八路军本着国际主义精神，至仁至义，有始有终，必当为中华民族之生存与人类之永久和平而奋斗到底……”

第三组镜头：

画报中采用了4幅照片，报道了狼牙山五壮士气壮山河的故事（图3-10）。

《晋察冀画报》在抗日战争期间，一共出版了8期。笔者还收藏了1945年4月出版的第8期《晋察冀画报》（图3-11）。

可以说，该画报是晋察冀抗日军民8年战斗历程的缩影。它生动地概括了晋察冀敌后抗日根据地民主政权建设与人民享受民主权利的真实面貌，充分表现了八路军拥护民主政府、爱护人民，人民群众拥护八路军、优待抗日军人家属的军民鱼水情，用无可辩驳的事实，向全世界爱好和平的人民揭露和控诉了日本法西斯在晋察冀所犯下的种种惨无人道的暴行。它的创刊，不仅为全民参与抗战发挥了巨大的宣传鼓动作用，而且开创了中国红色摄影出版事业之先河，为抗日根据地乃至新中国的新闻摄影和画报出版事业做出了巨大贡献，有着重大的历史功绩和深远的历史意义。

图 3-6　《晋察冀画报》1942 年 7 月 7 日创刊号

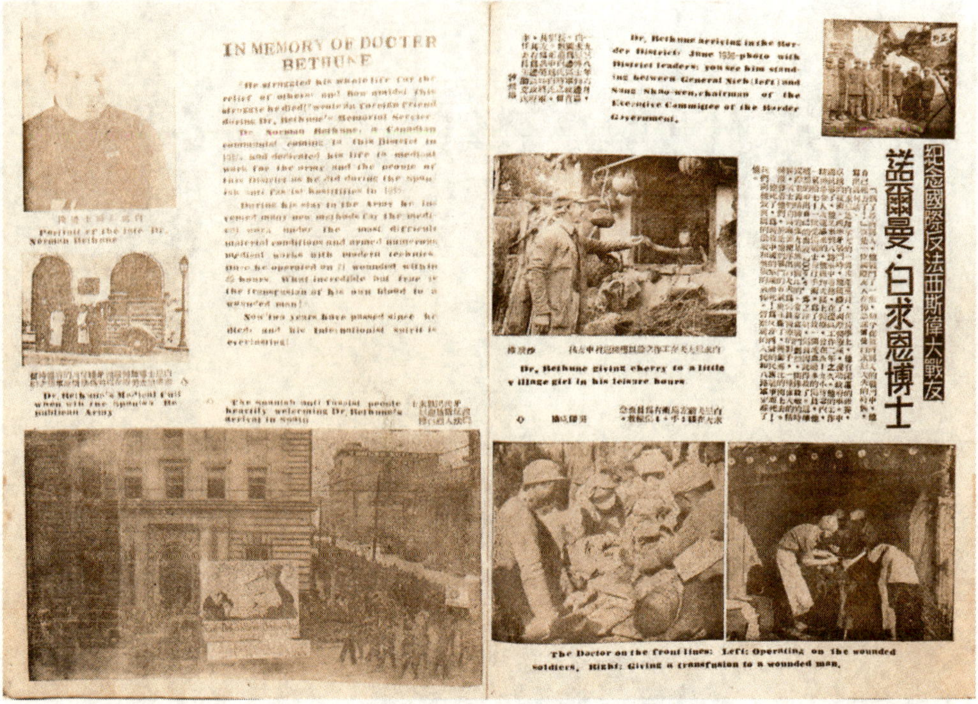

IN MEMORY OF DOCTER BETHUNE

"He struggled his whole life for the relief of others and how amidst this struggle he died!" wrote a foreign friend during Dr. Bethune's Memorial Service.

Dr. Norman Bethune, a Canadian communist coming to this District in 1938, and dedicated his life to medical work for the army and the people of this District as he did during the Spanish anti fascist hostilities in 1937.

During his stay in the Army he invented many new methods for the medical work under the most difficult material conditions and armed numerous medical works with modern technics. Once he operated on 71 wounded within 40 hours. What incredible but true is the transfusion of his own blood to a wounded man!

Now two years have passed since he died; and his internationalist spirit is everlasting!

Portrait of the late Dr. Norman Bethune

Dr. Bethune's Medical Unit when with the Spanish Republican Army

The Spanish anti fascist people heartily welcoming Dr. Bethune's arrival in Spain

Dr. Bethune arriving in the Border District: June 1938—photo with District leaders: you see him standing between General Nieh (left) and Sung Shao-wen, chairman of the Executive Committee of the Border Government.

纪念國際反法西斯偉大戰友
諾爾曼·白求恩博士

Dr. Bethune giving cherry to a little village girl in his leisure hours.

The Doctor on the front lines: Left: Operating on the wounded soldiers. Right: Giving a transfusion to a wounded man.

图 3-7 《晋察冀画报》1942 年 7 月 7 日创刊号

刊登白求恩战地救护照片。

白求恩同志的這種國際主義的精神，值得中國共產黨全體黨員的學習，值得中華民國全國人民的尊敬。

中國共產黨中央委員會

THE INTERNATIONIST SPIRIT OF COMRADE NORMAN BETHUNE IS WORTHY TO BE LEARNED BY ALL CHINESE COMMUNISTS AND RESPECTED BY ALL CHINESE PEOPLE

The Central Committee of the Chinese Communist Party

1. 白求恩博士遺容　劉峯攝（一九三九年十一月九日在邊區謝世享年五十歲）

2. 聶榮臻將軍領導邊區軍民向白氏之無限崇高的革命精神和偉大成績的哀悼儀式。　夏風攝

3. 白求恩之墓落成，邊區八路軍與邊區人民在墓前舉行隆重的追悼大會。　沙飛攝

1. IN SILENCE; YET, IN ETERNITY!
— He died in the early morning on Nov. 9, 1939. —

2. Numbers of soldiers and civilians, led by General Nieh participating in Dr. Bethune's Memorial Service.

3. The army and the people in this Border District offering a formal service to the late Dr. Bethune—an international anti-fascist hero—at his newly-built cemetery.

图 3-8　《晋察冀画报》1942 年 7 月 7 日创刊号

追悼白求恩逝世专页。

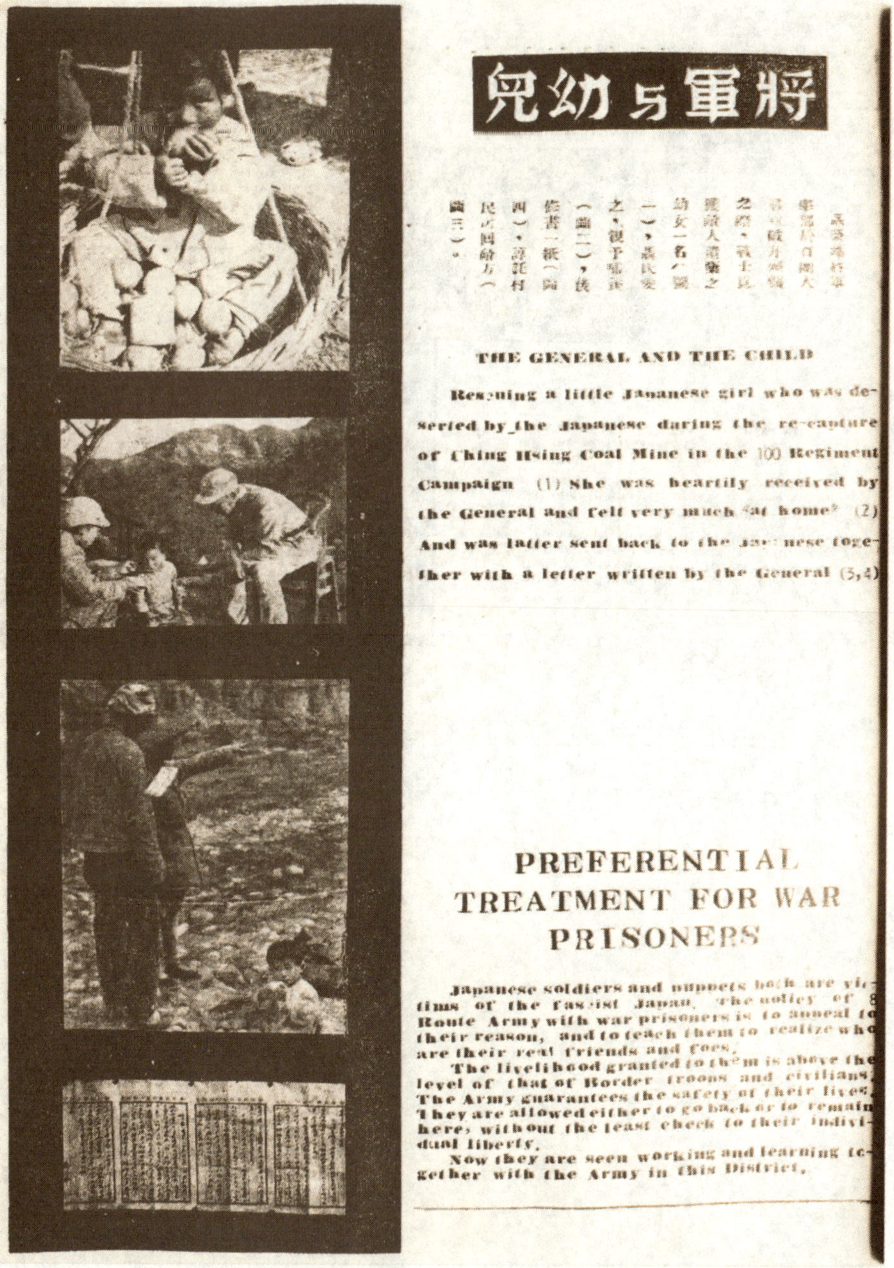

將軍与幼兒

聶榮臻將軍率部於百團大戰攻破井陘礦之役，戰士見獲敵人遺棄之幼女一名（圖一），聶氏愛之，親予照護（圖二），後修書一紙（圖四），請託村民送回敵方（圖三）。

THE GENERAL AND THE CHILD

Rescuing a little Japanese girl who was deserted by the Japanese during the re-capture of Ching Hsing Coal Mine in the 100 Regiment Campaign (1) She was heartily received by the General and felt very much "at home" (2) And was latter sent back to the Japanese together with a letter written by the General (3,4)

PREFERENTIAL TREATMENT FOR WAR PRISONERS

Japanese soldiers and puppets both are victims of the fascist Japan. The policy of 8 Route Army with war prisoners is to appeal to their reason, and to teach them to realize who are their real friends and foes.

The livelihood granted to them is above the level of that of Border troops and civilians; The Army guarantees the safety of their lives; They are allowed either to go back or to remain here, without the least check to their individual liberty.

Now they are seen working and learning together with the Army in this District.

图 3-9 《晋察冀画报》1942 年 7 月 7 日创刊号

报道聂荣臻救护日本小姑娘的事迹。

易水秋風 狼牙山五壯士的故事

THE STORY OF FIVE HEROES

In the Autumn Campaign of 1941, the Japanese attempted to occupy the Wolf Teeth Mountain Range, assembling 2000 men to surround it. 500 men advanced towards the positions of the garrison. A company left five men on the "Chess Board Rock", who were commanded to cover the retreat of the main force. They resisted stubbornly. The enemy violently attacked four times without success and sustained more then fifty casualties. But the five finally ran out of ammunition and could not retreat because of they were on the sheer precipice. At the last moment they smashed their rifles between the boulders, and then leapt over the precipice preferring death to captivity. Three of them died for their country and two survived with injuries and were rescued.

These chivalrous warriors were true to the ideals of the 8 Route Army and worthily manifested their national dignity. The District Headquarters issued orders instructing all troops to learn the spirit of the five heroes, and proclaimed them the five heroes as the "Five Glorious Warriors". A monument was erected to the victims, while medals were bestowed upon the survivors.

（故事請參閱文藝欄 一編者）

左上：狼牙山古跡棋盤陀
左下：隨軍記者訪問目擊五壯士抗敵的老道
右上：五壯士之二右為葛振林左宋學義
右下：發給榮譽獎章：「授獎者為第一軍分區楊成武司令員」。

The "Chess board Rock" on Wolf teeth mountain

Two heroes—Ko chen lin (right) and Sung Hsieh yi (left)

The 8 Route Army journalist inquiring about the 5 heroes from a taoist monk who witnessed their chivalrous resistance

Awarding prize medals to the Survivors

图 3-10　《晋察冀画报》1942 年 7 月 7 日创刊号

刊发狼牙山五壮士的照片和事迹。

图 3-11 《晋察冀画报》1945 年 4 月 30 日第 8 期

第四章　晋冀鲁豫抗日根据地报刊

一、发行时间很短的《太行文化》与《战地文化》

在晋东南抗日根据地，我党曾建立过一个以出版图书杂志为主，兼做其他文化教育工作的出版机构——太行文化教育出版社。《太行文化》与《战地文化》正是该社于1939年创办的发行时间很短的两个刊物。

《太行文化》创刊于1939年5月1日，石印32开，半月刊，每月1日和15日出版。该刊从创刊到同年6月15日终刊，仅出版4期。

《太行文化》终刊号(图4-1)内容比较丰富，栏目有社论、街头剧、诗歌、通俗唱词、话剧，以及半月大事记等，该期与声讨汪精卫有关的文章占了一半多。

社论《反汪除奸消除摩擦，迎接敌人新的进攻》一文，分析了当时抗战军民所面临的形势及任务，指出晋东南地区面临着艰巨、复杂的斗争形势。社论最后针对存在的问题，提出了应对措施及政治方向，以此来迎接汉奸和外敌新的进攻，打破他们的里应外合，粉碎他们的一切阴谋毒计，与其做无情的斗争。

《战地文化》创刊号，是"抗战二周年纪念专号"(图4-2)。《战地文化》也为32开本，麻纸石印。封面设计为斜"十"字形图形，图中一位骑马的军官，带领挥舞大刀或手握刺刀长枪的战士们，冒着炮火硝烟，在有狮雕栏杆的桥上向前冲去，很显然描绘的是卢沟桥“七七”事变的场景。这期创刊号因又是抗战二周年纪念专号，所以纪念抗战的文章占了一半多篇幅，体现出了“战斗化、大众化、地方化”的特色。

《战地文化》创刊之时，正遇日军对晋东南抗日根据地进行第二次“扫荡”。日军这次对晋东南抗日根据地进行的大规模“扫荡”，使用兵力之多，持续时间之久，是前所未有的。根据现有的资料分析，《战地文化》在出版了创刊号后，因遇日军的大“扫荡”而停刊，未再继续出版。

图 4-1　《太行文化》1939 年 6 月 15 日终刊号(第 4 期)

图 4-2 《战地文化》1939 年 7 月 1 日创刊号

抗战二周年纪念专号。

二、129 师在晋冀鲁豫根据地创办的《战场报》

八路军 129 师创办的《战场报》，1941 年创刊，1945 年抗战胜利时停刊，一共出了近 200 期。《战场报》是一份有编辑而没有编辑部的军队报纸，主要报道国内抗日斗争情况，包括揭露日本侵略者烧杀抢掠的滔天罪行，以及国际要闻等。至于 129 师所属部队的战斗活动情况，表扬模范人物、战斗英雄，宣扬有关部队建设的新鲜经验，批评一些不健康言行等，更是《战场报》不可缺少的内容。

1942 年是根据地战斗最为频繁、最为艰苦的一年。《战场报》重点反映了敌占区人民群众的爱国呼声和配合抗日根据地对敌斗争的情况，系统地报道了敌后武工队的动人事迹，向根据地全体军民说明了敌人一定会失败，我们必将取得胜利的道理。

1943 年，根据地又经历了几十年来罕见的蝗灾和旱涝灾。在同虫灾、天灾的战斗中，《战场报》尽了宣传者和组织者的职责。为了生产抗灾，曾经在美国勤工俭学的农业博士、老共产党员、129 师政治部生产部部长张克威，为《战场报》写稿，推广河南大学农学院的优良麦种、美国的金皇后玉米和番茄等高产农作物。《战场报》介绍了若干改善部队伙食的可行办法，还具体介绍了怎样识别各类野菜，以及怎样烹调等生活常识。

1944 年，抗日军民不仅继续以拼搏斗争精神遏制与粉碎了敌人的“扫荡”与“蚕食”进攻，而且主动出击，发动了攻势作战。在这一年里，《战场报》系统报道了部队按照延安经验，从解决官兵关系着手，在上下一心、团结无间的基础上，开展官教兵、兵教官、教学相长的大练兵情况。报纸另一个报道的重点是突出宣传了全区党政军民劳武结合、杀敌立功的英雄模范事迹。出版于 1944 年 9 月 2 日的第 74 号《战场报》（图 4-3），头版头条就是社论——《开展部队的新英雄主义运动　热烈迎接全区杀敌英雄劳动英雄大会》。

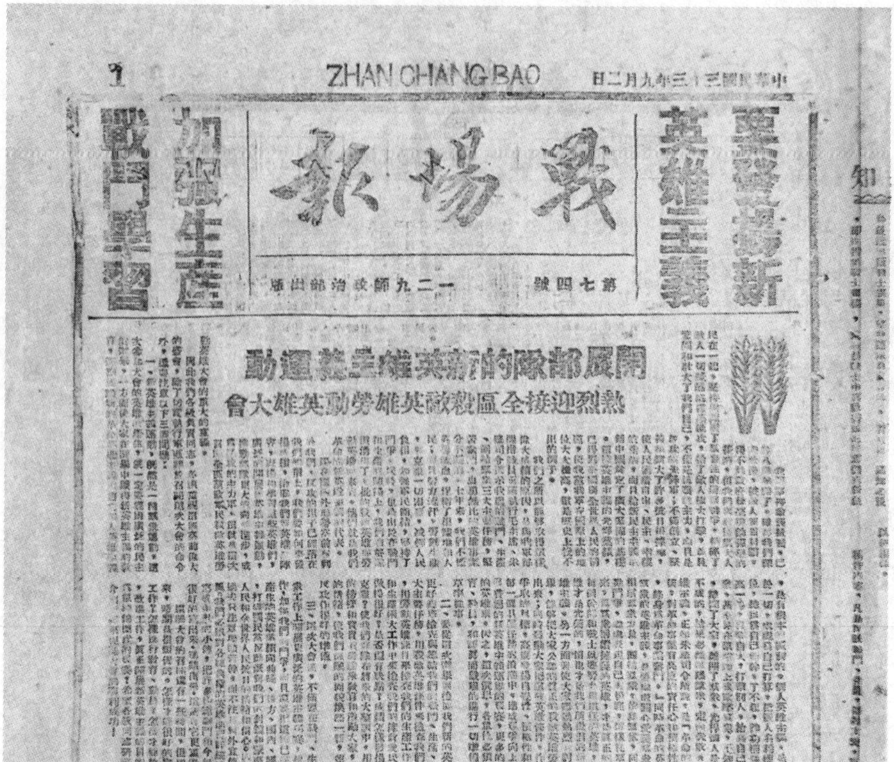
中華民國三十三年九月二日　ZHAN CHANG BAO　1

戰場報

第七四號　一二九師政治部出版

開展部隊的新英雄主義運動

熱烈迎接全區殺敵英雄勞動英雄大會

獎勵戰鬥模範　創造戰鬥英雄

勝利即將到來，加緊提高自己！

图 4-3　《战场报》1944 年 9 月 2 日头版

三、揭秘八路军太行军区情报战线历史的《情报汇刊》

出版于 1945 年 2 月的《情报汇刊》，是八路军太行军区司令部为进一步加强情报组织工作，使之成为我军战争指导和战斗胜利的基础而创办的。该刊物对外保密。

该刊创刊号为 16 开铅印本，纸张采用很精细的棉麻纸，封面以红色为主基调（图 4-4）。创刊号总结了 1944 年太行区敌情，指出了 1945 年情报斗争的任务，并附有华北敌情标图（图 4-5）、太行军区敌情标图（图 4-6）、太原敌军事设备图（图 4-7）。

从对该刊创刊号刊载的内容分析，其对敌伪军事设施、武器装备、组织机构、兵力布置、人员数量、战斗战役等情况掌握得非常详细。这是太行区军民，尤其是我军情报战线人员多年出生入死、机智英勇斗争得来的，为太行区军民有效打击日伪军、取得胜利创造了极为有利的条件。

这本《情报汇刊》创刊号具有非常重要的军事和文物史料价值，特别是其中存留下来的 17 幅敌情标图及城市军事设备详图，为研究和考证当年敌人留存的建筑物等提供了可靠依据。

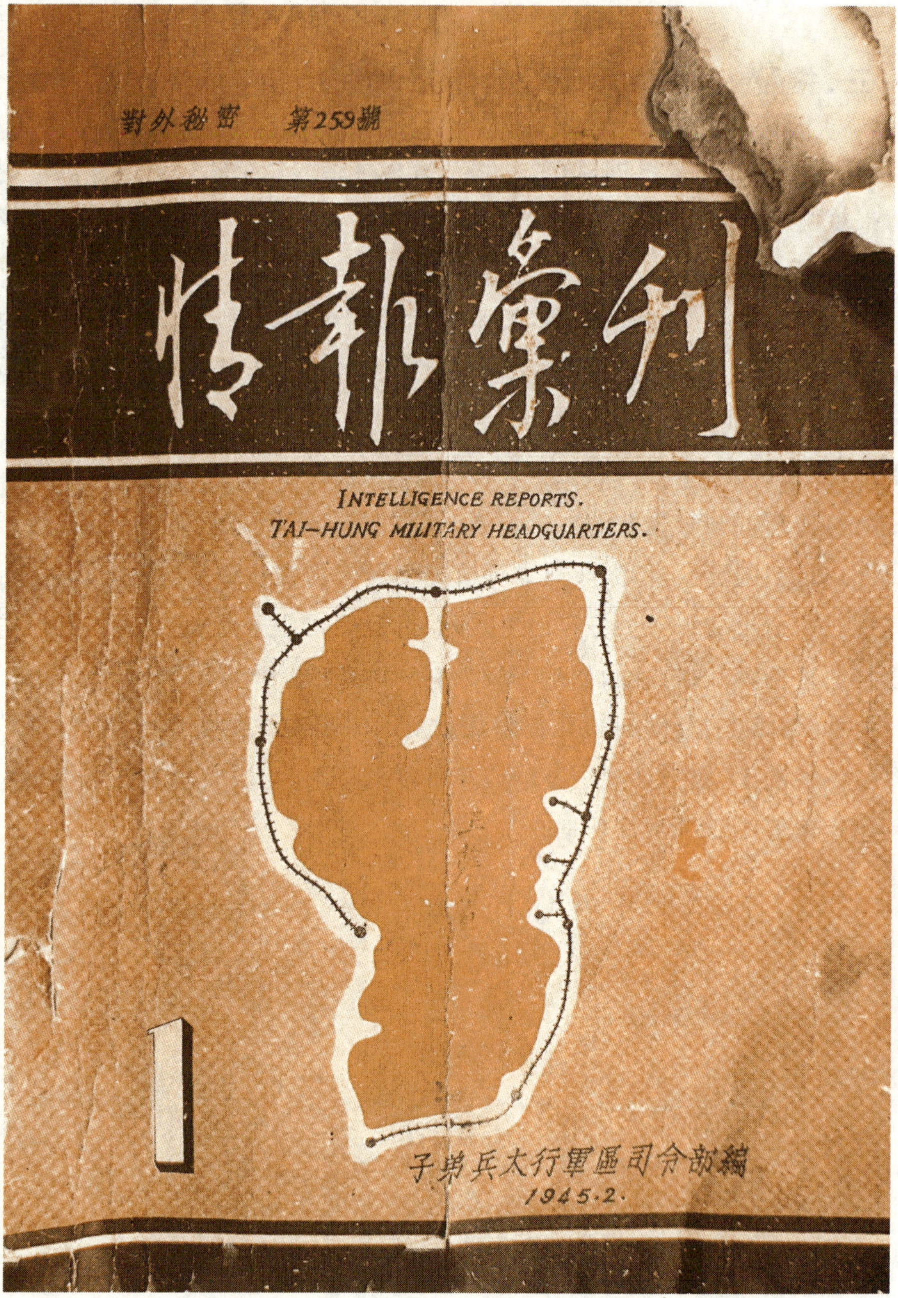

图 4-4 《情报汇刊》1945 年 2 月创刊号

图 4-5 《情报汇刊》1945 年 2 月创刊号刊登的 1945 年 1 月华北敌情标图

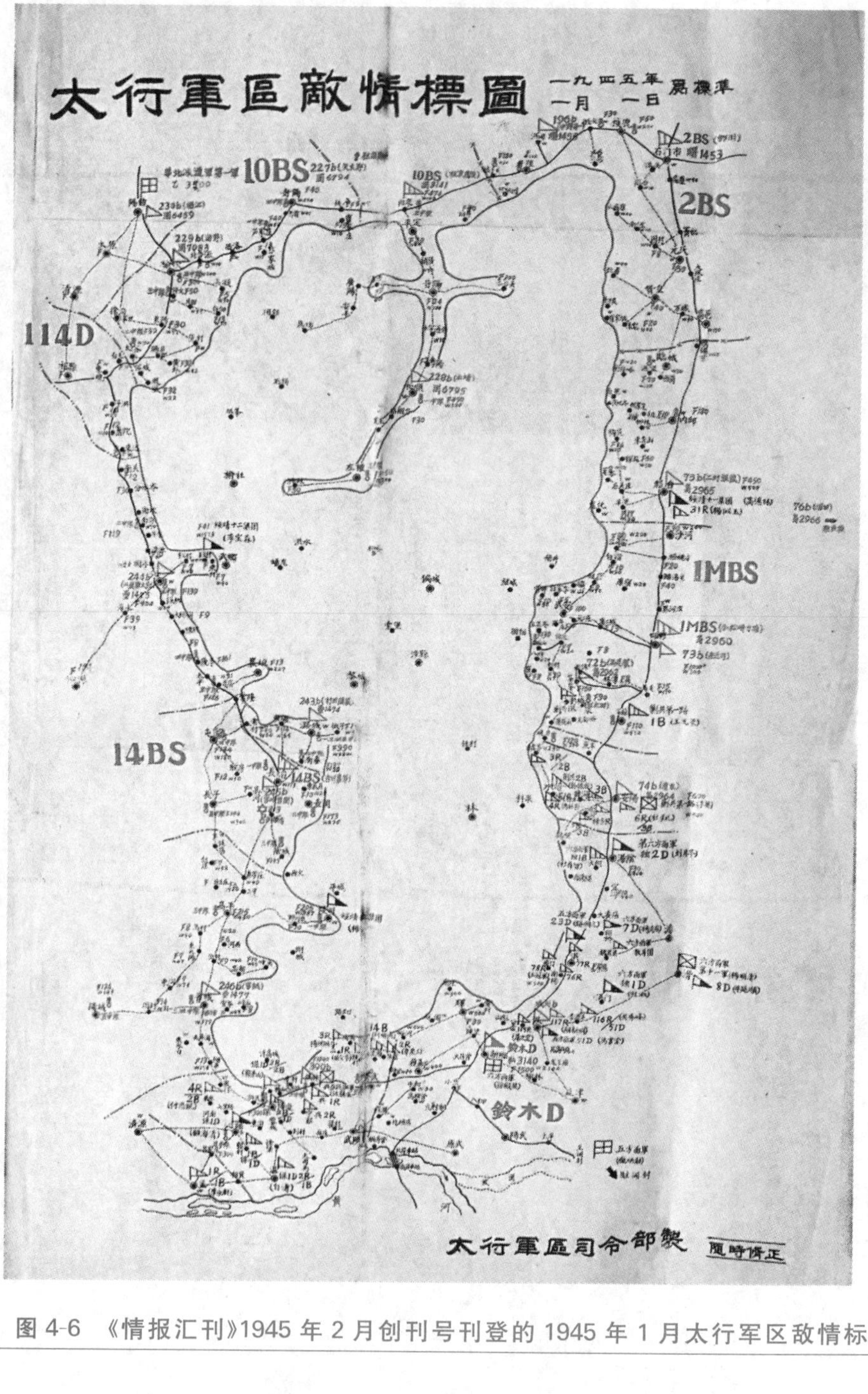

图 4-6 《情报汇刊》1945 年 2 月创刊号刊登的 1945 年 1 月太行军区敌情标图

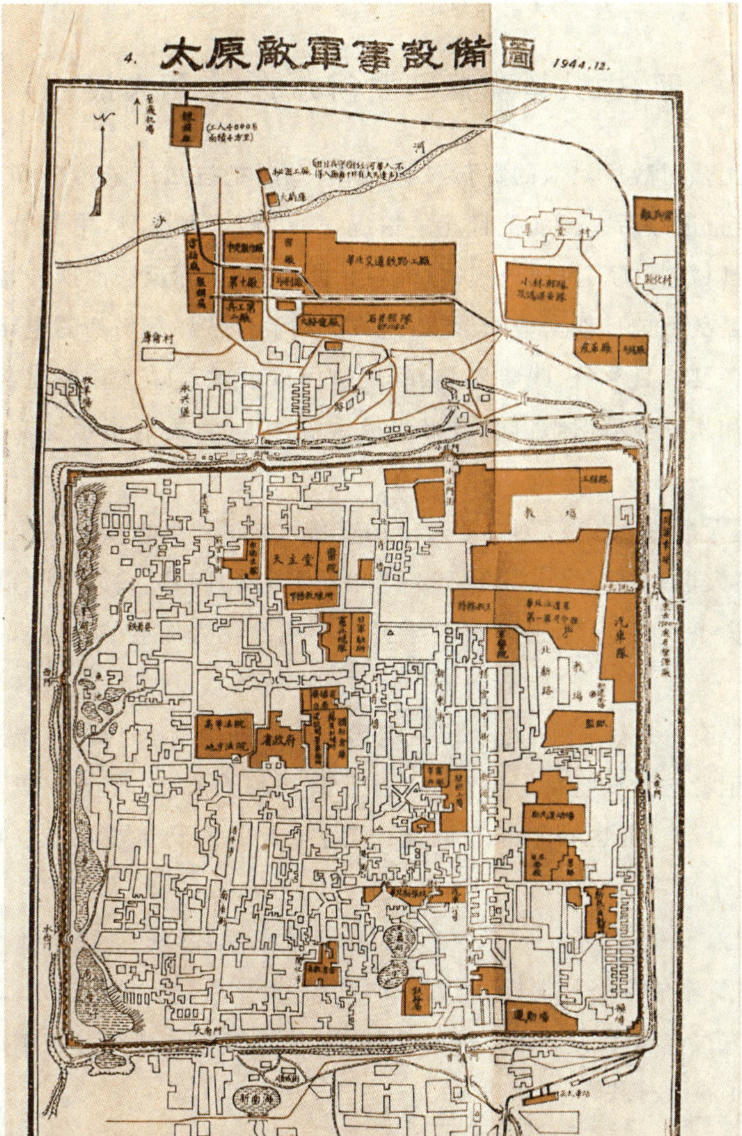

图 4-7　《情报汇刊》1945 年 2 月创刊号刊登的 1944 年 12 月太原敌军事设备图

四、中共晋冀豫区委创办的《中国人报》

为了加强对敌后民众的宣传教育工作，及时把抗敌消息传播到广大民众中去，宣传报道敌后军民的抗日斗争情况，1938 年 5 月 1 日，中共晋冀豫区委在沁县故县村创办了《中国人报》。内容大体包括：国际反法西斯斗争的形势，国内特别是敌后抗日根据地的形势，这方面的稿件依靠新华社的电讯编辑；晋冀豫边区各县抗日斗争、武装群众、政权建设以及减租减息等报道，依靠各县委宣传部和从其他部门聘请的通讯员提供稿件；区党委的指示性文件、社论、短评等。

《中国人报》是太行区创办的最早的宣传抗日的中共区委机关报。

《中国人报》第 83 号出版于 1938 年 12 月 5 日，四开二版，单面铅印（图 4-8）。头版头条新闻是《第三区农救会召开第三次代表大会》，占了头版的 2/3 版面。

头版还有一条《阎卫两司令长官电勉青记太行分会》的新闻，报道了中国青年新闻记者学会太行区分会于 11 月 7 日在长治成立，曾电各军事长官致敬，国民政府第二战区司令长官阎锡山、副司令长官卫立煌均来电嘉勉的情况，并刊载了简略电文。

《中国人报》尽管只存在了 8 个月，但它在宣传党的抗日民族统一战线的主张，揭露日军的暴行和汉奸、顽固派的阴谋，指导敌后抗日根据地政权建设，歌颂广大人民群众不屈不挠的抗战精神，以及组织和推动抗日救国的斗争等方面发挥了重要作用。

中華民國廿七年十二月五日

ZHUNG GUO RHEN BAO

中國人報

第三區農救會

召開第二次代表大會

討論鞏固團結促進緊急動員各問題

通過請求政府改善人民生活諸要案

一致通過擁護蔣閻衛朱彭諸領袖長官領導抗戰到底

切實執行合理負担，逐漸減租減息，改善人民生活。

——民族革命十大綱領——

槍決漢奸

值得各處學習的晉城第四區工作

閻衛兩司令長官電勉青記太行分會

成立閱報室讀者會

图 4-8 《中国人报》1938 年 12 月 5 日头版

五、太岳抗日根据地宣传战线的旗帜——《太岳日报》

太岳敌后抗日根据地是八路军的中枢根据地之一,《太岳日报》于 1940 年 6 月 7 日在沁源正沟村创刊,至 1944 年 3 月底共出版 369 期。

这是一张 1940 年 6 月 11 日出版的《太岳日报》第 3 期,可惜左侧有少许破损(图 4-9)。此期仅印了一版,以抗旱为主题。头条文章为社论《全体军民动员起来,急救旱灾》,通讯有《三区专署发起浇地下种突击运动》。其他新闻有洪洞通讯《洪赵基干队大战李堡店》,安泽通讯《沁县一区成立文化图书馆》,本报特讯《晋东南总工会征集技术工人,参加生产建设》,新华社八日电:牺盟总会由陕西宜川县经晋西北兴县转移到黎城县办公。

这份报纸的发现,无疑可填补《太岳日报》最初创刊时的一期空白,非常珍贵。

《太岳日报》创刊于抗日战争最艰难困苦的时期。1942 年 10 月 20 日,日军对太岳区发动秋季大"扫荡",占领了太岳区心腹之地沁源县城,准备长期驻扎,建立所谓的"山岳剿共实验区"。沁源抗日军民在区党委领导下,展开了针锋相对的斗争,对日军开展了长达两年半的"围困战",给日军以一次又一次的沉重打击。沁源围困战是中外战争史上的奇迹,它成为对占领我心腹地区之敌进行斗争的范例。在这次围困斗争中,《太岳日报》对沁源军民的斗争情况和经验进行了连续而系统的报道,充分显示了新闻宣传对于推动实际工作的巨大作用。

《太岳日报》第 198 号出版于 1942 年 1 月 3 日,刊登了中共太岳区委书记安子文撰写的文章《迎接一九四二年》(图 4-10)。文章首先回顾了欧洲战场、太平洋战场的情况,接着回顾了太岳抗日根据地一年来的成果以及还存在的问题,然后提出了在 1942 年根据地建设所要做的工作。

1943 年 7 月 6 日出版的《太岳日报》第 315 号,为四开二版单面,主要的一篇文章是《中国共产党中央委员会为抗战六周年纪念宣言》(图 4-11)。宣言首先分析了反法西斯同盟国方面的有利形势,其次分析了法西斯侵略国方面的显著变化，最后发表了中共的意见：应该加强作战，整个中国战场实际上被划为正面与敌后两大战场，这两个战场是相互援助的；还应该加强团结，改良政治，发展生产。

在抗日战争即将迎来胜利曙光的时候，太岳区党委决定将石印《太岳日报》改版为铅印报。1944 年 4 月 1 日，《太岳日报》以《新华日报》（太岳版）的新形象与太岳人民见面了。这时期报纸的宣传重点是报道和反映扩大解放区、缩小敌占区方面的各种工作和斗争，报道边区在政治、军事、经济、生产、生活等方面取得的巨大成就。另外，在紧跟形势方面也做了大量的宣传报道，如大举反攻的动员和准备，对党的第七次代表大会的宣传，放手发动群众进行减租减息和生产互助，日本帝国主义的投降情况等。《新华日报》（太岳版）的出版一直持续到 1949 年 3 月 31 日，共出版 856 期，从 4 月 1 日又复名《太岳日报》起到 8 月 23 日止，共出 85 期。

对于这一时期的报纸，笔者介绍两份出版于抗日战争时期的《新华日报》（太岳版）。

一份是 1945 年 2 月 19 日的《新华日报》（太岳版）第 104 号，这一期在头版刊载了新华社延安 14 日的一篇电文《克里米亚会议圆满结束　斯罗邱发表联合声明》（图 4-12）。

另一份是出版于 1945 年 9 月 7 日的《新华日报》（太岳版）第 196 号（图 4-13）。这一期的第一、第四版用少见的蓝色油墨印刷，是因为这一期报纸有特殊的纪念意义，第三版上刊登有《斯大林命令鸣炮　庆祝对日战争胜利》《合众社描述日本签字投降情景》《日本投降书原文》等重要新闻，以引起读者的关注（图 4-14）。

中共太岳区委创办的《太岳日报》及《新华日报》（太岳版）发挥了巨大的新闻舆论作用，成为太岳抗日根据地宣传战线的一面旗帜。

图 4-9　《太岳日报》1940 年 6 月 11 日头版

TAIYE-RHBAO

民國三十一年一月三日

太岳日報

第一九八一號

迎接一九四二年

新禧

太岳日報社全體同人敬賀

图 4-10 《太岳日报》1942 年 1 月 3 日头版

该版刊发《迎接一九四二年》。

TAIYO-RHBAO

太岳日報

第三一五號

本期新聞摘要

中國共產黨中央委員會

為抗戰六週年紀念宣言

图 4-11　《太岳日报》1943 年 7 月 6 日头版

该版刊发中共中央《为抗战六周年纪念宣言》。

新華日報
太岳版
克里米亞會議圓滿結束
斯羅邱發表聯合聲明
決定從東西南北最後打敗德國的計劃
讓各國人民自由選擇他們的政權形式

图 4-12　《新华日报》(太岳版)1945 年 2 月 19 日头版

该版刊发《克里米亚会议圆满结束　斯罗邱发表联合声明》。

图 4-13　《新华日报》(太岳版)1945 年 9 月 7 日头版

庆祝抗战胜利专版。

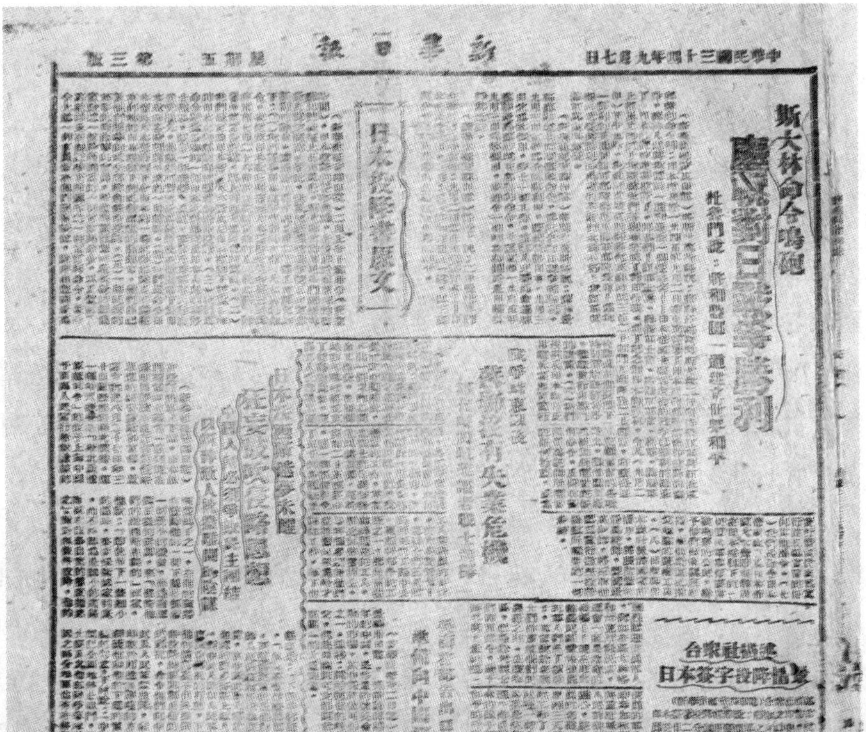
新華日報

日本投降書原文

图 4-14　《新华日报》(太岳版)1945 年 9 月 7 日第三版

该版刊发《日本投降书原文》。

六、《火炬》照亮晋鲁豫

《火炬》是中共晋城中心县委主办的机关刊物，创刊于 1938 年 6 月，32 开 18 页，麻纸绿色石印，社址在晋城县东大阳镇，主编王静海（舒群）。晋城中心县委负责领导晋城、阳城、沁水和高平路西地区的党组织。

笔者收藏的一册《火炬》为 1938 年 10 月 1 日出版的第 7 期（图 4-15）。该期内容有陈毅（钱毅）写的《日益迫近的二次世界大战》；有大智的《抗日与剿匪》，文中对晋鲁豫根据地及晋城的土匪在日军行动时为虎作伥、欺压百姓、破坏治安的罪行进行了无情揭露，并要求抗日驻军坚决镇压铲除；有长治《战斗日报》总编秦春风写的专稿《谨向“冀豫晋”边区文化工作者的同志们提一个议》，建议边区文化工作者组织起来，成立一个联盟，领导文化人投入抗日洪流；有通讯《陕甘宁参观团在阳城》，详尽介绍了参观团在阳城的活动情况和受到的热烈欢迎；最后一篇是金沙江写的《由晋城到长治的路上》，文章赞扬晋长路沿线群众在党的领导下，为防止汉奸破坏活动，在各个路口、村口设岗哨查路条，有着较高的政治觉悟。

另外，刊物还登有新书预约广告数条，其中有毛泽东的《论持久战》和朱德的《抗日游击战争》。《火炬》终刊于 1938 年底。

图 4-15　《火炬》1938 年 10 月 1 日第 7 期

七、《战斗》在冀豫晋省

《战斗》杂志最初系中共冀豫晋省委机关刊物，创刊于1937年11月9日，油印32开本。1938年8月中共冀豫晋省委改为中共晋冀豫区委，《战斗》又成为区委机关刊物。

1942年9月1日，中共中央北方局太行分局成立，邓小平任书记，李大章任副书记。同时，《战斗》从第78期开始改为太行分局机关刊物，64开铅印。太行分局领导着晋冀豫、冀南、太岳、冀鲁豫4个区党委的工作。

1943年10月，中共太行分局撤销，同时将中共晋冀豫区委改为太行区党委，李雪峰担任书记，张磐石担任宣传部长。《战斗》从第86期起又改为太行区党委机关刊物。

《战斗》为不定期刊物，1938年底才出至第4期。1938年8月1日晋冀豫区委曾下发过《对党报决定》的文件，要保证《战斗》在组织内普遍传达到各支部各小组。

笔者存有一份太行区党委于1944年1月20日出版的《战斗》增刊（第21期），64开43页，棉麻纸铅印（图4-16）。内文仅有两篇，即太行军区司令员李达所作《一九四四年的战争指导问题》和《太行军区诸县、区、村各级指挥部暂行工作条例》。

《战斗》于1949年8月19日随太行区党委的撤销而终刊，大约出了120期。它是太行根据地出版时间最长的党内刊物。

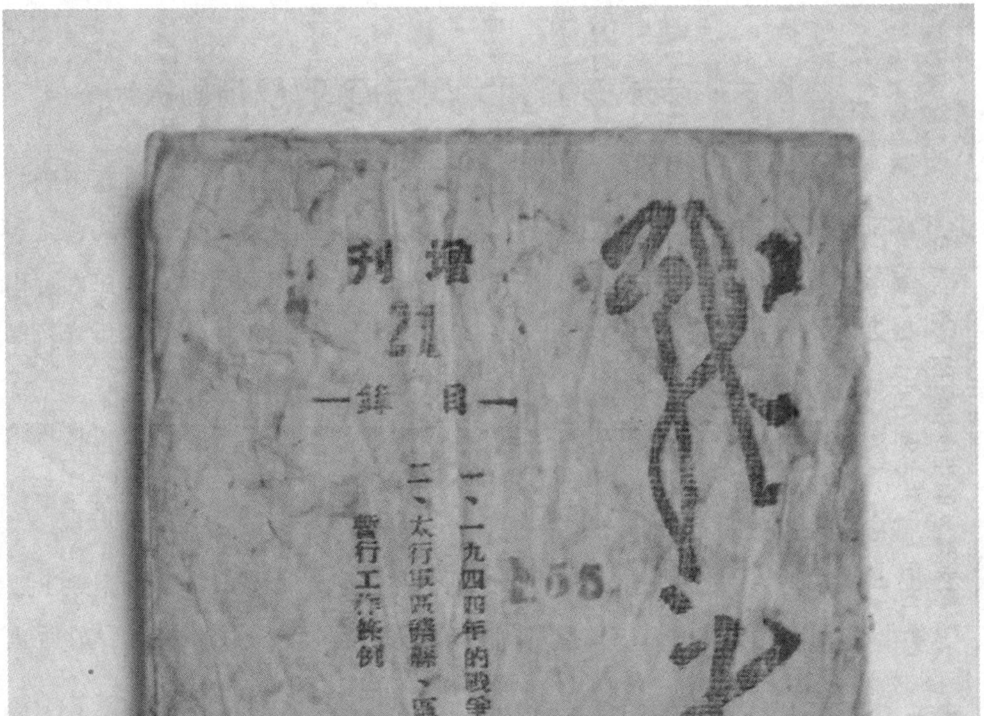

图 4-16　《战斗》1944 年 1 月 20 日增刊

八、图文并茂展现百团大战场面的《战场画报》

《战场画报》是八路军129师政治部为了提高部队的战斗信心，运用画报形式将部队战斗、学习、生活等情况生动形象地展现给大家，便于部队总结经验、克服困难、鼓足干劲，取得抗战胜利而创办的刊物。1943年1月在太行山抗日根据地创刊，是继《晋察冀画报》之后敌后抗日根据地第二个以刊载新闻摄影照片为主的大型综合画报。

由于当时根据地资源极其匮乏，不能采用照相制版技术，因此，《战场画报》只能采用石印技术出版。尽管"印有照片"的愿望尚未实现，但出版了太行山根据地第一份以彩色绘画和木刻画为主要艺术表现手法的画报。

1944年8月出版的《战场画报》第12期，开创了晋冀鲁豫抗日根据地出版"印有照片的画报"的时代，也使《战场画报》成为继《晋察冀画报》之后敌后抗日根据地第二份大型新闻摄影综合画报（图4-17）。

也正是这一期《战场画报》图文并茂展现了百团大战的场面。这一期画报刊登了21幅照片，其中"中国共产党中国人民领袖毛泽东同志"照片（图4-18）和"朱总司令"照片（图4-19），是晋察冀画报社的同志送给高帆的。这两幅照片曾刊登在1943年9月出版的第4期《晋察冀画报》上。该期封面照片展现的是八路军机枪手向榆社县城守敌射击的场面。

其余的19幅照片是高帆拍摄并在晋察冀画报社制成铜版带回后刊登的。这19幅照片中有17幅（包括封面的一幅）是反映129师所属部队在百团大战期间的情况，分以下几组。

第一组有2张照片，同时配有一幅宣传画，反映的是在百团大战以粉碎日寇报复进攻为重点的反"扫荡"作战的第三阶段中著名的"关家垴歼灭战"。第一幅是我们经常在媒体上见到的百团大战的标志性照片——八路军副总司令彭德怀在关家垴战斗中，站在战壕里，手拿望远镜观察战斗的情形；第二幅是八路军野战政治部主任罗瑞卿亲临阵地视察的照片（图4-20）。

第二组有5张照片。第一部分的3张照片是129师指挥这次百团大战的首长：师长刘伯承、政委邓小平、政治部主任蔡树藩；第二部分是“战前动员”和“黎明进军”两张照片（图 4-21）。

第三组有 5 张照片，大题目是“斩断敌寇的血管　打碎敌寇的甲壳”，展现的是抗日军民破坏铁路，炸毁桥梁，摧毁碉堡，攻克榆社县城的场面（图 4-22）。

第四组有 4 张照片和一幅木刻，反映的内容是：“我军攻克榆社城后烧毁敌寇营房”“山西平定县广阳战斗中，收割敌寇电线”“进入战斗之前，老乡亲切指点我们前进的道路”“老乡们自动来抬伤员，在激烈的炮火与敌机扰乱下稍息”“伤员下来后，老乡们亲手喂饭”（图 4-23）。

在抗日战争期间，《战场画报》还于 1945 年 6 月出版了第 13 期。此后，随着抗日战争形势的发展，中共中央于 1945 年 8 月 20 日决定成立晋冀鲁豫军区，129 师并入晋冀鲁豫军区。《战场画报》也光荣地完成了其“鼓舞人民、打击日寇”的历史使命。

图 4-17 《战场画报》1944 年 8 月第 12 期

图 4-18　《战场画报》1944 年 8 月第 12 期毛泽东像

图 4-19　《战场画报》1944 年 8 月第 12 期朱德像

图 4-20　《战场画报》1944 年 8 月第 12 期

图 4-21　《战场画报》1944 年 8 月第 12 期

斬断敵冦的血管

打碎敵冦的甲壳

图 4-22　《战场画报》1944 年 8 月第 12 期

图 4-23 《战场画报》1944 年 8 月第 12 期

九、垂头丧气的日军俘虏跃然《火线通讯》纸上

《火线通讯》为第 18 集团军(八路军)政治部编辑的文化型油印杂志,1939 年 2 月创刊,大 16 开,半月刊。

1939 年 1 月底 2 月初,日军出动 6000 多人,对太行的和顺、辽县(后更名为左权县)地区进行“扫荡”,所到之处烧杀淫掠,无恶不作。八路军在当地党组织和地方武装的配合下,连续打击敌人,迫使日军撤出辽县县城。《火线通讯》就是在这一战火交织的环境里诞生的。

《火线通讯》第 3 期为 1939 年 3 月下旬出版。封面设计为蜡刻画作《辽县之役捉获之俘虏》,一位垂头丧气、双腿受伤的日军俘虏形象跃然纸上(图 4-24)。

该期设有“辽县战斗特辑”“文艺论坛”等栏目。“辽县战斗特辑”有比罗写的报告文学《杜原心》、牧军写的通讯故事《第一个带花》,两篇文章都以宣传颂扬辽县战役杀敌英雄为主题。“文艺论坛”栏内有启刚写的《新的危机》,文中就日本文艺的真实性出现新的危机的情形而发表中日两国文艺问题对比性评论。另一篇为《誓为蒲风复仇》:“噩耗传来,我们的民族诗人蒲风在广州被日本法西斯杀了,对于他的死,我们不仅感到悲痛,而且要誓为他报仇雪恨”。

蒲风原名黄日华,“左联”成员,抗战时期随新四军转战华东,后因积劳成疾,于 1943 年病逝于皖南。而《火线通讯》消息来源有误,说蒲风被日寇于 1939 年杀害了。

图 4-24　《火线通讯》1939 年 3 月第 3 期

十、太行抗日根据地军民的《抗战生活》

《抗战生活》创刊于1939年4月1日，它是一份反映太行抗日根据地军民战斗生活的综合性杂志，半月刊，32开石印，由太行文化教育出版社出版发行，该社设在长治府上街，即现在的著名古建筑上党门北边。

这期《抗战生活》为创刊号。封面为黑红套色木刻，描绘的是一位骑着战马的八路军首长指挥着一支部队前进的雄壮场面。图案由当时著名美术工作者杨角绘制（图4-25）。

创刊号中的栏目有专论、时论、工作经验、文艺、书报介绍和读者信箱等。内容有竹如撰写的《半月国内大事分析》、磐石的《半月国际大事分析》、易君的《紧急形势与紧急动员》专论、李伯钊的《关于紧急动员宣传工作的几点意见》、玉堂的《敌寇扰乱金融之阴谋与我之对策》、史群的《中日妇女要联合反侵略》、欧阳景荣（辽县县长）的《敌人进攻辽县的经验教训》等；文艺栏目里有流焚的《新战士张庚金》、野蕻的《模范绅士》、春风的诗二首。有趣的是创刊词刊登在刊物的最后一页上。

《抗战生活》出至第6期后，遭遇日军围攻长治地区，于当年6月15日休刊。

1940年5月1日《抗战生活》复刊，复刊从第2卷第1期始，16开，铅印。朱德总司令还亲笔题词。1941年12月，《抗战生活》与《华北文艺》合并后停刊，改出《华北文化》。

图 4-25　《抗战生活》1939 年 4 月 1 日创刊号

十一、传播党的抗日民族统一战线主张的《黄河日报》(太行版)

《黄河日报》名义上是山西牺牲救国同盟会长治中心区主办，实际则是在中共抗日五专署党组织领导下编辑发行。办报宗旨是传播党的抗日民族统一战线主张，团结一切抗日力量，发动和组织群众积极抗战。

1939年夏，日军大举进攻晋东南，五专署分两路从长治撤出，一部分(包括黄河日报社)由专员戎伍胜带领向西转移到太岳山区的沁水，另一部由五专署秘书主任杨献珍率领向东转移到太行山区的壶关，并在壶关设立了五专署路东办事处。为给路东人民群众宣传党的方针政策，组建了路东黄河日报社，由杨献珍主任直接领导。两报为了有所区别，路东的《黄河日报》被称为“太行版”。

太行版《黄河日报》通常只有两个版面，总编王春负责编辑第一版，赵树理负责编辑第二版。第二版为综合版，副刊也设在第二版，副刊栏目叫“山地”。

1939年11月6日出版的《黄河日报》(太行版)第42号，正反两个版面，用厚新闻纸石印。报头用行草体书写，报头下方印有“太行版”3个小字。第一版内容有对国际评论的社论，有本报特讯《敌在长治组织少先队运津受训　血性青年纷纷逃避》，以及各县来的通讯等。第二版上部为国际新闻，介绍各国近况。下方为国内新闻，总标题为《天涯海角捷报》，报道全国各地传来的抗敌胜利喜讯，用以鼓舞根据地军民的抗战信心(图4-26)。

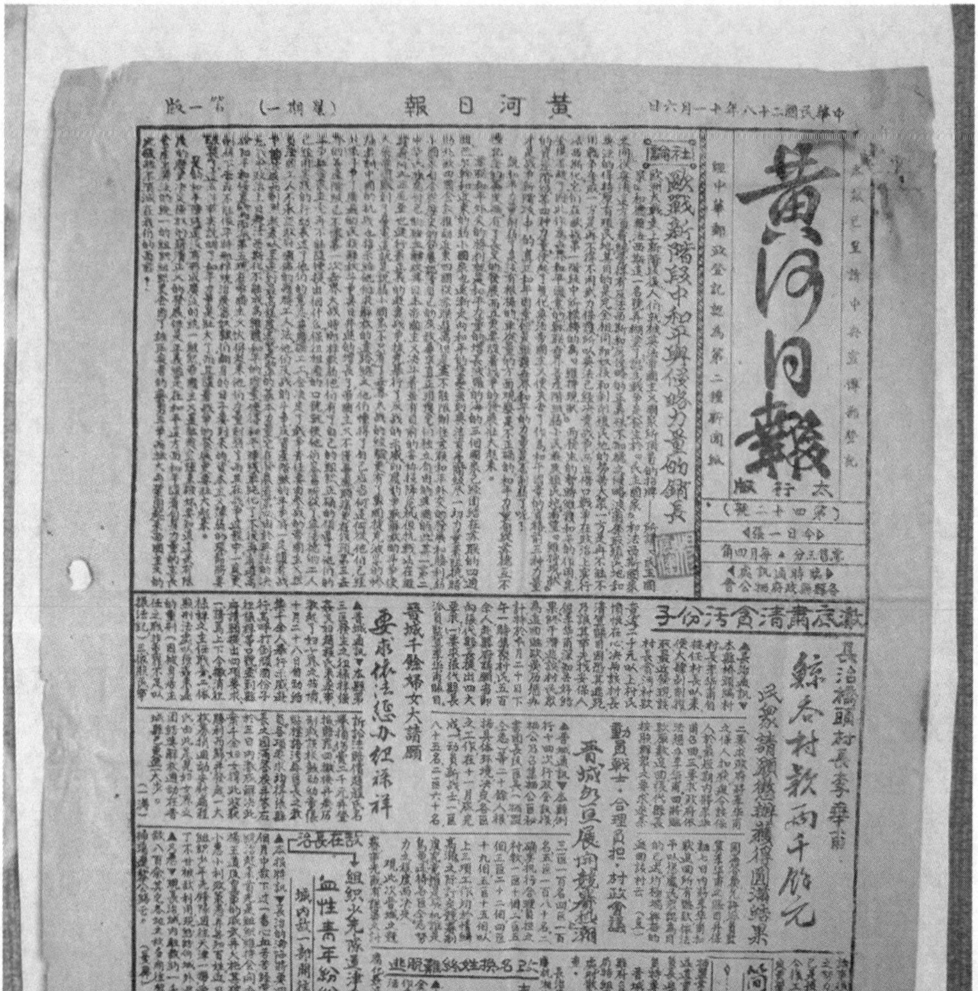
中華民國二十八年十一月六日　黃河日報　(星期一)　第一版

黃河日報

太行版

社論

歐戰新階段中和平與侵略力量的消長

嚴懲貪污分子

鯨吞村款兩千餘元

晉城千餘婦女大請願

要求依法懲辦

血性青年紛紛進步

潞匯平順籌建会

图 4-26　《黄河日报》(太行版)1939 年 11 月 6 日头版

十二、《人民报》："一群高大的中国军民对抗小日本"

《人民报》创刊于抗日战争极度困难时期的1940年5月1日，是中共晋豫太南区委的机关报，报社驻地在平顺县源头村。

该报为四开二版，单面印刷，隔日出版。一版栏目有"太南新闻""各根据地通讯"等，由徐一贯负责。第二版栏目有"国际新闻"，由杜波负责；有副刊"大家干"，由赵树理负责编辑，取名"大家干"喻指这个栏目是为老百姓、为大家而干（办）的。"大家干"内容丰富多彩，有故事、诗歌、卫生常识等一些群众喜闻乐见的题材，语言通俗生动，文风朴实无华，博得了人民大众的喜爱。

1940年7月13日出版的《人民报》第37号，用绿色粉连纸石印（图4-27）。第一版用几乎整版篇幅特载新华社延安7月7日电文，文章是王明（陈绍禹）为纪念抗战三周年撰写的《抗战胜利的唯一保证》。在"太南新闻"栏里刊有本区通讯《林县动委会召开军政民联席会》等新闻。第二版上方为国际版，有美国、德国、罗马尼亚等国新闻，还配有《一群高大的中国军民对抗小日本》的小版画插图。

1941年1月，由于形势变化，《人民报》完成了它的历史使命，从创刊到终刊历时8个月。

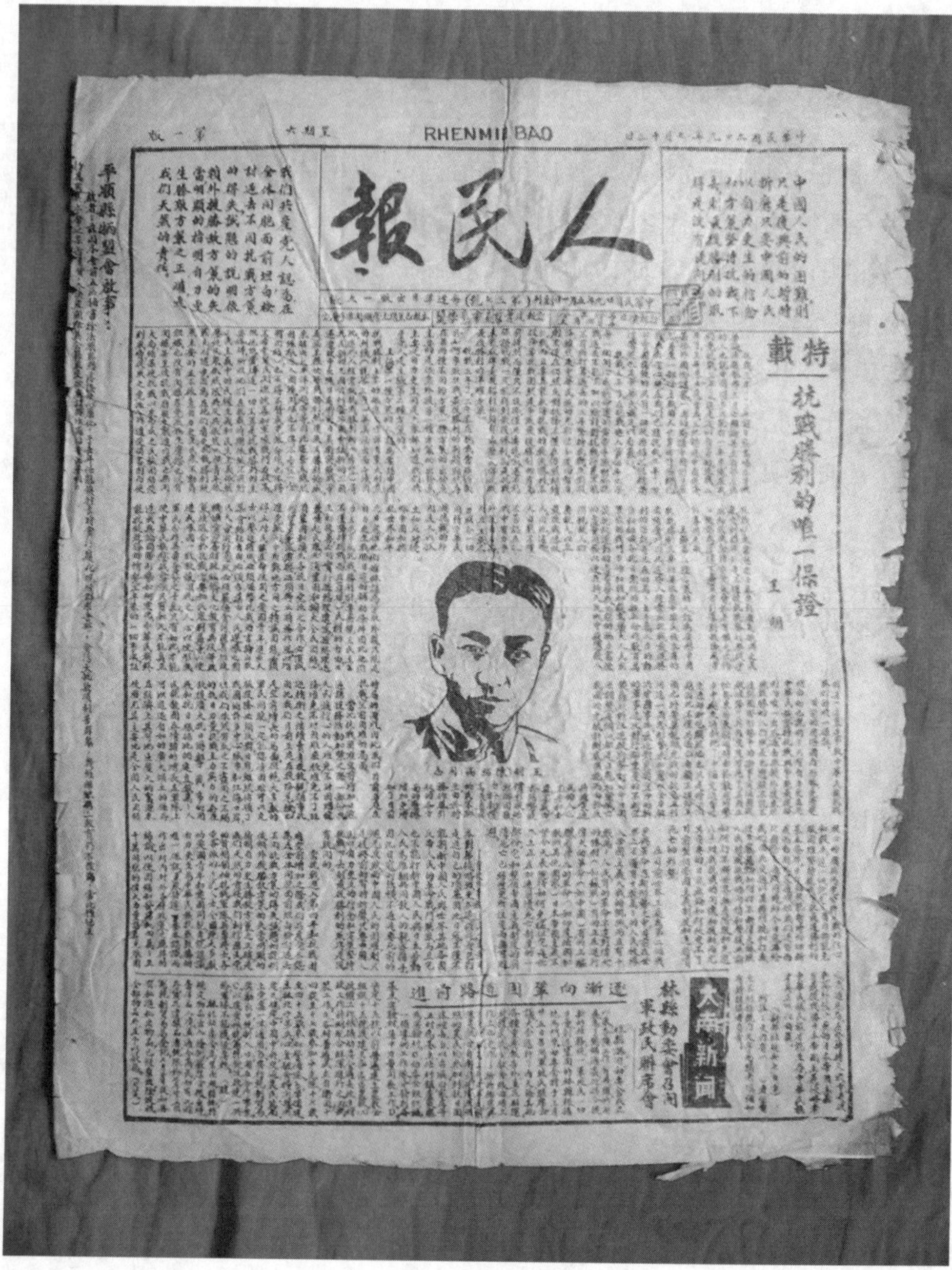

图 4-27　《人民报》1940 年 7 月 13 日头版

十三、《华北交通总攻击战捷报》传喜讯

1940 年，为打击日军对抗日根据地的封锁，由共产党领导的八路军在彭德怀副总司令的直接指挥下，发动了一场规模浩大的华北交通总攻击战，这就是举世闻名的"百团大战"。

由第十八集团军(八路军)参谋处编辑、华北新华日报分馆印刷的第 21 号《华北交通总攻击战捷报》，用红色粉连纸铅印，16 开，单页。出版时间为 1940 年 10 月 3 日(图 4-28)。

经查有关史料，百团大战一开始，华北新华社就派出随军记者出征采访。十八集团军参谋处和华北《新华日报》在短短一个多月时间，连续出版《华北交捷总攻击战捷报》21 期。每期除随《新华日报》发行根据地外，还通过秘密交通线散发到敌占区。

華北交通總攻擊戰

捷報

十月三日

第廿一號

再接再厲發揮英勇堅決精神！

遼榆綫我軍續克管頭

榆社外圍殲敵大戰

紅崖頭寇屍遍野王景村血戰方酣

冀察晉南線敵傷亡逾千

十八集團軍參謀處編　華北新華日報館印

图 4-28　《华北交通总攻击战捷报》1940 年 10 月 3 日第 21 号

十四、太行山上的《华北文艺》

《华北文艺》月刊由中华全国文艺界抗敌协会晋东南分会主办，华北文艺社编辑，1941 年 5 月 1 日创刊，新华书店出版，32 开，铅印，每期 50 页。

主编蒋弼，湖南人，“左联”成员，抗战爆发后曾在徐州、南阳等战区参加抗日活动，1938 年在武汉主编文艺刊物《抗战半月》。1940 年到晋东南敌后领导文协工作，并担任鲁艺文学研究班主任。在 1942 年 5 月的反“扫荡”中不幸被捕，并于月底在太原被日寇残害。

笔者所藏为 1941 年 7 月 1 日出版的《华北文艺》第 3 期。封面为 4 个美术体大字，下部为一幅木刻宣传画（图 4-29）。该期内容完整，其栏目设有“短论”“诗”“报道”等。所载文章绝大多数由当时活跃在太行山的文化界名人撰写。

1941 年底，第 6 期出刊后，因精简机构，经上级组织决定，《华北文艺》与《抗战生活》合并，于 1942 年 1 月改名《华北文化》。

图 4-29 《华北文艺》1941 年 7 月 1 日第 3 期

十五、《太南导报》号召敌占区的年轻人参加抗日

《太南导报》为中共太南地委机关报，1941年3月1日创刊，1942年春终刊。薄麻纸单面石印，八开二版，编辑有何微、梁虹等。报纸的任务是宣传本地区党和政府的文件、批示，揭露日寇的残暴罪行，反映军民的抗敌事迹。

笔者所藏为1941年8月3日出版的《太南导报》第77期，报头套红，双日刊（图4-30）。第一版内容主要针对日军抓壮丁一事，有梁平写的通讯《鬼子到处抓壮丁　黄蹄祥井抓去五人》；另文《敌占区成了人间地狱》报道了“日本侵华四年，兵员损伤逾百万”。为了补充兵源，近日在其占领区抓捕商人及壮丁，送到太原当伪军。对此，报社发表评论《反对鬼子抓青年人》，文中揭露了日寇的抓丁暴行，号召敌占区的年轻人赶快来投根据地，参加抗日活动。同时，五专署也发出救济敌占区青年的布告，凡来投奔根据地的青年同胞，都可得到政府救济。

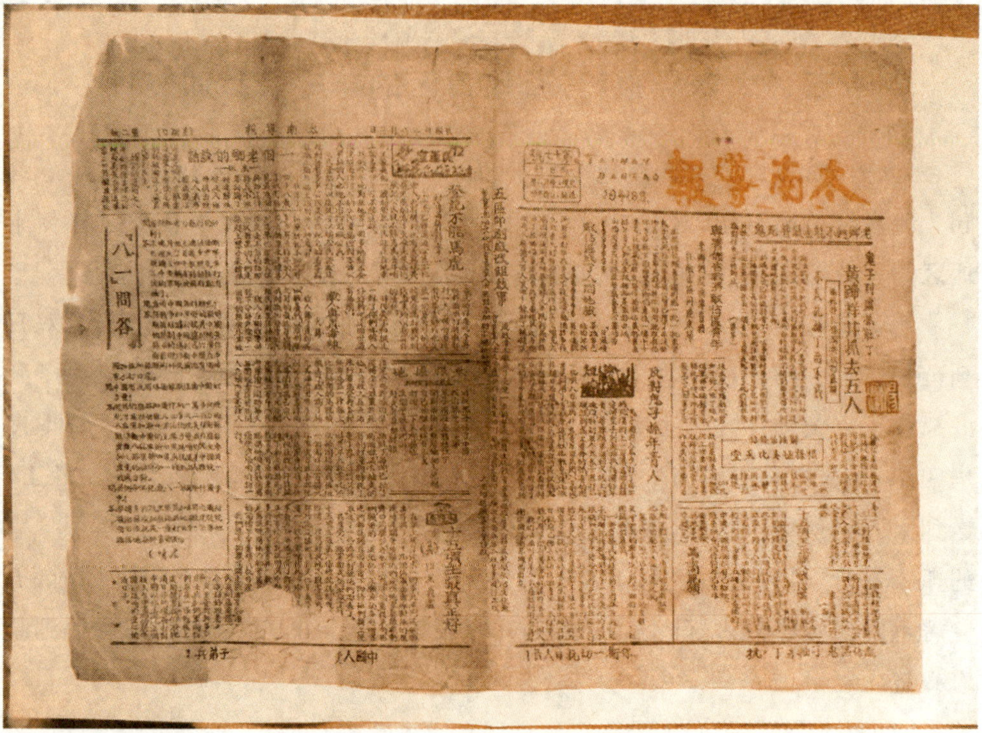
太南導報

“八一”問答

图 4-30 《太南导报》1941 年 8 月 3 日第一、二版

十六、《锄奸小组通讯》上看清汉奸嘴脸

自从八路军开辟太行根据地，敌寇对太行抗日军民恨之入骨。他们经常派出一些化装成百姓的特务、汉奸来根据地刺探军情、造谣惑众、投毒放火，杀害抗日干部及其家属，以达到破坏根据地的目的。对此，边区的各级民主政权都相应组建了打击敌特汉奸的职能机构，“锄奸小组”就是最基层的区村组织。

1941年5月印行的《锄奸小组通讯》第2期，为保密刊物，所以没有注明编辑单位，但从其内容里可察觉出是平北县锄奸部门出版的。该刊为64开14页，粉连纸油印。封面设计为一手持红缨枪，一手握手榴弹的民兵(图4-31)。

刊物内容较为单调，其中《锄奸工作的任务》说，锄奸队员是“革命的卫兵，保卫抗日根据地、保卫抗日民主政权和保卫革命胜利果实的前哨，是肃清镇压反革命敌探与一切破坏分子的人”。《锄奸队员的条件》中要求锄奸队员由“对国家民族最高度的认识和最忠实的人员来担任，要求无限的革命忠诚，决不叛变，绝对忠实于铁的纪律，坚决遵守秘密，执行锄奸政策”。《伪“精建会”是什么东西？》揭露了“精建会”是日本特务机关领导下的一支专门捣乱破坏根据地的汉奸特务组织，他们有“太阳旗”“会员证”等。《将走上正规化的二区》介绍了为巩固抗日根据地二区是如何执行锄奸政策的，并号召全县向二区学习看齐。最后有《笔后谣》，即锄奸口号：有了汉奸哟啊报告，千万不要叫走脱了！

这册秘密小刊物，可随时学习，随时隐藏，非常适合战时携带。

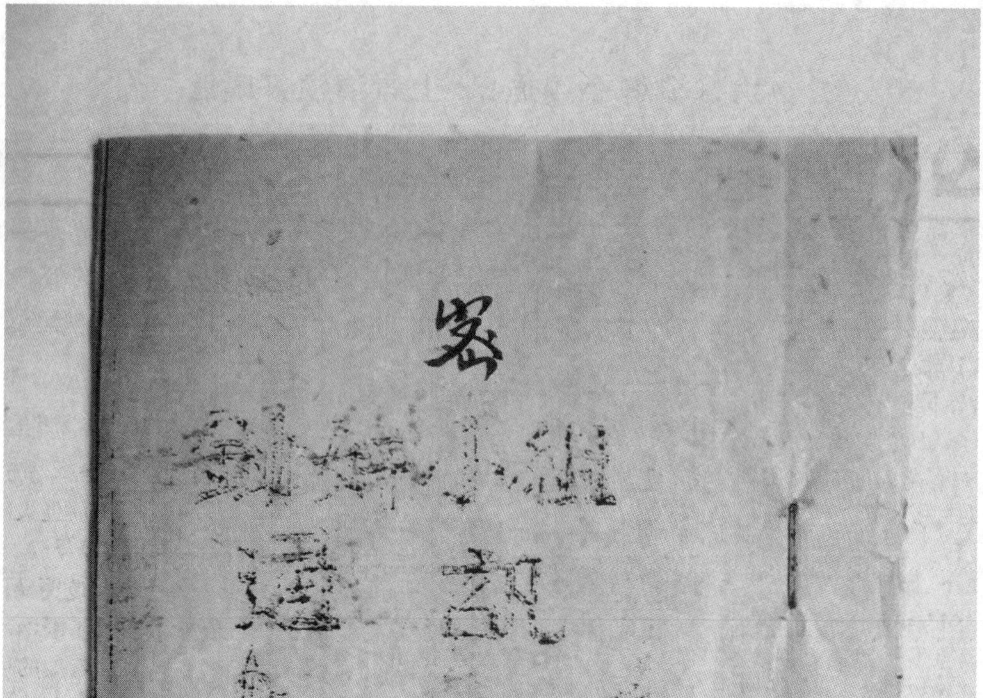

图 4-31　《除奸小组通讯》1941 年 5 月第 2 期

十七、《太南妇女》积极参与抗战

《太南妇女》为晋东南妇女救国总会太南区(太行南)分会机关报,1941 年 6 月中旬在山西平顺创办。该报任务是对全区妇女宣传党和政府有关妇女的政策,保障妇女权益,主张婚姻自主,动员妇女积极参与抗战活动,反映巾帼英雄的先进事迹。八开二版,旬刊。

1941 年 9 月 14 日出版的《太南妇女》第 9 期,用粉红色绵纸石印(图 4-32)。

第一版内容有《战争将来早早准备》,报道日寇已开始从晋察冀由北向南进行秋季大“扫荡”,战争不久将要扩展到太行区,希望全区妇女积极配合子弟兵做好坚壁清野工作。平北消息《阳高公民都拥护张李花当村长》,介绍阳高村群众一致选举女民兵射击手张李花为该村村长,并相信她一定能带领全村人搞好生产,抗击敌寇。

第二版有李戴青《不愿嫁到敌占区去的李金莪》、利利《选你这个好村长》、宋晰《关于结合公民小组的问题》、亭子《怎样争取男女平等》和卫生常识《怎样防止淫风侵入》等文章。

中缝有宣传口号:“紧急动员起来,准备粉碎敌人秋季大扫荡!”一二版版心下方写道:“彻底实行空室清野,困死鬼子!”

该小报内容丰富,形式活泼,编排紧凑。此报为首次发现,没有任何资料披露过,因而不知何时终刊。

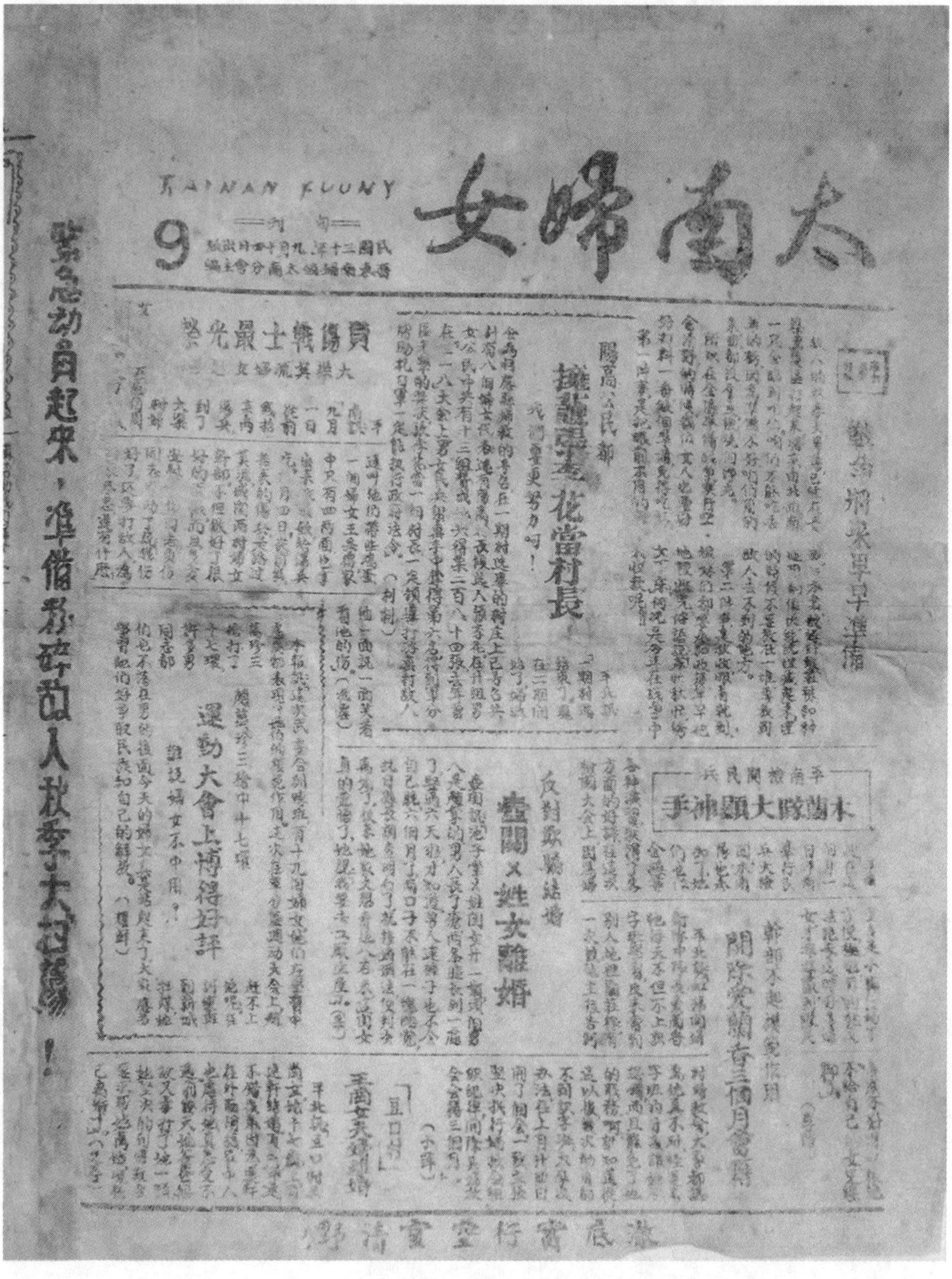
太南婦女

9

民國三十年九月十四日出版

緊急動員起來，準備粉碎敵人秋季大掃蕩！

徹底實行空室清野

图 4-32 《太南妇女》1941 年 9 月 14 日第 9 期

十八、《华北妇女》推动太行根据地妇女救国运动高潮

《华北妇女》是中共中央北方局妇委的机关刊物，同时又是《新华日报》华北版的副刊。32开，50页，铅印月刊。其宗旨和任务是及时宣传党对妇女工作的方针、政策，总结、交流、推广华北各地妇女工作的先进经验。

为推动太行根据地妇女救国运动的发展，1939年3月8日，晋东南妇女救国联合总会在沁县成立。不久，中共北方局根据延安中央妇委指示精神，成立了北方局妇女运动委员会。为指导华北妇运工作，决定创办《华北妇女》杂志。

1941年10月15日出版的《华北妇女》第1卷第5期，封面木刻《慰劳抗属》是华北《新华日报》美编邹雅的作品(图4-33)。

关于《华北妇女》的创刊时间，多年来未有定论。现根据此期内的"征订启事"可知其为月刊，以此推算，该刊创刊时间当在1941年6月15日。

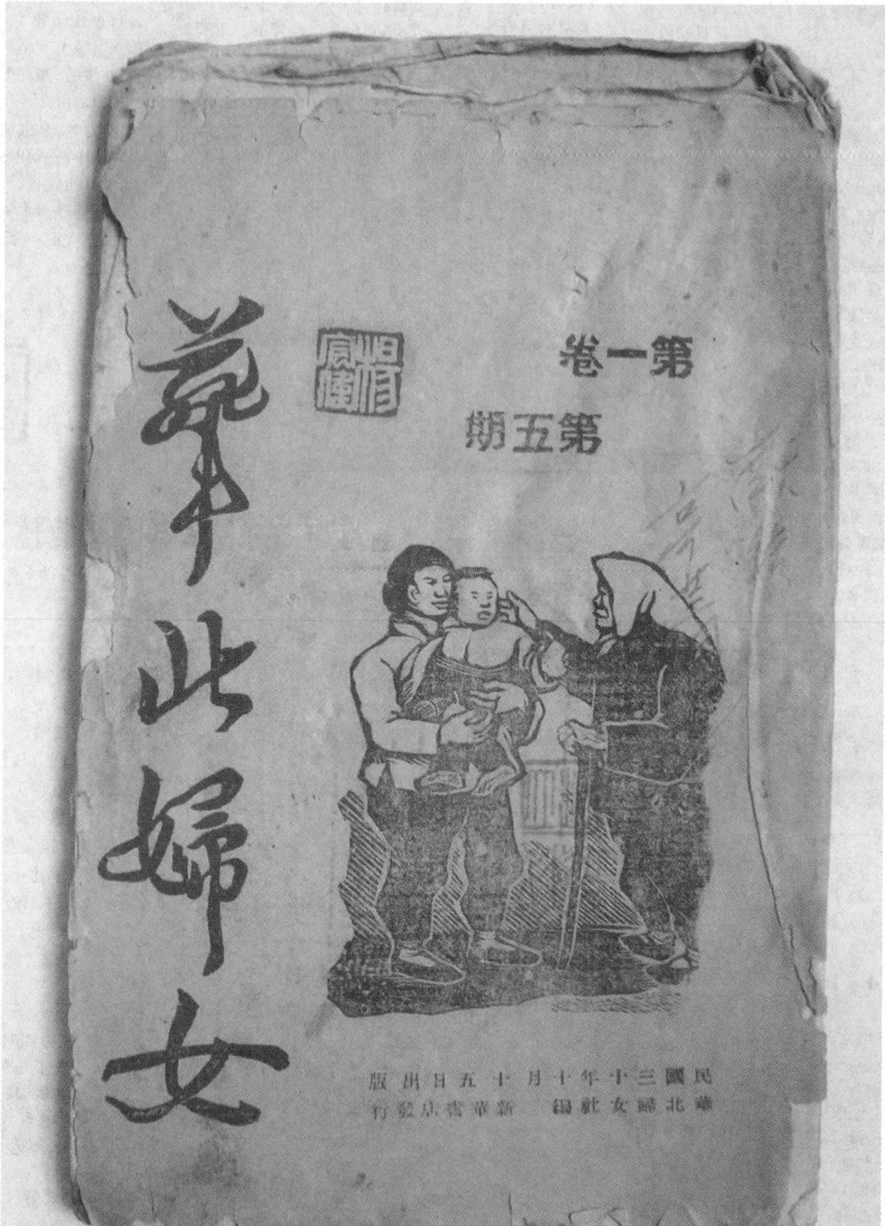

图 4-33 《华北妇女》1941 年 10 月 15 日第 1 卷第 5 期

十九、山区小县《平北战报》频传

《平北战报》为平北县战时指挥部主办的一份周报，1941 年 11 月 1 日创刊，八开二版，单面油印。

平北县为抗战时期我党根据战时形势所需，将太行根据地南部的部分地方划分出来而设立的一处山区小县。当时的中共太南区委、太南地委、太行军区四分区和黄克诚率领的第 115 师 344 旅和 129 师新 2 旅均驻扎于此，战略位置十分重要。

1941 年 11 月 8 日出版的《平北战报》第 2 期（图 4-34），第一版内容有通讯《黎城敌人开始搜山　大肆奸淫抢掠》，报道日军在黎城的任庄、王壁一带连续两天抢走群众毛驴 200 余头，衣物无数，尤其在任庄，将百姓身上穿的衣服全部扒光，赤身裸体的男男女女非常多。在《严密注意！敌人进攻的新特点》一文中，提醒群众要注意诡计多端的敌寇进攻出现的新花样。社论《不参军——活不成》说：日军今年出动十万兵力“扫荡”抗日根据地，实施“三光”政策，要把抗日根据地化为一片焦土。为粉碎敌人进攻，希望广大青年赶快参加 129 师，拿起武器，保卫我们的国家。

第二版内容有《在备战中完成扩兵　二区向三区挑战》《保护个人和公众的资财》《王曲屯粮不力》和小通讯《拂晓的前后》等。报纸的中缝还印有醒目的大幅标语“参加一二九师子弟兵　粉碎敌人扫荡！”

《平北战报》终刊时间应在 1943 年平北、平南两县合并时。

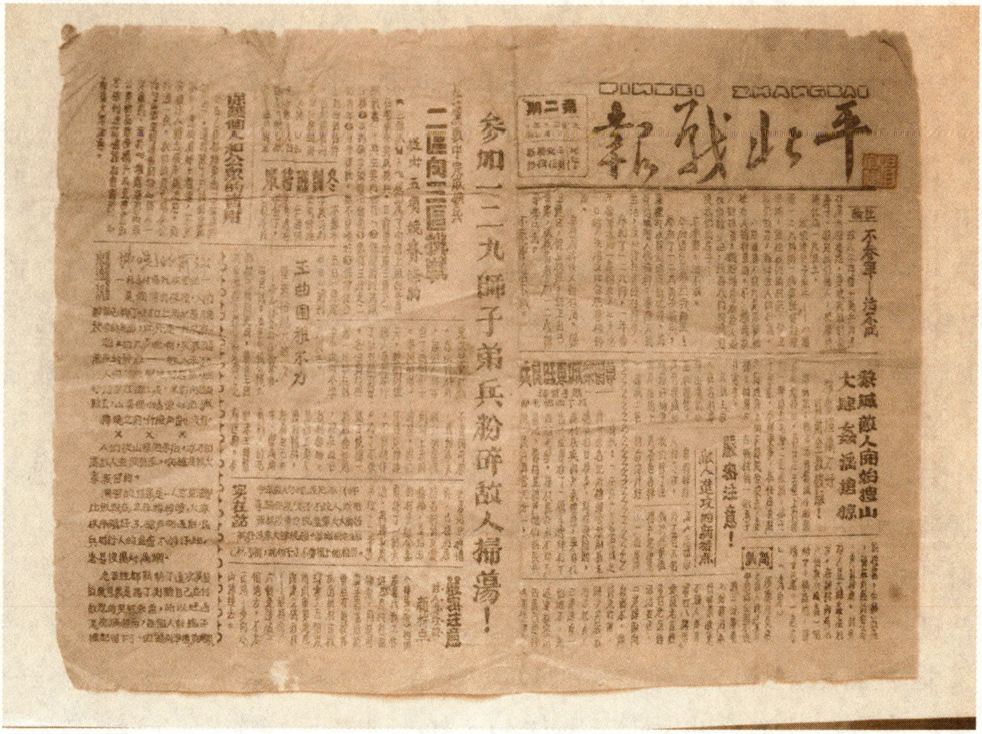
平北战报
第二期
參加一二一九師子弟兵粉碎敵人掃蕩！
殘暴敵人開始搜山 大肆燒殺搶掠
嚴密注意！

图 4-34 《平北战报》1941 年 11 月 8 日第 2 期

二十、《调查研究》“对症下药”谈抗战

《调查研究》由中共中央北方局调查研究室于 1942 年 5 月 1 日创刊出版，由该室秘书张衡宇负责总编工作。

该刊 32 开，68 页，封面上“调查研究”4 个流畅的行草大字，由彭德怀题写（图 4-35）。首篇文章是彭德怀撰写的发刊词《对症下药》。文章回顾总结了华北根据地自抗战以来的经验与教训，阐述了搞调查研究的重要性和必要性。彭德怀还回忆了自己于 1928 年在江西宁冈县首次见到毛泽东时就听他讲到“不调查没有发言权”的情景。

北方局有关部门及负责人也为创刊号撰写了调研文章。

不幸的是，这么一本充满时代气息的红色刊物刚面世，便遭遇日军“五月大扫荡”，调研室人员全部遇难。其中的张衡宇，在突围行动中，为帮助一位身负重伤的警卫员脱险，他不顾个人安危，背着伤员跋山涉水，以致延误了时间，牺牲在敌人的枪林弹雨中，事迹可歌可泣。同年 7 月 7 日，太行区负责人李雪峰在《新华日报》上发表了《纪念左权、柯云、张衡宇诸同志》的悼念文章。

反“扫荡”胜利结束后，根据地形势稍有稳定，彭德怀便着手恢复调研室，经与北方局党校杨献珍校长协商，决定将该室设在党校，由杨献珍负责。随后又将赵攻守、王春、赵树理等调入调研室工作。由于人手少、稿源缺等原因，《调查研究》终究没能复刊，这期创刊号便成为终刊号了。

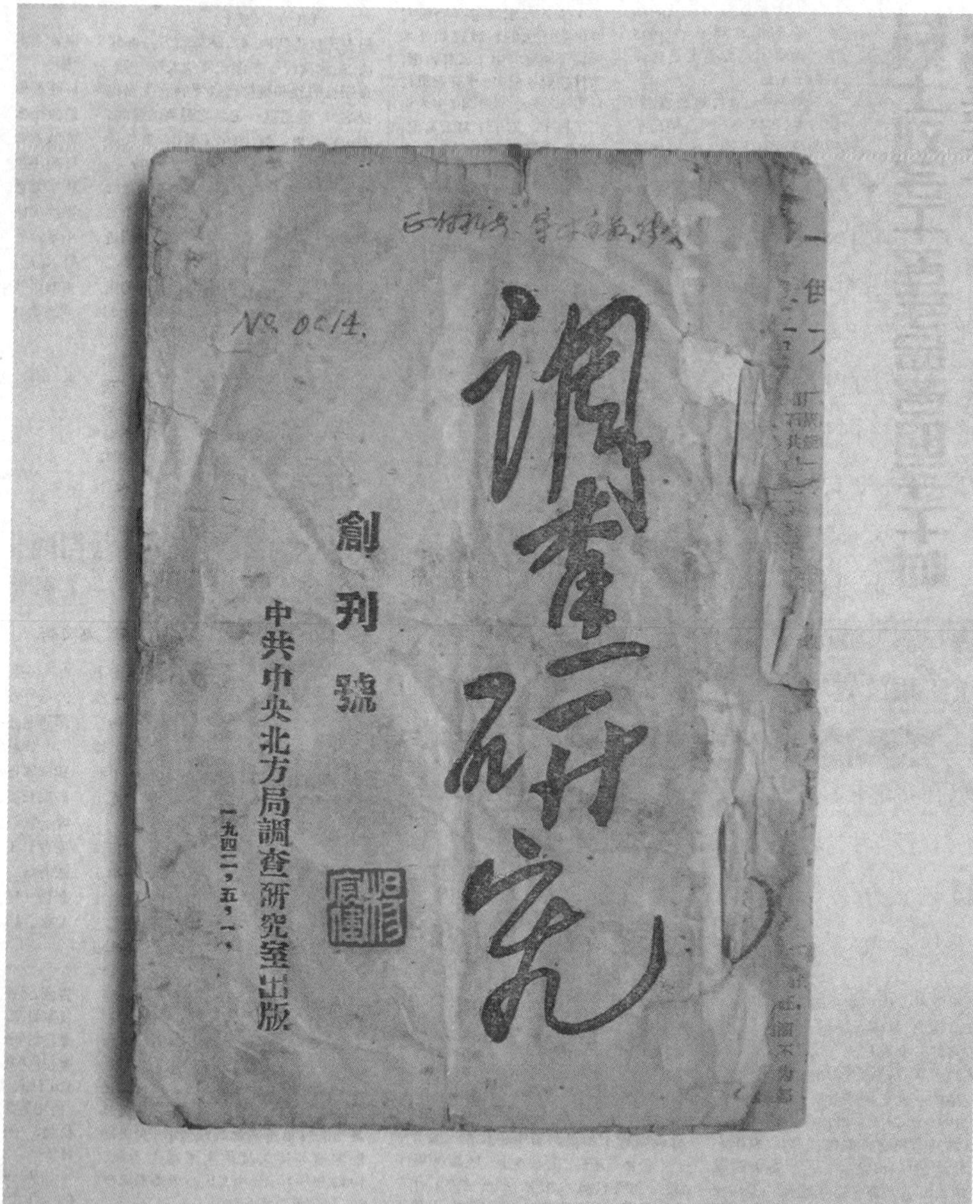

图 4-35 《调查研究》1942 年 5 月 1 日创刊号

二十一、党内秘密刊物《党的生活》

《党的生活》为抗战初期中共中央北方局在太行根据地出版的党内秘密刊物，所载文章多由根据地党政军领导撰写，还刊发有各首脑机关下达的通知、指示等，政策性极强，专供县团职以上领导传阅。主编由北方局委员、组织部长刘锡五兼任。当时，每期出版后都要送往延安，供中央领导阅览。

1942 年 5 月 15 日出版的《党的生活》第 53 期，用粉连纸铅印，64 开，125 页，开本很小，类似现在的袖珍书籍，非常适合在战时行军转移途中携带，可随时随地拿出来阅读学习(图 4-36)。

该期所载文章有：彭德怀的《学习主要靠自己的努力》，王一新的《开展接敌区工作的一个基本问题——群众工作问题》，还有左权撰写的《开展反对敌人蚕食政策的斗争》等，左权的文章约 1.8 万字。他用通俗的语言，深入浅出地讲解了日军蚕食根据地的伎俩和目的，并且针锋相对地提出了我方应对敌人蚕食政策的办法和对策。通过此文不难看出左权的文韬武略和足智多谋。不幸的是，此文发表后仅仅 10 天，左权在指挥部队突围时被日军流弹击中，壮烈牺牲在反“扫荡”战场上。这篇《开展反对敌人蚕食政策的斗争》，竟成为他的绝笔之作。

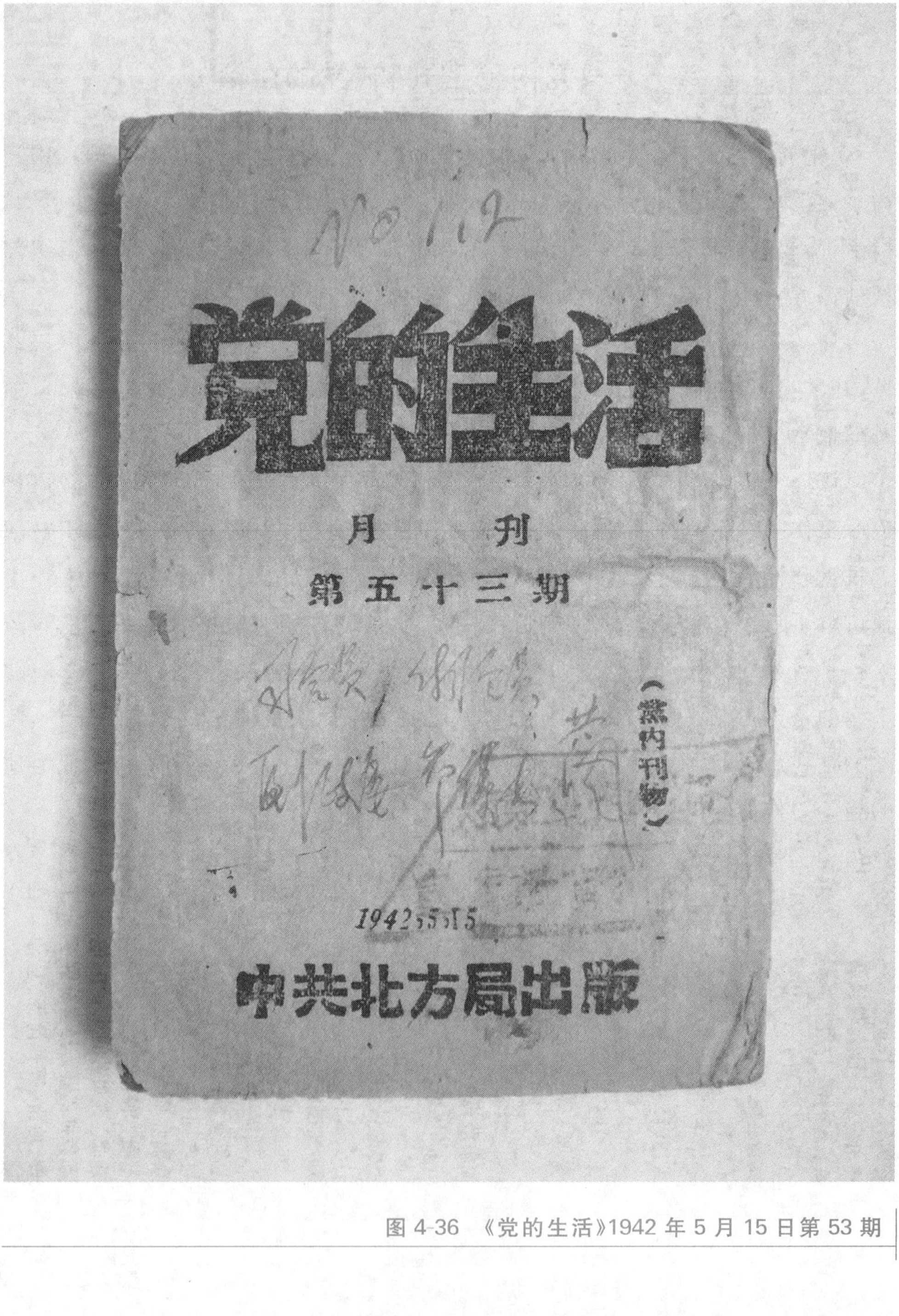

图 4-36　《党的生活》1942 年 5 月 15 日第 53 期

二十二、抗日硝烟中的《教育生活》

《教育生活》由晋冀鲁豫边区教育生活杂志社编辑，创刊于 1942 年，边区政府印刷局印刷，石印月刊，32 开，30 页左右。刊物宗旨是宣传党和边区政府的教育政策、方针，反映根据地教育动态，介绍各学校教师的先进教学特点。

晋冀鲁豫边区政府是邓小平 1941 年 3 月代表中共中央北方局提出《关于成立晋冀鲁豫边区临时参议会的提议》后，于当年 7 月成立的，杨秀峰任主席，薄一波、戎伍胜任副主席，下设财政、教育等厅。

1943 年出版的《教育生活》第 2 卷第 7 期（图 4-37），《编后记》中，编者以沉痛的心情叙述了在 5 月份编印第 6 期时，遭遇日军大“扫荡”，敌人在印刷厂所在地驻军 3 天，将所藏的第 6 期半成品、印刷品及稿件全部搜出，付之一炬，致使第 6 期永远消失，无法补回。在这次战争中，本刊特约撰稿人凌尔寿、翟坚白不幸牺牲。

当时，敌寇于 1943 年 5 月 5 日开始，出动 1500 余名日伪军对太行区腹地的第三、四、五分区进行“扫荡”。太行区军民于 22 日粉碎了敌人的“扫荡”。《教育生活》第 7 期就是在硝烟未散的环境中编辑出版的。

图 4-37　《教育生活》1943 年第 2 卷第 7 期

二十三、《边区政报》传递晋冀鲁豫边区政府声音

《边区政报》系晋冀鲁豫边区政府编辑出版的政府公报，1941 年 11 月 15 日创刊，每月一期，遇政事繁多，改出半月刊。其任务是刊载边区政府制定下达的各项政策批示、法令规章以及主要行政部门领导人的讲话摘要，报道根据地内各级政府的重要活动，反映军队和民兵的抗敌事迹，转载延安党中央的有关政策文件等。

1943 年 12 月 1 日出版的《边区政报》第 33 期，封面有“对敌秘密　希勿遗失”字样，初期出版的该报封面没有此字。刊物用棉麻纸铅印，32 开 38 页（图 4-38）。

该期共有文章 8 篇，主要文章有边区政府副主席戎伍胜的《贯彻减租法令》，张其光的《对于贯彻减租的意见》，张友莲的《总结统累税的几点意见》等。

《边区政报》大概出至 1946 年停刊，改出《边府通报》，两报的形式和性质都一样。

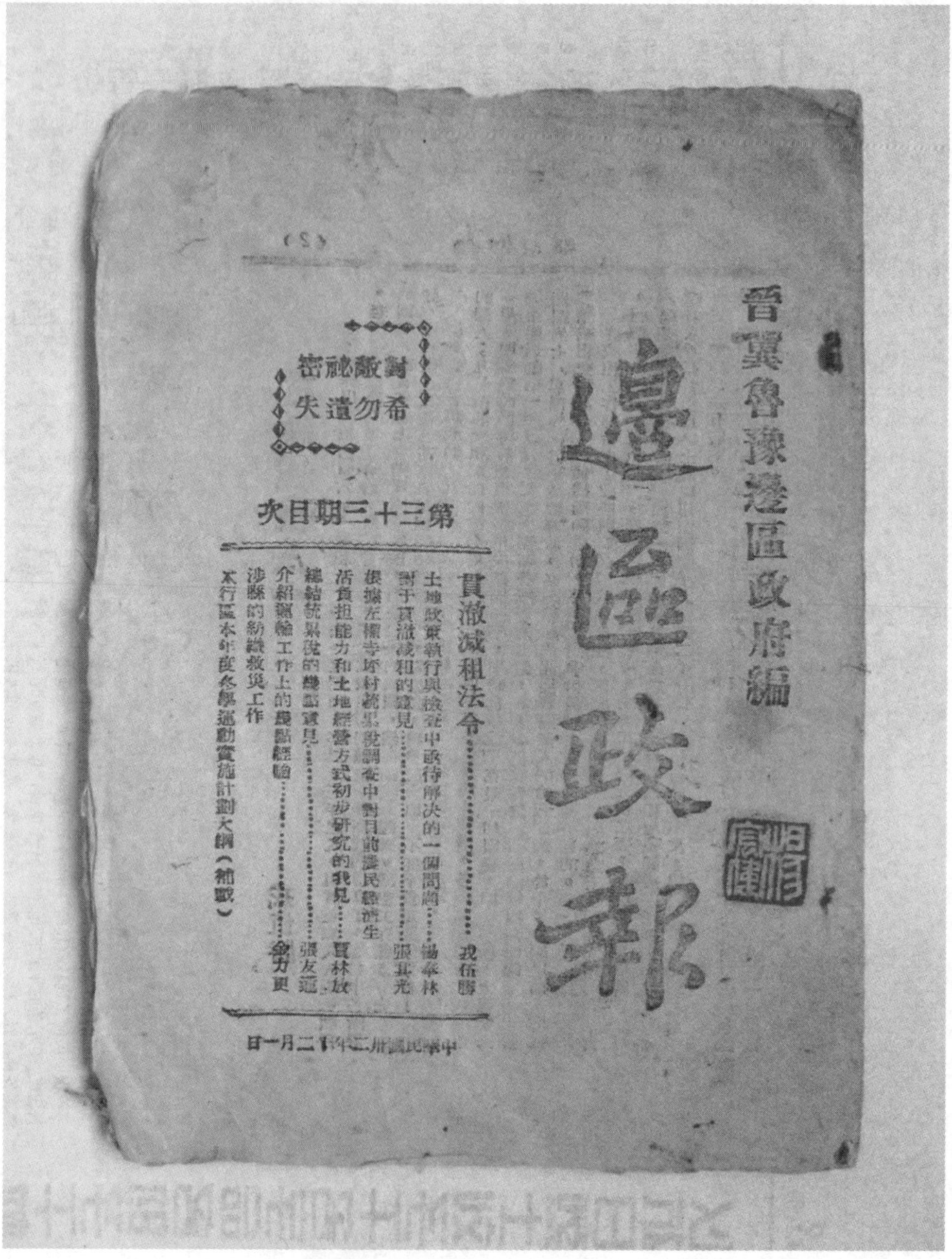
晉冀魯豫邊區政府編

邊區政報

對敵祕密　希勿遺失

第三十三期目次

貫徹減租法令……………………戎伍勝
土地政策執行與檢查中亟待解決的一個問題……楊奉林
對于貫徹減租的意見……………張其光
根據左權寺坪村試點調查中對目前邊民經濟生活負担能力和土地經營方式初步研究的我見……賈林放
總結統累稅的幾點意見……………張友迺
介紹運輸工作上的幾點經驗……………金力更
涉縣的紡織救災工作
太行區本年度冬學運動實施計劃大綱（補載）

中華民國卅二年十二月一日

图 4-38　《边区政报》1943 年 12 月 1 日第 33 期

二十四、《农情小报》指导生产保障抗日

《农情小报》为晋冀鲁豫边区政府农林局出版的报纸，创刊于 1943 年元旦，旬刊，共两版，单面石印。该报共出 3 期，专门用以赠送各级政府主管农业的领导干部和技术人员阅读。

1943 年 1 月 20 日出版的《农情小报》第一版头条为一凡写的《加强农具种籽调济工作》。另外，《组织合作社》一文中写道：根据农林局指示精神，在各县组织农业合作社，帮助缺资金农户贷款发展农业。第二版“救荒防旱”栏目所载文章为《种糙籽！种春菜！》，第二版还有农谚《九九歌》、农业常识《防治蚜虫》和《贷款问答》。中缝印有数条时代气息浓厚的春联，如“春耕反对懒汉　劳动创造英雄”“保卫根据地　爱护子弟兵”等（图 4-39）。从中缝的《重要启事》可知，此期为终刊号，原因是边区政府“简政”，农林局进行改组。

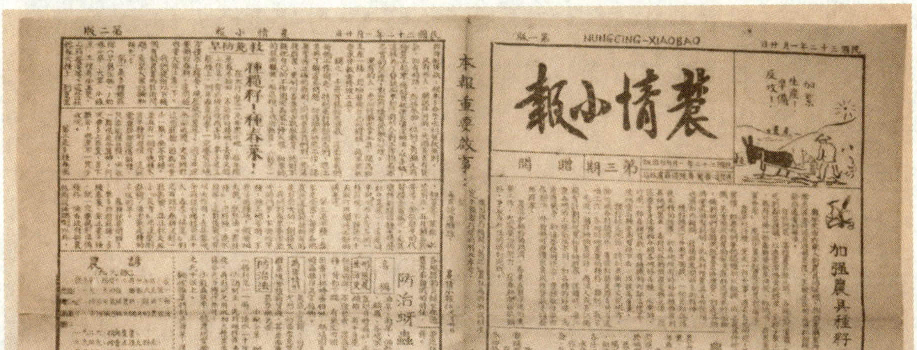
農情小報

第三期　贈閱

加強農具種籽調濟工作　一凡

組織合作社

種糙籽！種春菜！

防治蚜蟲

貸款問答

本報重要啟事

图 4-39　《农情小报》1943 年 1 月 20 日第 3 期

二十五、太行根据地抗日的《青年与儿童》

《青年与儿童》创刊于1940年春，由中共北方局青年工作委员会主办，《青年与儿童》编辑委员会编辑，华北新华书店出版。它是以太行抗日根据地的广大青少年读者为对象的综合性刊物，内容涉及政治、军事、时事、自然、文艺、美术、游戏等方面。

该刊为32开本，铅印，40页左右。最初由设在武乡县大坪村的华北《新华日报》社书刊印刷厂承印，后来因日寇“扫荡”又转移到左权县后庄一带。每期印量从数百本到千余本。

1943年3月1日出版的《青年与儿童》第5卷第5期（图4-40），内容丰富多彩：有为了教育青少年从小热爱劳动而发表的《劳动万岁》（唐拓），有时事评论《“中英中美新约”之讨论》（巨慧），有“人与自然”栏目《几十万年以前的人》（李紫），儿童诗歌故事《两条路》（孟奚），小故事《怕过年的人》（郑笃），国际知识《世界各国的通讯社》（陈光），科学常识《一粒种子是怎样变成一穗谷子的》（久青），还有赵树理未成名前的作品——鼓书《闹元宵》；还有数篇各地抗日中小学的学生习作。美术作品有黑丁的绘画《一袋干粮》、蔡九昌的《庆祝中英中美新约》。封面为邹雅的《春耕图》。

《青年与儿童》每期的封面用图都非常讲究，大多由战斗在太行山上的著名美术家绘制，由印刷厂富有多年木刻经验的工人精工细雕，可以说每件都是完美的套色木刻艺术品。

该刊于1944年终刊。出版总期数不详，原因是初期为半月刊，后来为月刊，加之战事颇多，转移频繁，不易统计。

图 4-40　《青年与儿童》1943 年 3 月 1 日第 5 卷第 5 期

二十六、《太行民兵》活跃在晋冀豫抗日前线

《太行民兵》为晋冀豫区（太行区）武委会机关报。关于它的创刊时间，《中国报刊辞典（1815—1949）》（书海出版社 1992 年版）认为是 1944 年 1 月。但从笔者收藏的一份《太行民兵》的期号和出版时间上推算，应该是 1943 年 7 月 1 日，即中国共产党成立 22 周年纪念日。该报宗旨是宣传“劳武结合”的民兵制度，指导民兵军事训练，报道全区民兵杀敌英雄事迹，登载武委会对民兵工作的指示。

《太行民兵》初期为半月刊，报头隶书竖排，后期为周刊，报头行书横排。8 开 2 版，麻纸铅印。只发给区以上和部分基点村武委会干部阅读。

1944 年 2 月 15 日出版的《太行民兵》第 15 期为“石雷专刊”（图 4-41）。石雷即用石头做的地雷，当时根据地极度缺铁，民兵们就地取材，利用太行山上满地的石头，发明了能代替钢铁的地雷新品种——石雷。这份报纸就是太行区武委会向全区民兵推广新发明的专刊。

《太行民兵》曾于 1945 年 1 月 1 日作为太行版《新华日报》副刊，即每周在报上辟一个整版，随报发行；出了 5 期后又改为太行区武委会单独发行。1946 年底终刊。

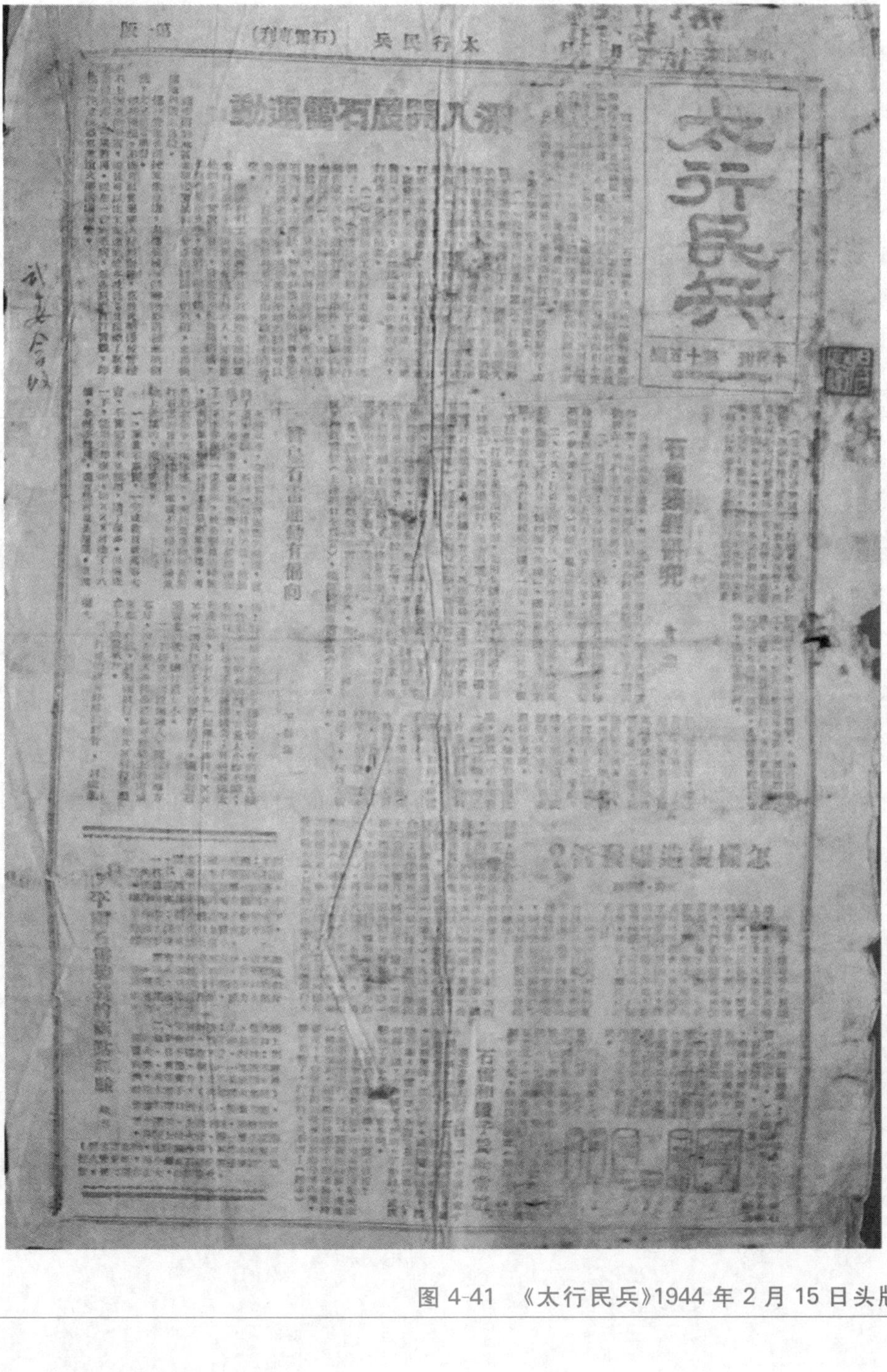
太行民兵

深入開展石雷運動

图 4-41　《太行民兵》1944 年 2 月 15 日头版

二十七、抗日前线《工作与学习》也重要

《工作与学习》为太行第七行政督察专员公署主办的机关刊物，创刊于1944年春，32开20页，麻纸石印。封面注有“对敌伪秘密”字样。刊物的任务是结合战时形势，根据专署每一时期所部署的工作和任务，组织专稿进行宣传教育。

1945年4月1日出版的《工作与学习》第17期（图4-42），内容首先是由专员签发的太行第七专署给各县县长的通令，大意是在丈评土地结束后，要全力进行减租工作，如各县发现存在什么问题，县长应及时把情况报告专署，以便检查政策的执行和补充法令。在《专署对于四月份评丈土地工作的指示》中，共分五个部分阐述：一、为什么要丈地？二、怎样做呢？三、怎样丈？怎样算？应注意些什么？四、对其他工作的配合。五、要总结工作。

另外，该期还刊有专署司法工作会议后杨朴写的《司法工作同志必须要跳出囚笼》的短文，他希望各级司法工作者今后要真正地端正为群众服务的态度，跳出形式主义观念的囚笼，改造我们的官僚主义。

《工作与学习》应该是在1945年11月晋冀鲁豫边区政府宣布撤销太行第七专署时停办的。

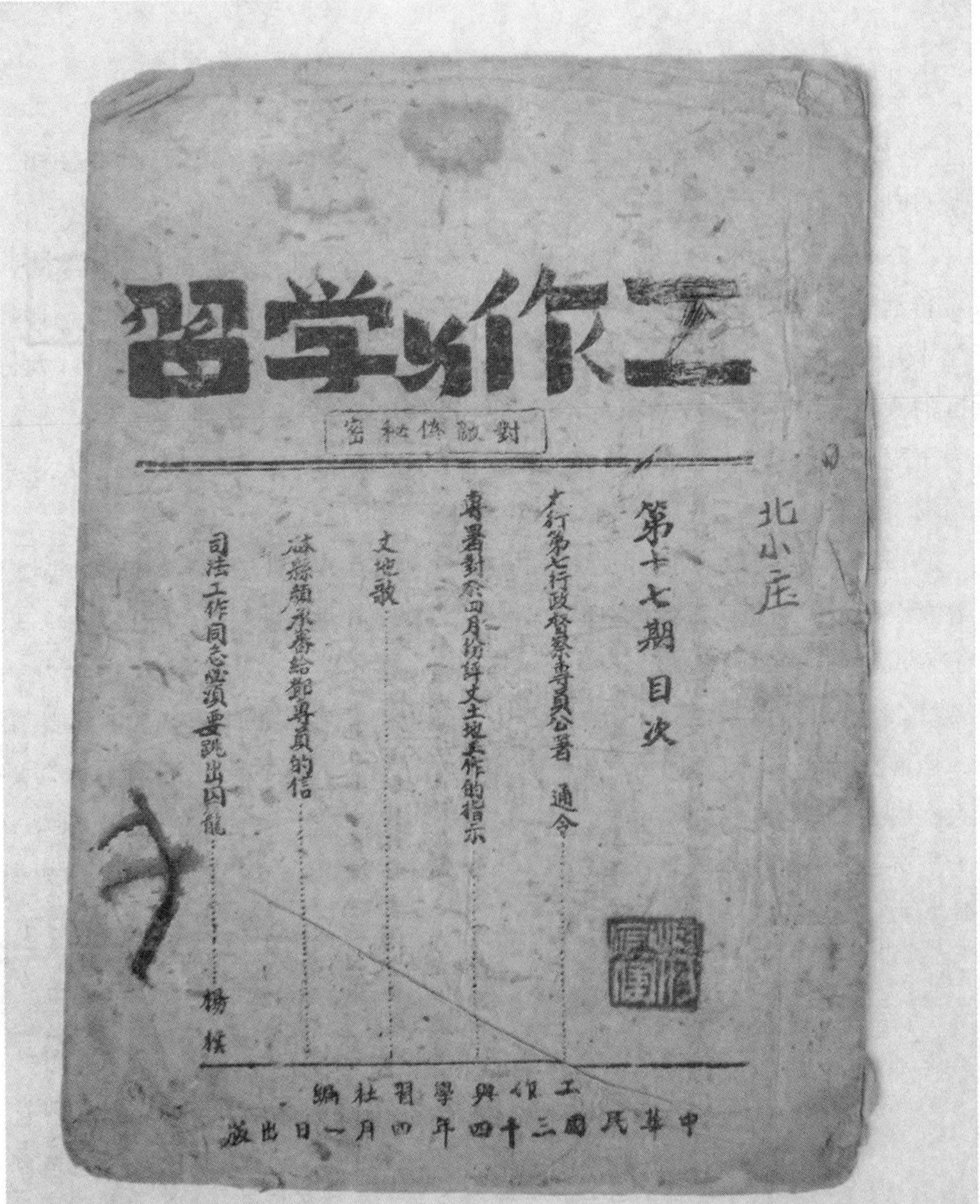

图 4-42 《工作与学习》1945 年 4 月 1 日第 17 期

二十八、《练兵快报》指导多杀敌

《练兵快报》为平顺县联合办公室编辑，于1945年2月10日创办，8开2版，薄麻纸油印。

1944年，世界反法西斯战争形势发生了急剧变化。苏联军队节节胜利，希特勒败局已定。在中国的日本侵略军此时已是气息奄奄，末日将临。1945年1月，中共太行区委和太行军区发出《关于1945年作战方针的指示》，太行区的八路军主力和地方武装在人民群众的支援下，展开了猛烈的局部大反攻。为了配合八路军夺取抗战最后胜利，太行区各地民兵也开始积极进行大练兵运动。平顺县的练兵活动就是在这一大好形势下进行的。

1945年2月10日出版的《练兵快报》第1期（创刊号）（图4-43），第一版内容有孝敏写的通讯《六区民兵集训成绩大　大部民兵半夜起床进行苦练》，报道六区集训民兵在区武委会的领导动员下，不怕苦、不嫌累，半夜起床开始苦练，经过热火朝天的紧张学习，民兵们的各项军训成绩都有较大提高。第二版有张标、马锁写的通讯《四区集训中发挥了土武器的作用》，有刘胜写的报道《一区进步也惊人　中五井投弹手投到五十三米　北头村打靶每人平均五环二》，还有陈新写的小消息《三区集训时自卫队员担任作饭　照顾民兵和群众关系好》。

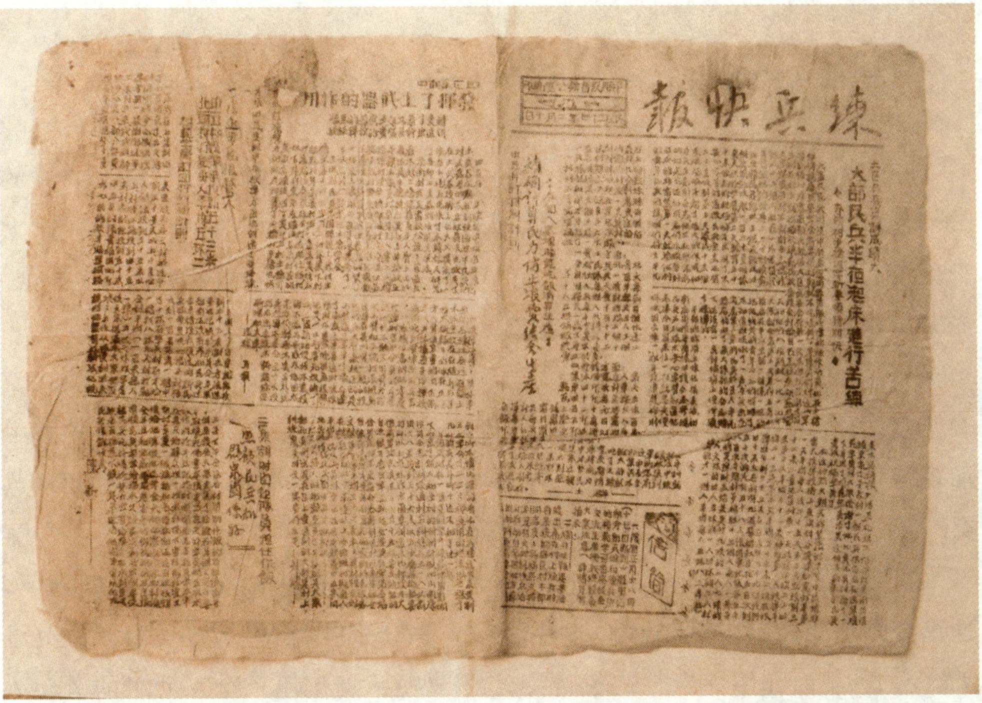
練兵快報

图 4-43 《练兵快报》1945 年 2 月 10 日创刊号

二十九、扬眉吐气的《劳动英雄杀敌英雄大会会刊》

《劳动英雄杀敌英雄大会会刊》，是1944年12月20日由在平顺县召开的“群英会”宣传部编印的，麻纸油印，32开74页（图4-44）。这个大会是继“太行区第一届群英大会”（1944年11月21日）之后平顺举办的一次空前盛会，曾光荣出席过“太行群英会”的西沟村劳动英雄李顺达是这次会议的主角。

到1944年底，太行军民经过多年的艰苦斗争，在战胜日寇无数次“扫荡”和严重的蝗、旱灾害后，整个根据地形势基本平稳。为表彰、宣传、推广抗战中涌现的杀敌英雄和生产模范，太行区各级政府都在年底举办各种规模的“群英会”。平顺县的这次大会就是在此形势下召开的。

平顺自古民风淳朴，人民勤劳勇敢。尤其是抗战以来，在共产党领导下，这里更是英雄辈出，劳模云集。1944年12月20日出版的《劳动英雄杀敌英雄大会会刊》全面介绍了当时的各路英雄：有建立太行区第一个互助组的劳动英雄李顺达、川底村的劳动模范郭玉恩（新中国成立后亦是全国劳模）等9人，有杀敌英雄牛日生等7人，有射击能手张之峰、纺织英雄关改俏等3人，有度荒英雄和打蝗英雄等7人，还有神枪手、爆破手、养蚕能手……

李顺达的奖品为一头牛和“平顺人民的方向”锦旗一面，其他英雄的奖品有羊、农具、步枪、地雷、毛巾、袜子等。李顺达后来建立的“金星农业社”，曾受到各界的肯定和赞扬，他还多次被评为全国劳动模范。

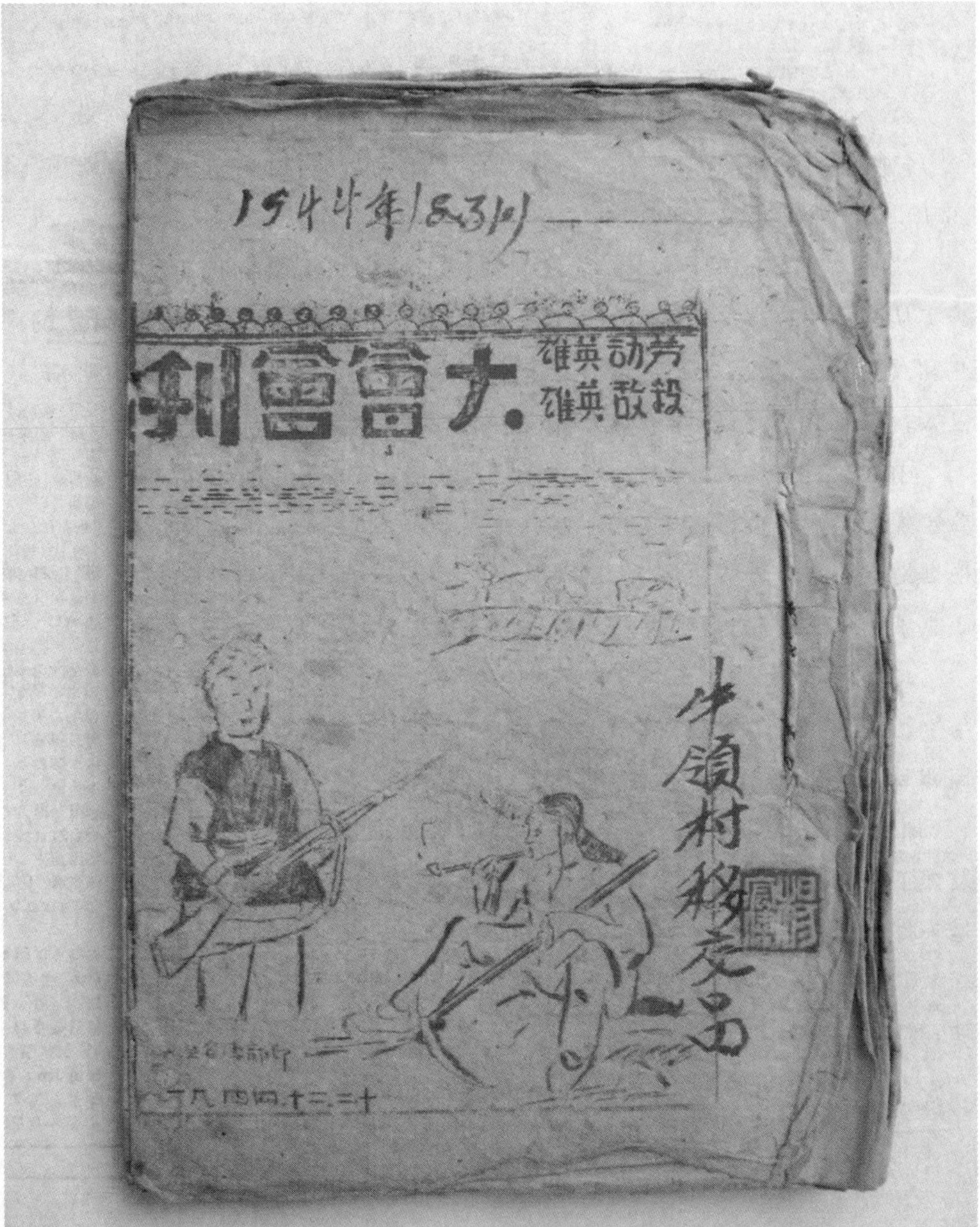

图 4-44　《劳动英雄杀敌英雄大会会刊》1944 年 12 月 20 日

三十、前方传抗日捷报,后方传《剿蝗捷报》

《剿蝗捷报》由太行区平顺县剿蝗指挥部主办,1943 年起开始编辑出版,16 开,麻纸单面油印。

从 1943 年到 1944 年,太行根据地连续两年发生最为严重的蝗虫灾害。蝗害从国民党统治区和敌占区开始,由于无人组织捕杀,后蔓延到太行区的豫北和冀西各县,最后扩大到包括晋东南在内的太行大部分地区。据粗略估计,仅太行区有 27 万亩庄稼被吃光,29 万亩庄稼受损。

中共太行区委、太行军区政治部联合发出《关于扑灭蝗蝻的紧急号召》,晋冀鲁豫边区政府也出台了《太行区扑灭蝗虫暂行奖励办法》,一时间剿蝗成了根据地除抗战之外的头等大事。随后各专署、县及时成立了剿蝗指挥部,各村成立了剿蝗队,在太行区委的领导下统一指挥、协同行动。

1945 年 4 月 15 日编印的《剿蝗捷报》第 2 期,内容为《石城群众讨论刨卵与生产结合》和《看看刨卵顶事不顶事》,两篇通讯大意是春天已到,气温升高,蝗卵开始孵化,大家要紧急行动,加速刨卵(图 4-45)。

根据地人民奋力捕杀蝗虫,成功地剿灭了蝗害。当时延安的《解放日报》发表了《太行剿蝗经验》,对此做出高度评价:太行区的经验对全国人民来说,是一件空前盛事和一项破天荒的成就。

《剿蝗捷报》为不定期宣传品,凡遇有蝗害和人民群众大力剿灭蝗虫之行动,就随时会编印出版。

捷报 2

平顺县剿蝗指挥部编印

卅四年四月十五日

石城群众讨论创卵并与生产结合

事项不事项都创卵看看

通知

图 4-45　《剿蝗捷报》1945 年 4 月 15 日第 2 期

三十一、学好本领好杀敌的《自学运动》

《自学运动》是平顺县武委会专为民兵出版的一份报纸，创刊于 1945 年 3 月中旬，旬刊，八开一版，麻纸单面油印，报头字体不定，颜色不定。报纸的宗旨是教育全县广大民兵在武委会的领导下，认真学习文化，积极关心政治，刻苦训练军事，力争做到战时配合八路军袭击敌寇，农忙时保卫根据地农民抢收抢种，并及时宣传、推广民兵英雄的先进事迹。

1945 年 4 月 26 日编印的《自学运动》第 5 期，头条通讯为《继续打通糊涂思想　争取自学运动普遍开展》，报道平顺三区武委会开会决定，由于要突击下种，自学运动暂停 10 日。会议还通报批评了一些村在自学运动中找各种借口，不进行学习训练，还有个别民兵在运动中存有自满观念等糊涂思想。在通讯《五区东青北村民兵白天在敌人碉堡前活动》中，报道东青北村民兵为保卫本村和周边村群众的春耕生产，连续三次在白天袭击长治南垂一带的日伪据点，并且还组织小分队在黑夜向碉堡喊话投冷弹，使敌人白天紧张，夜里难眠，根本顾不上出来“扫荡”、破坏春耕。双泉写的《五区常家民兵自学好，最落后的也都进步了》，报道该村民兵全部参加了互助组，并且做到在地里干活时还抽空练投弹，回家后也组成小组聚在一起讨论技术，就连过去最落后的也很快进步了。在“自学简报”栏目里，有 4 条短消息，均是介绍各村民兵典型事迹，有关于杀敌英雄申进虎、模范民兵靳金望、射击手王扁则等的通讯报道（图 4-46）。

《自学运动》于抗战胜利后终刊。

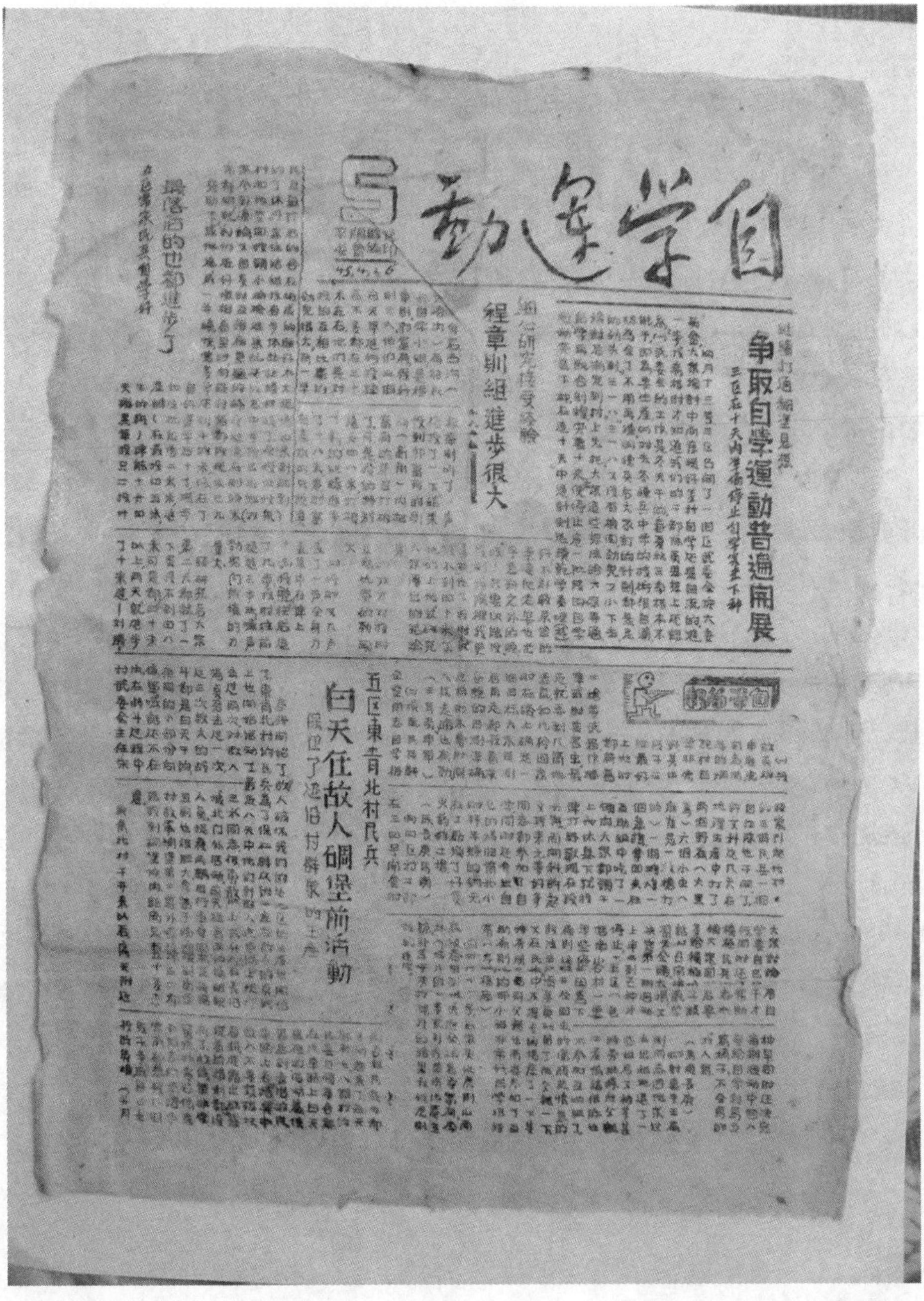
自學運動

爭取自學運動普遍開展

程章訓組進步很大

五区東青北村民兵

白天在敌人碉堡前活動

图 4-46　《自学运动》1945 年 4 月 26 日第 5 期

三十二、振奋人心的火烧长治飞机场《捷报》

1942年5月，在华北的日本侵略军出动近3万兵马，对八路军总部、北方局机关和129师所在的太北根据地实施“铁壁合围式”的大“扫荡”。在这次大规模的军事行动中，日寇还从山西长治和河北邢台2处军用机场出动6架飞机，对包围圈中的八路军和北方局轮番进行侦察轰炸。这次“五月大扫荡”虽最终被我军彻底粉碎，但也牺牲了包括副参谋长左权和《新华日报》社长何云在内的许多军政人员。

当时，为击破日军包围圈和给左权等烈士报仇，八路军某部趁长治日军大部分前往太北“扫荡”，军用机场兵力空虚之际，于5月31日午夜突击长治飞机场，经短时激战，大获全胜。

这份由八路军政治部编辑的《捷报》，为1942年6月2日油印，16开套红印刷(图4-47)。捷报共3条电讯，第一条前方电：5月31日夜12时，八路军某部副队长黄新友率所属一部远征长治，以突然动作进击金家庄(现景家庄)飞机场，激战2小时，烧毁飞机3架、汽车3辆、油库1所，击毙敌守军88名，还烧毁机场营房和老顶山营房据点，收缴电线千余斤及其他胜利品。第二条通讯为：5月31日由黎城开往潞城敌军汽车24辆，在东仵附近被我新一旅伏击，击毁汽车2辆，毙敌10余名。第三条消息：5月25日新一旅一部攻击屯留官庄敌据点，伪军7名全部被俘虏，缴步枪6支，子弹350发，手榴弹25个。

捷报最后说：为了打击敌人的“扫荡”计划，保卫根据地，“各地民兵立即活动起来，配合正规军作战，更大的胜利还在后面，老乡们，咱们共同努力吧”！

捷報

反掃蕩又一大勝再燒長治飛機場

八路軍政治部 六月二日

图 4-47　火烧长治飞机场《捷报》1942 年 6 月 2 日

三十三、《参战与生产》向敌伪发出最后通牒

《参战与生产》为平顺县联合办公室编辑的油印小报，麻纸16开，单面印刷，创办于1945年8月。

太行军区于8月11日发布命令，要求全体指战员、民兵、自卫队员迅速出击，向当地敌伪发出最后通牒，限期缴出全部武装，如拒不投诚者，应坚决予以消灭。当日24时，太行军区又紧急发布第二号命令，任命第四军分区司令员石志本为上党区进攻作战部队最高指挥，统一指挥上党地区的八路军、地方部队和人民武装，立即向本地日伪军全面进攻。石志本于12日率领部队和数千民兵逼近长治、潞城、壶关一线，迫使敌人投降。

太行第四军分区驻地就在平顺县，可以说平顺的群众基础最好，民兵参战的积极性最高。由于当时正处于日寇投降、上党战役、三秋季节，为指导群众、民兵做到参战和生产两不耽误，平顺县联合办公室及时编印了这份宣传小报。

1945年9月21日出版的《参战与生产》第6期（图4-48），有两条通讯：一是《川底村总结选举　郭玉恩、郭旺考等五同志当选模范干部》，报道川底村群众在干部带领下，积极生产，喜获丰收（郭玉恩在新中国成立后当选为全国劳模。他还是赵树理著名小说《三里湾》中的主角原型）。第二条通讯是《二区妇女要组织起来　帮男人突击生产》，报道二区当年有547人参军上前线，由于劳动力缺乏，该区把适龄妇女全部组织起来，突击生产，支援前线。

《参战与生产》于上党战役胜利结束后终刊。

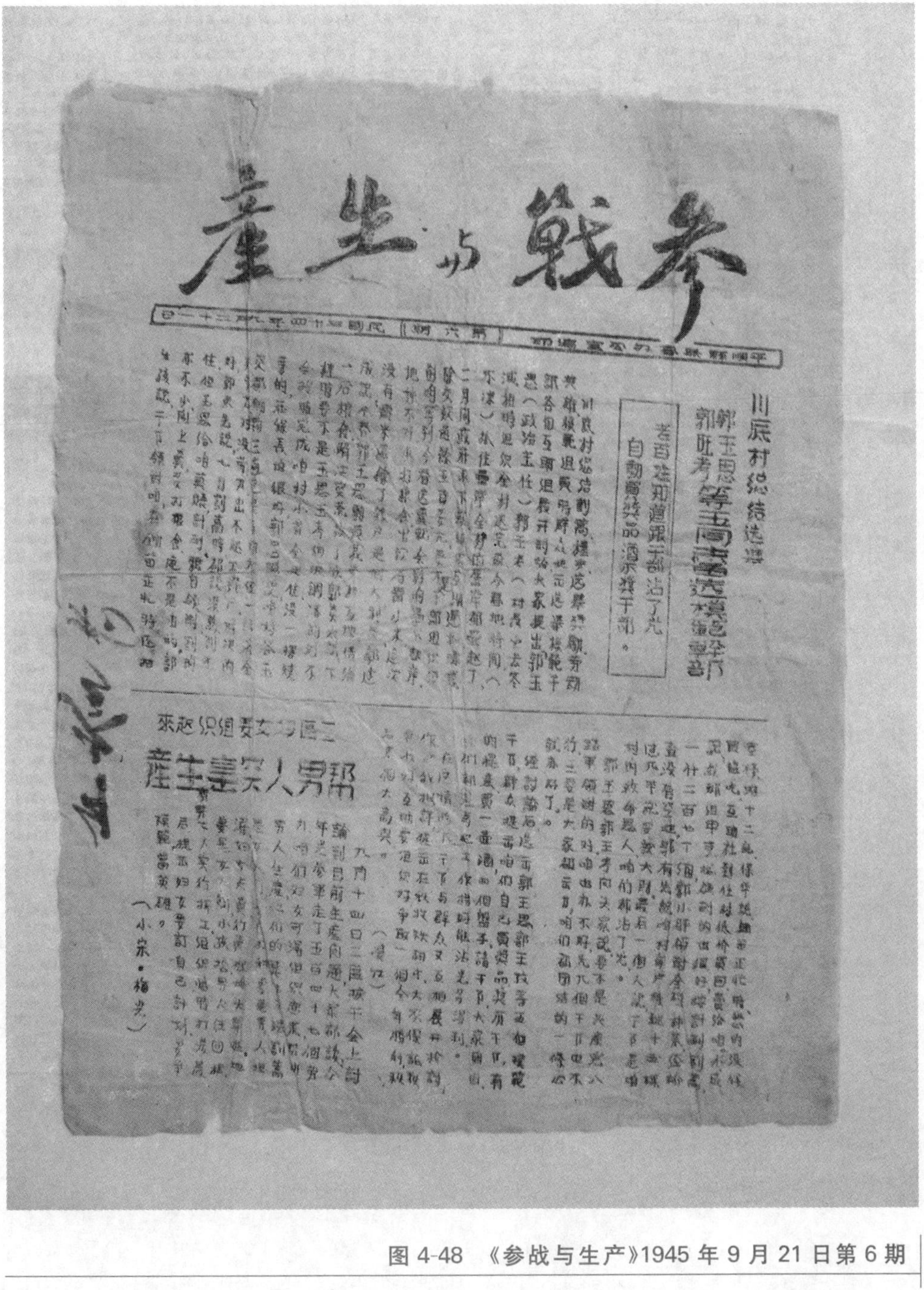
參戰与生產

图 4-48　《参战与生产》1945 年 9 月 21 日第 6 期

三十四、抗日战争胜利前夕的《岳北人民》

《岳北人民》为中共太岳一地委机关报，于1945年8月1日创刊。四开二版，单面石印，百期以前为5日刊，百期后（1946年1月）改为3日刊。报头分粗体和细体字，细体字从百期开始使用，为太岳军区第一军分区司令员苏鲁题写，社长由李蒙担任。

1946年2月10日出版的《岳北人民》第110号（图4-49），第一版内容有通讯《一手拿枪一手分田　灵石群运进入高潮》，报道全县力争在春耕前大部分村庄实现土地归农民，使耕者有其田。在“工作研究”栏目里有署名灵石联合会的《边沿区土地改革中应注意的几个问题》，介绍了在两个多月的运动中，灵石边沿区土改工作经验和应注意的几个问题。由于灵石土改运动搞得扎实，报纸还专门发表短论《向灵石学习！》。另外，还有《沁县樊村庆祝土地回家　斩断穷根安富根》；岳北区联社提出的《合作社三大任务》，即组织互助，发展纺织，扶植副业；申瑞写的快板诗《叫他领导合作社！》。

报纸中缝有《我军三次收复灵石城》的报道。

《岳北人民》报至1948年春终刊。

YOBEI-RHENMIN

岳北人民

第一一〇號

向靈石學習！

合作社三大任務

「叫他領導合作社」！

图 4-49　《岳北人民》1946 年 2 月 10 日头版

三十五、中共岳北地委的《支部小报》

1945年秋，在抗战胜利不久，上党战役结束之后，中共岳北地委（亦称太岳一地委）为适应当时新形势的需要，帮助基层党支部搞好组织建设，指导支部工作及对广大党员进行政治形势教育，于10月20日创刊发行了地委机关刊物——《支部小报》。该刊为册报，64开，8个页码，麻纸石印。

《支部小报》封面设计庄重醒目，美观大方。报头字用美术体，图案是一面鲜红的党旗飘扬在地球上方，其用意非常明了，即喻示着将红旗插遍全世界，在全球实现共产主义。图案右侧竖印有"党内刊物不得遗失"字样，并用红点标明其重要性和严肃性。下方印着出版时间和出版单位。整个封面历史感强烈，时代感浓厚（图4-50）。

创刊号共有5篇短文。第一，《出版通知》，实际上是以岳北地委的名义写的代发刊词，内容是告诉读者，怎样学习党的基本知识，以模范党员为榜样，争取做一个好党员。第二，《什么是共产党》，文章简要介绍了广大劳动人民是如何受剥削阶级的压迫的；在劳动人民中间，把一部分最坚决最勇敢最进步的人员组织起来，领导广大群众，用自己的力量进行斗争，求得彻底解放，这个组织便是共产党。第三，《祁来贵参军》，文章介绍了安泽县贾寨村祁来贵是如何响应上级号召积极参加正规军的。第四，《韩奎同志的死》，文中略述了介休县抗日干部韩奎在党的领导下，努力完成上级交给的各项抗日工作，在被敌人逮捕后，大义凛然，宁死不屈，最后被残害的事迹。第五，《处处为群众打算》，大意是安泽县某村农救会主席在抗战工作中事事以身作则，积极为群众办事，带头干一些艰难危险工作；他所领导的合作社在县群英会上被评为模范合作社。

图 4-50　《支部小报》1945 年 10 月 20 日创刊号

三十六、朱德总司令的手迹《胜利周刊》

《胜利周刊》创刊于1941年1月12日，它是由胜利报社主办并单独发行的副刊，是专门为根据地的党政军及各机关团体干部学习参考而编辑的，政策性较强。石印，32开。报社印刷厂用8开纸整版印好后，不装订，如同报纸一样发行出去。设有“每周一评”“专论”“政策讲论”“抗日经济讲座”和“经济动态”等栏目。

《胜利周刊》与《胜利报》报头字迹相同，也应是朱德总司令的手迹。从第2卷开始，刊头又换成边区政府主席杨秀峰的手迹。

1941年1月12日出版的《胜利周刊》创刊号（图4-51），在“每周一评”栏内有郑远写的《张国焘“忝”为参政员》，文中评论：国民参政会第二届参政员名单中，居然有与民为敌、造害民族的中共叛徒张国焘的名字，这是我国参政史上的一大污点，是我国政治落后的表现。因为张国焘早已代表不了中共，代表不了人民。在“专论”栏内有齐华写的《争取华北工运统一中我们的具体任务》，文中就晋东南总工会扩大会议上发出的成立“华北总工会”通电，表示支持，同时对华北总工会成立之前的各项任务提出了具体意见。在“政策讲话”栏内有《确定出入口税制度》，文中简略地阐述了抗日根据地现有的税收制度，又提出要进一步完善和确定出入口税制度。

《胜利周刊》在出版12期后，又改为第2卷；当年5月29日在第2卷出至第9期时，因《胜利报》忙于改版为《晋冀豫日报》而停刊。《胜利周刊》先后共出版21期，历时4个多月。

創刊號

勝利週刊

中華民國三十年一月十二日出版

張國燾「赤」為參議員

爭取華北工運統一中我們的具体任務

確定出入口稅制度

图 4-51　《胜利周刊》1941 年 1 月 12 日创刊号

三十七、全国文艺界抗敌协会晋东南分会的《华北文化》

《华北文化》创刊于1942年1月25日，它是在原《抗战生活》和《华北文艺》杂志合并的基础上创办的。起初由华北《新华日报》编辑科与文联共同编辑，太行山文联正式成立后由文联独家编辑。32开铅印，页码初为70多页，后为30多页。主编为张秀中，执笔有袁勃、陈默君、蒋弼、杨献珍、孙建秋、冈夫、高咏、王春等。

《华北文化》最初所刊文章，只限于几个所谓文化人的小圈子，而这些所谓文化人，又是脱离现实的，内容总是显得单调、贫乏，使社会实际的丰富的斗争生活，不能反映到刊物中来。后采纳杨献珍的意见，吸收基层的外来稿件，从第2卷第3期进行改刊，1943年4月又改出革新号，内容渐趋向通俗化、大众化方向，从而成为真正能够反映华北敌后文化的刊物（图4-52）。

《华北文化》终刊时间为1944年2月，最后一期为第3卷5、6期合刊。

图 4-52　《华北文化》1943 年 11 月 25 日革新第 2 卷第 6 期

三十八、一份特殊标识的情报——真实的“鸡毛信”

“鸡毛信”是在中国大地上广为流传、家喻户晓的故事。从故事里可以得到两个信息：第一，这是一件外部用鸡毛作标识的文字情报；第二，这封“鸡毛信”寓意着紧急和绝密。以插鸡毛为标识的情报尽管也是一份“报”，但它不同于报纸。报纸是舆论宣传的工具，知道的人越多越好，越能发挥效果；“鸡毛情报”却相反，要求保密甚至绝密，知道的人越少越好。因此，就是在当时那个年代，见过“鸡毛信”真容的人也不多，更不用说今天的人了。笔者恰好珍藏有当年鸡毛信故事发生地——华北太行抗日根据地的一份“鸡毛信”。

1941 年 6 月 27 日由太行根据地的陵川县政府发出的一份插有鸡毛的《情报》，红色单面，油印在 19 厘米×24 厘米的麻纸上，情报的下端背面粘有一根长约 6 厘米的纤毛绒鸡毛，鸡毛尾部露出纸外大约三四厘米。这根鸡毛由于粘贴得牢固，看上去与纸张一样有陈旧感(图 4-53)。

由于这份鸡毛情报是油印，可以推断为是多份；因为是由陵川县政府向四通八达的情报网站点同时发出，故为非定向。根据回忆和史料记载，根据地军民凡遇有重要和紧急情报都插有鸡毛，各交通站和情报点一看是鸡毛情报，便会马不停蹄地送往规定地点或下一交通站点。

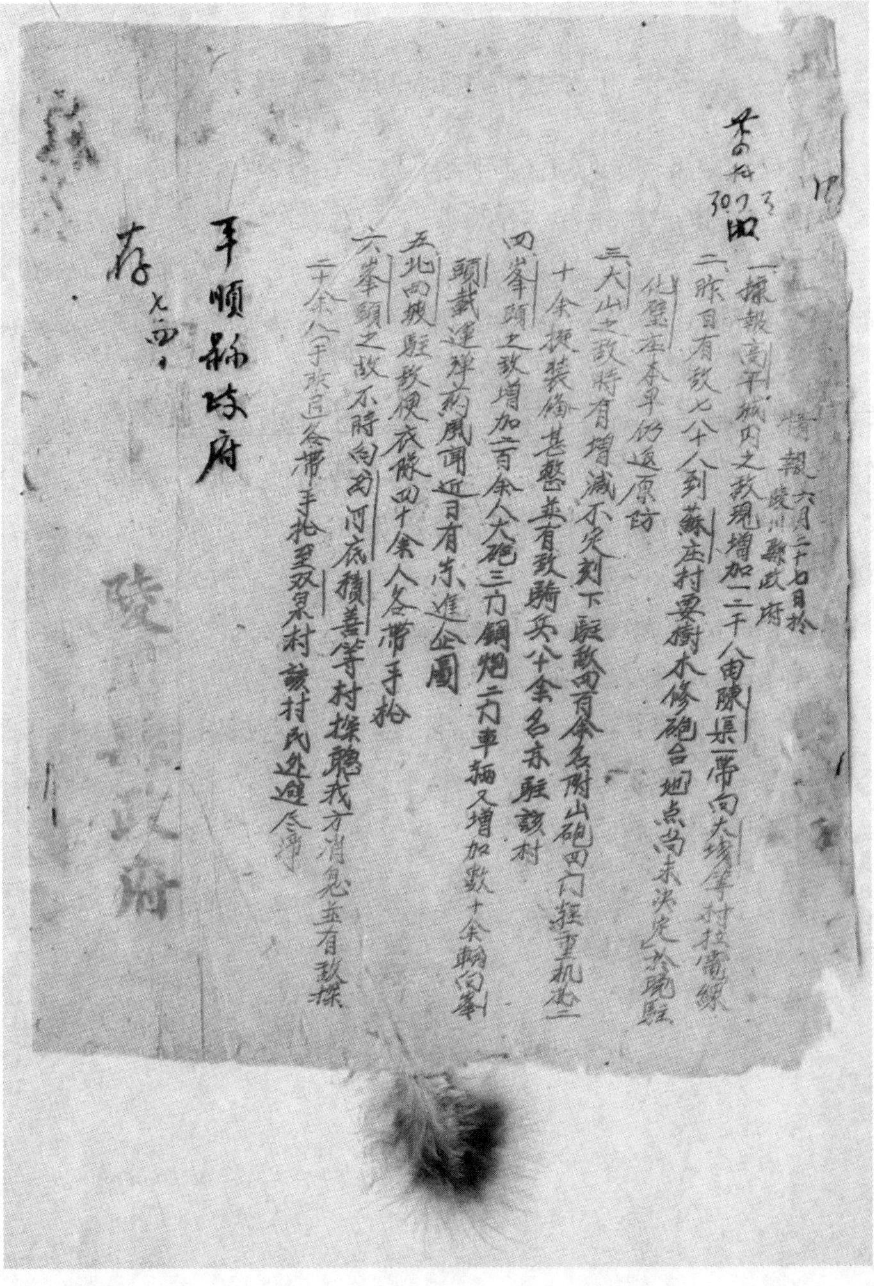

情報　六月二十七日於陵川縣政府

一、據報高平城内之敌現增加一二千人由陳塸一帶向大坡等村拉電線

二、昨日有敌七八十人到蘇庄村要樹木修砲台地点尚未決定於現駐化塋庄本早仍返原防

三、大山之敌時有增減不定刻下駐敌四百余名附山砲四门並重机枪二十余挺裝備甚整並有敌騎兵八十余名亦駐該村

四、峰頭之敌增加一百余人大砲三门鋼炮二门車輛又增加數十余輛向峯頭載運弹药風聞近日有东進企圖

五、北四城駐敌便衣隊四十余人各帶手枪

六、峰頭之敌不時向南河底積善等村探聽我方消息並有敌探二十余人于昨日各帶手枪至双泉村該村民外避各得

平順縣政府

存 7.2

陵川縣政府

图 4-53　《鸡毛情报》1941 年 6 月 27 日

由太行根据地的陵川县政府发出。

三十九、太行山上油印的《挺进》报

太行山上出版的《挺进》报，由平顺县牺盟分会主办，四廾二版，单面油印。它的创刊时间应该是 1939 年 1 月。

当时平顺县牺盟特派员为乔一之，《挺进》报就是由他负责；编辑为肖里，后调到《黄河日报》任编辑。报头"挺进"二字由效儒题写。效儒即郝效儒，时任平顺县县长，中共党员。

1939 年 2 月 15 日油印的《挺进》报第 7 号（图 4-54），在"三日时事"栏目里有国际、国内和本地新闻，此栏新闻均无标题。国际新闻为：意大利和苏联达成双方贸易额为十万里拉（意币）的商业协定。国内新闻为：决死某总队在翼城伏击进犯敌寇，毙敌 20 多名，烧毁汽车 2 辆。另，侵犯晋东南敌兵被我军击破后，逃向太原，由于士兵有厌战情绪，有 5 人相约在太原东门外自杀身亡。本地新闻为：春节将临，要安排人员优待抗属。另外几条本县主要通讯为《各村自卫队一律改编为国民抗敌自卫团》《撤职懈责离职的副大队长》等。还有一封县妇救会告妇女同胞书《为响应中央慰劳前方将士募捐鞋袜运动》。

图 4-54　《挺进》报 1939 年 2 月 15 日头版

四十、太行抗日根据地射向敌人的炮弹
——《新华日报》(华北版)

1939年1月1日，中共中央北方局机关报——《新华日报》(华北版)正式出版，铅印，四开四版，隔日刊。在发刊词中，它被定位为报道与记载华北抗战中一切可歌可泣之伟大史绩，塑造华北抗战中民族英雄之典型。其内容概括起来主要有以下几个方面：第一，高举抗日民族统一战线的旗帜；第二，反映华北敌后军民英勇奋战的业绩；第三，突出宣传在抗日根据地建设“三三制”民主政权的光辉成就；第四，重视国际宣传报道。

《新华日报》(华北版)创刊之时，正是抗日战争相持阶段。笔者收藏有一份1939年7月1日出版的《新华日报》(华北版)第90期(图4-55)。

该期报纸出版时正值中国共产党成立18周年，因此，报纸在头版发表了《英勇奋斗的18周年》的社论。社论说：“中国共产党，经过18年来的奋斗，现在已经成为全世界公认与赞许的，先进而且强大的革命政党。”

这期报纸的珍贵之处还在于增出了两版增刊，是独立发行的两个专刊，而且都是创刊号。第一版是晋东南鲁艺木刻工作团创办的《敌后方木刻》创刊号，第二版是新华文艺社创办的《新地》，后更名为《新华文艺》(图4-56)。

从1941年7月开始，日本帝国主义为实现其南进的企图，对我各敌后抗日根据地进行了毁灭性的大“扫荡”。当时根据地普遍存在麻痹情绪，报纸除为粉碎敌人大“扫荡”进行反复动员外，还连续数期发表社论，纠正普遍存在的麻痹情绪。特别是在1941年10月17日出版的第470号报纸上，更是发表了《我们再作一次呼号》的社论。笔者收藏有一份这一期的《新华日报》(华北版)(图4-57)。社论提出了一个严重而尖锐的问题，写道：“关于反扫荡的动员和准备，我们曾不惜浪费纸笔，一而再、再而三地作了许多宣传、解释、动员和呼号，总算已经尽到了我们舆论上应尽的职责。……然而，痛心的是我们这种真心诚意的呼号，竟未能刺激起全体军民的严重的，尖锐的警觉。”社论接着明确地指出了产生这一严重现象的原因，说：“问题还在于我们干部同志的太平观

念与麻木不仁。一年的安居不动的生活，大大地腐蚀了我们自己。”社论在转述了晋察冀反“扫荡”中的痛苦教训以后，大声疾呼：“难道一定要自己流了血、受了苦、吃了亏，才能觉醒过来吗？”

1943年下半年，根据中共中央的战略部署，为迎接抗日战争的反攻阶段，适应形势大发展的需要，进行全党整风运动，华北新华日报社主要干部大部分调回延安。为此，北方局决定停办《新华日报》（华北版），改由中共太行区委续办《新华日报》（太行版）。

1943年10月1日，《新华日报》（华北版）在河北涉县更名为《新华日报》（太行版），成为中共太行区委的机关报。在抗日战争胜利前夕，报社通过连续出版“号外”的形式，将重要内容、重大事件，第一时间向太行区各地广泛发布。《新华日报》（太行版）于1945年8月10日夜出版的第1号“号外”，内容是：毛主席发表声明，抗战进入反攻阶段，猛烈扩大解放区，消灭一切不愿投降的侵略者及其走狗（图4-58）。

《新华日报》（太行版）一直出版到1949年8月19日终刊，历时5年11个月19天，共出1449期。不论是中共中央北方分局的机关报《新华日报》（华北版），还是中共太行区委的机关报《新华日报》（太行版），它们在艰苦残酷的战争时期，在坚持抗战、克服危机，宣传党的路线、方针、政策，宣传广大军民的抗日斗争，宣传抗日民主根据地建党、建军、建政的成就，宣传减租减息和大生产运动，揭露日伪的残暴罪行以及巩固与发展抗日根据地的斗争等方面，都发挥了重大的推动和指导作用。它们无愧于朱德总司令曾给予的高度评价：“一张《新华日报》顶一颗炮弹，而且《新华日报》天天在作战，向敌人发射出千万颗炮弹。”

图 4-55　《新华日报》(华北版)1939 年 7 月 1 日头版

2　　新華日報增刊

新華文藝

寫在前面

二十棵樹

一把刺刀

童話

图 4-56　《新华文艺》1939 年 7 月 1 日创刊号

新華日報
華北版
我們再作一次呼號！
準備工作積極進行

图 4-57 《新华日报》(华北版)1941 年 10 月 17 日头版

该版刊发《我们再作一次呼号》的社论。

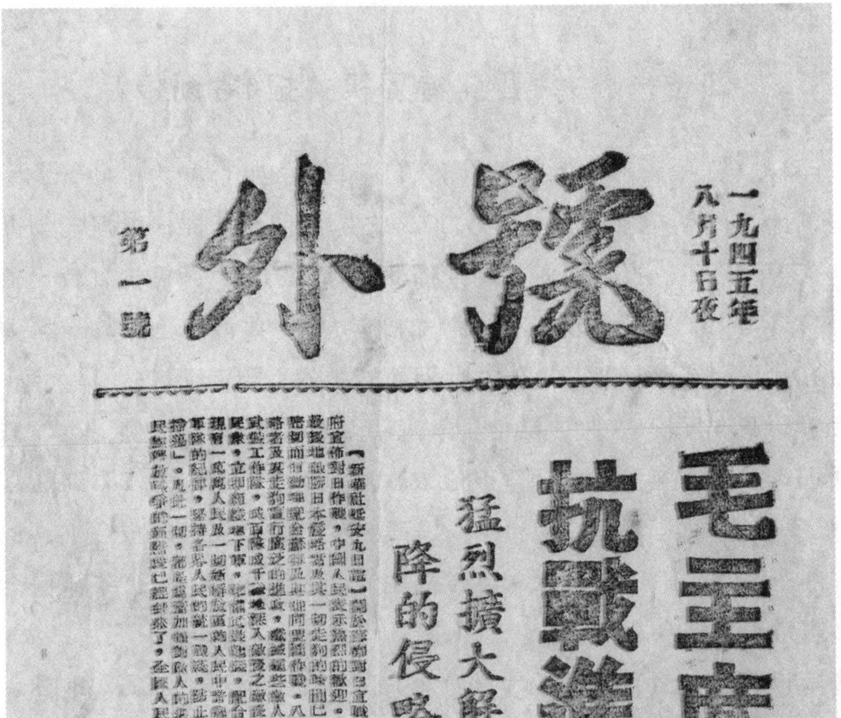

一九四五年八月十日夜

號外

第一號

毛主席發表聲明
抗戰進入反攻階段

猛烈擴大解放區·消滅一切不願投降的侵略者及其走狗。

太行新華日報印

图 4-58　《新华日报》（太行版）1945 年 8 月 10 日第一号号外

该版刊发《毛主席发表声明　抗战进入反攻阶段》。

四十一、中共晋冀特委机关报《胜利报》

《胜利报》于1938年5月1日在和顺县园街村创刊，初为中共晋冀特委的机关报，后改为中共晋冀豫区委机关报。它是党在太行抗日根据地创办最早的大众化报刊之一。报纸的任务是宣传群众，组织群众，开展抗日救亡工作。

1941年6月2日出版的《胜利报》第367号，主要内容是晋冀豫区委根据冀太联办制订的抗战时期卫生防疫计划而安排的宣传活动(图4-59)。头版在显著位置刊登本报特讯《保护抗日斗争生动力量，全区突击保健卫生》，另外的几条通讯，有《辽县查获小汉奸》，报道敌寇将一个15岁的小孩派到辽县某村投毒，被我岗哨查获。好消息《和东人民武装英勇杀进虎穴》，报道本县民兵营配合八路军某部，分三路袭击敌据点，一举消灭敌寇20多人。《黎城展开抵货运动》，报道黎城群众在举行“六三”抵制日货大会后，展开了一场对敌贸易战，使敌货不得入境。还有消息《严密防缉揭发宣传！涉县敌探汉奸用会门惑众》，报道涉县的汉奸敌探利用封建迷信的“三教归一”“长矛道”“清佛道”“九公道”和“礼门义路教”等组织，欺骗勾引不明真相的入道群众，进行破坏抗日活动。

《胜利报》于1941年7月7日根据区党委决定易名为《晋冀豫日报》。在两年多艰苦卓绝的对敌斗争中，办报地点频繁转移，初步统计为5县18村。据《太行新闻史料汇编》载，《胜利报》仅存26张半，全部收藏在中国国家图书馆。

抗战初期，在国统区被一些悲观的亡国论调充塞之时，共产党和八路军在华北高举抗战旗帜，英勇杀敌，同时创办《胜利报》来传递胜利消息，鼓舞了人民的抗战意志。

SHENGLI BAO

勝利報

第三六七號

十五項建設主張通

加緊民主政治建設逐步實現民選各級政府

冀西医生都出動

猛轟敵僞奴役文化

图 4-59　《胜利报》1941 年 6 月 2 日头版

四十二、《太岳政报》传递党的声音

《太岳政报》为太岳行署主办的机关刊物，1941年11月21日创刊，16开石印，册报，每期页数不等。该报的任务是发布太岳行署下达的通令、指示、布告，刊登有关领导的会议讲话，报道本区内举办的各项重大活动，通报太岳部队与日军的作战情况等。

1945年7月出版的《太岳政报》第4期为“教育座谈会专号”，共87页（图4-60）。据《新华日报》（太岳版）载，太岳行署文联曾于1945年6月6日（当时的教师节）邀请文教部门的同志举行座谈会。这期“专号”就是根据座谈会的内容整理后编发的。

“专号”内容有赵攻守在教育座谈会上的发言《教育方针的实践与提高》、裴丽生副主任在座谈会上的总结报告《国民教育任务与方针》，两个讲话都阐述了太岳解放区一年来的现状，并给教育工作者指出了今后的努力方向。还有太岳行署《关于中学教育的决定》，有刘武根据座谈纪要整理的《高小教育之改造》，有《一年来初校教育改造的经验》，有短文《民办学校》《敌占区学校》《青年教育》和《妇女教育》。

《太岳政报》至1949年停刊。

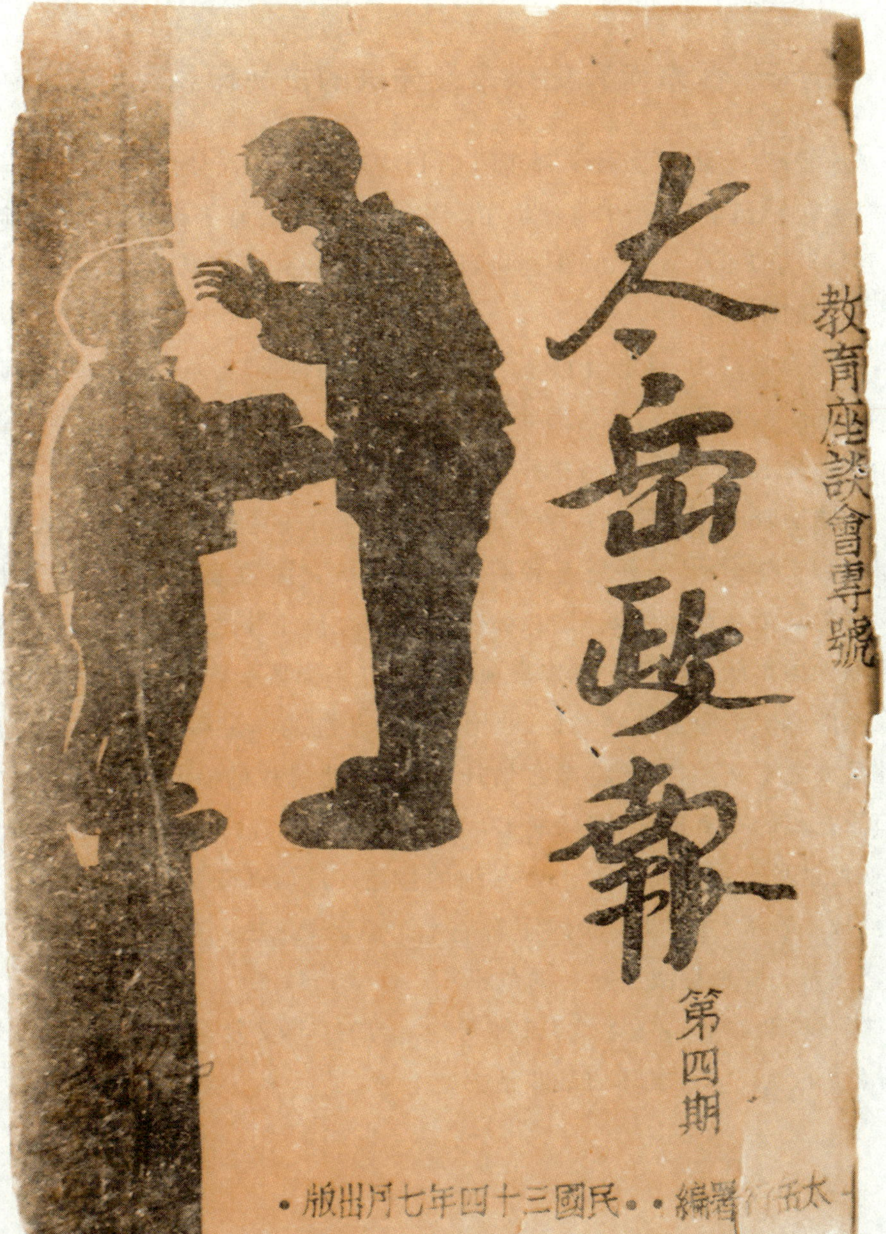

图 4-60　《太岳政报》1945 年 7 月第 4 期

四十三、晋东南有史以来最先进的抗战印刷品《前线》

《前线》为八路军总司令部主办的刊物，创刊和休刊时间不详。现仅知1939年1月《新华日报》华北分馆在沁县组建后，于2月1日开始出版《前线》（复刊号）（第1期）。刊头由朱德题写，半月刊，16开新闻纸铅印，属当时晋东南最先进的印刷品。

1939年2月16日出版的《前线》复刊第2期，封面为木刻时事宣传画《坚持华北抗战　保卫大西北》，画面上，一只象征华北抗战力量的巨手紧紧拖住一个张牙舞爪、挥刀持枪、凶相残暴欲侵占西北的日本鬼子（图4-61）。

刊物所载内容主要是八路军的军政领导撰写的抗战论文、军事战术、重要讲话和文件指示，另外还有转载延安或重庆方面的重要文稿和缴获的敌人文件等。第一篇为陈诚写的《关于政治部今后工作之讨论与决议》，文中就今后全国军队政治部的工作事项做出了许多部署和安排。第二篇为彭德怀在八路军干部会上的演讲记录《论坚持华北抗战》，讲话要点有四条：坚持华北抗战之意义，对华北将来之估计，坚持华北抗战的有利条件，结论。第三篇为左权的军事论文《埋伏战术》，文中对伏击战前如何侦察、如何择地设伏、如何诱敌上钩等问题做出了详细的论述。最后两篇为苏联斯米尔诺夫所著《战术教程》中的《苏联红军新战术思想的要点》一文的翻译和李鸿的《侵略战争怎样加重敌国社会的危机》。

《前线》于1940年改名为《前线月刊》。1941年又复名为《前线》，编辑部门署名也改为十八集团军野战政治部。

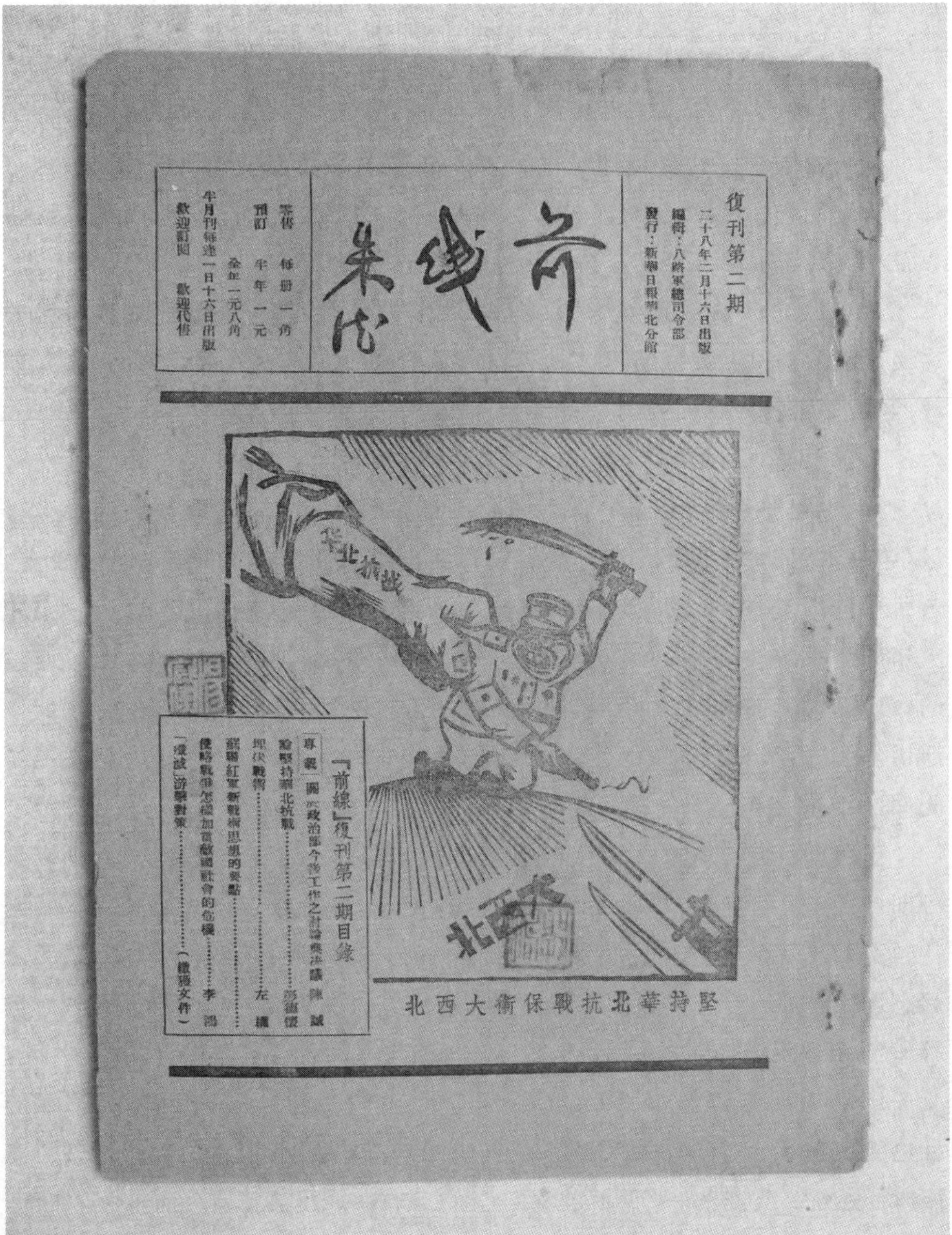

復刊第二期

二十八年二月十六日出版

編輯：八路軍總司令部

發行：新華日報華北分館

前線

零售　每册一角

預訂　半年一元

　　　全年一元八角

半月刊每逢一日十六日出版

歡迎訂閱　歡迎代售

『前線』復刊第二期目錄

專載　關於政治部今後工作之討論與決議……陳誠

論堅持華北抗戰……彭德懷

埋伏戰術……左權

蘇聯紅軍新戰術思想的要點……

侵略戰爭怎樣加重敵國社會的危機……李[illegible]

「[illegible]」游擊對策……（[illegible]文件）

堅持華北抗戰保衛大西北

图 4-61　《前线》1939 年 2 月 16 日复刊第 2 期

四十四、太行根据地翻印的《解放》

《解放》是中共中央于1937年4月在延安创办的机关刊物，设有时事、短评、翻译、论著等栏目，刊载内容多为中共中央的重要方针、指示、宣传、通电，以及中央高级干部撰写的政策性稿件。主编张闻天。

1939年元旦华北《新华日报》在太行创刊后，除编印报纸外，还以报社的名义出版和翻印了大量的图书和刊物。其中刊物有八路军司令部编辑的《前线》和延安出版的《解放》。

太行根据地之所以要翻印延安党中央的《解放》，是因为太行到延安路途遥远，中间要经过黄河、汾河和同蒲铁路等国统区和敌占区的防线。太行区（包括太岳、冀南）及相邻的晋察冀边区党、政、军、工、商、学等单位较多，若每单位订阅一册《解放》，至少也得上千册。要将这成捆的刊物通过犬牙交错的敌军封锁线，安全地从延安运到太行根据地，是非常困难、极端危险的。所以延安《解放》每期出版后，仅通过党的秘密交通线送来数本，除留一册供华北《新华日报》作为原件翻印外，剩余的供八路军和北方局主要领导先阅。

现在晋东南发现的《解放》杂志，大多为1938年12月出版的总59期以后各期，而华北《新华日报》创办时间是1939年元旦，所以首先开始翻印的是刚从延安来的第59期（或第58期）。在此之前北方局还没有铅印设备，是无法逐字逐行逐页按原件排版翻印的。因印刷厂属保密单位，故刊头处不标“太行翻印”字样。

1940年2月29日出版的《解放》第100期，内容有为百期纪念会而发表的社论《站在中华民族解放事业的前进岗位上》，以及王明的《力争时局好转 克服时局逆转》，贺龙的《晋西北之今昔》，萧三的《共产国际二十一周年》等文章。封面有武乡县某民族小学长条印章（图4-62）。

解放

第一〇〇期

編輯：延安解放社

發行：延安新華書店

民國二十九年二月廿九日出版

本期售價　國幣四角

社論

站在中華民族解放事業的前進崗位上

本期目次

图 4-62　《解放》(太行版)1940 年 2 月 29 日第 100 期

四十五、《敌后方木刻》也能抗日

抗日战争爆发后，八路军在朱德总司令的率领下东渡黄河，深入山西敌后创建抗日根据地。随后各地的美术工作者也在党的安排下千里迢迢陆续来到太行山区，并且成立了鲁艺木刻工作团。他们用自己手中的笔和刀，刻绘出无数的木刻作品，用来教育群众，宣传抗日。

《敌后方木刻》就是鲁艺木刻工作团于 1939 年 7 月创办的一份美术报刊。它是作为华北《新华日报》副刊编辑出版的，每月或每半月出版一期，图文并茂，有很强的宣传性。当时的木刻工作者有彦涵、罗工柳、华山、邹雅、胡一川、铁耕、简平等。

1939 年 7 月 1 日出版的《敌后方木刻》创刊号（图 4-63），其《发刊词》说："它刻画着一面大旗，大书'坚持抗战，坚持持久战，坚持统一战线'。这里，将发挥木刻在抗战中的威力，勇猛地与敌人搏斗，直到我们自由解放。这里，将团结与组织敌后方的木刻工作者，为开展敌后方木刻运动而奋斗。"这一期创刊号上刊登的木刻画，有铁耕作的《论新阶段》插图 4 幅：《共产党员站在抗日战争的最前线》《共产党员是民众的教师，又是民众的学生》《努力学习马列主义，看谁学得更多一点，更好一点》《同志们，全党团结，全民族团结起来！》。另有华山、胡一川、邹雅的木刻。此外，还发表了著名版画家罗工柳的评论文章《抗战二年来的木刻运动》，文章指出：新兴木刻在中国只有短短 10 年，而抗战两年来，木刻有了很大发展，有了全国统一性的组织，木刻的数量和质量都有了很大的提高。这是一篇对研究中国木刻画历史和特点颇有价值的文章。文章最后还附有罗工柳的一幅木刻画，内容是鬼子有三条狗（托、汪派、汉奸），一天到晚叫："反共，反共。"遗憾的是《敌后方木刻》只出版到 9 月 15 日就终刊了，共出 4 期。

根据时间推算，其编辑印刷地址应在武乡县大坪村。

新華日報增刊

DI-XOUFANG MUKE

創刊號

敵后方木刻

魯藝木刻工作團編　1939·7·1

發刊詞

抗戰二年來的木刻運動

图 4-63　《敌后方木刻》1939 年 7 月 1 日创刊号

四十六、山西青年抗战决死第一纵队的《战旗》

《战旗》为山西青年抗敌决死第一纵队政治处主办的军内刊物，创刊于1938年初。它是以教育培养决死队干部战士认清抗战形势，坚定抗日情绪，奋勇歼杀敌寇为目的的一份不定期战时出版物。

1938年7月12日出版的《战旗》第20期，封面上方为一手擎军旗图案，旗帜上印有刊名"战旗"二字，下方是本期目录。29页，单面油印。虽是油印，但封面设计得非常美观协调。此册为"特务大队"阅读品(图4-64)。

该期以纪念抗战一周年和决死队成立一周年为主题。第一篇为回忆文章《抗战过程中山西的变化》，文中略述了山西抗战一年来的政治、军事(包括决死队)等方面的变化。第二篇为《抗战一年来几个大的教训与我们今后努力的方向》，文中列举了山西军队在与敌几次交战中的失利及血的教训。第三篇为《决死队的本质危机与前途》，文中阐述了决死队组建一年来在山西抗战中的地位与作用，从最初驻防沁源时群众不了解，要"活埋决死队"，到后来的"欢迎决死队"，说明这些都是干部战士受政治教育的结果；最后还提出希望：决死队应更进一步发展壮大。

图 4-64　《战旗》1938 年 7 月 12 日第 20 期

四十七、罕见的《新华日报》(太南版)

《新华日报》是中国共产党创办的重要报刊之一，留下来的版本有多种，有汉口版、重庆版、南京版、华北版、太行版、太岳版、华中版等。战时太南版则保存极少，我有幸收藏的这份《新华日报》就是战时太南版。

这份《新华日报》(太南版)为创刊号，四开二版，单面石印，创刊于1939年8月13日(图4-65)。

报头左侧是一幅漫画，画的是一只张着巨大翅膀的大雁发现一条正在爬行的蛇，飞快地扑过去将其干掉。配文说：“我军杀敌如飞雁打蛇，一发一啄。”把八路军打击日本侵略者比喻成飞雁打蛇，可谓相当形象，生动绝伦。

头版头条的发刊词告诉我们，该报是以“号外”形式出版发行，以此来作为主报——《新华日报》(华北版)的补充。

据了解，这类报纸留存下来的极其稀少。

SIN XUA RH BAO

新華日報

戰時太南版

發刊辭

戰時指揮部

紀念八一三

山岳地帶處處勝利

平順縣已無敵蹤

图 4-65　《新华日报》(太南版)1939 年 8 月 13 日创刊号

四十八、抗战胜利前夕的《新大众》

《新大众》由华北新华书店编辑出版，创刊于抗战胜利前夕的 1945 年 6 月 1 日，是一本综合性的通俗化、大众化读物。由于其内容活泼、语言生动，可读性强，因此深受大众喜爱。刊物为 32 开本，52 页，铅印月刊。王春任社长，冯诗云任主编，赵树理等任编辑。笔者所藏《新大众》为创刊号，其栏目有时事新闻、诗歌戏曲、小说散文、农业知识、卫生常识、漫画插图等。

《新大众》创刊号主要内容有重文撰写的介绍中共七大会议精神的《咱们老百姓的代表大会》；有作家赵树理用笔名“吉成”发表的《辽县城又复活了》，文章描写了八路军收复辽县（后更名左权县）县城后的新景象，还配有著名画家枫川所绘的《辽县城街头》插图。在“天下大事”栏目里，最为醒目的文章是《欧战结束法西斯罪魁伏法，远东吃紧小日本四面楚歌》，标题一语中的，世界形势赫然在目；作者以喜悦之情介绍了当年 5 月 7 日晚全世界电台轮番播放的重要新闻“德国无条件投降了”。另外，还有长篇故事连载《太行山英雄传》和著名诗人高沫鸿的两首诗等。

封面绘画为邹雅的《收复后的辽县城》，图画描绘了辽县县城被八路军收复后的繁荣景象，近景为一战士在给群众讲攻城时的战斗故事（图 4-66）。封底为艾炎（曾任鲁艺美校校长）的画作，内容为收复辽县县城时，八路军朱德警卫团在县城附近的平顶山上与 600 多日军激战的场面。

《新大众》月刊于 1947 年底出至 45 期后停刊，改出《新大众》报。

图 4-66 《新大众》1945 年 6 月 1 日创刊号

第五章　晋绥抗日根据地报刊

一、中共晋西南区委创办的《五日时事》报

在晋西南众多的抗战报刊中，办得最好，印量最大，在艰苦环境下以其开拓进取的独创风格，在抗日战争时期的新闻出版史上占有重要位置的，当属中共晋西南区委机关报——《五日时事》报。

《五日时事》报的重点是及时宣传党的抗日主张，另一重点是及时报道根据地抗日民主政权建设、经济建设及其他各方面的工作。

1939 年 5 月中旬，日军集结了相当的兵力，开始对吕梁山敌后抗日根据地进行“扫荡”，并企图向大西北进犯。在这次反“扫荡”期间，《五日时事》报从 5 月 20 日第 66 号开始改出“战时报”，由平时的八开二版改出一版，出至第 70 号。“战时报”文章短小精悍，并在报上反复印上战斗口号，如“粉碎敌人的围攻，牵制敌人的西进！”“保卫吕梁山！ 保卫大西北！”等，以明确任务，鼓舞士气。

《五日时事》报除了在宣传报道方面发挥了重要作用外，还独创了印刷字体，刻写精致，成为敌后根据地早期抗日报刊的样板。

林枫去延安开会时，请毛泽东给《五日时事》题写报头，毛泽东欣然命笔并留下了落款，以示对这份报纸的肯定。该报从 1939 年 2 月 15 日第 50 号起启

用毛泽东题写的报头，并将落款附上。这成为到目前为止已知毛泽东亲笔题写报头的110多种报刊中唯一一份留有落款的报刊。

1939年12月，阎锡山发动了破坏团结、投降反共的“晋西事变”，晋西南地区所有的进步报刊都被迫停办。《五日时事》报跟随中共晋西南区委转移到了晋西北。晋西南区与晋西北区党委合并成立晋西区党委后，该报作为中共晋西区委的机关报继续出版了一段时间，于1940年9月18日中共中央晋绥分局机关报《抗战日报》创刊时停刊，前后共出200多期。

笔者20年前集藏到一份出版于1939年8月31日的第86号《五日时事》报。该期报纸为八开单面油印，整版就报道了一条消息，即苏联与德国签订了互不侵犯条约，分两个题目做了报道：一个是社评《论苏德互不侵犯协定》，占了四分之三的版面；另一个是《苏德条约内容公布　苏联外交之一大成功》。(图5-1)

五日時事
第八六号
廿八年八月卅一日
五日時事社編行
社論
論蘇德互不侵犯協定
蘇德條約內容公佈
蘇聯外交之一大成功
英法陰謀完全揭穿
日寇遭受重大打擊

图 5-1 《五日时事》报 1939 年 8 月 31 日头版

二、“牺盟会”会刊——《牺牲救国》报

“牺盟会”全称“山西牺牲救国同盟会”，于 1936 年 9 月 18 日发起成立，是中国共产党抗日民族统一战线政策首先在山西获得重大胜利的产物。牺盟会机构健全后，首先大力开展抗日宣传与培训干部工作。于是《牺牲救国》报应运而生，于 1937 年 1 月 1 日创刊，为四开四版铅印周报，中共党员赵石宾任总编辑。笔者收藏的是 1937 年 5 月 21 日的第 21 期(图 5-2)。

针对省城太原工厂众多，工人阶级相对集中的特点，为了广泛发动工人群众，《牺牲救国》报还创办了针对太原工人群众的大众化通俗副刊《大众园地》。该刊为八开四版铅印不定期小报，设有“工人杰作”“大众习作”“社会常识”“大众文艺”“天下大事”等栏目。出版于 1937 年 4 月 15 日的第 2 期《大众园地》(图 5-3)，刊有社论《敌人为什么要亡我们的国》一文。

1937 年 7 月 8 日，即卢沟桥事变次日出版的第 28 期《牺牲救国》报见证了卢沟桥事变的历史。这期报纸除报道牺盟会成员在本市和各村庄向民众解释宛平事件真相，并沿途高唱守土抗战歌外，还在头版显著位置发表了《为保卫华北而奋斗》的社论(图 5-4)。

卢沟桥事变后，“牺盟会”连续召开紧急会议，讨论当前形势，并决定继续通过《牺牲救国》《大众园地》等刊物向各阶层人士、广大群众加紧抗日宣传，动员每一个不愿做亡国奴的中国人积极行动起来，参加抗日救亡活动。因此可以说，《牺牲救国》报是我党最早报道卢沟桥事变的报纸之一，也是中国共产党在山西进行抗击日本帝国主义侵略斗争的第一报。

中華民國二十六年五月二十一日　犧牲救國　第一版

犧牲救國

不願做奴隸不願做漢奸的人團結起來！

非克復「左傾」的空談不足以建立
廣大强壯的抗敵救亡統一戰綫

從反省院政治犯絕食說起

擁護晉綏將領領導軍民抗敵救亡！

图 5-2　《牺牲救国》报 1937 年 5 月 21 日头版

该期刊发《非克服“左倾”的空谈不足以建立广大强壮的抗敌救亡统一战线》。

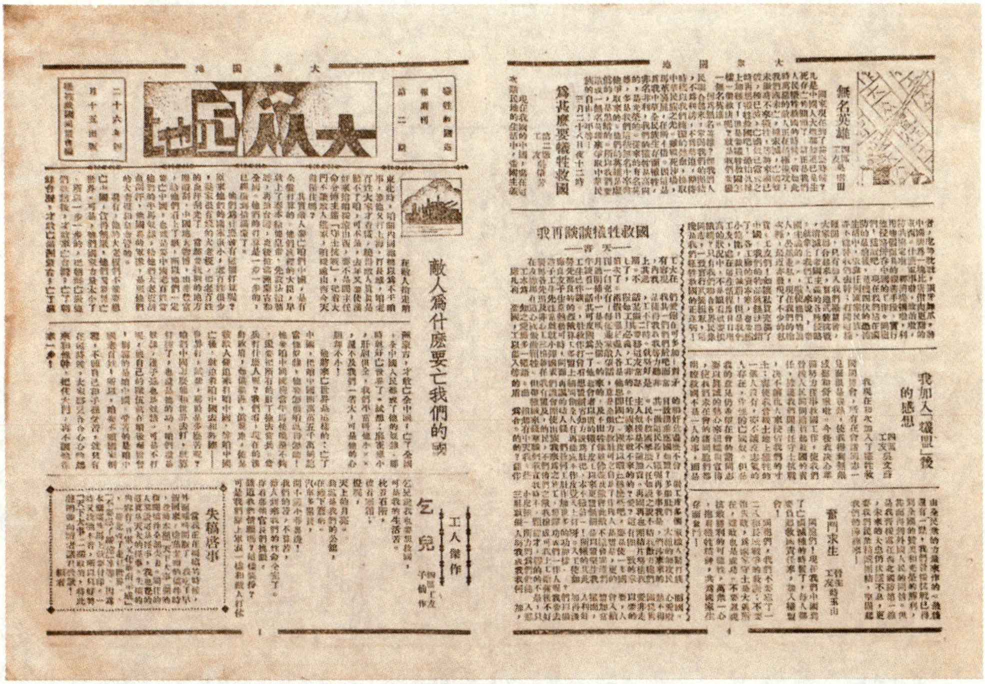
大衆園地

敵人為什麼要亡我們的國

無名英雄

為甚麼要犧牲救國

我再談談犧牲救國

我加入「犧盟」後的感想

失稿啓事

乞兒

奮鬥求生

图 5-3　《大众园地》(《牺牲救国》报副刊)1937 年 4 月 15 日第 2 期

该期刊发《敌人为什么要亡我们的国》。

图 5-4　《牺牲救国》报 1937 年 7 月 8 日头版

我党最早报道卢沟桥事变的报纸。

三、报道邹韬奋病逝消息的《抗战日报》

邹韬奋毕生从事新闻出版工作，以笔为武器，在抗日救亡运动中先后创办主编过“一报八刊”，宣传爱国主义思想，宣传抗战救国，传播马列主义，成为文化战线上抗击日本帝国主义侵略中国的先锋战士。

出版于1944年10月13日的中共中央晋绥分局机关报《抗战日报》，头版刊登了6篇文章，其中有4篇是关于邹韬奋逝世的。第一篇是新华社华中6日的电文《中国文化界先进战士邹韬奋先生病逝——临终犹呼吁坚持团结实行民主》。文中介绍了邹韬奋由渝赴港，由港到粤，由粤去苏北根据地以及病逝的简要情况（图5-5）。

第二篇也是新华社华中6日的电文——《韬奋先生遗嘱》，文中说：“二十余年来追随诸先进，努力于民族解放、民主政治和进步文化事业，竭尽愚钝，全力以赴，虽颠沛流离，艰苦危难，甘之如饴。此次在敌后根据地视察研究，目睹人民的伟大斗争，使我更看到新中国光明的未来。”

第三篇是新华社延安7日电文《中共中央电唁韬奋先生家属——接受临终要求，并愿全国人民齐为坚持团结抗战实行真正民主而奋斗》。中共中央接受邹韬奋的请求，追认其加入中国共产党，邹韬奋长期来的愿望终于实现，这光荣的归宿对他的英灵当是最大的慰藉。

第四篇是转载的《解放日报》7日社论《悼邹韬奋先生》。社论回顾了邹韬奋一生及其所从事的伟大事业，并给予了崇高的赞誉和评价。

邹韬奋逝世的消息披露后，举国哀痛，中国共产党领导下的各敌后抗日民主根据地纷纷举行追悼大会，隆重纪念这位杰出的政治活动家、新闻记者、伟大的抗战救国先锋战士。中共中央做出决定，在延安召开邹韬奋追悼大会，在《解放日报》发表悼念文章，中央致挽电。毛泽东等中央领导和党中央机关都题了挽联。

抗戰日報

中華民國三十三年十月十三日　KANGZHANRHBAO　星期五　第一版

第五七六號

新華書店晉西北分店啟事

新到圖書

我軍民長期圍困打擊
擠走臨南三交敵人

悼鄒韜奮先生
——解放日報七日社論

中國文化界先進戰士
鄒韜奮先生病逝
臨終猶呼籲堅持團結實行民主

韜奮先生遺囑

中共中央
電唁韜奮先生家屬

東南海岸全論敵手
福州與甌江口失守

图 5-5　《抗战日报》1944 年 10 月 13 日头版

报道邹韬奋病逝等消息。

四、向敌占区同胞发出的《祖国呼声》

1941 年和 1942 年是敌后抗战最艰难困苦的年代，日寇除疯狂地对晋绥边区进行“扫荡”和“蚕食”进攻外，还在其占领区大搞所谓的“政治、治安强化运动”，在残酷镇压反日力量的同时加强“奴化”宣传教育。为了揭穿敌人的阴谋和各种欺骗宣传，向敌占区同胞报道国际和国内形势的真相，进行抗日和爱国主义教育，宣传中国共产党的主张、政策及抗日根据地的建设成就，中共晋西区委决定创办一份专门给敌占区同胞阅读的报纸，这就是《祖国呼声》的前身《正义报》。

《正义报》八开四版铅印，每半月出版一期。出版于 1942 年 7 月 10 日的《正义报》第 5 期（图 5-6），在报头的左侧印有“正义报社出版”字样。这个机构并不存在，这份报纸实际是由吕梁文化教育出版社主办，社长为吕梁文化教育出版社负责人、《晋西大众报》社社长王修。1943 年，正值晋绥边区进行整风，编辑人员都去参加学习，《正义报》停刊。

1944 年 4 月，《正义报》复刊时更名为《祖国呼声》，期数另起，但仍为 32 开半月刊。该刊封面的上方是手写的“祖国呼声”4 个大字，非常醒目，刊名的右下部绘有一八路军战士，左手持枪，右手前伸，面向铁丝网内的敌占区作呼唤状。生动的剪影造型与刊名十分吻合，极具感召力（图 5-7）。《祖国呼声》封面标有“祖国呼声社出版”字样，这个机构也不存在，该刊实际也是由吕梁文化教育出版社主办。

《祖国呼声》在根据地印刷后，通过党的秘密交通站系统，经过游击区，再向敌占区分发。主要对象是可以联系的具有爱国抗日倾向的知识分子（如小学教员等），通过他们再传递给敌占区其他同胞。敌人发现了《祖国呼声》是共产党的宣传品，就到处搜查，进行“封锁”和“清剿”，声言“《祖国呼声》是共产党的刊物，抓到了是要杀头的”，企图以此来阻止刊物的发行。尽管如此，通过敌占区爱国同胞们的共同努力，该刊还是一期接一期地广泛在敌占区同胞当中流传。为了躲避敌人的检查，敌占区的读者还将刊物伪装起来，糊上《西游记》

《西厢记》等封面互相传阅。针对这种情况，中共晋绥分局还于1945年1月18日发出《关于加强〈祖国呼声〉工作的指示》，强调要抓好防范敌伪工作。《祖国呼声》再发行时就直接在封面加印伪装，包上一层与书完全不符的书名以做遮掩。这种方式，在根据地内被称为“红瓤黑皮书”。笔者藏有这样的一期《祖国呼声》，其封面书名为《新民会分会员必携》，书名右侧印有“民国三十二年一月”，左侧印有“新民会雁门道总会”字样（图5-8）。翻开封面则是1945年3月16日出版的第21、22期合刊的《祖国呼声》（图5-9）。这一期因是两期合一，共刊登了27篇文章。

《祖国呼声》一直出版到1945年7月15日第30期停刊。这一期也是伪装书，封面书名为《美国人眼中之重庆》，日期是民国三十三年十月（图5-10），里面的封面没有了以往的八路军战士呼喊的图案，只有很简单的4行排列（图5-11）。

纵观现见到的《正义报》和《祖国呼声》，它报道的主要内容是：向敌占区同胞介绍国际反法西斯战争的真实情况，报道苏联红军反击德国法西斯、取得胜利的消息；传播八路军、新四军、华南抗日纵队和各地人民抗日武装坚持敌后战争的胜利消息，揭露国民党当局消极抗日、积极反共、一党专政、残害敌占区同胞的行径；宣传中国共产党的抗日民族统一战线政策、减租减息和奖励生产等政策；介绍抗日根据地经济、文化建设的成就和人民生活的改善情况等。并且该刊还对敌占区同胞进行爱国主义教育，号召他们坚持正义，坚持民族气节，坚决同敌伪开展各种形式的斗争。《祖国呼声》的发行，对鼓舞敌占区同胞坚持抗日战争、树立争取胜利的信心起到了积极作用。

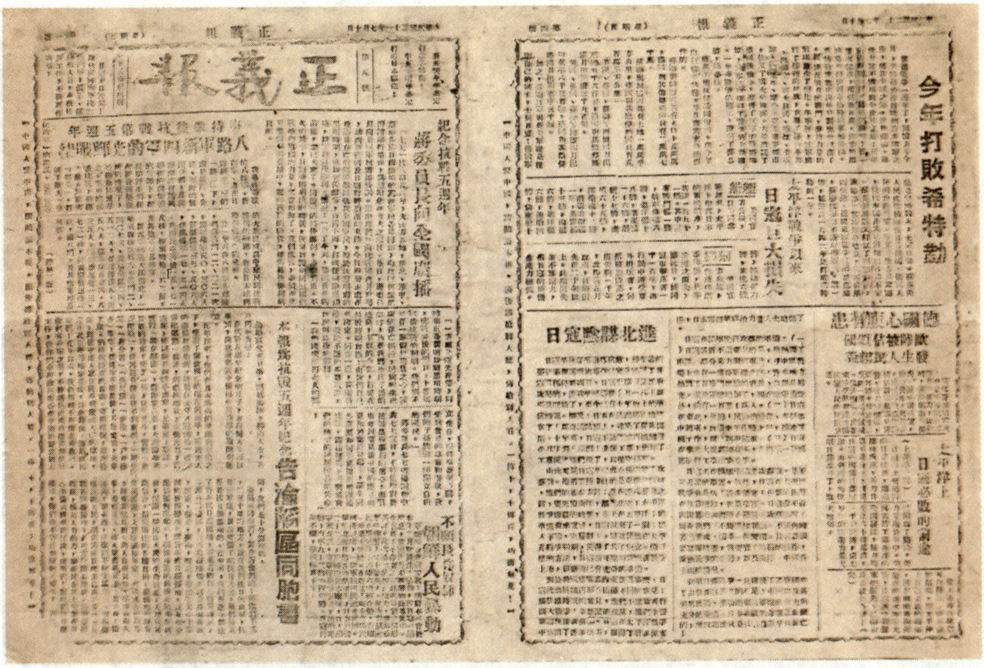
正義報

紀念抗戰五週年

今年打敗希特勒

图 5-6 《正义报》1942 年 7 月 10 日第一、四版

图 5-7 《祖国呼声》1945 年 1 月 1 日第 17 期

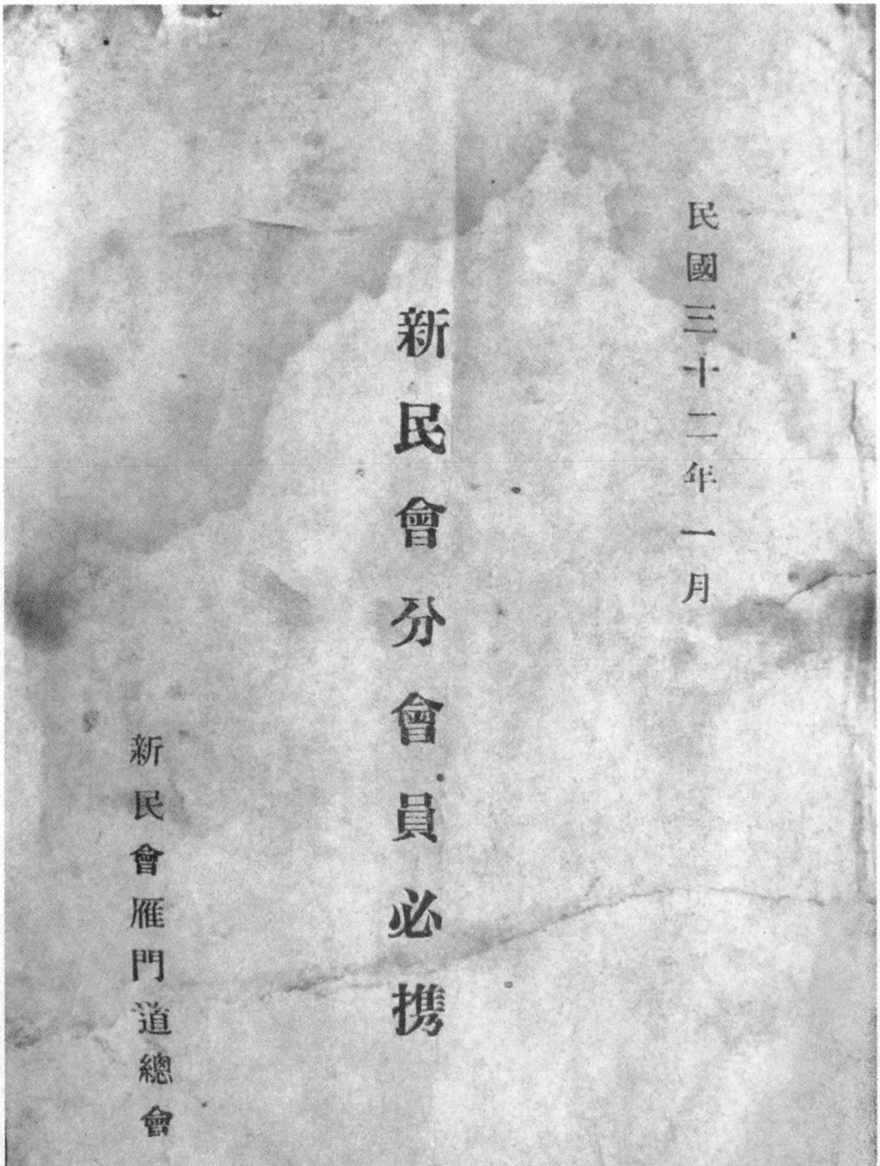

图 5-8　《祖国呼声》1945 年 3 月 16 日第 21、22 期(伪装封面)

图 5-9　《祖国呼声》1945 年 3 月 16 日第 21、22 期

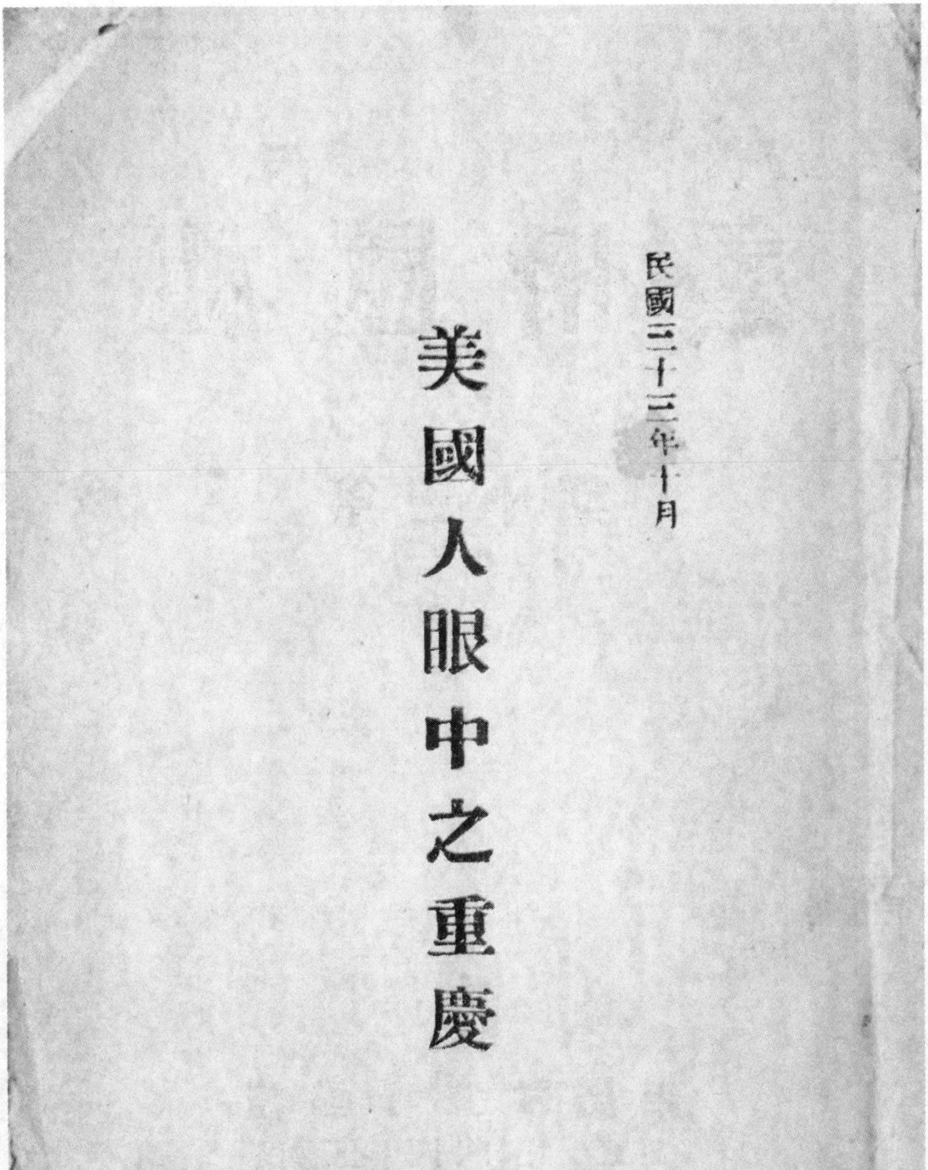

图 5-10　《祖国呼声》1945 年 7 月 15 日终刊号(伪装封面)

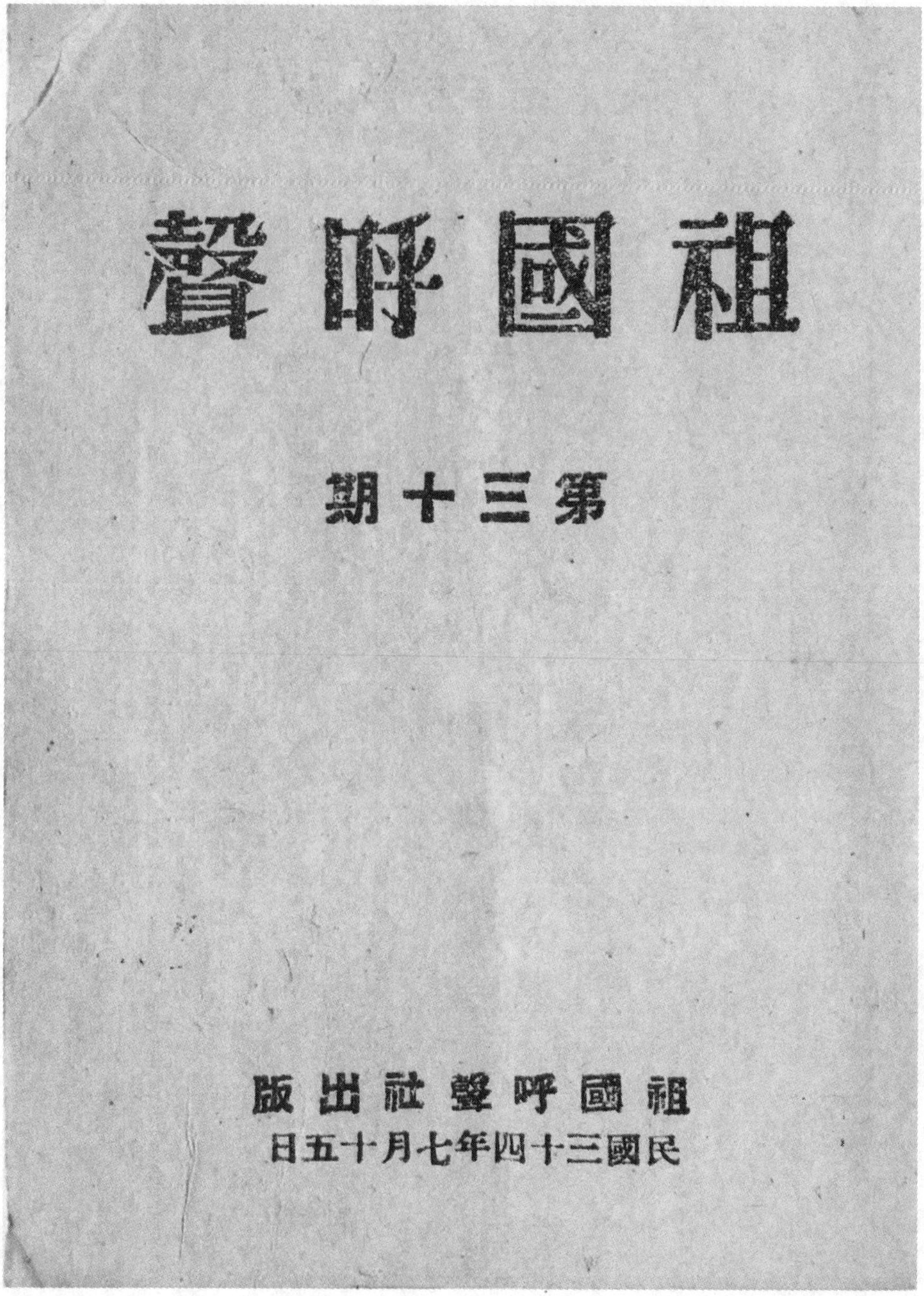

图 5-11　《祖国呼声》1945 年 7 月 15 日第 30 期(终刊号)

五、晋西北抗日民主政府的机关刊《行政导报》

晋西事变后，中国共产党创建了晋绥抗日根据地。在中共晋西区委领导下，1940年2月，晋绥抗日根据地的抗日民主政府——晋西北行政公署正式成立。为统一指导全边区各级政权工作，行署决定出版一个机关刊，这就是《行政导报》。

《行政导报》于1940年6月初正式出版，半月刊，16开油印，同年9月边区成立吕梁印刷厂后即改为铅印本。

《行政导报》出满两卷(一年一卷，每卷24期)后，在根据地财政最困难的1942年暂停出版。在《行政导报》刊行和停刊期间，行署还出版有一份《行政导报》的副刊——《工作通讯》，16开，每期24页，不定期出版，目的是弥补《行政导报》的不足，使各级通过《工作通讯》，把行政工作领导的责任放在全晋西北所有政权工作人员的肩头上，把领导工作放在具体而实际的工作经验的基础上，发挥领导工作的作用。1943年1月，行署决定停出《工作通讯》，把《工作通讯》的内容发表在同时复刊的《行政导报》上。《行政导报》复刊后变成综合性月刊，32开铅印。但复刊后只出了1期，从第3卷第2期起，为更好地指导工作，提高时效，广为发行，《行政导报》改为《抗战日报》的副刊，大体上每半月出一期。

1941年10月1日出版的《行政导报》第2卷第4、5期合刊，封面上印有红色“三次行政会议特刊”字样(图5-12)。第三次行政会议于8月下旬召开，距第二次会议(1940年9月)有一年时间。这是行署自成立不到两年以来非常重要的一次会议，会议对一年来行署在公粮、财政、领导、村选、金融贸易等方面的工作进行了系统的总结，并在这些方面提出了新的工作要求，标志着晋西北抗日民主政权的日趋巩固成熟。因此这一期的《行政导报》对会议有指导性的内容做了专题重点刊发。

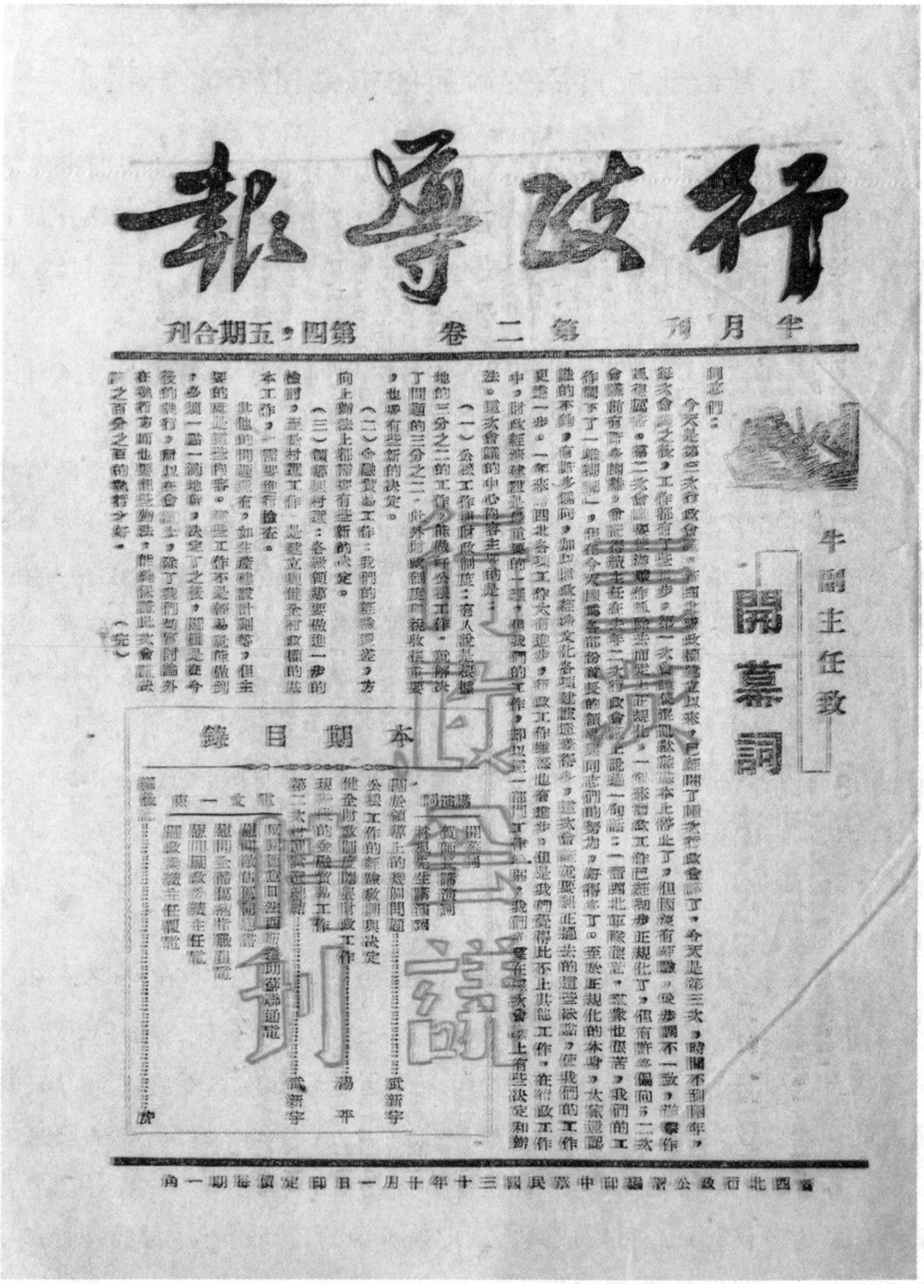

图 5-12 《行政导报》1941 年 10 月 1 日第 2 卷 4、5 期合刊(三次行政会议特刊)

六、晋绥抗日根据地抗战的向导——《抗战日报》

晋西事变后，晋西南、晋西北两个区党委合并，组成中共晋西区委。为巩固和发展晋绥抗日根据地，加强对敌斗争，晋西区党委决定，停出晋西南区党委办的油印《五日时事》和晋西北区党委办的石印《新西北报》，创办全区统一的铅印报纸。1940 年 9 月 18 日，"九一八"事变 9 周年之际，《抗战日报》在山西兴县石楞子村创刊。《抗战日报》四开四版，3 日出版 1 期，是中共晋西区委的机关报，也是晋西北有史以来第一份铅印报纸。

《抗战日报》是在抗日战争的烽火中诞生的，又以"抗战"二字命名，不言而喻，它的历史使命就是宣传、动员和团结所有的爱国军民，坚持抗战，把日本侵略者赶出中国，收复被占领的大好河山。报纸的《发刊词》就开宗明义地提出了自己的宗旨和任务：抗战到底，团结到底，建设晋西北，便是本报的三大任务。

《抗战日报》从创刊起，就忠实地履行了自己的使命，它始终抓住战争和建设（生产）两个环节，将长期坚持抗战和适当改善人民生活的宣传紧紧结合起来。在版面上，对边区和其他抗日根据地军民所进行的战争进行充分报道，经常把这类报道安排在显著位置上。

1945 年 1 月 11 日出版的《抗战日报》第 666 号（图 5-13），在头版显著位置和第二、三版的下部转载了延安《解放日报》1944 年 12 月 31 日的社论《敌后战场伟大胜利的一年》。社论全面总结了 1944 年华北、华中、华南敌后战场在共产党领导下所取得的伟大胜利。

《抗战日报》始终把宣传党在抗日战争中的路线、方针、政策作为首要任务。对于中共中央晋绥分局成立这样的重大事件，报纸曾分别于 1942 年 10 月 13 日、10 月 22 日在头版以大标题做了隆重报道。

第一份为第 256 号《抗战日报》（图 5-14），在头版头条以《为加强晋西北等地的领导　中共中央晋绥分局成立》为题，报道晋绥分局成立的情况，头版同时配发了社论《庆祝中共中央晋绥分局的成立》。

第二份为第260号《抗战日报》(图5-15),头版头条是《中国共产党中央晋绥分局对于巩固与建设晋西北的施政纲领》。头版第二条内容是《中国共产党中央晋绥分局关于〈对于巩固与建设晋西北的施政纲领〉的决定》,《决定》的中心思想也在左右报眼中刊出:"这个纲领是根据我党中央抗日民族统一战线政策,对于晋西北施政的全部主张。""凡我晋西北党员,均须不折不扣的彻底执行!"报纸第二版配发社论,认为施政纲领是符合晋西北的实际情况和抗日民族统一战线政策的。

对于晋绥边区的民主政治的建设,《抗战日报》也做了重点报道。一是1941年3月至5月在全边区开展了轰轰烈烈的村选、区选运动,通过村选、区选运动,各地村级区级政权的面貌为之一新;二是在村选、区选基础上的第一届晋西北临时参议会的召开,迎来群众民主参政热情的高涨。1942年10月24日,晋西北临时参议会在陕西神府县胡家庄正式开幕,这次临参会在晋绥敌后抗日根据地实为破天荒的创举,为全边区整个民主政治的进一步建设奠定了坚实的基础,提供了根本保证。对于大会的盛况,《抗战日报》连续数期全程跟踪报道。1942年10月31日的第264号《抗战日报》头版报道了晋西北临参会开幕的消息(图5-16)。1942年11月14日的第270号《抗战日报》头版报道了临参会闭幕的消息(图5-17)。

作为晋绥边区抗战的向导,《抗战日报》在向着真正成为"晋绥边区人民的报纸"、朝着"地方化、通俗化、杂志化"的方向发展,于1941年5月、1942年1月和1944年12月进行了三次改版。终刊于1949年5月1日。

图 5-13　《抗战日报》1945 年 1 月 11 日头版

该版刊发《敌后战场伟大胜利的一年》。

Kangzhan RHbao

中華民國三十一年十月十三日　星期二　第一版

抗戰日報

第二五六號

中共中央晉綏分局是我晉綏邊區六百萬人民的戰鬥旗幟，是渡過困難迎接光明的明燈

願我晉綏邊區六百萬人民和黨政軍民學全體幹部，堅强的團結在分局的周圍，跟着他指示的方向奮鬥前進

為加强晉西北等地的領導 中共中央晉綏分局成立

政治攻勢引起重大反應 敵偽兵員紛謀自拔

敵偽均同聲說日寇明年必敗

論日寇明年必敗

慶祝中共中央晉綏分局的成立

偽組織內部傾軋更甚 山西二十餘偽縣長被更換

加强對敵鬥爭

图 5-14 《抗战日报》1942 年 10 月 13 日头版

该版刊发《中共中央晋绥分局成立》。

中華民國三十一年十月二十二日　Kangzhan RIbao　星期四　第一版

抗戰日報

第二六〇號

這個綱領是根據我黨中央抗日民族統一戰綫政策，對於晉西北施政的全部主張。

凡我晉西北黨員，均須不折不扣的徹底執行！

中國共產黨中央晉綏分局
對於鞏固與建設晉西北的施政綱領
——中華民國三十一年十月十九日通過——

中國共產黨中央晉綏分局
關於「對於鞏固與建設晉西北的施政綱領」的決定

中華民國三十一年十月十九日中國共產黨中央晉綏分局

图 5-15　《抗战日报》1942 年 10 月 22 日头版

该版刊发《中国共产党中央晋绥分局对于巩固与建设晋西北的施政纲领》。

抗戰日報
晉西北臨參會開幕
加强團結加强抗戰
林楓同志在臨參會開幕典禮上的講話

图 5-16　《抗战日报》1942 年 10 月 31 日头版

该版刊发《晋西北临参会开幕》。

Kangzhan RHbao

抗戰日報

第二七〇號

堅強了團結發揚了民主

臨參會勝利閉幕

常駐議員政府委員宣誓就職

林楓同志致詞

副議長任致詞

參議員講話

晉西北臨時參議會閉幕宣言

图 5-17　《抗战日报》1942 年 11 月 14 日头版

该版刊发《临参会胜利闭幕》。

七、中国唯一一支工人抗日武装出版的《黄河日报》(岢岚版)

中国唯一一支抗日的工人武装自卫旅，指诞生于抗战硝烟中的"山西工人武装自卫旅"(简称"工卫旅")，其创始人是郭挺一(旅长兼政委)。八路军120师师长贺龙在山西工人武装自卫旅归属120师管辖时说过："世界上只有苏联有一个工人师，其次就是我们中国的工人旅。这是你们的光荣，也是中国工人阶级的光荣！"

"工卫旅"积极开展游击战，消灭敌人，守卫边区门户，掩护中央与晋东南根据地的交通，经历了无数次战斗洗礼，上千名英雄为国捐躯，在建立根据地、建立政权、建立地方武装、宣传发动群众以及组织敌后人民坚持抗战等方面，都做出了巨大贡献。

1939年10月18日出版的《黄河日报》(岢岚版)，报头由郭挺一亲笔题写并留有落款，报头右侧报眼注明由二区督察专员公署、公牺岢岚中心区、工卫纵队政治部合编。

该报第一版设有"国内新闻""国际消息"和"本地通讯"3个专栏。第二版是《工卫二周年纪念特刊》(图5-19)，其中，《工卫队二周年纪念大会宣言》最后是这样说的："最后我们要高呼：力求进步，反对倒退！保卫晋西北，粉碎敌人扫荡企图！坚持团结，抗战到底！为工卫队的壮大奋斗到底！"

《黄河日报》为了扩大宣传力度，增强宣传效果，创办了《黄河画刊》，四开二版，用绿色粉连纸单面石印。笔者藏有一份出版于1939年10月15日的第4期《黄河画刊》(图5-20)。

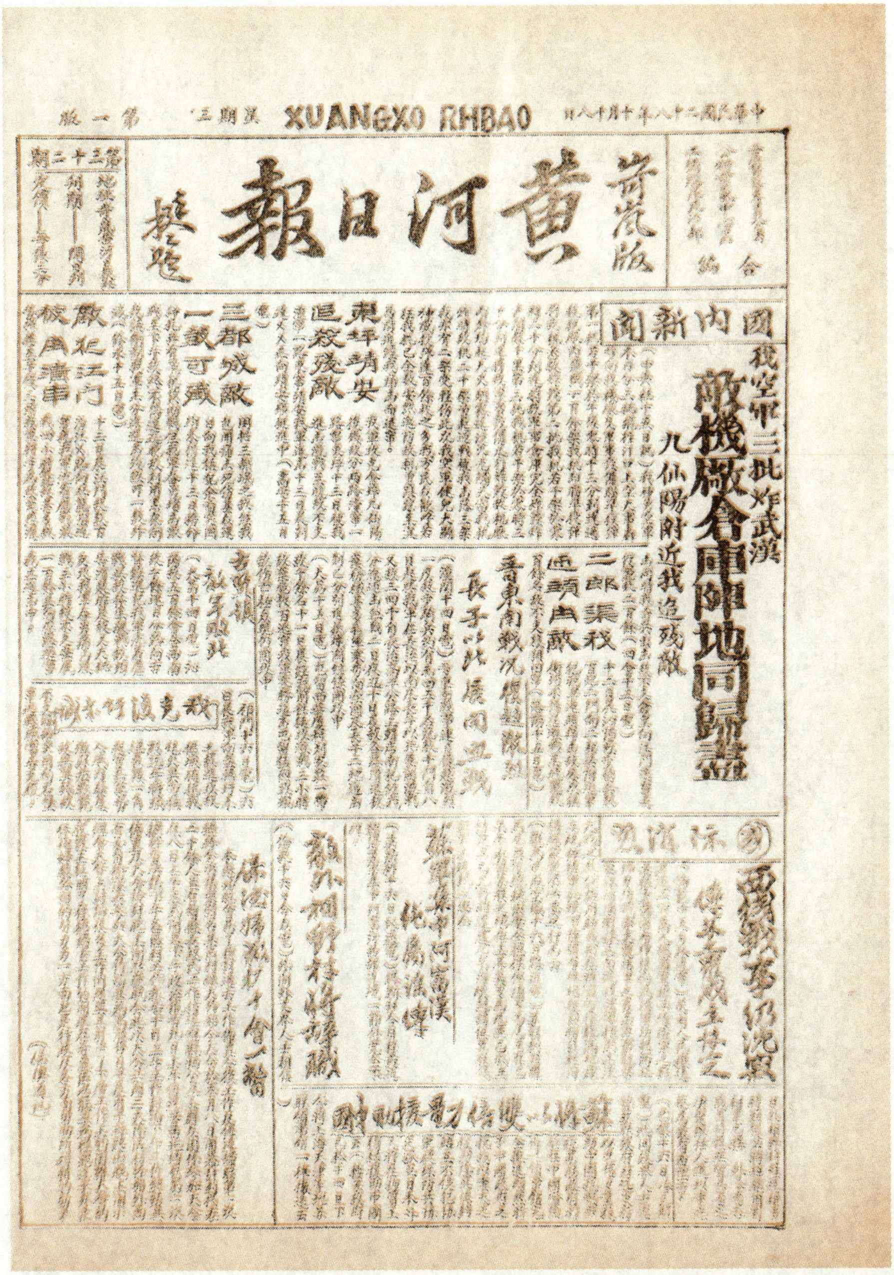

黄河日报 岢岚版

国内新闻

图 5-18　《黄河日报》(岢岚版)1939 年 10 月 18 日头版

工人自卫旅政治部编辑出版。

图 5-19 《黄河日报》(岢岚版)1939 年 10 月 18 日工卫二周年纪念特刊

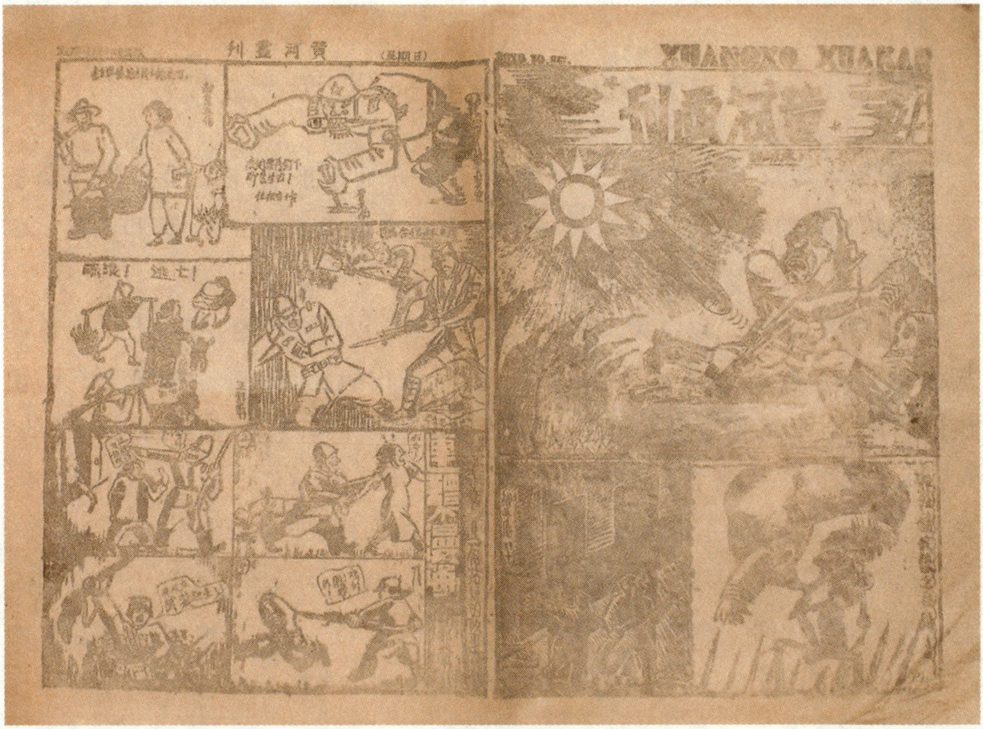

图 5-20　《黄河画刊》1939 年 10 月 15 日第 4 期

八、面向大众的通俗化报刊《晋西大众报》

《晋西大众报》是晋西北抗日根据地的一张通俗报纸，也是我党在革命根据地创办较早的通俗化报纸之一，它的主要读者对象是区、村干部和农民。创刊于1940年10月26日。

《晋西大众报》是以吕梁文化教育出版社的名义出版的，实际上出版社和报社是一个单位两块牌子，报社社长王修就是出版社负责人。报纸上标的出版地点是“山西兴县”，实际上是在黄河西岸的陕西神府县杨家沟村创刊的。晋西北行署主任续范亭为报纸题写了报头并留了落款（图5-21）。从1945年6月5日第245期起，更名为《晋绥大众报》，双面印刷，四开四版。

《晋西大众报》从创刊的第1期开始，就表现出大众化、通俗化的鲜明特色。创刊词是用群众喜闻乐见的快板形式写成，别具一格地阐明了办报的宗旨。全文72行，从打鬼子、除汉奸、减租减息、纳粮纳税，说到生意经、庄稼道。

《晋西大众报》的副刊和专栏办得也很有特色，很有影响力。如从创刊号开始，编辑部挺军编写的《世界大战记》，就是用群众所喜欢的章回小说体裁连载，讲的是第二次世界大战的经过，根据新华社在当时发布的新闻稿和《抗战日报》发表的国际消息综合改编而成，每回约六七百字，还经常配有漫画，使读者在有趣的阅读体验中了解国内外发生的大事。

而最让《晋西大众报》出名的，则是它从1945年6月5日开始在副刊上连载的《吕梁英雄传》。《吕梁英雄传》是我国最早描写敌后根据地人民群众在共产党领导下抗击日本侵略者的一部长篇小说。它真实反映了晋绥抗日根据地吕梁山区民兵在8年抗日战争中对敌斗争的可歌可泣的英雄事迹，其原型是晋绥边区第四届群英大会上的英雄人物。

1944年12月7日，晋绥边区在黄河西岸神府县王家庄召开了边区第四届群英大会，751名英雄人物出席了大会。一直到1945年1月6日各路英雄离开，大会才正式结束。出版于1945年1月15日的《晋西大众报》在头版刊发了《群英大会发表宣言》。除此之外，从一版到四版还刊登了 32 位特等英雄的木刻头像（图 5-22 至图 5-25）。

1949 年 7 月 24 日，随着全国解放战争形势的迅猛发展，《晋绥大众报》也奉命停刊，共出 445 期。从创刊时的《晋西大众报》到终刊时的《晋绥大众报》，是中国共产党在革命根据地发行时间最长的通俗报纸之一。它在大众化、通俗化方面成绩突出，因而在根据地中产生了广泛影响。

中華民國卅三年八月二十六日　晉西大衆報　星期六　第一版

晉西大衆報

第一九五期

美軍觀察組來到延安

商量共同打日本

我軍夏季攻勢大勝利

九天收復廿二個據點

根據地越來越大

上白霜民兵打碉堡

「當漢奸是死路一條」

偽軍王道將兵反正

图 5-21　《晋西大众报》1944 年 8 月 26 日头版

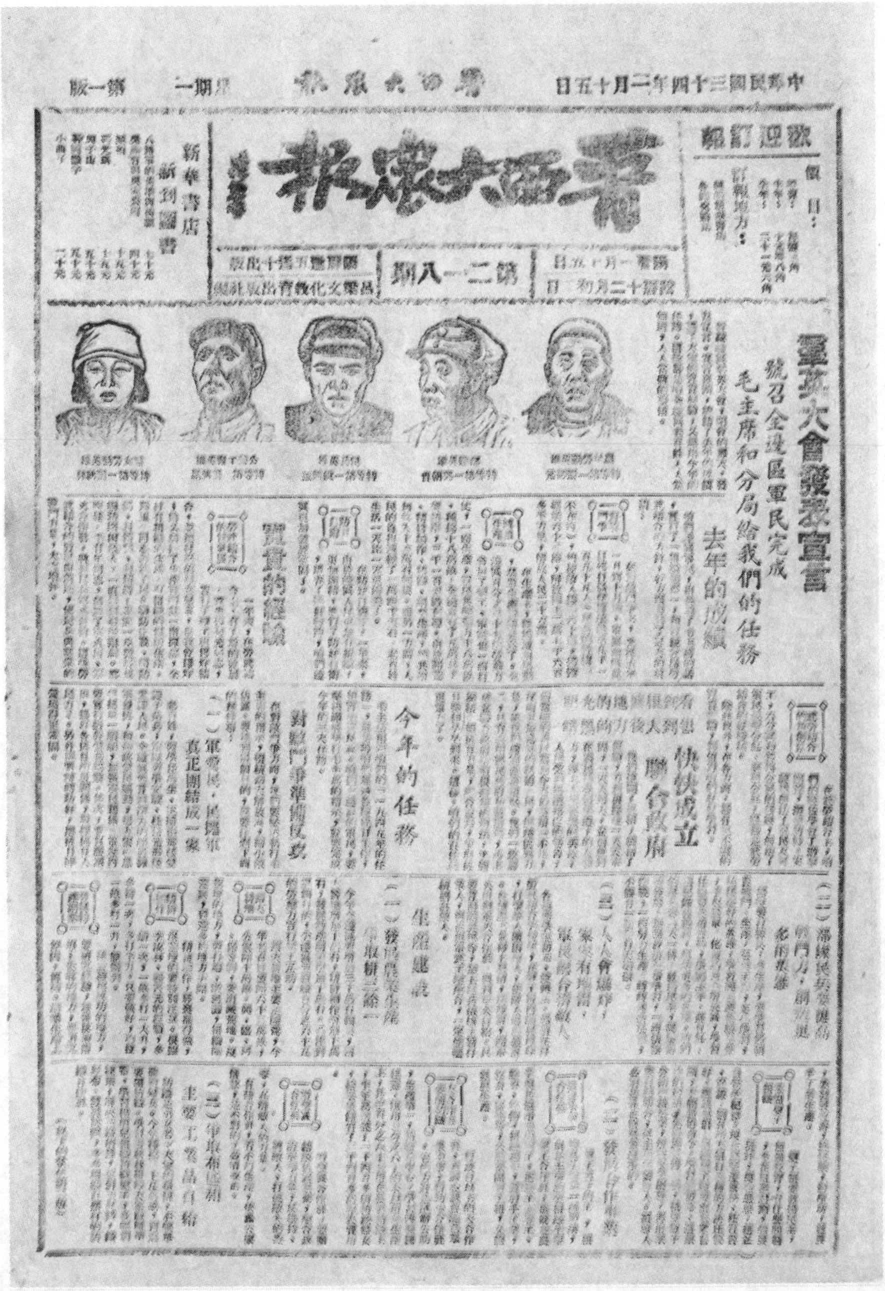

中華民國三十四年一月十五日　星期一　第一版

晉西大衆報

第二一八期

群英大會發表宣言

號召全邊區軍民完成毛主席和分局給我們的任務

去年的成績

寶貴的經驗

快快成立聯合政府

今年的任務

對敵鬥爭準備反攻

生産建設

图 5-22　《晋西大众报》1945 年 1 月 15 日头版群英谱图片

中華民國三十四年一月十五日　星期一　第二版

英雄榜

部隊英雄

民兵英雄

農民勞動英雄

學習練兵

加强文化教育　做到人財兩旺

軍民大練兵　互相學習

成立民辦小學

李振全一家　推動全村識字

图 5-23　《晋西大众报》1945 年 1 月 15 日第二版群英谱图片

辦冬學的兩個好例子

一個是使群衆自願，一個是靠命令強迫

「減租翻了身　還要換腦筋」

冬學配合公糧工作

組織冬學生產　踴躍上冬學

座談不識字的苦處

菲律濱大戰　美軍打進呂宋島

河南西部打退敵人

图 5-24　《晋西大众报》1945 年 1 月 15 日第三版群英谱图片

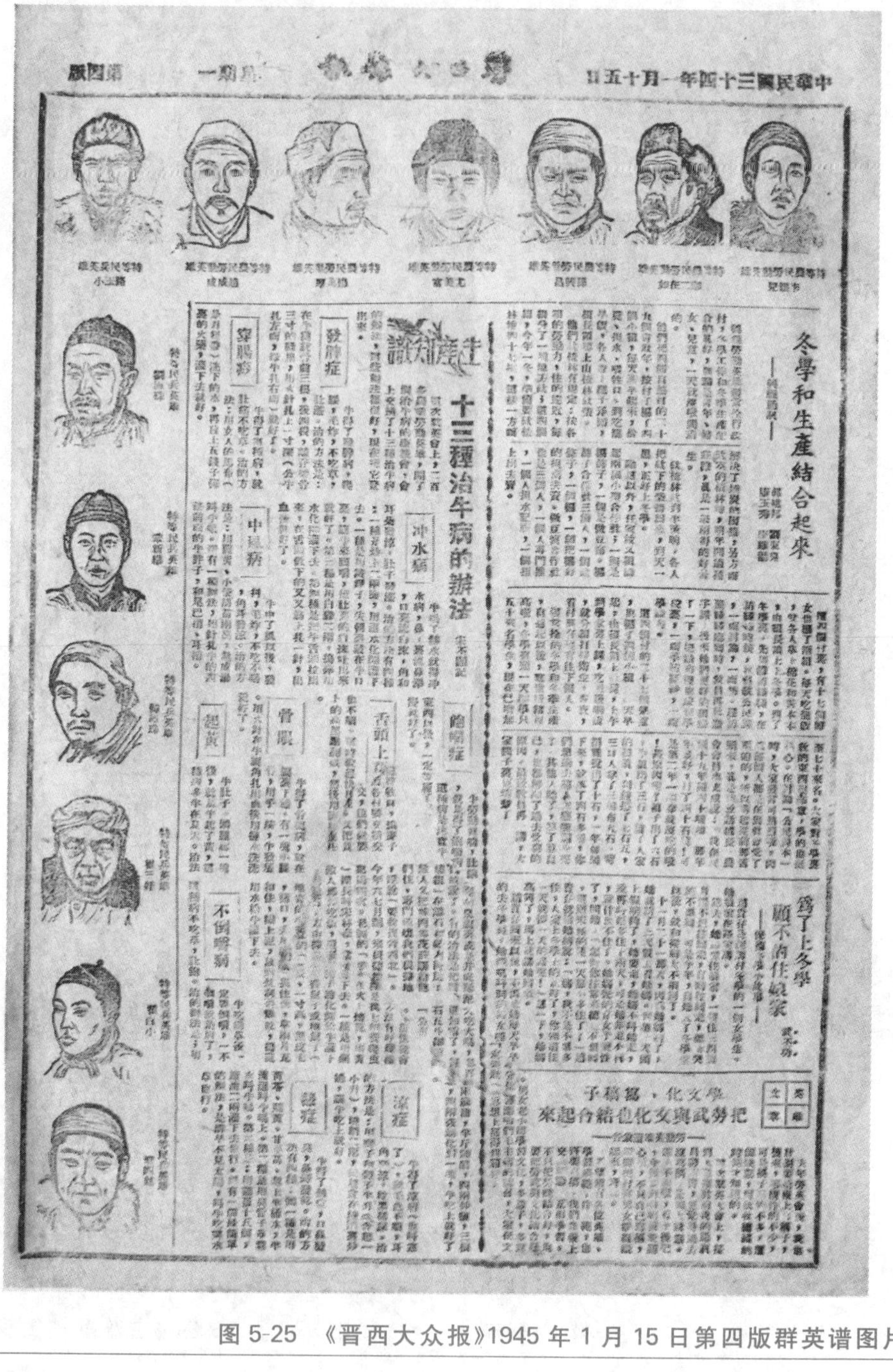
中華民國三十四年一月十五日　晉西大眾報　星期一　第四版

冬學和生產結合起來

十三種治牛病的辦法

為了上冬學顧不的住娘家

學文化，寫稿子　把勞武與文化也結合起來

图 5-25　《晋西大众报》1945 年 1 月 15 日第四版群英谱图片

第六章　山东抗日根据地报刊

一、富有光荣革命斗争历史的《大众日报》

《大众日报》在抗日战争时期为中共中央山东分局机关报，1939 年 1 月 1 日创刊于沂水县王庄村。该报在战火中诞生，在战斗中成长，曾遭受日本侵略者的几次“扫荡”，经历大小战斗 100 多次。报社人员在极端困难的条件下，一手拿笔，一手拿枪，同敌人展开殊死搏斗；有时出不了铅印报，就坚持出版油印报。报社先后有 340 多人献出了宝贵的生命。

《大众日报》从诞生之日起，就高举抗战、团结、进步的旗帜，积极宣传中国共产党的抗日民族统一战线主张，坚持抗战、反对投降，坚持团结、反对分裂，坚持进步、反对倒退，随时揭露日本侵略者的政治诱降和国民党顽固派破坏团结的阴谋活动。如 1939 年 1 月 4 日的《大众日报》，就及时报道了国民党中央常委会召开临时会议，决议将投敌叛国的大汉奸汪精卫永远开除党籍，并撤销其一切职务的消息，并就此事件发表社论。

《大众日报》对山东抗日根据地的抗日民主政权建设给予了重点关注，对山东各抗日根据地的民主宪政促进运动，广大群众行使国民权利，民主选举县、区、乡、村各级政府情况进行了广泛的报道。1940 年 7 月 26 日至 8 月 26 日，山东省国民代表大会代表复选大会，山东省临时参议会成立大会，山东省全省民众总动员委员会成立大会和山东省工、农、青、妇、文化界代表大会，以及山东省各界抗日救国联合总会成立大会在沂水县青驼寺镇召开联合大会。这是山东人民团结抗战和民主政权建设上的空前盛举。从8月16日至9月10日，在近1个月内，《大众日报》用8期报纸的大部分篇幅报道了大会的议程和各项报告决议。1942年5月1日，当山东各地减租减息运动尚处于刚刚动员和部署的时期，《大众日报》就在第一版发表社论，并先后在报上发表社论18篇，以及消息、通讯、短评、特写、读者来信、农救会负责人谈话、政策问答、经验介绍等各种报道上千篇，从不同角度，全面系统地反映了这一运动的深度和广度。

该报创刊之际，正是日寇开始对抗日根据地进行重点进攻之时。特别是1940年以后，日本侵略军加强了对山东的控制，集中兵力对各个根据地不断进行大规模轮番“扫荡”，推行所谓“治安强化运动”和“大东亚共荣圈新国民建设运动”，实行灭绝人性的烧光、杀光、抢光的“三光政策”，因此，粉碎敌人的“扫荡”就成了山东抗日根据地军民对敌斗争的主要形式。《大众日报》根据中共中央的指示，将报纸宣传报道的重点集中到动员党政军民如何坚持斗争，粉碎敌人的“扫荡”和进攻方面。如，1940年6月10日的第156期《大众日报》，在头版头条就发表了《抗日民主政权应如何领导反“扫荡”》的社论(图6-1)。

在度过敌后抗日根据地最困难的时期后，从1943年起，随着世界反法西斯战争形势的重大变化，整个抗日根据地军民不仅继续粉碎与遏止了敌人的“扫荡”与“蚕食”进攻，而且主动出击，发动了攻势作战。在此基础上，我抗日军民又以更加高昂的姿态迎来了对敌寇的战略大反攻，最终取得了抗日战争的伟大胜利。这一时期，《大众日报》在宣传报道上，对世界反法西斯战争与国内对日大反攻的进程做了及时跟进报道。1944年6月6日，《大众日报》出版了创刊以来的第一张“号外”，向根据地及时报告了一个振奋人心的好消息：盟军在法国北海岸诺曼底成功登陆，欧洲反法西斯战争第二战场胜利开辟。1945年8月11日凌晨，从延安新华社的广播中传来了苏联政府对日宣战，苏联红军攻入伪满洲国，日本政府宣布接受无条件投降的消息。当天的《大众日报》已经出版，报社为及时迅速将这一重大的振奋人心的消息发布出去，连夜加班加点增出了“号外”。这份见证日本无条件投降、具有历史文物价值的“号外”，笔者有幸珍藏了一份(图 6-2)。

这份“号外”的报头和标题字都非常粗大，是刻字工人专门用大木板刻制的，从上到下贯通全版。肩题是“苏联对日宣战，红军攻入伪满”，主题是“日本宣布无条件投降”，副题是“朱总司令命令所属收缴日伪军武装”。除了这三项内容外，在报头的下方还刊登了两条重要内容，一条是：“毛主席发表声明：由于苏联对日宣战，抗战已到最后阶段，全国人民加强团结举行大反攻。”另一条是：“毛主席朱总司令电斯大林，欢迎苏联对日宣战，解放区军民将全力配合作战。”《大众日报》在第一时间刊发了日本宣布无条件投降的消息，并及时向抗日根据地军民发布了朱总司令收缴日伪军武装的命令，八路军、新四军迅速占领中小城市和广大乡村地区，控制了大量铁路干线，为日后的解放战争打下了坚实的基础。

这份“号外”的珍贵之处还在于它是一份目前所见红色号外中出版时间最早、版面最大、字体最大的号外。该报版面为 4 开大小，号外两字 6.5 厘米见方，主题“日本宣布无条件投降”9 字，每字 4 厘米见方。而且通版全红铅字印刷，是一份从形式到内容真正意义上的红色历史档案。

DAZHUNG RNBAO

大众日报

政府要领导人民反「扫荡」，要能作战，能办公，人少做事多，与地方民众团体密切配合，争取反「扫荡」胜利！

社论

抗日民主政权应如何领导反「扫荡」

三百五十万人民热烈进行
泰山区試选圆满
徐司令范明枢等抗战首領当选

拖犢崮山区定期召开
人民代表大会

反对敌人政治"扫荡"
彻底实行民主政治

八路军坚决反扫荡
到处与敌展开交通战

鲁南妇联
第三分会定期成立

投函××军設騙局
×长官坚定不移敌鬼計难施

敌寇离間抗日力量新花样

图 6-1 《大众日报》1940 年 6 月 10 日头版

该版刊发社论《抗日民主政权应如何领导反“扫荡”》。

號外
大衆日報
蘇聯對日宣戰紅軍攻入偽「滿」
日本宣佈無條件投降
朱總司令所屬收繳日偽軍武裝
毛主席發表聲明
抗戰已到最後階段
蘇聯紅軍攻入偽「滿」
朱總司令命令所屬部隊

图 6-2 《大众日报》1945 年 8 月 11 日号外

该期刊发《日本宣布无条件投降》。因保存条件有限,该报纸有残缺。

二、中共胶东区委创办的《大众报》

《大众报》是山东抗日根据地最早出版的区级以上党报。抗日战争全面爆发后，青岛、烟台、威海等港口和胶济铁路沿线城市先后被日寇占领；在国难当头的关键时刻，中共山东省胶东特委为了宣传、组织、发动群众抗日救国，于1938年8月13日在黄县姜家店村创办了《大众报》。同年底，胶东特委改为胶东区党委，《大众报》遂成为胶东区党委机关报。1948年12月1日，为了突出报纸的地方特色，同时也为了区别于山东分局机关报《大众日报》，改名为《胶东日报》，1950年4月20日随着胶东区的撤销而停刊，共出2869期。《大众报》作为抗日根据地创办的最早的党报之一，面向800万胶东人民，发挥了巨大的组织和宣传鼓动作用。

积极开展反"扫荡"宣传。1939年入冬以来，日寇以铁路、公路为支柱，对各抗日根据地进行频繁"扫荡"。为此，八路军总部决定发动交通总攻击战，即百团大战。《大众报》有力地报道了百团大战及胶东的配合行动。

全面报道根据地建设的情况。1941年，在粉碎了国民党顽固派的第二次反共高潮后，东海区根据地蓬勃发展，胶东区的4个专区已连成一片，根据地大力开展了经济、政治、军事、文化等各项建设。《大众报》配合各方面工作做了全面报道。这时期报纸上的专页、专刊多了起来，如胶东联合办事处成立、胶东文教委员会成立、职工运动、妇女运动、冬学运动、军民誓约运动等，都出了专页或专刊。另外，还配合农民春种、秋收、冬耕等刊发社论予以指导。1942年，根据地掀起了轰轰烈烈的减租减息运动，《大众报》根据区党委的部署及时进行了跟踪报道，推动了这一运动的开展。1943年，胶东临时参议会举行一届二次全体会议，《大众报》对此做了详细报道，同时还发表了4篇社论。

着重国际形势中世界反法西斯战争的宣传报道。1944年7月24日以《纳粹内部大分化的开始　法西斯匪首希特勒被刺》为题，出版了32开版面大小的"号外"一张（图6-3）。1945年4、5月份，配合苏军攻克柏林，该报做了声势浩大的宣传。

及时跟进报道抗日战争大反攻及其胜利。1944 年，日寇已成强弩之末，胶东八路军开始发动秋季攻势，扩大了抗日根据地，一个月的时间里攻克据点 124 处，毙伤俘敌伪达千余。《大众报》及时跟进报道，有力地反映了八路军的英雄业绩。1945 年初，《大众报》报道了胶东八路军把盘踞莱阳 7 年的顽固派赵保原赶出万第老巢的战役，又以大量版面刊登揭露赵保原罪恶、发起讨赵战役的文告和稿件。5 月 5 日和 6 月 21 日，分别在第一版头条报道了中共七大的召开和闭幕，以及选出以毛泽东为首的党中央等消息，并刊载《论联合政府》报告摘要，刊登毛泽东照片。这些消息都以特大字做标题，庄严、醒目。8 月 15 日日本宣布投降后，报纸迅速传达胶东区党委的意图，引导军民投入大反攻。随着抗日战争胜利的到来，中共中央发表了《对于目前时局的宣言》，一方面在于庆祝抗战胜利，另一方面更重要的在于表达我党在抗战胜利后的政治主张。《大众报》迅速于 8 月 31 日全文刊登了这个宣言，并配发了中共胶东区委宣传部关于深入学习贯彻这个宣言的通知(图 6-4)。这份报纸八开二版，为第 1214 期，头版头条全文刊发了《中国共产党中央委员会对于目前时局的宣言》。在头版的下半版，还刊载了《解放日报》社论《新时期的路标——论中共中央关于时局宣言》。社论既对 8 年抗日战争及世界反法西斯战争做了简要总结，又全面系统地论述了中共中央对时局宣言的重大意义。这份报纸在下半版刊出了一条重要消息:《为商讨团结建国大计　毛主席飞渝谈判》。消息中还配发了毛泽东很少见的一张二寸照片。

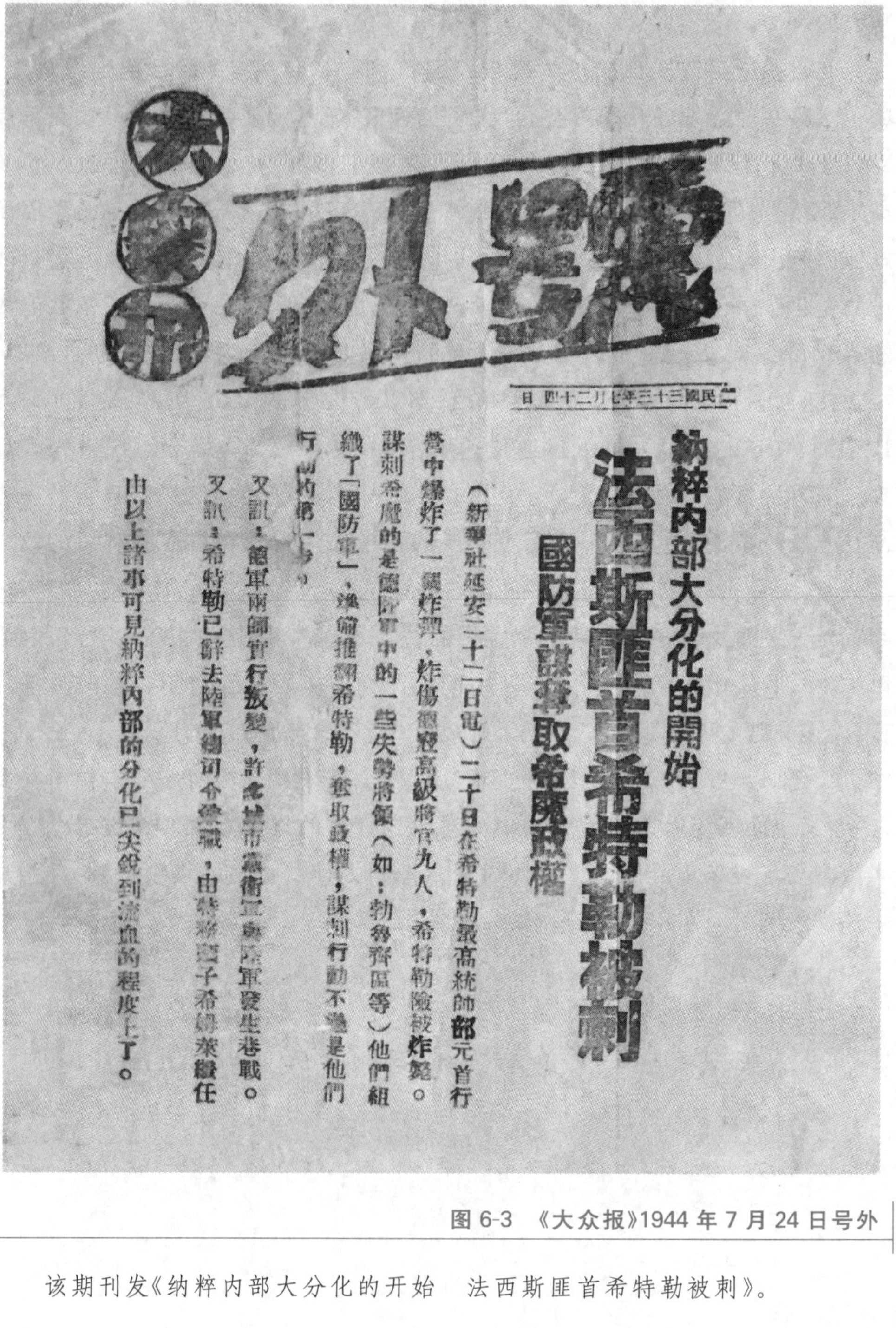

大眾報

號外

民國三十三年七月二十四日

納粹內部大分化的開始
法西斯匪首希特勒被刺
國防軍謀奪取希魔政權

（新華社延安二十二日電）二十日在希特勒最高統帥部元首行營中爆炸了一顆炸彈、炸傷德寇高級將官九人，希特勒險被炸斃。謀刺希魔的是德國軍中的一些失勢將領（如：勃勞齊區等）他們組織了「國防軍」，準備推翻希特勒，奪取政權，謀刺行動不過是他們行動的第一步。

又訊：德軍兩部實行叛變，許多城市黨衛軍與陸軍發生巷戰。

又訊：希特勒已辭去陸軍總司令職，由特務頭子希姆萊繼任。

由以上諸事可見納粹內部的分化已尖銳到流血的程度了。

图 6-3 《大众报》1944 年 7 月 24 日号外

该期刊发《纳粹内部大分化的开始　法西斯匪首希特勒被刺》。

DAZHUNG BAO

大眾報

在和平民主團結的基礎上，建設獨立自由與富強的新中國！

要求國內團結，保證國內和平，實現民主，改善民生，

第一二一四期

中國共產黨中央委員會對於目前時局的宣言

通知

中國共產黨中央委員會

為商討團結建國大計

毛主席飛渝談判

赫爾利、張治中也同機由延返渝

毛主席像

新中國的路標

——論中共中央關於時局宣言——

解放日報社論

图 6-4　《大众报》1945 年 8 月 31 日头版

该版刊发《中国共产党中央委员会对于目前时局的宣言》等。

三、《大众日报》讲述抗战英雄之师

1942年7月13日出版的《大众日报》，在头版刊发了《八路军一一五师血战五年　毙伤俘敌伪二十余万》的消息（图6-5）。

八路军第115师在抗战期间被称为“英雄之师”。这个师是八路军中最先从陕北出发，渡过黄河，并第一个与日军交战的师，是名副其实的八路军第一师，先后参加了血战平型关、反“九路围攻”、青口战役、血战甲子山等战斗。

1937年9月20日，日军第5师第21旅一部占领灵丘县城，22日进占平型关以北东跑池。23日，八路军总部命令第115师向平型关、灵丘间出动，相机侧击向该线进攻之敌。林彪作为平型关战斗的战场指挥员，战前几次踏勘平型关的地形，选择了既是日军必经之路又非常适宜进行伏击战斗的战场，制定了以2个团截击和分割行进中的敌人，1个团断敌退路，1个独立团和骑兵营阻击敌人增援部队，1个团为预备队的作战部署，并在现场机动指挥战斗。作战中，他突破了原先提出的动用1个旅的计划，实际是使用了全师的兵力，这也是根据实际情况而采取的变更，反映了他希望大打一仗、获得重大战果的心理。而这一变更对平型关战斗的胜利产生了积极的作用。

1941年3月21日晚，115师教导2旅6团奔袭海头镇，勇猛果敢，突入敌据点，将伪军第2团全部击溃，歼其一部，俘获人、枪各100余，拉开了青口战役的序幕。22日上午，青口日伪军300余人分3路向海头镇反击，企图夺回海头镇。6团1营与敌鏖战整日，终将敌击溃，残敌窜回青口。当晚，6团攻击朱都集的伪军第3团。23日晚，6团1营进攻兴庄的伪军第2团，2营攻击大沟的伪军第3团一部。

1942年8月，八路军115师遂以教导2旅6团，57军独立旅第1团；八路军山东纵队2旅5团、6团及4团1部等，发起了甲子山反击叛逆顽军的战役。后来，这次战役被称为第一次甲子山反顽战役。甲子山反击战役从1942年8月14日开始，共进行了三次，8月、10月及12月各一次。经三次反顽战役，我军终于将盘踞在甲子山的顽敌击毙，收复了甲子山。

DAZHUNG RNBAO

中华民国三十一年七月十三日　星期一　第一版

大众日报

本报特别启事

社论

克服接近胜利的困难

迎接抗战第六年

便衣队徒手夺获敌机枪

八路军一一五师血战五年

毙伤俘敌伪二十余万

分局召开干部大会

报告廿一年党史

号召全体党员好好接受这份光荣遗产

图 6-5　《大众日报》1942 年 7 月 13 日头版

该版刊发《八路军一一五师血战五年　毙伤俘敌伪二十余万》。

第七章　浙东、浙西及其他抗日根据地报刊

一、中共浙东区委机关报《新浙东报》

《新浙东报》为中共浙东区委机关报。前身为浙东区党委宣传部主办的《时事简讯》。1944年4月13日，《时事简讯》改为《新浙东报》，在慈北创刊，后迁至上虞。为了加强对《新浙东报》的领导，浙东区党委成立党报委员会，任务是经常注意检查与确定每一时期报纸的政治方针。《新浙东报》为铅印，四开四版，遇有重要内容时增加版面，报纸头版主要刊登新华社重要电讯和中央重要指示，发表浙东抗日根据地领导机关的指令，报道浙东根据地的政治、军事、经济和文化等方面的新闻；第二版为国内新闻，刊登党领导的各抗日根据地和抗日战场的战讯、动态等；第三版为国际新闻，报道世界反法西斯战争的形势；第四版为科学文化版，辟有“新地”“文艺周刊”等副刊(图7-1、7-2)。

为配合做好大事的宣传，还出版了数期号外(图7-3、7-4)。

1945年10月1日停刊。共计出版231期，增刊18期和号外数期。

新浙東報

第十九期

中華民國三十三年六月十五日　新浙東

我軍奇襲鎮海城郊

摧毀僞警備第四總隊部

生俘日本少佐軍事顧問

四顆子彈創造光輝戰績

我軍某部舉行：

攻歐形勢討論

發言熱烈充滿

图 7-1　《新浙东报》1944 年 6 月 15 日头版

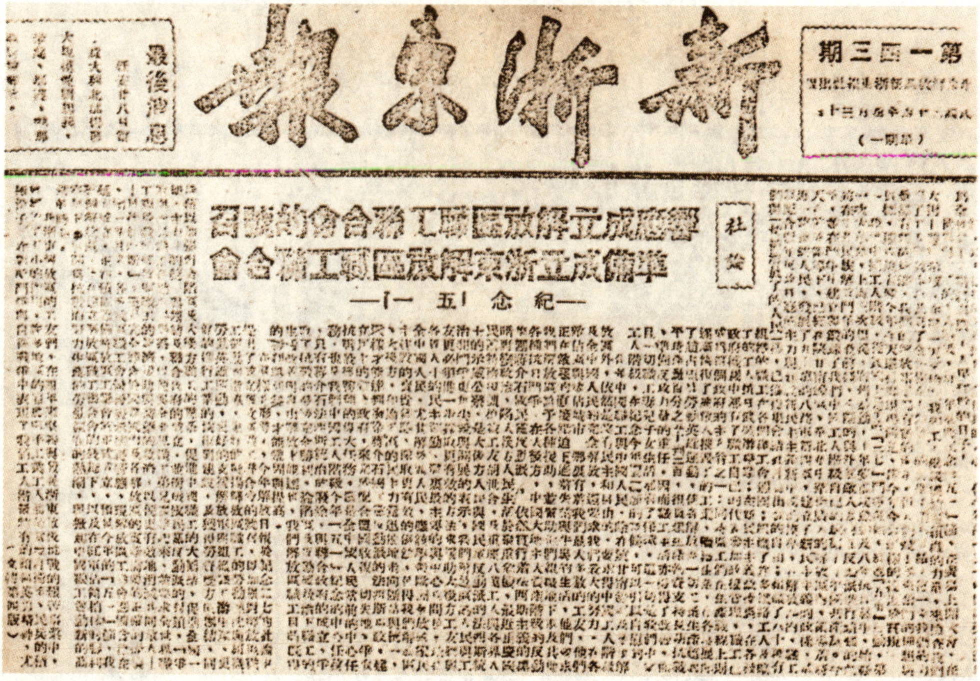
新浙東報

第一四三期

最後消息

社論

響應成立解放區職工聯合會的號召
準備成立浙東解放區職工聯合會
——紀念「五一」——

图 7-2 《新浙东报》1945 年 4 月 30 日头版

该版刊发纪念“五一”的社论。

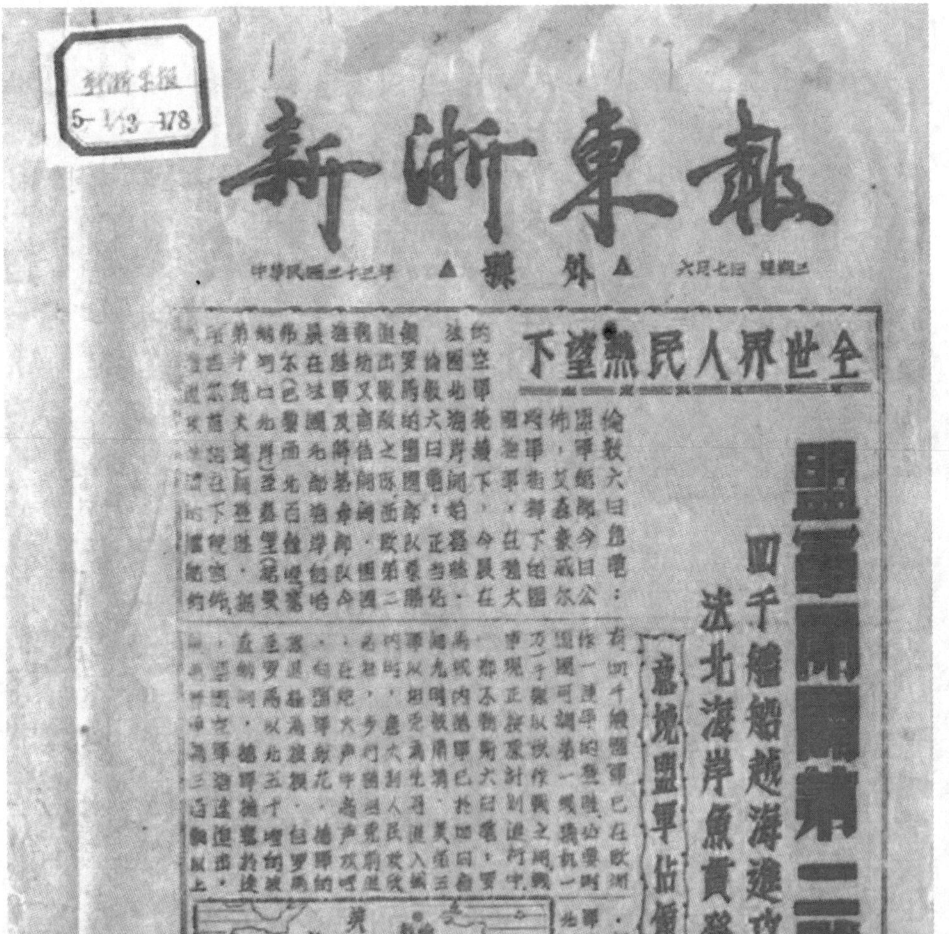
新浙東報

中華民國三十三年 ▲ 號外 ▲ 六月七日 星期三

全世界人民熱望下

盟軍開闢第二戰場

四千艘船越海進攻

法北海岸魚貫登陸

意境盟軍佔領罗馬

图 7-3　《新浙东报》1944 年 6 月 7 日号外

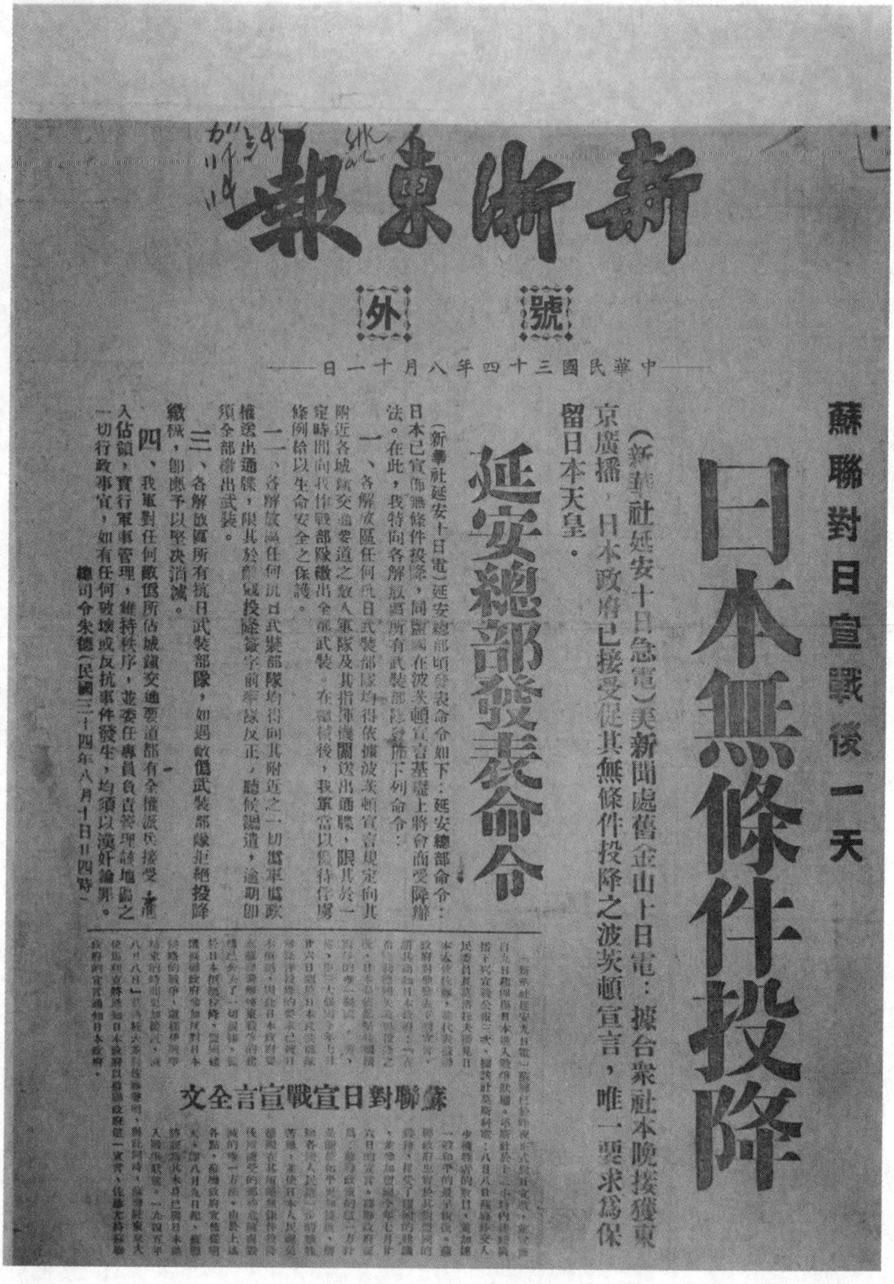

新浙東報

號外

——中華民國三十四年八月十一日——

蘇聯對日宣戰後一天

日本無條件投降

（新華社延安十日急電）美新聞處舊金山十日電：據合衆社本晚接獲東京廣播，日本政府已接受促其無條件投降之波茨頓宣言，唯一要求爲保留日本天皇。

延安總部發表命令

（新華社延安十日電）延安總部頃發表命令如下：延安總部命令：日本已宣佈無條件投降，同盟國在波茨頓宣言基礎上將會商受降辦法。在此，我特向各解放區所有武裝部隊發佈下列命令：

一、各解放區任何抗日武裝部隊均得依據波茨頓宣言規定向其附近各城鎮交通要道之敵人軍隊及其指揮機關送出通牒，限其於一定時間向我作戰部隊繳出全部武裝。在繳械後，我軍當以優待俘虜條例給以生命安全之保護。

二、各解放區任何抗日武裝部隊均得向其附近之一切偽軍偽政權送出通牒，限其於敵寇投降簽字前率隊反正，聽候編遣，過期即須全部繳出武裝。

三、各解放區所有抗日武裝部隊，如遇敵偽武裝部隊拒絕投降繳械，即應予以堅決消滅。

四、我軍對任何敵偽所佔城鎮交通要道都有全權派兵接受，進入佔領，實行軍事管理，維持秩序，並委任專員負責管理該地區之一切行政事宜，如有任何破壞或反抗事件發生，均須以漢奸論罪。

總司令朱德（民國三十四年八月十日廿四時）

蘇聯對日宣戰宣言全文

图 7-4 《新浙东报》1945 年 8 月 11 日号外

刊发《日本无条件投降》等。

二、浙西抗日根据地的《苏南报》

新四军挺进苏浙皖边区后，在长兴县建立浙西抗日根据地。《苏南报》为中共苏皖区委机关报，1944年10月10日在新四军第16旅政治部《火线报》的基础上创办，期数续原《火线报》(图7-5)，社址在长兴县白岘乡东畲村，下设编辑部、印刷厂、发行部、行政管理科等。《苏南报》为3日刊，铅印4开4版，读者主要是乡(镇)以上干部、小学教师和知识分子。报纸的任务主要是及时报道国内外时局动向和敌后斗争形势，宣传和解释党政军民各方面的工作方针、政策，教育干部群众提高政治觉悟，报道根据地内军事、政治、经济、文化和社会各方面的情况与实际工作经验，反映广大人民群众的抗日民主要求。该报在苏浙皖边区敌后抗日根据地干部群众中有较广泛的影响。如：1945年1月，粟裕同志率一师南来，《苏南报》及时报道了苏浙军区的成立，发表了粟裕同志答记者问的谈话，阐明了抗战形势与苏浙皖边区党的今后任务，对巩固苏南抗日根据地和向浙西敌后进军，起到了积极作用。

报纸得到了长兴人民的热情支持和帮助，他们腾出房子给报社同志住、办公。当时，处在敌后战争环境，又正值开展整风与大生产运动之际，他们在敌人大"扫荡"时掩护报社工作同志，保护报社的器材物资；他们在大生产运动中给报社提供生产的土地；他们在生活方面给报社同志提供方便。

1945年8月，《苏南报》改为《苏浙日报》(图7-6)，作为中共苏浙区党委机关报。新四军苏浙军区司令员、苏浙区党委书记粟裕兼社长。《苏浙日报》为3日刊，社址在长兴，后迁到江苏宜兴张渚。10月上旬，《苏浙日报》出版最后一期《新四军北移告别民众书》后，随同苏浙军区北撤到达苏北。后转赴山东，原报社人员和物资设备移交给山东分局的《大众日报》社接收。

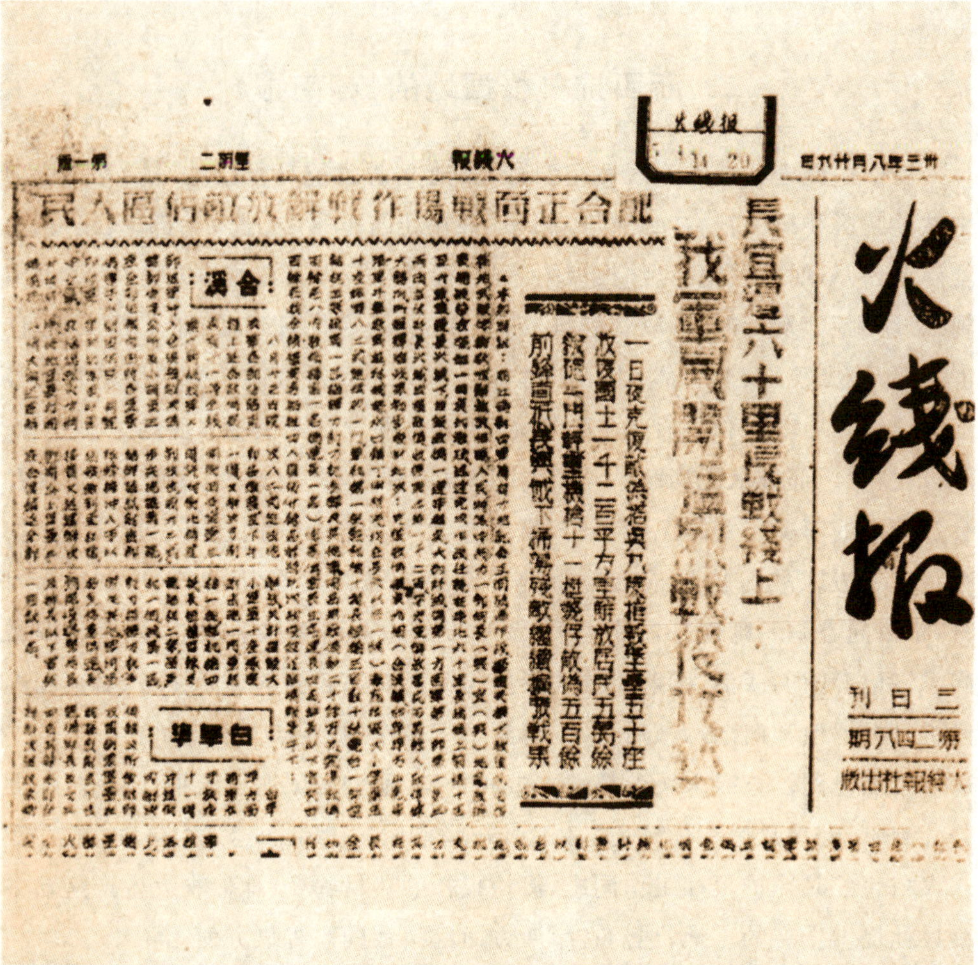

图 7-5　《火线报》1944 年 8 月 29 日头版

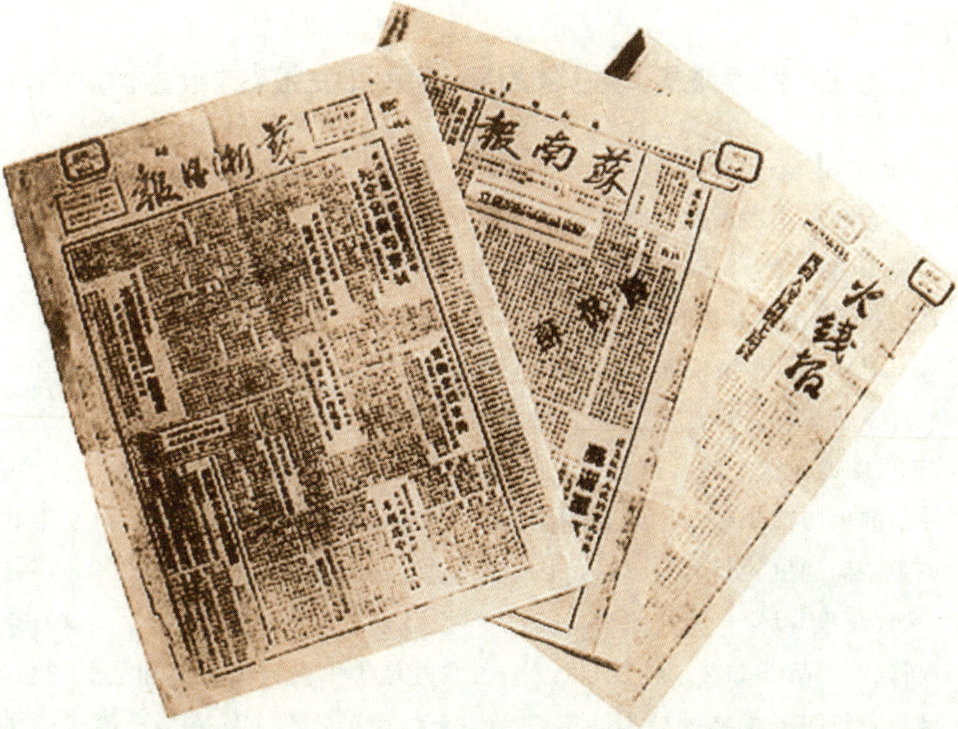

图 7-6　《火线报》《苏南报》《苏浙日报》

三、周恩来题写报名的新四军机关报《抗敌报》

《抗敌报》是新四军在皖南创办的，曾一度停刊，后又恢复出版，是当时中国共产党在东南敌后抗日根据地的主要报纸之一。

1938年1月，新四军军部从江西南昌迁到皖南泾县岩寺。同年5月11日，《抗敌报》在泾县创刊，铅印四开四版，初为5日刊，后改为3日刊，主编冯宽等。时任中共中央军事委员会副主席的周恩来题写报名并留下落款。1939年9月1日还发行过江北版和江南版，不久停刊。同年11月，根据刘少奇指示，再以新四军江北指挥部名义出版《抗敌报》(江北版)。该报虽然标注为"抗敌政治部出版"，实际上主办单位就是新四军政治部，是新四军军报，也是中共中央中原局的机关报。

《抗敌报》以宣传坚持团结抗战、反对投降分裂为主要任务，经常报道八路军、新四军的战斗和活动情况，以及全国尤其是华中的抗战情势和战况评析，大量登载新四军主要领导人叶挺、项英、陈毅和军政部主任袁国平等人的讲话。该报以战士为主要读者对象，除一般消息外，还有战地通讯、各种问题讲解等。先后出有5种副刊："文艺""战士园地""抗敌剧场""新文字""青年队"。文章一般500字左右，通俗生动、简短活泼、编排新颖，战士们争相传看，发行量近万份。

1941年皖南事变期间，新四军创办的报刊受到很大损失，《抗敌报》曾被迫停刊。1月4日新四军北上撤离泾县时，该报曾出版告别号，还公布了国民党安徽省党部查禁新四军报纸的密令。皖南事变后，经过有理有节的斗争，新四军重建，《抗敌报》也恢复出版。

笔者珍藏有两份出版于皖南事变前的《抗敌报》。

一份是出版于1940年5月22日的第153期。头版有新闻《鄂北克复枣阳》。枣阳血战规模较大，不仅解放了豫鄂间的重镇枣阳，而且致敌死伤7000余人，缴获战车39辆、轻重枪支无数。另有一条别致的消息《小岭宣纸同业公会向本军献旗励功》，写的是新四军在梅冲何家湾父子岭一带迎头痛击来犯之敌，致敌伤亡惨重，创造了当年皖南抗战最光荣的战绩；小岭宣纸同业公会特推派代表来军部献锦旗致以慰问。后面还附有致叶挺军长、项英副军长的慰问函及叶挺、项英二将军的复函，充分反映了新四军和当地老百姓“军爱民、民拥军”的军民鱼水情。这一版抗战新闻共有 8 条，占总版面的绝对多数，及时报道了新四军、八路军、各地游击队和国民党正面部队抗击敌伪的最新战况。这一期的第二版除了一篇社论外，其他均是国际新闻（图 7-7）。

另一份是出版于 1940 年 5 月 28 日的第 155 期。第一版左下方是一篇纪念五卅运动的社论，强调要坚决反对国民党顽固派对日投降妥协、消极抗日积极反共的行为。此外几乎都是战况报道。有《“充团”建功铁丝港》《晋博路据点尽入我手》《鄱湖东岸战况　我占优势》《汉口敌兵车两列被炸》《国际反侵略会电贺我豫鄂大捷》《桃林敌蠢动，经我击退》《从化县境随处激战》《豫鄂激战未已　枣阳东北争夺最烈》等（图 7-8）。

《抗敌报》于 1941 年 1 月 4 日新四军奉命北撤时停刊，共出版了 221 期。作为华中敌后抗日根据地创办较早、影响较大的一张报纸，《抗敌报》积极宣传中共的路线、方针、政策，教育和团结了敌后军民，指导了大江南北人民的抗日斗争，抨击了日本帝国主义的侵略谬论，扩大了中共和新四军的政治影响，深受军内外广大读者欢迎，成为鼓舞华中广大军民坚持抗日斗争的响亮号角。它无疑是我党我军抗战史上的宝贵财富之一。

抗敵報

一切愛國人民與抗戰軍隊更須以同生死共患難的精神緊密的結合起來，堅決反對汪派漢奸和反共份子的挑撥離間和破壞抗戰軍隊與愛國人民的團結之一切陰謀，嚴緊抗戰的陣營，明辨忠奸的對立。

在抗戰軍隊方面，對於廣大民衆更必須有新的認識與新的努力，他必須繼續努力於前線作戰，爭取不斷抗戰的勝利，來回答人民的期望。

引擊勇戰蘇西

向本軍獻旗勵功

偽滿糧食大起恐慌

晉南公路敵遭重創

鄂北克復棗陽

襄花路南北我追擊軍猛烈掃蕩

大洪山潛江截擊流寇甚爲得手

桂南久隆斬敵二百

放賑鄂北難民

我梁團挺攻定遠城

鄂南我軍克復通山

粵從化花縣連日有激戰

图 7-7　《抗敌报》1940 年 5 月 22 日头版

图 7-8　《抗敌报》1940 年 5 月 28 日头版

四、《江海报》喜讯频传

《江海报》创刊于1942年1月1日，初期社址在江苏海启地区，是中共苏中区四地委机关报。1945年抗战胜利后曾改名为《江海日报》，同年12月9日停刊，与苏中三分区的《江潮日报》合并为《江海导报》，成为苏皖边区一地委机关报。

作者收藏的这份《江海报》四开二版，出版日期是1945年9月2日（图7-9）。这天是日本正式签订降书的日子，报纸中还没有刊登这一消息，但上面有盟军开始占领日本的重要新闻、八路军解放各地的喜讯，还有许多苏中根据地新闻，特别是新四军解放苏中城镇的消息。另外，还有八路军、新四军在各地的战况报道。

一个一个的喜讯从四面八方传来，汇集到这份小小的仅有两版的《江海报》中，我们看到了中国抗战的胜利，看到了世界反法西斯战争的胜利，也看到了在中国张牙舞爪多年的日寇完全的颓废，更看到了中国共产党领导下的八路军、新四军等武装力量已经快速成长并且发展壮大起来，给全国人民带来了新的希望。

江海報

我軍收復泰興城

圍攻三晝四夜

守偽四千全部解決

生俘偽師長蔡鑫元

告分區職工書

為不讓真奸白流，積極參战，爭取勝利！

掘港工人增資成功

蘇中區職工聯合會四分區分會籌備會

如皋青年代表大會開幕

鬼子說他們是蔣介石指揮的

「官」要昇官、兵要回家

烏烟瘴氣南通城

图 7-9　《江海报》1945 年 9 月 2 日头版

抗战喜讯频传。

五、粟裕创办的《苏中报》

粟裕将军办报，可能是件鲜为人知的事。粟裕在抗日战争年代，不但十分重视报纸的宣传工作，而且还亲手创办了苏中区党委机关报《苏中报》。

1943 年 11 月 12 日，中共苏中区委通过《关于出版〈苏中报〉的决定》，规定《苏中报》为区党委和第二地委共同指导的报纸，决定停办原来第二地委所办的《滨海报》，成立以粟裕为书记、俞铭璜为副书记的党报委员会。报社由粟裕任社长，林淡秋任总编辑。1943 年 12 月 2 日，《苏中报》创刊，“苏中报”三字为新四军一师政治部主任钟期光题写。创刊号上以整版篇幅刊登了粟裕撰写的发刊词，就党的新闻事业与武装斗争的关系问题、党报应有的立场和态度问题、干部党员对党报应有的责任问题、党报与党外人士的关系问题等，逐一做了详尽精辟的论述。

该报初创时为四开四版，铅印 3 日刊，后逐步改为日刊，每期发行 6000 份。第一版为地方版，第二、三版为国内国际版，第四版为副刊版。它及时报道了各地军民在对反“扫荡”、反“清剿”、反“清乡”斗争中取得的胜利消息，全面反映了苏中敌后抗日根据地政治、经济、文化等各方面建设的情况和成就，不时配合中心工作发表具有较强思想性、指导性和文字通俗的社论，还常常配合重要电讯刊登油印或木刻的战局地图，帮助读者了解国内外战局发展的特点。副刊经常刊登战斗通讯，报道部队战斗英雄和民兵英雄的事迹；还通过生动的故事，介绍八路军在反“清乡”中如何围据点、平碉堡、拆篱笆、毁电线、设伏阻击等同日伪军做斗争的经验，以及在锄奸斗争中如何惩罚汉奸特务等。该报的特点是提倡微型小说、微型木刻，文章讲求短小精悍，言之有物；在报道某一重要事件时相互配合，第一版新闻报道，第四版通讯文章跟进，使读者对新闻事件有一个全面深刻的了解。

如：出版于 1944 年 11 月 30 日的第 110 期《苏中报》，第一版头条报道了《如皋双北区盛极一时，109 位模范举行大会》的消息（图 7-10）。如皋双北区为运用新的工作方法，开展革命英雄主义运动，培养更多的英雄模范，鼓励斗志，更好地坚持斗争，特在10月30—31日两天，召开了一个崭新形式的模范者大会，会上共产党代表向出席会议的模范提出了四点要求，劳动英雄唐桂文等代表发了言，选出了以唐桂文为会长的模范委员会。紧接着在第四版就刊发了署名吕田的《模范共产党员唐桂文》的通讯文章。文章介绍了唐桂文由从前受人欺侮受人剥削，抗日战争爆发后，在共产党和新四军的影响与领导下成长为一名模范共产党员的经过，并详细报道了唐桂文送子参军及动员村民参军、帮助抗属种地、拿起枪杆打鬼子、火线勇敢抢救伤员的事迹(图7-11)。

《苏中报》的创办，对统一苏中区党员干部、部队官员和广大群众的思想和行动，激励鼓舞广大军民抗击日寇、伪军，加强根据地的民主政治、生产经济和文化教育等建设发挥了重要作用，使苏中根据地得到迅速扩大和发展，成为整个华中敌后抗日根据地的一块坚强前哨阵地。

邹韬奋去世后，这期报纸在第三版刊发了《延安各界二千余人开会追悼邹韬奋同志》的文章，报道了延安召开邹韬奋追悼大会的过程以及设立"邹韬奋出版奖金"、成立纪念委员会、办理此后有关纪念邹韬奋的一切事宜的情形。第三版上同时还以《陈毅军长谈韬奋同志治病经过》为题，刊登了新四军陈毅军长在延安邹韬奋追悼大会上的讲话。从中可以看到邹韬奋与苏中区军民结下的深厚革命情谊，也可以看到在邹韬奋病重期间，苏中区党政军领导倾其全力给予他救治方面的帮助(图7-12)。

为了适应抗日战争胜利后的形势发展，中共中央决定成立华中中央分局，撤销苏中区党委，《苏中报》也随苏中区机构的调整，于1945年10月11日停刊，共出版270期。创办于抗日战争进入反攻阶段关键时期的《苏中报》尽管只存在了不到两年时间，但它在团结人民、打击敌人，促进苏中抗日根据地的发展壮大中发挥的巨大作用，将永载新中国的红色新闻史册。

蘇中報

第一一〇期

如皋雙北區盛極一時
一〇九位模範舉行大會
公推唐佳文為模範委員會正會長

泰縣第一批新兵一千人
選出四個英雄八個模範

×部到淮北旗開得勝
攻克朱開大橋

三分區戰鬥頻繁

反封鎖大勝利
殲敵傷六十多

敵偽準備進行軍事掠奪

图 7-10　《苏中报》1944 年 11 月 30 日头版

模範共產黨員唐桂文

華中建設大學招生簡章

一羣英雄與模範

六十二個敢死隊員

重要啟事

英勇故事 七班長

蘇聯國歌

图 7-11　《苏中报》1944 年 11 月 30 日第四版

该版刊发《模范共产党员唐桂文》。

蘇中報

大後方與東南各省完全隔絕
南寧河池相繼淪陷
廣西越南敵將打成一片

成都五大學國事座談會發起
組織各職業民主團體
國民黨仍然壓制民主運動

美國陸長史汀生
注意我正面戰局

延安各界二千餘人
開會追悼鄒韜奮同志
公推周恩來同志等爲紀念委員

陳毅軍長談
韜奮同志治病經過

介紹二一〇九位模範舉行大會」新聞

图 7-12　《苏中报》1944 年 11 月 30 日第三版

该版刊发《陈毅军长谈韬奋同志治病经过》。

六、刊登在《盐阜报》上的《敌人口中的八路军新四军与中国共产党》

《盐阜报》是中共江苏省盐阜区委办的机关报。

该报1942年1月1日在盐阜陈集正式创刊，先是中共盐阜地委机关报，后改为中共盐阜区委机关报。区党委宣传部副部长王阑西兼任社长，总编辑为艾寒松。报纸初为5日刊，1月15日改为间日刊，5月4日又改为3日刊；铅印四开四版，主要读者对象为区以上干部。根据区党委要求《盐阜报》实现地方化的指示，报纸的版面分政府版、军事版、党群版、副刊版，大量发表地方新闻。国内外新闻由当时华中局和新四军军部出版的《无线电讯》报发表，《盐阜报》只发表摘要或综合性的时事述评。

1942年5月，毛泽东《在延安文艺座谈会上的讲话》发表，盐阜区委宣传部和报社的人员学习后，就报纸如何为工农兵服务的问题进行了深入讨论。大家认为，《盐阜报》的读者群以区以上干部为主，区以下干部和广大工农兵大众也需要一张供他们阅读的报纸。在这种情况下，报社开始酝酿办一张“泥腿子报”，给识字不多的工农兵大众阅读。1943年初，日寇对盐阜区实施第二次大“扫荡”，盐阜报社转移到黄海边上的阜东县施头庄（今属滨海县振东乡），宣传部即向区党委提出创办一张通俗化、大众化报纸的报告，定名为《盐阜大众报》。这个报告很快被批准。1943年4月25日，铅印的八开四版《盐阜大众报》正式创刊，由王阑西兼任社长。《盐阜报》于1945年8月停刊后，《盐阜大众报》成为盐阜地委唯一的机关报，全面承担起传达党的声音，发动和组织军民对敌斗争的任务。

《盐阜报》在创办期间，努力贯彻全党办报、群众办报的方针。区党委反复强调，各个党政军机关、团体和每个党员都必须爱护党报、帮助党报、运用党报。1945年春，整个抗战形势好转，《盐阜报》版面进行了调整，内容上实行国内外新闻和地方新闻并重，编辑部增加了特派记者，设立通讯科，大力开展通讯员运动，于是盐阜区掀起了全党办报、群众办报的新高潮，通讯小组由100

多个发展到 518 个，通讯员由 400 多人增加到 2558 人，开创了全党办报和群众办报的新局面，报纸进入了鼎盛时期。1945 年 7 月，盐阜、淮海两行政区合并成立苏北行政区，中共苏北区委决定创办《苏北报》，历时 3 年 2 个月的《盐阜报》于当年 8 月 24 日改名为《苏北报》。《盐阜报》作为中共盐阜区委的机关报，在抗日战争时期，以宣传党的抗日民族统一战线的政策、方针为中心任务，团结和号召各阶层人士共同起来抗击日本侵略者，成为鼓舞盐阜区人民抗日斗志的号角。

《敌人口中的八路军新四军与中国共产党》这篇重要文章，是根据新华社延安 1944 年 7 月 9 日至 17 日的连续电文汇总而成的，刊登在 1944 年 7 月 21 日的《盐阜报》第 253 号(图 7-13)。因文章较长，这期报纸增出两版，文章刊发在第四至第六版上。

当时，中共中央针对国内出现的“八路军新四军‘游而不击’、共产党实行‘封建割据’”等流言蜚语，从缴获的日伪报纸杂志和文件中，把对八路军、新四军和中国共产党的看法摘录出来向全国发布，用反证的方法来回击这些流言蜚语和不实之词(图 7-14)。

通过敌人之口，事实证明中国共产党及其所领导的八路军、新四军和其他抗日武装是全民族利益的坚定的维护者，它顺应历史潮流和人民要求，坚持并实行了全面全民族的抗战路线和持久战的战略总方针，以自己的坚定意志和模范行动，通过坚苦卓绝的敌后斗争，抗击了日寇 75%以上的兵力和伪军 95%以上的兵力，牵制和消灭了敌人大量的有生力量，给正面战场以极大的支持，为打败日本侵略者，取得抗日战争的胜利做出了应有贡献，起到了中流砥柱的作用。这些无可辩驳的铁的事实，给予了诬蔑者一记响亮的耳光。

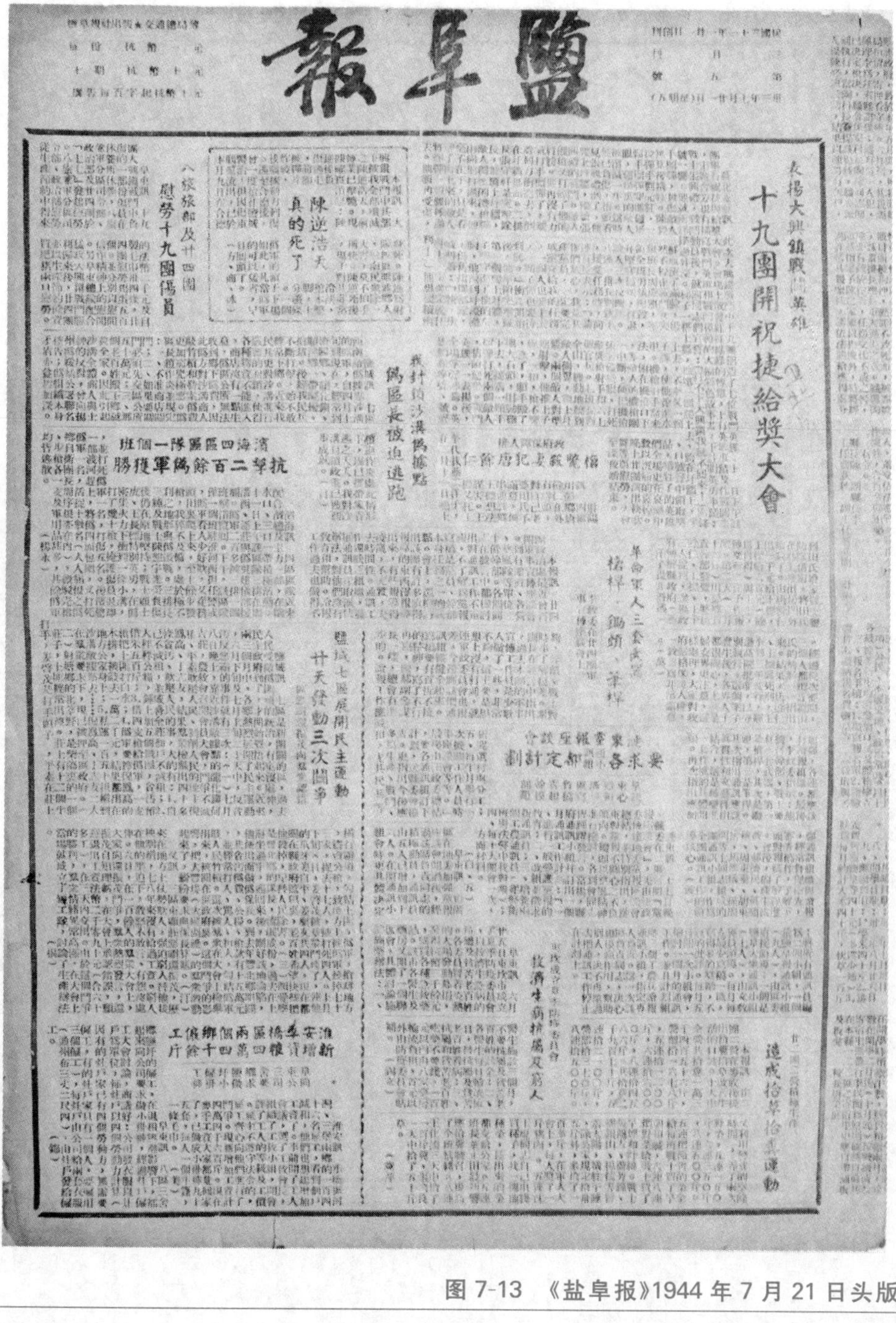
鹽阜報

表揚大興鎮戰鬥英雄

十九團開祝捷給獎大會

八旅旅部及廿四團慰勞十九團傷員

陳逆浩天真的死了

濱海四區區隊一個班 抗擊二百餘偽軍獲勝

我打陳沙溝偽據點 偽區長被迫逃跑

鹽城七區展開民主運動 十天發動三次鬥爭

淮安橋區兩個鄉僱工 新增資糧四萬十餘斤

造成拾草拾糞運動

图 7-13　《盐阜报》1944 年 7 月 21 日头版

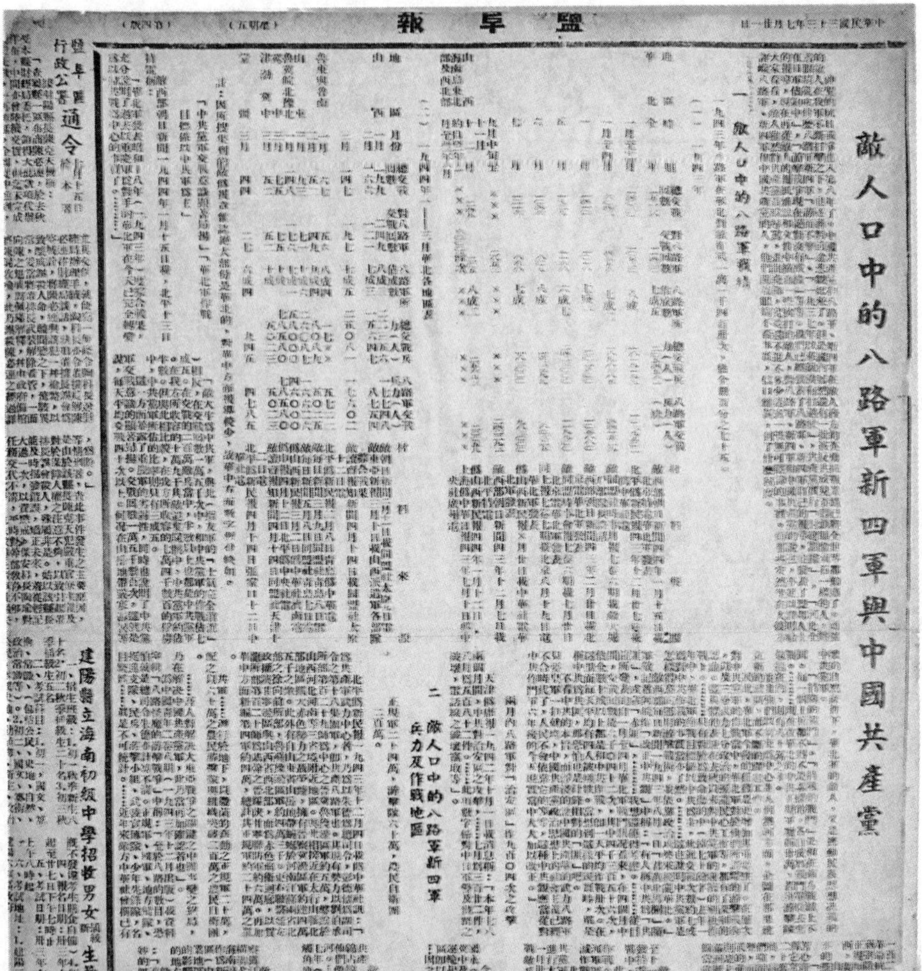

鹽阜報

中華民國三十三年七月廿一日

敵人口中的八路軍新四軍與中國共產黨

一　敵人口中的八路軍戰績

二　敵人口中的八路軍新四軍兵力及作戰地區

建陽縣立海南初級中學招收男女生簡章

鹽阜區行政公署通令

图 7-14　《盐阜报》1944 年 7 月 21 日第四版

该版刊发《敌人口中的八路军新四军与中国共产党》。

七、朱德抗战初期撰写的《论游击战术》在《国难三日刊》上被发现

《国难三日刊》是中共四川省委于抗战初期创办的一张有很大影响的报纸，1937 年 8 月 29 日在成都创刊。

1937 年 9 月 29 日出版的《国难三日刊》第 10 号（图 7-15），四开四版铅印，主要栏目有“战局综述”“抗敌工作”“国难三日记”“国际三日要闻”“我们的敌国”“短评”“社论”“人物志”“白刃集”“常识讲话”“社会的一角”等。该报不仅旗帜鲜明地宣传中国共产党的全面抗战主张，而且注重揭露一切妨碍抗战的问题，包括国民党顽固派在各个角落里的阴谋破坏活动，因此受到广大群众的热烈欢迎，被称赞“言论新颖，消息灵确，精神食粮，抗战良药”。这使得报纸的销路极广，发行量一度超过 4 万份，成为当时成都出版界中发行量最大的报纸。1938 年 1 月 2 日，刘湘在武汉病逝，四川局势一时陷入混乱，《国难三日刊》以“言论乖谬”为由被查封。

1937 年 10 月 23 日出版的《国难三日刊》第 17 号刊载朱德《论游击战术》（图 7-16）。全文约 700 字，刊发在第三版（图 7-17）。从文章的第一段可以看出，这是一篇即时论文：“以目前西北两线的战事而论，我们是失利了，但这仅仅是局部的，不足轻重的，也是早在我们意料中的。”这段文字里提到的目前西北两线的战事失利，指的是日军向西突破了中国军队张家口防线，使娘子关告急，向北突破了大同防线，使太原门户大开的战事。文章从第二段起依次深入论述，谈道：我国这次是自卫的抗日战争，不能死守，死守等于守死，要采取积极的防御，辟其所长，攻其所短，最好的办法是深入敌后，运用游击战术，但如何才能发挥好游击战，最重要的就是要动员起全国的民众。

同时，朱德在该文提出了“群众战争”的概念，也是他该观点的首次出现。

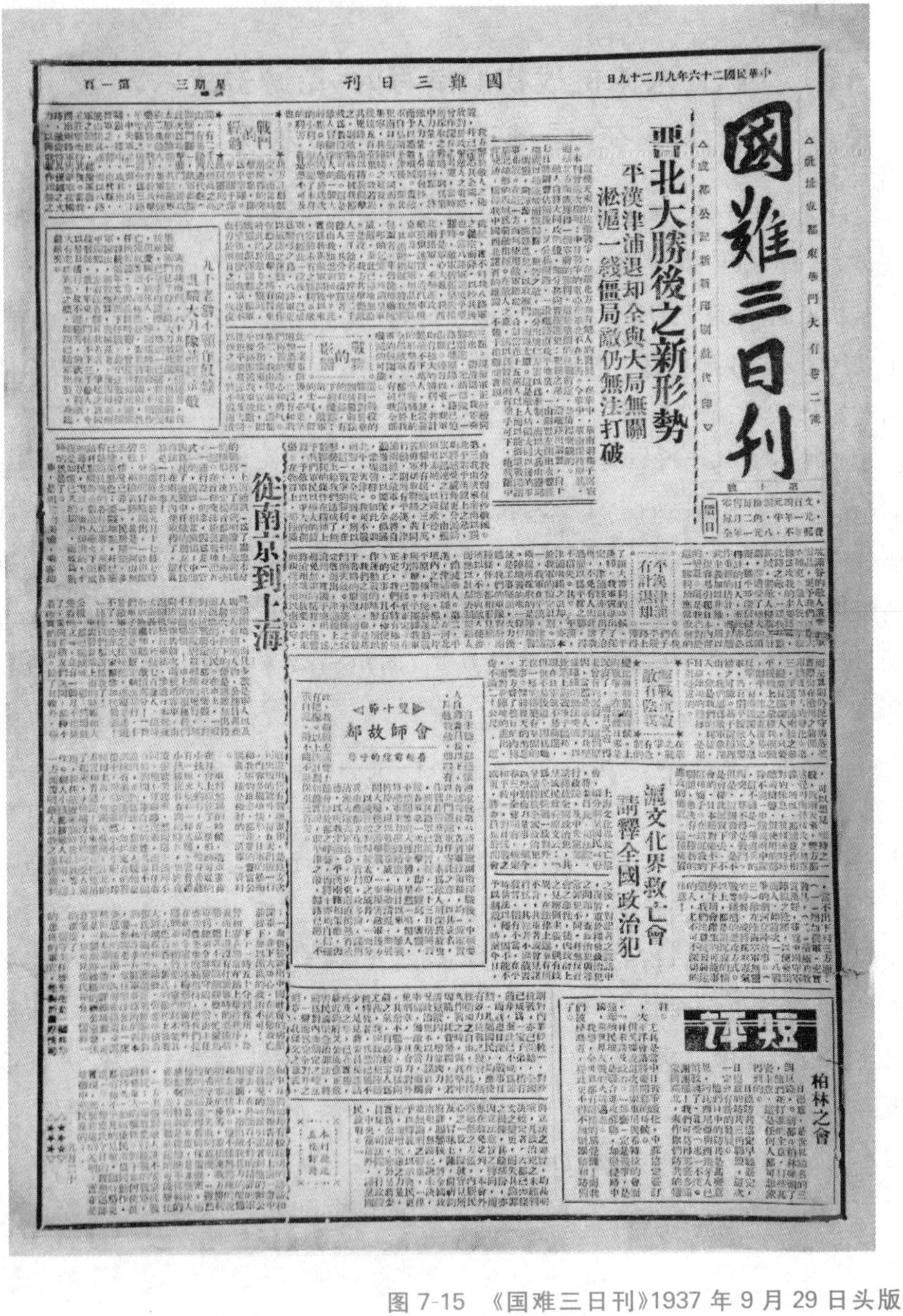

國難三日刊

中華民國二十六年九月二十九日　星期三　第一頁

華北大勝後之新形勢

平漢津浦退却全與大局無關

淞滬一線僵局敵仍無法打破

從南京到上海

滬文化界救亡會請釋全國政治犯

短評

柏林之會

图 7-15 《国难三日刊》1937 年 9 月 29 日头版

中華民國二十六年十月二十三日　國難三日刊　星期六　第一頁

國難三日刊

社址成都東華門大有巷二號

成都公記新新印刷社代印

晉東北頑敵被殲萬餘

北戰場陰霾業經掃蕩

津浦平漢殘敵猶然作困獸鬭

晉冀我軍大規模游擊戰展開

中樞召開最高軍事會　外蒙陸軍總長將出席

敵艦威脅下的煙台

滬敵軍必敗原因

孔財長西遊之果

滬敵軍實力調查

謹防搗亂！

图 7-16　《国难三日刊》1937 年 10 月 23 日头版

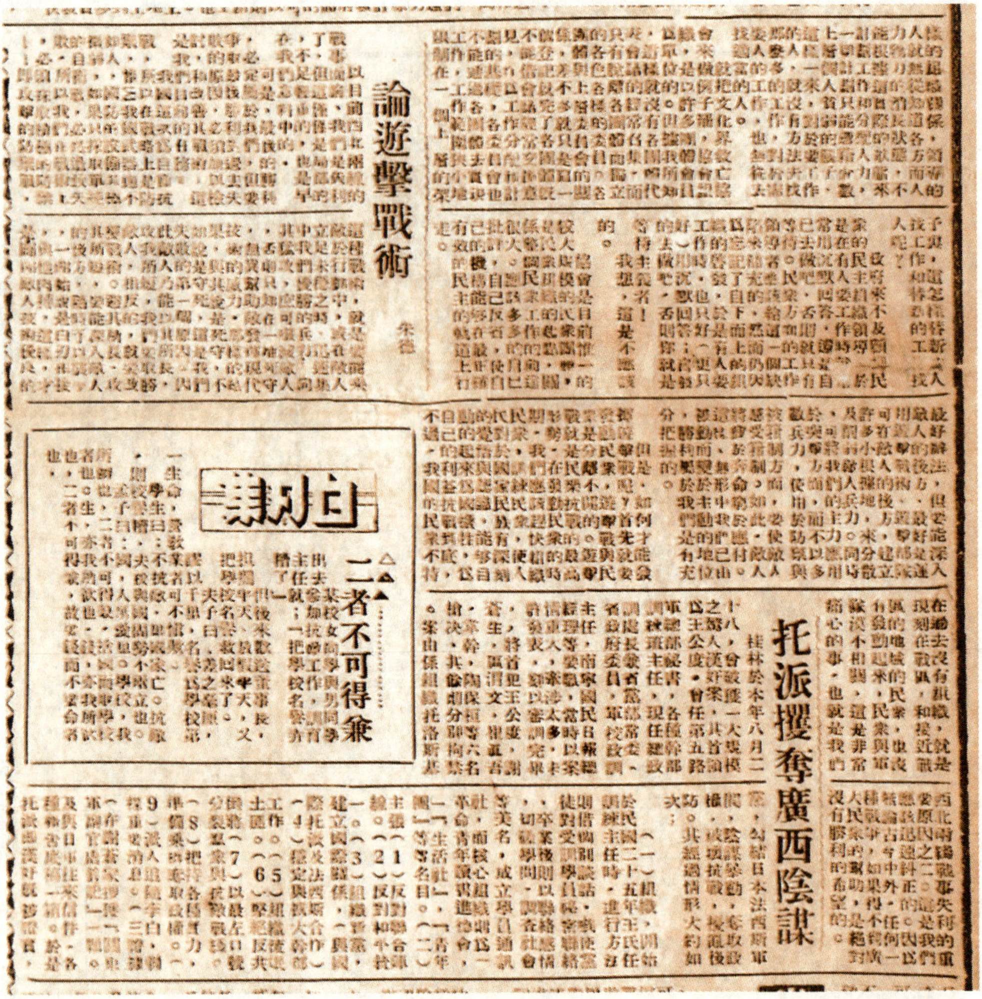
論遊擊戰術

朱德

二者不可得兼

托派攫奪廣西陰謀

图 7-17　《国难三日刊》1937 年 10 月 23 日第三版

该版刊发朱德《论游击战术》。

纪念中国人民抗日战争暨世界反法西斯战争胜利70周年

铁证

“以报为证——老报刊见证中国抗战”丛书

铁　证

——吹响全民抗战号角的国统区报刊

主编：马志春
编著：刘广金　朱军华

浙江工商大学出版社
ZHEJIANG GONGSHANG UNIVERSITY PRESS

图书在版编目(CIP)数据

铁证：吹响全民抗战号角的国统区报刊 / 刘广金，朱军华编著. — 杭州：浙江工商大学出版社，2015.12
(以报为证——老报刊见证中国抗战)
ISBN 978-7-5178-1312-5

Ⅰ. ①铁… Ⅱ. ①刘… ②朱… Ⅲ. ①抗日战争—史料—中国 Ⅳ. ①K265.06

中国版本图书馆 CIP 数据核字(2015)第 224591 号

铁 证

——吹响全民抗战号角的国统区报刊

主编 马志春 **编著** 刘广金 朱军华

责任编辑 何小玲 孙一凡
封面设计 包建辉
责任校对 王俏华
责任印制 包建辉
出版发行 浙江工商大学出版社
(杭州市教工路 198 号 邮政编码 310012)
(E-mail:zjgsupress@163.com)
(网址:http://www.zjgsupress.com)
电话:0571-88904980,88831806(传真)
排 版 杭州朝曦图文设计有限公司
印 刷 杭州五象印务有限公司
开 本 710mm×1000mm 1/16
印 张 48
字 数 710 千
版 印 次 2015 年 12 月第 1 版 2015 年 12 月第 1 次印刷
书 号 ISBN 978-7-5178-1312-5
总 定 价 99.00 元

浙江工商大学出版社营销部邮购电话 0571-88904970

丛书编委会

总 序

以报为证 以史为鉴

马志春

习近平总书记2015年7月30日在中央政治局第25次集体学习时发表讲话，指出："抗战研究要深入，就要更多通过档案、资料、事实、当事人证词等各种人证、物证来说话。"诚如斯言，如何让集报人所收藏报刊中的文字活起来，也成为近年来集报界热议的话题。

今天的新闻就是明天的历史，报刊是记录历史的底稿。对于集报者来说，如果能把手中的报刊资源整理出来，编辑成人们回顾过去、学习历史、昭示未来的鲜活教科书，将是一件有意义的事情。2015年是中国人民抗日战争和世界反法西斯战争胜利70周年，浙江工商大学出版社从2014年就开始策划出版系列图书以资纪念。在著名集报家、浙江省报友联谊会会长张雪根的牵线搭桥下，出版社的编辑与我达成协议，由我主编这套"以报为证——老报刊见证中国抗战"丛书。通过集报家收藏的报道中国人民抗日战争的国内外原版报刊，以图带文，印证历史，真实地还原那场全民族抗战的伟大胜利历程。与记录抗战的其他载体相比，报刊是第一手资料，具有无可替代的史料性和珍稀性，本丛书中的不少报刊史料还是第一次公布，难得一见，堪称珍贵的抗战文物。

本丛书坚持让历史说话、让事实说话、让典型说话的原则，充分尊重历史，充分肯定中国人民抗日战争的伟大胜利是中华民族全体同胞团结奋斗的结晶，也是中国人民同世界反法西斯同盟国人民并肩战斗的结晶。当年，许多外

国媒体和驻华记者客观、翔实地报道了中日战争,他们的报道虽然视角不同,但也是这段苦难辉煌历史的见证。特别是外媒上那些别出心裁的细节报道,使这些历史事件更加丰满,让人过目难忘。当然,其中也不乏一些日本出版的战地报刊,在鼓吹日军所谓“战绩”的同时,反而成为日本侵略者肆意践踏中国大好河山、屠杀中国军民、强行掠取劳工、蹂躏和摧残妇女、进行细菌战和化学战、制造南京大屠杀等罪行的有力证据。

中国人民抗日战争是世界反法西斯战争的重要组成部分,是世界反法西斯战争的东方主战场。中国国民党和中国共产党领导的抗日军队,分别担负着正面战场和敌后战场的作战任务,形成了共同抗击日本侵略者的战略态势。以国民党军队为主体的正面战场,组织了一系列大型战役,特别是抗战初期的淞沪、忻口、徐州、武汉等战役,给日军以沉重打击。当年,国统区的报刊对此做了大量全面而详细的报道,不仅极大鼓舞了国民抗战的士气,也成了全体中华儿女万众一心、众志成城,各党派、各民族、各阶级、各阶层、各团体同仇敌忾,共赴国难的铁证。

中国共产党领导的敌后战场,广泛发动群众,开展游击战争,建立了19块敌后抗日根据地,钳制和歼灭了日军大量兵力和大部分伪军,逐渐成为中国人民抗日战争的主战场。日本侵略者和部分国民党顽固派、投降派对此极为仇视,诬蔑共产党为“匪”,敌后抗日根据地为“匪区”。然而,在敌后角逐中不断发展壮大的抗日根据地报刊让敌人的谣言和诬蔑不攻自破。这些报刊诞生在中国陷入前所未有的民族灾难,面临亡国灭种威胁的危难关头,是不愿做奴隶的中国人民毅然奋起,用纸笔做刀枪,英勇抵抗日本侵略者的武器,也是抗日根据地人民的喉舌和号角。抗日根据地报刊在极为艰难困苦的条件下坚持出版,忠实记录了在空前惨烈的抗日战争中,中国军民前仆后继、浴血奋战,以血肉之躯和气吞山河的英雄气概所谱写的惊天地、泣鬼神的历史华章,成为中国共产党在全民族抗战中发挥了中流砥柱作用的明证。

一提起波澜壮阔的抗日战争,人们脑海中往往浮现出八路军“狼牙山五壮士”、新四军“刘老庄八十二烈士”、东北抗联八女投江、国民革命军“八百壮士”等壮烈的英雄群体,还有平型关大捷、台儿庄大捷、中国空军空袭日本、百团大战,以及地雷战、地道战、铁道游击队等生动的战斗场面。为此,本丛书编委会精心挑选了一些直观反映重要抗战事件的报刊,集辑成书,作为全民抗战历史的图证。

同时,本丛书还试图用当年报刊中的第一手资料准确再现历史,为破解当前抗日战争历史研究中许多悬而未决的问题找到一条新的路径。如:中国人民抗日战争开始时间问题。

在世界反法西斯战争中,中国人民抗日战争开始最早,持续时间最长。过去人们常说“八年抗战”,但在中国人民抗日战争开始的时间节点上,比较通行的说法是:1931 年“九一八”事变是中国抗日战争的起点,中国人民不屈不挠的局部抗战揭开了世界反法西斯战争的序幕;1937 年“七七”事变成为世界反法西斯战争在东方的爆发点,中国的全民族抗战开辟了世界第一个大规模反法西斯战场。

翻开当时的国内外报刊仔细研读,我们不难发现,日本对中国的侵略是蓄谋已久、步步蚕食,不仅早就制定了一系列方案,而且贯穿在其数十年的国民教育中,甚至毫不隐讳,在媒体上长期公开宣传中国是日本的战略目标。因此,许多报刊特别是外国媒体,认为自 1895 年日本在中国台湾实行殖民式统治后,中国人民的抗日战争就一刻也没有停止过。

从 19 世纪后半叶起,日本逐渐走上军国主义道路,发动和参加了一系列侵略战争,其中大多数是侵华战争。日本 1874 年进犯中国台湾,1894 年挑起甲午战争并侵占台湾,1900 年充当八国联军的主力侵略中国,1904 年发动日俄战争侵犯中国东北领土和主权,1915 年提出“二十一条”企图灭亡中国,1920 年支持军阀混战,1928 年制造济南惨案,公开占领中国的省会城市,随后又制造皇姑屯事件,谋杀张作霖。

因此,有学者认为,1928 年济南惨案才是中国人民抗日战争的肇始,济南惨案、“九一八”事变、“七七”事变,这三件大事就是日本全面侵华的序幕、开篇和高潮。

1946 年,远东国际军事法庭审理日本战犯时,将皇姑屯事件视为日本侵华的起点。理由为张作霖是当时中国的元首,谋杀一国的国家元首理应是违反国际法的战争罪行。

本丛书收录了一张 1874 年日本《读卖新闻》创刊时随报附送的《增补清国舆地及近邦全图》，图上精确地注明了日本到中国各主要港口的距离，所描述的中国山川、道路、河流、港口等的精确程度甚至超过当时中国政府和军队使用的官方地图。由此可见，日本早已对中国台湾进行情报侦察等战争准备和舆论动员。

我们应当警醒的是，虽然中国人民抗日战争以中国人民的彻底胜利载入了史册，但是，日本军国主义者并没有得到彻底清算。作为侵略者，日本至今不但没有负罪感，反而有一股右翼势力还要竭力歪曲、否定侵略历史，为那些双手沾满中国人民鲜血的罪魁祸首翻案，试图挑战远东国际军事法庭及中国军事法庭对日本战犯的正义审判。

事实胜于雄辩，历史不容篡改。我们将当年抗战烽火岁月出版的原版报刊中的有关内容结集成书，就是为了牢记历史、不忘过去、珍爱和平、开创未来，用这些鲜活的第一手文献资料印证历史的伟大瞬间，以此纪念中国人民抗日战争暨世界反法西斯战争胜利 70 周年，纪念这一正义战胜邪恶、光明战胜黑暗、进步战胜反动的伟大胜利。

（作者系中国首批集报家、中国报业协会集报分会常务理事、江苏报友联谊会会长、《集报家》杂志主编、宿迁市图书馆馆长）

自 序

老报纸的抗战

——我收藏抗战报纸的故事

朱军华

我集报至今已23载，从最初的什么报都集，到试、创、复等专题集报，再到如今的重点收集早期报。在早期报中，我最钟情的是抗战报纸的收藏。

狭义的抗战是指1937年7月7日卢沟桥事变起，至1945年8月15日日本投降的这一过程。而我坚持把中国的抗战从1931年“九一八”事变算起，到1945年12月26日新四军解放高邮城止。（高邮战役创造了抗日战争中新四军一次战役歼灭日军人数最多的纪录，又是中国共产党领导的人民武装抗战中俘虏日军最多的一次战役。中国共产党第一场对日大规模战斗是八路军发起的平型关大捷，最后一次战役则是新四军发起的高邮战役，而高邮城也成为全国最后一个光复的县城。）我把这14年来与抗战有关的报纸全部归纳为抗战报纸。当然，抗战后续还有很多，比如对日寇罪魁祸首的审判、日本对受害国的战争赔偿研究等等。

大约7年前，我向重庆的一位藏家买东西时，他无意中向我透露他有1945年几个月的《大公报》。我马上想到曾经看到过有“日本投降矣”几个大字的《大公报》，他说好像有，就请他回去仔细翻看后联系我。第二天再通话时，这位藏家把用纸、颜色、缺期和缺页详细告诉了我。经确认，有“日本投降矣”的那一期保存完好，可惜缺少了第二颗原子弹轰炸长崎的那期及另外几期。虽然缺的这几期也很重要，但俗话说“擒贼先擒王”，我决定先订下这批报纸。记得当时是直接打款到对方银行卡的，没有任何保障，可为了防止夜长梦多，我选择了冒险。好在两天后一个大包快递到了，拆开来第一眼就知道不假，刊有“日本投降矣”几个大字的《大公报》静卧在包装盒里。同时到的还有刊登《波茨坦公告》发表、第一颗原子弹轰炸广岛、苏联对日宣战、日本乞降、日本降书签字、中国战区日军投降、蒋介石三次电邀毛主席全文、毛主席赴重庆谈判等重大内容的期次。我犹如看到自己心爱的宝贝一样，轻轻地翻阅，仔细地修补，再认真地用塑料套封好它们。这批东西虽然很贵，却让我的抗战报纸收藏有了质的提高，让我收藏的信心大增。

2009年8月，我们一家去北京旅游，就住在潘家园附近。因为天下着大雨，可能还有不是双休日的缘故，潘家园人很少。我转了几家开着门的旧书铺，没有什么收获。正当我准备扫兴而归时，我认识的一位店主告诉我，他朋友有一份叫《新华日报》什么版的创刊号，这让我来劲了。因为东西不在他身边，下午约好时间再碰头。果然见到一团淡黄色的皱巴巴的旧报纸，小心摊开来看，确实是创刊号。名称叫战时太南版《新华日报》，创刊于1939年8月13日，有发刊词，有抗战漫画，还有毛主席的一篇著名文章。可惜报纸太残破了，而且价钱也高，就没有立马订货。在北京玩了几天后，回来却始终惦记着那份报纸。查了查资料，没发现有相同的版本被提及，想到它的稀缺程度，狠狠心再次联系，请卖家简单修复后，把它买了下来。现在百度搜索到的有关战时太南版《新华日报》的资料，全是我收藏的这份，民间还没有发现第二份，这让我非常珍惜，也非常庆幸！假如那些天东西被他人看中，我就只有后悔万分的份了！所以，我要学会总结经验，不能因为一时的迟疑、糊涂，而失去一次收藏绝品的机会！

建党90周年之际，我参加了在北京农业展览馆举行的红色报展活动。结束那天的下午，我在潘家园的一家旧货店看到4份稍有开裂的《抗敌画报》，展开来竟有对开报纸那么大。这么大开张的抗战时期画报我是第一次见，内容都是与团结抗战有关的漫画和文字等，感觉存世不会多。可是，稀奇归稀奇，品相稍差、价格稍高、认识不够又左右了我，还是没有买。此后一年的时间里，经常想到这件事,老是觉得不买到手肯定会遗憾。次年的集报日期间,我再次来到北京,到报国寺参加活动。最后一天的早上,我和上海的创刊号收藏大家冯建忠、山西著名的报刊收藏家王海勇等人一起去潘家园玩。很自然地又来到那家旧货店,一问,4 份《抗敌画报》还在。这次铁了心,稍稍还了些价就订下了。又跟好友借了几千元才凑足钱,把这些让我魂牵梦萦的画报纳入囊中。这 4 份画报是由东北四省旅陕同乡会抗敌支会宣传部主办,叶浅予、张乐平、张汀、鲁少飞等知名漫画家都是其特约编委。东西实在是好,不仅仅是因为大开张的漫画报纸极少,而且还刊有保卫南京和大上海沦陷等珍稀内容。保卫南京的这一期是 1937 年 12 月 15 日出版的,头版"保卫南京"木刻漫画右上部有一"编者注",极为悲痛地写道:"'保卫南京'是十二号脱稿,当时南京还是我们的国土,两天的工夫竟为强敌占有……这是很可纪念的一页!"

经过多年的努力,我收集到包括"九一八"事变、东北抗日、西安事变、卢沟桥事变、"八一三"事变、平型关大捷、南京沦陷、台儿庄大捷、皖南事变、百团大战、日本投降等重大事件在内的一大批抗战题材报纸。其中 1945 年 8 月 15 日报道日本投降的《大公报》、1939 年 8 月 13 日《新华日报》战时太南版创刊号、1937 年 7 月 9 日报道卢沟桥事变的《辛报》等 4 份(系列)抗战报纸被评为"中国集报精品"(中国报协集报分会组织的全国性评选)。

2010 年 11 月 19 日,我的抗战专题报展在高邮市职教中心隆重举行,这是古城高邮历史上第一次抗战专题报展,也极可能是扬州地区乃至全江苏省民间的第一次,意义非同一般。这次报展上,我向数千名观众全方位展示了我收藏的抗战系列报,都是大家第一次见到的,让广大观众接受了一次爱国主义教育,给他们以深刻的启发。我无偿捐赠给地方档案馆的报道新四军解放高邮城的华中版《新华日报》更是在展览现场引起强烈反响,这份报纸对于研究高邮革命史有非常重要的意义。以前大家只知道高邮战役在新四军抗战史和中国抗战史上的地位,也知道这是中国共产党领导的人民武装在高邮进行的最大规模的一次战斗,而这份报纸的出现非常直观、详细地描述了那场惊心动魄的城市攻坚战,让高邮人民对艰苦岁月中的战争和来之不易的和平有了更深层次的理解。

2013年4月，我赴北京参加中国报协成立20周年纪念大会，并有部分抗战报纸参与在会场大厅内的展示。我们会场隔壁同时有一日本社团组织的会议，他们进场时经过展览区，不少日本人驻足观看。其中一位让我印象极深，他一边观看我那份有“日本投降矣”特大号字的《大公报》，一边认真听取工作人员的介绍，不断地点头赞同，表情严肃。我想他是非常幸运的，在中国的北京开会前竟然有机会零距离接触并了解一些他的前辈在中华大地上留下来的罪恶史实，相信他一定会有不小的感触吧！

抗战老报纸是那个残酷战争年代的历史见证，史实不容篡改，伤痛不能忘却，我们集报人有责任也有义务，利用手中的武器抵制侵略、维护和平，向非正义的战争输出国说“不”！

目 录

序　章　抗战时期国统区报刊简述

从1931年“九一八”事变日本帝国主义占领我国东北开始，到1945年8月15日日本帝国主义宣布投降，中国人民的抗日战争前后持续了14年时间。14年间，中国人民经过艰苦卓绝的奋战，取得了抗日战争的伟大胜利，为世界反法西斯战争的胜利做出了巨大贡献。抗战时期国民党统治区报刊随着战局和政治斗争形势的变化，大体可以分作四个阶段。

1. 抗战前期

1931年9月18日，日本帝国主义发动了“九一八”事变，出兵占领了沈阳、辽阳、长春、安东、营口等地，东北人民陷于水深火热之中。当时国统区有数十家报刊刊登文章，声讨日寇罪行。上海出版的《申报》《申报图画周刊》《图画时报》《图画时报上海战刊》，南京出版的《中央日报》，天津出版的《天津新报》《天津午报》《庸报》《青春旬报》，武汉出版的《武汉日报》《复兴报》，云南出版的《义勇军》《抗日救国》杂志，四川出版的《川报晚刊》等，都用较大的版面刊登南京、上海、武汉、长沙等地举行的反日游行示威。

2. 抗战初期

1937年“七七”事变后，全国报业集中地上海，成为国民党统治区抗日报刊出版的中心。新办的抗日报刊达数十种。主要有：上海文化界救亡协会主办的《救亡日报》，邹韬奋主编的《抗战》三日刊，上海编辑人协会办的《文化战线》，上海职业界救亡协会办的《救亡周刊》，陶行知主持的《战时教育》，进步文化工作者办的《战线》五日刊，几家刊物联合出版的《战时联合旬刊》等。原有的几家报刊也纷纷派出战地记者加强军事新闻报道。《大公报》记者长江、秋江的战地通讯，曹聚仁为《立报》采写的“战地特讯”，引人瞩目。

上海、南京沦陷后，抗日报刊出版中心转移到武汉。国共第二次合作实现后，中国共产党在国统区公开出版的《新华日报》和《群众》周刊在汉口创办。除原有国民党办的《武汉日报》《扫荡报》外，新出版的报刊还有：《全民抗战》（邹韬奋主编，由《抗战》三日刊和《全民》周刊合并而成）、《大公报》（汉口版）、《战时旬刊》、《战时青年》、《抗战文艺》、《抗敌新闻》、《救中国》（小型通俗刊物）、《反攻》（东北救亡总会刊物）等。

1938 年 3 月，全国性新闻团体——中国青年新闻记者学会在武汉正式成立，组成广泛的新闻界抗日民族统一战线。

3. 抗战中期

1938 年 10 月武汉失守后，作为国民党政治统治中枢，“陪都”重庆成为国统区报刊出版中心。原在沿海城市出版的大批报刊相继向内陆迁移，加上原有地方报刊，重庆报刊最多时达 23 家。主要有：《新华日报》《中央日报》《扫荡报》《大公报》《新民报》《时事新报》《新蜀报》《国民公报》《商务日报》《西南日报》《群众》《全民抗战》等。

此外，桂林、西安、成都、昆明等城市，亦是报刊出版比较集中的地区。许多报纸增设分版，如《中央日报》以重庆版为总版，先后出有湖南、贵阳、昆明、成都、广西、福建、安徽等 10 多个分版。《扫荡报》出有重庆、桂林、昆明版。国民党军事委员会领导的《阵中日报》在国统区 10 个战区均出有分版。

这个时期国民党加强新闻舆论控制。一面强化其党报舆论，《中央日报》等的社论统一由党报社论委员会撰写供稿，刊载新闻全部由中央通讯社统一发布。一面利用战时新闻检查制度，对《新华日报》等共产党创办的和持不同政见的进步报刊多方钳制。1941 年“皖南事变”后的两年中，《救亡日报》《全民抗战》等 500 多家报刊被查封。

4. 抗战后期

1943 年以后，随着国统区民主运动的发展，各政治派系创办了一批报刊，主要有中国劳动协会的《中国工人》月刊，黄炎培主持的《宪政》月刊，章伯钧主编的《中华论坛》，中国民主政团同盟机关刊物《民主》周刊等。进步文化思想界出版了《戏剧月报》、《中原》季刊、《文汇》周报、《青年文艺》、《大公报》周刊等刊物。各地新出版的报纸有湖南沅陵的《力报》，由西安《秦风日报》与《工商日报》合并而成的《秦风工商日报联合版》等，连同原有的地方实力派报纸《华西时报》《华西晚报》《新蜀报》《云南日报》，以及发展进步中的《新民报》《大刚报》等，继续抗日宣传。1944 年 6 月，重庆中外记者西北参观团访问延安，对国民党的新闻封锁是一次有力冲击。1944 年 10 月，国统区报纸由 1939 年的 400 多种增至 1100 多种，恢复到抗战前夜的数量。

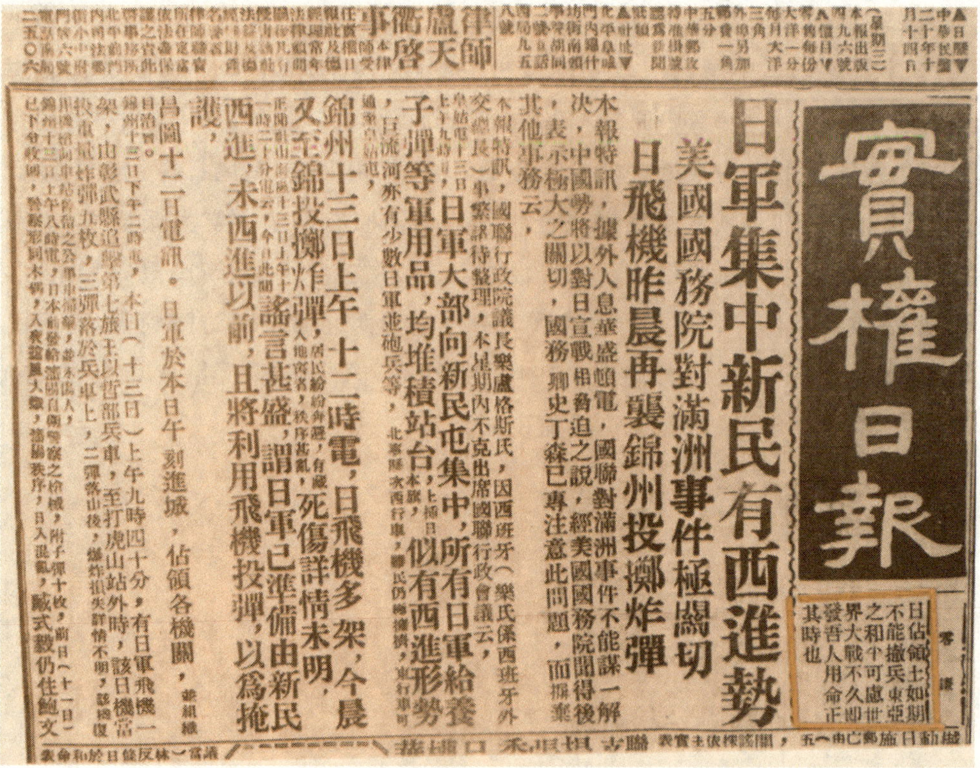

實權日報

日軍集中新民有西進勢

美國國務院對滿洲事件極關切

日飛機昨晨再襲錦州投擲炸彈

本報特訊，據外人息華盛頓電，國聯對滿洲事件不能謀一解決，中國勢將以對日宣戰相脅迫之說，經美國國務院聞得後，表示極大之關切，國務卿史丁森已專注意此問題，而擱棄其他事務云，

本報特訊，國聯行政院議長樂盧格斯氏，因西班牙（樂氏係西班牙外交總長）事，緊待整理，本星期內不克出席國聯行政會議云，

皇姑屯十三日上午九時日，日軍大部向新民屯集中，所有日軍給養子彈等軍用品，均堆積站台，（上插日本旗，）似有西進形勢，巨流河亦有少數日軍進砲兵等，

錦州十三日上午十一時電，日飛機多架，今晨又至錦投擲炸彈，死傷詳情未明，謠言甚盛，謂日軍已準備由新民西進，未西進以前，且將利用飛機投彈，以為掩護，

昌圖十二日電訊。日軍於本日午刻進城，佔領各機關，

图 0-1 《实权日报》1931 年 10 月 14 日头版

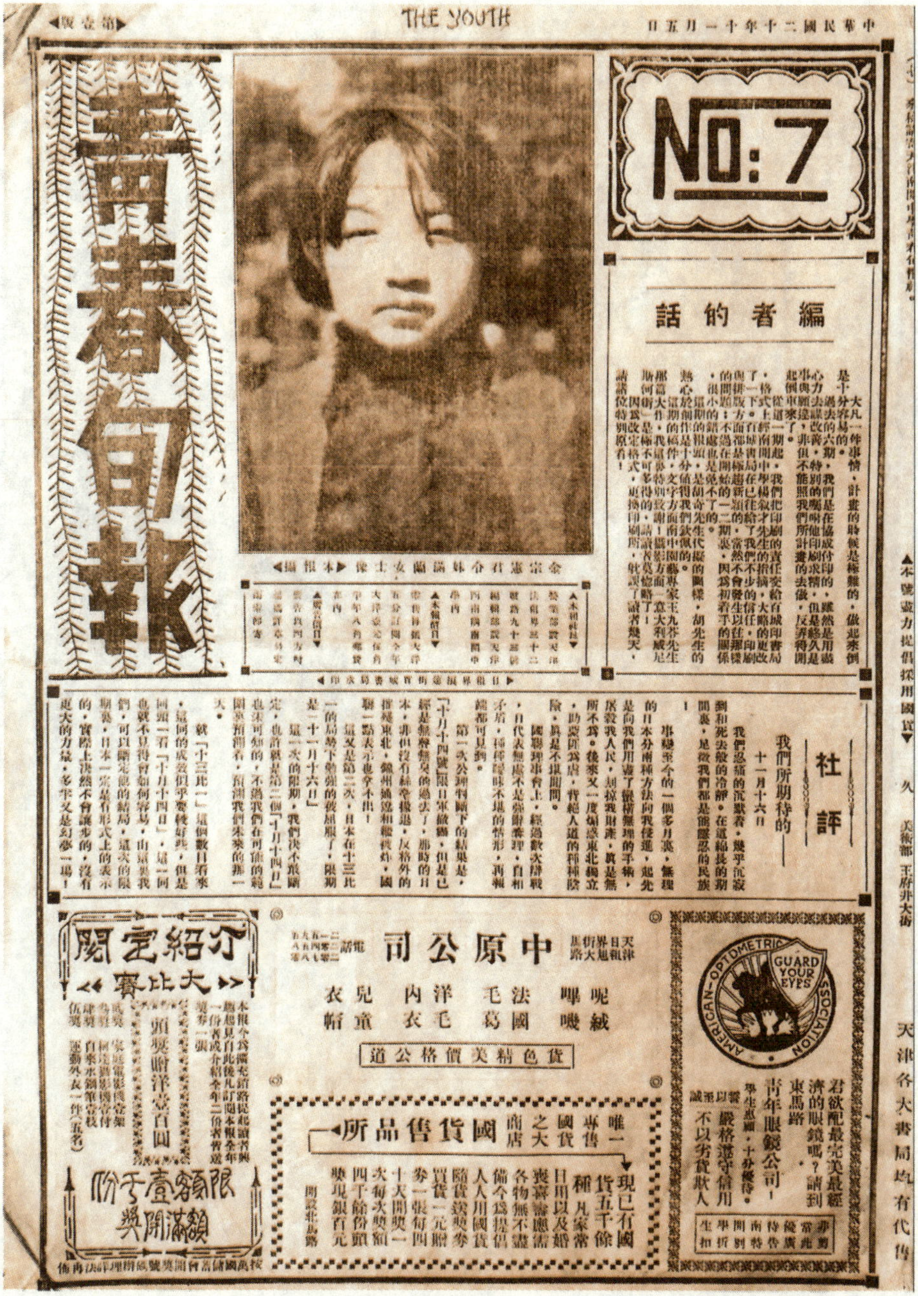

图 0-2　《青春旬报》1931 年 11 月 5 日头版

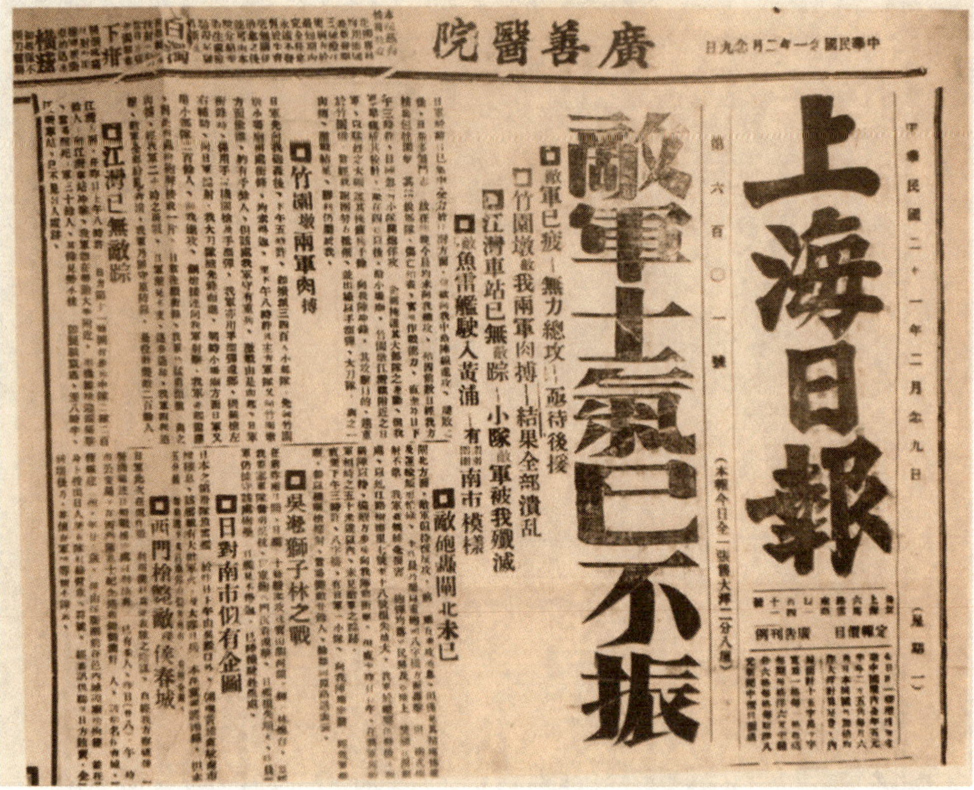
廣善醫院

中華民國二十一年二月念九日（星期一）

上海日報

第六百〇一號

（本報今日全一張售大洋二分八厘）

敵軍士氣已不振

□敵軍已疲－無力總攻－亟待後援

□竹園墩敵我兩軍肉搏－結果全部潰亂

□江灣車站已無敵踪－小隊敵軍被我殲滅

□敵魚雷艦駛入黃浦－有窺南市模樣

□敵砲轟閘北未已

□竹園墩兩軍肉搏

□江灣已無敵踪

□吳淞獅子林之戰

□日對南市仍有企圖

□西門槍斃敵探侯春城

图 0-3　《上海日报》1932 年 2 月 29 日头版

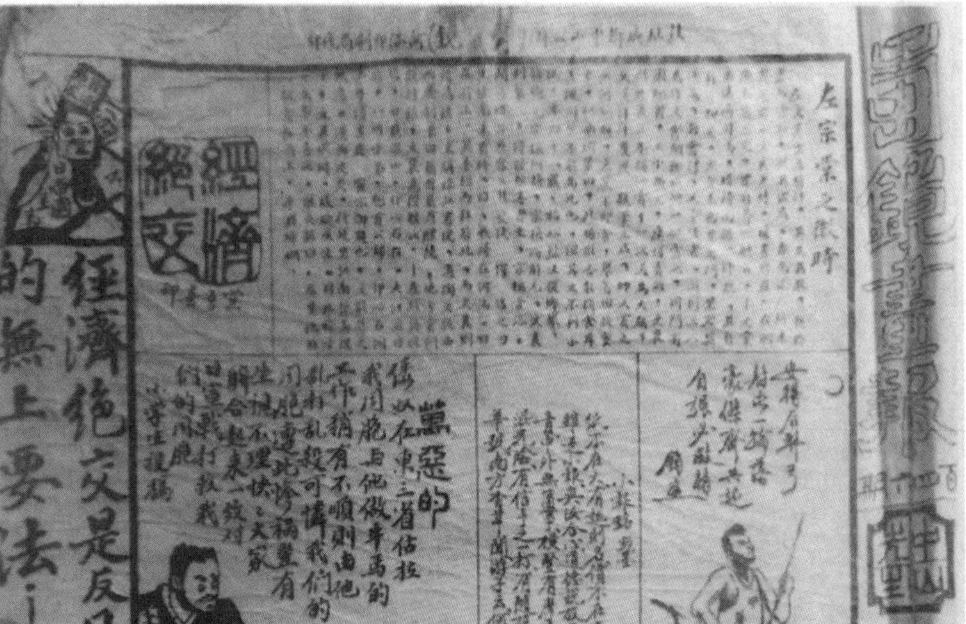
經濟絕交是反日的無上要法！
凡買賣日貨的人是自棄於國人人人得而誅之
經濟絕交
反日千家詩（王覺吾）

图 0-4　《蜀镜画报》1932 年 11 月 1 日第四版

(2) 二十二年一月二十五日　大亞畫報　第三百六十期 No. 360

一二八的回顧　老驥

上海閘北一二八之後一片瓦礫

閘北八字橋之遺跡　吳村贈

美國之速成建築物

記世界富翁哈同之生平

寶山路商務印書館被日機投彈焚燬　朱琦

閘北難民收容所被日機轟擊　朱琦攝

舊京瑣屑

一二八日機擲下炸彈重六百磅　心安齋主贈

上海北火車站被轟燬後之情形　朱琦

吳淞江岸為日機轟炸後房屋倒塌之一斑　寶楚白攝

图 0-5 《大亚画报》1933 年 1 月 25 日第二版

民國日報

滇邊犯敵增援反撲

盟機襲緬仰光大火

敵機擾湘粵桂衡陽桂林被炸

中美同慶新約

拉鐵摩爾演說

此乃中國人民之偉大成就

亦爲世界歷史上之一大轉變

美財長致電我國

慶賀新約訂立

社論

限價後的工鑛增産

如有飛機協助

華軍即可反攻

華府應以飛機儘速運往中國

紐約前鋒論壇報議論

英友誼救護隊

派葛柏利來華

敵陣遭受威脅

新兵役法

图 0-6　《民国日报》1933 年 2 月 9 日第二版

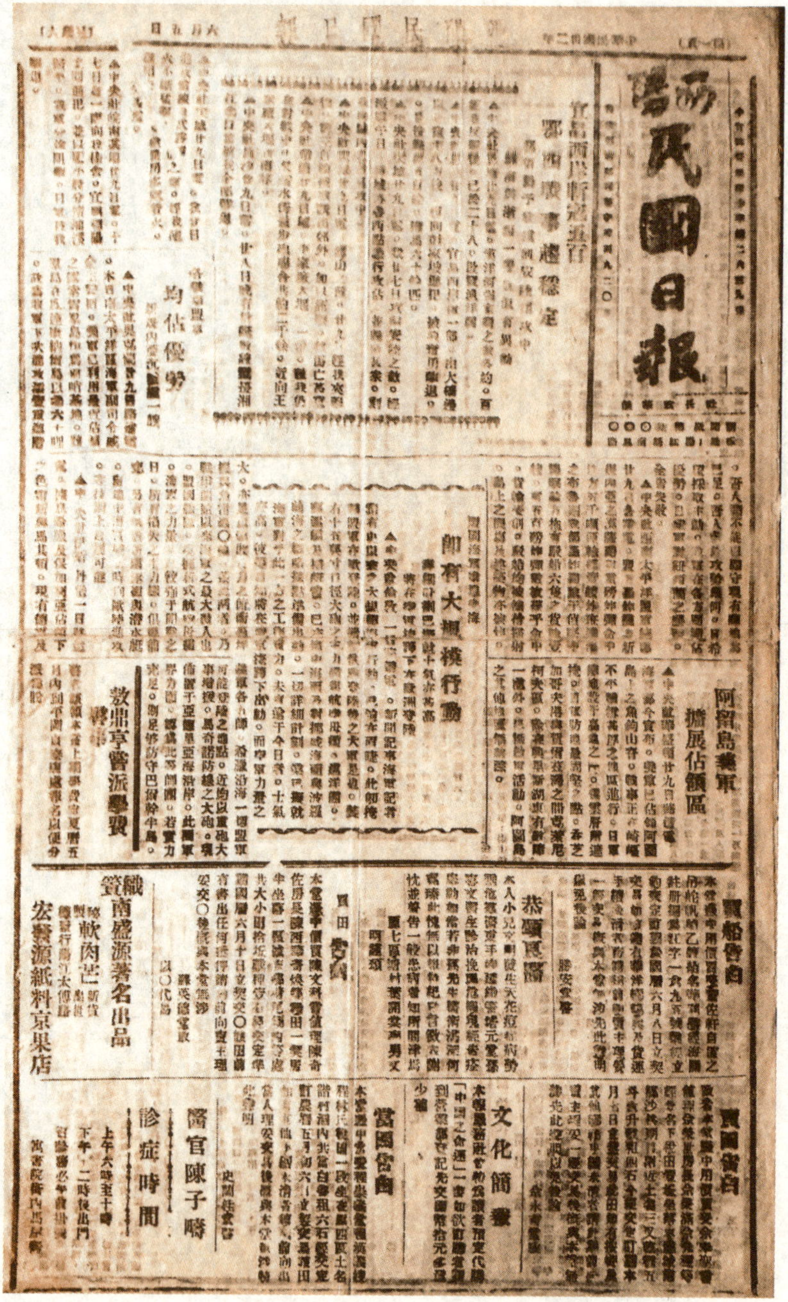
西陽民國日報

阿留島義軍
擴展佔領區

敵有大規模行動

均佔優勢

文化簡報

醫官陳子疇
診症時間

宏發源紙料京果店

图 0-7　《西阳民国日报》1933 年 6 月 5 日头版

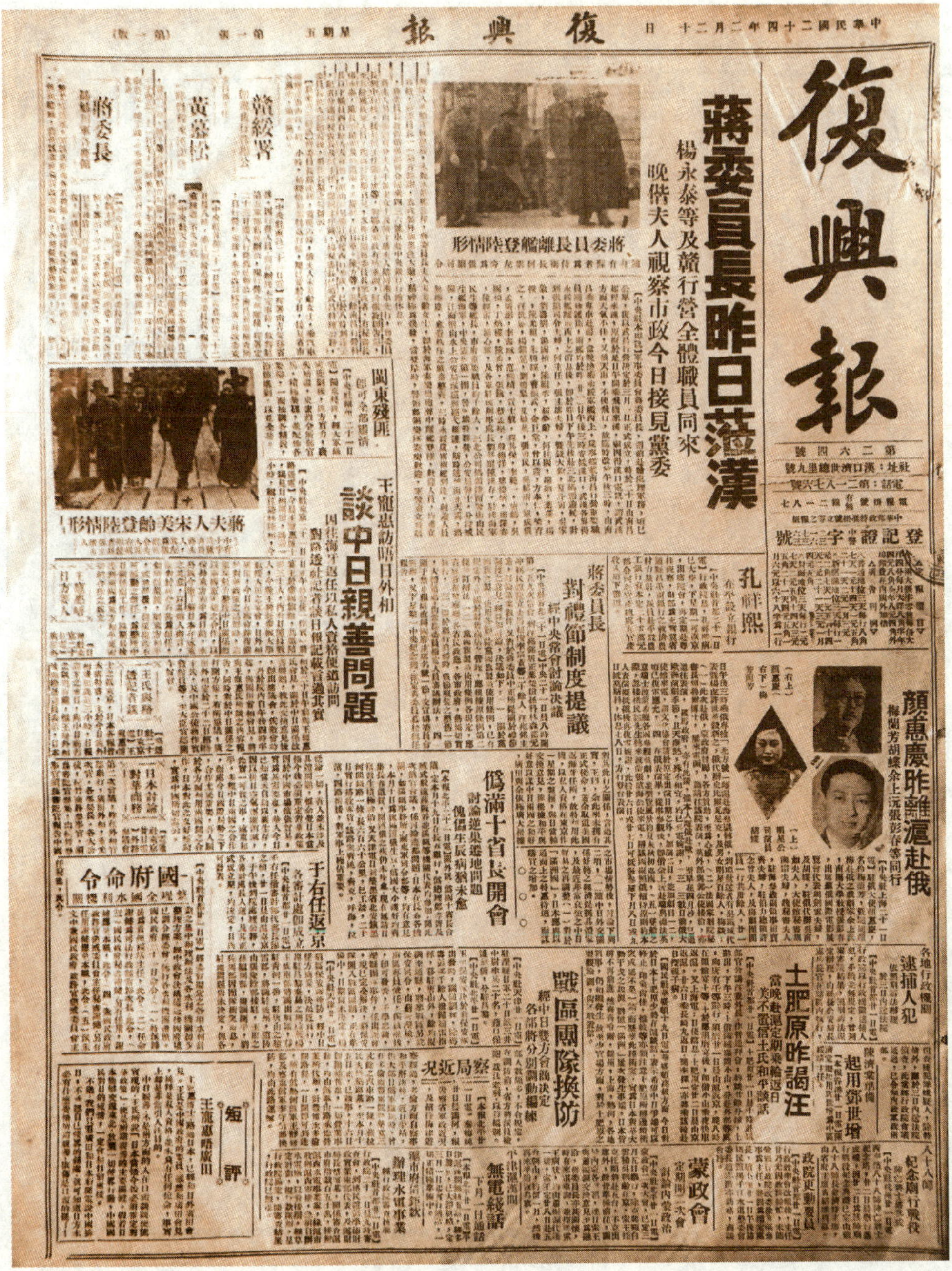
復興報

中華民國二十四年二月二十日

蔣委員長昨日蒞漢

楊永泰等及贛行營全體職員同來

晚偕夫人視察市政今日接見黨委

蔣委員長離艦登陸情形

蔣夫人宋美齡登陸情形

王寵惠訪晤日外相

談中日親善問題

孔祥熙

蔣委員長

對禮節制度提議

顏惠慶昨離滬赴俄

偽滿十首長開會

于右任返京

國府命令

土肥原昨謁汪

戰區國際換防

短評

蒙政會

图 0-8　《复兴报》1935 年 2 月 20 日头版

14JAN1936

救國先鋒

救國先鋒

創刊號

本刊啟事一

本刊啟事二

前進曲

鐵血交織着的民族鬥爭！
讓我們高呼：

宣言

前哨

本團印發宣言

分裂完成的華北自治計劃

本市學生救國運動近情

下訊拾零

我們的要求

號角

图 0-9　《救国先锋》1936 年 1 月 1 日创刊号头版

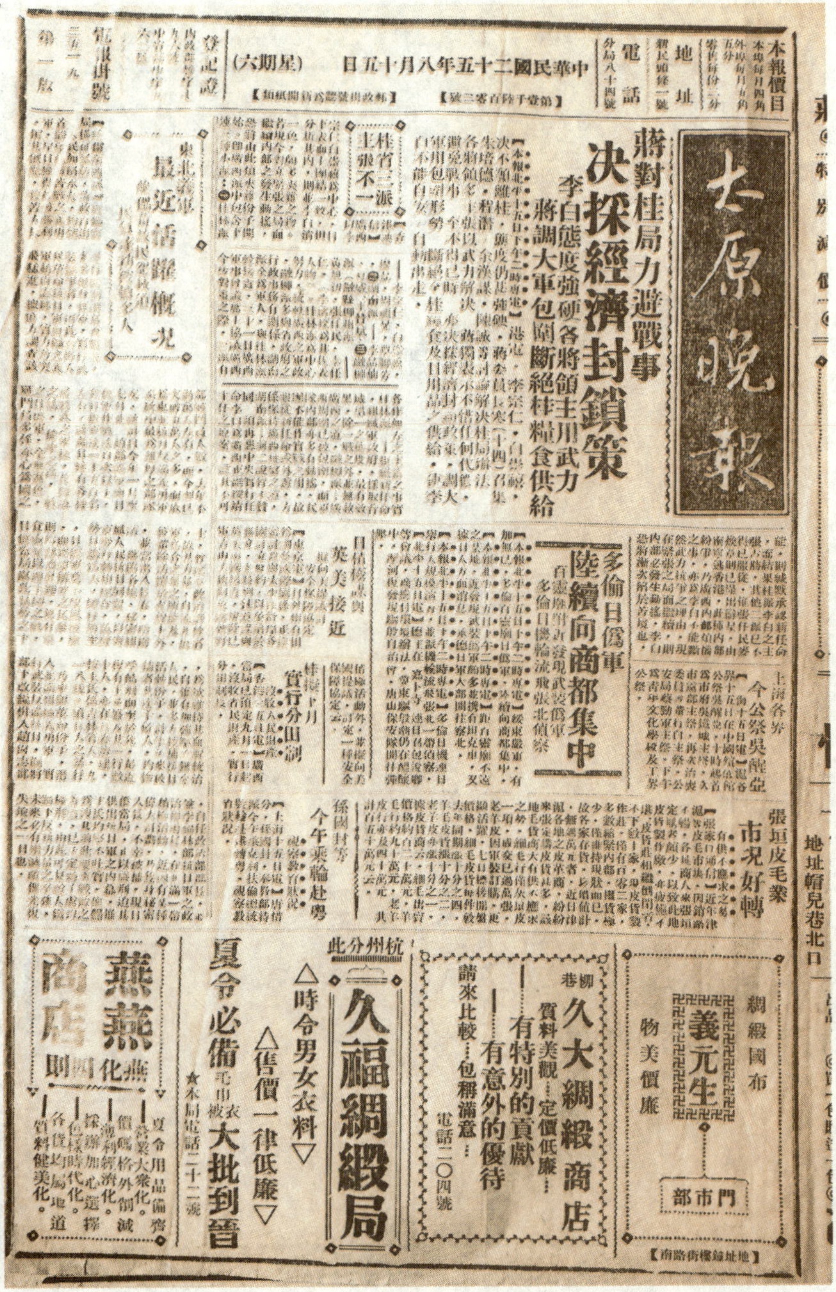
太原晚報
中華民國二十五年八月十五日（星期六）
蔣對桂局力避戰事
決採經濟封鎖策
李白態度強硬各將領主用武力
蔣調大軍包圍斷絕桂糧食供給
多倫日僞軍
陸續向商都集中
最近話躍概況
桂省二派主張不一
英美接近
實行分田制
今公祭吳醒亞
市況好轉
張垣皮毛業
今午乘輪赴粵
杭州分此
久福綢緞局
時令男女衣料
售價一律低廉
夏令必備
大批到晉
燕燕商店
燕化四則
久大綢緞商店
有特別的貢獻
有意外的優待
請來比較……包稱滿意
義元生
綢緞國布
物美價廉
門市部

图 0-10　《太原晚报》1936 年 8 月 15 日头版

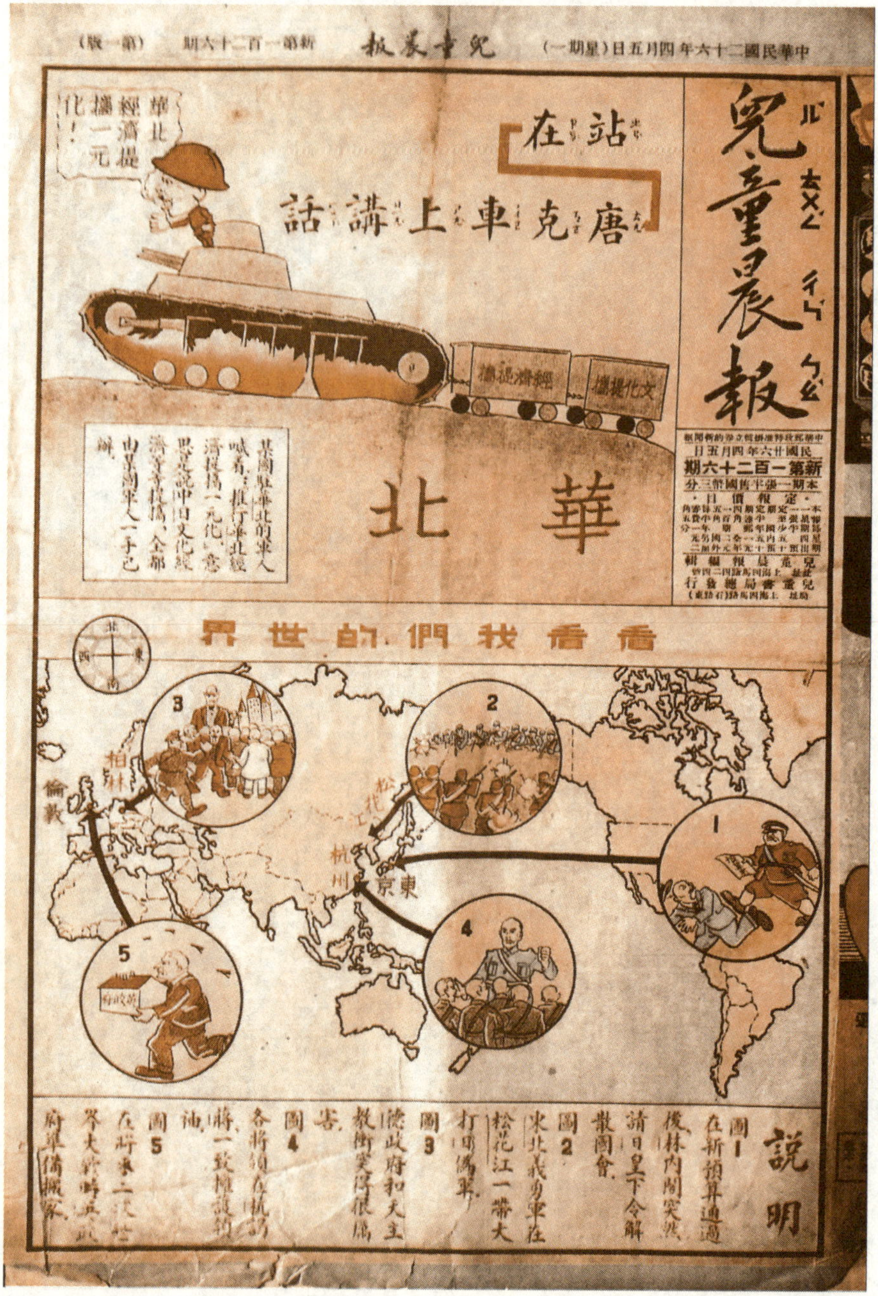
中華民國二十六年四月五日（星期一） 兒童晨報 新第一百二十六期 （第一版）

兒童晨報

某國駐華北的軍人喊着：推行華北經濟提攜一元化，意思是說中日文化經濟要提攜，全部由某國軍人一手包辦。

看看我們的世界

說明

圖1 在新預算通過後，林內閣突然請日皇下令解散國會。

圖2 東北義勇軍在松花江一帶大打偽軍。

圖3 德政府和天主教衝突得很厲害。

圖4 各將領在杭訪蔣，一致擁護領袖。

圖5 在將來二次世界大戰時英政府準備搬家。

图 0-11 《儿童晨报》1937 年 4 月 5 日头版

中華民國二十六年六月十九日　星期六　亞洲民報　第一版

亞洲民報

ASIA PEOPLES' VOICE

汪病較前幾次為劇
醫囑請假兩月善調養

馮昨抵廬山　廬作孚返川

許大使謁蔣作返任前之請示
並談國內多團結一分國際地位增高一分

張自忠已就任
津國大選舉監督

甘介侯

立法院昨例會通過
冀察逃亡懲治條例

吳南如

平市國選事務所
日內成立

聞承烈

蔣鋤歐

平津日軍
昨聯合在平
舉行授旗紀念

宋子文
昨午由港抵粵

十河昨接見記者談

冀主席馮治安
昨晚由保抵平

鐵道部召集
全國鐵路局長會議

錢泰將返國

何廉

日本北海道
異常寒冷

論評
蘇俄之肅軍與清黨

图 0-12　《亚洲民报》1937 年 6 月 19 日头版

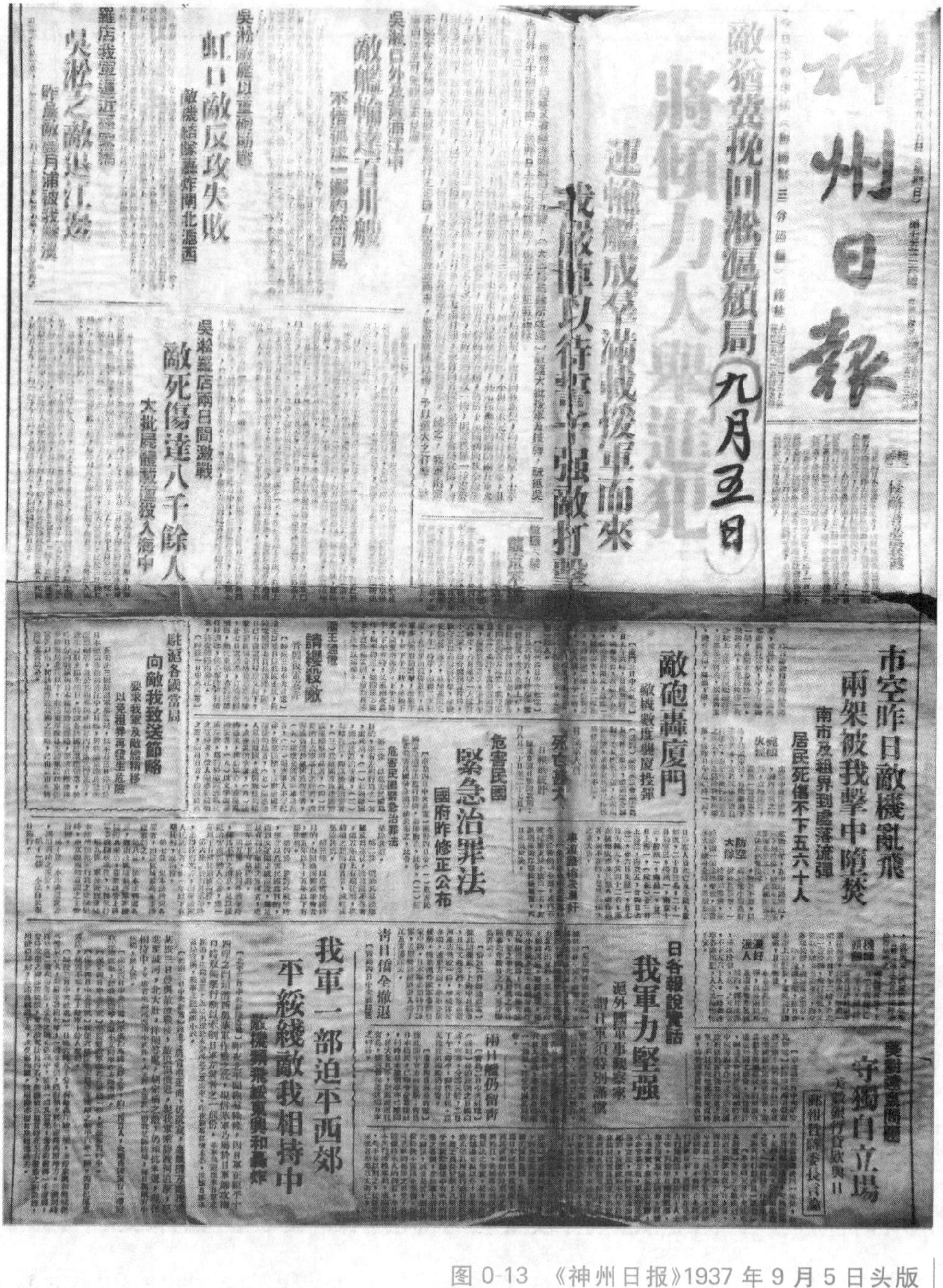
神州日報

九月五日

敵猶妄挽回淞滬頹局
將傾力大舉進犯
運輸艦成羣滿載援軍而來

虹口敵反攻失敗
敵機結隊轟炸閘北滬西

吳淞羅店兩日間激戰
敵死傷達八千餘人
大批屍體被運投入海中

市空昨日敵機亂飛
兩架被我擊中墮毀
南市及租界到處落流彈
居民死傷不下五六十人

敵砲轟廈門

危害民國
緊急治罪法
國府昨修正公布

請纓殺敵

日各報說實話
我軍力堅強

我軍一部迫平西郊
平綏綫敵我相持中

守獨自立場

图 0-13 《神州日报》1937 年 9 月 5 日头版

图 0-14 《湖南国民日报》1937 年 9 月 11 日头版

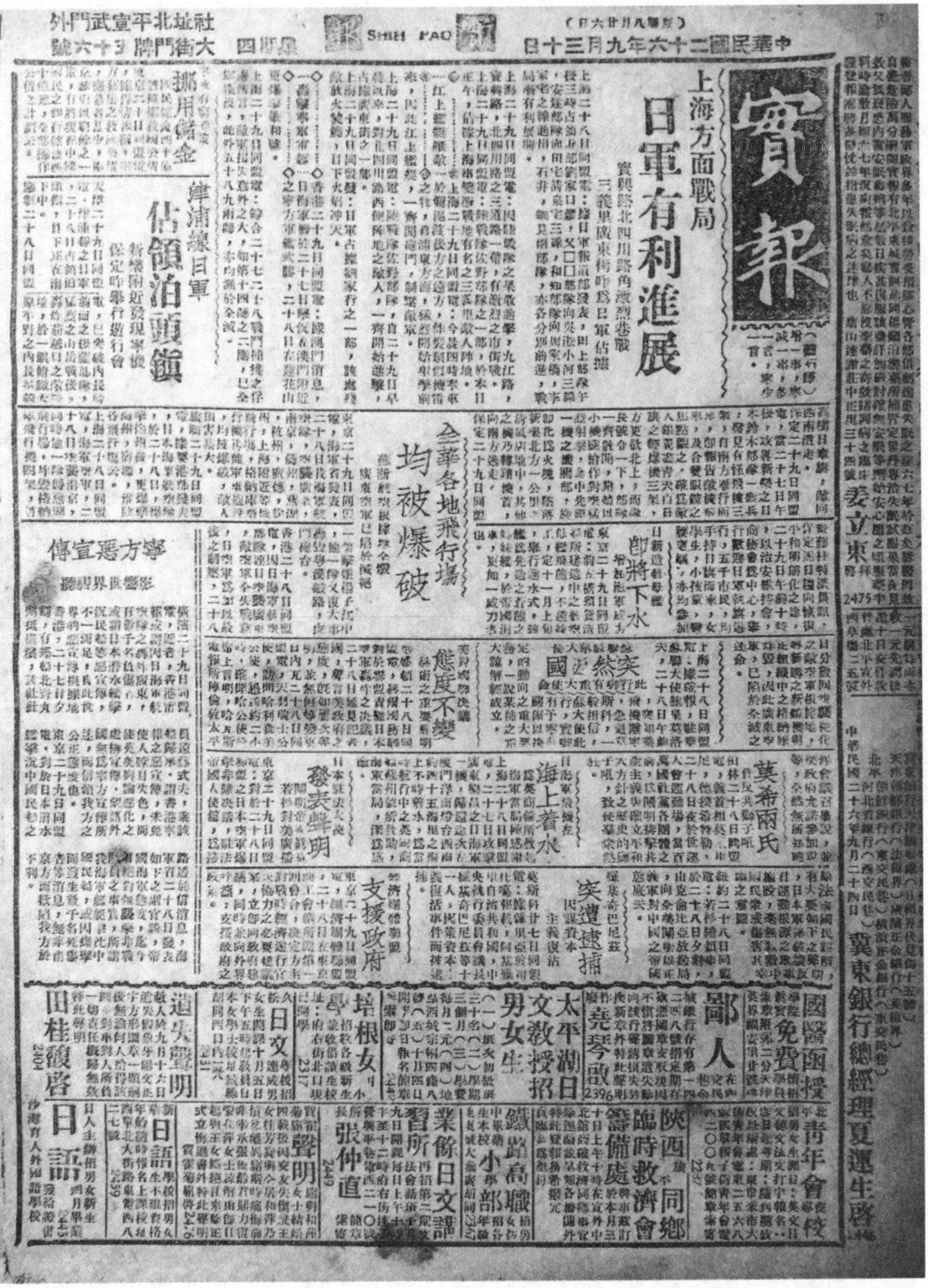
中華民國二十六年九月三十日　星期四
社址北平宣武門外大街門牌三十六號
實報
上海方面戰局
日軍有利進展
津浦線日軍
佔領泊頭鎮
全華各地飛行場
均被爆破
寧方宣傳部
即將下水
莫希爾氏
實業部長
海上着水
態度不變
支援政府
國醫函授
鄙人
太平湖日文教授招男女生
培根女學
日文
遺失聲明
冀東銀行總經理夏運生啓
秦立東

图 0-15　《实报》1937 年 9 月 30 日头版

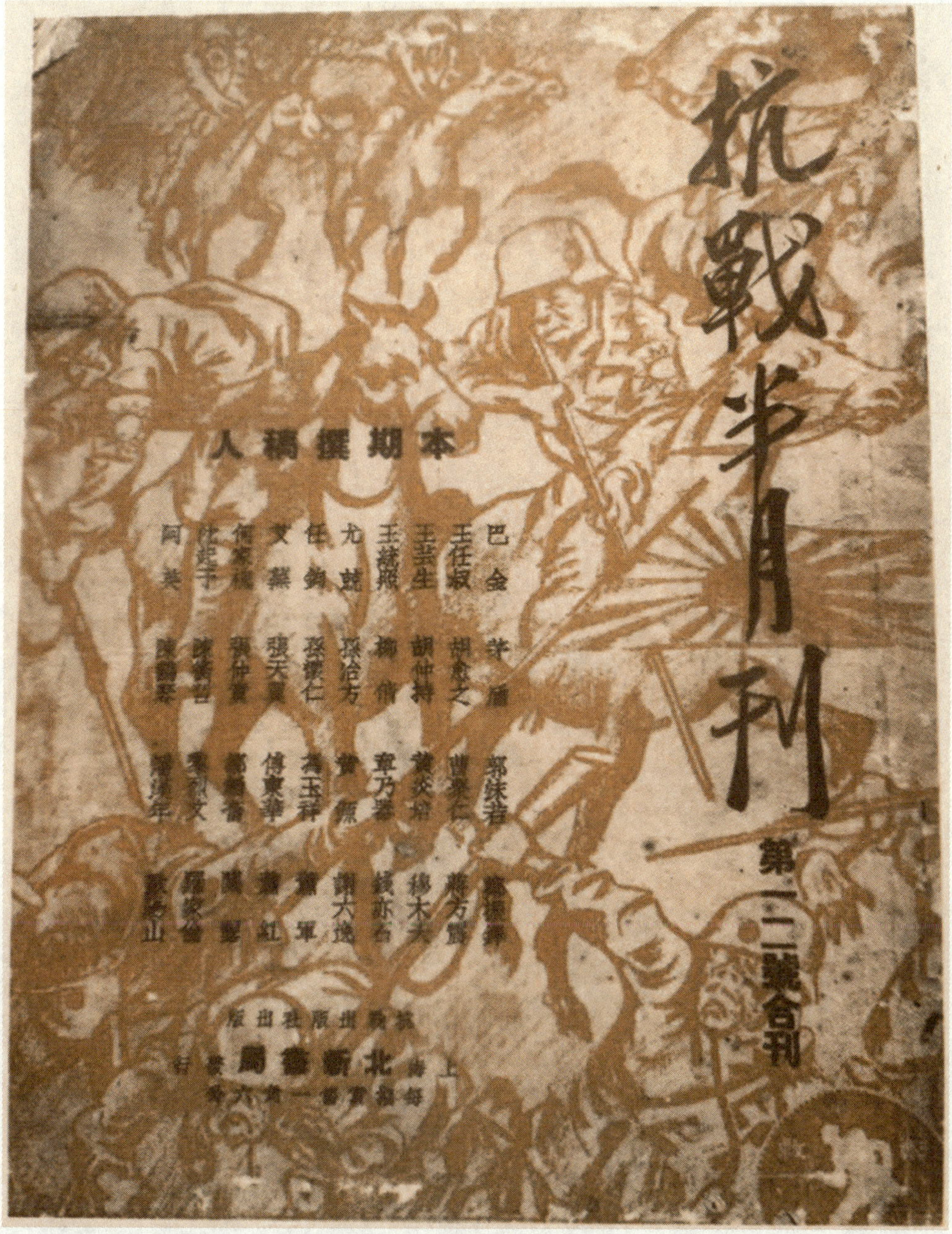

图 0-16 《抗战半月刊》1937 年 10 月 16 日第 1、2 号合刊

图 0-17 《抗敌画报》1937 年 11 月 16 日第 2 号

图 0-18　《抗战漫画》1938 年 1 月 1 日第 1 期

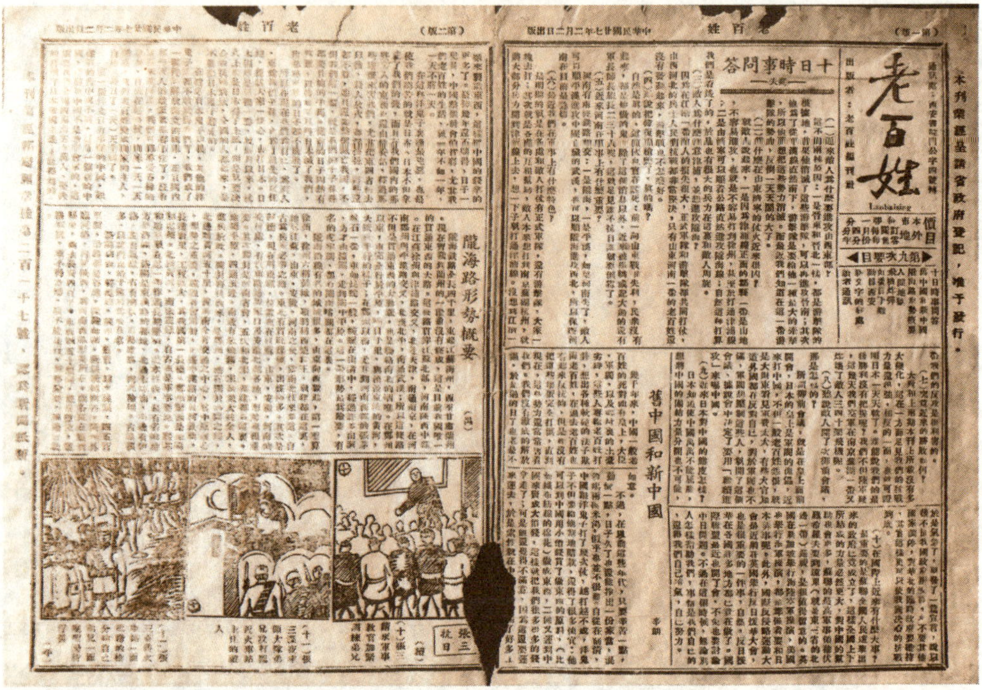

图 0-19　《老百姓》1938 年 2 月 2 日头版和第二版

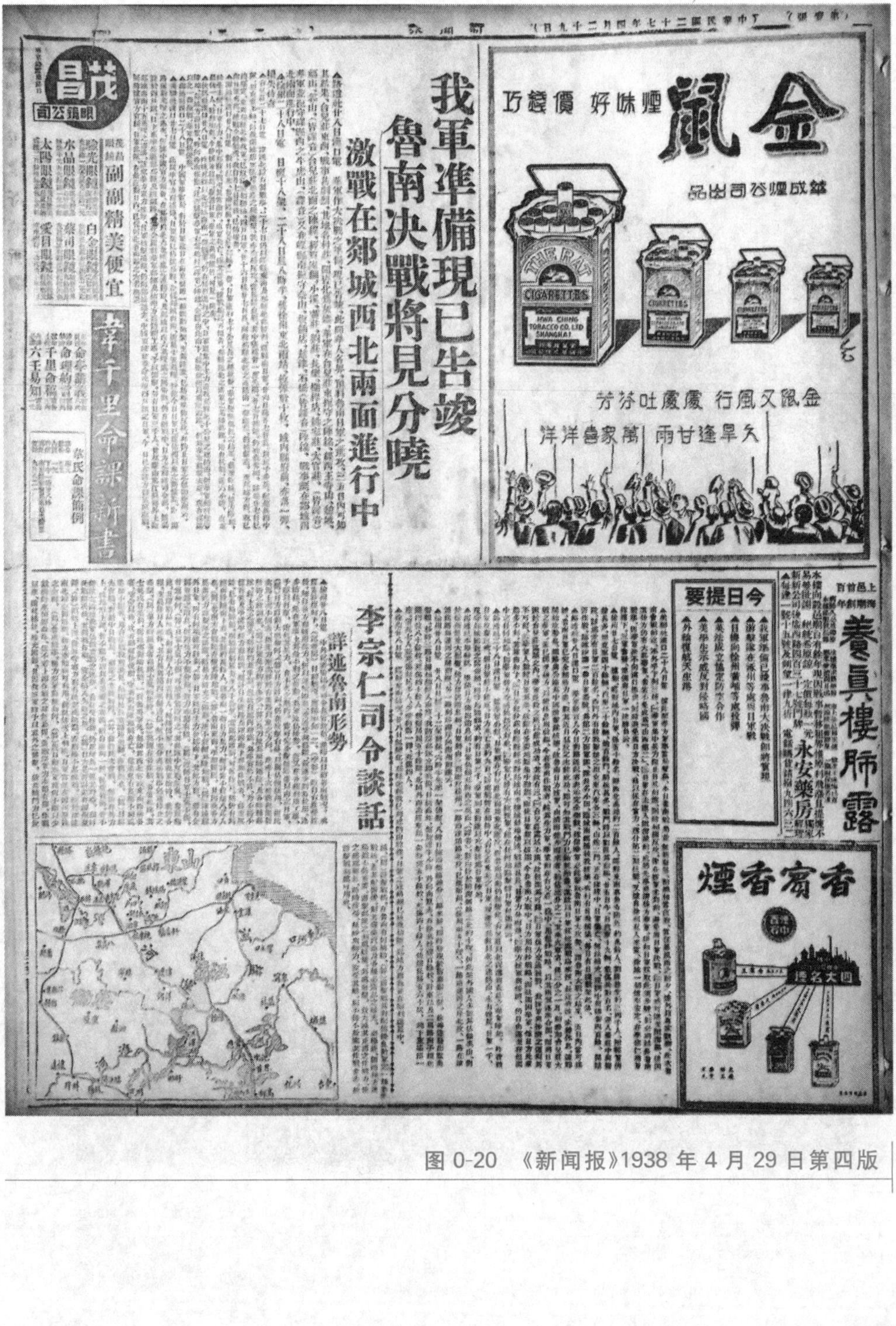

我軍準備現已告竣
魯南決戰將見分曉
激戰在郯城西北兩面進行中

李宗仁司令談話
詳述魯南形勢

今日提要

金鼠 煙味好 價錢巧
華成煙公司出品
金鼠又風行 處處吐芬芳
久旱逢甘雨 萬家喜洋洋

養真樓肺露
永安藥房

香賓香煙

茂昌眼鏡公司
副副精美便宜

韋千里命課新書

图 0-20　《新闻报》1938 年 4 月 29 日第四版

图 0-21　《大美画报》1938 年 8 月 1 日第 7 期

中華民國二十七年十月二日

西京日報

瑞武綫敵即可盡殲

豫南血戰敵增援圖挽回頹勢

慕尼黑協定成立後

歐人同慶和平

四強成立協定後

將繼續談判

德軍開入捷境

滬孤軍事件已獲解決

不滿首相外交政策

英海相掛冠求去

昌平民軍反正

國聯正式通過

會員國一致援華

並籲請各國勿以飛機汽油售倭

將組視察團來華調查倭用毒氣

報復各國制裁

南犯敵被擊回竄

社論

內地經濟建設的要義

图 0-22 《西京日报》1938 年 10 月 2 日头版

蘇州新報

第七十二號

雙十節日軍大勝

昨晨攻入信陽東門

黨軍不支紛紛潰退

黃河日軍斷隴海路

日軍在五台縣東方

佔領共產軍兵工廠

圍攻五台山共軍將殲滅

日軍在華中戰蹟

奪得武器統計

黨軍遺屍六萬俘虜二千

步槍輕重機槍將達三千

意撤退西志願兵

大道學院

蔣不顧民衆利益

破產斷送外人

驅華僑投資而沒收財產

蔣政權之苛政

增加貴州田賦

正式成立

馮治安部黨軍

新兵中途逃亡

軍特務部

第四診療所

友聯輪局

蘇州至陳墓早班

顧海林

敬告親友

萬昌祥北貨號鄭重聲明

盛宅報喪

張宅訃告

內政部通告

江蘇省禁烟總局通告

觀前街宮巷口

九大綢布號

江南日報

图 0-23　《苏州新报》1938 年 10 月 11 日头版

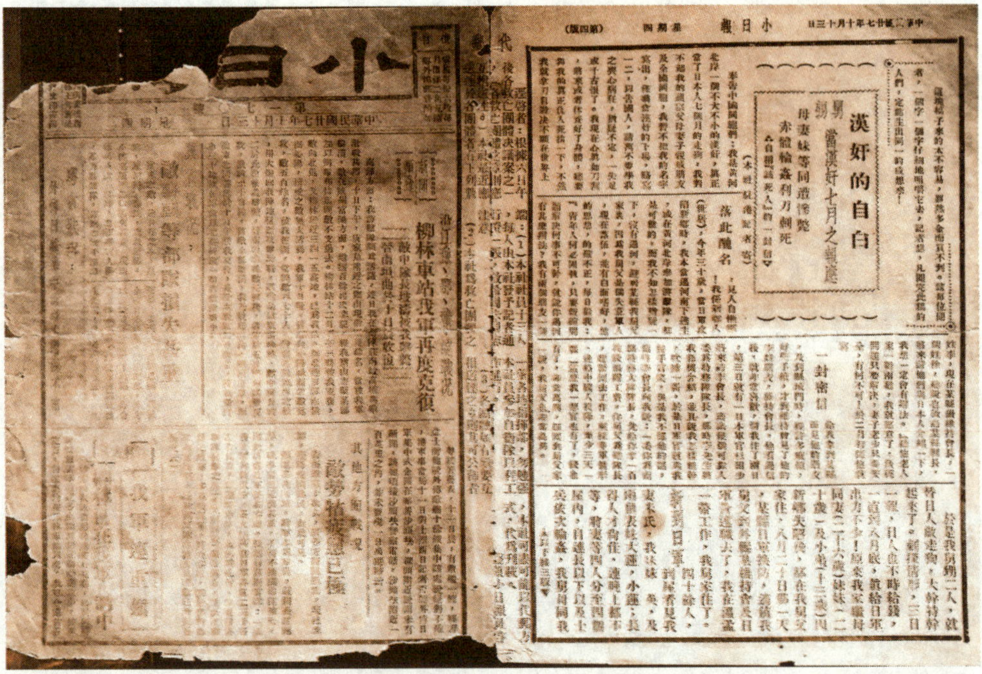
小日報

中華民國廿七年十月十三日　星期四　（第四版）

漢奸的自白

母妻妹等同遭慘斃

赤體輪姦利刀刺死

一封密信

柳林車站我軍再度克復

图 0-24　《小日报》1938 年 10 月 13 日头版和第四版

The News Digest

每日譯報

華南大戰日內即展開

增石綫華軍反攻順利

港傳華軍一部正猛攻惠州西門

淡水城郊已成立兩特別游擊區

廣九路仍通車

吳鐵城之談話

沙窩日軍昨向南猛犯

黃石港激戰砲火連天

華軍克吳家店日軍潰退信陽

瑞武路日軍力竭已無力西犯

皋落日軍總崩潰

濟源日軍東退華軍猛攻保定

長沙·株洲·洛陽

昨又遭日機轟炸

粵民自動參戰

抗戰不力喪失地

莫希德撤職查辦

華步砲兵告捷

未雨綢繆壯丁被徵入伍

三鎮民衆衛戍武漢

中國國民外交協會

電羅斯福請制暴日

撥款十萬辦急賑

籌款購買驅逐機

图 0-25 《每日译报》1938 年 10 月 21 日头版

The Standard (Evening Edition) Publishers & Proprietors: WEN WEI CO., LTD.

中華民國二十七年十二月七日 星期三 今日本報一張

文匯報 晚刊

（第七號） 發行人 文匯有限公司

售價一分

白崇禧在西江指揮 殲滅日軍二千餘人 三水附近激戰日軍已被擊退

台灣漁船 圖侵閩海

英決保護在華利益 考慮援助中國辦法 日本黃金枯竭金融極脆弱 保守黨議員要求施以壓力

中日戰事 英國所受損害

美總統與要員 談國際形勢

一年來的金華

三言兩語

出雲駛華南 「八重山」代旗艦職

浙東防務鞏固無虞

普陀洋面 日艦大增

防務鞏固 情形安謐

航輪出入 嚴密檢查

美總統談擴軍 全部計劃尚未確定 或須增稅以充經費

西北對戰事樂觀

日軍非法拘禁英人 英領提出抗議

青年之福音 華西墾殖公司定期成立 救濟失業者赴西北開墾

法德談話完畢 兩國舊嫌廓清 德外長接見義駐法大使

偽組織搜刮 稅局遍地

沿江登陸

商情簡報

魯迅先生日記

麗萊外長 宣讀公報

德國外長 發表談話

時評

图 0-26　《文汇报》(晚刊)1938 年 12 月 7 日头版

抗戰日報

中常會決議推選
蔣總裁任參政會議長

國民參政會
卽將召開第三次大會

重申前議請個別援華

議會已成馴羊
作用僅在通過政府之提案

長辛店有激戰

被我包圍擊潰

汪精衛走後

图 0-27　《抗战日报》1939 年 1 月 22 日头版

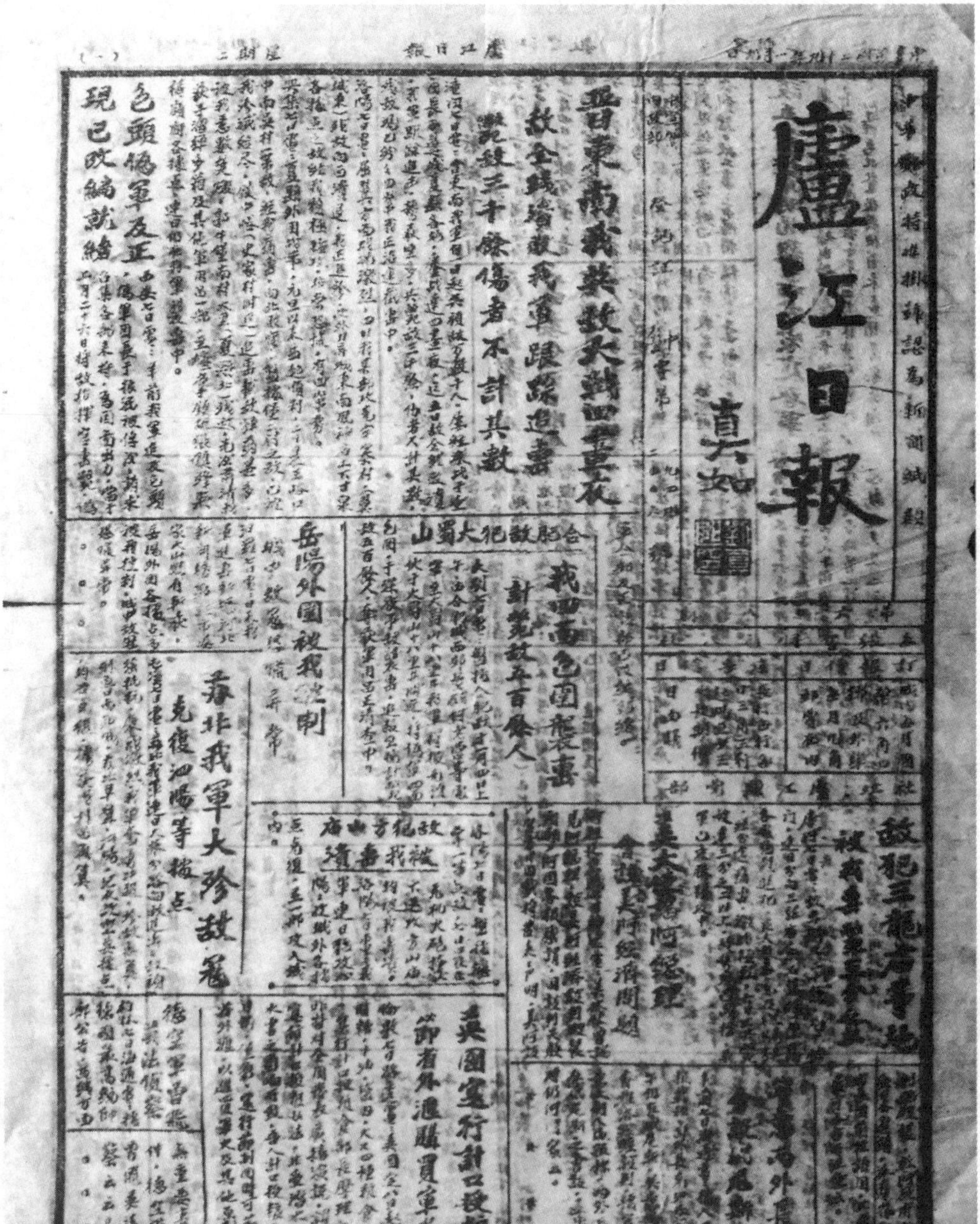

廬江日報

敵全線潰敗我軍跟踪追擊

斃敵三千餘傷者不計其數

岳陽外圍敵我對峙

克復泗陽等據點

图 0-28　《庐江日报》1940 年 1 月 9 日头版

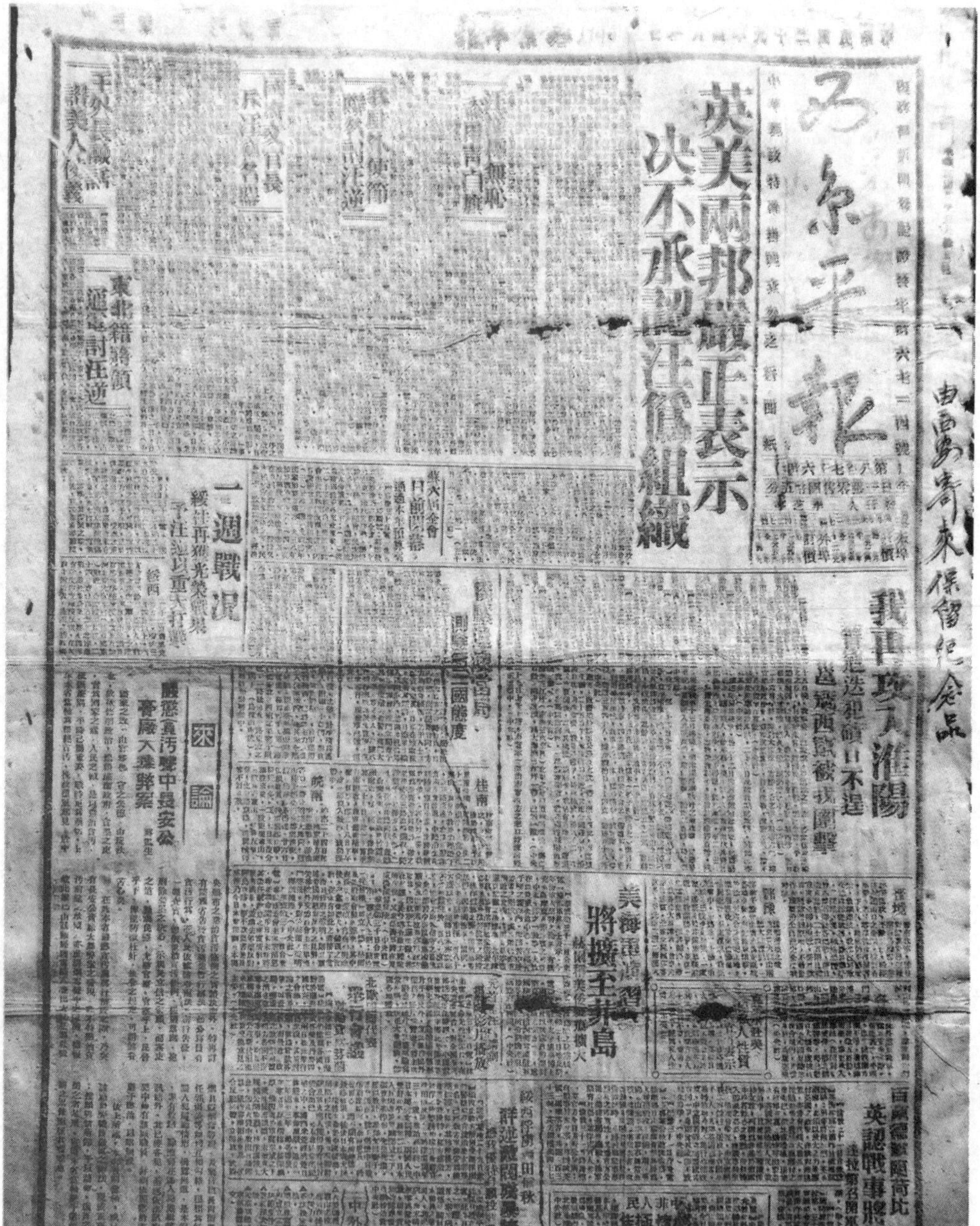

图 0-29 《西京平报》1940 年 4 月 1 日头版

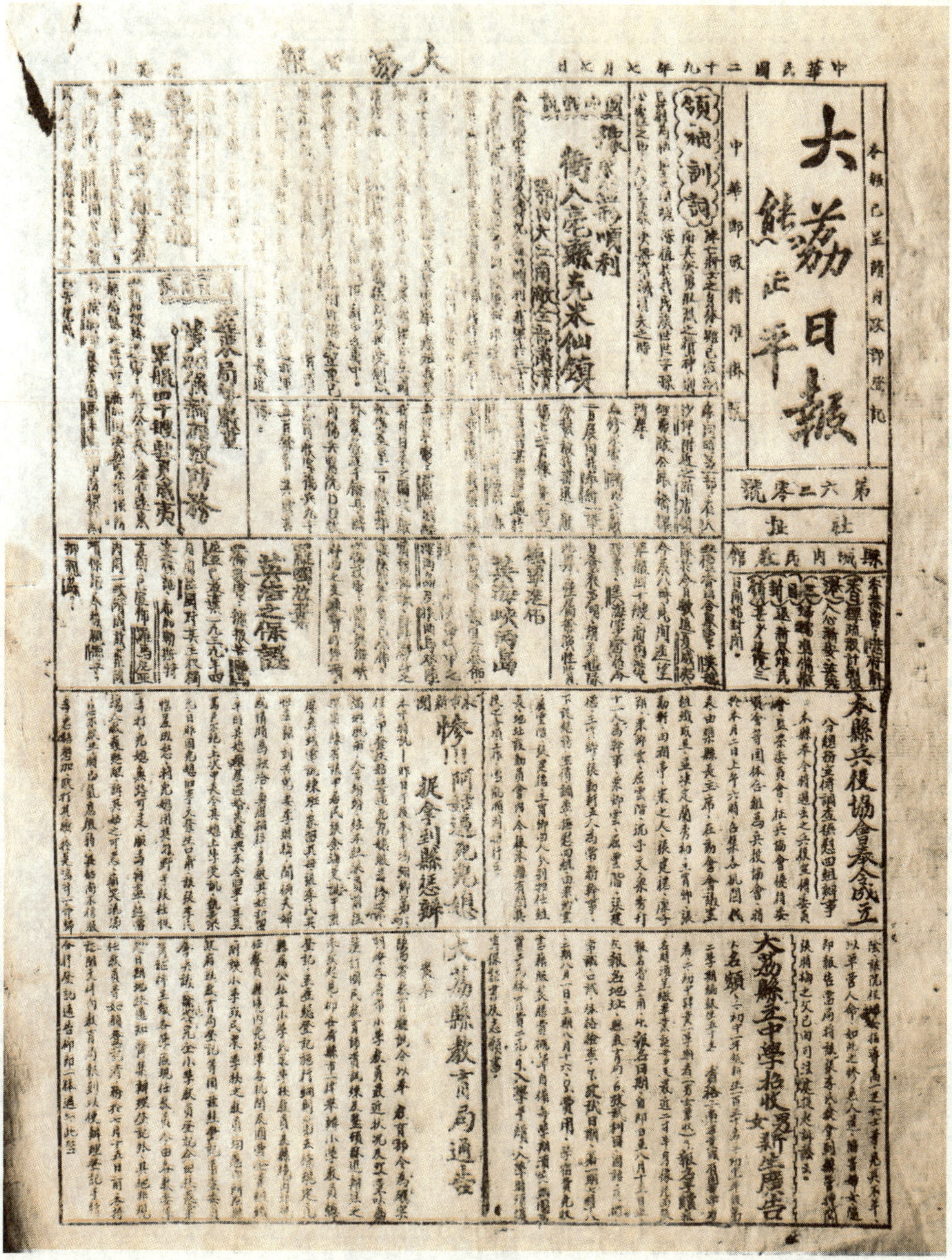
中華民國二十九年七月七日

大荔日報

第六二零號

社址　縣城內民教館

領袖訓詞

本縣兵役協會

大荔縣立中學招收男女新生廣告

大荔縣教育局通告

图 0-30　《大荔日报》1940 年 7 月 7 日头版

新蜀報

中華民國三十年四月九日

第二頁

浙克乍浦粵攻海豐

宜昌對岸寇被擊退

贛續獲捷進擊安義綏新召寇全殲

英美荷在馬尼剌會議

將超過國防上之需要

荷外長昨已到波普翰亦離港前往

財部呈擬兩要案

經政院通過

社論

巴爾幹戰爭形勢

近衛自供不諱

觀見林主席

昨狂炸昆明

寇機二十七架

經羅總統簽署

簡報

图 0-31　《新蜀报》1941 年 4 月 9 日第二版

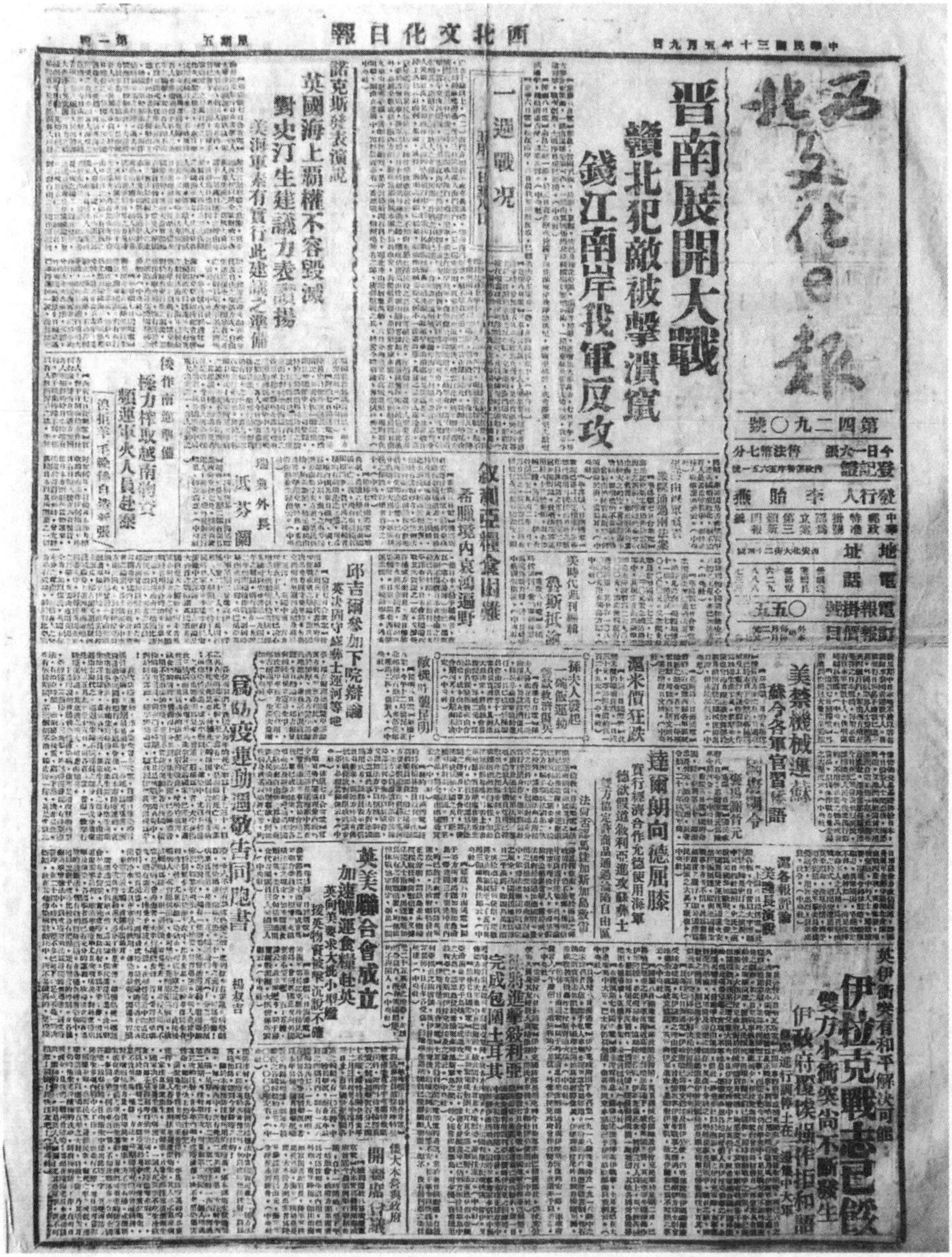
中華民國三十年五月九日 星期五 第一版

西北文化日報

第四二九〇號

晉南展開大戰

贛北犯敵被擊潰竄

錢江南岸我軍反攻

一週戰況

諾克斯發表演說

英國海上霸權不容毀滅

對史汀生建議力表讚揚

美海軍素有實行此建議之準備

敘利亞糧食困難

希臘境內哀鴻遍野

邱吉爾參加下院辯論

滬米價狂跌

美禁械運蘇

達爾朗向德屈膝

英美聯合會成立

為防疫運動敬告同胞書

伊拉克戰事

图 0-32 《西北文化日报》1941 年 5 月 9 日头版

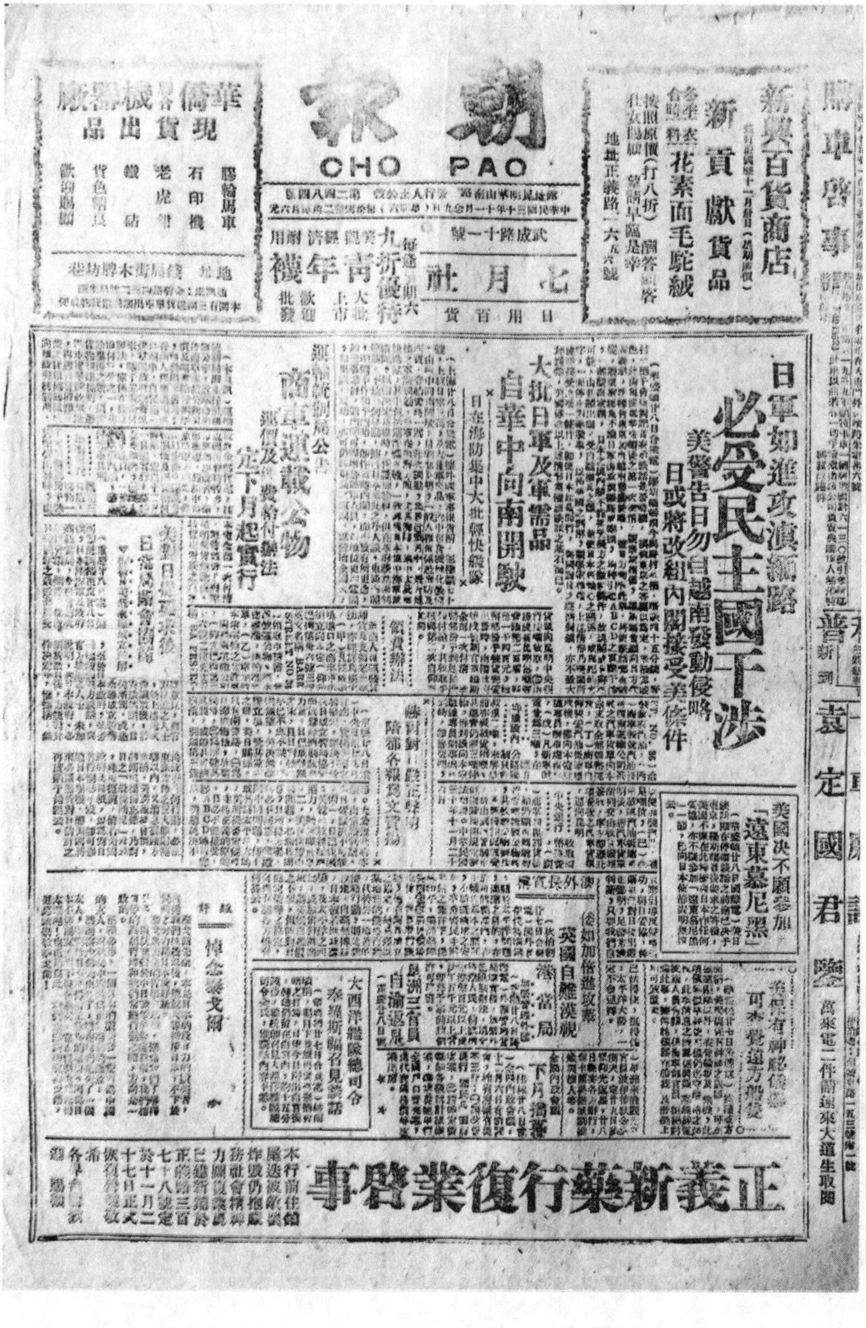
朝報
CHO PAO

華僑機器廠
現貨出品

新興百貨商店
新貢獻貨品
花素面毛駝絨

七月社
日用百貨

日軍如進攻滇緬路
必受民主國干涉
美警告日勿自越南發動侵略
日或將改組內閣接受美條件

大批日軍及軍需品
自華中向南開駛

運輸統制局公告
商車運載公物
運價及賠償給付辦法
定下月起實行

美國決不願參加
「遠東慕尼黑」

正義新藥行復業啟事

图 0-33 《朝报》1941 年 11 月 29 日头版

中華民國三十一年二月三日

新中國報

安汶島登陸日軍
佔領海空根據地
荷印右翼失軍事價值

華維爾抵荷印
視察根據地

非島日軍
發動總攻

日機襲擊
新幾內亞

美土談判
航運問題

日軍主力部隊
攻入毛淡棉城

澳戰時內閣會議
對防務備有決定

图 0-34　《新中国报》1942 年 2 月 3 日头版

西北日報

宜都殘敵負嵎頑抗
湘北我軍進廹華容

美人讚我鄂西重大勝利
對我攻勢力量倍加重視
美機協助作戰有功大捷甚多

全國一致祝捷慰勞

林主席病況已日見良好

川鄂上空激烈空戰
敵機多架被我擊落
梁山恩施兩地被炸

五月份監察案件

事論
我國之戰時財政 尹文敬

今日端節
各地勞軍熱

生產會議昨日休會

美礦工聯合會
令工人復工
汽車工人一部復工

五教授赴美講學

夏令衛生運動
明日召開宣傳大會
九日舉行清潔掃除

本市端節勞軍
今日舉行

限價會議
即將舉行

图 0-35 《西北日报》1943 年 6 月 7 日第二版

图 0-36 《联合画报》1943 年 10 月 1 日第 47 期

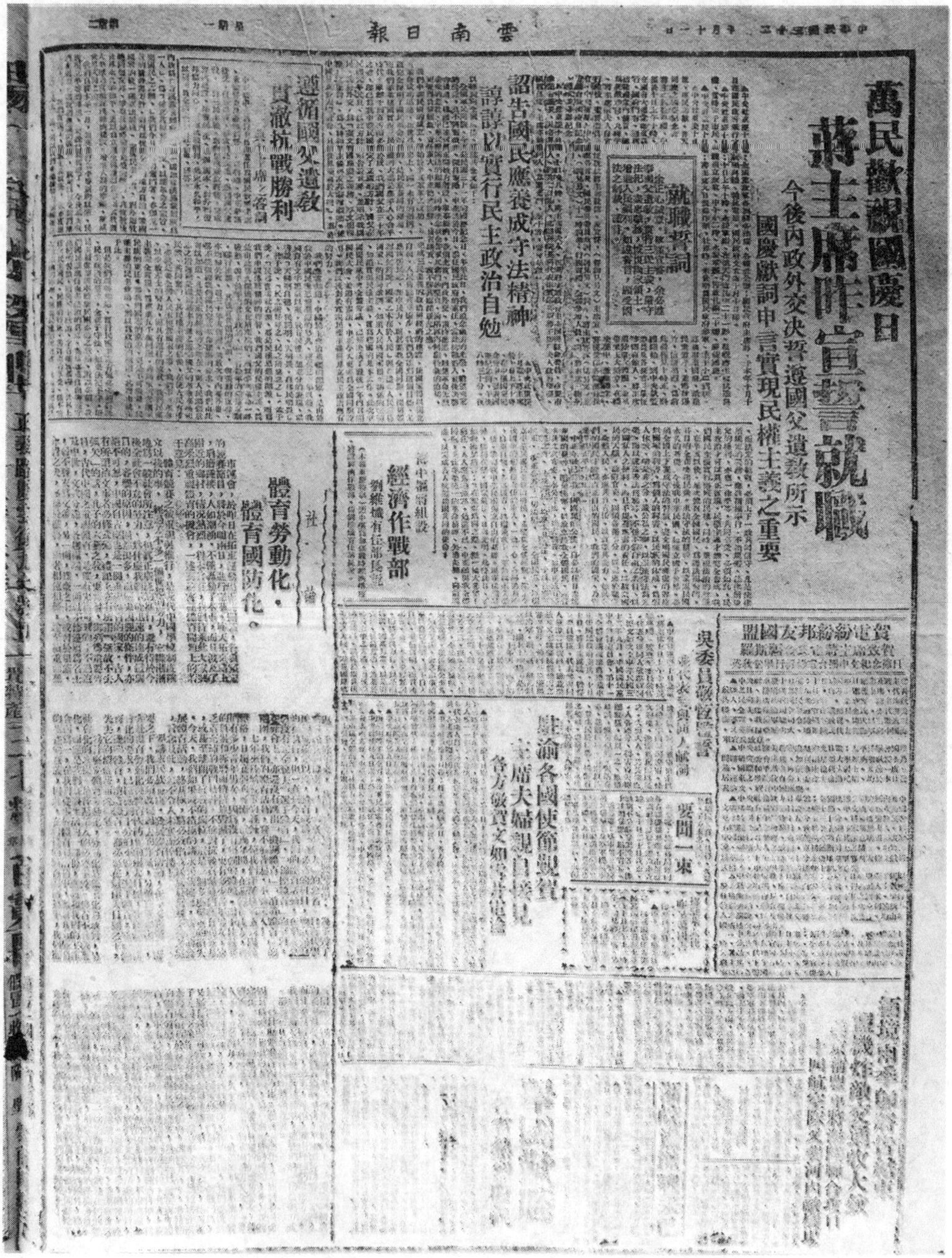
雲南日報

萬民歡祝國慶日

蔣主席昨宣誓就職

今後內政外交決遵國父遺教所示

國慶獻詞中言實現民權主義之重要

就職誓詞

詔告國民應養成守法精神

諄諄以實行民主政治自勉

遵循國父遺教 貫徹抗戰勝利

社論

體育勞動化、體育國防化

經濟作戰部

賀電紛紛邦友國盟

駐渝各國使節覲賀

主席夫婦親自接見

要聞一束

图 0-37 《云南日报》1943 年 10 月 11 日第二版

中山日報

元旦清晨中樞遥祭　國父
並舉行開國紀念會
蔣主席領導行禮後致訓詞

一年來的國內經濟（一）

三十三年元旦獻詞
向着光明大道邁進

图 0-38　《中山日报》1944 年 1 月 2 日第二版

中華民國三十三年五月十四日　星期日
青年報
頑敵分竄城郊西南
洛陽外圍大戰
我機出擊信陽獲赫赫戰果
洛陽外圍戰鬥形勢圖
全國慰勞總會
擴大勞軍運動
華萊士接見我記者
對某使命秘而不宣
星期論文
進攻西歐的時間條件
孟拱河谷我軍
步步迫敵後撤
一週戰況
中國國際法學會
昨在渝成立
敵機分批竄襲湘桂
中華農學會
舉行學術講演
財部整理省公債法
經行政院修正通過
廣泛襲敵

图 0-39　《青年报》1944 年 5 月 14 日第四版

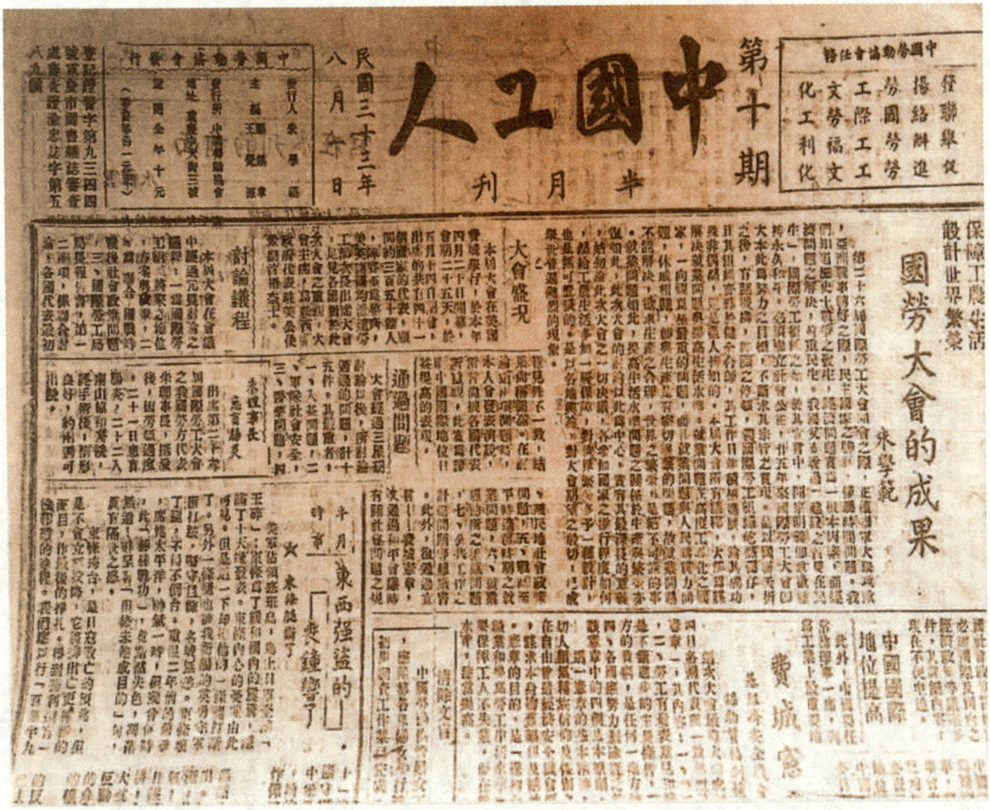
中國工人
第十期
半月刊
民國三十三年八月一日
國勞大會的成果
朱學範
大會盛況
討論議程
通過問題

图 0-40　《中国工人》1944 年 8 月 1 日头版

中央日報
上海
政府中共積極商談
迅速恢復鐵路交通
十八集團軍派員赴渝商整編駐區
政治協商會議當服商定辦法召集
吳部長對外籍記者談話
美海軍節杜魯門演說
闡述美外交政策
表明無領土及自私自利野心
遏境日軍解除武裝
下月第一週中
麥帥將返美一行
台灣重入我國版圖
日軍投降典禮完成
美蘇一致指摘
近衛起草日新憲法
英法同步討論
魯爾萊因共管計劃
史達林
收復區新聞事業
政府處置方針
馬來亞僑胞電請
調解荷印衝突
由渝飛平轉長春
重慶銀行

图 0-41　《中央日报》(上海版)1945 年 10 月 28 日头版

第一章　局部抗战时期
国统区报刊上的新闻事件

“起来！不愿做奴隶的人们！把我们的血肉，筑成我们新的长城！中华民族到了最危险的时候……”

每当耳边响起这首如今已成为国歌的《义勇军进行曲》，我们总会痛心地忆起 1931 年那场“九一八”事变。80 多年前，日本军国主义占领了东三省，给中华民族带来了空前的灾难……

一张张发黄的老报纸，记录着局部抗战时期（1931 年 9 月至 1937 年 7 月）上海、武汉、重庆等地社会各界人士对日本侵略者滔天罪行的联合声讨；记录着北平等地的爱国学生救亡运动；记录着社会名流何香凝、宋庆龄、冯玉祥、茅盾、李杜、沈钧儒、章乃器、沙千里、史良等发表的声讨文章……

一、"九一八"事变

1931年9月18日深夜，日本关东军铁路守备队柳条湖分遣队以巡视铁路为名，在离东北军驻地沈阳北大营800米处的柳条湖附近南满铁路路段，炸毁了小段铁轨，并将3具身穿东北军士兵服装的中国人尸体放在现场，作为东北军破坏铁路的证据，诬称中国军队破坏铁路并袭击日军，日军以此为借口，炮轰北大营，史称"九一八"事变。

"九一八"事变是日本帝国主义侵华的开端。事变后不到半年的时间，整个东三省落入日寇之手，日军气焰嚣张，人民流离失所。

"九一八"事变在全国激起了抗日热潮，各大报刊纷纷详加报道，如《申报》《实报》《申报图画周刊》等，《女学生》杂志更以专号的形式进行了全面报道。其中，《申报图画周刊》的报道视觉冲击力最大。

图 1-1　《女学生》1931 年 9 月第 2 期"九一八"事变专号

该期刊发《"九一八"事变全过程》。

實報

日本昨佔瀋陽

未下哀的美敦書無故挑釁
東北軍極端避讓未放一槍

營口長春遼陽安東均告失陷
倭兵昨午進至北寧線溝帮子

亡國慘痛迫在眉睫

日本對東北，將有武力的行動，本報言之最早，今不幸狼子野心，竟於昨日（十九日）上午六時，不遵國際公法，未下最後哀的美敦書，佔我瀋陽，復佔各要地，茲誌其詳情如次。

本報特訊，北平方面，前晚十一時接榮臻來電話，報告日軍藉演習為名，實彈射擊，已向省府攻擊，至昨晨四時，朱光沐處長來電報告，情形緊張，不能再通電話，此間覆電話，囑令保護在瀋外人，我軍不許妄發一彈一槍。

本報特訊，日本關東軍司令部，昨日已在瀋陽設置（主持全軍事務）

瀋陽十九日上午零時，日兵巧（十八）晚十時，襲擊我北大營地方，迄十九日上午五時，砲擊尚未停止，我軍民死於亂槍之下者，數目未詳。

瀋陽十九日上午七時電，日軍於晧（十九）晨六時三十分，大隊由大西門入城，分佔各衙署，我軍民始終不與抵拒，又聞小西邊門。

瀋陽十九日上午三時電，晧（十九日）上午二時日軍主力在商埠地焚掠，我軍警無抵抗，全城陷於混亂狀態，各國僑民，極形恐慌。

挑釁經過

軍警繳械

朝鮮日軍動員

臧式毅避難

图 1-2　《实报》1931 年 9 月 20 日头版

该版刊发《日本昨占沈阳》。

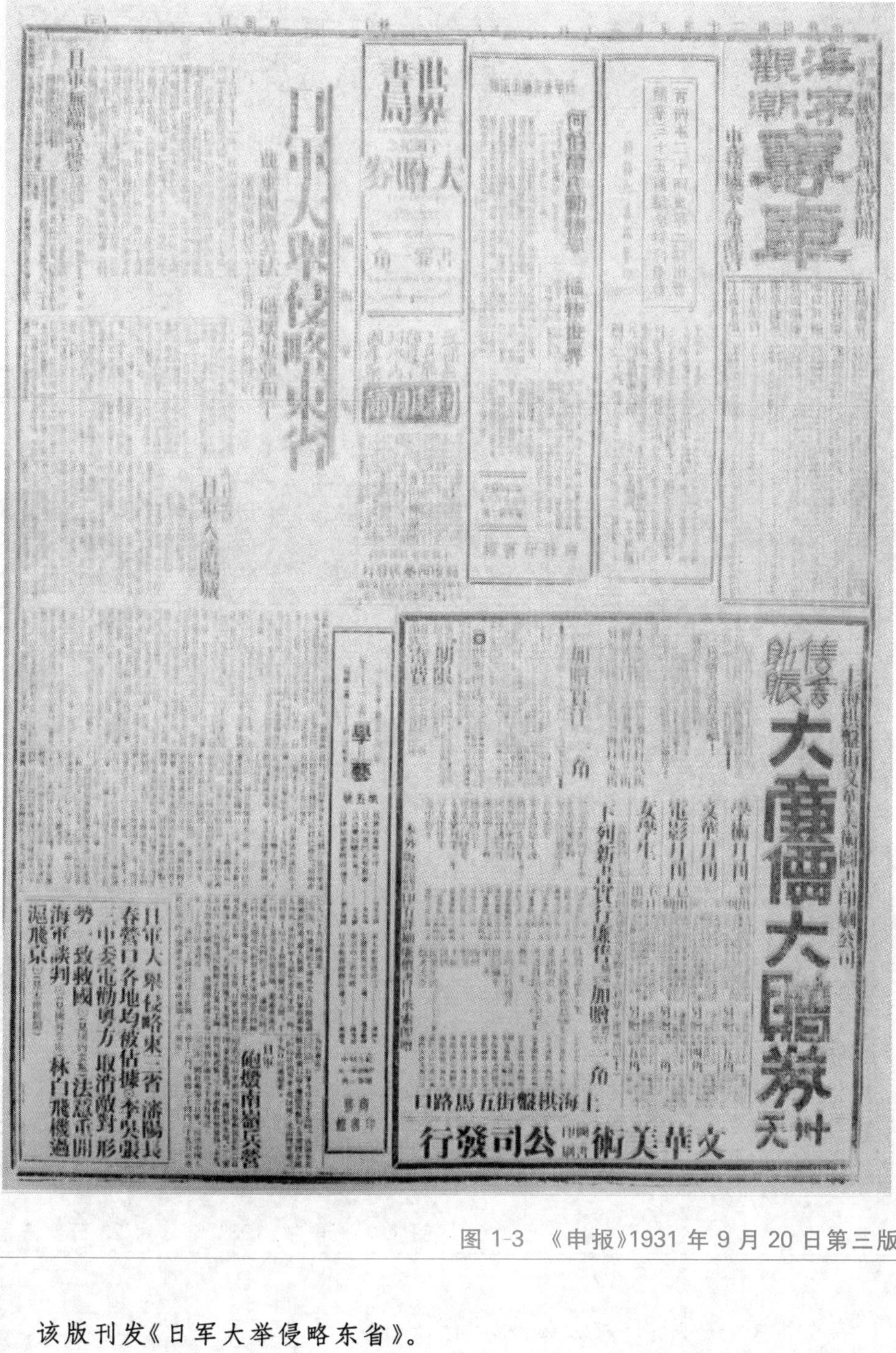
日軍大舉侵略東省

日軍大舉侵略東三省 瀋陽長春營口各地均被佔據
李吳張三中委電勸粵方取消敵對形勢一致救國
法意示開海軍談判
林白飛機過滬飛京

世界書局 大贈券

學藝

大廉價大贈券

上海棋盤街五馬路口

文華美術公司發行

图 1-3　《申报》1931 年 9 月 20 日第三版

该版刊发《日军大举侵略东省》。

图 1-4 《申报》1931 年 9 月 22 日第三版

该版刊发《吉林新民均告失陷》。

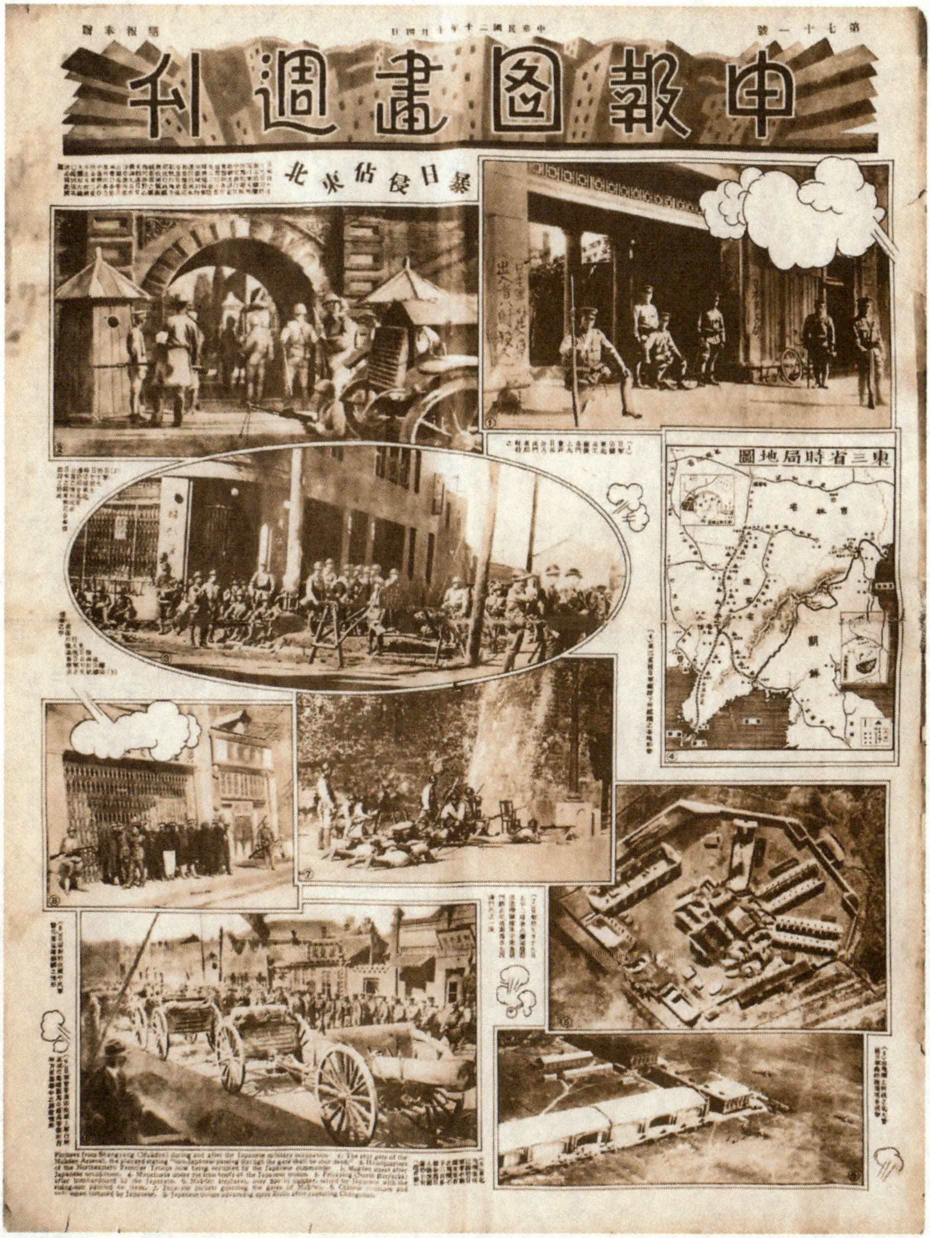

图 1-5　《申报图画周刊》1931 年 10 月 4 日头版

该版有一小文《暴日侵占东北》，文中写道：“日本自九月十九日突然进兵占据沈阳以来，凡所作为，如劫掠中交银行官银号及储蓄会，盘踞各官署，焚毁兵营及兵工厂，随时将粮秣、军用器械、财物运往该国本部。并擅委司令及官吏强制执行地方司法行政，俨将我国版图视若彼之属地。何奈野心未戢，连日又征调大兵水陆并进，次第占据长春、吉林、营口各要塞，并向各方兜进，势非吞并全东三省不止。凡我国人应知大祸已临头，须具决心同赴国难。”

配发9幅图片，原图片说明分别为：①日军占据东北兵工厂后，在门上书“非日兵出入此门者即射杀之”。②日军于19日午前9时占领东北边防司令长官公署之情形，现在日本之关东军司令本部即设立于此。③沈阳被占据后，满街只见日兵不见行人，现日军正在逐户强逼各商店复业之中。④东三省被日军铁蹄下所蹂躏之各地形势。⑤由飞机上俯视之北大营被日军轰炸后屋顶多洞穿。⑥东北飞机场现已握于日军掌中，新购及原有之飞机不下200多架，全为日人涂改国徽于上矣。⑦日军于9月19日上午2时进占沈阳时，即派遣机关枪队守卫各城门，禁止交通。图为在大西边门外之一队。⑧日军对于我国平民军警任意逮捕捆绑之情形。⑨日军着着进占我国土，军行所至，城市为墟。图为占领长春后，向吉林方向进击中之调遣情形。

二、锦州失陷

“九一八”事变后，日本侵略军迅速占领了沈阳和其他周边城市，似乎是在一夜之间，便仅剩锦州及辽西北地区。

4 天之后，1931 年 9 月 23 日，根据当时的局势，张学良通电在锦州设立东北边防军司令长官公署及辽宁省政府行署。由此，锦州成为当时东北的政治、军事中心。

12 月 21 日，日军兵分三路，从沈阳、通辽、营口，向锦州方向进攻。

根据有关资料记载，在日军飞机的轰炸下，锦州的商、农两会会长和各界代表惊慌失措，分别在 1932 年元旦和 2 日，请求东北边防军不要继续在城内死守。他们担心打起来全城会毁于日军炮火，还称结局已注定，打也无益。

1932 年 1 月 2 日，虽然东北边防军骑兵奋力抵抗到黄昏，但日军还是强渡了大凌河，锦州失陷遂成定局。随后，城内保安队和义勇军于当日晚 6 时许，依商会请求退出北门。

1 月 3 日，日军由东门入城时，搞了个所谓的“入城仪式”，并在城楼上挥舞旗帜，要求市民在街头“迎接”。

锦州的沦陷，标志着东北全部沦陷。

抗日救國

第七期

雲南省昆明市抗日救國會宣傳科編印
廿一年一月十日出版

本期要目

錦州失陷　静

全國民衆誓死反對劃爲中立區之「錦州」，已於一月二日被日軍攻陷！本市民國日報七日有下列消息之記載：

北平五日電　山海關電，日機五十餘架，每日由營口沿渤海岸，向山海關出發，並沿北寧線投彈，炸斃民衆，到處可見。此間盛傳，日軍已在榆關附近，埋設地雷甚多。

又電　日軍佔領錦州後，由多門率一千人留守錦州，並有砲兵駐紮錦州四郊，現[illegible]各商號均閉門休業。二三日以來，夜夜發生搶案，多爲朝鮮人所爲，日軍不過問，反而袒護。日軍唆使錦州紳商，組織地方維持會，現正籌備中。昨夜十時，日軍大部已由女兒河西進，前已抵連山，連山以東電訊完全不通。

山海關電　現此間已停有日軍鐵甲車一列，係三日由錦州開到。日軍四日午十時將鐵甲車赴關外，綏中，興城等處，偵察情形，似有夾攻我軍去路之勢。一二日來榆關形勢愈加嚴重。

吾人聞此消息後，除心神遭受極度之震感，增加「抗日」之毅力與決心外，尚有不能已於言者，茲爲國人道。日帝國之攻錦州，早抱最大決心，全國同胞，固早明澈，而黨國要人及負有守土責任之軍事長官，當亦深悉。乃錦州之被攻擊，爲時不過旬日，即告失陷，我國軍隊，究竟抵抗至如何程度，是否如馬占山之守齊齊哈爾，因援盡彈絕而敗退，吾人至今尚未明瞭。據是，僅旬日之間，已有準備之錦州，即被攻陷，不能不令吾人對於素負盛名之東北軍隊發生疑惑。吾國軍隊，大半勇於私鬥，而怯於外戰，東北軍領袖張邊防長官，固已具備此條件。守錦静之

图 1-6　《抗日救国》1932 年 1 月 10 日第 7 期

该期刊发《锦州失陷》，报道了锦州失陷的经过。

三、“一·二八”事变

“九一八”事变后，中国民间的反日情绪日益高涨。日本方面声称，将采取自卫手段保护日侨利益。

1931 年 10 月下旬，由于粤宁合作，国民革命军第十九路军（简称“十九路军”）开赴京沪铁路沿线担负警卫。总指挥为蒋光鼐，军长为蔡廷锴。总指挥部驻南京两广会馆。十九路军 3 个师共 3 万余人，第 60 师驻苏州、常州；第 61 师驻南京、镇江；第 78 师驻淞沪、南翔。

1932 年 1 月 18 日下午，受日本特务川岛芳子等唆使，5 名日本僧人在华界马玉山路（今双阳路）的三友实业社外寻衅滋事，并雇用打手扮成工人模样混入人群大肆扰乱。冲突中，5 名僧人 1 人死亡、1 人重伤。

日方指此事为工厂纠察队所为，日本驻上海领事馆以此为借口，向上海市政府提出抗议。日本还借机派遣军舰 30 余艘和陆战队员数千人登陆，不断制造事端，提出各种无理要求。

1 月 20 日，50 名日侨青年同志会成员放火焚烧了三友实业社，回到租界后，又砍死、砍伤 3 名工部局华人巡捕。

当天，1200 名日本侨民在文监师路（今塘沽路）日本居留民团集会，并沿北四川路游行，前往该路北端的日本海军陆战队司令部，要求日本海军陆战队出面干涉。途中走到靠近虬江路时，开始骚乱，袭击华人商店。

如此情势下，京沪卫戍司令陈铭枢及十九路军主张积极应对，在淞沪严加戒备，做好备战工作。但国民政府则主张忍让，军政部长何应钦于 1 月 23 日下令十九路军 5 日内从上海换防，以避免开战。

1 月 28 日 23 时 30 分，日寇兵分五路，突袭闸北。蔡廷锴下令守军“为自卫计，应迎头痛击”。于是，驻守上海市区的十九路军第 78 师第 156 旅翁照垣部，以及前来接防的宪兵第 16 团，奋起抵抗，当即给予还击。“一·二八”事变爆发。

蒋光鼐、蔡廷锴、戴戟三人联名向全国各界发出通电，表示“尺地寸草，不能放弃”的决心。

淞沪抗战爆发后，社会各界人士，包括海外华侨，空前热烈地支援十九路军。中国共产党在上海的地下组织，也通过工会、学生会及其他群众组织，纷纷组建救护队和义勇军，积极支援十九路军抗战。

令人遗恨的是，因为种种原因，浴血奋战 33 天后，3 月 1 日夜，伤亡严重、处境艰难的十九路军忍痛放弃坚守了 1 个多月没被日军突破的第一道防线，退守嘉定、太仓一线。

2 日，日军攻占上海。3 日，战事结束。

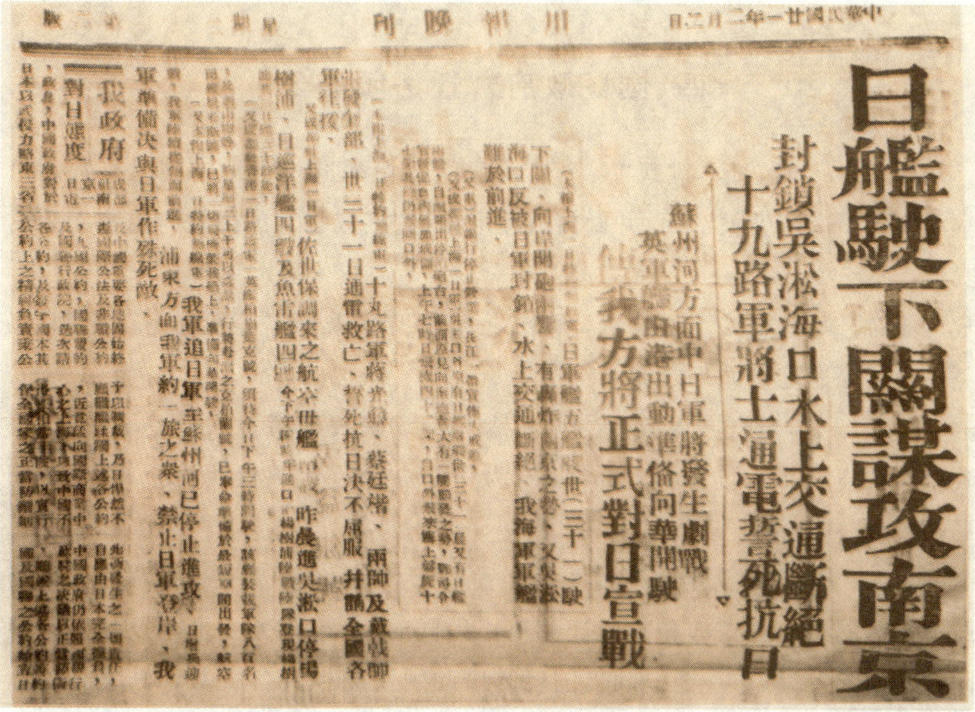

中華民國廿一年二月二日　川報晚刊　第二版

日艦駛下關謀攻南京

封鎖吳淞海口水上交通斷絕

十九路軍將士通電誓死抗日

蘇州河方面中日軍將發生劇戰

英軍艦由滬出動準備向華開駛

方將正式對日宣戰

日軍艦（世）（三十一）駛下關、向岸開砲示威、有轟炸南京之勢、又吳淞海口反被日軍封鎖、水上交通斷絕、我海軍艦難於前進、

十九路軍將蔣光鼐、蔡廷鍇、兩師及戴戟聯出發全部、世（三十一）日通電救亡、誓死抗日決不屈服　并籲全國各軍往援、

我政府對日態度

軍準備決與日軍作殊死戰、

我軍追日軍至蘇州河已停止進攻、浦東方面……禁止日軍登岸、我

图 1-7　《川报晚刊》1932 年 2 月 2 日第二版

该版刊发《日舰驶下关谋攻南京》，报道了十九路军将士通电誓死抗日等消息。

四、国民政府暂迁洛阳办公

1932年1月，日军挑起“一·二八”事变，大举进攻上海。同时有数艘日本军舰驶至南京下关江面，并做出战斗准备，直接威胁到国民政府首都南京的安全。

面对日军兵临城下的危机，蒋介石、汪精卫和宋子文等极力主张迁都，以免受日本逼迫签订城下之盟。

1月30日，时任国民政府主席林森和行政院长汪精卫联合签署了《国民政府移驻洛阳办公宣言》，宣布“政府为完全自由行使职权，不受暴力威胁起见，已决定移驻洛阳办公”。

2月2日，国民党中央执行委员会发布《为国民政府及中央迁移洛阳办公通电》，在同意中央党部和政府迁移洛阳的同时，电邀常务委员会及执监委员同行。实际上，从1月30日起，国民政府和国民党中央各机关即陆续迁往洛阳办公了。

国民政府和国民党中央迁洛后，各机关因陋就简，分驻在当时洛阳的西工及城关各处。比起江南，洛阳条件还是比较艰苦的，如缺乏电灯设备，缺少交通工具，洋楼、地板、新式马桶、西式大餐更是少之又少。这对于中央大员和“革命新贵”们而言，的确比较痛苦。因此，当形势稍有好转，这些人便迫不及待地返回南京了。

5月5日，中日签订了《淞沪停战协定》，国民政府以对日妥协换取了暂时的和平，日军对南京的威胁也暂时解除。于是，5月30日，蒋介石率党、政、军大员返回首都南京。

11月29日，国民政府发布《自洛阳还都南京令》。

12月1日，中央党部、国民政府及各院（部、会）正式迁回南京，并举行了还都典礼。

陳漢兒科醫院
陳漢兒科分診所候診
國府暫遷洛陽辦公
國府宣言對日軍採取正當防衛
蔣中正通電全國將士枕戈待命
外交部照會九國公約各簽字國
義勇軍收復錦西新民圖取錦州
李杜部在哈長綫與日軍激戰中
遷都洛陽宣言
行政院決議案
侵害東路利權
馬占山返海倫
分路反攻錦州

图 1-8　《申报》1932 年 1 月 31 日第三版

该版刊发《国府暂迁洛阳办公》。

五、轰动世界的“《新生》事件”

1934年2月10日，杜重远(1893—1943)创办《新生》周刊。

杜重远年轻时怀着实业救国的理想东渡日本学习考察，回国后成功创办了沈阳肇新瓷业公司，曾任奉天省(辽宁省)总商会副会长。“九一八”事变后，他流亡到关内，积极参加抗日救亡运动，担任东北义勇军抗敌后援会执行委员兼宣传部副部长。他为开展宣传跑遍了华北各地和大江南北，来到上海后访晤邹韬奋，与邹韬奋一见如故，遂成为邹韬奋主编的《生活》周刊的撰稿人和生活书店理事会理事，不久还担任了中华国货全国产销合作协会总干事。

1933年7月，邹韬奋因受国民党当局迫害，离开上海流亡海外，《生活》周刊实际由胡愈之主持到年底后，也被国民党当局查禁了。杜重远对《生活》周刊的被封感到非常惋惜，几经思量，认为“不能让十几万读者没有精神食粮”，于是决定接过邹韬奋手中的旗帜，将《生活》周刊继续办下去。他便以中华国货全国产销合作协会总干事的名义，向当地政府登记注册，出版《新生》周刊。所谓“新生”有两个意思，一为《生活》周刊的新生，一为“愿与读者诸君，共同努力，以求实现中华民族之新生”。

《新生》周刊几乎是《生活》周刊的翻版，尽管邹韬奋不在，但风格与之前比无甚区别，它继承《生活》周刊的传统，将宣传抗日救亡作为自己的发刊宗旨，决心“为民族生存而奋斗”。一些王牌栏目如数保留，版式也一模一样，只是加了铜版纸彩色时事新闻图片封面。《新生》周刊的工作人员几乎就是原来《生活》周刊的全班人马。因而，邹韬奋曾赞叹“《新生》确为《生活》后身”，并在其《患难余生记》中进一步指出：“这好像我手上撑着的火炬被迫放下，同时即有一位好友不畏环境艰苦而抢前一步，重新把这火炬撑着，继续在黑暗中燃烧着向前迈进。”正因如此，《新生》周刊受到各阶层读者的欢迎，每期销量最高时达到10万余册。

《新生》周刊的许多文章都强调国难意识，鼓动团结抗日，为抗日救亡呼号。杜重远撰写的“老实话”更是击中要害，充满爱国热忱，向读者披露日寇铁蹄下东北同胞的悲惨境遇，揭穿所谓“中日亲善”的实质。所以日本侵略者对杜重远和《新生》周刊火冒三丈，一直视之为眼中钉。

1935 年 5 月 4 日，《新生》周刊第 2 卷第 15 期刊登了易水(即该刊编辑艾寒松)的《闲话皇帝》一文。此文从政治体制的角度，就世界各国的皇帝泛泛而谈，属于介绍性文字。其中写到日本天皇时说，日本天皇其实没有什么实权，只是一个象征性的国家元首，“是一个生物学家，对于做皇帝，因为世袭的关系，他不得不做……然而目下的日本，却是舍不得丢弃‘天皇’的这一个古董，自然，对于现阶段的日本的统治，是有很大的帮助的，这就是企图用天皇来缓和一切内部各阶层的冲突，和掩饰了一部分人的罪恶”。

这下，伺机寻衅的日本有了借口，上海的日文报纸以头条新闻指责《新生》周刊“侮辱天皇”，日本浪人还在虹口举行示威游行，捣毁商店，日本军舰也开进了吴淞口，日本驻沪总领事更是向上海市政府提出严重抗议，蛮横要求“向日谢罪”，撤换上海市公安局长，查封《新生》周刊，处置文章作者，形势一度十分紧张。

对于日方的无理要求，国民党当局一概承诺照办，撤换了上海市公安局长，取消了图书杂志审查委员会，并对《新生》周刊发行人杜重远提请公诉。6 月 24 日，上海市公安局奉令查封《新生》周刊社，出版了 2 卷共 72 期的《新生》周刊就此停刊。

1935 年 7 月 9 日，《新生》周刊一案在江苏高等法院第二分院开庭审理，各界群众近千人前来旁听，挤满了法院内外。为了伸张正义，保护作者，杜重远毅然出庭。在法庭上，杜重远大义凛然地声明，《新生》周刊的文章纯是从学术角度研究各国政治的小品，并无侮辱日本天皇之意，希望日本不要干涉中国内政。如天皇能对军人加以约束，应令日军撤出东北，还我河山。由于国民党当局对法庭早有指令，法官们只是简单问了几句话，便退入内室“集议量刑”，而日本驻沪总领事特派员居然蛮横地闯入室内监视。在日方的压力下，法院判决杜重远有期徒刑一年零两个月，并不得上诉，立即送监执行。这时杜重远怒火满腔，当堂疾呼：“法律被日本人征服了！我不相信中国还有什么法律!”愤怒的听众也高呼“爱国无罪”“打倒卖国贼”等口号。

无独有偶，几乎在《新生》周刊一案发生的同时，美国《摩登社会》杂志刊登了画家格罗泊的一幅讽刺画，画面是日本天皇拉着一辆炮车，车上载着“诺贝尔和平奖”证书，意为日本表面上高喊和平友善，实则穷兵黩武。日本外务省认定这幅漫画侮辱了天皇，出面进行“严正交涉”。美国政府宣称对出版物不负任何责任，画家则说此画本就是为谴责日本帝国主义势力而作。日方无奈，只好不了了之。这件事与《新生》周刊一案相似，但结局却大相径庭。

《新生》周刊一案震动了舆论界，各国舆论指责日本人小题大做，新加坡、印度尼西亚、泰国、菲律宾等地华侨纷纷抗议，痛斥国民党当局媚日妥协。上海的《申报》《大公报》《立报》等都利用自身影响，对此案进行广泛报道，各地报刊竞相转载。《新生》周刊的读者也自发组织起后援会进行声援。

《新生》周刊虽然被扼杀了，但《新生》周刊所体现的爱国精神深入人心，对以后的抗日救亡运动产生了深远的影响。

这就是轰动世界的“《新生》事件”。

图 1-9　《新生》1934 年 2 月 10 日创刊号

图 1-10　《新生》1935 年 5 月 4 日第 2 卷第 15 期

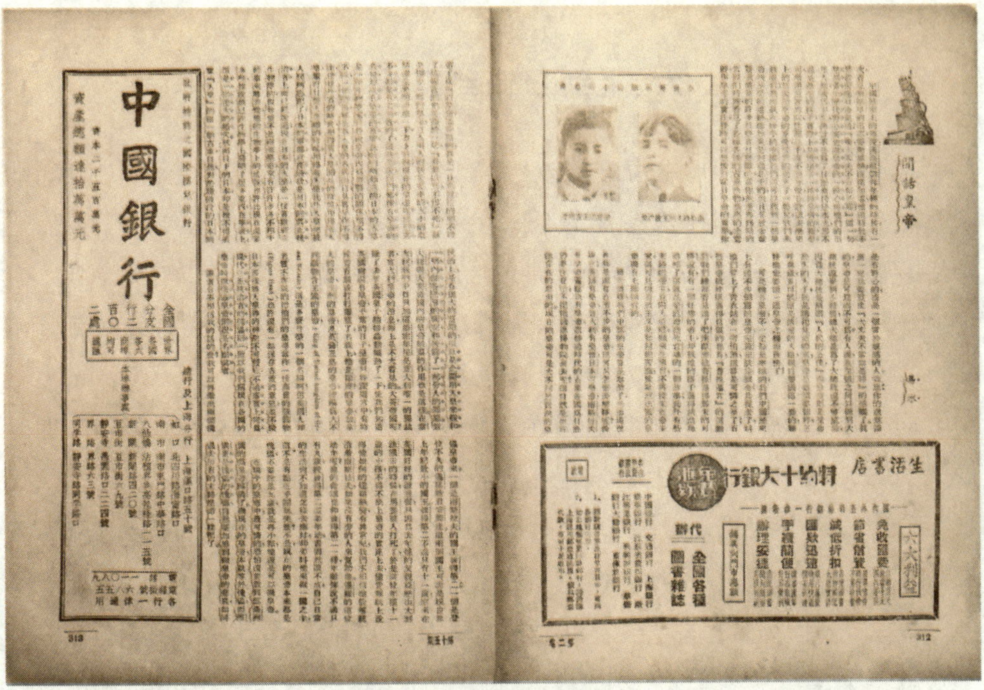
中國銀行

閒話皇帝

生活書店

特約十大銀行

图 1-11　《新生》1935 年 5 月 4 日第 2 卷第 15 期

该期刊发了《闲话皇帝》，引发轰动世界的“《新生》事件”。

六、上海日商纱厂大罢工

1936 年 11 月 8 日，上海日商纱厂工人不堪日商的盘剥，在上海市工联、纱委、共青团、国难教育社等系统的分头发动下，举行声势浩大的反日大罢工。沪东日商上海一、二、三、四、五厂，同兴二厂和东华等厂 1.5 万余工人参与。

10 日，日商大康、上海六厂和公大二厂共 6000 余工人，先后加入罢工。

12 日，日商公大一厂 1000 余工人也加入罢工。

同一天，上海各界救国联合会在女青年会大操场召开纪念孙中山先生诞辰大会，救国会领袖纷纷上台发言，痛斥日本军国主义侵华行径。一位纱厂女工上台声泪俱下地控诉日商惨无人道地压榨工人血汗，并呼吁同胞们相互支援。台下群情激愤，口号声响彻会场。

17 日，日商内外棉第一、二和十三厂以及丰田第一、二厂工人为要求增加工资宣布罢工。

18 日，日商内外棉第五、六、七厂工人全部离厂罢工。

当时在上海的日商纱厂有 30 多家，雇佣工人约有 5 万人，在近 20 天里，几乎都加入了这场运动，罢工高潮此起彼伏。至 27 日，日商纱厂反日大罢工胜利结束，使日商在华纺织企业遭受严重打击，日本朝野大为震动。

上海各界救国联合会在这场罢工中，起了非常重要的作用，组织了罢工后援委员会，予以各方面支持，直接引发了之后的“七君子”事件。

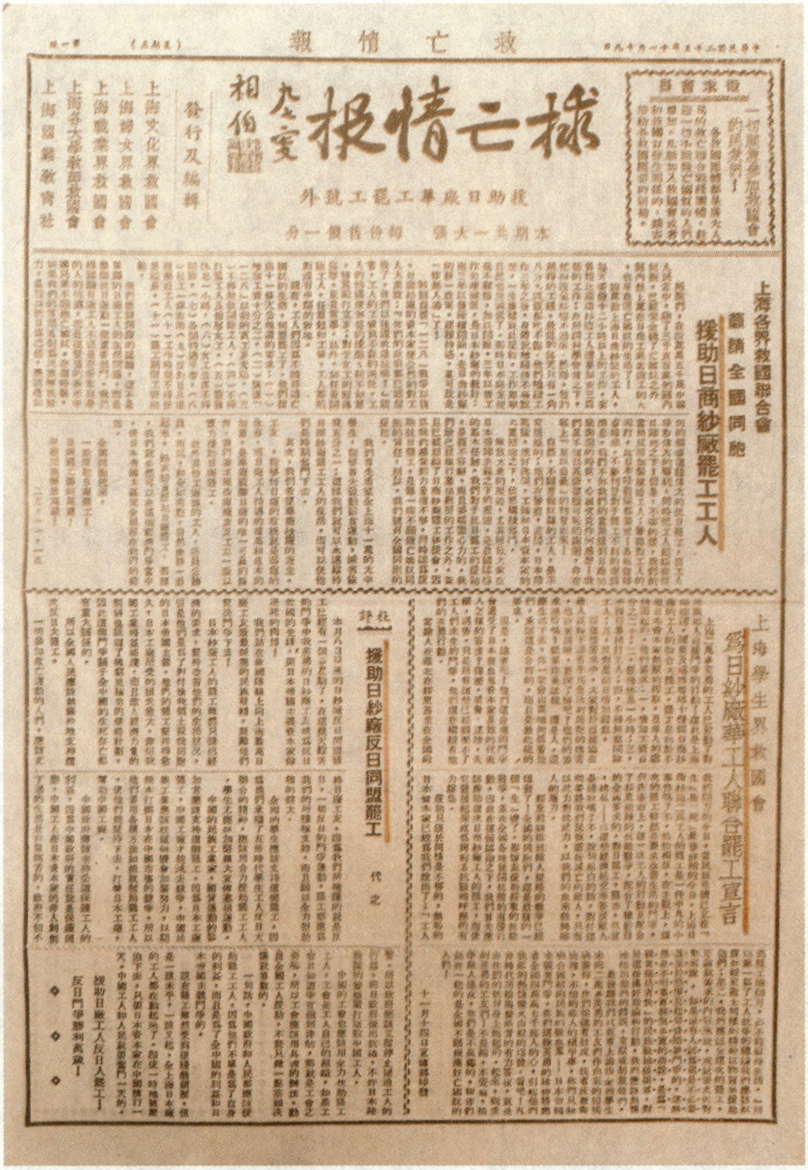
救亡情報

援助日廠華工罷工號外

本期共一大張　每份售價一分

發行及編輯
上海文化界救國會
上海婦女界救國會
上海職業界救國會
上海各大學教授救國會
上海國難教育社

上海各界救國聯合會
敬請全國同胞
援助日商紗廠罷工工人

上海學生界救國會
爲日紗廠華工人聯合罷工宣言

社評
援助日紗廠反日同盟罷工
代之

援助日廠工人反日大罷工！
反日鬥爭勝利萬歲！

图 1-12 《救亡情报》1936 年 11 月 19 日援助日厂华工罢工号外头版

该版刊发了《上海各界救国联合会吁请全国同胞援助日商纱厂罢工工人》《上海学生界救国会为日纱厂华工人联合罢工宣言》及社评《援助日纱厂反日同盟罢工》。

救亡情報

一個罷工者的自白

大康紗廠罷工工人聯合會告工友書

堅決地鬥爭下去直到勝利

图 1-13 《救亡情报》1936 年 11 月 19 日援助日厂华工罢工号外第二版

该版刊发《一个罢工者的自白》《大康纱厂罢工工人联合会告工友书》。

七、"七君子"事件

1936年11月29日第1卷第26号《生活星期刊》刊发的第一篇文章叫《向读者报告一件意外的事情》，署名"同人"。

文章说："读者诸友翻开了本期《生活星期刊》，会感觉到有些异样罢！本刊平常每期第一篇都是登着韬奋先生的评论，可是这一期却不见韬奋先生的文章了（《二十年来的经历》一文除外，那是韬奋先生一星期前早已写就的）！一部分留心着报纸消息的读者，也许已经知道了韬奋先生不写文章的原因。但是大部分的远处的读者，还不会知道这消息。所以我们——本刊编辑部同人——特地在这里报告一下。

"我们所要报告的，是一件意外的事情。在目前绥东、绥北前线十分吃紧，全国正在为抗敌御侮而团结奋斗，在抗敌后方的上海，偏有这一件事情的发生，更可以说是意外的意外！

"原来本刊主编韬奋先生于十一月二十三日上午二点半，从睡梦中惊醒，由上海市政府公安局会同法租界探员，加以拘捕，次日解送江苏高等法院第三分院。和韬奋先生同时在公共租界及法租界被捕的，还有沈钧儒、章乃器、李公朴、王造时、史良、沙千里等六位先生。到本文发印时为止，沈李王沙四先生已经移送公安局核办，韬奋、章乃器、史良三先生还在羁押待审中。"

文中述及的事件，即中国抗日救亡运动史上著名的"七君子"事件。

"九一八"事变发生后，国民党当局没有展开积极抵抗，让广大民众非常失望，各地群众性组织却掀起了一浪又一浪的抗日救国运动浪潮，上海、北平、南京、武汉、天津等地纷纷成立各界救国会。1936年5月31日，马相伯、宋庆龄、何香凝、沈钧儒、章乃器等人在上海宣布成立全国各界救国联合会，进一步从政治上、组织上巩固和扩大了全国抗日救国运动的阵地。在此次"11·23"事件中被逮捕的七人——沈钧儒、王造时、李公朴、沙千里、章乃器、史良、邹韬奋，俱是该联合会的常务委员或执行委员。因为他们是当时公认的社会贤达，所以此次事件世称"七君子"事件。

消息传出，全国哗然。全国各界救国联合会从事的抗日救亡活动，有目共睹，是顺应民心、代表民意的，广大人民群众决不认同所谓的“罪名”，这一事件激起了中国共产党人和各方面人士的强烈抗议和谴责。北平文化教育界进步人士李达等 107 人，天津文化界、暹罗（今泰国）华侨文化界 200 余人，新加坡全体华侨，纷纷致电国民政府，要求立即释放“七君子”。罗素、杜威、爱因斯坦、罗曼·罗兰等国际友人，也向国民政府提出了抗议。宋庆龄、何香凝、张学良、杨虎城等也纷纷要求无条件释放沈钧儒等人。各界人士在全国开展了广泛的营救运动。

1936 年 12 月 12 日，北平学生举行游行大示威，高呼“争取爱国自由、释放爱国领袖”等口号。

1937 年 4 月 4 日，按照当时法律，该天是多次借故延长后的法定侦查期的最后一天。但直到晚上 8 点，检察官才炮制出一份洋洋数千言的“起诉书”，东拼西凑地捏造了“十大罪状”。对此，曾是律师的沙千里感慨地说：“我们万不料侦查了四个月之久，起诉书理由竟然如此空洞、歪曲，真是污辱了国家，污辱了神圣的职务。”

“起诉书”的炮制出炉，立即引起全国人民的愤怒抗议。1937 年 6 月，宋庆龄、何香凝、胡愈之等 16 人发起“救国入狱运动”，发表“救国入狱运动宣言”，向全世界庄严宣示：“中国人民决不是贪生怕死的懦夫，爱国的中国人民决不只是沈先生等七个，而有千千万万个。中国人心不死，中国永不会亡。”宋庆龄亲自率领爱国人士，携带写给苏州高等法院的文件，直赴法院“请求羁押”入狱，与“七君子”一道坐牢。

在强烈的民众谴责声浪中，为“七君子”辩护的 21 人律师团让法院的审判几成闹剧。不久，“七七”事变爆发后，蒋介石政府于 1937 年 7 月 31 日宣布具保释放沈钧儒等七人，并于 1939 年 2 月最终撤销了“起诉书”。

图 1-14　《生活星期刊》1936 年 11 月 29 日第 1 卷第 26 号

该期刊发《向读者报告一件意外的事情》,向读者通报了邹韬奋等七人被捕的消息。

八、西安事变

1936 年 11 月 27 日，张学良上书蒋介石，请缨抗战，遭蒋拒绝。

12 月 2 日，张学良飞抵洛阳见蒋，要求释放“七君子”。并向蒋介石面报，谓其部下不稳，势难支撑，再三请蒋前往训话。蒋最终同意赴西安。

12 月 4 日，蒋介石由洛阳抵西安，随即调 30 万中央军嫡系部队“进剿”红军。张学良与杨虎城再次进谏，遭蒋拒绝。蒋向张学良、杨虎城表示：要么进兵，要么将东北军、十七路军分调福建、安徽。

12 月 7 日，张学良到华清池见蒋介石，再三苦谏，要求停止内战，一致抗日，依旧遭蒋拒绝。

12 月 9 日，西安爆发大规模的群众游行示威，纪念“一二・九”运动一周年。一名小学生遭特务军警开枪打伤后，群众非常激愤，决定到临潼直接向蒋介石请愿示威。蒋介石强令张学良制止学生运动，必要时可以向学生开枪。张学良接到命令后，赶上游行队伍，极力劝说学生回去。东北大学学生高呼“中国人不打中国人！”“东北军打回老家去，收复东北失地！”等口号。张学良表态一周内以实际行动答复学生要求，如果做不到，任何人都可以“置我张学良于死地”。请愿学生们在华清池前高唱一曲《松花江上》，感动了在场的东北军将士，全场爱国情绪高昂。

当晚，张学良面见蒋介石，再次劝蒋抗日，并要求蒋放过学生。张、蒋再次大吵，盛怒下的张学良于当晚与杨虎城商议，决定兵谏。

12 月 10 日，蒋介石召开会议，正式通过发动第六次“围剿”计划，决定在 12 日宣布动员令。

12 月 11 日晚，蒋邀请张学良、杨虎城、蒋鼎文、陈诚、朱绍良等参加晚宴。席间，蒋宣布蒋鼎文为西北剿匪军前敌总司令等多个要职换将的任命书，命令中央军接替东北军和西北军的“剿共”任务。

当日晚间，张学良和杨虎城分别召见东北军和十七路军高级将领，宣布第二天清晨进行兵谏。

12 月 12 日晨 5 时，张、杨发动兵谏，东北军到临潼的华清池捉蒋。十七路军还扣留了在西安的陈诚、邵力子、蒋鼎文、陈调元、卫立煌、朱绍良等国民党军政要员。西安事变爆发。

消息一传出，举世震惊，中外瞩目。

事变当天，张学良即致电中国共产党，说明蒋已被扣押，急盼中共派代表到西安共商大计。中共闻信后，答应派以周恩来为首的代表团前往西安。周于 17 日下午乘张学良所派飞机飞抵西安。

南京方面以何应钦为首的军方做出强烈反应，立即调动军队向西安进发，准备大举讨伐，形势一度十分紧张。此时，宋美龄、孔祥熙、宋子文等坚主和平解决。在派遣蒋介石的昔日顾问端纳飞西安探得蒋介石安全后，宋美龄、宋子文亲赴西安与张、杨谈判，并会见周恩来。

经反复磋商，12 月 24 日，双方达成停止剿共，联共抗日等 8 项协议。对于这些谈判结果，蒋介石表示以人格担保，宋美龄、宋子文则担保蒋氏的允诺付诸实行。

鉴于形势的紧迫，张学良决定尽快放蒋。12 月 25 日下午，在未通知其他方面的情况下，张学良亲自护送蒋介石乘飞机离开西安。当日抵洛阳。离开西安前，张留下手令，把东北军交给杨虎城指挥。

12 月 26 日，蒋介石抵达南京，西安事变和平解决。张学良被扣留。

图 1-15　《东方画报》1937 年 1 月 1 日第 34 卷第 1 号

该期刊发《震惊世界的西安事变》，对西安事变进行了全面报道。

第二章　举国抗战时期
国统区报刊上的新闻事件

1937 年“七七”事变的发生，标志着举国抗战时期(1937 年 7 月至 1941 年 11 月)的到来。第二天，中国共产党就通告全中国同胞：平津危急！华北危急！中华民族危急！只有全民族实行抗战，才是我们的出路！

为此，红军迅速改编，组成国民革命军第八军，开赴抗日前线。

在一张张老报纸上，这一时期发生的平型关大捷、南京保卫战、台儿庄大捷、徐州会战、武汉会战等等都写下了重重一笔……

一、卢沟桥事变

卢沟桥事变发生前，北平的北、东、南三面均已经被日军控制。这样，卢沟桥就成了北平对外的唯一通道，其战略地位更显重要。

为了占领这一战略要地，截断北平与南方各地的来往，进而控制冀察当局，使华北完全脱离中国政府，日军不断在卢沟桥附近进行挑衅性军事演习，一场暴风雨即将来临。

1937 年 7 月 7 日下午，日本华北驻屯军第一联队第三大队第八中队由大队长清水节郎率领，荷枪实弹开往紧靠卢沟桥中国守军驻地的回龙庙到大瓦窑之间的地区进行演习。

22 时 40 分，日军声称演习地带传来枪声，并有一士兵（志村菊次郎）“失踪”，强行要求进入中国守军驻地宛平城搜查，遭严词拒绝。日军一面部署战斗，一面借口“枪声”和士兵“失踪”，假意与中国方面交涉。

冀察当局接到卢沟桥中国守军的报告，说日军已对宛平城形成了包围进攻态势。冀察当局为了防止事态扩大，经与日方商议，双方同意协同派员前往卢沟桥调查。此时，日方声称的“失踪”士兵早已归队，但隐而不报。

7 月 8 日凌晨 5 时左右，日军突然发动炮击，中国第 29 军司令部立即命令前线官兵“确保卢沟桥和宛平城”，“与桥共存亡，不得后退”。守卫卢沟桥和宛平城的第 219 团第 3 营在团长吉星文和营长金振中的指挥下奋起抵抗。

“七七”事变在全国引起强烈反响。事变第二天，中共中央就通电全国，呼吁：“全中国的同胞们，平津危急！华北危急！中华民族危急！只有全民族实行抗战，才是我们的出路！”并且提出了“不让日本帝国主义占领中国寸土！”“为保卫国土流尽最后一滴血！”等响亮口号。

从此，日本帝国主义开始了全面侵华战争，我中华民族也拉开了举国抗战的序幕。

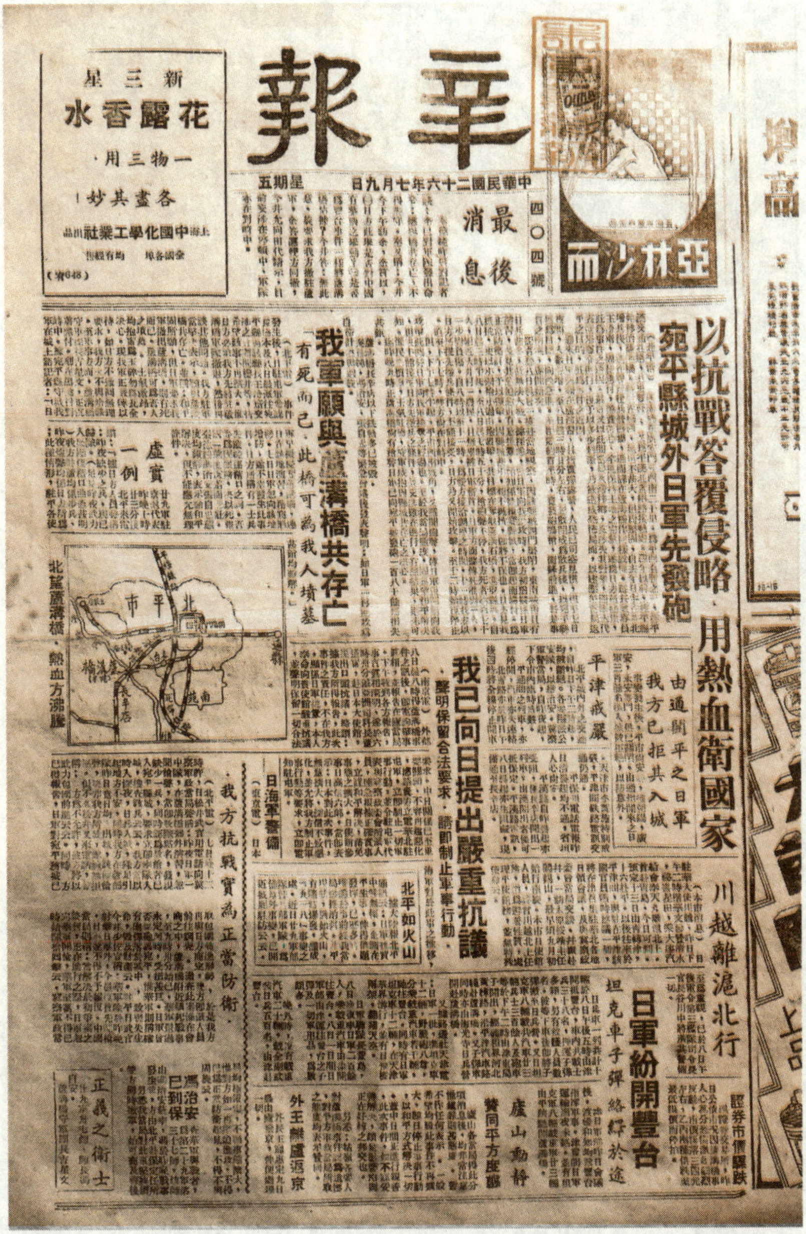
辛報

中華民國二十六年七月九日 星期五

四〇四號

最後消息

新三星
花露香水
一物三用
各盡其妙！
上海中國化學工業社出品

以抗戰答覆侵略 用熱血衛國家

宛平縣城外日軍先發砲

我軍願與盧溝橋共存亡

有死而已 此橋可為我人墳墓

虛實一例

北平盧溝橋熱血方沸騰

由通縣赴平之日軍 我方已拒其入城

平津戒嚴

我已向日提出嚴重抗議

聲明保留合法要求，請即制止軍事行動

北平如火山

日海軍警備

我方抗戰實為正當防衛

川越離滬北行

日軍紛開豐台

坦克車子彈絡繹於途

廬山動靜

贊同平方應付

外王謝建返京

馮治安已到保

正義之衛士

證券市價驟跌

图 2-1 《辛报》1937 年 7 月 9 日头版

该期《辛报》头版是整份报纸的灵魂，用全部版面报道了 10 多条与卢沟桥事实有关的最新新闻。这些报道以《以抗战答覆(复)侵略　用热血卫国家》为总题。

第一条新闻《宛平县城外日军先发炮》写道:"迩来日军频频在芦(卢)演习,且皆实弹露营,人民已司空见惯。但至七日夜间,人数忽增,至八日晨三时廿分左右,忽散开成为散兵线,以宛平县城为目标,向西急进。至距离约百米时,竟发炮鸣枪,冲锋前进,于是事件之冲突,遂开始矣。"报道中详细地描述了8日凌晨起,卢沟桥发生的持续战斗过程及伤亡情况。并提及当局对此事件的态度是固然希望和平解决,但绝不接受日方提出的先撤兵之条件,故交涉结果并不明确。而此时民愤极大,士气旺盛,守军抱着与宛平县城共存亡的决心。

从这条新闻中可以看出,《辛报》记者报道的消息与史实完全相符。"记者于八日曾一度赴当地视察",说明该报虽然是地方小报,但记者不畏个人安危亲上第一线采集现场新闻的敬业精神还是很赞的。正因为如此,他们才能写出如此真实详尽的报道。

本版第二条新闻是《我军愿与芦(卢)沟桥共存亡》。其中写道:"惟日方必须我方先将驻芦(卢)沟桥军队撤退,然后再谈其他问题。我方驻军当坚决表示,愿与芦(卢)沟桥共存亡。并称:和平固所愿,但日军要求我军撤出芦(卢)沟桥,则有死而已。芦(卢)沟桥可为吾人之坟墓。士气激昂,均抱宁为玉碎勿为瓦全决心。现我军正严阵以待,如日方不撤回无理要求,我方决不与晤谈。"

第三条新闻是《我已向日提出严重抗议》。外交部得悉事件之讯后,遂派员赴日本大使馆提出口头抗议。日方代表表示,日本对此事件无意扩大,并允将我方制止军事行动等要求,立即电告日本华北驻屯军。

以上三条新闻把整个事件的起因发展写得很翔实,说日军是借口一士兵失踪,欲进宛平县城搜查,纯粹是无稽之谈。这套站不住脚的鬼话当然会遭到我守军严词拒绝,日遂向中国守军开枪射击,又炮轰宛平城,一手制造举世震惊的卢沟桥事变。

头版左侧中部还有一幅卢沟桥战事形势图,所配文字为"北望芦(卢)沟桥,热血方沸腾"。同版其他报道还有《由通开平之日军我方已拒其入城》《平津戒严》《日海军警备》《北平如火山》《川越离沪北行》《日军纷开丰台》《我方抗战实为正当防卫》等多条有关卢沟桥事变的时事新闻。这些新闻每一个字都让人触目惊心，把日本帝国主义妄图强占我华北进而占领整个中华大地的野心描述得淋漓尽致，对我防守卫士为了保卫国家领土完整，不惜自我牺牲的爱国精神，予以了热情赞扬！左下侧还有一小块文字："正义之卫士——廿九军卅七师，师长冯治安。芦(卢)沟桥守军团长吉星文。"

报头下方有一条"最后消息"，谓二十九路军副军长秦德纯向日方代表今井提了两个质疑：一问"日方此举是否对中国有整个之举动"；二问"是否为丰台事件一样将芦(卢)沟桥占据"。今井表示无意，但要求我方撤出驻卢沟桥守军。这条"最后消息"相当于现今新闻媒体经常使用的"据刚刚收到的消息""据最新消息"等。说明《辛报》对这一重大突发事件敏感和关切程度之高！

卢沟桥事变是中国人民全面抗战的开始，这份《辛报》因为记录了该事变发生前后的重要过程，而且内容详尽，排版清晰合理，属于一份珍贵的重大事件报，具有极高的文献价值和收藏价值！

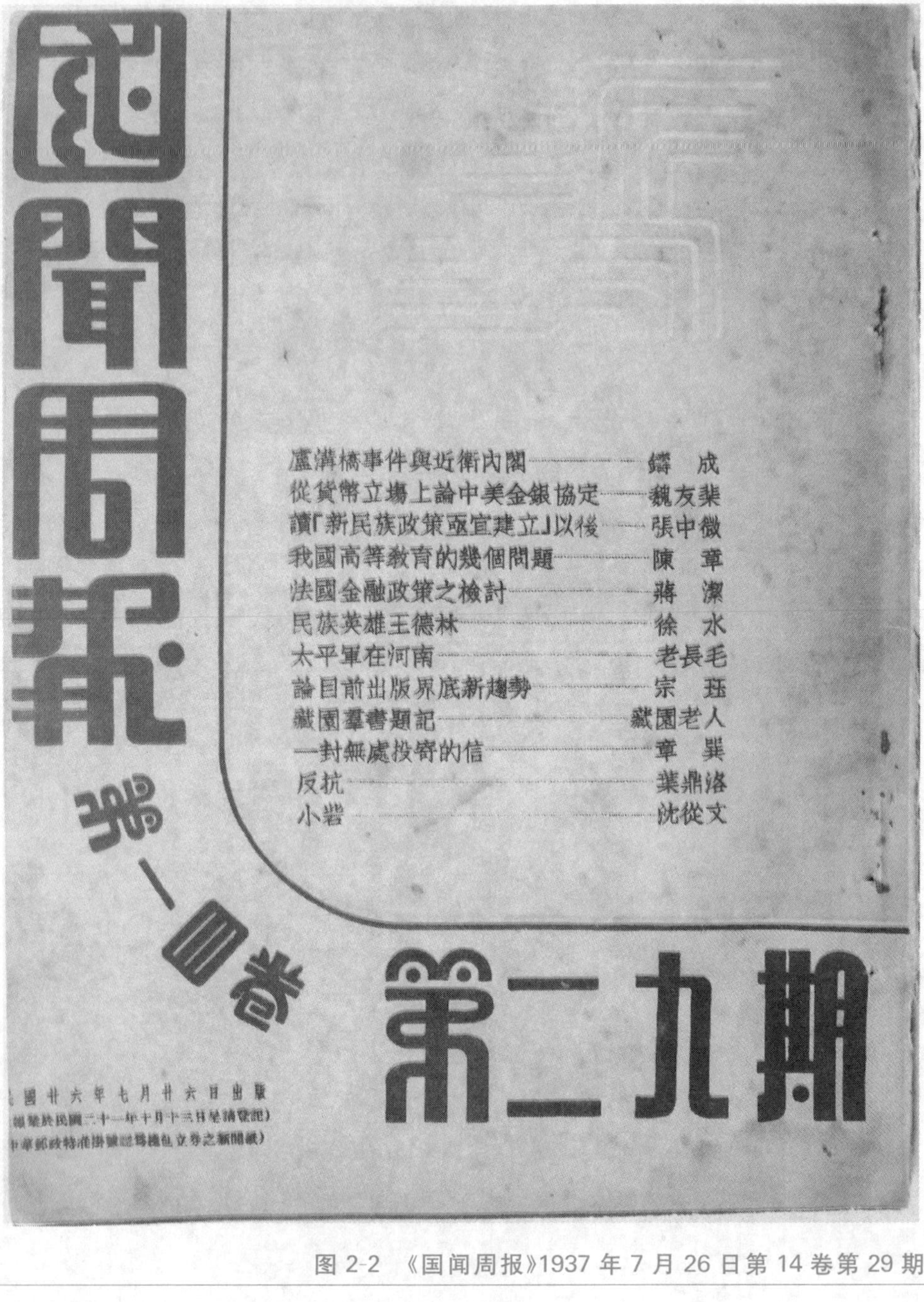
國聞周報
第十四卷
第二十九期

蘆溝橋事件與近衛內閣……鑄成
從貨幣立場上論中美金銀協定……魏友棐
讀「新民族政策亟宜建立」以後……張中微
我國高等教育的幾個問題……陳章
法國金融政策之檢討……蔣潔
民族英雄王德林……徐水
太平軍在河南……老長毛
論目前出版界底新趨勢……宗珏
藏園羣書題記……藏園老人
一封無處投寄的信……章巽
反抗……葉鼎洛
小砦……沈從文

國廿六年七月廿六日出版

图 2-2 《国闻周报》1937 年 7 月 26 日第 14 卷第 29 期

该期刊发《卢沟桥事件与近卫内阁》。

图 2-3　《国闻周报》1937 年 7 月 26 日第 14 卷第 29 期

该期刊发以《卢沟桥事件》为题的一组照片。

二、南口战役

1937年7月底，日寇相继占领北平、天津后，为了“三个月内灭亡中国”，紧接着沿津浦、平汉、平绥三线大举扩大侵略。

蒋介石政府眼看对日妥协无望，决心抗战，对日寇的三路进犯，都做了相应的战斗部署，在平绥路方面，组织了著名的南口战役。

南口，位于北平城西北45公里处，燕山余脉与太行山的交会处，是居庸关南侧的长城要隘，是北平通向大西北的门户。这一带地形复杂，崇山峻岭，关隘重叠，是名副其实的“一夫当关，万夫莫开”的天险之地，被视为“绥察之前门，平津之后门，华北之咽喉，冀西之心腹”。守住了南口，即可阻止日寇占领察哈尔省，进而分兵晋、绥之图谋，从而保卫察、晋、绥三省。

南口战役自1937年8月8日打响，至26日撤退，历时近20天。战斗中，日寇凭借其优势兵器飞机、坦克、大炮等，每日向我阵地倾泻数千发炮弹、炸弹，依山修筑的工事，总是刚修好就被毁，再修好再被毁。但中国军队抱着誓死决心，以步枪、手榴弹、大刀，与敌军拼杀，一次又一次地打退了敌人的进攻。战斗之惨烈、残酷，真是惊天地泣鬼神。

尤其是8月14日的战斗，进行得异常激烈，敌人竟日以重炮轰击，至5000发左右，同时用重坦克车30余辆，向我阵地猛冲，我军内外壕工事均被冲毁，第529团罗芳珪部浴血奋战，死守不退，以致全团殉国，团长以下无一生存，其牺牲之壮烈，实为近代战争所少有。

南口战役严重打乱了日寇的作战计划，使“三月亡华”的神话破灭，同时极大地鼓舞了全国人民的抗战热情和斗志，从此，“中国不会亡！”“筑成我们民族新的长城！”“打倒日本帝国主义！”等等抗战口号，深入人心，响彻祖国大地。

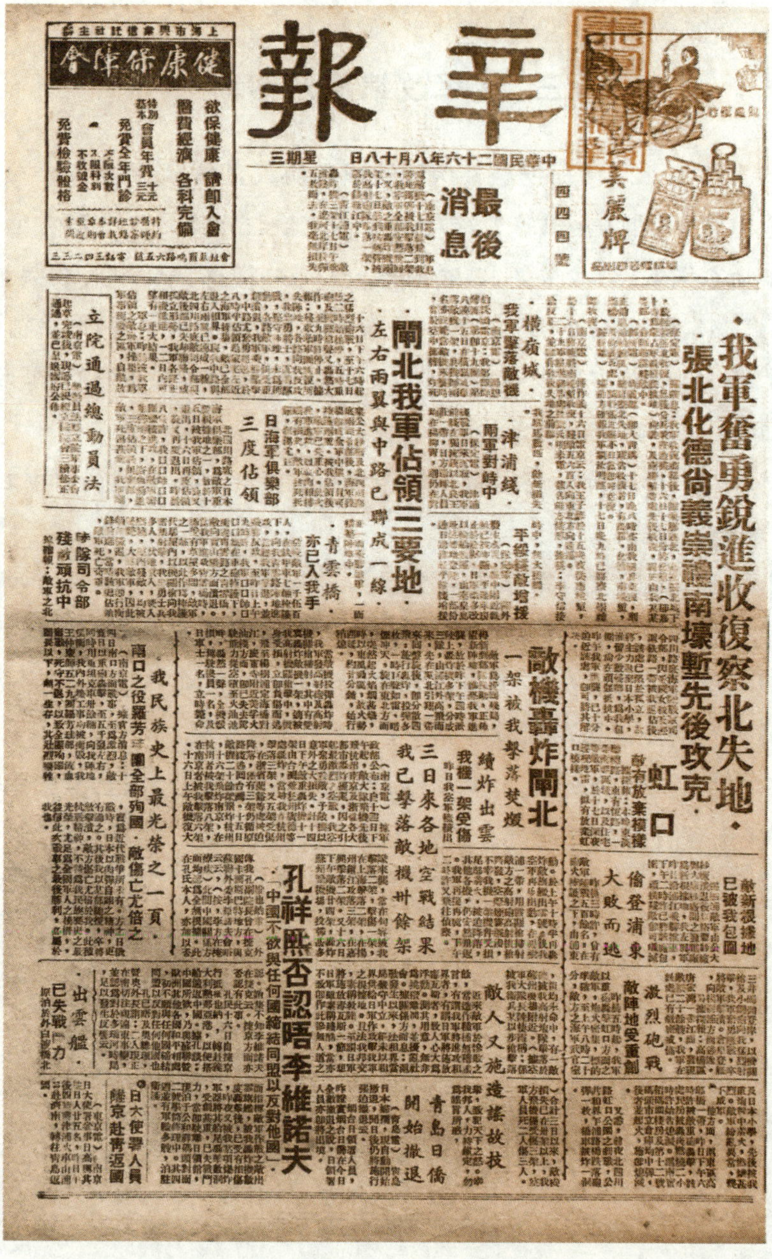
辛報

中華民國二十六年八月十八日　星期三

健康保障會

最後消息

我軍奮勇銳進收復察北失地

張北化德尚義崇禮南壕塹先後攻克

閘北我軍佔領三要地

左右兩翼與中路已聯成一線

立院通過總動員法

日海軍俱樂部三度佔領

青雲橋亦已入我手

虹口

敵機轟炸閘北

一架被我擊落焚燬

三日來各地空戰結果

我已擊落敵機卅餘架

我機一架受傷

續炸出雲

我民族史上最光榮之一頁

南口之役羅芳珪團全部殉國　敵傷亡尤倍之

孔祥熙否認晤李維諾夫

倫登浦東大敗而逃

敵新根據地已被我包圍

敵陣地受重創

激烈砲戰

敵人又施造謠故技

青島日僑開始撤退

日大使寓人員離京赴青返國

出雲艦已失戰鬥力

图 2-4　《辛报》1937 年 8 月 18 日头版

该版刊发《南口之役罗芳珪团全部殉国　敌伤亡尤倍之》。

三、红军改编成八路军

1937年8月22日，根据国共两党达成的协议，国民政府军事委员会宣布，原西北主力红军，即中国共产党领导的中国工农红军第一、二、四方面军，改编成国民革命军第八路军，朱德、彭德怀任正、副总指挥。全军人数共约4.6万人，下辖第115师、第120师、第129师三个师，每师辖两个旅，每旅辖两个团。

8月25日，中共中央发布《抗日救国十大纲领》，并发布了红军改编为八路军的命令。

当日，朱德、彭德怀等高级将领发表通电，宣布就职，并宣告部队已整编完毕，即将东进杀敌。

9月11日，国民政府军事委员会又按全国陆海空军战斗序列，将八路军改称第十八集团军，八路军总部改称第十八集团军总司令部。朱德改任总司令，彭德怀改任副总司令。9月14日，朱德、彭德怀发布八路军改为第十八集团军的通令。但此后仍习惯称八路军。

红军改编后，第115师、第120师、第129师分别在泾阳县云阳镇、富平县庄里镇、泾阳县石桥镇举行抗日誓师大会，之后即开赴山西抗日前线。

中國共產黨發表宣言
爲實現三民主義奮鬥
紅軍改編待命向前線出動

黃帝子孫

國防經濟

北方

图 2-5　《新闻报》1937 年 8 月 25 日第二版

该版刊发《中国共产党发表宣言　为实现三民主义奋斗》。

四、罗店争夺战

开始于1937年8月13日的淞沪会战，是卢沟桥事变后，蒋介石为了把日军由北向南的入侵方向，引导改变为由东向西，以利于长期作战，而在上海采取主动反击之策的战役。其中，打得最有名也最惨烈的当数罗店争夺战，因其激烈程度，被很多人喻为“血肉磨坊”。

罗店是上海宝山县下属的一个大镇。清朝末年时，这里就已有700多家店铺，商业发达，交通便利。向西可到嘉定、安亭，占领宁沪铁路线；向南可达刘行、大场，威胁张华浜、蕴藻浜。

喜欢搞重点突破的日军华中方面军司令官松井石根，经多日观察后认为，控制了罗店，就掌握了淞沪战役的主动权，遂决定将战场的重心转移到罗店。

从8月27日起，松井石根指挥第三师团抢占罗店。敌人的这一企图，很快被张治中发现。他立即向蒋介石报告，认为如果让敌人占领了罗店，就会侧击中国军队后背，达到他们迂回包围中国军队的战略目的，因此建议蒋介石派重兵坚守罗店。

蒋介石回电：“建议甚好，照此办理。”

小小的罗店由此被炮声、杀声淹没，双方来回拉锯，反复冲杀。白天是日军逞威，飞机、大炮、坦克齐上阵，把中国军队阵地变成一片火海，守军只好退出阵地。夜晚则是中国军队反攻，趁着敌人优势装备无法发挥威力之机，一阵猛打撵出敌军，夺回白天丢失的阵地。

罗店争夺战时刻揪着蒋介石的心，他深知，罗店虽乃江边弹丸小镇，但一旦有失，全局势必震动。于是蒋介石几次三番下令：罗店关系重要，必须限期攻克，全体将士有进无退，有敌无我，不成功便成仁。陈诚信誓旦旦：不惜一切，保证完成任务。

28日，坚守罗店的中国军队与敌军连番激战后，伤亡巨大，相继阵亡1个旅长、2个团长，营、连、排一级的战死军官更是数不胜数，第67师师长李树森将军也负重伤，无法继续指挥，阵地被敌突破。

29 日,从德国紧急应召归国的黄维率第 67 师重新夺回罗店,但受到日军强大火力轰击,尚未站稳又被迫撤出,罗店陷落敌手。

此后,双方战略重点转向罗店外围,但对罗店的争夺一刻也未停止,你攻我守,你守我攻,蒋介石甚至怒称:“如果夺不回罗店,师以上军官统统就地处决!”

一直坚持到 11 月初,13 万日军登陆金山卫,包围上海。在这场胶着战中,双方死伤 2 万余人,尸积如山,血流成河,整个城镇片瓦无存,唯余焦土,残酷之状,不忍卒睹。

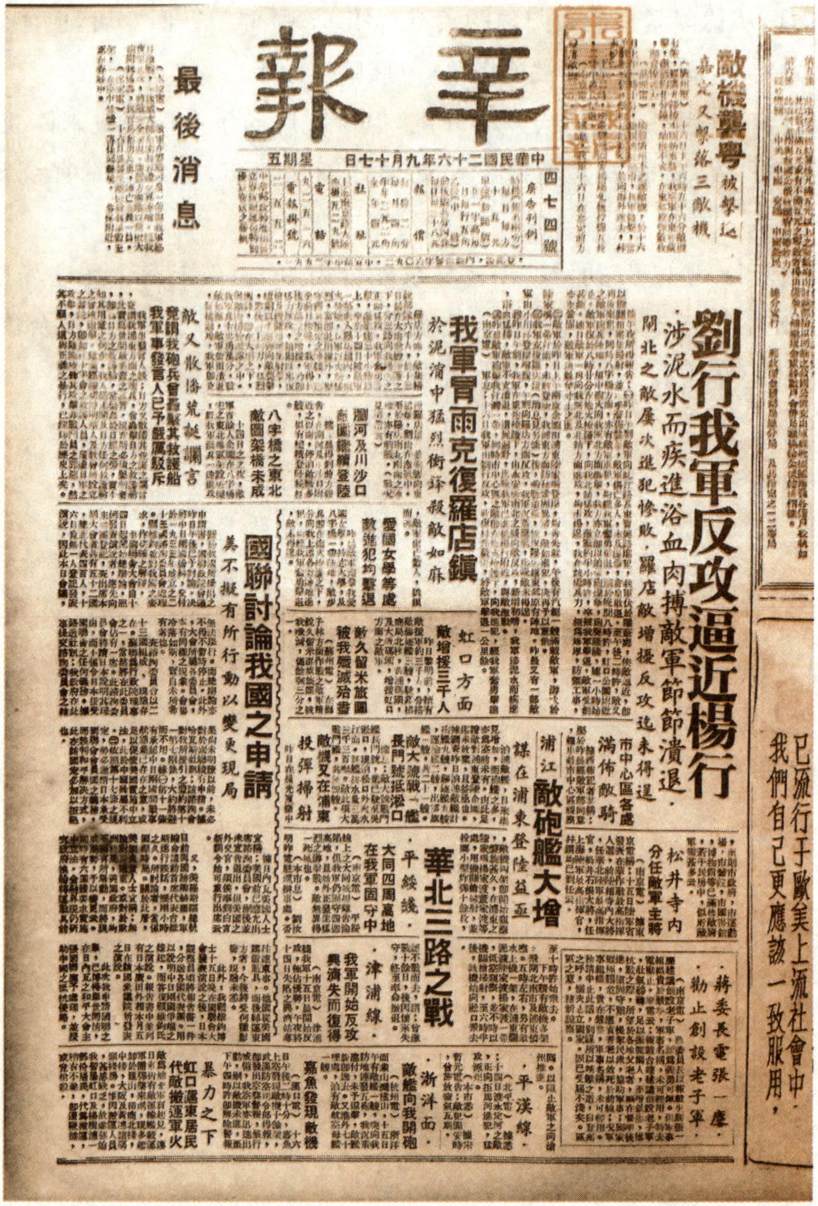
辛報

中華民國二十六年九月十七日 星期五

四七四號

最後消息

劉行我軍反攻逼近楊行

涉泥水而疾進浴血肉搏敵軍節節潰退

閘北之敵屢次進犯慘敗 羅店敵增援反攻迄未得逞

我軍冒雨克復羅店鎮

於泥濘中猛烈衝鋒殺敵如麻

瀏河及川沙口 敵圖續行登陸

八字橋之東北 敵圖架橋未成

敵又散播荒誕謠言 竟謂我砲兵曾轟擊其救護船 我軍事發言人已予嚴厲駁斥

愛國女學等處 敵進犯均擊退

虹口方面 敵增援三千人

新久留米旅團 被我殲滅殆盡

市中心區各處 滿佈敵騎

松井寺內 分任敵軍主將

浦江敵砲艦大增 謀在浦東登陸益亟

敵大演戰艦 長門號抵淞口

敵機又在浦東投彈掃射

國聯討論我國之申請 英不擬有所行動以變更現局

華北三路之戰

平綏線 大同四周高地在我軍固守中

津浦線 我軍開始反攻 興濟失而復得

平漢線

浙洋面 敵艦向我開砲

嘉角發現敵機

暴力之下 虹口還東居民 代敵搬運軍火

蔣委員長電張一麐 勸止創設老子軍

已流行于歐美上流社會中，我們自己更應該一致服用，

图 2-6 《辛报》1937 年 9 月 17 日头版

该版刊发《我军冒雨克复罗店镇》，报道了国民革命军第 36 师会同第 87 师、第 88 师冒雨克复罗店镇的激战。

五、平型关大捷

平型关在山西灵丘县境内，是长城要口之一。距县城 65 公里，西去雁门关 115 公里，南近河北平县。该地地势险要，周围地形如瓶，古称瓶形寨。关北恒山高峙，关南五台山矗立，两山之间是一条不太宽的地堑式低地，是河北北部平原与山西之间的最便捷通道。这条古道穿平型关而过，东接北京西的紫荆关，西接雁门关，构成一条坚固的防线，自古就是北京西的重要藩屏。

平型关大捷前，因错判形势，阎锡山着意部署大同会战计划，导致雁门关一带兵力虽多而无用，而平型关一带则兵力空虚，危如累卵。阎锡山要求八路军和晋绥军高桂滋部共同防守平型关。在日军未到沙河前，即在灵丘、平型关、大营镇一线对日军进行抵抗；在日军进至沙河后，集中 24 个团的兵力与敌决战。在决战时要求八路军抄击日军进攻的左侧背。彭德怀同意，说八路军将运用运动战和游击战相结合的战略，配合友军围歼日军。他更进一步说，友军坚守平型关正面，八路军第 115 师隐蔽集结在日军前进道路的侧面，从侧后夹击进攻平型关的敌人。

1937 年 9 月 25 日，八路军第 115 师即在平型关与日军华北方面军第 5 师团的第 9 旅团和第 21 旅团打了一场漂亮的伏击战，共歼灭日军 1000 余人。

平型关大捷震动全国，委员长武汉行营，国民党福建省党部特派员陈肇英，以及湖北、浙江、广东、陕西、安徽、贵州等国民党党部、省政府，全国各群众团体，上海大公报等新闻单位，第 7 集团军总司令傅作义，第 17 集团军总司令马鸿奎，第 38 军军长孙蔚如，第 3 预备军司令长官龙云，第 2 预备军司令长官刘湘，立法院院长孙科等众多党政军官员、著名爱国民主人士，纷纷致电祝贺。国民党的中央通讯社第一次正面报道了八路军抗日的消息。全国社会各界人士纷纷发表谈话，集会游行，或派代表到八路军驻地及八路军各办事处表示祝贺。石家庄市民冒着敌机空袭的危险，组织集会游行，敲锣打鼓，燃放鞭炮，热烈庆祝八路军平型关大捷。黄绍竑将军途经石家庄时，获悉大捷消息，又耳闻目睹各界群众的欢庆，深受感动，特地向八路军赠送上万元的慰问品。

平型关大捷在国际社会也引发强烈反响。各通讯社、报纸、电台均以特大新闻争相传送八路军平型关大捷的消息。日本东京广播电台于25日晚就报道了日军第5师团在平型关遭八路军袭击，损失惨重的消息，在日本军界、政界引起极大震动。法国巴黎出版的华文报纸《救国时报》、英国《每日先驱报》等国外报纸纷纷发表评论，祝贺中国抗战的首次大胜利。

平型关大捷的深远意义在于：第一，抗战以来，中国军队虽英勇奋战，但没有获得很好的战绩。是时，南线的淞沪会战一直处在胶着状态，中国军队伤亡严重。保定、石家庄等大城市，以及平汉、津浦路北段的大片土地迅速沦陷，阎锡山的晋军也是连续丧师失地。平型关战斗干净利索地消灭千余日军，是全面抗战以来中国军队的第一场大胜仗。因此，国民政府称："此为华军在平绥线之空前胜利。"它给了侵华以来在中国大地上横冲直撞的日军以沉重的打击，尤其此次战斗中八路军第115师伏击的是日军的王牌师团，因此这次失利对日军而言特别沉重。毛泽东在大捷次日即致电朱德、彭德怀，"庆祝我军的第一个胜利"，认为"平型关的意义正是一场最好的政治动员"。而它更重大的意义，是极大地鼓舞了全国人民的抗日斗志，振奋了全国人心，增强了全国人民抗战必胜的信念。

第二，平型关大捷对日军的痛击，既打破了日军突破平型关、打击中国第二战区部队，从右翼配合日军华北主力在平汉路作战的战略企图，又大挫了日军向山西腹地深入的进攻势头和锐气，使之再不敢贸然深入，为中国方面部署忻口会战提供了时机，从而有力地支援了中国正面军队的抗战。

第三，八路军以远远不如国民党军队，甚至连当时民间武装都看不起的简陋装备，主动迎战日军的主力师团，并且首战大捷，突显了八路军强悍的战斗力，因此极大地提高了八路军的威信，提高了中国共产党的威信。

第四，平型关大捷增进了中国共产党领导人对抗日战争规律的认识。朱德、彭德怀于次日专程从五台山八路军总部赶到第115师部驻地冉庄，在表示衷心祝贺的同时，帮助总结战斗经验，研究贯彻中央军委关于开展敌后游击战的问题。毛泽东根据平型关战斗的经验，于9月29日进一步提出八路军的作战方针："根本方针是争取群众，组织群众的游击队。在这个总方针下，实行有条件的集中作战。"不久，他把它概括为"独立自主的游击战和运动战"，从而完善了我党对领导抗日战争的作战指导思想。

图 2-7　《血战画报》1937 年 10 月 31 日第 5 期

该期详细介绍了平型关大捷。

图 2-8 《血战画报》1937 年 10 月 31 日第 5 期

该期刊发《浩然之阵　救国之军》，赞颂平型关大捷。

六、上海沦陷

卢沟桥事变发生后不久，日军于1937年8月13日在上海故意挑起事端，把魔爪再次伸向了上海。

驻扎上海的中国守军在张治中将军的率领下，顽强抵抗。国民政府陆续调集6个集团军共70余万人抗击日寇，在淞沪抗战初期取得了一定的优势。

从8月23日起，不甘失败的日军多次在长江口登陆，攻击我守军左翼，遭到顽强抗击。9月下旬起，日寇大量增援部队陆续在上海登陆。9月底，日军向我军发起猛烈攻击，中国守军渐渐不支，伤亡惨重，但仍然苦苦坚持。

11月5日，大雾笼罩着杭州湾内金山卫附近的海面。凌晨4点左右，80余艘日本军舰突然出现，并在北岸金山卫附近的漕泾镇、全公亭、金丝娘桥三处大举登陆。国民党军队没有足够重视金山卫的战略地位，以致日军没有费什么劲就登陆成功，并迅速控制杭州湾北岸，从侧背攻击已退守苏州河南岸的中国军队，合围上海。我守军被迫放弃上海，向浙北和苏南方向撤退。

11月12日，上海全部沦陷。

天天請報最易增進本身對於國家的認識故欲民族復興必先實行報紙大衆化

LIH PAO

立報

我新陣地佈置完竣

在黃河沿岸轟炸

昨日淒風苦雨中

大上海全部淪陷

守衛南市孤軍流最後一滴血

昨日傍晚全數作最壯烈犧牲

我楓涇防綫被突破

浦東昨火勢仍烈

敵艦昨又襲厦

敵猛犯商河臨邑

大名附近我痛擊敵軍

南市烈焰未熄

李忠殉國

中國陸軍無論如何決不接受日議和條件

图 2-9　《立报》1937 年 11 月 13 日头版

《立报》是一份土生土长的海派小报，4 开 4 版，创刊于 1935 年 9 月 20 日。

《立报》虽小，编辑阵容却非常豪华。它由著名报人成舍我、萧同兹、严谔声、吴中一等集资创办，成舍我为社长，严谔声任总经理。张友鸾、萨空了、褚保衡曾先后出任总编辑，恽逸群、谢六逸、张恨水、沈雁冰等都曾在该报担任过编辑等职，这些人都是文化界的著名人物。

此报以宣传抗日救国、提倡民主政治、反映群众呼声受到读者欢迎。在第二次淞沪抗战期间，销量达到20万份，创当时国内报纸的最高纪录，成为当时小型报中的佼佼者。

笔者收藏的这份1937年11月13日《立报》，社址还是上海的九江路，也就是说，即使上海已沦陷，《立报》依然坚持在上海出版，这本身就是一种奉献精神。纵览全报，内容大部分为抗战消息，最吸引人眼球的是头版头条，其大标题为"大上海全部沦陷"，副标题为"守卫南市孤军流最后一滴血　昨日傍晚全数作最壮烈牺牲"。这个标题别具匠心，南市孤军奋战到流尽最后一滴血，上海最终沦陷，再加上凄风苦雨的天，它把上海被日寇占领这件很痛心、很壮烈又很无奈的事件写活了，可以说深深地打动了读者的心！

此外，头版上有关淞沪抗战及上海恶劣情形的新闻还有《浦东昨火势仍烈》《南市烈焰未熄》《李忠殉国》等多篇。

报头右边还有条最后消息《晋交城汾阳一带我新阵地布置完竣　太原守城部队全部殉国》。报道的是山西省会太原城的北门东门于11月9日被敌人攻陷，城内守军绝大部分提前撤离，而剩余参与巷战的守城部队全部牺牲。这实际上是太原沦陷的新闻，同上海沦陷一样，两个城市中未能及时撤退的将士全部以身殉国。

七、南京保卫战

南京保卫战，又称南京战役，是中国军队在淞沪会战失利后，为保卫首都南京与日本侵略军展开的战役。

1937年12月1日，日军攻占江阴要塞；是日，日军大本营下达“大陆第8号令”，命令“华中方面军司令官须与海军协同，攻占敌国首都南京”。其后，日军占领镇江、句容、溧水，突破南京外围及复廓防御阵地，直逼南京城垣。

蒋介石任命唐生智为首都卫戍部队司令长官，部署南京保卫战。参加南京保卫战的中国军队总兵力约15万人，刚从上海前线撤退下来的第36师、第87师和第88师，加上从他处抽调来的10个师，总共13个师，再加上由军事学院学生组成的教导总队（共计1.2万余人）、宪兵部队、江宁要塞部队，若满编有18万人左右，然而除去第10军的第41师及第48师是汉口开来的增援部队，其余均是由上海战场撤出受创整补中的残部。因此，实际上只有约8万人，其中新兵就占3万人。

日军进攻势如破竹，南京外围战略要地相继失陷。很快日军就突破南京外围一线防御阵地。12月7日，日军兵临城下，松井石根从空中投函唐生智劝降。唐生智不予理睬，继续命令各部队“应以与阵地共存亡之决心尽力固守，决不许轻弃寸土”，决心以“破釜沉舟”的精神背水死战。

12月10日，日军见中国军队拒绝投降，遂向雨花台、通济门、光华门、紫金山第三峰等阵地发起全面进攻，战况十分激烈。特别是城东南方面，因复廓阵地已基本丧失，日军直接进攻城垣，所以形势尤为严峻。

南京保卫战期间，蒋介石所在的武汉大本营对南京的战况也极为关注，每日均有询问及指示的电报。当发现局势危急时，为避免南京守军被敌围歼，蒋介石于12月11日中午考虑令南京守军撤退，遂令时在江北的顾祝同以电话转告南京卫戍司令唐生智。顾要唐当晚渡江北上，令守军相机突围。唐生智由于自己曾力主固守，若突然先行撤走，怕今后责任难负，因而要求必须先向守军将领传达清楚最高统帅的意图后再行撤离。当晚，蒋介石致电唐生智：

“如情势不能久持时，可相机撤退，以图整理而期反攻。”唐生智于当夜与罗卓英、刘兴两副司令长官及周参谋长研究后，决定于14日夜开始撤退，遂于12日凌晨2时许召集参谋人员制订撤退计划及命令。

12月12日，唐生智下达突围、撤退命令，中国军队的抵抗就此瓦解。是日，日军第6师团先头部队长谷川部队在南京中华门外准备发起总攻击。中午前后，在日军炮火猛烈轰击下，日军攻破中华门，防守此处的第88师当即撤走，南京失陷已成定局。

当时大批逃难民众与溃退的散兵拥挤在街道上，城中秩序开始陷于混乱。南京守军已开始呈动摇态势。唐生智等决定改在当夜撤退。

12月12日17时，卫戍司令部召集南京守军中师以上将领开会，布置撤退行动。唐生智首先简要地说明当前战况，询问大家是否还能继续坚守。与会将领无一人发言。随即由参谋长分发了参谋处已油印好的撤退命令及突围计划。

但这份计划因是临时仓促出台，毫无可行性可言，带有很大的随机性，连撤退船只都没有安排，甚至也没有人通知担任督战任务的第36师。结果第36师为了阻止各部队撤退，双方还发生了交火。

部分军队将领的提前逃跑，更是加重了撤退的混乱。自行决定由下关渡江的军、师长大多未按命令规定的时间开始撤退，而是在散会后立即部署。有的部队甚至在接到命令前就已撤走。个别将领只向所属部队打撤退电话，或回去安排一下撤退事宜就脱离部队，随同卫戍司令部及第36师乘渡船先到江北。各部队基本失去掌控，抢路、抢门、抢渡、踩踏等等，乱象丛生。

与此同时，日军各师已分由中山门、光华门、中华门、水西门等处进入南京城内。12月13日，南京宣告沦陷。

12月14日，根据中国大本营的指示，唐生智在临淮关宣布南京卫戍司令长官部撤销，撤至江北的卫戍军部队改隶第三战区。南京保卫战基本结束。

國華報 KWOK WA PO

寶星公煉奶

天良堂 大減價

郭芝良 緊要通告

潘芳芬女醫師

潘芳生育丸 難孕症

廣州城西方便醫院 通告

買田注意

南京守軍全部撤盡

臨退前激烈巷戰殲敵數千

唐生智殿後掩護部隊撤退

各方電訊

最後電訊

廣東憲兵區司令部啓事

廣東救護調劑學校招生

京巷戰殲敵數千

敵攻城傷亡慘重

敵偽渡北岸中伏

連日守城戰經過

東戰場側重右翼

砲彈波及難民區

英美艦被炸案

促成英美聯合行動

向日提強硬交涉各派艦隊來遠東

美將促請他國武力履行條約義務

图 2-10 《国华报》1937 年 12 月 15 日第二版

该版刊发《南京守军全部撤尽》，报道了南京保卫战的战况。

八、南京大屠杀

1937 年 12 月 13 日，日军占领国民政府首都南京。随后在长达 6 周的时间内，进行了惨绝人寰的南京大屠杀，丧心病狂地杀死 30 余万手无寸铁的中国军民，其中军人占 7 万—9 万，其余皆为平民。

造成如此多的平民遇难，与国民政府的宣传误导有很大关系。在南京失陷前后，国民政府各机关大多忙于迁都工作，对南京城陷后的善后工作以及民众的安全问题并不关注，对一旦城陷如何安置和保护市民也没有详细的计划。蒋介石固守南京的高调表态，更使得南京市民对战争状态没有正确的估计，也不可能有相应的战败后物资与心理准备。南京失陷前后，大批难民拥入城中的国际安全区，而在此前国民政府对国际安全区的支持不够，且安全区未得到日本的承认。因此，它们对难民的安全保障和生活救助非常有限。

军人的大规模被俘虏、被屠杀，则与南京保卫战的战略决策和指挥失误密切相关。一方面，国民政府集合重兵固守南京的决策失误，造成大批中国军人滞留南京。蒋介石明知南京不可守，却高调表态要死守南京，实际上是对参战部队做“遗弃性处置”。另一方面，作为南京卫戍司令的唐生智，对城陷之后如何有序地组织撤退等善后事宜，也考虑不周。他为了迎合蒋介石而提出了“誓与城市共存亡”的口号，在挹江门阻止军队退往长江边，并收缴渡江船只。按照唐生智的说法，此为置之死地而后生。其结果是“死地”形成了，而“后生”则为泡影。加上军事决策与指挥体制的缺陷，导致南京沦陷后中国守军不能形成有效抵抗和有序撤退，滞留城内的官兵陷入组织崩溃的境地，被俘官兵数以万计，并成为日军残忍屠杀的对象。

管制日本保證和平

美國發表處理日本方案

清除侵略思想扶植民主

麥帥令日方交出阿部信行

日境美佔領軍已超過二十萬人

社評

勝利券軍獻金

武勝關接防完畢

國軍渡豫境黃河北進

接收被俘官兵

武漢區接收工作

英太平洋艦隊總司令

福拉塞由港抵渝

蔣主席昨晚設宴歡迎

違反降約規定

湘豫日軍橫行

王外長談日本戰犯

美國贈我艦隻

山下奉文罪惡昭彰

美國務院人事更迭

朝鮮美軍佔領區成立人民委員會

图 2-11 《大公报》1945 年 9 月 24 日第二版

南京大屠杀发生后的近 8 年间，由于日本右翼当局的新闻封锁，日本普通民众无法知道南京大屠杀这件事。那么，日本国内的报纸是什么时候向民众公开南京大屠杀的资料的呢？迟至1945年！

1945年9月24日出版的重庆《大公报》第二版右下侧有一则比豆腐块还小的消息。消息主标题是“南京屠杀事件”，副标题是“日报揭载日人震愕”。全文很短，照录如下：

> 【中央社东京二十二日电】《每日新闻》本日根据田伯烈所著一书，披载日军在南京大屠杀之事实。日政府曾力使该书不得留(流)传于世。该报所载之节要中内有一评语，即为该书撰写书评之报人对所记之细节亦震愕万分。此显系日本人民首次得知第六军团占领南京时之确实情形。

消息中所提及的田伯烈所著一书即由英国《曼彻斯特导报》名记者田伯烈(H. J. Timperley)于1938年3月成书的《战争意味着什么——日本军在中国的暴行》，其中文译本是1938年7月由汉口国民出版社出版发行的《外人目睹中之日军暴行》。该书已被南京大屠杀纪念馆馆长朱成山先生考证为世界范围内以南京大屠杀为题最早出版的专著，并且是唯一中英文基本上同时出版的专著，也是战争期间西方(美英两国)唯一公开出版的有关南京大屠杀的史料专著。

从南京大屠杀发生到日本投降的近8年时间内，日本右翼势力掌握着新闻舆论机构，大部分日本战地记者被军国主义思想熏昏了头脑，故意粉饰太平，伪造日中亲善、日本是来帮助中国人民摆脱苦难的假象。当然这其中也有少数记者或者作家不顾军国主义势力的警告，本着做人良心，冒着生命危险撰写了一些揭露日军在南京进行大屠杀的文章。最有名的是1938年初随军体验生活的日本作家石川达三。石川达三回国后写出小说《活着的士兵》，准备在日本《中央公论》杂志上连载。但还没有刊登完毕即被当局查封，石川本人被政府以“违反新闻法”判刑。石川达三是以小说形式反映南京大屠杀部分惨状的，文字还不是那么直白和严谨，再加上被政府查禁，所以日本民众并没有真正及时地了解到南京大屠杀的真相。

1945年8月15日，日本宣布投降。美国随后宣布将占领日本，并将彻底调查日本侵略史实，惩治战犯。日本国内媒体在此背景下开始刊登日军在中国以及其他国家或地区进行残暴屠杀的真相。《大公报》提及的大阪《每日新闻》是较早揭露南京大屠杀的日本报纸。

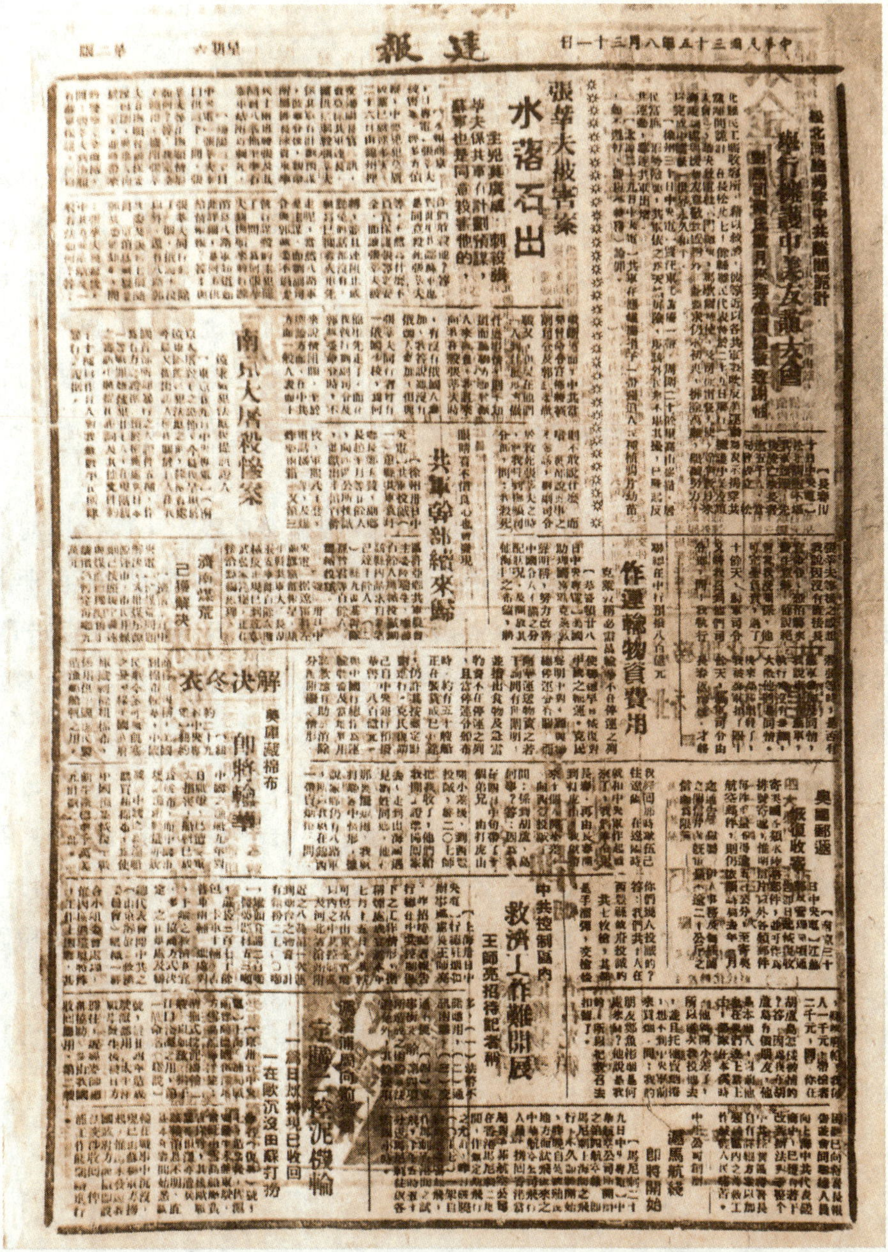
建報
中華民國三十五年八月三十一日　星期六　第二版
張莘夫被害案　水落石出
南京大屠殺慘案
共軍幹部續來歸
作運輸物資費用
解決冬衣
救濟工作難開展

图 2-12　《建报》1946 年 8 月 31 日第二版

该版刊发《南京大屠杀惨案》，报道了远东战犯法庭的审理进展。

九、武汉空战连战连捷

1938年2月18日12时许，日军12架轰炸机在26架驱逐机掩护下进袭武汉。12时45分，中国空军驻汉口、孝感的第4驱逐机大队第21中队10架伊-16型驱逐机从汉口机场起飞，上升至2000米高度，在机场西北与日军12架轰炸机、10余架驱逐机遭遇。经几番空战，日机向东逃逸。中国空军飞行员奋勇追击，击落日机3架，击伤2架。同时，第22中队、第23中队亦与日机展开激战，击落日机10架，击伤2架。大队长李桂丹等5人阵亡，损失飞机5架，伤5架。

4月29日，日军出动轰炸机、驱逐机共39架偷袭武汉。中国空军对此早有防备，集中飞机67架，以伊-15型驱逐机编队钳制日驱逐机，伊-16型驱逐机集中打击日轰炸机。经激烈奋战，中国空军击落日机21架，被日机击落12架，牺牲飞行员5人，其中陈怀民击落1架日机后，在被敌机包围，飞机多处受伤情况下，仍向敌机猛冲过去，与敌同归于尽。

日军遭此惨败后，又于5月31日出动轰炸机18架、驱逐机36架再袭武汉。我空军掌握情况后，即升空隐蔽伺机作战。当日机进入武汉地区时，我方采用合围攻击的方法，对敌机展开猛烈攻击，日机只得且战且退落荒而逃，日军又损失了14架飞机。中国空军和苏联空军志愿队的英勇抗击，再次粉碎了日军空袭企图。

中国空军在保卫武汉的空战中，连战皆捷，打击了日军的嚣张气焰，鼓舞了全国军民的抗日斗志。

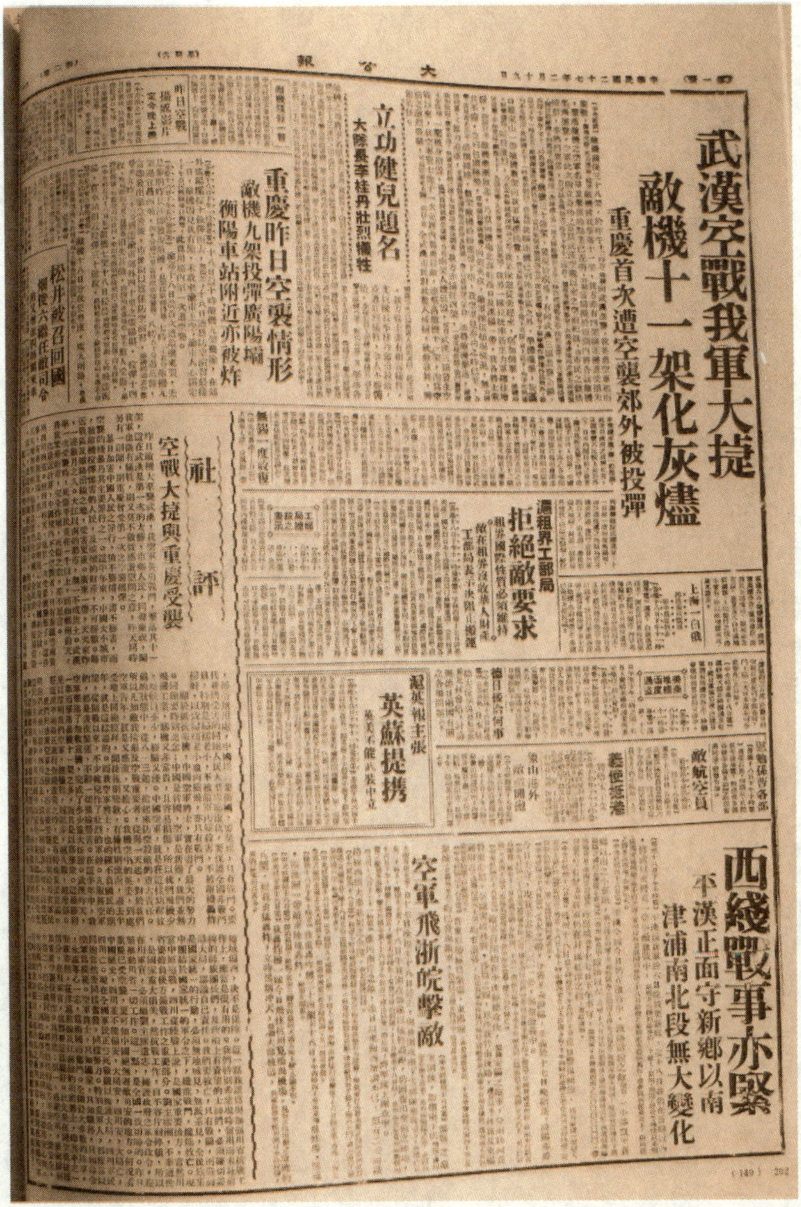
大公報

武漢空戰我軍大捷

敵機十一架化灰燼

重慶首次遭空襲郊外被投彈

立功健兒題名

大隊長李桂丹壯烈犧牲

重慶昨日空襲情形

敵機九架投彈廣陽壩

衡陽車站附近亦被炸

松井被召回國

社評

空戰大捷與重慶受襲

滬租界工部局

拒絕敵要求

英蘇提携

西綫戰事亦緊

平漢正面守新鄉以南

津浦南北段無大變化

空軍飛浙皖擊敵

图 2-13 《大公报》1938 年 2 月 19 日第二版

该版在头条位置刊发《武汉空战我军大捷　敌机十一架化灰烬》,报道了武汉空战战果,这是中国空军的显著战绩。

大公報

武漢空戰我軍再捷
敵機十四架成虀粉

勝利！勝利！勝利！

晉南我續克解縣
侯馬之敵被圍困
稷山正激烈巷戰
運城不日可攻下

廣州空襲
西村一帶又被炸

英國輿論痛斥暴敵

社評
調整金融發展生產

孫院長離蘇聯
歸國前赴法一行

漢口看墜機

隴海路戰況
敵犯睢縣我正迎擊

東京警報

上海海關

图 2-14　《大公报》1938 年 6 月 1 日第二版

该版在头条位置刊发《武汉空战我军再捷　敌机十四架成齑粉》，报道了武汉又一次空战战果。

十、苏军轰击台北日军机场

1938年初，苏联从中国提供的侦察情报中得知，大量日本新飞机正在台湾集结。于是，苏联空军总军事顾问雷恰戈夫、政委雷托夫和空军武官日加列夫(后来的苏联空军司令)一起，制订了一个大胆的空袭计划：从一个半月前刚进入中国的波雷宁上校的31架高速轰炸机中，抽调出12架，去突袭台湾的日军机场。他们把轰炸时间定在了1938年2月23日，以庆祝苏联红军建军20周年。

由于台湾远离大陆，日本人觉得很安全，防御松懈。但同样因为航程远，苏联战斗机也无法对轰炸机实施掩护。在预定空袭的那天，天气对飞行并不利，台湾上空阴云密布。

但轰炸机组很幸运，透过云层的缝隙，还是顺利地找到了日本空军基地。他们清楚地看见，停机坪上成群排列着集结的飞机，飞机后面是巨大的机库和油库等。

机群指挥官波雷宁说："我们觉得，日本人好像把我们的飞机当成了自己人的：高射炮鸦雀无声，空中见不到一架敌人的战斗机。我们按预定计划展开队形，开始不慌不忙地瞄准轰炸。"

把炸弹投完、子弹打光之后，苏联高速轰炸机群开始返航，并毫发无损地降落在南昌机场。为庆贺苏联飞行员凯旋，苏联和中国指挥部为他们举行了盛大的庆功宴。

后据侦察，苏联飞机在台北空军基地炸毁了40架日本飞机及其3年的燃料储备，还击沉或炸伤了几艘船只，并毁坏了飞机库和港口设施。

针对苏联空军对台湾的轰炸，1938年4月4日，日本通过驻莫斯科大使向苏联外交人民委员利特维诺夫发出照会，抗议苏联向中国提供军援。但苏联向日本外交官解释说，苏联的行动完全符合国际法。

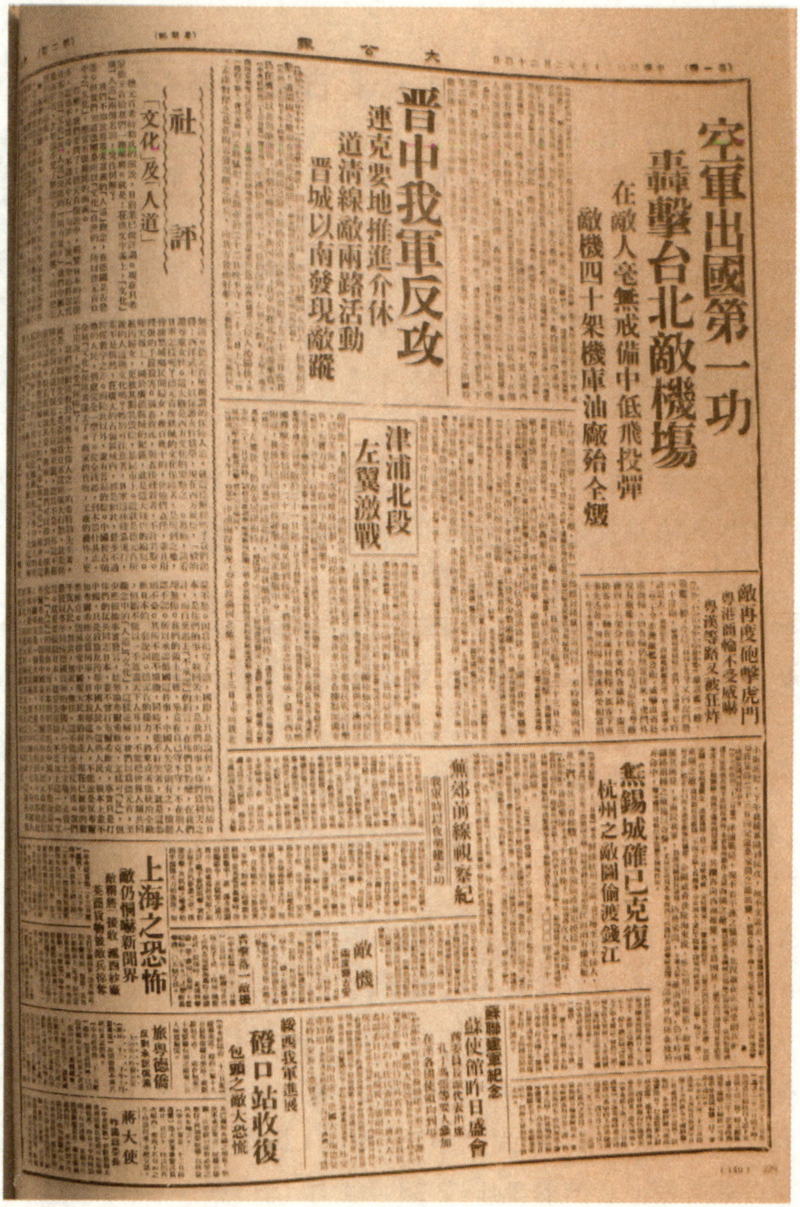
大公報

空軍出國第一功
轟擊台北敵機場
在敵人毫無戒備中低飛投彈
敵機四十架機庫油廠殆全燬

晋中我軍反攻
連克要地推進介休
道清線敵兩路活動
晋城以南發現敵蹤

社評
「文化」及「人道」

津浦北段
左翼激戰

敵再度砲擊虎門

蕪郊前線視察紀

無錫城確已克復
杭州之敵圖偷渡錢江

上海之恐怖
敵仍恫嚇新聞界

蘇使館昨日盛會

磴口站收復
包頭之敵大恐慌

图 2-15　《大公报》1938 年 2 月 24 日第二版

该版刊发重大新闻《空军（指苏联空军——编者注）出国第一功　轰击台北敌机场》。

十一、台儿庄大捷

台儿庄位于山东枣庄南部，地处徐州东北30公里的大运河北岸，临城至赵墩的铁路支线上，北连津浦路，南接陇海线，西面毗邻南四湖，为山东南大门、徐州之门户，是南下徐州的最后一道屏障，京杭大运河横贯全境，自古是南北漕运枢纽，战略位置十分重要，历史上为兵家必争之地，是日军夹击徐州的首争之地。

1938年3月23日，日军由枣庄南下，在台儿庄北侧的康庄、泥沟地区与守军警戒部队接战。为诱敌深入，第31师刘兰斋连长率骑兵连从台儿庄出发，向峄县方向搜索前进，第91旅旅长乜子彬率第183团跟进，在峄县城南20里康庄与日军遭遇。台儿庄战斗正式打响。

3月31日，中国军队将进入台儿庄之敌完全包围。

4月3日，李宗仁下达总攻击令。第20军团汤恩伯部之第52军、第85军、第75军在台儿庄附近向敌展开猛烈攻势。日军拼力争夺，占领了市街大部。中国军队一次又一次反击，展开街垒战，夺回被日军占领的市街。双方陷入苦战。

4月7日凌晨1时，中国军队吹响了反攻的号角，以孙连仲第2集团军为主组成的左翼兵团和以汤恩伯第20军团为主组成的右翼兵团，在台儿庄及其附近地区大举反攻。日军头一次遭到国民党军队如此顽强的进攻，很快便溃不成军，丧魂落魄，狼狈逃窜。李宗仁命令部队猛追，敌兵遗尸遍野，各种辎重到处皆是，日军濑谷支队的濑谷本人率残部拼命突围。其余日军残部向峄县、枣庄撤退。

至4月8日，台儿庄战役胜利结束。

在这场战役中，中国军队在李宗仁的指挥下，击溃了侵华日军第5、第10两个精锐师团的主力，缴获大批武器、弹药，消灭了日军大量有生力量，沉重打击了日本侵略者的嚣张气焰。同时一洗平型关大捷之后因太原、南京、济南等一系列重要城市相继沦陷而笼罩在全国的悲观阴霾，鼓舞了全民族的士气，坚定了全国军民坚持抗战的信心，改变了国际舆论。

申報
漢口
THE SHUN PAO

津浦敵突圍未逞
台兒莊我軍大捷
嶧城以北各地仍在混戰中
臨沂方面敵總潰退

台兒莊血戰詳紀

敵紛竄宜興

表示滿意

敵機分批襲粵

撤銷查辦處分

社評
擴大與充實生產力

英國外交政策

孟縣昨晨收復
芮城我向北挺進
道口一帶仍激戰

图 2-16　《申报》1938 年 3 月 31 日头版

该版刊发《台儿庄我军大捷》《台儿庄血战详纪》。

Friday April 1 1938 The Standard PUBLISHERS & PROPRIETORS WEN WEI CO. LTD.

文匯報

台兒莊殲滅戰完成
日軍傷亡二千餘人
臨沂華軍正乘勝向北追擊
左翼部隊已越大汶口挺進

本報向廣告客戶表示歉意啓事

西南各省公路在加緊修築中

如何能使集體安全

談外滙問題

激戰未已

東戰場形勢愈好轉
宣長公路日軍肅清

中國抗戰力無限
白崇禧訓練新兵
重軍器正陸續運到
兵工廠現日夜開工

祥仁水晶眼鏡總行開幕

清明聯合大香賓票
頭獎二萬餘元
定額紙五千號

沙利文

大地

黃大仙

图 2-17　《文汇报》1938 年 4 月 1 日头版

该版刊发《台儿庄歼灭战完成　日军伤亡二千余人》。

Wednesday April 6 1938 The Standard PUBLISHERS & PROPRIETORS WEN WEI CO. LTD

文匯報

中國空軍大隊出動 轟炸日方增援部隊

台兒莊以北日軍給養已斷絕

華生力軍續到士氣愈見奮發

日軍運輸困難

華軍施用火攻

英大使訪王外長

華軍東進 迫近杭州

漳州遭空襲

四中全會即舉行

日財政困難

图 2-18　《文汇报》1938 年 4 月 6 日头版

该版刊发《中国空军大队出动　轰炸日方增援部队》。

文匯報

台兒莊昨完全克復

日軍向棗莊總潰退

坂垣磯谷兩師團主力殲滅

爲開戰以來最重大之損失

社論

地中海局勢的演變

空前捷報傳來

武漢民衆歡騰

三鎮懸旗鳴爆慶祝

十餘萬衆火炬遊行

本報啓事

蔣委長通電

華軍克復禹城

泰安北日運輸中斷

濟南日軍腹背受敵

图 2-19　《文汇报》1938 年 4 月 8 日第二版

该版刊发《台儿庄昨完全克复　日军向枣庄总溃退》。

十二、徐州会战

徐州，地处津浦（天津至浦口）与陇海（宝鸡至连云港）铁路交叉点，扼苏、鲁、皖、豫四省要冲，是中原和武汉的重要屏障，自古为兵家必争之地，具有重要的战略地位。

“七七”事变之后，侵华日军占领了北平、天津、太原、张家口等大中城市，将中国军队压迫至黄河南岸；南线日军占据了长江三角洲，又将其重兵云集在津浦路南段，企图攻占徐州，打通津浦线，使南北日军连成一片，窥伺中原。于是继淞沪抗战、南京保卫战和华北地区几个战役之后，在苏北、鲁南、皖北、豫东广大地区，中国军队又展开了一场大规模的民族自卫战——徐州会战。

广义的徐州会战实际上由两大阶段构成：一是以台儿庄战役为核心的鲁南会战，这阶段中方取得了轰动中外的重大胜利；二是台儿庄大捷之后，日军以徐州为中心部署的徐州会战，涉及山东、江苏、安徽、河南，这一阶段中方被迫突围。

徐州会战给予了日军巨大的打击，大大迟滞了日军进攻的脚步，为中方部署武汉会战赢得了时间。

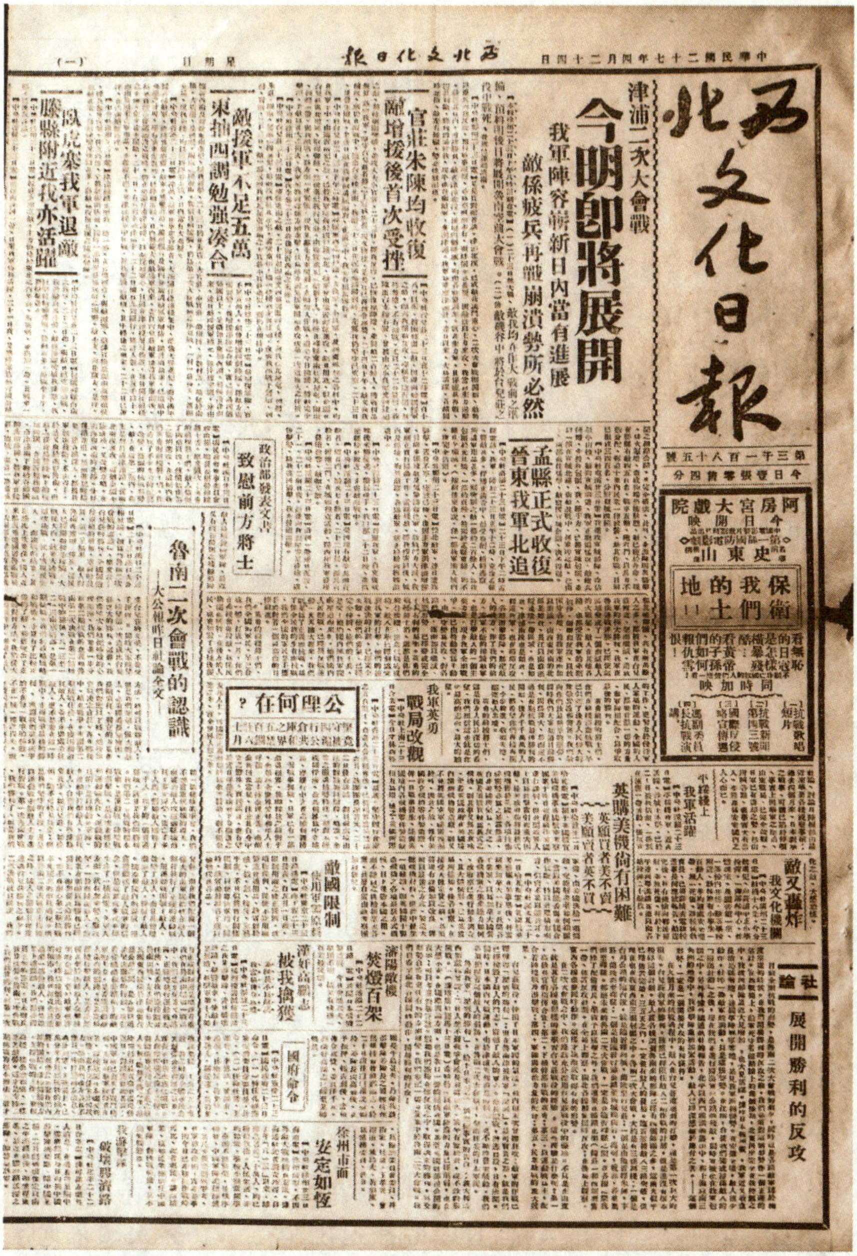

西北文化日報
中華民國二十七年四月二十四日　星期日　（一）
第三千一百八十五號

津浦二次大會戰
今明即將展開
我軍陣容嶄新日內當有進展
敵係疲兵再戰崩潰勢所必然

官莊朱陳均收復
敵增援後首次受挫

敵援軍不足五萬
東抽西調勉強湊合

臥虎寨我軍退敵
滕縣附近我亦活躍

孟縣正式收復
晉東我軍北追

政治部發表文告
致慰前方將士

魯南二次會戰的認識
——大公報昨日社論全文——

公理何在？

英購美機尚有困難

敵又轟炸
我文化機關

社論
展開勝利的反攻

徐州市面
安定如恆

保衛我們的土地

图 2-20　《西北文化日报》1938 年 4 月 24 日头版

该版刊发了《津浦二次大会战今明即将展开》。

十三、花园口决堤

花园口决堤，又称花园口事件、花园口惨案，是中国抗战史上与文夕大火（长沙大火）、重庆防空洞惨案并称的三大惨案之一。

1938 年 5 月 19 日，侵华日军攻陷徐州，并沿陇海线西犯，郑州危急，武汉震动。

为阻止日军西进，蒋介石决定采取“以水代兵”的办法，下令扒开郑州市区北郊的黄河南岸渡口，造成人为的黄河决堤改道，形成大片的黄泛区阻挡日军。

决堤的任务由守卫黄河的国民革命军商震部队执行，地点首先选在了中牟县境内大堤较薄的赵口。但因流沙太多，赵口没能扒开。蒋介石指示再换地点重新决堤。经过紧急协商，驻守在黄河附近的新八师初步把地点选定在赵口以西的花园口附近。在此过程中，蒋介石担心手下执行消极，一再通过口谕、电令催促手下扒堤，不要有“妇人之仁”。

6 月 9 日凌晨，经过两天两夜的不停挖掘，花园口终于被挖开了。

花园口决堤后，黄河水顺着贾鲁河迅速下泄。第二天，黄河中上游普降暴雨，黄河水量猛增，花园口决堤处被冲大，同时被淤塞的赵口也被大水冲开。赵口和花园口两股水流汇合后，贾鲁河开始外溢，漫溢的河水冲断了陇海铁路，浩浩荡荡向豫东南流去。

就在花园口决堤的同时，日军攻陷了距郑州 30 公里的中牟，日军土肥师团先头部队 1500 人与第 16 师团 3000 多人已经开始向郑州进犯。从天而降、一望无际的黄河水，使日军官兵进退两难、不知所措。

由于中国西撤部队在撤退的时候还随之破坏或拆除了陇海铁路路轨，12 日又炸毁了新郑平汉线铁路大桥，日军的撤退困难重重。突入豫东地区的日军，有的来不及逃脱就被洪水淹没，有的为伤病所累而被丢弃，还有一部分为中国军队所歼灭，其他的只好停止追击，集结于黄泛区以东。

12 日之后，日军第 6 师团、第 14 师团被迫放弃了从平汉线方向进攻武汉的计划。他们退守到徐州后，南下蚌埠，过淮河，再到合肥与日军其他部队会合，又开始从长江北岸进攻武汉。

花园口决堤之后的一个月内，中国军队开展了反攻，豫东地区的日军基本得到肃清，日军被迫逃往豫皖交界处。

后来，在谈到黄河决堤所带来的战斗人员伤亡时，日军承认“曾受相当损失”，从中日双方所披露的材料来看，这个数字从7000人至20000人不等。

黄河决堤给日军带来的重创，不仅仅体现在占领区的缩小和部队减员上，更为深远的影响是，日军预期的进攻路线被打破。豫东战场渐渐冷却下来，穿越豫东大平原的新黄河就成为军事分界线，把日军阻隔在黄泛区的东面。直到1944年日本发动打通大陆交通线战役，郑州才被日军攻取。

但是，炸毁花园口大堤，给这一地区广大的中国民众带来了巨大灾难。

大公報

前線大雨黃河決口
水向東南流敵軍極狼狽
皖西敵進犯三路激戰中

豫東戰局逐漸穩定

昨夜廣州又遭空襲
損失甚微死傷亦少

偏關戰役又一捷報
焦營斃敵七八百
孤軍牽大敵·設伏奏奇功
焦營長南夫受傷未稍示怯

星期論文
抗戰即革命！

晉南戰況
曲沃侯馬敵困城內
其聯絡已被我切斷

敵酋香月之言
欽佩蔣委長偉大
讚我抵抗力堅強

法各黨衆議員
同情中國
反對敵轟炸暴行
請各國出而干涉

我軍圍攻溧水
天王寺激戰中

沿江敵艦

滑縣收復

綏西情勢

港僑義舉

粵海漁船慘遭轟擊

图 2-21 《大公报》1938 年 6 月 12 日第二版

该版刊发《前线大雨黄河决口》。

大公報

黃水冲斷隴海鐵路

沿江大雨敵艦蠢動

大通貴池間迭圖登陸未逞

皖敵西侵在舒城西南相持

我攻侯馬有進展

河津聞喜等地敵被困

偏關以北我乘勝追擊

敵據老營堡作困獸鬥

前騎兵軍長

檀自新槍決

不服調遣率部叛逃

社評

法國與遠東

綏西總攻

蔣委長電勉沙王

內蒙軍政領袖開會

願使告國內同胞

平京兩僞組織

合流問題無進展

敵機昨襲粵

晉北敵情

敵出雲艦

图 2-22 《大公报》1938 年 6 月 13 日第二版

该版刊发《黄水冲断陇海铁路　沿江大雨敌舰蠢动》。

十四、各界纪念“九一八”事变七周年

1938 年 9 月 18 日，全国各地开展了各种形式的纪念“九一八”事变七周年活动，山西、陕西、福建、广东、湖北等地，有的召开庆祝大会声讨日本帝国主义的滔天罪行，有的集会悼念在抗战中牺牲的英烈，有的号召扩大征募棉衣运动，用实际行动支援前方将士……

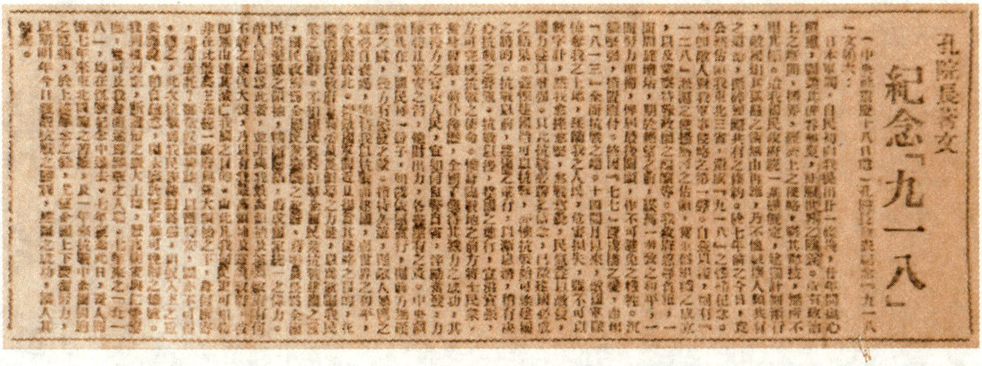

孔院長著文

紀念「九一八」

图 2-23　《新华日报》1938 年 9 月 19 日第二版

该版刊发了《孔院长著文纪念“九一八”》。文章中说：“终因‘七七’芦(卢)沟桥之变，而起‘八一三’全面抗战之端。十四个月以来，敌国军队掠夺我之土地，蹂躏我之人民，危害损失，虽不可以数字计，然我愈挫愈坚，愈战愈锐，民气益以激发，国力益以增强。只此抗战必胜之信念，已征建国必成之结果……”

文章最后指出：“七年来之‘九一八’，均在沉默纪念中过去……吾人回忆七年来东北同胞之苦难，及一年来抗战中全国同胞之厄痛，于上述感念之余，尤望全国上下发奋努力，以期明年今日亲祝抗战之胜利，护国之成功，国人其勉励。”

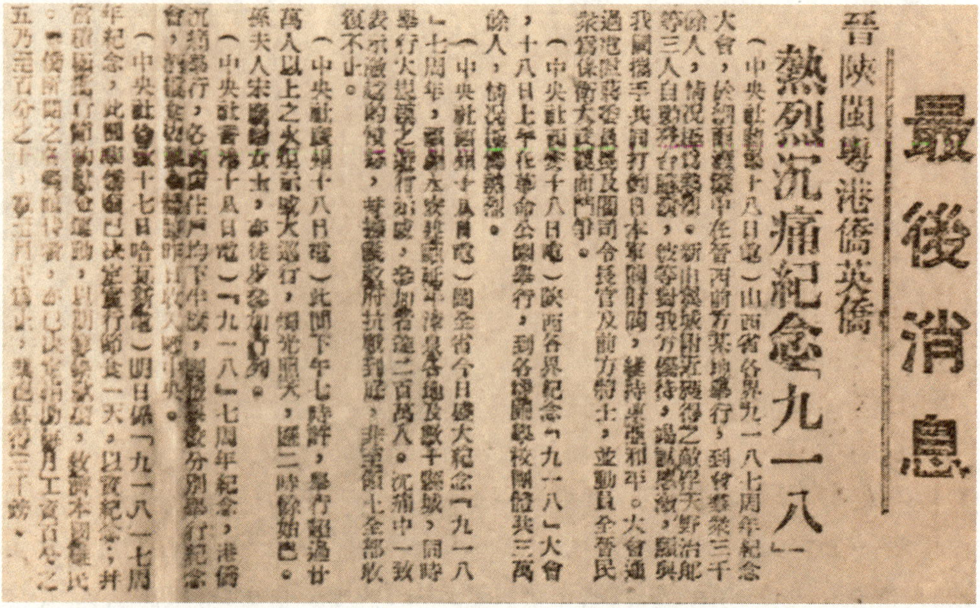
最後消息
晉陝閩粵港僑英僑
熱烈沉痛紀念「九一八」

图 2-24　《新华日报》1938 年 9 月 19 日第二版

该版刊发了《晋陕闽粤港侨英侨热烈沉痛纪念“九一八”》等多条消息。

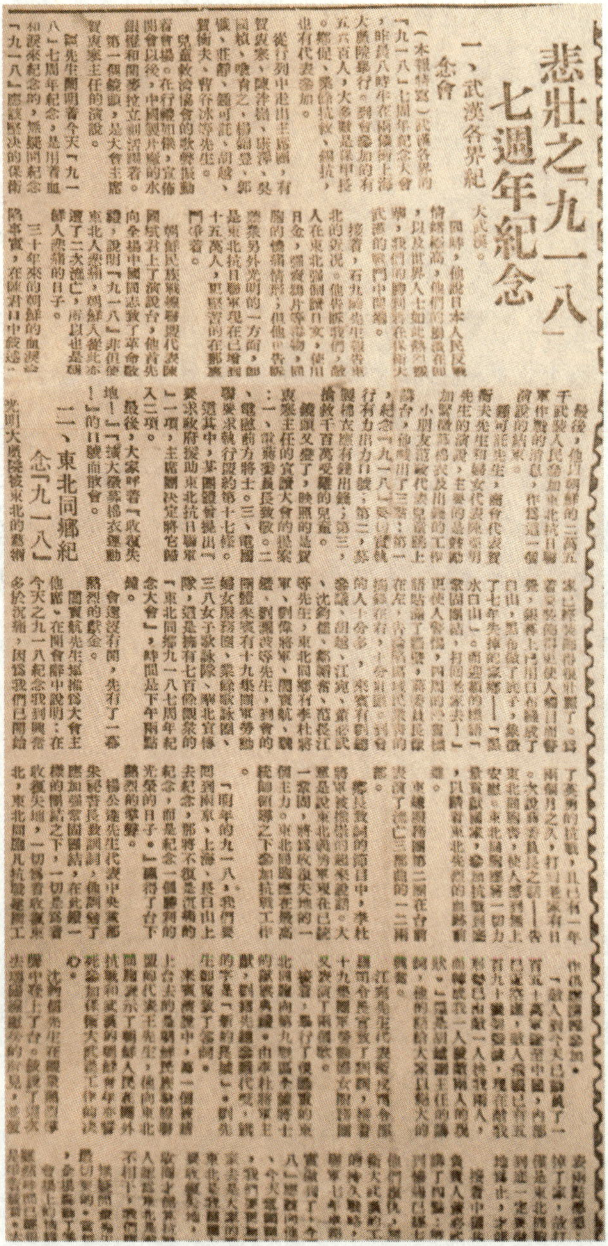
悲壯之「九一八」七週年紀念

一、武漢各界紀念會

二、東北同鄉紀念「九一八」

图 2-25　《新华日报》1938 年 9 月 19 日第三版

该版刊发了《悲壮之“九一八”七周年纪念》。

该文长达2000多字,有两个小标题:一是“武汉各界纪念会”,内容除各界人士声讨日本帝国主义的罪行外,还有致电蒋介石请求抗日救国,同时致电国联要求执行盟约27条。会上还号召大家扩大征募棉衣运动,用实际行动,支援前方将士。

二是“东北同乡纪念‘九一八’”,内容为在光明大戏院进行抗日演出,各界代表发表演说。杨公达代表国民党中央党部朱秘书长致训词。他训勉大家:“应加强巩固团结,在此铁一样的团结之下,一切是为着收复土地,一切为着收复东北,东北同胞凡抗战建国工作俱应踊跃参加。”胡越副主任讲话指出:“敌人到今天已动了一百五十万军队至中国,内部已近空虚,敌人飞机已有五百九十多架毁灭,现在敌我形势已由敌一人拼我两人,而转成我一人杀敌两人的现状。”他的讲话使大家感到极大的振奋。沈钧儒先生发表了两点感想:一是大家都丢掉了家,故打回老家去,不仅是东北同胞了;二是抗战到底,一定要做到收复东北失地为止,才能算收入失地。

十五、武汉会战

徐州失守后，国民政府军事委员会为增强指挥机构与作战能力，决定调整作战序列，于 1938 年 6 月中旬新编第九战区。同时决定以第五、第九 2 个战区全部兵力及海、空军各一部保卫武汉。按此计划，蒋介石自任总指挥，沿大别山、鄱阳湖和长江两岸组织防御，准备持久作战。主要目的在于：一是以空间换取时间，内、外战线结合，消耗、挫败敌人；二是及早内迁工厂、内运物资、整备军队、加紧生产，做长期抗战准备；三是争取国际同情和支援，期待国际战场的开辟，以彻底战胜日军。参加武汉保卫战的部队以及空军、海军，总计 14 个集团军 50 个军，作战飞机约 200 架，舰艇 30 余艘，总兵力近 110 万人。

第九战区司令长官陈诚指挥 27 个军负责长江南岸的作战。

第五战区司令长官李宗仁(7 月中旬至 9 月中旬由白崇禧代理)指挥 23 个军负责江北作战。

另以第一战区部署在平汉铁路的郑州至信阳段以西地区，防备华北日军南下；第三战区部署在安徽芜湖、安庆间的长江南岸和江西南昌以东地区，防备日军经浙赣铁路向粤汉铁路迂回。

这种战略部署，体现了以外线进攻为主，阵地防御和游击为辅的战略防御格局，总体上看，是符合持久战的战略要求的。

由于国民革命军顽强、持续的阻击，各路日军在付出惨重代价后，迟至 10 月底才完成由东、南、北对武汉的三面包围。然而，国民革命军从持久抗战的战略角度出发，最终并未与敌决战，而是从武汉地区撤退，保存了有生力量。

新華日報

中華民國二十七年十月二十六日　星期三　第二版

我軍自動退出武漢

轉移兵力絕非消極退卻
配備重兵決與敵軍周旋

沿江戰況

華北戰況

人間地獄

政治消息

改進外交行政案

時人行蹤

图 2-26　《新华日报》1938 年 10 月 26 日第二版

该版刊发了《我军自动退出武汉》。

第三章　太平洋战争爆发后国统区报刊上的新闻事件

夏威夷时间 1941 年 12 月 7 日清晨，日军偷袭珍珠港，太平洋战争爆发，将美国本土卷入第二次世界大战。

太平洋战争的爆发，对战局具有深远的影响，我国的抗战从此进入中国战区阶段。

纵向看，太平洋战争是中日战争的延伸和扩大，中国继续抗战并成为抗日力量的中坚，经过 14 年曲折艰辛的浴血奋斗，终于取得了伟大的胜利。

横向看，太平洋战争结束了中国单独抗日的局面，中国战区的含义，超越了国界，包含越南、泰国、缅甸等国，成为具有国际意义的反法西斯侵略的一个主战场。

在日本投降后，抗战的征程实际并未结束，胜败双方又在对战犯的审判和处理上展开了斗争，直至 1948 年 11 月 12 日。

一、温州二度沦陷

1942 年 6 月下旬，日寇打通了浙赣线，为了摧毁温州秘密运输线和英美潜艇辅助设施，出动多架飞机进行了连续轰炸。

与此同时，1942 年 7 月，日军集结金华的小圜江旅团（属第 13 军团司令官泽田茂中将管辖），由辎重兵联队长高桥胜马中佐指挥，沿金温公路南犯温州，长驱直入，取道永康，攻占丽水。7 月 9 日占领青田。7 月 10 日夜在永嘉林福以东 6 公里附近兵分两路：一路横渡瓯江，翻越山州岭到藤桥，再越天长岭，经郭溪攻城；一路沿公路南下，经朱涂、白上、桥下至罗浮，留守部分兵力同瓯江登陆的海上日寇会合，总兵力近 1000 人，在飞机掩护下长驱直入。

7 月 11 日，温州二度沦陷（第一次沦陷在 1941 年 4 月 19 日）。紧接着，乐清、瑞安、平阳等地相继沦陷。日寇这次占领比前次更加残暴，人民稍有抗拒、不满，即遭杀害，一时烟囱断烟，行人绝迹，一片荒凉。同时，温州历史上首次出现汉奸组织——维持会。

8 月 15 日，日军向金华撤退，温州光复。据当时出版的《浙瓯日报》载，沦陷 35 天时间内，全城 9 个镇 13.6 万市民约三分之二被疏散下乡，但仍有不少市民因无钱逃难留在城内。不少居民惨遭杀害，一些妇女被奸污。据《浙瓯日报》粗略统计：被杀死的同胞有 353 人，伤 36 人，失踪 54 人，共达 443 人。日寇撤离时，强拉民夫 300 余人，挑运劫掠物资，其中大部分民夫被迫害或枪杀于路上，极少数逃跑，沿途讨饭回家。

国民党在温州的驻军第 88 师、暂编第 33 师和地方部队，吸取前次教训，提前转进城郊继续与日军奋战。

中央日報 掃蕩報

浙敵侵入溫州瑞安 我軍轉進城郊奮戰

印國民議會代表大會 定下月七日開會 甘地提案將作最後決定 目前無實施行動及計劃

決議案內容

襲擊廈島敵偽

社論 澳政治家之卓見

甘地發表談話

巴區之卓見 主張立即進攻日本

我必盡牽制責任

中途島之役 美重大戰果

保持中國抗戰 緬甸必須收復

图 3-1 《中央日报・扫荡报》1942 年 7 月 16 日第二版

该版在头条位置刊发了《浙敌侵入温州瑞安 我军转进城郊奋战》。

二、鄂西会战

1943 年 2—3 月间，日军第 11 军团在连接汉口、岳州、沙市的长江北岸三角地带进行了“江北歼灭战”，对其水上军需物资运输有重大威胁的我军第 128 师溃败，师长王劲哉被俘。日军占领了长江南岸的石首、华容及沙市对岸地区，取得了长江南岸滩头阵地。尽管如此，但仍有一段长江为中国军队所控制，且此处有中国第六战区 2 个集团军防守，航运仍不畅通，日军第 11 军团为此又发动鄂西会战。

鄂西会战始于 1943 年 5 月 5 日，至 6 月 10 日结束，历时月余，第六战区以 10 个军的兵力抗击了日军约 5 个师团兵力的进攻。对于最终双方伤亡人数，有多种说法，口径不一。

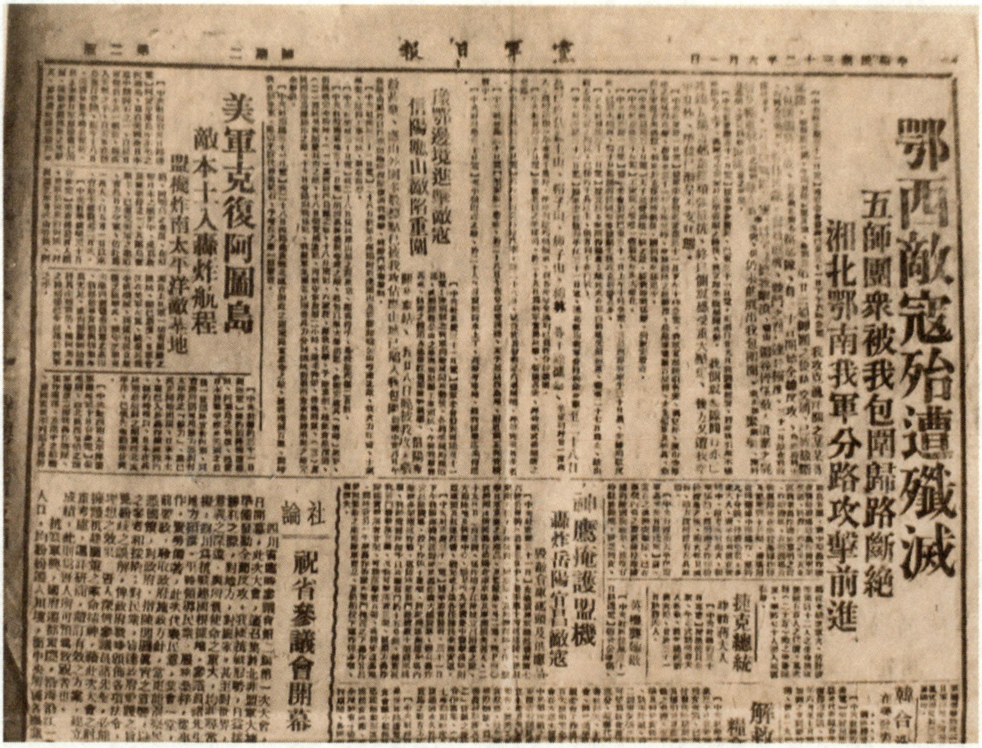

黨軍日報

鄂西敵寇殆遭殲滅

五師團衆被我包圍歸路斷絶

湘北鄂南我軍分路攻擊前進

美軍克復阿圖島

盟機炸南太平洋敵基地

社論

祝省參議會開幕

神鷹掩護盟機

轟炸岳陽宜昌敵寇

捷克總統

图 3-2　《党军日报》1943 年 6 月 1 日第二版

该版刊发《鄂西敌寇殆遭歼灭》，报道了鄂西会战的情况。

三、豫中会战

豫中会战是日军打通大陆交通线的1号作战（中方称“豫湘桂会战”）计划的一部分，日方称该阶段为“京汉作战”或“河南会战”。

此战，中国军队虽经艰苦奋战，付出了重大牺牲，但终未阻止日军打通平汉线的目的，郑州、许昌、洛阳、西平等战略要地均告沦陷，其中的许昌保卫战，打得尤其惨烈。这是国民党军队在日本投降前一年与日军交锋中的一次惨败。

第一战区军队损失严重，第36集团军总司令李家钰在撤退中牺牲。为此，第一战区司令长官蒋鼎文和副司令长官汤恩伯均被撤职。

豫中会战结束后，新任第一战区司令长官陈诚在豫陕边界附近的西峡口召集汤恩伯部师以上长官和河南专员以上行政官员检讨失败原因，曾总结说，会战失败是由“四不和”造成的：一是将帅不和（蒋鼎文与汤恩伯争权夺利，不仅同一战区指挥不能统一，而且实际形成两个战略集团，并相互钩心斗角）；二是军政不和（作战时地方不支持，且多掣肘）；三是军民不和；四是官兵不和（大量士兵是硬抓来的，不仅官压兵、兵恨官，而且逃亡率极高，极大影响士气、战斗力）。这一总结虽然未触及战略判断和部署失误的责任，但完全符合事实。

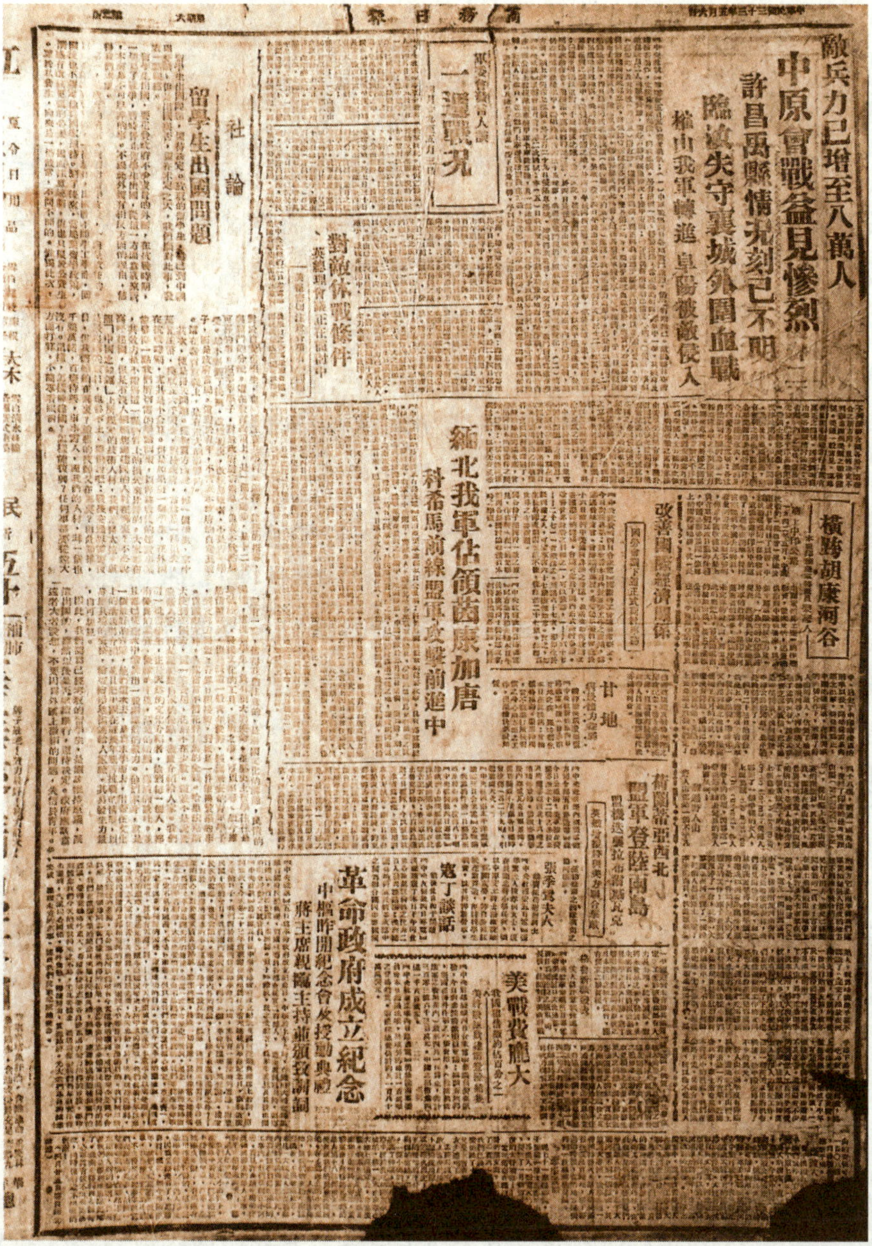
敵兵力已增至八萬人
中原會戰益見慘烈
許昌禹縣情況刻已不明
臨汝失守襄城外圍血戰
確山我軍轉進 阜陽被敵侵入

社論
留學生出國問題

一週戰況

對敵休戰條件

科希馬前線盟軍反擊前進中

革命政府成立紀念
中樞昨開紀念會及授勳典禮
蔣主席親臨主持並頒致訓詞

美戰費龐大

图 3-3　《商务日报》1944 年 5 月 6 日第二版

该版刊发《中原会战益见惨烈》，报道了豫中会战的战况。

四、桂柳会战

日寇为打通由平汉路经湘、桂两省至越南的陆路交通线，于1944年8月攻陷湖南衡阳后，由湖南、广东分兵向广西进犯。蒋介石严令广西所属第四战区司令长官张发奎在桂林、柳州等地进行防御抗敌，史称“桂柳会战”。

9月11日，日寇攻陷了桂北全县（今全州县）的黄沙河，桂柳会战由此揭幕。

至10月27日，桂林城外围已无我方军队，敌即以3个师团兵力对桂林城进行包围。

11月3日，日军集中所有火力攻城，守城部队虽与来犯之敌展开了激烈的战斗，终因敌众我寡，孤军无援，坚持到11月10日夜间，防守司令韦云淞率第31军军长贺维珍、第170师师长许高阳等高级将领及少数部队“突围”逃出桂林城，城内有组织、有指挥的对敌作战终止了。

11月11日上午8时，桂林失陷。蒋介石曾严令“死守桂林3个月”，实际只战斗了9天。

桂林陷敌的当日，从广东入侵广西的日寇也占领了柳州。

敌寇攻陷桂林、占领柳州后即马不停蹄地向宜山进犯。11月14日，宜山失陷。此后，敌如入无人之境，沿黔桂铁路线猛进，11月28日，南丹陷敌，12月3日攻陷贵州独山；另一路敌人于11月24日攻陷南宁，11月28日攻陷凭祥，12月2日攻陷龙州。

至此，桂柳会战结束，在2个多月时间内，我方竟丢城失地79个县市，几近广西全境，可谓惨矣。

这次桂柳会战，双方兵力相当，且我方优势较为明显，如制空权在我方（有美国空军支援），又得天时、地利，结果却是惨败。究其原因：其一，蒋介石处心积虑，借刀消灭异己，是导致惨败的罪魁祸首。其二，参战部队对日避战，保存实力，是招致失败的重要因素。

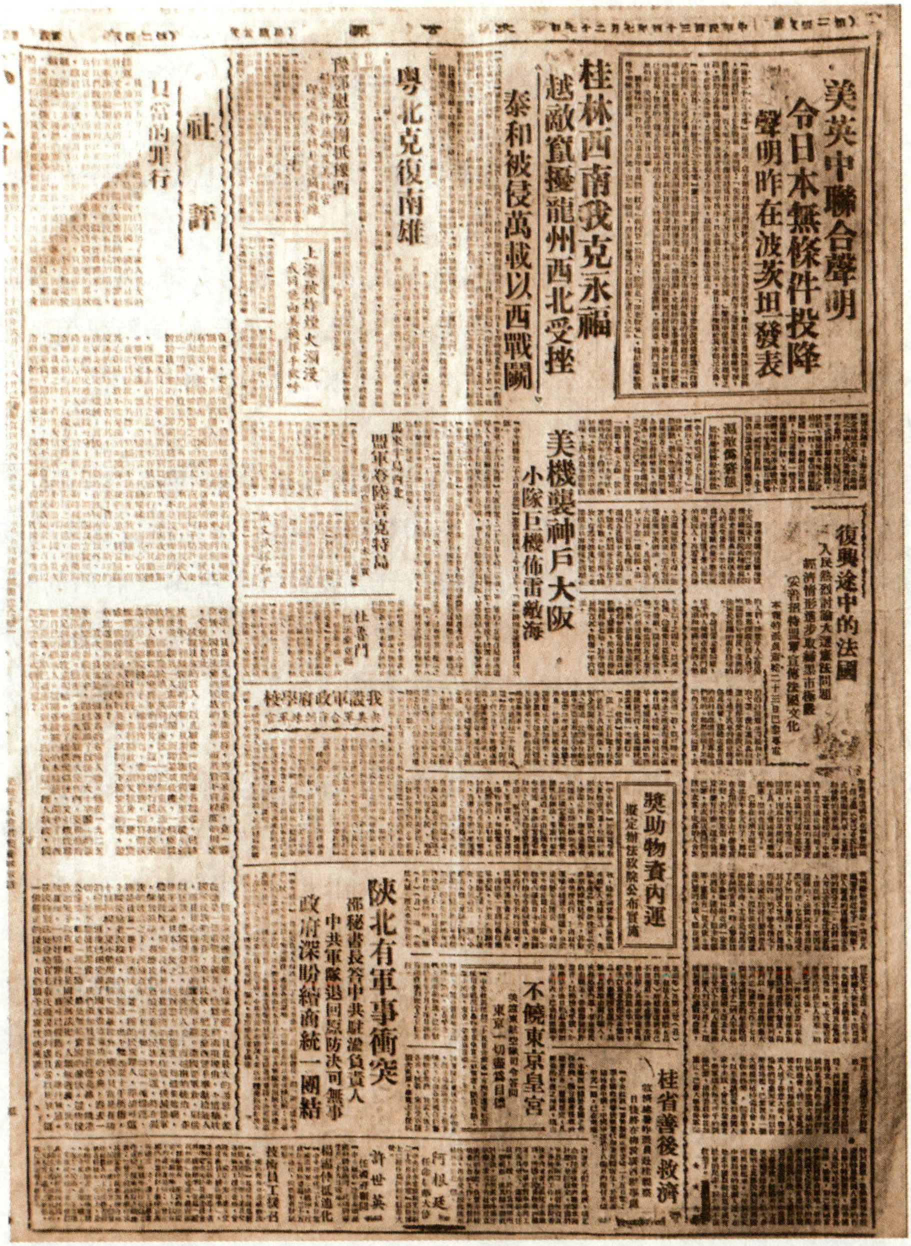
美英中聯合聲明
令日本無條件投降
聲明昨在波茨坦發表

桂林西南我克永福
越敵竄擾龍州西北受挫
泰和被侵萬載以西戰鬭

粵北克復南雄

社評

美機襲神戶大阪
小隊巨機佈雷敵海

復興途中的法國

奬助物資內運

陝北有軍事衝突

不饒東京皇宮

桂省善後救濟

图 3-4　《大公报》1945 年 7 月 27 日第二版

该版刊发《桂林西南我克永福》，介绍了桂柳会战的有关情况。

五、《波茨坦公告》发表

1945年5月8日，德国法西斯宣布投降，欧洲反法西斯战争胜利结束，但在远东，对日作战还在激烈进行。

为了商讨对战后德国的处置，解决对战后欧洲问题的安排，以及争取苏联尽早对日作战，1945年7月17日至8月2日，美、英、苏三国首脑在柏林近郊的波茨坦举行战时第三次也是最后一次三国首脑会议，史称“波茨坦会议”或“柏林会议”。

此次会议还讨论了对日作战问题，并就此问题于1945年7月26日发表了《波茨坦公告》。因参会的苏联当时尚未对日宣战，而对日作战的主战场在中国，所以此公告中国政府虽未参加讨论，但事前征得了中国政府的同意，最终以美、英、中三国共同宣言形式发表，全称《中美英三国促令日本投降之波茨坦公告》，而苏联没有签字。直至8月8日苏联对日本宣战后，此公告成为四国对日共同宣言。

《波茨坦公告》促令日本政府立即宣布所有日本武装部队无条件投降，宣布了盟国占领日本后将实施的基本原则，并重申1943年12月1日《开罗宣言》内容必须执行，日本主权只限于本州、北海道、九州、四国及由盟国所决定的其他岛屿范围之内。日本军队必须完全解除武装，永久消除日本军国主义，战犯交付审判。盟国对日本实行占领。阻止日本人民民主的所有障碍必须消除。不准日本保有可供重新武装之工业。宣言宣称，在上述目标达到，并成立倾向和平及负责的日本政府后，盟国占领军当即撤退。

1945年8月15日，日本天皇宣布接受《波茨坦公告》，向盟军投降。

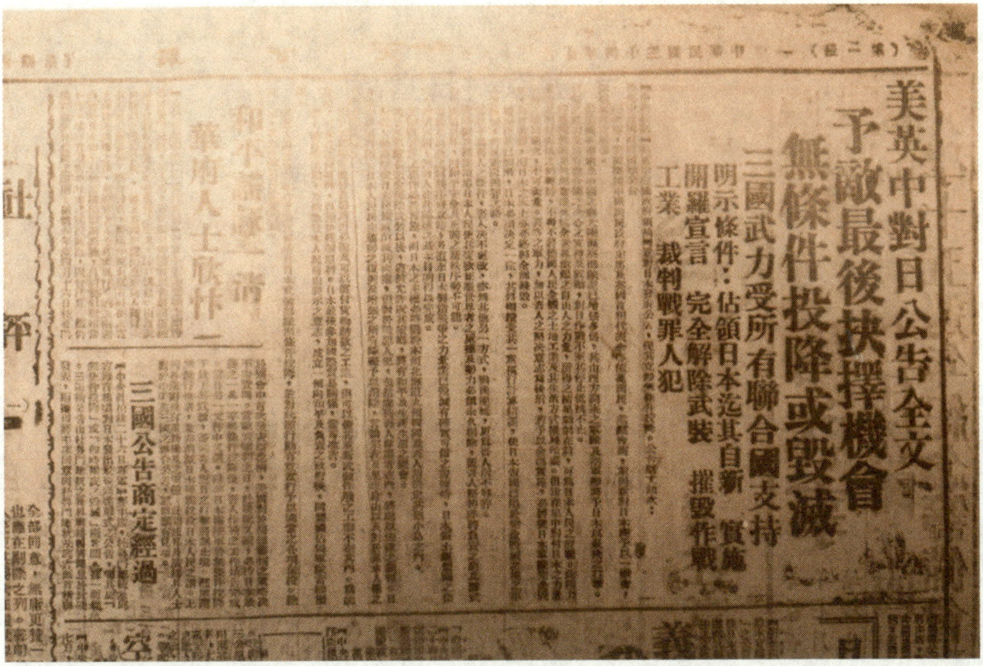

美英中對日公告全文

予敵最後抉擇機會
無條件投降或毀滅

三國武力受所有聯合國支持

明示條件：佔領日本芟其自新　實施開羅宣言　完全解除武裝　摧毀作戰工業　裁判戰罪人犯

三國公告商定經過

图 3-5　《大公报》1945 年 7 月 28 日第二版

该版在重要位置上刊发《予敌最后抉择机会　无条件投降或毁灭》，发布《波茨坦公告》全文。

六、苏联对日宣战

1945 年 4 月 5 日，苏联政府宣布苏日中立条约到期后不再延长。同一天，日本小矶内阁辞职。80 岁的铃木贯太郎于 4 月 7 日组阁，一面继续进行战争，一面寻求停战门路，争取尽可能有利的条件。

6 月 30 日，苏中会谈，随后签订《苏中友好同盟条约》，为苏联对日作战创造了条件。

7 月，日本天皇指派近卫公爵赴苏洽谈和平调停问题，再次遭到拒绝。

7 月 27 日，《波茨坦公告》公布次日，日本天皇主持最高作战会议，但没有做出一致的决议。

7 月 30 日，铃木首相在记者招待会上宣称，要把大东亚战争进行到底。

8 月 8 日，苏联外交人民委员（外交部长）莫洛托夫接见日本大使佐藤尚武，向日本政府递交《苏联对日本宣布进入战争状态宣言》。宣言指出，1945 年 7 月 26 日，美、英、中要求日本武装力量无条件投降，已遭到日本拒绝。由此可见，日本政府向苏联提出的关于调停远东战争的建议失去了一切根据。苏联政府忠于对自己盟邦的义务，决定参加《波茨坦公告》，从 1945 年 8 月 9 日起，苏联认为自身和日本处于战争状态。

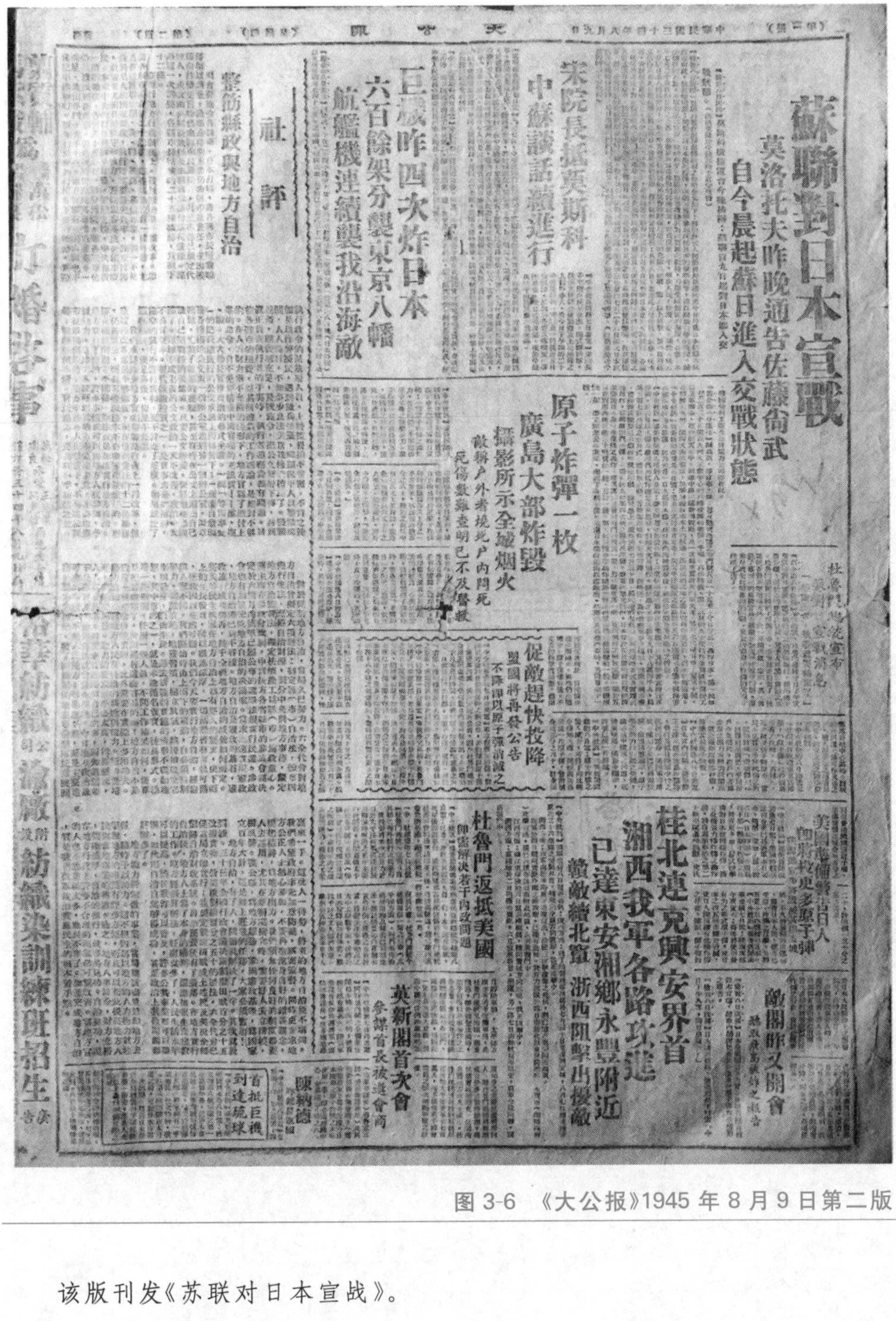
蘇聯對日本宣戰
莫洛托夫昨晚通告佐藤尚武
自今晨起蘇日進入交戰狀態

宋院長抵莫斯科
中蘇談話續進行

巨機昨四次炸日本
六百餘架分襲東京八幡
航艦機連續襲我沿海敵

社評
整飭縣政與地方自治

原子炸彈一枚
廣島大部炸毁
攝影所示全城烟火

促敵趕快投降
盟國將再發公告
不降即以原子彈消滅之

桂北連克興安界首
湘西我軍各路攻進
已達東安湘鄉永豐附近
贛敵續北竄 浙西阻擊出擾敵

杜魯門返抵美國

英新閣首次會

敵閣昨又開會

首批巨機到達琉球

图 3-6 《大公报》1945 年 8 月 9 日第二版

该版刊发《苏联对日本宣战》。

七、两颗原子弹投落日本广岛、长崎

为了迫使日本迅速投降，1945 年 8 月 6 日 8 时 15 分，美军向日本广岛市内投下一颗代号为“小男孩”的铀弹，造成广岛市 24.5 万人中的 20 万人死伤，整个城市化为废墟。这是人类历史上首次将核武器用于实战，广岛成为第一座遭受原子弹轰炸的城市。

8 月 9 日 11 时 02 分，继袭击广岛之后，美军对日本实施第二次原子弹袭击，目标是长崎。由 5 架 B-29 轰炸机组成的突击队将原子弹“胖子”投到长崎市中心。轰炸造成长崎市 23 万人口中的 10 万余人当日伤亡和失踪，城市 60％的建筑物被毁。

广岛和长崎因原子弹轰炸造成的伤害遗留至今，幸存者饱受癌症、白血病和皮肤灼伤等辐射后遗症的折磨。截至 2007 年 8 月，据日本有关部门统计，广岛、长崎因受原子弹爆炸伤害而死亡的人数已分别超过 25 万和 14 万。

原子炸彈初顯威力

廣島一炸日寇震驚

美將用以全面攻日本

美機偵察廣島候攝炸後情形

不投降即沐以鐵雨

美電台向日本廣播

敵閣昨開會

一定討論了原子炸彈

图 3-7　《大公报》1945 年 8 月 8 日第二版

该版刊发《原子炸弹初显威力　广岛一炸日寇震惊》。

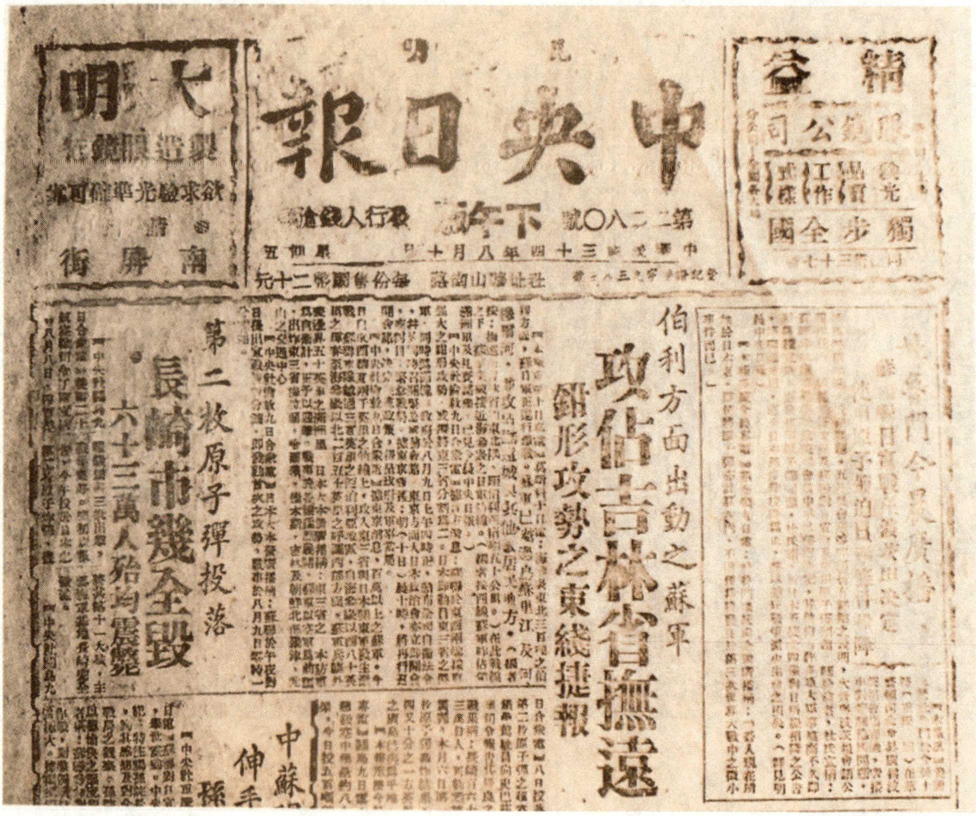
中央日報
下午版
第二八〇號
第二枚原子彈投落
長崎市幾全毀
六十三萬人殆均震斃
伯利方面出動之蘇軍
攻佔吉林省撫遠
鉗形攻勢之東綫捷報
中蘇

图 3-8　《中央日报》(下午版)1945 年 8 月 10 日头版

该版刊发《长崎市几全毁》,但文中“六十三万人殆均震毙”的说法不实。

八、日本宣布投降

1945年8月15日正午，日本天皇向全国广播了接受《波茨坦公告》，实行投降的诏书。

此前，8月10日，美国政府收听到了日本欲接受《波茨坦公告》的广播，随即征询英、苏、中三方意见，发表了一道复文。

2天后，美国飞机在东京上空撒下了载有日本政府接受《波茨坦公告》电文和同盟国复文的日语传单。一时间，政府接受投降的消息在日本民众中传扬开来。

8月14日，日本天皇再次召开御前会议。会上，陆相阿南等人声泪俱下，认为同盟国复照对保护天皇制度措辞不明，恳请天皇准予再提出照会。如同盟国不允许保护天皇制度，那只有继续战争，死里求生。会场上一片沉默。

终于，天皇裕仁说道："我的异乎寻常的决定没有变……"会场顿时响起一片呜咽和啜泣声。天皇下令起草接受投降诏书，并将诏书录音，准备在第二天播出。

主战派的一伙少壮侍卫军官得知这一消息后，决定举行政变。这天晚上，他们闯入皇宫，四处搜寻，企图劫走天皇广播诏书的录音唱片，阻止向全国广播。警卫部队很快镇压了这次叛乱。投降诏书立即在电台播出。主战派头子、陆相阿南在他的官邸剖腹自杀。

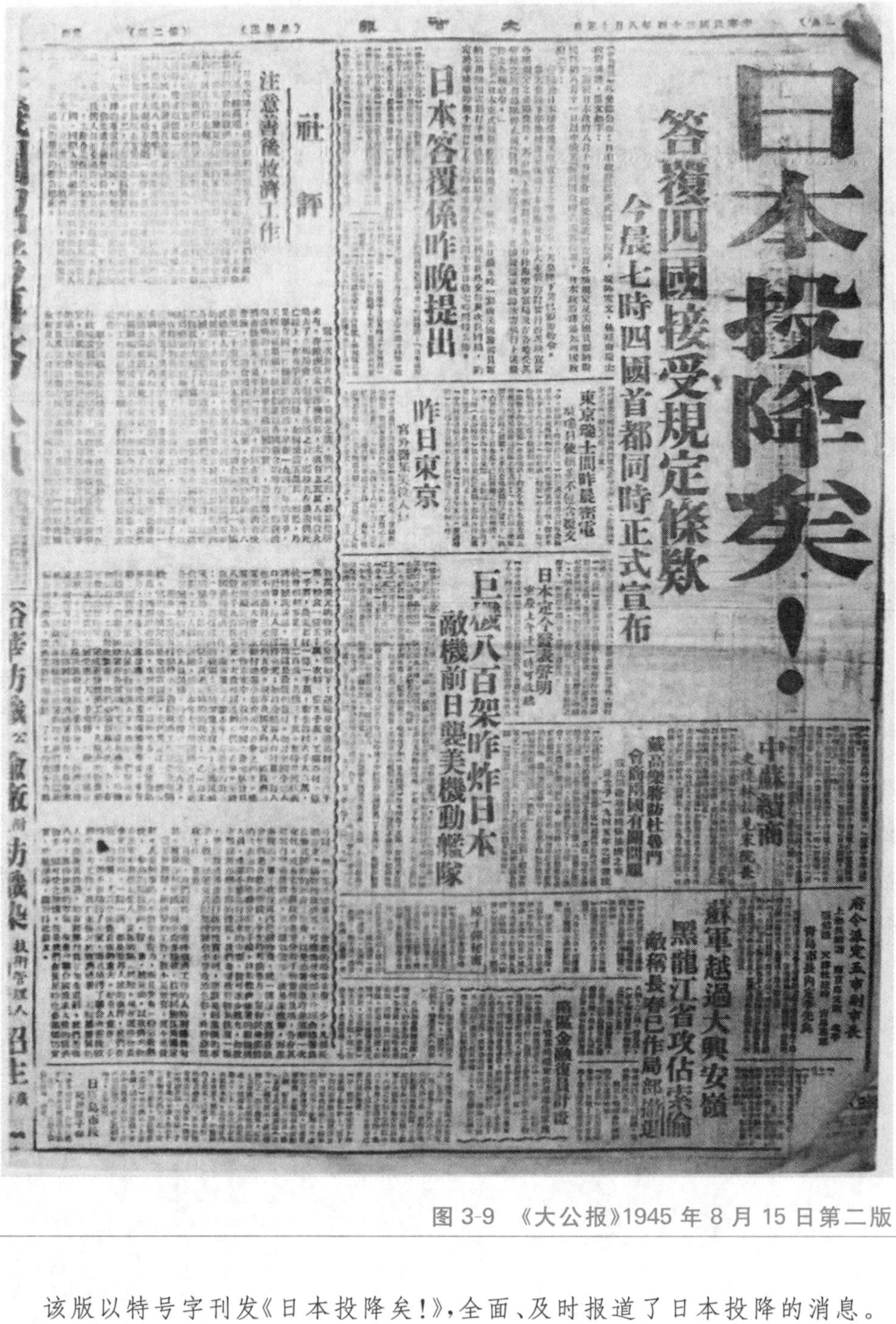
日本投降矣！

答覆四國接受規定條款

今晨七時四國首都同時正式宣布

日本答覆係昨晚提出

社評

注意善後救濟工作

巨無八百架昨炸日本

敵機前日襲美機動艦隊

蘇軍越過大興安嶺

黑龍江省攻佔索倫

敵稱長春已作局部撤退

图 3-9　《大公报》1945 年 8 月 15 日第二版

该版以特号字刊发《日本投降矣！》，全面、及时报道了日本投降的消息。

九、日本正式签订投降书

1945年9月2日,日本外相重光葵在美国军舰“密苏里号”上正式签署投降书。

9月9日,中国战区受降仪式在南京中央陆军军官学校大礼堂(现南京军区大礼堂)举行,侵华日军总司令冈村宁次在投降书上签字盖章。代表中国战区接受投降书的是国民政府陆军总司令何应钦。

至此,中国人民抗日战争暨世界反法西斯战争正式结束。

日降書昨晨正式簽訂

麥克沃塞將軍在日降書正式簽訂前發表演詞稱
建基於忠信與諒解上之世界必能自血火中產生

華美晚報
號外
民國三十四年九月三日

图 3-10　《华美晚报》1945 年 9 月 3 日号外头版

该版刊发《日降书昨晨正式签订》。

十、台湾光复

众所周知，台湾自古就是中国领土不可分割的一部分。1895年4月17日，甲午战争中国战败后，清政府与日本签订了丧权辱国的《马关条约》，从此，台湾沦入日寇之手。

1941年12月9日，即太平洋战争爆发后，中国政府就发布《对日宣战布告》："所有一切条约、协定、合同有涉及中国之关系者，一律废止。"

1943年11月22日至26日，在世界反法西斯战争胜利曙光初露之时，中、美、英三国首脑在埃及首都开罗举行会议（即"开罗会议"）。12月1日，中、美、英三国在重庆、华盛顿、伦敦三地同时发表《开罗宣言》。《开罗宣言》规定，"日本所窃取于中国之领土，例如东北四省、台湾、澎湖群岛等"归还中国。

1945年7月26日，中、美、英《波茨坦公告》第八项重申"《开罗宣言》之条件必将实施"。

1945年9月2日，美、英、中、法等九国代表于停泊在东京湾的美国海军战舰"密苏里号"上接受日本投降。日本同意接受《波茨坦公告》中所列的全部条款，无条件地将包括台湾在内的所掠夺的中国领土全部交出。日本投降书开宗明义第一条就是：日本接受"中、美、英共同签署的、后来又有苏联参加的1945年7月26日的《波茨坦公告》中的条款"。

1945年10月25日，国民政府在台北公会堂（今中山堂）举行中国战区第15受降区（台湾、澎湖）日军受降仪式，台湾省行政长官陈仪代表中国政府接受日军的投降，并正式宣告，"从今天起，台湾及澎湖列岛已正式重入中国版图，所有一切土地、人民、政事皆已置于"国民政府主权之下。

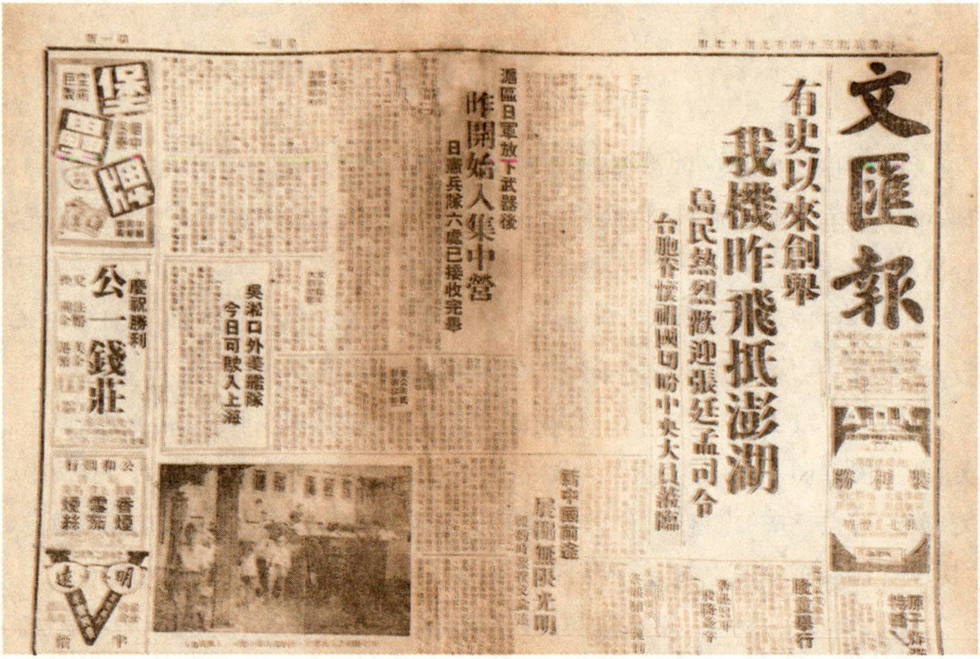
文匯報

有史以來創舉
我機昨飛抵澎湖
島民熱烈歡迎張廷孟司令
台胞眷懷祖國切盼中央大員蒞臨

滬區日軍放下武器後
昨開始入集中營
日憲兵隊六處已接收完畢

吳淞口外美艦隊
今日可駛入上海

新中國前途
展開無限光明

慶祝勝利
公一錢莊

图 3-11 《文汇报》1945 年 9 月 17 日头版

该版在头条位置，以特大号字的醒目标题，报道了台湾回归祖国的消息。肩题是《有史以来创举》，主题是《我机昨飞抵澎湖》，副题是《岛民热烈欢迎张廷孟司令　台胞眷怀祖国切盼中央大员莅临》。

社論
侵略者放下武器

美第十航空隊
繼續從事巡邏

新六軍定國慶日
正式開入首都

麥克阿瑟元帥說明
盟國對日態度
不以平等態度對待日本

飛抵倫敦

鋼壳快輪 直放寧波

女

越毒越靈

图 3-12　《文汇报》1945 年 9 月 17 日头版

该版刊发社论《侵略者放下武器》。开头指出，日方遣使受降以来，广袤的中国战场，即由我军次第光复。从此我们在广衢之间，将不再见侵略者剑拔弩张的踪迹了。

社论接着说："我们在此庆幸自由解放的欢快中，反观日军投降以后的种种，在日本天皇哀毁逾恒的诏谕之下，国内青年示威骚动，军政要员先后自戕；海外军人轻生的，更是不计其数，单是星（新）加坡一地，就有五百日兵痛饮鸡尾酒以后联合切腹。甚至'米（密）苏里'号美舰上的受降典礼中，重光葵还表演了向麦克沃塞元帅借笔签署降书的一幕，给庄严肃穆的仪式，着上离奇的一笔。这一切表示的是什么？这分明是一出败亡大悲剧中纷繁的色相。战败的悲痛是如此其深切，如此其不可想像（象）！

"同时，在华日军虽然大体上都能听从命令，向我们总司令所指定各地点，集中投降缴械，但各处违反降书规定的举动却不一而足。湖南、广东、浙江及豫、赣等省，日军焚毁物资装备，毁弃药弹枪械，破坏交通工具，同时竟还有沿路烧杀掳掠的情形，以残兵败卒而犹不忘给我们民众以偌大痛苦，这一切表示的又是什么？这分明是一股直冲牛斗的怨愤，发为疯狂暴乱的戾气，造成他们藉（借）破坏以求一快的心理。我们可以想象廿年或三十年后，日本如果还站得起来，他复仇的第一拳也许就要打到中国头上。"现在日本右翼势力不就已经表露出这种情况了吗？而且是战后才 10 多年就已经开始翻脸不认账，现在是越演越烈了。

社论最后指出："面对这种现象，我们不能不憬（警）然惕然，更不能不惩昔毖今，深具戒心。

"……

"老实说，民族间的深仇大恨，轻易是不容易泯灭的。我们全国所受的冤仇，固然是如山之重，如海之深；日本以制霸地球的雄心发难作战，无数年的苦心，无数人的血泪，只落得俯首就降的下场，其怨毒更不难想见。但举世纷争之后，痛定思痛，自由、和平、民主思想的蔓衍，已成必然的趋势，侵略主义的永远消灭，必将为人类共同努力的目标，这是其一。次之，我们必须想到，日军侵华，半由于自己的伈伈伣伣。要防止人家的侵略，最基本的莫如自己争气。现在敌人已经放下了武器，我们除以悲天悯人之想，眼看他们自食黩武穷兵的恶果以外，惟有痛下决心，急起直追，从战争破坏的废墟上创造新生，从加紧战后建设中促成光明灿烂的将来。"

十一、大结局:正义审判

1945年12月6日,中国政府专门成立了战争罪犯处理委员会。之后在南京、上海、北平、汉口、广州、沈阳、徐州、济南、太原、台北10个城市设立军事法庭,制定详尽的《战争罪犯审判条例》,审判日本乙、丙级战犯。其中,南京法庭由石美瑜担任庭长,审判涉及南京大屠杀案等案件的日本战犯。

1946年1月19日,远东国际军事法庭在日本东京成立。该法庭依据《远东国际军事法庭宪章》等国际文件,对日本甲级战犯进行审判。

由于南京大屠杀是日军侵华战争中最典型、最具代表性的暴行,为了弄清事件真相,制裁罪魁祸首,远东国际军事法庭将南京大屠杀案作为专案进行审理。

中国政府派遣梅汝璈和向哲浚分别作为主审法官和检察官,倪征燠作为检察官首席顾问,前往东京,参与对日本甲级战犯的审判。

审判于1946年5月3日开始,1948年11月12日结束,历时两年半。这次审判共开庭818次,出庭证人达419名,书面证人779名,受理证据在4300件以上。长达1000多页的判决书对日本帝国主义策划、准备和发动对中国和太平洋战争的罪行进行了揭露,并宣判25名被告有罪。

在中国南京审判战犯军事法庭和远东国际军事法庭审理南京大屠杀案的过程中,日本战犯百般抵赖,导致审判工作异常艰难。为了获取日军在南京暴行中的充分证据,军事法庭进行了长达数月的调查取证工作。通过实地调查,走访证人,搜集整理资料,军事法庭以严谨的态度和严格的流程获得了大量证据。其中包括中、美、德、英、日等国的政府文件,安全区的档案,南京大屠杀期间或稍后的出版物,南京大屠杀期间在南京的西方人士的日记、书信、照片,日军自行拍摄的影像资料,许多中外人士的证言等。

在南京审判战犯军事法庭上,法官们以大量无可辩驳的事实,认定被告谷寿夫“在作战期间,共同纵兵屠杀俘虏及非战斗人员,并强奸、抢劫、破坏财产,处死刑”;认定田中军吉、向井敏明、野田岩“在作战期间,共同连续屠杀俘虏及非战斗人员，各处死刑”。

在远东国际军事法庭上，法官们以大量确凿无疑的事实为依据，认定被告松井石根等为南京大屠杀的罪魁。判决书将南京大屠杀案放在最为突出的位置，用两个专章的篇幅做了题为“攻击南京”和“南京大屠杀”的判词，确认了日军在南京的杀、烧、淫、掠暴行。

中国南京审判战犯军事法庭和远东国际军事法庭的正义审判，证据是充分的，程序是合法的，结论是公正的。最终，南京大屠杀的罪魁和元凶被判处死刑，得到了应有的惩罚。

遠東國際法庭之尾聲

The Close-up of The Internation
Tribunal for Far East.

图 3-13　《环球》1948 年 11 月第 11 期

该期刊发《远东国际法庭之尾声》，报道审判日本战犯的情况。日本战犯犯下滔天罪行，但百般抵赖，然而在铁的证据面前，不得不低头认罪，同时得到了应有的惩罚。

第四章 抗战时期 国统区报刊上的新闻人物

翻开中国的抗战史册,70多年前的一位又一位新闻人物又浮现在我们眼前:有中国共产党领导的八路军、新四军将领——新四军军长叶挺;有国民革命军各战区的爱国将领——黑龙江军事总指挥马占山,第264旅旅长黄梅兴;有中缅印战区的美陆军司令——史迪威将军;有战斗在东北抗日前线的东北义勇军;还有屹立于吕梁山脉间的山西青年抗敌决死队……他们用宝贵的生命和鲜血谱写了一曲曲可歌可泣的战歌。

一、率部力御悍敌的马占山

马占山，字秀芳，东北著名抗日爱国将领。1885 年 11 月 30 日生于吉林怀德，祖籍河北丰润。

1931 年“九一八”事变后，马占山在齐齐哈尔就任黑龙江省政府代理主席兼军事总指挥，率领爱国官兵奋起抵抗日本侵略军。他当众宣布：“倘有侵犯我疆土，及扰乱我治安者，不惜以全力除之，以尽我保卫地方之责。”他亲自视察防地，修筑防御工事，积极准备抵御敌人的袭击。

1931 年 11 月 4 日晨，在 7 架飞机的掩护下，1300 余名日军士兵以保护修桥为名，直趋江桥（嫩江铁桥）中国军队驻地大兴站，驱赶中方修桥人员，迫令中国守军后撤，并强行抓去中方哨兵 3 名。中午，又悍然向中国军队阵地发起猛攻。马占山当即下令抵抗，全体将士英勇战斗，血战三天两夜，击退了敌人多次进犯。这就是驰名中外的江桥抗战。

马占山奋起抗战，深受全国人民称赞，国内各地报纸都以大字标题广为报道。各地群众自发组织慰问团、后援会，捐钱捐物，支援黑龙江省抗战。上海、哈尔滨等地青年学生纷纷投笔从戎，组织“援马抗日团”，参加抗日队伍。

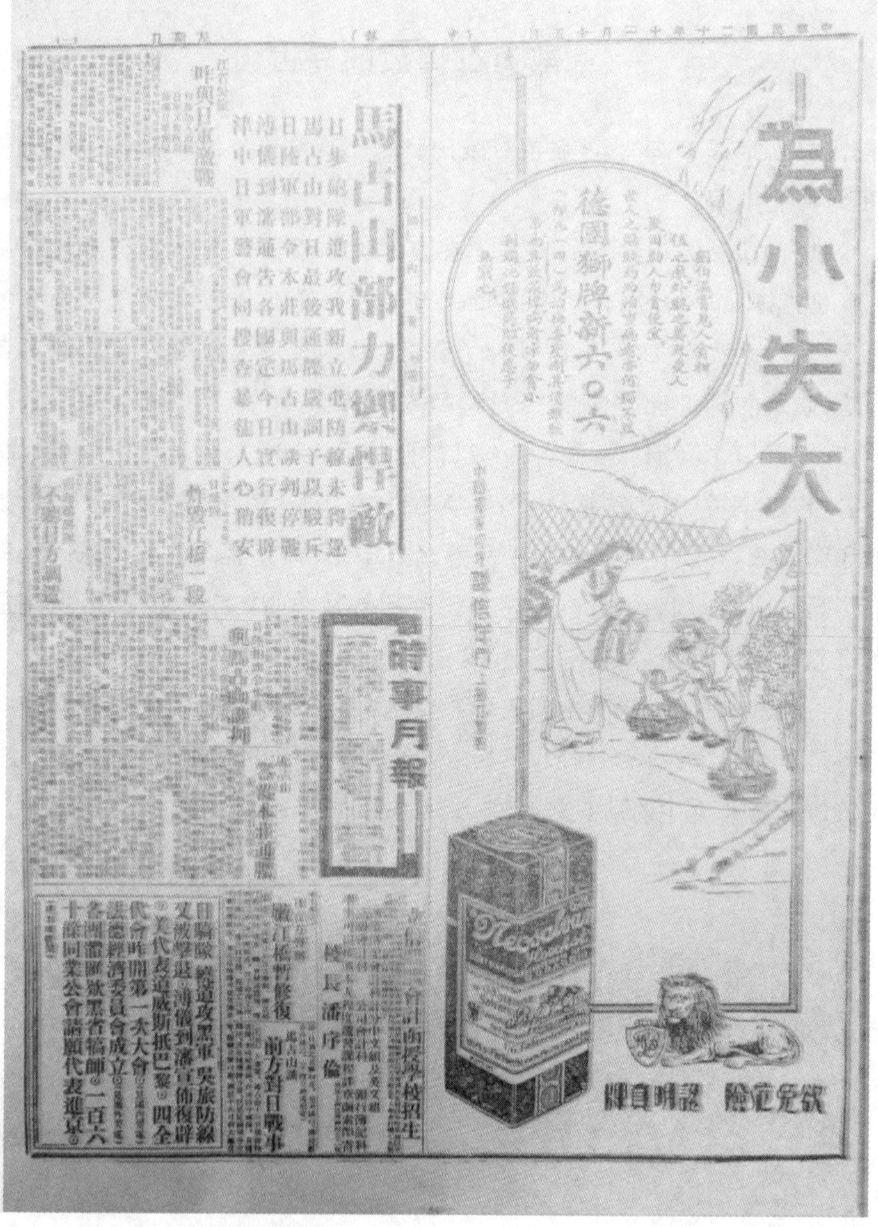
馬占山部力禦悍敵
日步砲隊進攻我新立屯防線未得逞
馬占山對日最後通牒嚴詞予以駁斥
日陸軍部令本莊與馬占山談判停戰
溥儀到瀋通告各國定今日實行復辟
津中日軍警會同搜查暴徒人心稍安
時事月報
為小失大
德國獅牌新六〇六

图 4-1　《申报》1931 年 11 月 15 日第二版

该版刊发《马占山部力御悍敌》。

二、自发抗日的东北义勇军

东北义勇军是“九一八”事变以后东北沦陷初期以旧军队为基础的自发抗日武装力量，为创建东北抗日联军提供了条件和经验，推动了东北抗日斗争的发展，对中国抗日战争的胜利做出了重要贡献。

在当时穷凶极恶的日本帝国主义压迫和包围之下，在国民政府不抵抗和不援助的打击之下，在装备、训练各方面相形见绌的情势之下，东北义勇军不顾一切，揭竿而起，以血肉和敌人相拼，有力地打击了日本帝国主义的侵略野心，激发了全国人民的抗日意志，并且及时地在全世界人民面前揭穿了日本帝国主义伪造民意、树立伪满傀儡政权的阴谋。因此，东北义勇军曾经受到全国人民的拥护和支持，以及世界人民的重视和赞扬。

东北义勇军人数最多时曾达30万人上下，活动地区几遍于东北全境。但在日军强大兵力的进攻下，缺乏统一领导而又派系林立、成分复杂的义勇军，坚持到1933年下半年即大部分风流云散，只有少部分还继续坚持斗争。

值得一提的是，后来成为新中国国歌的《义勇军进行曲》，正是为东北抗日义勇军而作。

图 4-2　《时代》1932 年 1 月第 3 卷第 9 期

该期以“新年增刊”形式推出了“东北义勇军专号”，全面介绍了东北义勇军的抗日事迹。

图 4-3 《时代》1932 年 1 月第 3 卷第 9 期

该期封面人物为“东北义军首领冯占海将军”。

三、壮烈殉国的黄梅兴

黄梅兴(1897—1937),广东平远县东石镇坳上村人。1921 年入读广州宪兵学校,一年后投奔粤军第一师。1924 年 5 月,考入黄埔军校第一期。毕业后历任排长、连长、营长,参加两次东征。1926 年,参加北伐,在与军阀孙传芳作战中受伤。伤愈后奉命招募新兵,任团长。1931 年 1 月,任国民革命军第 88 师第 264 旅第 528 团团长。1932 年,"一·二八"事变爆发后,任第 264 旅副旅长兼第 528 团团长,奉命防守庙行镇以南一带阵地,多次与日寇较量,屡建奇功,敌人称他为"黄老虎"。因功升为第 264 旅旅长,驻守鄂西。1936 年调驻南京。1937 年驻防上海江湾大场一带。

"八一三"淞沪抗战爆发后,黄梅兴率领驻扎在持志大学等地的第 264 旅与日寇展开生死搏斗,并身先士卒,亲临前线指挥作战,连续攻破敌军十几个堡垒。1937 年 8 月 14 日下午,进攻日军据点时,日军炮火密集,并加百架飞机轰炸。黄梅兴率部冲到八字桥,不幸被炮弹击中,经抢救无效而壮烈牺牲,年仅 41 岁,是淞沪会战中第一位阵亡的国民党高级将领,后被追授陆军中将。

2014 年 9 月 1 日,他被列入民政部公布的第一批 300 名著名抗日英烈和英雄群体名录。

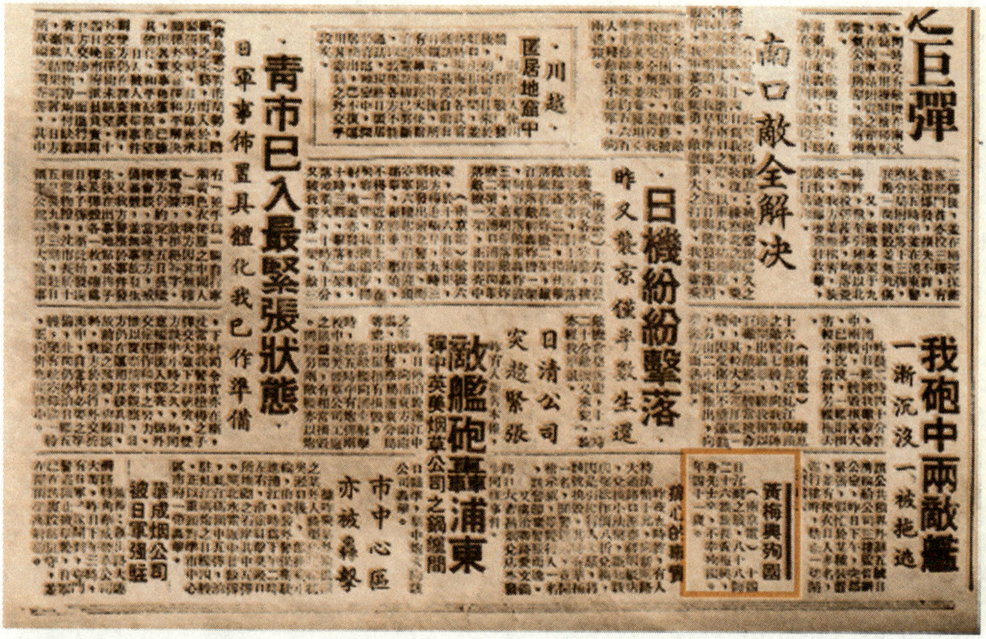

之巨彈

我砲中兩敵艦
一漸沉沒一被拖逃

南口敵全解決

黃梅興殉國

日機紛紛擊落
昨又襲京僅半數生還

痛心的事實

日清公司突起緊張

敵艦砲轟浦東
彈中英美烟草公司之鍋爐間

市中心區亦被轟擊

華成烟公司被日軍強駐

川越匿居地窟中

青市已入最緊張狀態
日軍事佈置具體化我已作準備

图 4-4　《辛报》1937 年 8 月 17 日第二版

该版刊发《黄梅兴殉国》消息，报道了国民党高级将领黄梅兴将军与日寇展开殊死搏斗不幸壮烈牺牲。

四、死守宝山殉国的姚子青等 600 壮士

1937 年 8 月 13 日，淞沪抗战爆发。上海宝山县城因位于江海门户，东、北两面紧靠长江，为日军进攻的重点。

8 月 23 日，日军在长江沿岸的罗泾小川沙、月浦狮子林等地登陆，随即向宝山、罗店、浏河方向合击，企图从侧面兜袭我军后路，一举占领上海。

当时，宝山县城国民革命军第 6 师的一个营已同日军反复拼杀多日，伤亡惨重，难以继续作战。危急关头，驻守在长江口沿江阵地的第 98 师师长夏楚中决定派第 583 团第 3 营前往接防。

第 3 营营长姚子青，黄埔军校第六期毕业，参加过北伐战争，一向报国有志，忠诚信守，有独当一面的指挥能力。他在接受任务时说："子青守土有责，誓与宝山共存亡。"

8 月 31 日晚，姚子青率第 3 营 600 官兵进驻三面受敌，已成孤悬之势的宝山城。全营官兵抱着必死之决心，连夜挖战壕，加固防空和城防工事，进入阵地，严阵以待。

9 月 1 日凌晨，吴淞口江面上日军军舰的大炮开始向宝山城发射重型炮弹，日军飞机也不断前来轰炸，一时间，宝山县城上空火光冲天，炮声隆隆。此后，日军担任地面进攻的藤田师团第 68 联队 2500 人在坦克掩护下气势汹汹地向宝山县城扑来。姚子青没等日军站稳，就下令还击，宝山血战由此打响。

9 月 3 日，日军开始从东、南、北三面发起强攻，企图切断第 3 营与后方之通道。姚子青识破日军的阴谋，派出一支突击队集中优势兵力，先发制人，勇敢出击，将日军击溃于金家宅和宝山防区之外。当日，夏楚中派人穿过火线进入宝山县城，向姚子青传达死守宝山的命令。

9 月 5 日，宝山外围的我军因腹背受敌退守泗塘河防线，吴淞镇亦为日军所破。陷入日军四面包围之中的宝山县城却巍然屹立。

9 月 6 日，日军在飞机、大炮的掩护下再次发起潮水般的进攻。第 3 营 3 个连长全部阵亡，9 个排长也阵亡 6 人。姚子青不顾副官和卫兵的劝阻，来到

五、屹立于吕梁山脉间的山西青年抗敌决死队

1936年12月，山西吕梁中共党组织着手开展训练1000名临时村政协助员的工作，规定临时村政协助员下乡的任务有3个：一是广泛进行宣传鼓动，唤起民众抗日爱国热情；二是发展牺牲救国同盟会（简称牺盟）会员，以十人团的方式组织100万会员；三是挑选爱国意识强、工作积极努力的会员，介绍他们投考国民兵军官教导团。

当时正值绥东百灵庙战役胜利，接着又发生了西安事变。百灵庙大捷，极大地鼓舞了山西和全国人民。西安事变的和平解决，成为时局转换的枢纽，预示着抗日战争新时期的到来。

在这种形势下，广大人民群众立即掀起了强大的抗日救亡热潮。经过3个月的工作，山西各地牺盟会员发展到60万人，从中挑选了2万名国民兵军官教导团的学员。

学员招来后，从1937年4月至7月下旬，党组织开始组建新军决死队，分别集合在忻州、祁县、太谷、寿阳、平遥等处，组成10个团进行训练。各团政治部主任都是由共产党员和左派人士担任，团以下的政治工作人员亦由党组织选派。

教导团的建立，为后来山西青年抗敌决死队的成立打下了基础。1937年8月1日，山西青年抗敌决死总队在太原山西国民师范礼堂举行成立大会，并宣布8月1日为新军诞生日。这个日子，正好也是中国共产党领导的军队的诞生日。

1938年4月，决死队一、三两个纵队和一部分国民党军队配合八路军第129师及第115师一个旅，歼敌4000余人，收复县城18座，彻底粉碎了日军的9路进攻。从1938年底开始，决死队进行了"西林整军"，在八路军总部的帮助下，在沁县的西林办了3期军政训练班，训练排、连以上干部和优秀的政工人员。八路军总部负责人朱德、彭德怀、左权亲自给训练班讲课。训练结束后，决死队换掉了一批旧军官，代之以新军官，部队的军政素质显著提高。

1939 年上半年，决死队发展到 50 个团，约四五万人，占阎锡山 150 个团的三分之一，成为一支驰骋晋绥的抗日劲旅。

1939 年 12 月，在蒋介石的支持下，阎锡山发动了“十二月事变”，以决死二纵队不听从指挥为由，企图消灭共产党领导的新军。但是事变后，决死队公开和八路军站到了一起，而且更加壮大了。

粉碎“十二月事变”以后，决死二纵队、四纵队、第 202 旅等加入第 120 师战斗序列。从 1939 年 12 月下旬到次年 2 月，在晋西南的决死二纵队及第 209 旅各一部、第 212 旅、第 213 旅及一部分自卫队、地方干部，根据北方局及晋西南区党委的指示，先后转移到太岳区与决死一纵队会师。会师以后，经过整编，决死一纵队归八路军总部直接领导，至此，山西青年抗敌决死队的 4 个纵队全部编入八路军序列，揭开了新军和太岳根据地历史新的一页。

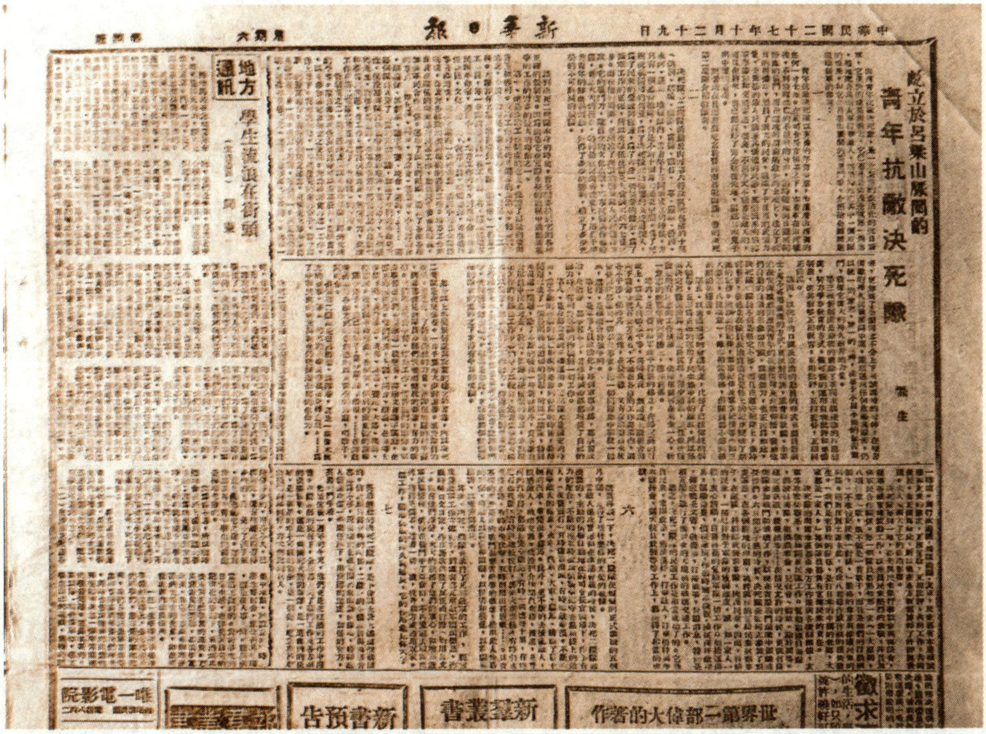
新華日報

中華民國二十七年十月二十九日　星期六　第四版

屹立於呂梁山脈間的青年抗敵決死隊

图 4-6 《新华日报》1938 年 10 月 29 日第四版

该版刊发了长篇通讯《屹立于吕梁山脉间的青年抗敌决死队》，全面介绍了决死队事迹。

六、新四军军长叶挺

新四军军长叶挺，生于 1896 年 9 月 10 日，原名叶为询，字希夷，号西平，广东惠阳区客家人，是中国人民解放军创始人，新四军重要领导者之一，也是享誉世界的政治家、军事家。

抗日战争全面爆发后，于 1938 年 1 月出任国民革命军新编第四军军长，被授予国民革命军中将军衔。

1938 年，叶挺率部粉碎了日军对皖南的“扫荡”，曾得到蒋介石的致电嘉奖。

1941 年 1 月，国民党顽固派制造了震惊中外的皖南事变。在遭国民党军重兵包围的严重情况下，叶挺指挥部队奋起突围，浴血奋战八昼夜之久。在奉派与国民党军交涉时被扣押，入狱 5 年。在狱中，叶挺严词拒绝了蒋介石的威逼利诱，婉拒了好友陈诚劝其前往缅甸御敌的请求，先后被囚于江西上饶、湖北恩施、广西桂林等地，最后移禁于重庆“中美特种技术合作所”集中营（俗称渣滓洞）。在渣滓洞，写就著名的《囚歌》，展示了一个共产党人的凛然正气。

抗战胜利后，叶挺获救出狱。1946 年 4 月 8 日，与夫人李秀文以及秦邦宪、王若飞等同志在返回延安途中，不幸遇空难身亡。1988 年，被中央军委确定为 36 位开国军事家之一。1989 年 11 月，经中央军委确定，被冠以“中国人民解放军军事家”的称号。

图 4-7 《译报周刊》1938 年 11 月 9 日第 5 期

该期把新四军军长叶挺作为封面人物，为著名集报家冯艺收藏。同时，在

“新四军特辑”里刊发了4篇文章:《新四军照片》《新四军印象记》《新四军教导营与服务团》和《怀民族战士方志敏》。

《译报周刊》于1938年10月10日在上海创刊,由梅益、王任叔、林淡秋、冯宾符等负责编辑,《每日译报》编辑部出版。销量曾达到2万份,是当时上海定期刊物中发行量最高的。主要栏目有“一周战局”“每周瞭望”“知识讲座”“战争知识辞典”“时事问题讨论大纲”“人物介绍”“读书指导”“各地通讯”等。1939年6月22日被迫停刊。

七、中缅印战区美陆军司令史迪威

史迪威生于美国佛罗里达州帕拉特卡。1904 年毕业于美国陆军军官学校(俗称“西点军校”)。参加过第一次世界大战。1920—1923 年来华工作。1926—1929 年在天津任驻华美军营长、代理参谋长。1935—1939 年任驻华武官。太平洋战争爆发后,任中缅印战区美陆军司令,兼中国战区总司令蒋介石的参谋长,指挥盟军抗击日军入侵缅甸。

史迪威在 1942 年 3 月首次抵达重庆,受到蒋介石夫妇的热情欢迎。蒋把他手中最精锐的两个师拨给了史迪威用来保卫缅甸,结果却是一场灾难。蒋和他的军事顾问们都认定缅甸战败的主要原因是史迪威太傲慢,无视蒋的建议,从而白白牺牲了蒋的两个师。

蒋介石和其他中国领导人在应付史迪威的过程中深感挫折。史迪威看不起蒋手下的众多将军,多次催促蒋介石任命一真正有能力的指挥官,给予他真正的威信,并对战果负责。他还向蒋抱怨中国军官的素质太差,认为中国将领能力乃“二流”,并告诫蒋如果他依然把大量军务交给这样的将领,“那将是白费力气”,且将会“在美英诸盟国之间,产生极为不良的印象”。

早在 1943 年前,蒋和史迪威之间的矛盾就已加剧,同时两国之间的紧张关系也加剧了。当得知史迪威设法联系延安的共产党,并想邀请他们加入国民革命军以对抗日军时,蒋尤为恼火。蒋认为这建议“太过分”,触碰到了他与国民党官员的禁忌,即无论如何都不能加强共产党的军事实力。蒋介石因此多次要求美国总统召回史迪威。

1944 年 10 月,罗斯福终于同意召回史迪威。史迪威于当月 21 日离开重庆回美。

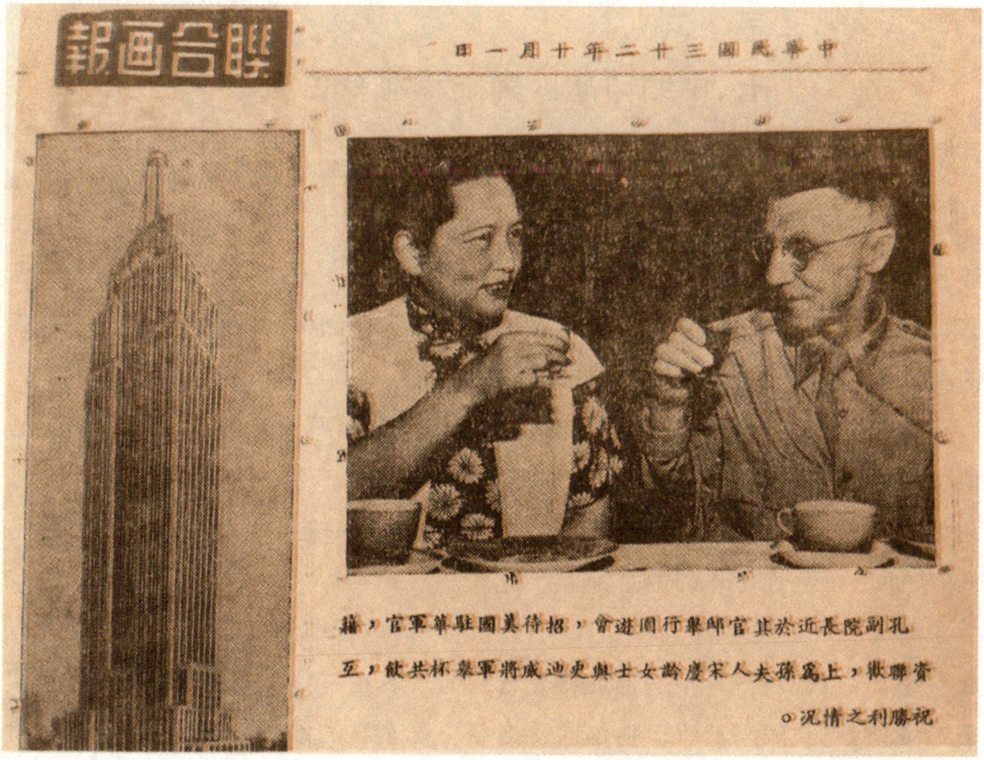

聯合畫報

中華民國三十二年十月一日

孔副院長近於其官邸舉行園遊會，招待美國駐華軍官，藉資聯歡，上爲孫夫人宋慶齡女士與史迪威將軍舉杯共飲，互祝勝利之情況。

图 4-8 《联合画报》1943 年 10 月 1 日第 47 期

该期报道了宋庆龄女士与史迪威将军举杯共饮，互祝胜利的情形。

附　录　抗战时期国统区报刊撷英

抗日战争时期，在国统区出版的各种报刊，以其对战局、战况、战果等的激情报道，吹响了全民抗战的号角，极大地鼓舞了全体国民的抗战士气。附录中撷英的9种报刊，各具特色，是我们研究抗战史的第一手资料。这里有最早的报纸摄影附刊《时报·图画周刊》；有坚守“言论上的独立精神”的《生活》周刊；有为抗日救亡运动鼓与呼的《大众生活》；有致力于促进民族解放，推广大众文化的《生活星期刊》；有全国各界救国联合会的机关报《救亡情报》；有国民党军事委员会主办、各战区政治部出版的《阵中日报》……

一、《时报·图画周刊》:我国最早的报纸摄影附刊

五四运动中,报纸摄影附刊兴起。《时报·图画周刊》(后称《图画时报》),是我国第一个报纸摄影附刊,创刊于1920年6月9日,主编戈公振(时在上海《时报》任职),由上海时报社出版印刷,以刊登新闻照片为主,所刊照片分为六类:①时事照片;②风景照片;③学校照片;④艺术品照片;⑤名人照片;⑥风俗照片。

出至1924年2月17日的第186期,更名为《图画时报》,初为周刊,自第358期起改为三日刊。但因处于战时,刊期时有变动。至1935年10月13日停刊,共出刊1072期。

其创刊号的《导言》称:"世界愈进步,事愈繁琐;有非言语所能形容者,必借图画以明之。夫象有鼎,由风有图。彰善阐恶,由来已久。今国民敝锢,政教未及清明,本刊将继文学之未逮,一一揭而出之,尽画穷形,俾举世有所观感,此其本旨也。若夫提倡美术,增进阅者之兴趣,又其余事耳。"清楚地阐明了戈公振创办摄影附刊的目的,他强调摄影图片应起"彰善阐恶"的作用,其他方面都是次要的。在那个时候能提出如此深刻、正确的见解,是不寻常的,表明戈公振具有过人的见识和作为一个报人对国家社会抱有的责任感。

为了及时报道"一·二八"事变,从1932年2月7日至6月7日,《图画时报》增设了《图画时报上海战刊》(如图5-1至图5-7),前后共出版43期,每一期刊发图片10余幅不等,这些图片较为详尽地展现了中国军队将士与日本侵略者浴血奋战的画面,极大地鼓舞了全国四万万同胞的抗战热情。

THE EASTERN TIMES PHOTO SUPPLEMENT

圖畫時報上海戰刊

图 5-1 《图画时报上海战刊》1932 年 2 月 7 日头版

图 5-2 《图画时报上海战刊》1932 年 2 月 7 日第二版

THE EASTERN TIMES PHOTO SUPPLEMENT

圖畫時報上海戰刊

图 5-3　《图画时报上海战刊》1932 年 2 月 11 日头版

图 5-4 《图画时报上海战刊》1932 年 2 月 11 日第二版

图 5-5 《图画时报上海战刊》1932 年 2 月 14 日第二版

图 5-6　《图画时报上海战刊》1932 年 2 月 16 日头版

图 5-7　《图画时报上海战刊》1932 年 2 月 16 日第二版

二、《生活》:坚守“言论上的独立精神”

《生活》周刊创办于1925年10月11日,原为爱国民主人士黄炎培创办的中华职业教育社社刊;次年10月起,由邹韬奋任主编;1929年,脱离职教社,由邹韬奋独立经营。

1931年9月18日,震惊中外的“九一八”事变爆发。血的教训,教育了邹韬奋和《生活》周刊的编辑们,他们在日益高涨的群众抗日救亡运动中得到锻炼,逐渐接受了中国共产党抗日民族统一战线政策。邹韬奋迅速在《生活》周刊上打出了抗日救亡的大旗,以大量篇幅讨论抗日救亡问题,揭露日本侵略者的法西斯暴行,报道爱国军民反抗侵略的英雄事迹。每期头版刊出的“小言论”,多数为邹韬奋执笔,很受读者欢迎。

特别是从1931年10月17日第6卷第43期起,连续增出了3期《生活国难惨象画报》,以《惨目伤心的照片》开篇,写道:“这十二幅‘战地写真’——日人所称——是日本人所摄。在这照片上除了看到那满天黑烟和同胞被俘,以及平坦的马路变作战场之外,那屋瓦余烬,那横刀殷血,更有那凄惨哀号,我们无从看到听到,但我们从仇人手里,得到仇人自以为‘一视同仁’之下的这种景象,使我们惨目伤心,更为何如耶?”3期画报共刊出42幅照片,震撼人心。(图5-8)

在淞沪抗战期间,《生活》周刊在编发“紧急号外”之余,从1932年2月26日第7卷第8期起,陆续刊登《上海血战日记》,并在第7卷第9期创刊了《上海血战抗日画报》(图5-9),热情称颂了十九路军奋勇抗敌的悲壮事迹。

《生活》周刊同人除编辑出版刊物外,还组织读者支援抗日前线。当东北抗日前线义勇军陷入饷尽援绝的境地时,《生活》周刊发起“援助黑龙江省卫国健儿捐款”活动,受到广大读者的热烈响应,不到3个月就收到捐款12万元之多,在全国产生了极大的影响。淞沪抗战中,《生活》周刊同人还直接参加战时后方服务工作,为十九路军采购军用物资,并发动群众捐款,开办伤兵医院,起了实际的组织作用,受到市民的热烈赞扬。

由于《生活》周刊在全国群众及海外华侨中产生了巨大的影响力，它的发行量一度达到15万多份，成为当时全国销量最大的杂志。

在大声疾呼抗日救亡的同时，《生活》周刊坚决抨击和反对国民党当局的“不抵抗政策”。如在“九一八”事变后第一个国庆日出版的第6卷第42期头版，邹韬奋以《国庆与国哀》为题发表“小言论”，指出：“我们念及双十，不禁联想到二十年前此日武汉之义举，不禁联想到慷慨捐躯为国牺牲的无数烈士，同时更不禁联想到殉难诸烈士当时所痛心疾首奋不顾身欲为同胞铲除之危害，至今日则如水之益深，火之益热。所谓‘同志者在’，徒见其挂羊头卖狗肉，钩心斗角于私斗，丧权辱国为惯技，一任暴敌之横冲直撞，劫掠惨杀，不以为耻，除‘不抵抗’外无办法，除‘镇静’外无筹谋。痛念先烈之赤血热泪，环顾国族之黑暗凄惨，逢此双十，悲感丛集，实国民抱头痛哭之日，国哀而已，何庆之有？”(图5-10)

针对“九一八”事变后，日本帝国主义又发动“华北事变”，继续侵占热河省，而国民党当局为此与日本签订了又一丧权辱国的《塘沽协定》，邹韬奋在1933年6月10日第8卷第23期《生活》周刊上，发表了一篇题为《惨痛之又一幕》的“小言论”，指出：“阿斗们本来被人视为道地十足的蠢货，而现在被人横蛮地打了几个耳光，还须受着多方的欺骗，说这是算不得什么侮辱，简直还该强颜欢笑，欣然容纳似的，这更是何等的惨痛！……协定成立之后，日本方面踌躇满志的气概，随处活跃，说得尤其畅酣的是参加此次谈判的日方主席冈村，他的胜利的话说得越得意，反映我们的屈辱也愈深刻，愈惨痛。”(图5-11)6月22日所出的《生活画报》第26号上还刊出了一幅《塘沽协定》的签字照(图5-12)。

《生活》周刊这种立场鲜明、针锋相对的言论，引起了国民党当局的仇视，不断对邹韬奋进行恐吓诽谤。无效之后，1932年7月，国民党当局下令邮局对《生活》周刊禁邮。

此后，邹韬奋预料到当局绝不会放过《生活》周刊，于1932年10月，预先写好一篇《与读者诸君告别》，准备随时在最后一期上发表。文中写道：“记者所始终认为绝对不容侵犯的是本刊在言论上的独立精神，也就是所谓的报格。倘须屈服于干涉言论的附带条件，无论出于何种方式，记者为自己人格计，为本刊报格计，都抱有‘宁为玉碎，不为瓦全’的决心。”他号召读者“把对于本刊言论的同情移到实际方面的努力，共同奋斗，共谋中华民族的独立与解放”。

随后，作为对国民党当局迫害的一种回答，邹韬奋又参加了一个由宋庆龄、蔡元培、鲁迅等人发起组织的，反对国民党当局黑暗暴政，保护人民民主权利的人民团体——中国民权保障同盟，并被推举为执行委员。1933 年 6 月 18 日，中国民权保障同盟总干事杨杏佛，被国民党特务暗杀了。邹韬奋也上了暗杀黑名单。在朋友们的多次劝说下，邹韬奋被迫于当年 7 月 14 日登上意大利轮船“佛尔第”号流亡欧洲，开始了他的第一次流亡生活。《生活》周刊由胡愈之、艾寒松等继续编辑出刊。

1933 年 12 月 8 日，国民党当局以“言论反动，思想过激，毁谤党国”的罪名，下令查封《生活》周刊。

16 日，《生活》周刊出版最后一期——第 8 卷第 50 期(图 5-13)。这期的首篇是署名“同人”的“小言论”《最后的几句话》。该刊同人坚定地认为：“统治者的利剑，可以断绝民众文字上的联系，而不能断绝精神意识上的联系。人类的全部历史记载着，民众利益，永远战胜了一切。”在第二页上还刊发了邹韬奋一年前写的告别文章。

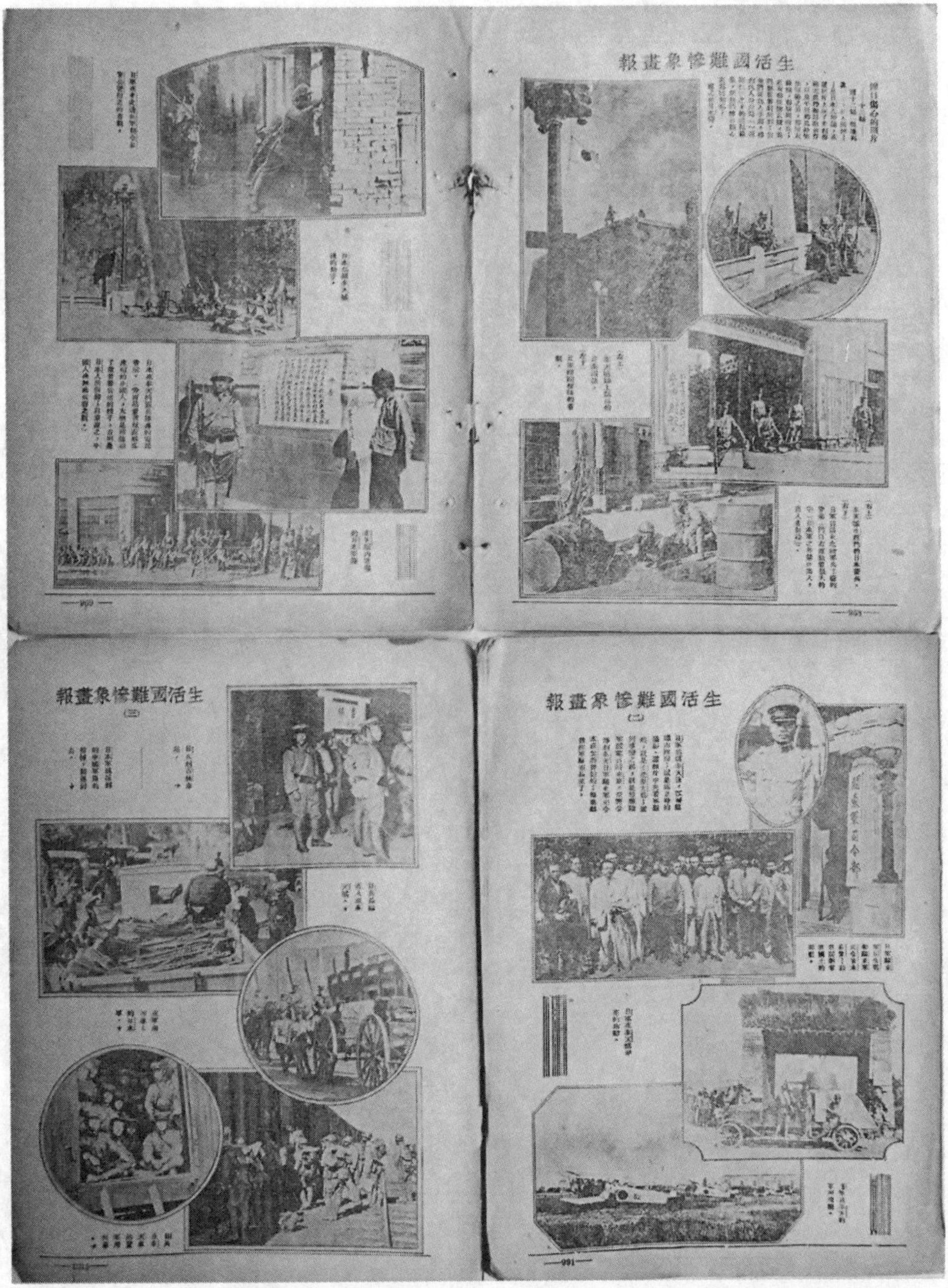

图 5-8　《生活》1931 年 10 月 17 日、24 日、31 日增出的《生活国难惨象画报》

图 5-9　《生活》1932 年 3 月 5 日第 7 卷第 9 期的《上海血战抗日画报》

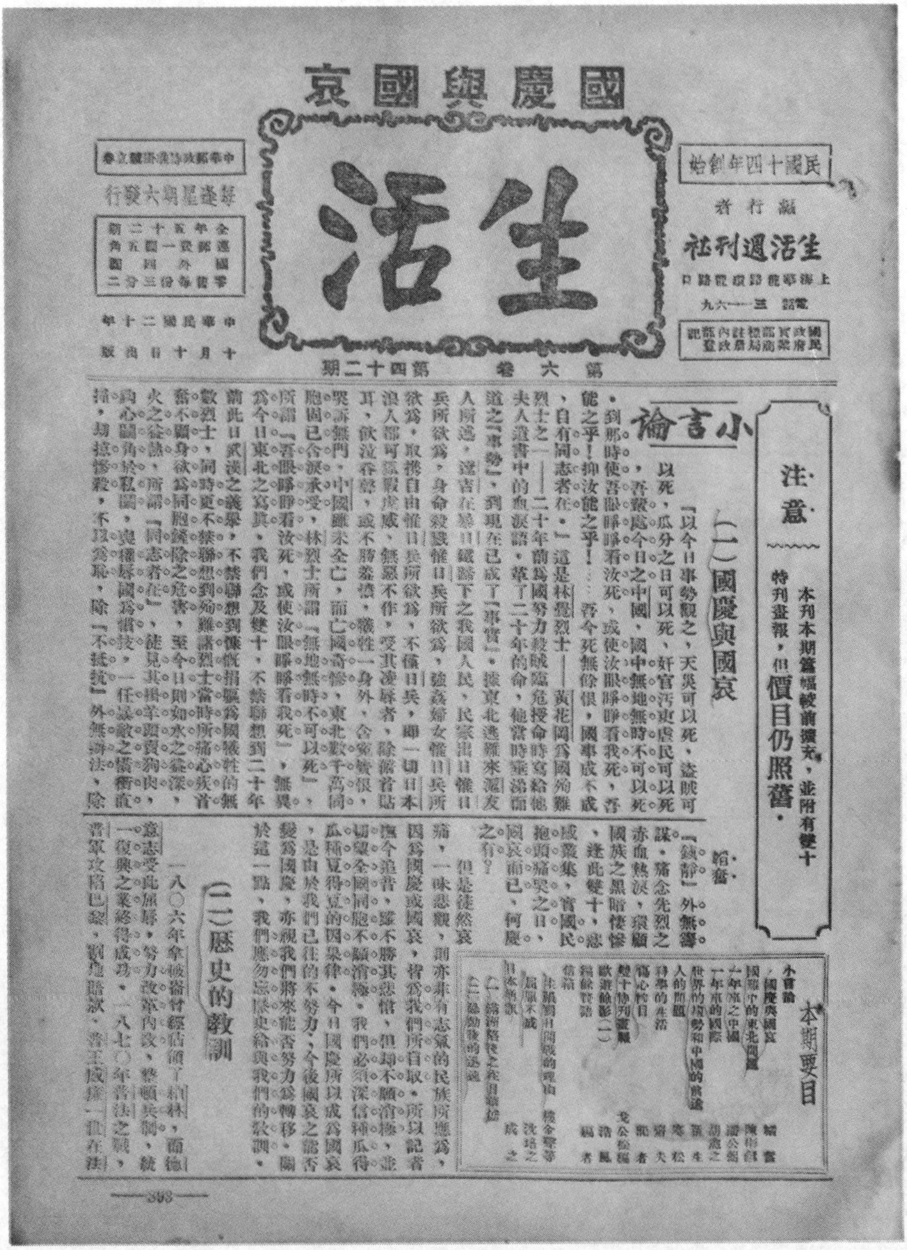

國慶與國哀

生活

民國十四年創始

編行者　生活週刊社　上海華龍路環龍路口　電話　三一一六九

每逢星期六發行

中華民國二十年十月十日出版

第六卷　第四十二期

注意　本刊本期篇幅較前擴充，並附有雙十特刊畫報，但價目仍照舊。

小言論

(一)國慶與國哀

韜奮

「以今日事勢觀之，天災可以死，盜賊可以死，瓜分之日可以死，奸官污吏虐民可以死，吾輩處今日之中國，國中無地無時不可以死，到那時使吾眼睜睜看汝死，或使汝眼睜睜看我死，吾能之乎！抑汝能之乎！……吾今死無餘恨，國事成不成，自有同志者在。」這是林覺民烈士——黃花岡爲國殉難烈士之一——二十年前爲國努力殺賊臨危授命時寫給他夫人遺書中的血淚語，革了二十年的命，他當時痛論道之『事勢』，到現在已成了『事實』。據東北逃難來滬友人所述，遭害在暴日鐵蹄下之我國人民，民家出日幟惟日兵所欲爲，身命殺戮惟日兵所欲爲，強姦婦女惟日兵所欲爲，取携自由惟日兵所欲爲，不僅日兵，即一切日本浪人都可狐假虎威，無惡不作，受其淩辱者，除緘口貼耳，飲泣吞聲，或不勝羞憤，犧牲一身外，含寃懷恨，哭訴無門。中國雖未全亡，而亡國奇慘，東北數千萬同胞固已含淚承受，林烈士所謂『無地無時不可以死』，所謂『吾眼睜睜看汝死，或使汝眼睜睜看我死』，無異爲今日東北之寫真。我們念及雙十，不禁聯想到二十年前此日武漢之義舉，不禁聯想到慷慨捐軀爲國犧牲的無數烈士，同時更不禁聯想到殉難諸烈士當時所痛心疾首，奮不顧身，欲爲同胞誅除之危害，至今日則如水之益深，火之益熱，所謂『同志者在』，徒見其掛羊頭賣狗肉，鈎心鬬角於私圖，與權辱國爲伎，一任暴敵之橫衝直撞，劫掠慘殺，不以爲恥，除『不抵抗』外無辦法，除『鎮靜』外無籌謀。痛念先烈之赤血熱淚，環顧國族之黑暗悽慘，逢此雙十，感慨叢集，實國民抱頭痛哭之日，國哀而已，何慶之有？

但是徒然哀痛，一味悲觀，則亦非有志氣的民族所應爲，因爲國慶或國哀，皆爲我們所自取。所以記者撫今追昔，雖不勝其悲憤，但却不願消極，並切望全國同胞不願消極。我們必須深信種瓜得瓜，種豆得豆的因果律。今日國慶所以成爲國哀，是由於我們已往的不努力，今後國哀之能否變爲國慶，亦視我們將來能否努力爲轉移。關於這一點，我們應勿忘歷史給與我們的教訓。

(二)歷史的教訓

一八〇六年拿破崙曾經佔領了柏林，而德意志受此屈辱，努力改革內政，整頓兵制，一復興之業終得成功。一八七〇年普法之戰，普軍攻陷巴黎，訂定賠款，普王威廉一世在法

本期要目

——393——

图 5-10　《生活》1931 年 10 月 10 日第 6 卷第 42 期

该期刊发“小言论”《国庆与国哀》。

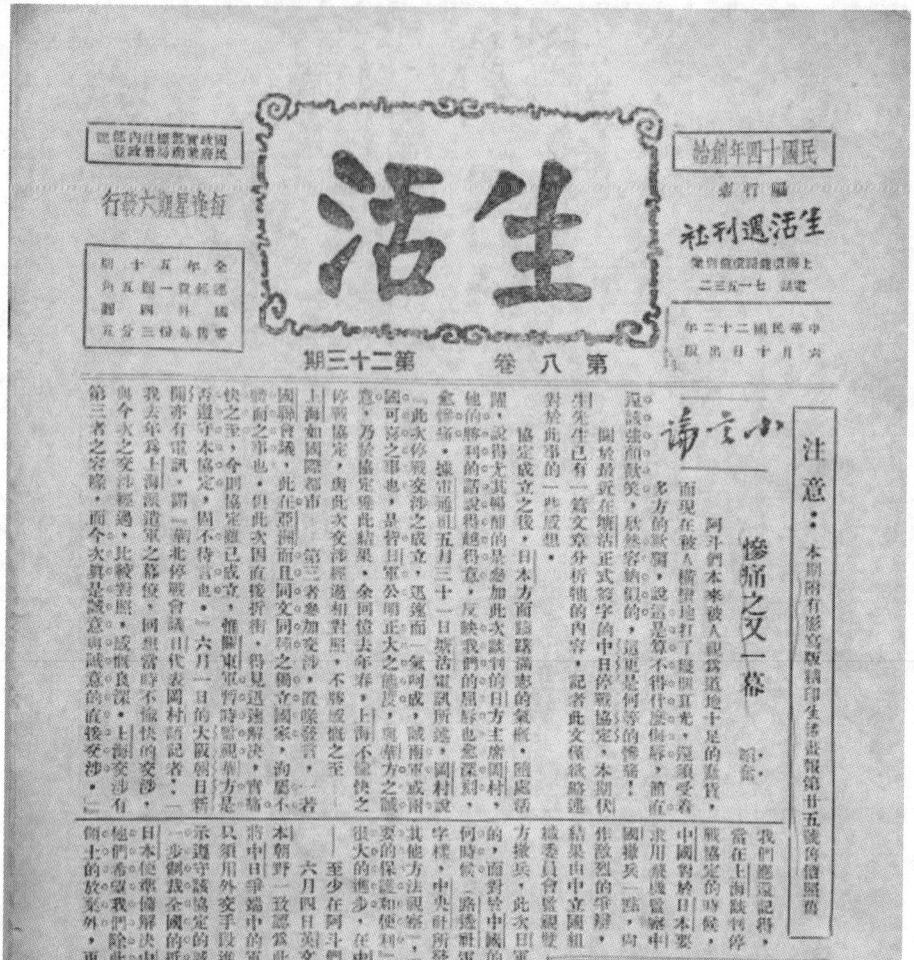

图 5-11　《生活》1933 年 6 月 10 日第 8 卷第 23 期

该期刊发“小言论”《惨痛之又一幕》。

图 5-12　《生活》1933 年 6 月 22 日第 8 卷第 26 期的《生活画报》第 26 号

该期刊发《向后转及其他》，载有一幅《塘沽协定》签字照。

民國十四年創始

編行者
生活週刊社

電話七一五三二

中華民國二十二年十二月十六日出版

生活

每逢星期六發行

全年五十期
連郵費一圓五角
國外四圓
零售每份三分五

第八卷　第五十期

小言論

最後的幾句話

同人

本刊於民國十四年創刊，到本期爲止，剛出滿了第八卷，但是環境的壓迫，已到了最高度，再不容許我們有給出第九卷的可能。因此本刊的運命竟隨民國二十二年的歲序而告終。一部分的讀者，聽到了這不幸的消息，也許要驚異憤慨，但是本刊同人却早已預料到有這最後的一天。反之，本刊得維持到今日，却是出於意料之外的。在一年餘以前，本刊經最高軍事當局和中央黨部密令，禁止郵遞，當時即以爲本刊末日已至，禁止郵遞以後，必繼以查封，所以本刊的主編韜奮先生在去年十月間，已寫好了一篇與讀者諸君告別的短文，準備在本刊被封的最後一期中刊出。以後本刊仍保持一貫的態度，繼續爲民衆利益辯護。本刊郵遞是完全封鎖了。內地銷售本刊，時常受軍警摧殘，甚至許多學校的學生，有因購閱本刊而遭逮捕的。但因本刊的編輯發行機關未遭封閉，本刊仍能按期出版，用半公開或秘密的方法，送達國內外的無數讀者。直到最近爲止，本刊的銷數，仍能保持國內定期刊物的最高銷數。當局沒有迅速命令實行查封，使本刊的生命，得延長到第八卷的最後一期，這是出於當局的寬宏大量，而也是我們所不及意料的。

但是現在，我們所預料的最後一天，果然到來了。我們探得可靠的消息，當地官廳已接到查封本刊的命令。這樣，在十八個月前已被判決死刑的本刊，現在已到了執行死刑的日期了。本刊主編韜奮先生遠在海外，雖然還沒有知道這個消息，但是他在出國前已具了『保全人格報格，不爲不義屈』的決心，所以我們特把他以前所寫了的那篇與讀者諸君告別登在這最後的一期。本刊同人掙扎奮鬬直到了最後一分鐘，自問不至有負愛護本刊的數十萬讀者的期望。本刊雖遭重重壓迫，不得已而與讀者諸君告別，但是我們却已沒有什麼遺恨了。

自然，我們相信，本刊和讀者諸君告別，只是一時的告別，而不是永久的告別；只是文字上的告別，而不是精神上意識上的告別。本刊和國內外數十萬讀者，正如韜奮先生所說，『已成爲精神上的至友，聲應氣求，肝膽相照』。統治者的利劍，可以斷絕民衆文字上的聯繫，而不能斷絕精神意識上的聯繫。人類的全部歷史記載着，民衆利益，永遠戰勝了一切。一切對於民衆呻吟呼喊的壓抑，都是徒勞的。我們可以斷定本刊和讀者必有再度相見之一日，此時的分別，自然只有增加本刊讀者的勇氣決心與希望，而不會給與悲觀與沮喪。

現在乘這最後的機會，特向愛護本刊的讀者和朋友們，表示我們的誠懇的感謝，並祝讀者諸君和朋友們努力前進！

本期要目

——1017——

图 5-13　《生活》1933 年 12 月 16 日第 8 卷第 50 期停刊号

该期刊发“小言论”《最后的几句话》。

三、《大众生活》:为抗日救亡运动鼓与呼

邹韬奋主编的《生活》周刊被封后,其好友杜重远继之创办了《新生》周刊,“新生”二字即取“生活重生”之意。然而,《新生》周刊刚出版了一年有余,就因《闲话皇帝》事件被封。邹韬奋当时正在美国西部旅行,一天从《芝加哥论坛报》上得知此事,十分气愤,当即决定回国。他于 1935 年 8 月 27 日由美国回到上海后,一方面整理访美材料,撰写《萍踪忆语》,另一方面着手创办刊物,以继续《生活》周刊和《新生》周刊的事业。

1935 年 11 月 16 日,《大众生活》在上海创刊(图 5-14)。该刊为 16 开综合性时事期刊,每期约 40 页,封一、封二、封三、封四采用彩版画报的形式,每期刊登十几幅彩色时事照片。

该刊创刊伊始,即积极响应中国共产党“八一宣言”的号召,把中国共产党提出的建立抗日民族统一战线的主张作为指导思想。邹韬奋在发刊词《我们的灯塔》中宣布,“力求民族解放的实现,封建残余的铲除,个人主义的克服”是全中国大众的重大使命,也是《大众生活》的奋斗目标。

这时的日本帝国主义在华北制造了一连串挑衅事件,企图吞并华北,进而灭我中华的野心更加膨胀,而国民党当局却高唱“敦睦邦交”。《大众生活》及时揭露日本侵略者的阴谋,同时,猛烈抨击国民党当局以“赤化”“妨碍邦交”等为借口镇压人民大众的抗日运动的行为。1935 年 12 月 9 日,北平爆发了轰轰烈烈的“一二·九”运动。消息传到上海后,《大众生活》立即响应,从 12 月 21 日第 6 期到 1936 年 1 月 11 日第 9 期,连续 4 期以大量篇幅为学生的救亡运动做宣传鼓动,给学生的爱国行动以热烈的声援。而且在“四封”上,每期刊载北平、上海、南京、武昌、杭州等地学生运动,以及国民党当局用水枪、皮鞭、大刀镇压、打伤爱国学生的十几幅照片。(图 5-15)在称颂学生救亡运动的同时,《大众生活》还对青年学生参加救亡运动提出了三点建议:“第一点是:对象要看得清楚。我们的对象是全民族解放的积极斗争,并不是仅限于枝枝节节的一个局部或一件事情的问题。……第二点是:只有有目标有策略的集团组织

才有伟大的持久的力量。……第三点是:要有排除万难,不怕艰苦的精神。”不仅如此,邹韬奋他们还在每期《大众生活》出版后,首先给北平学生联合会寄去几千份,只收少量成本费,出售刊物的大部分钱作为学联经费。

“一二·九”运动后,上海文化界救国会成立,邹韬奋被推举为执行委员,《大众生活》因此成了救亡运动的舆论机关报,它积极报道上海文化界救国会、北平文化界救国会等团体的活动,刊登它们的宣言。1936 年 2 月 11 日,国民党中央宣传部发表《告国人书》,给上海文化界救国会加上了“反对中央”“颠覆政府”的罪名。2 月 14 日,上海文化界救国会发表《对中宣部告国人书之辨正》,严正指出救国会不是“一纸污蔑文书所能恫吓得了的”,同时呼吁停止内战,一致对外。《大众生活》在 2 月 22 日第 15 期上全文转载了这个文件。

由于《大众生活》继承和发扬了《生活》周刊的优良传统,代表了人民群众的意志,因此受到广大读者的热烈欢迎。刊物的销售量很快超过《生活》周刊,达到 20 万份,又一次创下了我国当时杂志发行的最高纪录。

《大众生活》影响的迅速扩大,令国民党当局十分紧张,他们又使出种种手段迫害《大众生活》,除了散布谣言、诽谤和恫吓邹韬奋外,还不准《大众生活》在各地发售,禁止它从邮局邮寄。这些手段不能得逞,末了蒋介石亲自出马,让上海的黑帮头子杜月笙出面请邹韬奋去南京当面一谈。救国会领袖及邹韬奋好友商量后认为,蒋介石很可能乘机扣留邹韬奋,劝其不去。一位和蒋介石很接近的人士曾对邹韬奋说:“你这次要不往南京一行,就只有再度流亡海外,国内是休想驻足的。”邹韬奋决定不去南京,选择了第二次流亡。

1936 年 2 月 26 日,《大众生活》在出版到第 16 期(图 5-16)后,被国民党当局勒令停刊。邹韬奋在这期的《韬奋紧要启事》中,对读者提出两点奉告:“第一……本刊虽以迫于环境,暂时停顿,而抗敌救亡的运动却是必然地会持续开展发扬光大的。第二是我个人既是中华民族的一分子,共同努力救此垂危的民族是每个分子所应负起的责任,我决不消极,决不抛弃责任,虽千磨万折,历尽艰辛,还是要尽我的心力,和全国大众向着抗敌救亡的大目标继续迈进。”

图 5-14　《大众生活》1935 年 11 月 16 日创刊号

图 5-15　《大众生活》1935 年 12 月 21 日第 6 期至 1936 年 1 月 11 日第 9 期

这 4 期封面上刊发了多幅反映“一二·九”运动的照片。

图 5-16　《大众生活》1936 年 2 月 26 日第 1 卷第 16 期停刊号

四、《永生》:继承《大众生活》事业

《大众生活》被勒令停刊仅仅一周后,《永生》周刊于1936年3月7日在上海创刊,属综合性时事周刊。该刊以大量篇幅对日益加深的民族危机的局势进行评述,来唤起国人的警醒,主编兼发行人均为金仲华。

金仲华是我国现代著名的新闻记者、国际问题专家和社会活动家,1907年出生,浙江桐乡人。从上海之江大学毕业后,金仲华于1928年进入新闻界。

1935年4月,金仲华进入邹韬奋创办的生活书店,从此,二人在抗日救亡的文化事业中,并肩作战,结下了深厚的友谊。

1935年11月16日,《大众生活》创刊,邹韬奋任主编,金仲华参加了编辑工作,成为邹韬奋的得力助手。

1936年2月26日,《大众生活》被封停,邹韬奋被迫流亡香港,生活书店便由金仲华负责打理。

在《大众生活》面临被封的危险时期,邹韬奋曾经和金仲华研究再创办一个刊物,以防《大众生活》被封后,出现抗日救亡舆论突然中断而后继无人的情形。于是有了《永生》。

金仲华为自己主编的周刊取名"永生",其用意正如他在发刊词《求"生"的道路》一文中所说:"个人的生命应该放在健全的集团中,使它在集团的抗争中延续下去;民族的生命应该在对于侵略压迫者的不断斗争中,使它不致被消灭而能发展下去,获得最后的解放。我们不能让自己陷入悲观和堕落,让我们的民族流于消颓和畏怯;我们要依着这两条光明的道路,求得:个人的永生!民族的永生!"这一段伸张民族气节而又十分激昂的言辞充分说明"永生"二字的意义和创办这份刊物的宗旨。

这一点我们从创刊号封面(图5-17)的设计上也能看得出来。创刊号封面以上方三分之一黑色、下方三分之二红色为主基调,寓意黑色的天空和充满血色的前方。红色的、大大的"永生"二字占满了黑色的天空。血红处,中华民族不畏强暴的三名勇士,脚踏双蹬,背负钢枪,高举长刀,纵马奔腾,向敌人杀去,

显示出真正求生的道路。封面题画的名称与发刊词题目一样,也叫《求“生”的道路》。

《永生》周刊的形式与《大众生活》完全一致,每期 24 至 40 页,16 开铅印。封皮彩色铜版印刷,“四封”刊登的均为时事照片。栏目设置亦逼真仿效,辟有“每周评论”“通讯”“每周漫画”“新闻杂谈”“编辑余谈”“小说”“读者信箱”“非常时事图解”(隔期为“图画的世界”)等栏目。这样易使《大众生活》的老读者接受,并明白邹韬奋生活书店抗日救亡思想的一致性和连贯性。

《永生》周刊在办刊特点上也继承和发扬了《大众生活》的风格。一是在封面图片的选择上,紧扣当时国内、国外时事主题,与该期的内容紧密相关。该刊各期的封一、封二、封三和封底先后刊登了大量令人震撼的新闻图片,如第 17 期停刊号(图 5-18),封一和封二题目是《寇深矣》,刊出了反映上海各界民众于 6 月 21 日聚集北站,拟赴京督促政府出兵抗日被阻时的 6 幅照片。封三题目是《南京学生的怒吼》,刊出了反映首都学生反对日本增兵华北大游行的 3 幅照片。封底题目是《反对日本增兵》,刊出了百折不挠的北平学生抗争示威的 5 幅照片。这些图片,极具视觉冲击力,再结合文章的评论,给读者以触目惊心之感,收图文并茂之效。

二是图画辛辣精致。《永生》周刊有 2 个栏目最受读者欢迎和喜爱,即金仲华策划的“图画的世界”(形势地图)和“每周漫画”。“图画的世界”是《永生》周刊的亮点,该栏目通常由金仲华创意策划,沈振黄绘制,每期一个主题,两个整页,在中国地图或世界全图的基础上,对重要事件用漫画笔意放大,以箭头指向发生地,既能反映全局动态,又能勾勒其中利害关联和前因后果,图下配以简洁的文字进行提示说明。“每周漫画”由丰子恺、沈振黄、蔡若虹、马达、丁里等漫画家创作,集一时精品画作于一刊。

三是周到细致的读者信箱。《永生》周刊的读者观来源于邹韬奋先生的实践,因此也开辟了“读者信箱”和“读者园地”,专门登载读者投稿,处理读者反映的问题。每期摘要刊登 2—4 位读者来信。编辑(主要是金仲华)在信末或平等讨论,或细致说明,或详细讲解,主题则都与抗日救亡相关,就连普通工人的信件也非常受重视。

《永生》周刊的出版，“代表大众说话”，让人“如在大海里迷失了路，又得着一盏明灯的指示”。在《大众生活》之后，《永生》继承发扬邹韬奋先生的风骨和思想，引领进步舆论界，突出抗日救亡的时代主题，产生了重要的社会历史影响，成了当时宣传抗日救亡的重要刊物之一。

图 5-17　《永生》1936 年 3 月 7 日创刊号

图 5-18 《永生》1936 年 6 月 27 日第 1 卷第 17 期停刊号

五、《救亡情报》:全国各界救国联合会的机关报

1936年,是我国抗日救亡运动走向高潮的一年。上海的抗日救国团体上海文化界救国会、上海妇女界救国会、上海职业界救国会、上海各大学教授救国会和上海国难教育社,为了推动抗日救亡运动,于5月6日联合创办了立足上海、辐射全国的《救亡情报》,每周一期,自12月18日编发西安事变号外起改为旬刊,由全国各界救国联合会编辑发行。

该报报名"救亡情报"四个字,前10期为竖排,从第11期起,改为横排。它由时年97岁的马相伯题写,他是著名的爱国老人、复旦大学创始者、全国各界救国联合会执行委员。

《救亡情报》从第1期至第5期,每期为6版;第6期为8版;自第7期起(除第24期为6版外)均为4版。

创刊号第一版(图5-19)和第二版除刊登《发刊辞》外,还刊登了王造时的《认识敌人的目的》、顾执中的《最可纪念底一个月》、史良的《准对我们的敌阵前进》、周肇基的《怎样完成统一战线》等救亡言论。第三版用较大篇幅刊登了《救国领袖何香凝访问记》和何香凝的题词"求我民族生存,必须打倒帝国主义"。第四版刊登了世界和中国各地的抗日救亡消息,如《美洲华侨反帝大同盟敦促侨界组织抗日救国会宣言》《缅甸仰光华侨组织救亡联合会》《东北义勇军领袖王德林致民族敬礼》等。第五版和第六版,主要刊登了上海各界救国联合会5月纪念宣传大纲和对5月纪念节宣言等。

第2期于5月17日出版。在第一版上刊登了中国军事委员会副委员长冯玉祥将军向英工党机关报发表的抗日意见:中俄缔结同盟、扩大反日运动、保障公民权利、武装中国民众、停止讨伐共(产)党。(图5-20)在第四版上刊登了吉林自卫军领袖李杜将军访问记,同时在第三版上配发了李杜将军的题词:"要求民族生存,唯有抗日到底。"

6月14日出版了第6期。第一版上刊登了《全国各界救国联合会对时局紧急通电》。(图5-21)第四版上刊登了《宋庆龄先生致救国阵线领袖函》。

6 月 21 日出版了第 7 期。第一版上刊登了《全国各界救国联合会为时局致南京政府通电》，请求政府立即下令对日宣战。第四版（图 5-22）刊登了《抗日救国第四集团军总政训处发告全国民众书》。该书称：和平已经完全绝望，牺牲已到了最后关头，广西已动员 120 万团兵参加抗日战争，希望全中国各界同胞一致起来共赴国难。

7 月 12 日出版了第 10 期。第一版（图 5-23）上刊登了《马相伯先生的救国谈话》，痛批蒋介石失地也失德，并号召人民决不能再等待，只有起来抗战。同时配发《救亡口号三歌》，即《打倒汉奸歌》《打倒卖国贼歌》《打倒帝国主义歌》。

9 月 13 日出版了第 18 期。第一版（图 5-24）刊登了章乃器《“九一八”五周年给救国阵线战士一封公开的信》。第二版（图 5-25）刊登了《为援助绥东抗日军队摹（募）捐记》。

11 月 1 日出版的第 24 期为“悼鲁迅先生特辑”，刊登了《鲁迅先生生前救亡主张》，章乃器的《我们应该怎样纪念鲁迅先生》，沈钧儒、王造时作的“挽鲁迅先生”对联，以及《送鲁迅先生下葬》《从万国殡仪馆到万国公墓》等报道。

11 月 29 日出版了第 28 期。第一版（图 5-26）为援救被捕的“七君子”，刊登了宋庆龄亲笔签名的《宋庆龄先生为全国各界救国联合会七领袖被捕声明》《全国各界救国联合会为七领袖无辜被捕告当局及全国国人书》。第二版刊登《学生赴京请愿要求释放被捕领袖》等短讯。第三版刊登《全国各界救国联合会为沈钧儒、章乃器、李公朴、史良、王造时、邹韬奋、沙千里诸领袖无辜被捕紧急宣言》，社评《勿为仇者所快》。

《救亡情报》不仅刊登了宋庆龄、李公朴、沈钧儒、沙千里、陶行知、马相伯、茅盾、章乃器、阿英等人撰写的许多抗日救亡言论，而且大量报道了全国各地和海外的抗日救亡消息，在中国抗日战争史上产生了较大影响。

该版刊发《认识敌人的目的》《最可纪念底一个月》《准对我们的敌阵前进》。

中華民國二十五年五月六日　救亡情報　（星期三）第一號　第一版

救亡情報

創刊號
本期共一張半
每份售價一分
編輯及發行
上海文化界救國會
上海婦女界救國會
上海職業界救國會
上海各大學教授救國會
上海國難教育社

發刊辭

「抗敵救亡」，已是中國全體民衆的呼聲。祇有極少數早爲國人所唾棄的漢奸順民，在那裏主張對敵妥協，談判；也祇有極少數的卑鄙無恥的「官僚學者」，會散播漢奸理論，講什麼「三天亡國論」，「唯武器論」，爲漢奸們的不抵抗主義，投降主義辯護。

我們明白各社會層份子的利益，祇有在整個民族能夠繼續存在的時候，才能談到。在這大難當頭，民族的生命，已危在旦夕的時候，我們必須聯合一致，與敵人及敵人的走狗——漢奸鬥爭。

我們爲了檢討各部份救國工作的得失；使各地方各界人士，能積極參加救國工作；從救亡鬥爭中檢閱自己陣線裏工作不夠的地方，互相批判，以加强我們的力量起見，所以才共同發行這個小小的刊物。我們深望各地方各界的讀者，一切不甘做順民的人們，能鍊成鋼鐵一般的陣線！

救亡言論

認識敵人的目的
——在我而不在俄——
王造時

最可紀念底一個月

準對我們的敵陣前進
史良

图 5-19 《救亡情报》1936 年 5 月 6 日创刊号头版

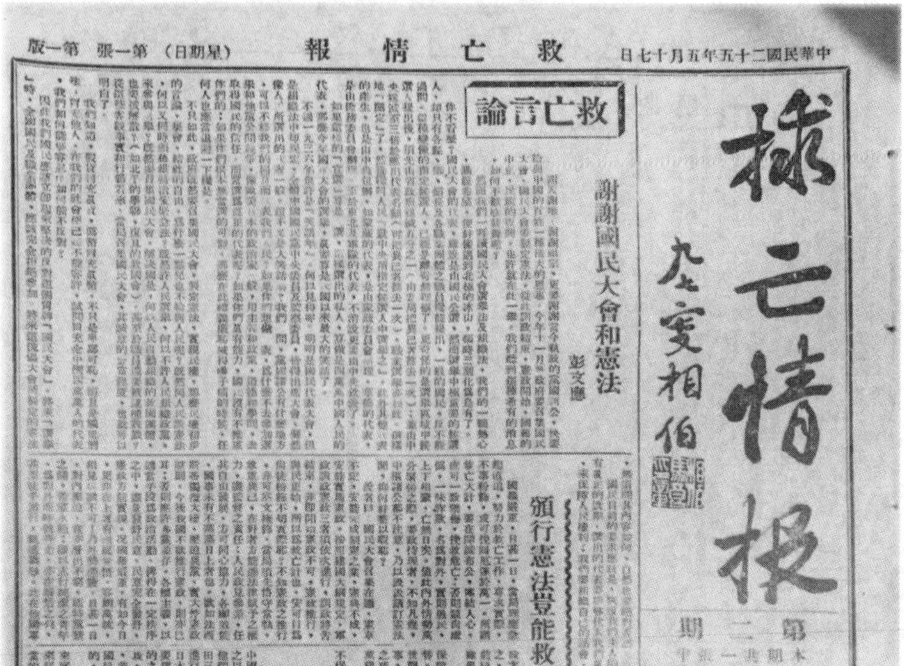
中華民國二十五年五月十七日　救亡情報　（星期日）　第一張　第一版

救亡情報

九七叟　相伯

第二期

本期共一張半

每份售價一分

編輯及發行

上海文化界救國會
上海婦女界救國會
上海職業界救國會
上海各大學教授救國會
上海國難教育社

救亡言論

謝謝國民大會和憲法　彭文應

頒行憲法豈能救亡耶　諸青來

日本侵華新形勢

馮玉祥將軍向英工黨機關報發表抗日意見

時事批判

「德僞通商協定」的火藥氣

图 5-20　《救亡情报》1936 年 5 月 17 日头版

该版刊发《冯玉祥将军向英工党机关报发表抗日意见》。

中華民國二十五年六月十四日　救亡情報　（星期日）　第一張第一版

救亡情報

第六期

本期共二大張

每份售價一分

編輯及發行

上海文化界救國會
上海婦女界救國會
上海職業界救國會
上海各大學教授救國會
上海國難教育社

慶祝全國各界救國聯合會成立

全國各界救國聯合會成立大會紀詳

全國各界救國聯合會對時局緊急通電

粉碎一切迫害和侮辱　鞏固我們的救國陣容！

图 5-21　《救亡情报》1936 年 6 月 14 日头版

该版刊发《全国各界救国联合会对时局紧急通电》。

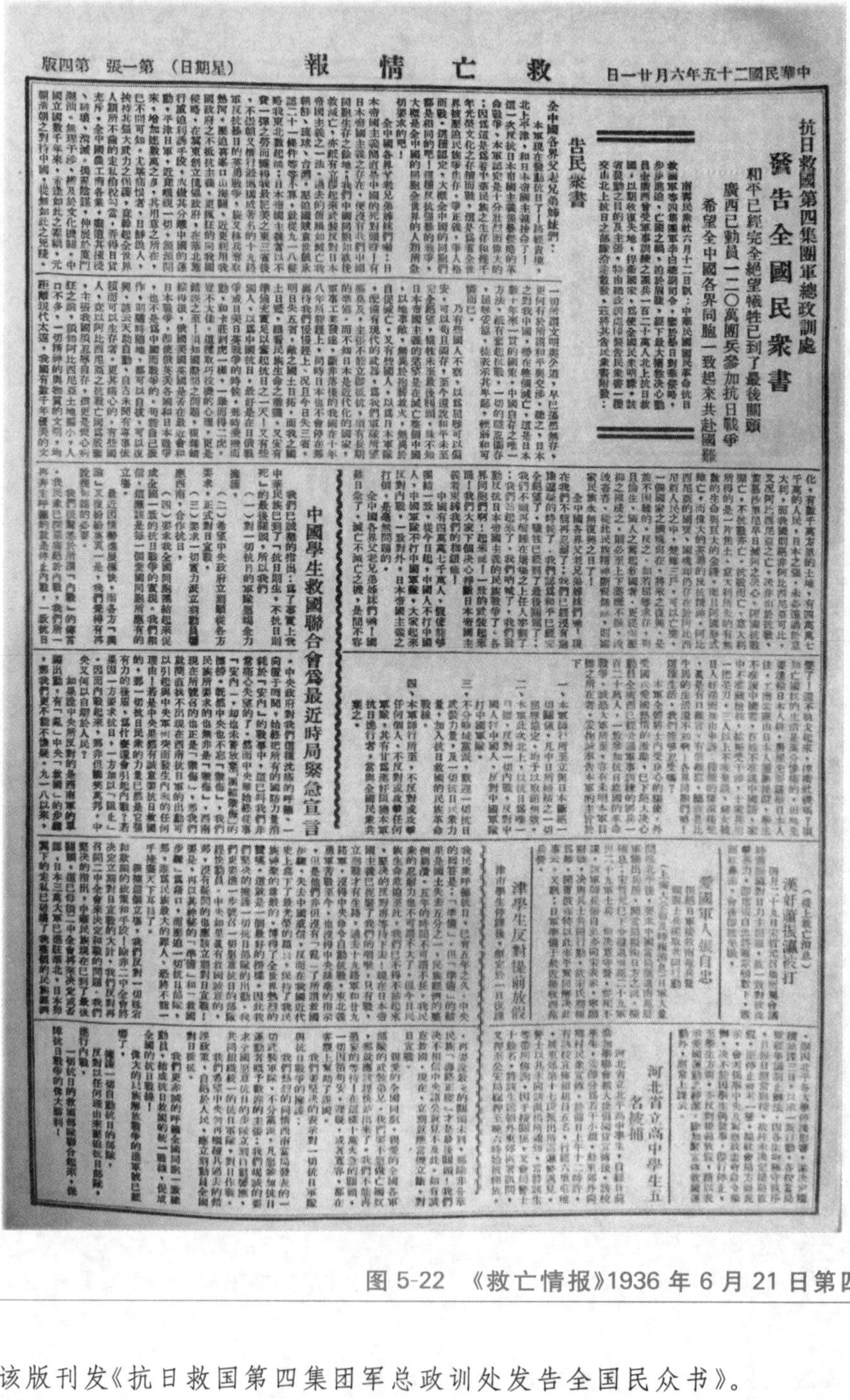
中華民國二十五年六月廿一日　救亡情報　(星期日)　第一張　第四版

抗日救國第四集團軍總政訓處
發告全國民衆書
和平已經完全絕望犧牲已到了最後關頭
廣西已動員一二〇萬團兵參加抗日戰爭
希望全中國各界同胞一致起來共赴國難

告民衆書

中國學生救國聯合會爲最近時局緊急宣言

漢奸蕭振瀛被打

愛國軍人張自忠

津學生反對提前放假

河北省立高中學生五名被捕

图 5-22　《救亡情报》1936 年 6 月 21 日第四版

该版刊发《抗日救国第四集团军总政训处发告全国民众书》。

中華民國二十五年七月十二日　救亡情報　（星期日）第一張 第一版

救亡情報　馬相伯

第十期　本期共一大張　每份售價一分

編輯及發行　上海文化界救國會　上海婦女界救國會　上海職業界救國會　上海各大學教授救國會　上海國難教育社

馬相伯先生的救國談話　淩琛記

救亡口號三歌　氏巳夫

下令討伐兩南呢？還是下令抗日？

華北抗日運動的新開展

北伐時代　日對華一頁秘史

图 5-23 《救亡情报》1936 年 7 月 12 日头版

该版刊发《马相伯先生的救国谈话》。

中華民國二十五年九月十三日　救亡情報　(星期日)　第一版

本期要目

「九一八」五週紀念宣傳大綱

紀念九一八和建立抗日聯合戰線　治生

「九一八」五週年給救國陣線戰士一封公開的信　章乃器

怎樣紀念「九一八」　沈鈞儒

救亡情報

第十八期

本期共一大張　每份售價一分

發行及編輯

上海文化界救國會

上海婦女界救國會

上海職業界救國會

上海各大學教師救國會

上海國難教育社

「九一八」五週紀念宣傳大綱

一、宣傳中心。

「九一八」五週年給救國陣線戰士一封公開的信　章乃器

紀念九一八和建立抗日聯合戰線　治生

图 5-24　《救亡情报》1936 年 9 月 13 日头版

该版刊发章乃器的《“九一八”五周年给救国阵线战士一封公开的信》。

救亡情報

第二版

為援助綏東抗日軍隊募捐記

顧明

旅滬福建反日救鄉會宣言

特載 募捐緣起

東北大學爲反對非法逮捕宣言

全國各界救國聯合會等爲綏東事件宣言

「九一八」五週紀念前夜 平津呈不安景象

图 5-25 《救亡情报》1936 年 9 月 13 日第二版

该版刊发《为援助绥东抗日军队摹（募）捐记》。

中華民國二十五年十一月廿九日　救亡情報　（星期日）　第一版

救亡情報

第二十八期

本期共一大張　每份售價一分

發行及編輯
上海文化界救國會
上海婦女界救國會
上海職業界救國會
上海各大學教師救國會
上海國難教育社

徵求會員
一切願意參加救國會的民衆們！

宋慶齡先生爲全國各界救國聯合會七領袖被捕聲明

宋慶齡

上海友利愛路二十九號

全國各界救國聯合會爲七領袖無辜被捕告當局及全國國人書

圖 5-26 《救亡情报》1936 年 11 月 29 日头版

该版刊发宋庆龄亲笔签名的《宋庆龄先生为全国各界救国联合会七领袖被捕声明》。

六、《生活星期刊》:促进民族解放,推广大众文化

《生活星期刊》是邹韬奋创办的“一报八刊”中的第五种刊物,1936 年 8 月 23 日创刊于上海。

其实这一天出版的《生活星期刊》封面上并没有标“创刊号”或“第一号”的字样,而是标了“第一卷第十二号”(图 5-27)。准确地说,这是《生活星期刊》更名号,其前身为在香港出版的《生活日报周刊》。

邹韬奋是因其创办的《大众生活》被查封而流亡香港的。在香港,为实现他一心要办一份“人民的日报”的心愿,于 1936 年 6 月 7 日创办了《生活日报》。同一天还创办了《生活日报星期增刊》,每逢星期天单独出版,每期 8 开 12 页。

此后,因在香港出版日报有诸多不便,邹韬奋接受读者和中共南方党组织的建议,欲将《生活日报》移上海出版。于是,《生活日报》于 1936 年 7 月 31 日出至第 55 期后在香港自动停刊。《生活日报星期增刊》也于 7 月 26 日出至第 8 号停刊,从 8 月 2 日起更名为《生活日报周刊》在香港单独出版,但期数续前。

由于上海国民党当局对邹韬奋创办《生活日报》不予批准登记,《生活日报》未能在上海出版。8 月 16 日,《生活日报周刊》第 1 卷第 11 号宣告从下期起迁上海出版,并更名为《生活星期刊》,期数续前。

《生活星期刊》与在香港的《生活日报周刊》一样,也为 8 开 12 页,只是在中间加印了 4 个画页。主要撰稿人有胡愈之、金仲华、杜重远、艾思奇、胡绳、茅盾、柳湜、恽逸群等中共党员和抗日爱国民主人士。

该刊继续高举抗日救亡运动的旗帜,宣传中国共产党关于抗日民族统一战线的主张,反对日本帝国主义的侵略。它给自己的定位是“促进民族解放,推广大众文化”。正如邹韬奋在更名号的发刊词《不是创刊词》(图 5-28)一文中所说的那样:

“这一期的本刊并不是创刊号……

“但是本刊自从本期起移上海出版，这在本刊的生命史上却是一个重要的变迁；在香港的可告一段落了，在上海的却是正在展开着新的一页。在这个时候，我们把本刊从创刊号起，一直到最近为止，在‘笔谈’里所表示的言论的内容，作一番整理和检讨，藉(借)此可以使关心本刊的朋友们更明了我们的立场和态度；同时希望能引起爱护本刊的朋友们更给我们以切实的指教，也许不是一件没有意义的事情吧。

“综括本刊‘笔谈’已(以)往的内容，大概可分为两大部分：一部分是关于民族解放的问题；一部分是关于大众文化的问题。”

为了发行方便，《生活星期刊》从第 1 卷第 22 号起，由 8 开 16 页改为 16 开 28 页。

1936 年 11 月 23 日，“七君子”事件发生，邹韬奋被捕。因此，11 月 29 日出版的《生活星期刊》第 1 卷第 26 号，刊发了一篇署名“同人”的文章《向读者报告一件意外的事情》，向读者通报了这一事件。

邹韬奋被捕后，《生活星期刊》即由金仲华负责编辑出版，但出版到 1936 年 12 月 13 日第 1 卷第 28 号时，因国民党当局上海市政府社会局不批准该刊变更发行人登记手续而被迫停刊，至此《生活星期刊》只在上海出版了 17 期。

尽管邹韬奋不能在《生活星期刊》上发表抗日救亡的文章了，但他在监狱里坚贞不屈，十分勇敢，利用各种机会宣传抗日救亡，痛斥国民党当局对他们的诬陷、迫害。为了能在狱中继续发挥抗日救亡的作用，邹韬奋将三个月来《生活星期刊》的出版内容进行了总结整理，分评论、杂感、信箱和附录四个方面汇总成书，并将这个集子取名《展望》(图 5-29)，于 1937 年 4 月初出版。

促進民族解放　推廣大众文化

生活星期刊

第一卷　第十二號　民國二十五年八月二十三日出版

編輯兼發行：韜奮

分頭努力

——韜奮——

我記得有一個時候，有人提出槍桿和筆桿對救國誰的力量強的問題，有些人對這個問題打了一個筆墨官司，結果還是你說你的，我說我的，沒有得到什麼一定的結論。其實槍桿自有槍桿的效用，筆桿也自有筆桿的效用，只須用得其當，都可有它的最大的貢獻；真要救國，應該各就各的效用作最大限度的努力。當十九路軍在淞滬英勇抗敵轟傳的時候，我們親眼看見拿槍桿對於保衛國土所貢獻的偉大的力量，但是同時我們也親眼看到民衆愛國言論和宣傳所引起的異常深刻的感動，萬衆一心，同仇敵愾，有錢的出錢，有力的出力，婦孺老幼，都奮發努力於後方的種種工作，軍力和民力打成了一片。

救國的工作是要靠各種各樣的分工配合而成的，是要各就自己所有的能力作最大限度的奮鬥。

就再就軍事上的作戰說吧，有的擔任前線的衝鋒，有的擔任後方的輜重，各有各的任務，誰也少不了誰；你如果一定要使衝鋒的隊伍都到後方來擔護輜重，或一定要使輜重隊都往前方去衝鋒陷陣，那在軍事的作戰上都是損失。

不但槍桿和筆桿，不但軍事上的作戰，我們對於各種各樣的工作，乃至似乎是很平凡的工作，都應作如是觀。例如一個報館裏擔任包報紙的職工，在表面上看來，他的工作似乎是很平凡的，但是只要這個報是熱心參加救國運動的，在救國的任務上，他的工作也有著重要的意義。

稍稍有一點知識和良心的中國人，沒有不時常想到中華民族解放，沒有不殷切的盼望中華民族解放的早日實現，所以也沒有不想在這上面盡他的力量。這種心理的總表現，在救國運動方面當然是一件可喜的事情，但是卻有許多人因此感到苦悶，總想跳出他所處的現實，跑到一個合於他的理想的環境中去努力，他沒有想到我們應該各就各的能力，卻在現實中隨時隨地做工夫，並沒有想到環境者使我們能合於我們的理想，卻需要我們的努力，他就不會怎樣迫切的了！

也許我們自己還沒有做到「最大限度」，那只有更奮勉地加工幹去，也許別人還沒有做到「最大限度」，那我們也不應該輕視他，卻要指示他，鼓勵他，幫助他做到「最大限度」。

讓我們在民族解放的大目標下分頭努力幹去！（韜奮）

——目錄——

定閱　零售五分　全年五十期國內二元國外四元五角

图 5-27 《生活星期刊》1936 年 8 月 23 日第 1 卷第 12 号更名号

第一卷　第十二號　　生活星期刊　　194

不是創刊詞

图 5-28　《生活星期刊》1936 年 8 月 23 日第 1 卷第 12 号更名号

该期刊发《不是创刊词》。

图 5-29　《展望》1937 年 4 月版

该书是对《生活星期刊》出版内容的汇编，由邹韬奋整理。

七、《救亡日报》:上海市文化界救亡协会机关报

卢沟桥事变发生后的第四天，远在上海的多名文化界人士集会，希望成立一个文化界抗日救亡的组织，以便声讨日寇，向全国人民宣传抗日。1937 年 7 月 28 日，上海市文化界救亡协会在国共两党人士的共同努力之下应运而生。

第二次淞沪抗战爆发后，为了更好更深入地进行抗日宣传，救亡协会中的中共党员和进步文化界人士提出迅速出版一份报纸的计划。八路军驻上海办事处主任潘汉年和刚从日本秘密返回祖国的郭沫若找到时任救亡协会会长的潘公展，商量国共双方各出经费 500 元，由双方共同筹备出版、共同经营。这份报纸后来定名为《救亡日报》。社长为郭沫若，国共双方各自委派总编辑:共产党方面由夏衍担任总编辑，钱杏邨(阿英)为编辑室主任;国民党方面由樊仲云担任总编辑，汪馥泉为编辑室主任。

1937 年 8 月 24 日，上海市文化界救亡协会机关报——《救亡日报》在上海创刊，郭沫若、夏衍、阿英、巴金、茅盾、邹韬奋、胡愈之、王任叔、夏丏尊、章乃器、张天翼、郑振铎、萨空了等均为编辑委员会成员。该报每日一期，4 开 4 版。周恩来同志非常关心该报的出版，要求该报坚持宣传抗日，团结、进步，办出独特风格，办出一份左、中、右三方面人士都喜欢看的报纸。《救亡日报》在郭沫若、夏衍等人的实际领导下，刊登了大量的抗日战场报道、抗日救国社论、抗日英雄介绍、抗战漫画等，真正起到了救亡图存、保家卫国的作用。

1937 年 11 月 12 日，上海沦陷，但《救亡日报》仍然坚持出版，10 天后，该报出至第 85 号时，被日本帝国主义者强制停刊。在周恩来同志的关心下，夏衍等人克服重重困难，坚持抗战胜利的信念，又分别于 1938 年 1 月 1 日和 1939 年 1 月 10 日先后出版《救亡日报》的广州版和桂林版，表现了锲而不舍、顽强拼搏的革命精神，为发动群众、宣传抗战、最终战胜日本帝国主义做出了表率和伟大贡献。

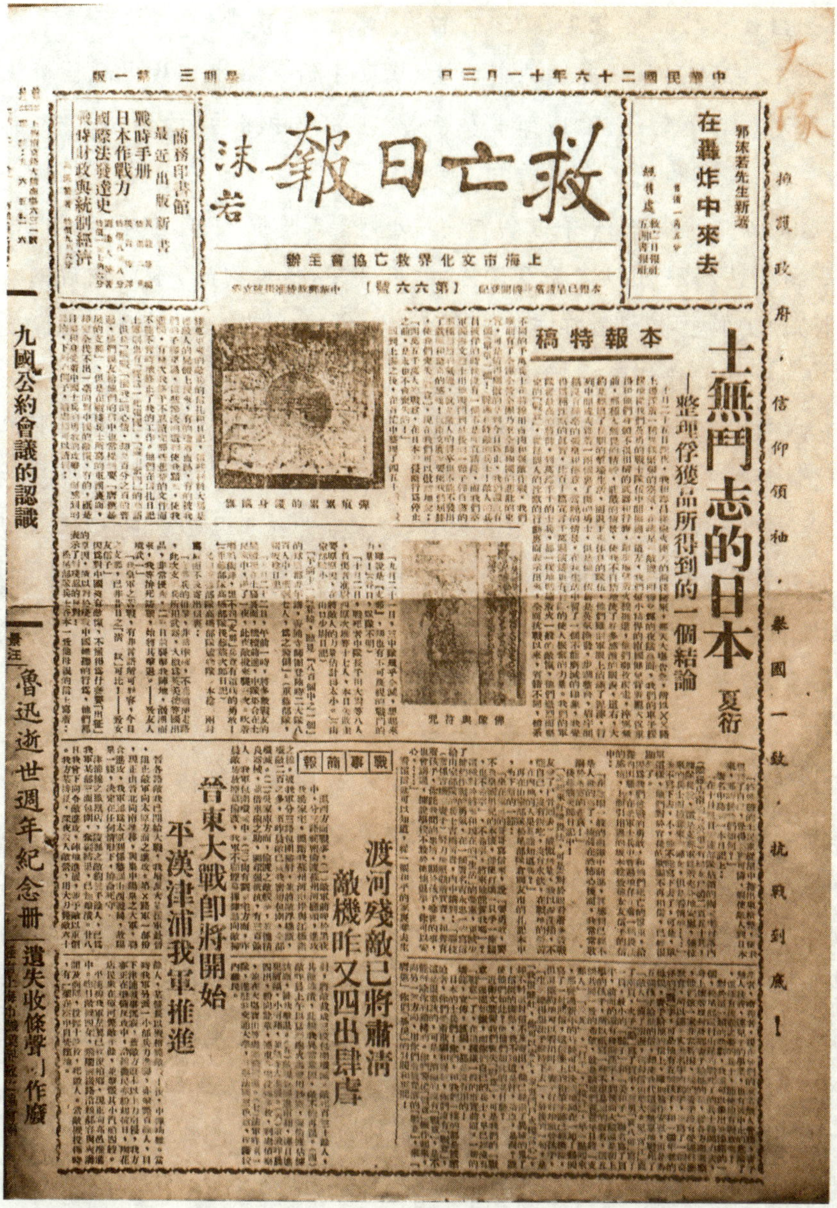
中華民國二十六年十一月三日　星期三　第一版
救亡日報　沫若
上海市文化界救亡協會主辦
【第六六號】
郭沫若先生新著
在轟炸中來去
商務印書館最近出版新書
戰時手冊
日本作戰力
國際法發達史
戰時財政與統制經濟
擁護政府，信仰領袖，舉國一致，抗戰到底！
本報特稿
無鬥志的日本
——整理俘獲品所得到的一個結論
夏衍
九國公約會議的認識
戰事簡報
晉東大戰即將開始
平漢津浦我軍推進
渡河殘敵已將肅清
敵機昨又四出肆虐
魯迅逝世週年紀念冊

图 5-30　《救亡日报》1937 年 11 月 3 日头版

笔者收藏有数份上海出版的《救亡日报》，其中对 1937 年 11 月 3 日第 66 号《救亡日报》，最为喜爱。这期共 4 版。

报头由社长郭沫若先生题写，并留有“沫若”的落款。

报头左、右两侧分别是郭沫若先生《战时手册》《日本作战力》《国际法发达史》《战时财政与统制经济》四部书和新著《在轰炸中来去》的经销广告，都是与战时的政治、军事和经济有关的。

每版的外边缘都有一条宣传口号，分别是“拥护政府，信仰领袖，举国一致，抗战到底！”（第一版）、“胜不可骄，败不可馁，牺牲到底，争取最后的胜利！”（第二版）、“我们要抱定国存与存，国亡与亡的决心！”（第三版）、“我们要把所有的人力、物力贡献给国家！”（第四版）。

作为《救亡日报》总编辑的夏衍在头版刊发了一篇特稿《士无斗志的日本》。这篇特稿是夏衍等亲赴淞沪抗战第一线采访，并带回四五十种从敌方缴获的敌兵家信和日记后撰写的。这些个人物品大都是从敌人的尸体上搜集来的，有的染着血迹，有的被我方的子弹穿过。经过整理分析后，夏衍得出结论：日寇虽然在口头上说着“誓当一死报国”“尽力奋斗”等套话，但是“厌战”“惧我”的心情，却是非常普遍。文中列举了一些实例，有官兵的日记，有写给母亲的信，有写给女友的信，有随军札记。这些东西里面，完全找不出激昂的斗志，而是充满着目击和深受中国士兵勇敢的攻击而感到的恐怖。

特稿还配发了2幅图片，分别是“弹痕累累的护身国旗”“佛像与咒符”，作为文章的物证，以加深读者的理解。本稿开头有几句话特别感动人心：“……在疏星和敌机照明弹交辉的夜阴里面，我们的车子缓缓地从我们英勇的战士队伍中间插过。道左，我们短小精悍的南国健儿背着庞大沉重得和他们身体不很相称的武器和行囊，跑步地望着火线挺进，他们衔枚疾走，淬厉无前，那种大无畏的精神，庄严的情景，使我不自禁地流了好多感激的眼泪。道右，大约是经过了长期的堑壕生活，而退下来休息的队伍。他们虽则军服上沾满了泥泞，行列中间或夹杂着一两个裹了伤的勇士，但是他们依旧是英气涣（焕）发，步调整齐，眉宇间绝没有丝毫的张皇和倦意。当晚的情景，在我生活中留了一个不能磨灭的印象，我觉得这种沈（沉）默的真实，比百十篇宣言千万遍演讲更有实际的使人振奋的力量……”

除了夏衍的特稿外，第一版还有2则战事简报，一为淞沪战场上的《渡河

残敌已将肃清　敌机昨又四出肆虐》;二为《晋东大战即将开始　平汉津浦我军推进》。

第二版有一篇樊仲云写的社论《九国公约会议开会形势观测》。夏衍是共产党方面的总编辑,樊仲云是国民党方面的总编辑,两人一个是在头版写了一篇特稿,一个在第二版写了一篇社论,笔者揣测这样的排版可能兼顾了两党共同参与的性质。另有上海各界抗敌后援会为保卫上海而举办的宣传活动特写、各界抗敌后援会为保卫上海运动告市民书、救亡短讯等。

第四版为文艺版,都是在全民抗战的背景下,由各地文化战线的作家写成的一些抗战主题的诗歌、散文、小说等。曾经为孙中山先生治过病的医学家陈无咎擅长诗词书法,他的诗作《西线》在该版发表,该诗写道:“侵略先锋负板垣,全军皆墨覆浑源。关东一蹶三千骑,塞北连营八百屯。献馘陈俘寒敌胆,铙歌鼓吹奏还辕。元戎山战摧强寇,万点鸦飞落日喧。　　大军西线捷平型,再越灵邱捷广灵。一夕衔枚三百里,诘朝歼寇五千零。梯山拔岭胜猿玃,斩蔓除根斸豕苓。酣战劲于风扫叶,白登山麓昼冥冥。”

这期《救亡日报》中的全部报道和文章均与抗战有关,每一篇报道、每一篇作品都非常投入地向人民宣传抗战、爱国、保家、和平,这在其他抗战类报纸中较为罕见。

八、《阵中日报》:各战区政治部机关报

《阵中日报》是抗日战争时期国民党军事委员会领导出版的报纸。1937年“八一三”事变后创办于河南,分北战线版和东战线版。

总编辑陆印泉,社长张佛千。设有“每周一论”“为军人服务”“军人魂”等栏目。郭沫若、老舍、陈铭枢、陶希圣、臧克家、谢冰莹等曾为该报撰稿。

后又相继创办第一、二、四、九战区版。再后,国民党军队建制划分为10个军区,除江西上饶第三战区用《前线日报》名称出版外,其他9个战区均出版有《阵中日报》战区版,由各战区司令长官政治部主持编印,免费发行,以所辖战区居民为主要阅读对象。一般为对开或四开铅印日报,随战局变化辗转迁徙,有时缩版为四开或八开三日刊或晚报,甚至油印小报。

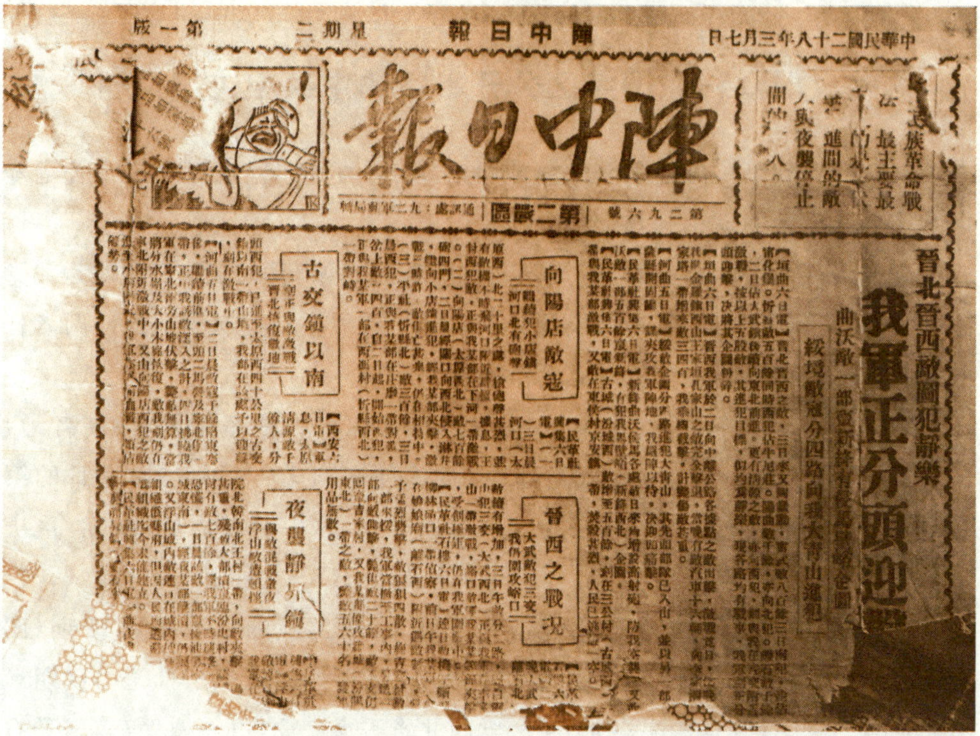
中華民國二十八年三月七日　陣中日報　星期二　第一版

陣中日報

第二九六號　第二戰區

晉北晉西敵圖犯靜樂

我軍正分頭迎擊

曲沃敵一部竄新絳有積極西犯企圖

綏境敵寇分四路向我大青山進犯

向陽店敵寇

古交鎮以南

晉西之戰況

夜襲靜昇鎮

图 5-31　《阵中日报》(第二战区版)1939 年 3 月 7 日头版

该版刊发了《我军正分头迎击》《向阳店敌寇》《古交镇以南》《晋西之战况》《夜袭静昇镇》，见证了第二战区将士英勇抗日的大无畏精神。

九、《群众》:在国统区公开出版的中共中央机关刊

《群众》周刊是抗日战争和解放战争时期,中国共产党在国统区和香港地区唯一公开出版的理论刊物。

1937 年 12 月 11 日,《群众》周刊在武汉创刊。该刊同《新华日报》,是我党在国统区运用新闻舆论工具开展抗日民族统一战线活动的有力武器。两者任务是相同的,只是大体分工不同。

《群众》周刊依靠党的领导和人民的支持,在抗日战争时期,辗转各地,征程万里,历经种种艰险,克服重重困难,从创刊到 1945 年 9 月 15 日的第 10 卷第 17 期,历时近 8 年,共出版 10 卷 221 期,其中武汉出版 36 期,重庆出版 185 期。

在武汉出版的最后一期,即 1938 年 9 月 18 日出版的第 2 卷第 11 期(图 5-32),出版时正值"九一八"事变发生七周年,该刊为此配发了社论。该期最后一页是"来件",刊登的是《中国共产党湖北省委会纪念"九一八"宣言》,号召全湖北的同胞们要尽一切可能的力量,完成纪念"九一八"的工作,达到保卫武汉的目的。

武汉的失守标志着抗日战争相持阶段的到来。这一时期的《群众》周刊,通过揭露汪精卫等的投降阴谋,清除暗藏在抗战营垒中的其他汉奸,夺取团结抗战的胜利;通过批判国民党当局的反共言论,宣传中国共产党的主张,阻止反共、反人民的文化逆流,击退顽固派的反共摩擦;通过宣传八路军、新四军敌后战场的抗战业绩,树立全国人民抗战必胜的坚定信念。

随着世界反法西斯战争进入决战反攻阶段,《群众》周刊还用大量篇幅介绍世界反法西斯战争的战况,刊登了大量有关敌后抗日根据地经济建设取得的伟大成就,突出中国对世界反法西斯战争的贡献;通过加强党的理论建设的宣传,使全党的理论水平、思想认识得到大幅度提高,为抗日战争的最后胜利奠定了思想基础。

出版于 1943 年 8 月 31 日的第 8 卷第 13、14 期合刊(图 5-33),刊载了八

路军副总司令彭德怀撰写的《我们怎样坚持了华北六年的抗战》一文。

出版于1944年2月25日的第9卷第3、4期合刊(图5-34)，大篇幅地介绍了敌后抗日根据地在生产、财政、经济等方面取得的成绩，其中最引人注目的是毛泽东的两篇文章《组织起来》和《论合作社》。

《群众》周刊的出版和发行，不仅在整个国民党统治区，而且在全国范围内都产生了巨大的影响，在抗日战争时期的政治思想、理论战线上发挥了巨大的作用，在中国革命史、中国共产党党史和中国新闻出版史上留下了光辉的一页。

群衆

第二卷第十一期

本期零售每册國幣五分

預定郵費 三月六角 半年一元一角 全年二元 國外加倍

編輯發行人 羣衆週刊社 漢口府東五路一五〇號

特約代售 生活書店 漢口交通路

內政部登記證警字第六五六一號 ◇ 中華郵政登記認爲第一類新聞紙

第二卷第十一期要目

二十七年九月十八日出版

「九一八」七週年（社論）

在九一八紀念中學習……胡　遇

民衆運動問題商榷……潘梓年

歐洲焦點的捷克……漢　夫

蘇台區歷史與反法西運動……B.Guyot作……朱世綸譯

西班牙人民英勇鬥爭的第二週年……季米特洛夫作……吳敏譯

來件——中國共產黨湖北省委會紀念「九一八」宣言……

羣衆週刊社　漢口府東五路一五〇號

社論

「九一八」七週年

图 5-32 《群众》1938 年 9 月 18 日第 2 卷第 11 期

该期是武汉版最后一期。

群眾

第八卷　第十三四期

為元首逝世誌哀

我們怎樣堅持了華北六年的抗戰　彭德懷

意大利是不堪一擊的　達戈

法西斯主義的眞面目　杜德

金的問題　許滌新

整風二三心得　石帆

思想的漫步(二)　胡繩

從民間文化論接受文化遺產　蘆蕻

中華民國三十二年八月三十一日出版

图 5-33　《群众》1943 年 8 月 31 日第 8 卷第 13、14 期合刊

该期刊发彭德怀《我们怎样坚持了华北六年的抗战》。

群衆 3·4
第九卷

要目

組織起來 毛澤東
論合作社 毛澤東
展開擁政愛民運動 朱德
列寧——斯大林的民族政策和蘇聯新憲法及其最近之修改 茹純
論全體主義的經濟思想（上） 許滌新
評錢穆著「文化與教育」 沈友谷

中華民國三十三年二月二十五日出版

图 5-34 《群众》1944 年 2 月 25 日第 9 卷第 3、4 期合刊

该期刊发毛泽东《组织起来》《论合作社》。

十、《新华日报》:在国统区公开创办的第一份中共中央机关报

《新华日报》是抗日战争时期中国共产党在国统区公开出版发行的第一份大型的、全国性的中共中央机关报。

1937年,国共开始第二次合作。中国共产党与国民党当局商定,在南京公开出版发行中共党报《新华日报》。由于国民党当局并不诚心,再加上日军的逼近,《新华日报》未能在南京出版,至1938年1月11日才在武汉创刊。1938年10月25日武汉沦陷,《新华日报》在武汉出版最后一期,期数为287。同日,同一期号、不同内容的《新华日报》在重庆出版,直至1947年2月28日终刊,共出版了3231期,前后持续9年1个月零18天。

《新华日报》是在周恩来、董必武、叶剑英,后来还有王若飞、吴玉章等同志的领导下开展工作的。尤其是周恩来同志,自始至终亲自领导了《新华日报》的工作,亲自审阅社论和重要新闻,亲自撰写社论、专论及重大新闻。如1941年1月18日的《新华日报》上,就刊登了周恩来为"皖南事变"所写的题词:"为江南死国难者志哀。""千古奇冤,江南一叶,同室操戈,相煎何急!!"这满含悲愤的题词手迹,产生了震撼人心的强大力量,揭穿了"皖南事变"的实质,表达了对国民党顽固派最强烈的抗议。经常为《新华日报》撰稿的还有毛泽东、刘少奇、朱德、彭德怀、叶剑英、王若飞、邓颖超、吴玉章、博古、董必武、陆定一等中央领导。老一辈无产阶级革命家亲自参与《新华日报》的办报实践,对抗日战争的胜利起到了积极的推动作用。

《新华日报》在国民党统治区帮助中国共产党教育了整整一代青年,争取了广大群众,影响很大。特别是抗日战争时期的《新华日报》,以坚定勇敢的革命精神和机动灵活的斗争策略,顶住了国民党顽固派的无理压制和迫害,宣传了中共的抗日民族统一战线政策、抗日战争的战略方针及发展敌后游击战的战略战术思想,报道了我抗日军民在前线和敌后英勇抗敌的辉煌战绩,赞扬了敌后抗日根据地生产、经济、政权建设的伟大成就,揭露了国民党投降派消极

抗战、积极反共的行径，擦亮了国民党统治区广大人民和民主党派及无党派民主人士的眼睛，把他们团结在中国共产党的周围，为抗日战争的胜利做出了重要贡献。毛泽东同志曾赞扬《新华日报》如同八路军、新四军一样，是中国共产党领导下的一个方面军。

这里重点介绍其中四期报纸。

一是1938年5月1日在武汉出版的第110号《新华日报》(图5-35)。这一期为“五一纪念专刊”。报纸并未标出“专刊”字样，但我们从第三版周恩来的题词手迹(图5-36)中找到了证据：“全中国工人阶级在抗战中来纪念五一实具有两方面的意义：一方面全中国工人阶级应努力于民族解放，以谋自身的解放；另方面应联合全世界工人阶级反抗暴日的侵略，以保障世界和平。”落款处特注明“五一纪念专刊”。

该期头版头条是《新华日报》社论《纪念五一劳动节》，社论指出：“今天是伟大的国际五一劳动节，全世界的工人，今天都走出工厂，以团结的力量，高举着反对剥削，要求改善待遇，反对侵略战争，保卫世界和平，为社会主义斗争的旗帜，举行盛大的示威游行。”头版的整个下半版是一篇题为《今年的五一节与中国工人》的文章，作者署名陈绍禹(即王明)。

这期报纸表明，中国共产党充分利用特殊的纪念日，结合当时的抗日战争形势，借在国统区公开出版的党报进行积极的宣传鼓动工作。

二是出版于1942年9月18日的第1581号《新华日报》，是它的改版号。《新华日报》的改版是该报报史上，也是党的新闻事业史上的一件大事。

1942年中共开展了以反对主观主义、宗派主义、党八股和整顿三风(学风、党风、文风)为内容的整风运动。同年5月23日，《新华日报》发表重要社论《敬告本报读者——请予本报以全面批评》，公开向读者征求意见。经过充分的酝酿和准备，9月18日，《新华日报》在头版报头正下方登出“本报今日起革新内容”的广告(图5-37)。

第三版刊登了改版社论《为本报革新敬告读者》，指出：“本报为中共机关报，它是团结抗战的号角，人民大众的喉舌。”它改版后的具体奋斗目标是：“要使报纸从各方面贯彻党的政策，从各方面反映人民的呼声和要求。”(图5-38)

改版当天的第四版隆重推出了大型综合文化版《新华副刊》，后成为中国共产党在国统区具有重大影响的文化阵地。

经过改版整风，《新华日报》进入了成熟阶段。在以后的岁月里，它把已有的办报经验向前大大推进了一步，增设了许多针对性强、紧密联系实际的栏目，本报消息和自己编写的地方通讯也增多了，对敌后抗日根据地的宣传报道表现出连续性和多样性，并越来越占据重要位置。同时，对国统区文化思想战线的影响和指导作用也越来越大，统一战线的工作有了新的发展，国际宣传更有成效，为取得抗日战争在宣传战线上的最后胜利奠定了坚实的基础。

三是 1938 年 6 月 21 日出版的《新华日报》。该期第三版整版刊登了毛泽东《抗日游击战争的战略问题》(图 5-39)。抗日战争爆发后，以蒋介石为首的国民党顽固派千方百计限制八路军开展敌后游击战争，对中国共产党领导的游击战争百般诬蔑和攻击。同时，中国共产党内也有少数人轻视游击战争的战略作用，把希望寄托在正规战争特别是国民党军队的作战上。为了回答和解决中国共产党所领导的军队要不要坚持和怎样坚持独立自主的游击战争的问题，毛泽东写了这篇文章。文章的发表，在统一和提高全党全军对抗日游击战略地位的认识，促进抗日游击战争的迅猛发展方面起了重要作用。

四是 1938 年 9 月 19 日出版的《新华日报》。该期在头版头条位置发表社论《动员壮丁到军队中去》(图 5-40)。社论指出："武汉形势，日益危急，保卫大武汉，已经是每个同胞的责任。这时候，我们要大声疾呼，号召每个人贡献出他一切的力量来保卫大武汉。这时候，我们要加紧努力，动员每个人，组织每个人，到保卫大武汉的光荣的急迫任务中来！这时候，一切都要用最大的力量，最快的速度，最坚强的决心来干，不容有任何迟疑、任何懈怠和任何足以削弱自己的力量的微小的行动！"

社论强调："动员和组织广大的民众以血肉筑成坚强的钢的堡垒，以抱了牺牲到最后一滴血决心的壮士，在武汉门户外，给敌人以致命的打击，是当前每个不甘心做亡国奴的人的中心任务！"

社论最后号召："是时候了！壮丁们！到军队中去，拼我们宝贵的生命为保卫大武汉而奋斗！"

新華日報

本報啓事
紀念五一，休假一天，明日無報，三號照常出版，此啓。

社論
紀念五一勞動節

今年的五一節與中國工人
陳紹禹

图 5-35 《新华日报》1938 年 5 月 1 日头版

该版刊发社论《纪念五一劳动节》。

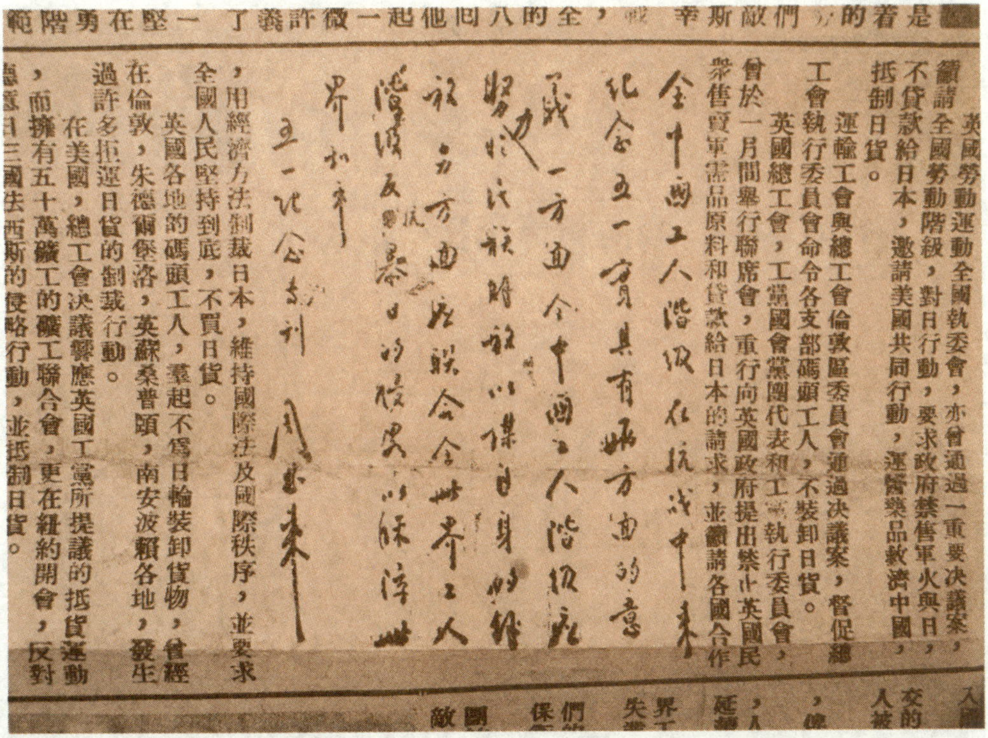

英國勞動運動全國執委會，亦曾通過一重要決議案，籲請全國勞動階級，對日行動，要求政府禁售軍火與日，不貸款給日本，邀請美國共同行動，運醫藥品救濟中國，抵制日貨。

運輸工會與總工會倫敦區委員會通過決議案，督促總工會執行委員會命令各支部碼頭工人，不裝卸日貨。

英國總工會，工黨國會黨團代表和工黨執行委員會，曾於一月間舉行聯席會，重行向英國政府提出禁止英國民衆售賣軍需品原料和貸款給日本的請求，並籲請各國合作，用經濟方法制裁日本，維持國際法及國際秩序，並要求全國人民堅持到底，不買日貨。

英國各地的碼頭工人，羣起不爲日輪裝卸貨物，曾經在倫敦，朱德爾堡洛，英蘇桑普頓，南安波顆各地，發生過許多拒運日貨的制裁行動。

在美國，總工會決議響應英國工黨所提議的抵貨運動，而擁有五十萬礦工的礦工聯合會，更在紐約開會，反對德意日三國法西斯的侵略行動，並抵制日貨。

全中國工人階級在抗戰中來紀念五一，實具有雙方面的意義：一方面今中國工人階級應努力於民族解放以謀自身的解放，另方面應聯合全世界工人階級反抗暴日的侵略，以保障世界和平

五一紀念題詞

周恩來

图 5-36　《新华日报》1938 年 5 月 1 日第三版

该版刊发周恩来题词手迹。

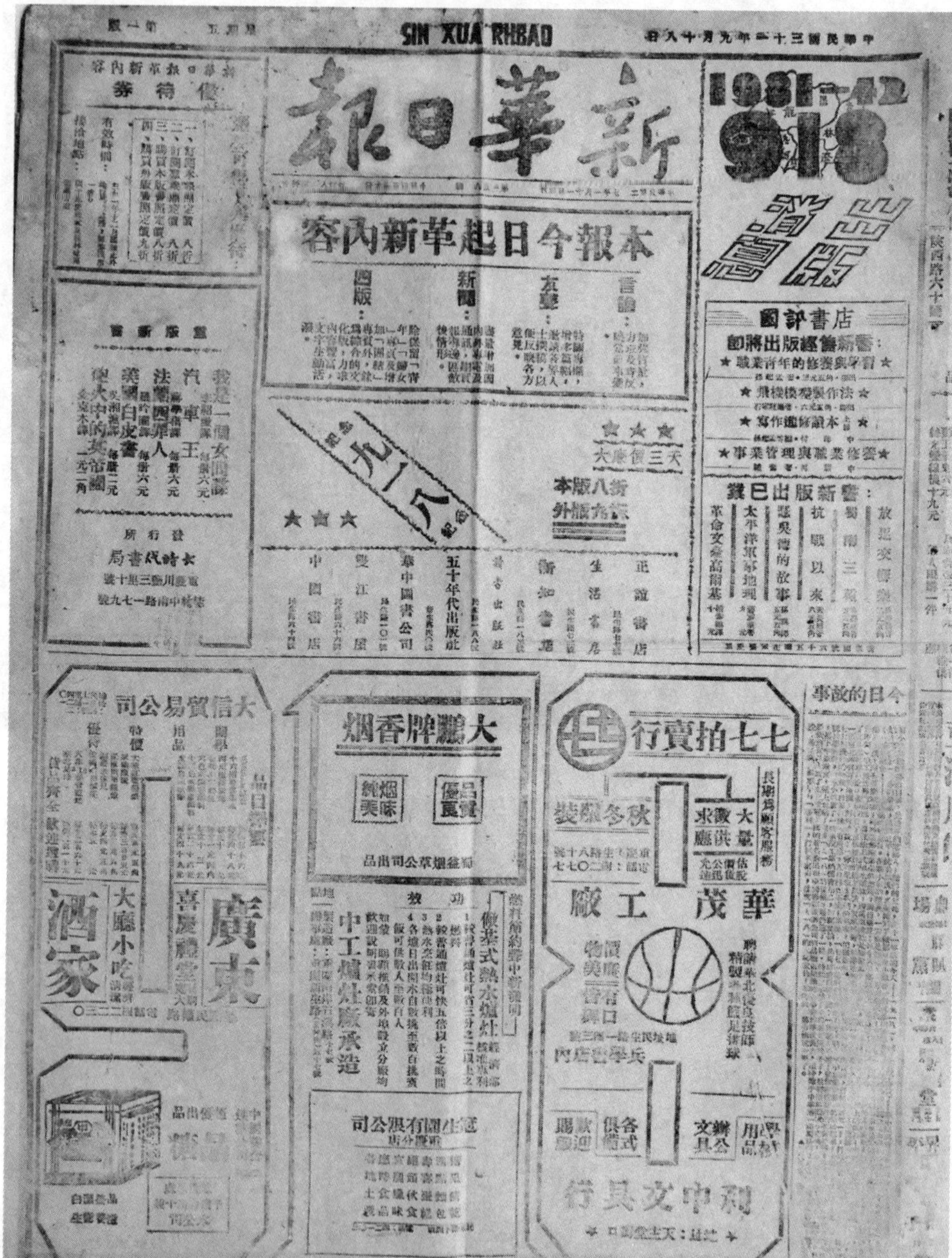
SIN XUA RHBAO

中華民國三十一年九月十八日

新華日報

本報今日起革新內容

九一八

七七拍賣行

大鵬牌香烟

大信貿易公司

華茂工廠

利中文具行

今日的故事

图 5-37　《新华日报》1942 年 9 月 18 日改版革新号头版

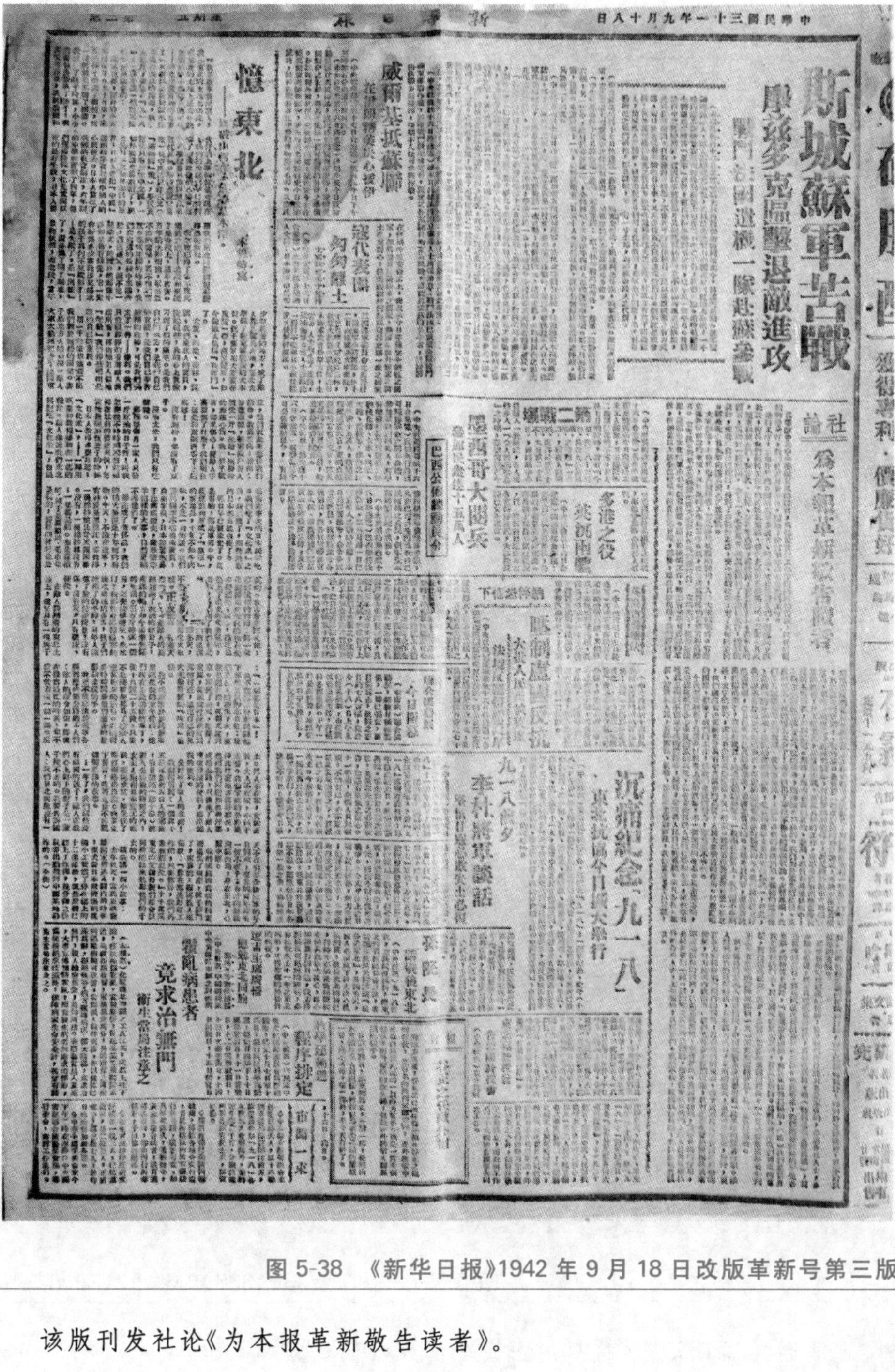
中華民國三十一年九月十八日

新華日報

斯城蘇軍苦戰

摩茲多克區擊退敵進攻

社論

爲本報革新敬告讀者

沉痛紀念「九一八」

憶東北

威爾基抵蘇聯

墨西哥大閱兵

图 5-38　《新华日报》1942 年 9 月 18 日改版革新号第三版

该版刊发社论《为本报革新敬告读者》。

抗日游擊戰爭的戰略問題
毛澤東

图 5-39　《新华日报》1938 年 6 月 21 日第三版

该版刊发了毛泽东《抗日游击战争的战略问题》。

SIN HUA RIBAO

中華民國二十七年九月十九日 星期二 第一版

新華日報

是時候了！壯丁們！到軍隊中去，拚我們寶貴的生命為保衛大武漢而奮鬥！

社論

動員壯丁到軍隊中去

本報徵求讀者及各界人士捐款購報贈送前線將士啓事

本報西安分館緊要啓事

本館重慶分館啓事

本報續收到購報贈送前線將士捐款

武漢各界「九一八」七週年紀念籌備會緊要通告

群衆 週刊

世界 抗戰特輯 第五集

青年戰地業餘服務登記啓事

武漢青年業餘救護訓練班招生

全民通訊社徵求各地特約通訊記者

全民通訊社為更換特約通訊記者證啓事

遺失聲明

中國紅十字會救護訓練班第二期招生

卡車轎車出售

八卦丹 解暑避疫 生津止渴 卻病提神 醒酒戒烟

生活書店

图 5-40 《新华日报》1938 年 9 月 19 日头版

该版刊发社论《动员壮丁到军队中去》。

十一、《全民抗战》：曾为国统区影响最广的刊物

1938 年 7 月 7 日在汉口创刊的《全民抗战》是抗战时期在国统区出版的进步报刊，由沈钧儒的《全民》周刊和邹韬奋的《抗战》三日刊合并改名而成。初仍为三日刊。由邹韬奋、沈钧儒、艾寒松、张仲实、胡绳、柳湜等 6 人组成编委会，邹韬奋任主编，柳湜任副主编。

邹韬奋以"本社同人"名义在创刊号上发表《〈全民抗战〉的使命》，指出该刊有两个任务："一是巩固全国团结，提高民族意识，灌输抗战知识，传达、解释政府的国策，剖析国内政治、军事、经济、文化以及国际之情势，为教育宣传的任务。""另一是使政府经常听到人民的声音，民间的疾苦，动员的状况，行政的优劣，使政府在领导抗战、实施庶政上得到一种参考，为我们政治的任务。"并说："三日刊在性质上原具有两重性。三日刊是日报与杂志的中性刊物，它应具有新闻和杂志的二(两)种特点。因此，本刊今后在时事方面，力求保持新闻趣味，但以系统的(地)供给新闻为原则，而在其他方面，我们却要发挥杂志本身的特点。"

《全民抗战》设有"社论""时事解说"等栏目，时事性、政论性较强。

该刊在全国各大中城市都有经销点，最高发行量达 30 万份，成为当时国统区影响最广的刊物。它号召"全民动员，抗战到底"；呼吁国共合作，共同实现抗战建国纲领；歌颂中国共产党领导的抗日民主政权，宣传八路军、新四军的抗战英雄业绩；揭露国民党消极抗日、积极反共的言行，强烈要求实施新闻出版自由。

8 月 19 日起，增出"保卫大武汉特刊"13 期。

10 月 15 日第 30 号起迁重庆出版，并改为五日刊。

1939 年 3 月 5 日，增办"战地版"五日刊。

5 月 13 日第 70 号起改为周刊。

8 月 12 日，增办"通俗版"周刊。

1940 年 7 月前后，该刊送检的文章经常被国民党检查机关抽去。1941 年 1 月"皖南事变"发生，邹韬奋为此而写的社论被检查机关扣留，以致该期社论位置不得不"开了个大天窗"。

1941 年 2 月 22 日，该刊出至第 157 期后被国民党当局查封。

图 5-41 《全民抗战》1939 年 12 月 9 日百期纪念号

后　记

为纪念中国人民抗日战争暨世界反法西斯战争胜利70周年，警示人们不要忘记那段屈辱的历史，牢记中华民族积弱受辱的惨痛教训，永葆中华民族团结统一的强大力量，传承以爱国主义为核心的民族精神，2014年11月，浙江工商大学出版社向江苏报友联谊会、山西集报联谊会征稿，拟出版一套“以报为证——老报刊见证中国抗战”丛书。随后，丛书主编马志春先生将《铁证——吹响全民抗战号角的国统区报刊》的编著任务交给了我。接受任务后，我及时同抗战报刊专题收藏家朱军华先生取得联系，商量两人合出这本书。12月份，由于左腿骨刺复发，不能行走，我只好住院治疗。出院后，为了尽快完成任务，继续收集整理有关资料，特别是2015年2月份以后，我每天工作都在12个小时以上，坚持工作到深夜，有时凌晨3点就起床修改文稿。经过几个月的努力，4月初，初稿终于完成。

这本书的出版，绝不能说是我和朱军华先生的功劳，这里边有那么多人的付出和努力。首先，丛书的主编马志春给予了指导；报友范光永、王海勇、李润波、汪继良、冯艺、韩长报、刘利发等提供了有关资料、老报刊图片；张之华、高云才等国统区报刊研究专家的成果也在理论上给予了极大启示和帮助；江苏报友联谊会秘书长张用贵为书稿校对做出贡献。同时，刘鑫、汤芳芳、李琦、陈力、刘佩文等，为本书拍摄图片、整理资料，也付出了很多，在此一并表示感谢！

由于作者学识浅陋，水平有限，加上时间短暂、资料不全，书中难免出现这样那样的问题，敬请广大读者批评指正。

刘广金

2015 年 4 月 5 日

图证

纪念中国人民抗日战争暨世界反法西斯战争胜利70周年

“以报为证——老报刊见证中国抗战”丛书

图　证

——抗战十四年老报刊收藏图鉴

主编：马志春
编著：范光永　王海勇

浙江工商大学出版社
ZHEJIANG GONGSHANG UNIVERSITY PRESS

图书在版编目(CIP)数据

图证：抗战十四年老报刊收藏图鉴／范光永，王海勇编著．—杭州：浙江工商大学出版社，2015.12
(以报为证——老报刊见证中国抗战)
ISBN 978-7-5178-1312-5

Ⅰ．①图… Ⅱ．①范… ②王… Ⅲ．①抗日战争—史料—中国 Ⅳ．①K265.06

中国版本图书馆 CIP 数据核字(2015)第 221743 号

图　证

——抗战十四年老报刊收藏图鉴

主编　马志春　编著　范光永　王海勇

责任编辑　王黎明　孙一凡
封面设计　包建辉
责任校对　何小玲
责任印制　包建辉
出版发行　浙江工商大学出版社
(杭州市教工路 198 号　邮政编码 310012)
(E-mail:zjgsupress@163.com)
(网址:http://www.zjgsupress.com)
电话:0571-88904980,88831806(传真)
排　　版　杭州朝曦图文设计有限公司
印　　刷　杭州五象印务有限公司
开　　本　710mm×1000mm　1/16
印　　张　48
字　　数　710 千
版 印 次　2015 年 12 月第 1 版　2015 年 12 月第 1 次印刷
书　　号　ISBN 978-7-5178-1312-5
总 定 价　99.00 元

浙江工商大学出版社营销部邮购电话　0571-88904970

丛书编委会

总 序

以报为证　以史为鉴

马志春

习近平总书记2015年7月30日在中央政治局第25次集体学习时发表讲话，指出："抗战研究要深入，就要更多通过档案、资料、事实、当事人证词等各种人证、物证来说话。"诚如斯言，如何让集报人所收藏报刊中的文字活起来，也成为近年来集报界热议的话题。

今天的新闻就是明天的历史，报刊是记录历史的底稿。对于集报者来说，如果能把手中的报刊资源整理出来，编辑成人们回顾过去、学习历史、昭示未来的鲜活教科书，将是一件有意义的事情。2015年是中国人民抗日战争和世界反法西斯战争胜利70周年，浙江工商大学出版社从2014年就开始策划出版系列图书以资纪念。在著名集报家、浙江省报友联谊会会长张雪根的牵线搭桥下，出版社的编辑与我达成协议，由我主编这套"以报为证——老报刊见证中国抗战"丛书。通过集报家收藏的报道中国人民抗日战争的国内外原版报刊，以图带文，印证历史，真实地还原那场全民族抗战的伟大胜利历程。与记录抗战的其他载体相比，报刊是第一手资料，具有无可替代的史料性和珍稀性，本丛书中的不少报刊史料还是第一次公布，难得一见，堪称珍贵的抗战文物。

本丛书坚持让历史说话、让事实说话、让典型说话的原则，充分尊重历史，充分肯定中国人民抗日战争的伟大胜利是中华民族全体同胞团结奋斗的结晶，也是中国人民同世界反法西斯同盟国人民并肩战斗的结晶。当年，许多外

国媒体和驻华记者客观、翔实地报道了中日战争，他们的报道虽然视角不同，但也是这段苦难辉煌历史的见证。特别是外媒上那些别出心裁的细节报道，使这些历史事件更加丰满，让人过目难忘。当然，其中也不乏一些日本出版的战地报刊，在鼓吹日军所谓“战绩”的同时，反而成为日本侵略者肆意践踏中国大好河山、屠杀中国军民、强行掠取劳工、蹂躏和摧残妇女、进行细菌战和化学战、制造南京大屠杀等罪行的有力证据。

中国人民抗日战争是世界反法西斯战争的重要组成部分，是世界反法西斯战争的东方主战场。中国国民党和中国共产党领导的抗日军队，分别担负着正面战场和敌后战场的作战任务，形成了共同抗击日本侵略者的战略态势。以国民党军队为主体的正面战场，组织了一系列大型战役，特别是抗战初期的淞沪、忻口、徐州、武汉等战役，给日军以沉重打击。当年，国统区的报刊对此做了大量全面而详细的报道，不仅极大鼓舞了国民抗战的士气，也成了全体中华儿女万众一心、众志成城，各党派、各民族、各阶级、各阶层、各团体同仇敌忾，共赴国难的铁证。

中国共产党领导的敌后战场，广泛发动群众，开展游击战争，建立了19块敌后抗日根据地，钳制和歼灭了日军大量兵力和大部分伪军，逐渐成为中国人民抗日战争的主战场。日本侵略者和部分国民党顽固派、投降派对此极为仇视，诬蔑共产党为“匪”，敌后抗日根据地为“匪区”。然而，在敌后角逐中不断发展壮大的抗日根据地报刊让敌人的谣言和诬蔑不攻自破。这些报刊诞生在中国陷入前所未有的民族灾难，面临亡国灭种威胁的危难关头，是不愿做奴隶的中国人民毅然奋起，用纸笔做刀枪，英勇抵抗日本侵略者的武器，也是抗日根据地人民的喉舌和号角。抗日根据地报刊在极为艰难困苦的条件下坚持出版，忠实记录了在空前惨烈的抗日战争中，中国军民前仆后继、浴血奋战，以血肉之躯和气吞山河的英雄气概所谱写的惊天地、泣鬼神的历史华章，成为中国共产党在全民族抗战中发挥了中流砥柱作用的明证。

一提起波澜壮阔的抗日战争，人们脑海中往往浮现出八路军“狼牙山五壮士”、新四军“刘老庄八十二烈士”、东北抗联八女投江、国民革命军“八百壮士”等壮烈的英雄群体，还有平型关大捷、台儿庄大捷、中国空军空袭日本、百团大战,以及地雷战、地道战、铁道游击队等生动的战斗场面。为此,本丛书编委会精心挑选了一些直观反映重要抗战事件的报刊,集辑成书,作为全民抗战历史的图证。

同时,本丛书还试图用当年报刊中的第一手资料准确再现历史,为破解当前抗日战争历史研究中许多悬而未决的问题找到一条新的路径。如:中国人民抗日战争开始时间问题。

在世界反法西斯战争中,中国人民抗日战争开始最早,持续时间最长。过去人们常说"八年抗战",但在中国人民抗日战争开始的时间节点上,比较通行的说法是:1931年"九一八"事变是中国抗日战争的起点,中国人民不屈不挠的局部抗战揭开了世界反法西斯战争的序幕;1937年"七七"事变成为世界反法西斯战争在东方的爆发点,中国的全民族抗战开辟了世界第一个大规模反法西斯战场。

翻开当时的国内外报刊仔细研读,我们不难发现,日本对中国的侵略是蓄谋已久、步步蚕食,不仅早就制定了一系列方案,而且贯穿在其数十年的国民教育中,甚至毫不隐讳,在媒体上长期公开宣传中国是日本的战略目标。因此,许多报刊特别是外国媒体,认为自1895年日本在中国台湾实行殖民式统治后,中国人民的抗日战争就一刻也没有停止过。

从19世纪后半叶起,日本逐渐走上军国主义道路,发动和参加了一系列侵略战争,其中大多数是侵华战争。日本1874年进犯中国台湾,1894年挑起甲午战争并侵占台湾,1900年充当八国联军的主力侵略中国,1904年发动日俄战争侵犯中国东北领土和主权,1915年提出"二十一条"企图灭亡中国,1920年支持军阀混战,1928年制造济南惨案,公开占领中国的省会城市,随后又制造皇姑屯事件,谋杀张作霖。

因此,有学者认为,1928年济南惨案才是中国人民抗日战争的肇始,济南惨案、"九一八"事变、"七七"事变,这三件大事就是日本全面侵华的序幕、开篇和高潮。

1946年,远东国际军事法庭审理日本战犯时,将皇姑屯事件视为日本侵华的起点。理由为张作霖是当时中国的元首,谋杀一国的国家元首理应是违反国际法的战争罪行。

本丛书收录了一张1874年日本《读卖新闻》创刊时随报附送的《增补清国舆地及近邦全图》，图上精确地注明了日本到中国各主要港口的距离，所描述的中国山川、道路、河流、港口等的精确程度甚至超过当时中国政府和军队使用的官方地图。由此可见，日本早已对中国台湾进行情报侦察等战争准备和舆论动员。

我们应当警醒的是，虽然中国人民抗日战争以中国人民的彻底胜利载入了史册，但是，日本军国主义者并没有得到彻底清算。作为侵略者，日本至今不但没有负罪感，反而有一股右翼势力还要竭力歪曲、否定侵略历史，为那些双手沾满中国人民鲜血的罪魁祸首翻案，试图挑战远东国际军事法庭及中国军事法庭对日本战犯的正义审判。

事实胜于雄辩，历史不容篡改。我们将当年抗战烽火岁月出版的原版报刊中的有关内容结集成书，就是为了牢记历史、不忘过去、珍爱和平、开创未来，用这些鲜活的第一手文献资料印证历史的伟大瞬间，以此纪念中国人民抗日战争暨世界反法西斯战争胜利70周年，纪念这一正义战胜邪恶、光明战胜黑暗、进步战胜反动的伟大胜利。

（作者系中国首批集报家、中国报业协会集报分会常务理事、江苏报友联谊会会长、《集报家》杂志主编、宿迁市图书馆馆长）

前　言

用老报刊收藏
记录抗战历史风云的结晶

彭援军

《图证——抗战十四年老报刊收藏图鉴》一书是范光永、王海勇等18位各地著名报刊收藏家抗战类报刊收藏珍品的汇编，是利用老报刊收藏成果记录抗战历史风云的结晶。尤其可贵的是，书中的某些史料是国家馆藏所没有的，因此本书还起到了填补抗战史料空白的重大作用，是开发和利用珍稀老报刊资源的有益尝试。

据笔者所知，本书的雏形是一个很有创意的收藏纪念品——《台历报》创刊号“抗战十四年老报刊图鉴专刊”，它按周历53周选编约90幅老报刊图片集成一册，于2015年羊年春节到来之际在收藏界受到热捧，一时间洛阳纸贵。《台历报》这一集报界的创新，必将成为一个展示专题集藏成果的好平台。

为纪念中国人民抗日战争暨世界反法西斯战争胜利70周年，警示人们不要忘记那段屈辱的历史，中国报业协会集报分会研评部向全国报友征集抗战老报刊珍品图片200多幅辑成本书。这些老报刊的内容涵盖自1931年“九一八”事变到1945年日本投降等抗战14年间的重大历史事件，具有珍贵的文物价值和史料价值，原汁原味地再现客观真实的抗战历史，奏响一曲气壮山河的抗击日本法西斯的英雄凯歌。

被新闻史学家称为“百科全书”的老报纸，以及时事类的杂志，如周刊、半月刊、月刊等，其记载的内容与历史事实最为接近。多年来，各地报友经常利用自己的报刊收藏品，适逢党和国家大事节庆之际举办各类主题性展览，起到很好的社会效果。从展示重大事件到深挖典型细节，分类编书，是我国群众性集报活动的又一次升华。就本书而言，也为文史界专业读者和社会大众读者提供了新视角和新史料。

综观本书，至少有六个值得称道的亮点。

一是把过去通常介绍的8年抗战史料延伸为14年，这使人们可以更清晰地看到中国抗战史的发展脉络。

1931年9月20日《庸报》号外，报道"九一八"事变，日兵杀我同胞、占我城池，沈阳全城人民在危殆之中。张云申报友收藏的这张号外，据说经济价值10万元，而其文物价值更是不可估量。次日，《庸报》又继续出号外云："塘沽日兵开掘战壕，日本将再增兵来华……"集报界都知道，《庸报》是华北地区有影响的大型日报，1926年6月由董显光创办，是当时天津的第三大报，发行量近2万份。《庸报》后来变成了汉奸报，但发此号外之时尚未蜕变。1935年，《庸报》被日本特务机关"茂川公馆"收买，经常发表亲日、反共言论，1945年日本投降后停刊。

1931年9月20日《实报》报道日本"昨占沈阳"时，已意识到"亡国惨痛迫在眉睫"。同一时期的《女学生》杂志出了"九一八"事变专号，封面是女学生抗议游行、女学生从军戎装照。1931年10月1日，蔡元培题写刊名的《中国评论周报》出"九一八"暴行专号。1931年10月4日，《申报图画周刊》报道"暴日侵占东北"。1931年10月14日《实权日报》指出："日占领土如期不能撤兵……世界大战不久即发……"1932年11月1日《蜀镜画报》上刊登"反日千家诗"。

从1932年1月1日《北洋画报》"东北被日军侵占形势图"上看，形势已经相当严峻。1932年1月10日，云南省救国义勇军创办的《义勇军》第1期发刊词称"暴日东北侵略的幅员，一天一天的（地）扩大了，抗日救国，已非空口说白话"，号召民众武装起来。同一天的云南省昆明市抗日救国会宣传科《抗日救国》第7期，刊载锦州失陷的消息。1932年2月2日《川报晚刊》报道"日舰驶下关谋攻南京，十九路军将士通电誓死抗日”“传我方将正式对日宣战”，但事实上是国民政府软弱无能、息事宁人、自吞苦果。

这一切都表明，当时的中国人民已是“人不分老幼、地不分南北”地动员起来，民众抗战热情非常高涨，但国民政府一心想着剿共，实行“攘外必先安内”的政策，坐失抗战良机，致使日军长驱直入，一路南下。

继承五四爱国运动精神的学生主力军，在民族危亡时刻再次挺身而出，北平国立清华大学学生自治会救国委员会编的《怒吼吧》第 1 期（1935 年 12 月 10 日），首次刊出《告全国民众书》，其中写道：“华北自古是中原之地，现在眼见华北的主权，也要继东三省、热河之后而断送了！”指出这比卖国的“二十一条”厉害一百倍，而举国上下，对此却不见动静。“华北之大，已安放不得一张平静的书桌了！”的著名语句，最初就出自这篇《告全国民众书》中。华北文化劳动协会出版的《民众论坛》创刊号（1936 年 1 月 1 日），刊载了“一二·九”北平学生运动；与之同日创刊的《救国先锋》（河南大学学生会救国宣传团办），刊有郑州市学生救国运动的近情等。

二是以我党报刊和进步报刊充分反映共产党、八路军、新四军和人民群众在抗战中的中流砥柱作用。

中国共产主义青年团苏区中央局机关报《青年实话》第 10 期（1932 年 2 月 15 日），刊有《从“九一八”到“一·二八”》一文，这是对抗战历史史实的重要挖掘。“一·二八”淞沪抗战是 1932 年 1 月 28 日至 3 月 3 日，中国军队抗击侵华日军进犯上海的作战，又称“一·二八”事变。“九一八”事变后日本为了转移国际视线，并压迫南京国民政府屈服，于 1932 年初在上海不断寻衅挑起事端。1 月 28 日晚，日本侵略者突然向闸北的国民革命军第十九路军发起了攻击，随后又进攻江湾和吴淞。十九路军在军长蔡廷锴、总指挥蒋光鼐的率领下，奋起抵抗。2 月 14 日，蒋介石命令由前首都警卫军 87 师、88 师和教导总队组成第五军，以张治中为军长增援十九路军抗战。

中华苏维埃共和国临时中央政府机关报《红色中华》（1933 年 9 月 30 日），有小字标题“日军又占塘沽车站”“日本帝国主义又来企图夺取平津”等讯息，虽然不是头条，但透露的信息非常重要，这些消息对中共实行“北上抗日”的主张和行动决策极为重要。1936 年 3 月 10 日，中共在海外的机关报《救国时报》报道“中国红军东征北上抗日”，本期上还有“大家起来拥护抗日先锋”的社论及东北义军抗日记等情况。阎锡山题写报头的《牺牲救国》第 28 期（1937 年 7 月 8 日）是我党最早报道卢沟桥事变的报纸，这期报纸头版还刊有“为保卫华北而奋斗”的社论，以及《反汉奸运动的重要意义》一文。

1937 年 9 月 11 日《湖南国民日报》刊载“朱德、彭德怀遵令就任第八路总副指挥”的消息。郭沫若题写报名、上海市文化界救亡协会主办的《救亡日报》第 32 号（1937 年 9 月 30 日），头版头条的“本报特讯”是《第八路军平型关大捷纪详》一文，同时有战区地图和八路军总司令朱德戎装像，以及朱德论述抗战的毛笔手迹，此外还有华中、华北、华南战事报道等内容，非常珍稀。1937 年 10 月 16 日《抗战半月刊》第 1、2 号合刊，刊载巴金、王芸生、阿英、胡愈之、茅盾、郭沫若、郑振铎等 40 多位文化界名人撰写的抗战文章，十分难得。

1938 年 7 月 1 日，中共中央机关刊物《解放》杂志出版“抗战一周年　中国共产党十七周年”纪念专刊，封面刊有毛泽东为抗战题词的手迹，正文首篇是毛泽东所著《论持久战》长文，此外还有朱德的《八路军抗战一周年》的战况，刘少奇的《坚持华北抗战中的武装部队》，以及张闻天、林伯渠等撰写的文章。《每日译报》是中共上海地下党组织为宣传抗日救亡，利用外国报刊在租界合法地位出版的报纸。1938 年 10 月 24 日出版的这期上，有“瑞武华军破西进日军，一部日军在鄂城登陆，黄岗登陆日军遇阻未进展”“中山县自卫团抗拒登陆日军，日军在潭州投燃烧弹”“日军大队昨入广州，市内大火四起，虎门炮台昨亦陷落”等讯息。“虎门销烟”是中国近代史具有标志性的事件，南国虎门陷于日寇之手，实在是令人扼腕叹息。

延安解放社出版的《解放》杂志第 57 期（1938 年 11 月 25 日），刊有“中共六中全会告同胞、全体将士和国共两党同志书”；毛泽东在六中全会上的报告《论新阶段》一文的标题和导语，为毛泽东毛笔手书，大气磅礴，很有气势。郭沫若题写刊头的《战斗美术》第一期（1939 年 4 月 20 日），封面为战士举枪的木刻。重庆版《新华日报》是抗战时期中国共产党在国民党统治区唯一公开出版发行的大型机关报，1939 年 5 月 6 日出版的该报，为日寇轰炸国民政府陪都重庆而发表社论《反对日寇的残暴兽行》，旗帜鲜明地表明我党坚持统一战线、全民一心、坚决抗战的坚定立场。

头版全套红的《晋察冀日报》第1755期(1945年5月3日)，刊登"中国共产党举行第七次全国代表大会"的消息，此次大会的口号是"团结全党，团结全民族；打败日本，建立新中国"。这期头版上还有"积极扩大解放区，我五天连克五城"等。这次大会选出以毛泽东同志为首的党中央，明确了毛泽东在全党全军的地位。本期报眼处预告毛泽东的《论联合政府》即将出版；头版还报道"国民党战场敌自湘桂等地后撤"的消息，这表明抗战形势已向中方有利的战局逆转。1945年5月16日《晋察冀日报》第1766期，刊载毛泽东《论联合政府》的中共七大报告，并配有毛泽东木刻头像。

太行版《新华日报》号外(1945年8月9日)，大字报道"苏联对日宣战，今起进入战争状态"。该报次日继续出号外称："毛主席发表声明，抗战进入反攻阶段。猛烈扩大解放区，消灭一切不愿投降的侵略者及其走狗。"同时间的该报第三个号外称："十日晚，东京广播：日本宣布无条件投降。"紧接着第二天，该报继续出号外称："日本无条件投降，朱总司令发布命令，各解放区一切抗日武装部队立即出动收缴日伪军全部武装，接洽受降。"1945年8月15日《抗战日报》第881号，报道："延安总部命令，接获朱总司令命令后我百万雄师整装出动，配合苏联红军及外蒙军作战之我军迅速挺进。"

三是以国民党报刊和社会报刊客观反映国民党军队和国民政府在全面抗战中的积极贡献。

1936年12月13日《武汉日报》号外称："张学良昨在陕率部叛变，蒋被暂留西安(即西安事变)。"被视为客观公正的《大公报》这样报道震惊中外的"卢沟桥事变"：1937年7月9日该报的主标题是"卢沟桥中日军冲突"，副标题进一步描述，"日军猛烈进攻，我军沉着应付，迄昨夜止，双方交涉尚无结果，日方正增兵，我军决死守"。该报以"卢沟桥事件"为题发表社评，一版同时还有"外部(指外国)提口头抗议""交通昨大受影响"等。

福建省抗敌后援会龙岩分会宣传工作团办的《抗敌前锋》创刊号(1938年1月10日)，封面上有目录提要，本期刊载《抗战与民众动员》一文。1938年1

月11日《东亚画报》报道说，针对日特别陆战先遣队昨两路在青岛登陆的紧急战事，蒋介石以粤桂新兵组十九集团军抗敌。1938年4月8日《新闻报》报道：我军作第三次总攻，台儿庄彻夜大激战，日军沿临枣线两侧企图突围。

《大公报》的版面安排一般是一版多为广告，二版为要闻。1945年7月28日出版的该报，刊有《美英中对日公告全文》，内容是“予敌最后抉择机会，无条件投降或毁灭，三国武力受所有联合国支持，明示条件，占领日本，迄其自新，实施宣言，完全解除武装，摧毁作战工业，裁判战罪人犯”等。

昆明《中央日报》(1945年8月10日)下午版，头版第三条消息是“第二枚原子弹投落，长崎市几全毁”；头版头条消息是“美国杜鲁门总统今晨广播，苏联对日宣战在波斯坦作决定”——这是在说苏联出兵中国对日作战师出有名；头版第二条消息是“伯利方面出动苏军攻占吉林省抚远，钳形攻势之东线捷报”。

1945年8月15日《大公报》以特号大字为标题报道头号大新闻“日本投降矣！”，头版二条消息是“日本答复系昨晚提出”，社评为“注意善后救济工作”。同一天的战况还包括“东京瑞士间昨晨密电，巨机800架昨炸日本，敌机前日袭美机动舰队”“苏军越过大兴安岭，黑龙江省攻占索伦，敌称长春已作局部撤退”等。

1945年9月3日《青年报》报道“正义胜利，残酷战争于今结束，日本投降正式签字典礼，昨晨在东京湾隆重举行”，头版其他新闻包括各国代表名录、日降书要点、美总统演讲词、台湾行署组织大纲、国府明令公布等——这是台湾回归祖国怀抱的最有力证据。广东东莞《民国报》复刊号(1945年9月6日)，报头套红，头版消息分别是“在华日军正式投降，签字仪式今日举行，广州日军派员飞邕洽降”，“国军源源开进广州”，“东北地区划分九省，设置长春为东北行营”——可从中看到中国行政区划的历史演变，“军委会派定美式国军，分别进驻各主要城市”等。1945年9月10日《大公报》，以特大字号刊登“八年抗战胜利结束，中国战区日军投降，签字典礼昨在南京举行，何(应钦)总司令代表蒋(介石)委员长受降”等。

四是以日本和汉奸报刊为铁证，揭露日本侵华的种种暴行。

1931年9月26日日本《报知新闻》号外，有日本军队在中国土地上耀武扬威的场面。1937年12月17日《大阪朝日新闻》号外，一版为日军南京入城式场面的大幅照片，日军攻占南京后制造了震惊中外的南京大屠杀。

汪伪政权的报纸《中报》第1083号（1943年3月16日），刊出“主席访日”（主席指汪精卫），“日首相来（南）京访问，并就共同完遂战争问题交换意见，任务完成于昨日，经沪返国”——此举试图将日本侵华战争合法化，可谓是恶毒之极。两文还配有汪精卫卑躬屈膝与日相握手及举杯欢饮的照片。

1945年8月15日日本《每日新闻》对日本投降的报道似乎只强调自己一方，仍无对战争悔改之意。《康德新闻》是在伪“满洲国”长春出版的大型日报，由康德新闻社发行的这份报纸，在辽宁有锦州版，在黑龙江设立哈尔滨支社。此外，康德新闻社还出版以“康德”为年号的《午报》等，1945年8月19日出版的《康德新闻》，竟刊登所谓《告东北民众书》《日对中美英苏四国交换外交文书内容》等，其报纸的政治立场仍是站在日伪统治者一边的。

五是老报刊中的抗战图片史料尤为珍贵。

《图画时报上海战刊》（1932年2月24日），刊有孔祥熙、宋庆龄等赴前方慰劳抗战将士的图片。《东方画报》（1937年1月1日），报道震惊世界的西安事变，刊有蒋介石、张学良等事变前的活动图片7幅。1938年7月至9月的《大美画报》第6至9期封面，分别连续刊登蒋介石和宋美龄特写、第八路军总指挥朱德将军近影、红军将领毛泽东近影、周恩来近影等。1938年11月9日《译报周刊》第5期封面是新四军军长叶挺的大幅照片。

1942年7月7日，抗日战争爆发5周年之际，《晋察冀画报》创刊号内的百团大战专页，刊有八路军著名战地摄影记者沙飞在抗战前线拍摄的珍贵照片。据了解，《晋察冀画报》是八路军存留抗战图片最多、最全、最珍稀的画刊。

《抗日救国》第47期（1943年10月1日），刊登行政院孔（祥熙）副院长在官邸招待美国驻华军官，孙中山夫人宋庆龄女士与史迪威将军举杯共饮互祝抗敌胜利的照片；本期在反映“太平洋战争吃紧”的大标题下，刊有新闻图片7幅。1945年10月号美国《生活》杂志封面是著名的麦克阿瑟将军戎装照；同期杂志正文中刊有日本投降签字现场图片，一页两幅，均是由上向下俯拍，场面全,有气势,画面非常清晰。

本书中还收录了其他一些有意思的抗战老报刊。如:手刻蜡版印制而成的《胜利周刊》第7号,出版于1941年2月27日,这件距今已有70多年的油印版报纸,字迹仍清晰可见。手工油印报一般因制作慢、印数少而更显珍贵。

1941年12月6日,美商罗斯福出版公司创办的《中美日报》第1079号,刊登“日本海军突向南移动,太平洋大战一触即发,日本昨答复美国尚图蒙蔽,意谓集兵越南无意图”的消息。——值得指出的是,此讯让世人知晓的时间与日本偷袭珍珠港的时间仅隔一日,这里日方对外的外交表态大有掩耳盗铃之状。联想近年播出的一些谍报剧提及重大军事情报的搜集、传递与运用,其实,这则公开报道即能起到此举之作用。假若当初美国军方事先重视此条军事情报,事先布控防范,损失也不会那么惨重,“二战”历史兴许还会重写。

1945年8月8日《大公报》刊登“原子炸弹初显威力,广岛一炸日寇震惊。美将用以全面攻日本,美机侦察广岛候摄炸后情形”。1945年8月14日《纽约世界电讯》号外上“WAR ENDS!!!”三个大感叹号出现在大标题中,非常给力,版面处理效果极佳。江苏报友朱军华收藏的美国《费城记录》号外(1945年8月15日),刊登“杜鲁门宣布日本投降”的消息,在国内收藏市场非常少见。

一般说来,作者不可能在一部书中把所有想表达的内容全都表达出来,但笔者仍感此书在搜集、揭露日本侵华种种暴行方面的力度。

应当说,书报刊收藏是一项伟大的、极有意义的事业,仅在中国抗战这一个领域掘深做透,仍有无穷无尽的工作要做。就上述提及的“日军侵华铁证”一项,笔者曾读过一本反映日军侵华罪证方面的画册,由抗战史料收藏家杨翔飞提供了不少珍稀史料,编得不错。如果能把日军在华烧、杀、抢、掠、奸淫,对中国进行军事侵略、经济侵略、文化侵略,特别是抢夺中国文物方面的恶行罪证,以当时出版的书报刊史料为依据,逐一系统地展示出来,那将是一件功德无量的大事。

再有,在漫长的抗日战争艰苦岁月中,曾经出现过许多重大历史事件、典型著名战役和无数的抗日英雄人物等,如果能把这些东西尽可能地收集起来,再分门别类地把它编成书，那么书的含金量会提高很多。就以抗战人物举例说，笔者曾见过一本有关抗战历史人物的大辞典，大16开、小字、精装硬壳本，看上去比砖头还厚，书中仅彭姓的抗战人物就有上百名，只要进一步扩充内容，便可成为一本有特色的专著。像我们耳熟能详的白求恩大夫，延安《解放日报》上就有毛泽东《纪念白求恩》一文可选。另外，有关抗战的著名战役、珍贵图片、数字图表等，仍需进一步收集整理。

因此，我们书报刊收藏者在寻找抗战史料时，不能只盯着老报纸的头版或二版，不能只重视头条或二条新闻，而是应当仔细地看，认真地、仔细地挖掘，才有可能发现更多、更为珍贵的抗战史料。

2015年3月4日

（本文作者系中国收藏家协会理事，曾任中国报协集报分会和中国收藏家协会书报刊收藏委员会首任秘书长）

目 录

第一章　全国抗日救亡运动的兴起

中国的抗日救亡运动，从1931年“九一八”事变后就开始了，亦揭开了中国人民抗日战争的序幕。

“九一八”事变后，全国各地工人、学生在中国共产党的领导下，纷纷罢工、罢课，向国民政府请命和示威游行，反对不抵抗政策。1932年1月28日日军发动对上海闸北区的进攻（即“一·二八”事变）后，上海工人、农民、学生积极支援19路军抵抗日本侵略军，民族资产阶级和上层小资产阶级积极要求国民政府改变不抵抗政策，群众性的抗日救亡运动很快在全国许多城市和村镇兴起。许多大中城市举行各界抗日救国大会，开展抵制日货的活动，给予日本经济沉重的打击。1935年日本侵略军蚕食华北地区，制造了“华北事变”。此时，中国共产党领导的工农红军进行了举世闻名的二万五千里长征，完成了北上抗日的战略大转移，到了陕北，提出了“停止内战、一致抗日”的主张。1935年12月9日北平（北京）大中学生数千人举行了抗日救国示威游行，反对华北自治，反抗日本帝国主义，要求保全中国领土的完整，掀起全国抗日救亡运动新高潮。这是中国共产党领导的一次大规模学生爱国运动。之后杭州、广州、武汉、南京、天津、上海等地相继举行了游行示威，促进了国内和平和对日抗战，标志着中国人民抗日民主运动新高潮的到来。为配合全国轰轰烈烈的抗日救亡运动，中国共产党发起了跨过黄河、奔赴华北与日本侵略者直接开战的“红军东征”行动，奏响了中国共产党领导下的人民军队奋起抵抗日本侵略军的战斗序曲。1936 年 12 月 12 日，西安事变的发生，促成了第二次国共合作，成为国内战争走向抗日民族战争的转折点。

下面所收藏的老报刊，从各个侧面反映了这一期间抗日战争开始及全国抗日救亡运动兴起的历史事实。

一、“九一八”事变

1931年9月18日夜，日本驻中国东北地区的关东军制造柳条湖事件，并以此为借口对沈阳东北军驻地北大营进行突然袭击，发动了对中国东北的战争，史称“九一八”事变。这是中国人民抗日战争的起点，也是世界反法西斯战争的序幕。

图 1-1　日本《国际写真情报》1931年新年号

报道蒋介石、张学良拜谒中山陵等动态，可见日本为制造“九一八”事变，早就对中国进行全方位情报侦察。（马志春藏）

庸報

YUNG PAO

號外

二十年九月二十一日第二次發行

塘沽日兵開掘戰壕

日本將再增兵來華

【本埠特訊】據路局消息、塘沽已有日兵開到、並開始作戰時之防禦、掘戰壕堆土壘、駐秦皇島美兵英兵聞訊、一律將開回塘沽

【本報特訊】日兵又陸續開到營口、日本內閣今日決定再增兵、滿洲、又派土肥原爲奉天市縣、將瀋陽照日本市制改組、

【新民今日急電】今日下午日本關東軍司令部、通知新民縣、限我國駐軍須於三小時內完全退出、否則開砲轟擊、又瀋陽我各機關文件、悉被日兵焚燬、

庸報　定閱　每月大洋一元　半年五元半　全年十元　本報營業部電話三二六六八

（其他詳細情形請看明日本報）

图 1-2　《庸报》1931 年 9 月 21 日号外

该期刊发《塘沽日兵开掘战壕　日本将再增兵来华》。（张云申藏）

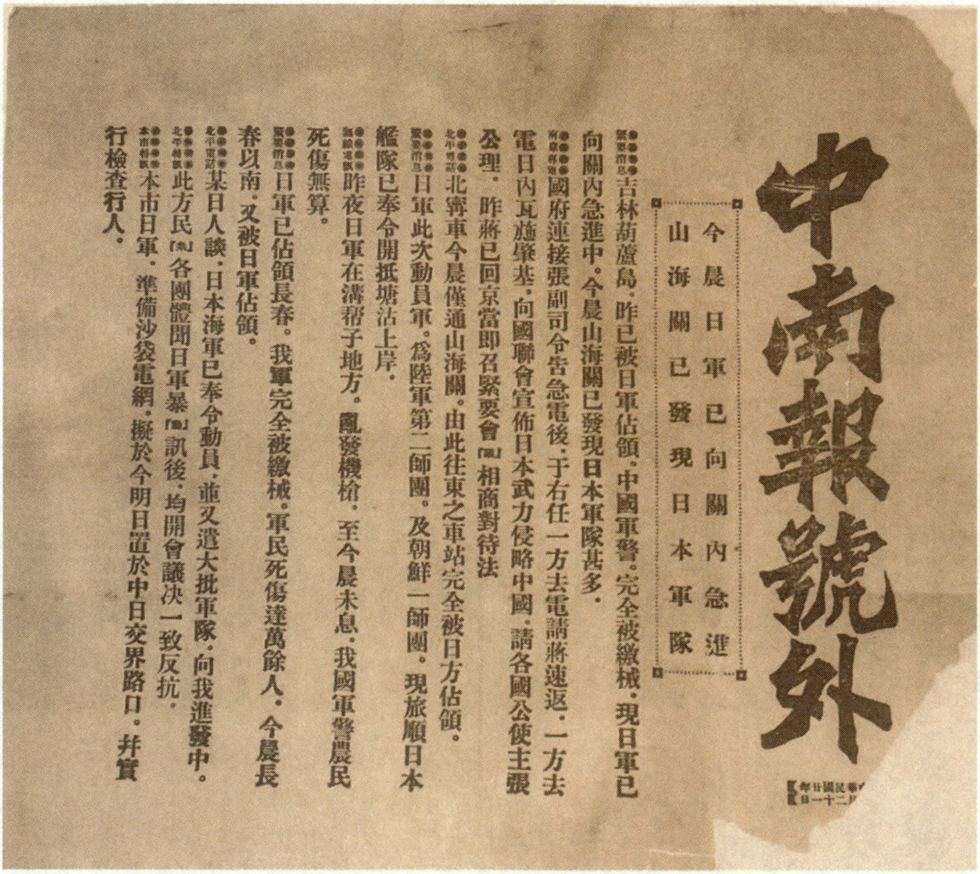

中南報號外

今晨日軍已向關內急進
山海關已發現日本軍隊

吉林葫蘆島，昨已被日軍佔領，中國軍警，完全被繳械，現日軍已向關內急進中。今晨山海關已發現日本軍隊甚多。

國府連接張副司令告急電後，于右任一方去電請蔣速返，一方去電日內瓦施肇基，向國聯會宣佈日本武力侵略中國，請各國公使主張公理。昨蔣已回京，當即召緊要會相商對待法。

北寧車今晨僅通山海關，由此往東之車站完全被日方佔領。

日軍此次動員軍，為陸軍第二師團，及朝鮮一師團，現旅順日本艦隊已奉令開抵塘沽上岸。

昨夜日軍在溝帮子地方，亂發機槍，至今晨未息，我國軍警農民死傷無算。

日軍已佔領長春，我軍完全被繳械，軍民死傷達萬餘人，今晨長春以南，又被日軍佔領。

某日人談，日本海軍已奉令動員，並又遣大批軍隊，向我進發中。

此方民各團體聞日軍暴訊後，均開會議決一致反抗。

本市日軍，準備沙袋電網，擬於今明日置於中日交界路口，并實行檢查行人。

图 1-3　《中南报》1931 年 9 月 21 日号外

该期报道日军已占领长春。（张云申藏）

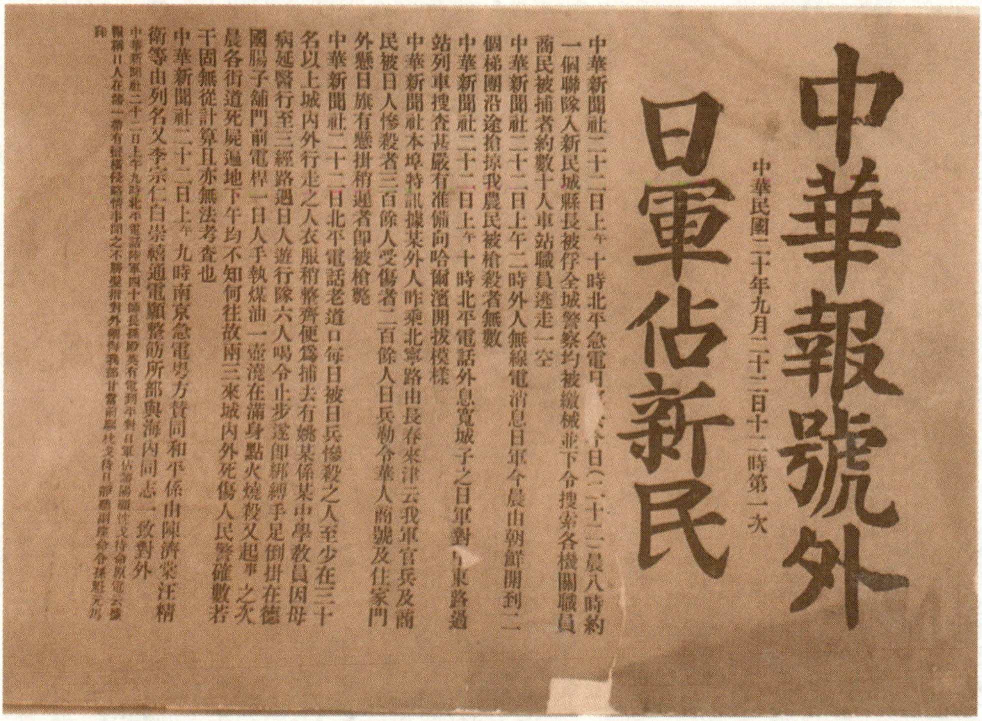

中華報號外

中華民國二十年九月二十二日十二時第一次

日軍佔新民

中華新聞社二十二日上午十時北平急電日[illegible]日（二十二）晨八時約一個聯隊入新民城縣長被俘全城警察均被繳械並下令搜索各機關職員商民被捕者約數十人車站職員逃走一空

中華新聞社二十二日上午二時外人無線電消息日軍今晨由朝鮮開到二個梯團沿途搶掠我農民被槍殺者無數

中華新聞社二十二日上午十時北平電話外息寬城子之日軍對[illegible]東路過站列車搜查甚嚴有準備向哈爾濱開拔模樣

中華新聞社本埠特訊據某外人昨乘北寧路由長春來津云我軍官兵及商民被日人慘殺者三百餘人受傷者二百餘人日兵勒令華人商號及住家門外懸日旗有懸掛稍遲者即被槍斃

中華新聞社二十二日北平電話老道口每日被日兵慘殺之人至少在三十名以上城內外行走之人衣服稍整齊便為捕去有姚某係某中學教員因母病延醫行至三經路遇日人遊行隊六人喝令止步遂即綁縛手足倒掛在德國腸子舖門前電桿一日人手執煤油一壺澆在滿身點火燒斃又起事之次晨各街道死屍遍地下午均不知何往故兩三來城內外死傷人民警確數若干固無從計算且亦無法考查也

中華新聞社二十二日上午九時南京急電粵方贊同和平係由陳濟棠汪精衛等由列名又李宗仁白崇禧通電願整飭所部與海內同志一致對外

[illegible]

图 1-4　《中华报》1931 年 9 月 22 日号外

该期刊发《日军占新民》。（张云申藏）

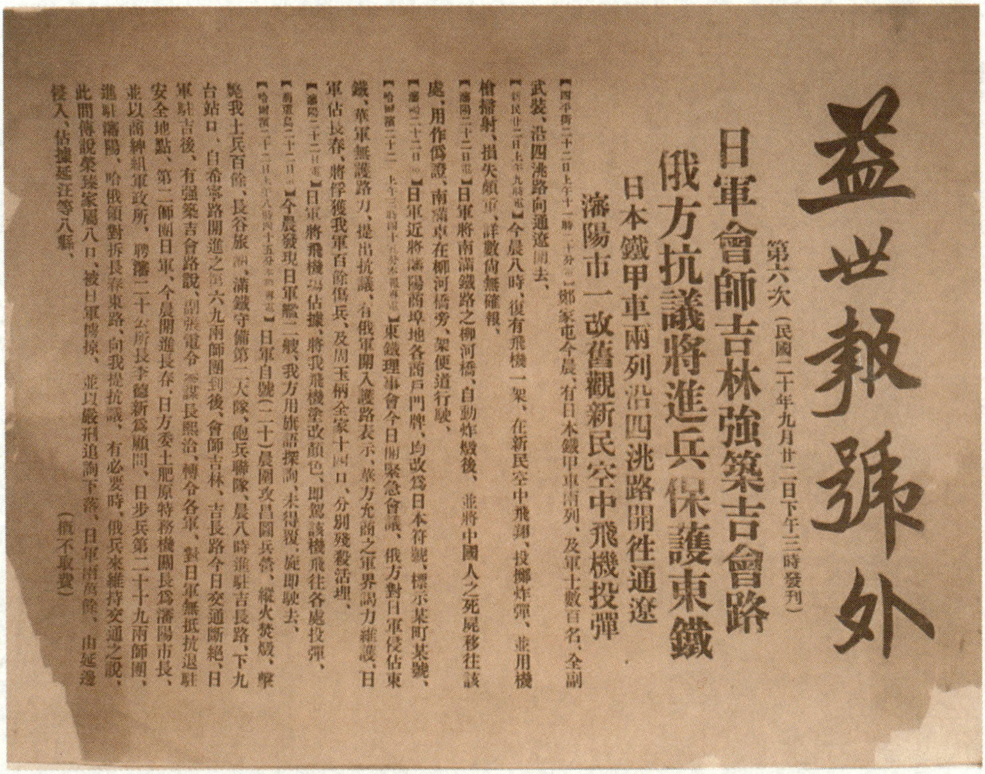

益世報號外

第六次（民國二十年九月廿二日下午三時發刊）

日軍會師吉林強築吉會路

俄方抗議將進兵保護東鐵

日本鐵甲車兩列沿四洮路開往通遼

瀋陽市一改舊觀新民空中飛機投彈

【四平街二十二日上午十一時二十分電】鄭家屯今晨，有日本鐵甲車兩列、及軍士數百名、全副武裝、沿四洮路向通遼開去、

【新民廿二日上午九時電】今晨八時、復有飛機一架、在新民空中飛翔、投擲炸彈、並用機槍掃射、損失頗重、詳數尚無確報、

【瀋陽二十二日電】日軍將南滿鐵路之柳河橋、自動炸燬後、並將中國人之死屍移往該處，用作僞證、南滿車在柳河橋旁、架便道行駛、

【瀋陽二十二日電】日軍近將瀋陽商埠地各商戶門牌、均改爲日本街號、標示某町某號、

【哈爾濱二十二日上午三時四十五分本報專電】東鐵理事會今日開緊急會議、俄方對日軍侵佔東鐵、華軍無護路力、提出抗議、有俄軍開入護路表示、華方允商之軍界調力維護、日軍佔長春、將俘獲我軍百餘傷兵、及周玉柄全家十四口、分別殘殺活埋、

【瀋陽二十二日電】日軍將飛機場佔據、將我飛機塗改顏色、即駕該機飛往各處投彈、

【南京二十二日電】今晨發現日軍艦二艘、我方用旗語探詢、未得覆、旋即駛去、

【哈爾濱二十二日上午八時四十五分本報專電】日軍自號（二十）晨圍攻昌圖兵營、縱火焚燬、擊斃我士兵百餘、長谷旅團、滿鐵守備第二大隊、砲兵聯隊、晨八時並駐吉長路、下九台站口、自希寄路開進之第六九兩師團到後、會師吉林、吉長路今日交通斷絕、日軍駐吉後、有強築吉會路說、副張電令參謀長熙洽、轉令各軍、對日軍無抵抗退駐安全地點、第二師團日軍、今晨開進長春、日方委土肥原特務機關長爲瀋陽市長、並以商紳組軍政所、聘瀋二十公所長李德新爲顧問、日步兵第二十十九兩師團、進駐瀋陽、哈俄領對拆長春東路、向我提抗議、有必要時、俄兵來維持交通之說、此間傳說榮臻家屬八口、被日軍擄掠、並以嚴刑追詢下落、日軍南侵、由延邊侵入、佔據延汪等八縣、

（概不取費）

图 1-5　《益世报》1931 年 9 月 22 日号外

该期报道日军占领吉林全境，强行筑路。（张云申藏）

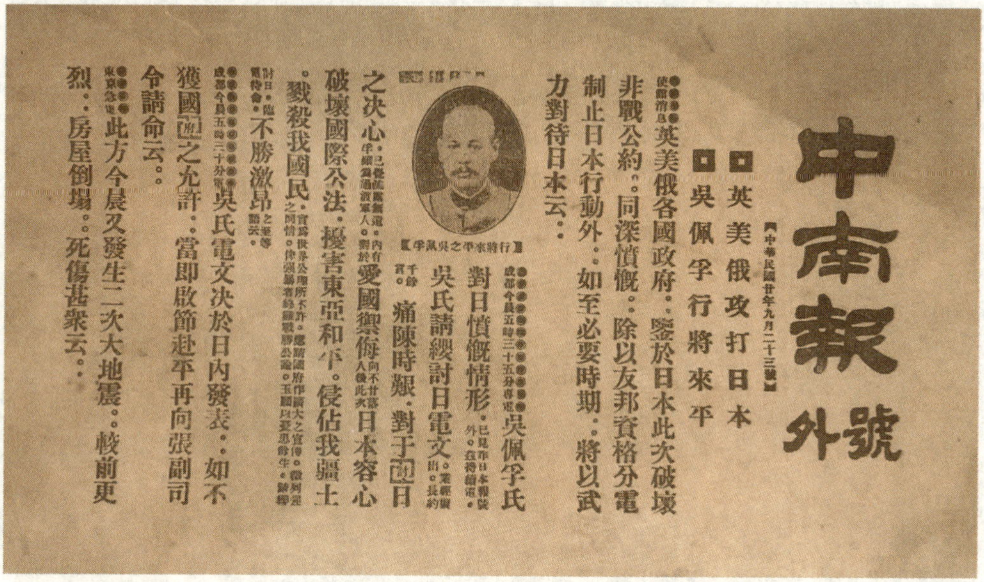

中南報 號外
【中華民國廿年九月二十三號】
□英美俄攻打日本
□吳佩孚行將來平
（使館消息）英美俄各國政府。。鑒於日本此次破壞非戰公約。。同深憤慨。。除以友邦資格分電制止日本行動外。。如至必要時期。。將以武力對待日本云。。
【行將來平之吳佩孚】
（成都今晨五時三十五分專電）吳佩孚氏對日憤慨情形。吳氏請纓討日電文。痛陳時艱。對于逆日之決心。對於愛國禦侮日本容心破壞國際公法。擾害東亞和平。侵佔我疆土。戮殺我國民。不勝激昂。
（成都今晨五時三十分專電）吳氏電文決於日內發表。。如不獲國府之允許。。當即啟節赴平再向張副司令請命云。。
（東京急電）此方今晨又發生二次大地震。。較前更烈。。房屋倒塌。。死傷甚衆云。。

图 1-6 《中南报》1931 年 9 月 23 日号外

该期报道吴佩孚请缨率兵讨伐日本。（张云申藏）

图 1-7　日本《报知新闻》1931 年 9 月 26 日号外《满洲事变画报》

该期报道“九一八”事变。（范光永藏）

图 1-8 日本《报知新闻》1931 年 9 月 26 日号外《满洲事变画报》

该期报道“九一八”事变。（范光永藏）

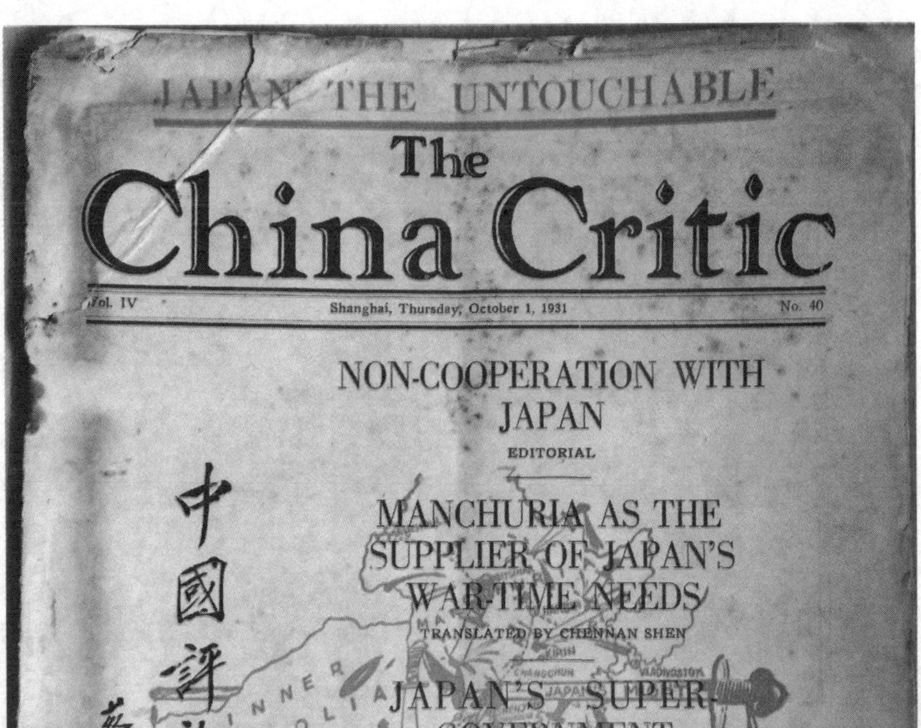
JAPAN THE UNTOUCHABLE

The China Critic

Vol. IV　Shanghai, Thursday, October 1, 1931　No. 40

中國評論週報

蔡元培題

NON-COOPERATION WITH JAPAN

EDITORIAL

MANCHURIA AS THE SUPPLIER OF JAPAN'S WAR-TIME NEEDS

TRANSLATED BY CHENNAN SHEN

JAPAN'S SUPER-GOVERNMENT

EDITORAL

THE LEAGUE TOTTERS

EDITORIAL

THE LEGAL AND POLITICAL ASPECTS OF THE MAN-MON QUESTION

TRANSLATED BY T. KING

Twenty Cents a Copy　中華民國二十年十月一日　星期四　第四卷第四十期　Seven Dollars a Year

暴日入寇專號

图 1-9　《中国评论周报》1931 年 10 月 1 日第 4 卷第 40 期

该期为“暴日入寇”专号。（范光永藏）

中華民國二十年十月八日 川報晚刊 （星期日）

川報晚刊

打倒販賣和購買日貨的亡國奴！

成都聚興城銀行緊要啟事

成都 中國銀行
營業時間
午前九鐘至一鐘
午后二鐘至四鐘
星期六午后休息
行址南署襪街

成益銀號
號址上東大街

亞細亞煤油公司

歡迎賜顧
春熙南路

新怡豐銀號

當真嗎？

王伯宜著 算術應用問題
代售處陝西街二十號福慶生紙舖

東亞像館
遷移開幕紀念
春熙路銅像側
七號開幕特贈送銀券三週以表歡迎

商業場內
芯芬咖啡館

壹萬圓之大贈品

東方照像館
開幕了！

大中華照像館
春熙西路

友信公司
橡輪貨車

蝶霜

成都祠堂街
北新書局發行

图 1-10 《川报晚刊》1931 年 10 月 8 日头版

面对日寇的入侵，中国人民掀起了抵制日货运动。报纸头版广告：打倒贩卖和购买日货的亡国奴！（范光永藏）

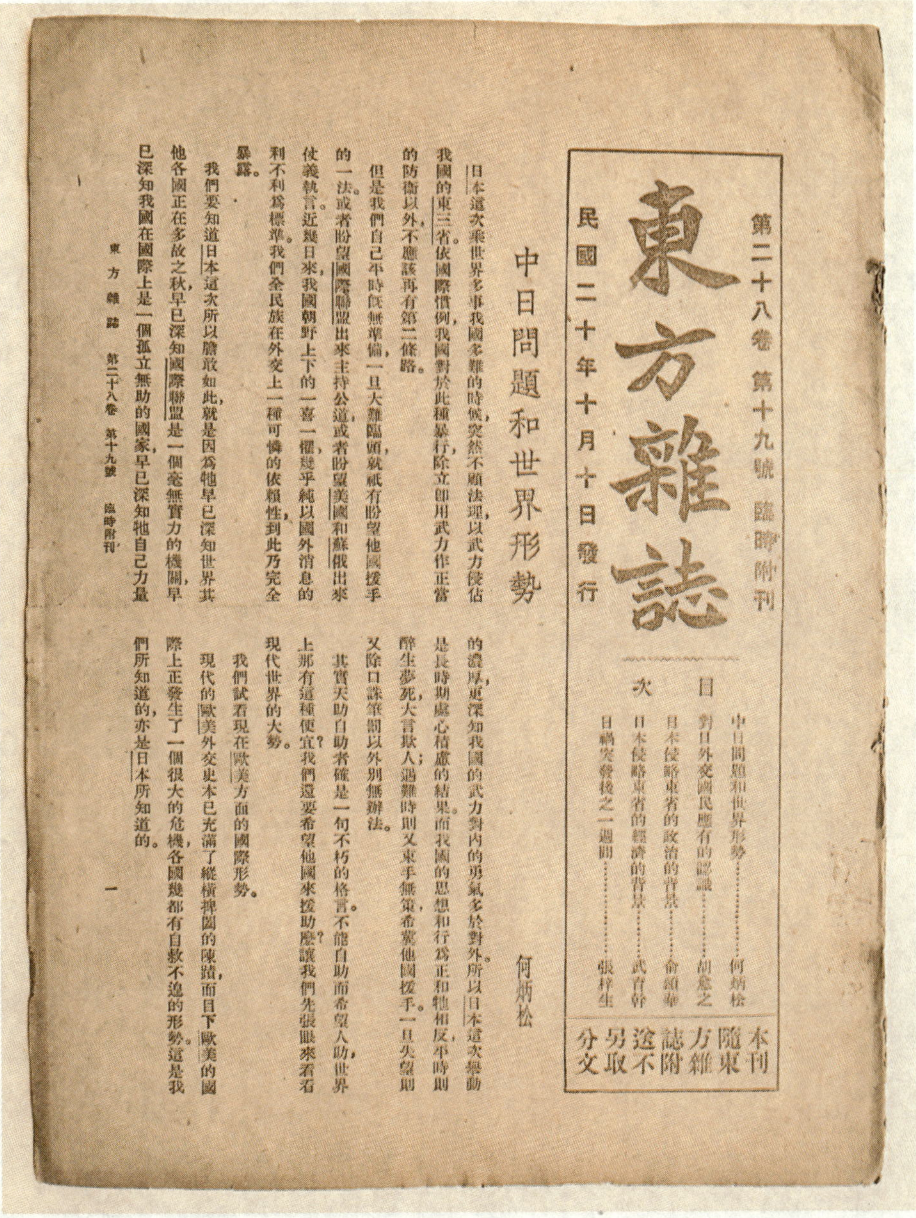

第二十八卷 第十九號 臨時附刊

東方雜誌

民國二十年十月十日發行

目次

本刊隨東方雜誌附送不另取分文

中日問題和世界形勢

何炳松

日本這次乘世界多事我國多難的時候，突然不顧法理，以武力侵佔我國的東三省。依國際慣例，我國對於此種暴行，除立即用武力作正當的防衞以外，不應該再有第二條路。

但是我們自己平時既無準備，一旦大難臨頭，就祇有盼望他國援手的一法。或者盼望國際聯盟出來主持公道，或者盼望美國和蘇俄出來仗義執言。近幾日來，我國朝野上下的一喜一懼，幾乎純以國外消息的利不利爲標準。我們全民族在外交上一種可憐的依賴性，到此乃完全暴露。

我們要知道日本這次所以膽敢如此，就是因爲牠早已深知世界其他各國正在多故之秋，早已深知國際聯盟是一個毫無實力的機關，早已深知我國在國際上是一個孤立無助的國家，早已深知牠自己力量的濃厚，更深知我國的武力對內的勇氣多於對外。所以日本這次舉動是長時期處心積慮的結果。而我國的思想和行爲正和牠相反，平時則醉生夢死，大言欺人；遇難時則又束手無策，希冀他國援手。一旦失望則又除口誅筆伐以外別無辦法。

其實天助自助者確是一句不朽的格言。不能自助而希望人助，世界上那有這種便宜？我們還要希望他國來援助麼？讓我們先張眼來看看現代世界的大勢。

我們試看現在歐美方面的國際形勢。

現代的歐美外交史本已充滿了縱橫捭闔的陳蹟，而目下歐美的國際上正發生了一個很大的危機，各國幾都有自救不遑的形勢。這是我們所知道的，亦是日本所知道的。

東方雜誌　第二十八卷　第十九號　臨時附刊　一

图 1-11　《东方杂志》1931 年 10 月 10 日第 28 卷第 19 号

该期刊发《中日问题和世界形势》，揭露日本侵略中国、欲称霸世界的野心。（王海勇藏）

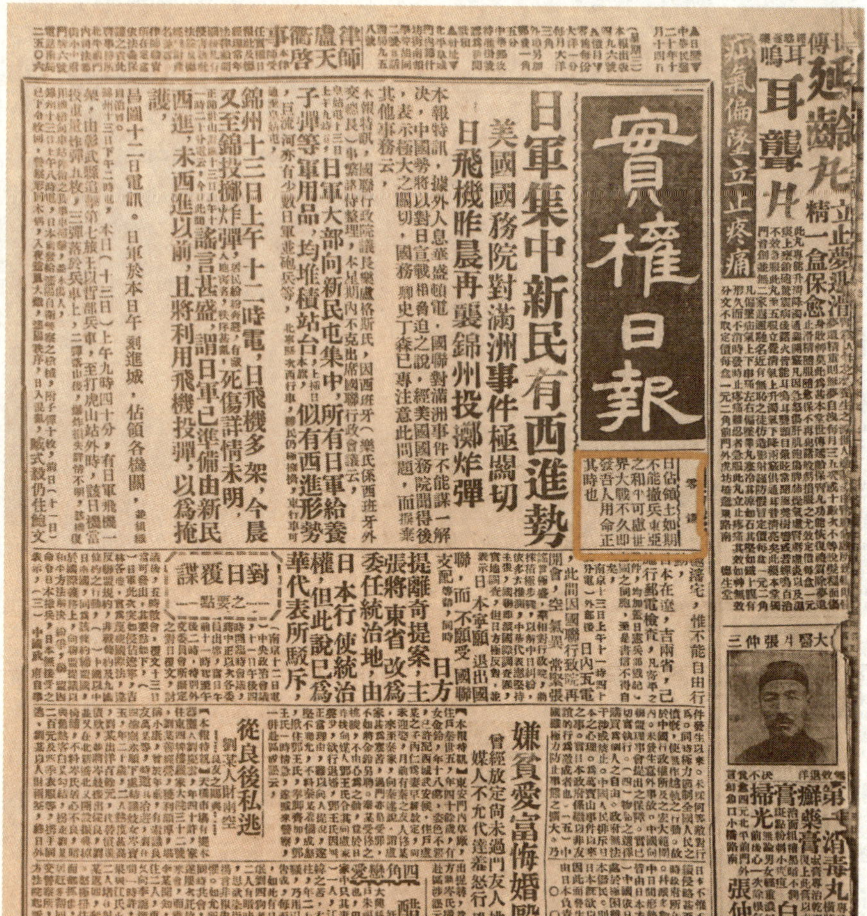
實權日報

日軍集中新民有西進勢

美國國務院對滿洲事件極關切

日飛機昨晨再襲錦州投擲炸彈

日佔領土如期不能撤兵東亞之和平可慮世界大戰不久即發吾人用命正其時也

錦州十三日上午十二時電，日飛機多架，今晨又至錦投擲炸彈

日軍大部向新民屯集中，所有日軍給養子彈等軍用品，均堆積站台，似有西進形勢

謠言甚盛，謂日軍已準備由新民西進，未西進以前，且將利用飛機投彈，以為掩護

日方提離奇提案，主張將東省改為委任統治地，由日本行使統治權，但此說已為華代表所駁斥

對日覆牒之要點

嫌貧愛富悔婚毆媒人

從良後私逃

醋海生波

迷戀白菜心

图 1-12 《实权日报》1931 年 10 月 14 日头版

该版报道“日占领土如期不能撤兵，东亚之和平可虑，世界大战不久即发……”。（范光永藏）

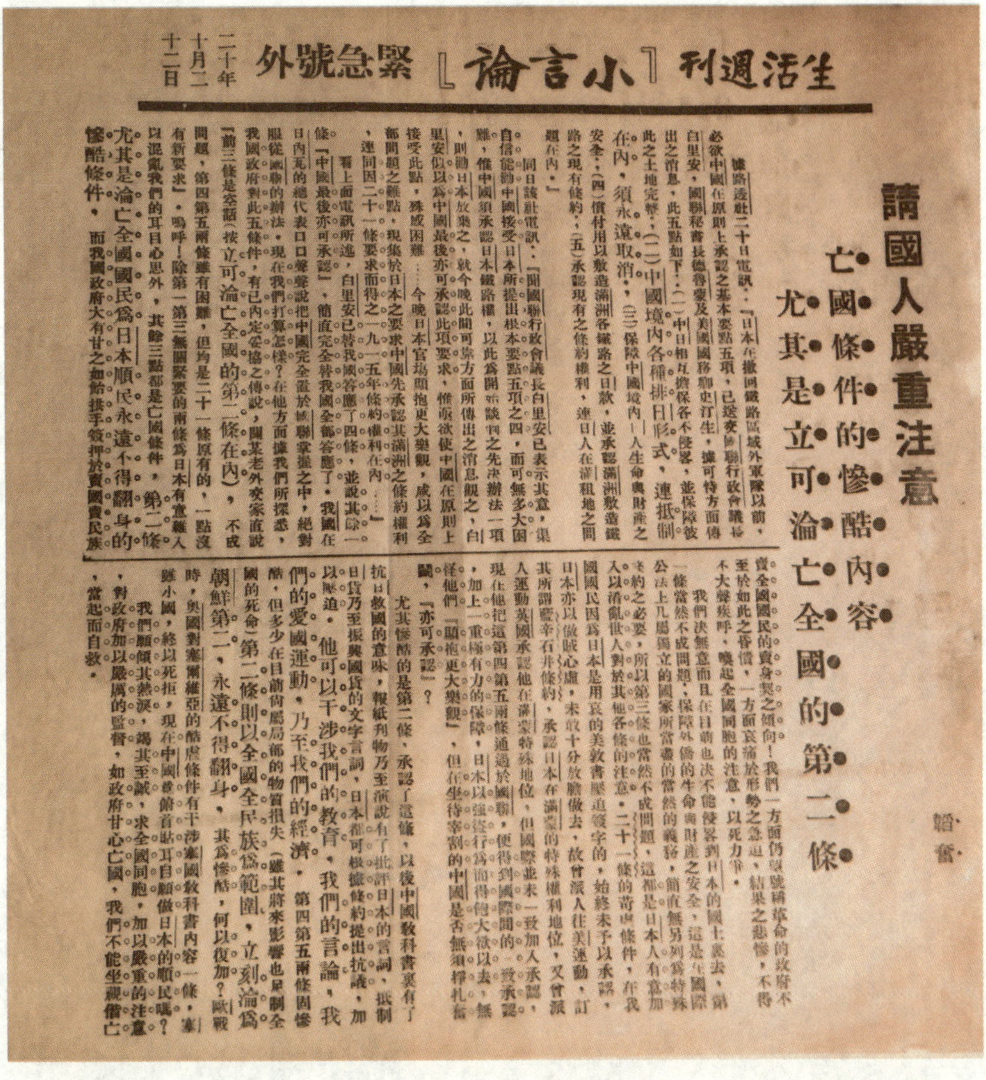

生活週刊 『小言論』 緊急號外 二十年十月二十二日

請國人嚴重注意

亡國條件的慘酷內容

尤其是立可淪亡全國的第二條

韜奮

據路透社二十日電訊：『日本在撤回鐵路區域外軍隊以前，必欲中國在原則上承認之基本要點五項，已送交國聯行政會議長白里安，國聯秘書長德魯蒙及美國國務卿史汀生，據可恃方面傳出之消息，此五點如下：（一）中日相互擔保各不侵略，並保障彼此之土地完整；（二）中國境內各種排日形式，連抵制在內，須永遠取消；（三）保障中國境內日人生命與財產之安全；（四）償付用以敷造滿洲各鐵路之日款，並承認滿洲敷造鐵路之現有條約；（五）承認現有之條約權利，連日人在滿租地之問題在內。』

同日該社電訊：『聞國聯行政會議長白里安已表示其意，渠自信能勸中國接受日本所提出根本要點五項之四，而可無多大困難，惟中國須承認日本鐵路權，以此爲開始談判之先決辦法一項，則勸日本放棄之，就今晚此間可靠方面所傳出之消息觀之，白里安似以爲中國最後亦可承認此項要求，惟亟欲使中國在原則上接受此點，殊感困難……今晚日本官場頗抱更大樂觀，咸以爲全部問題之難點，現集於日本之要求中國先承認其滿洲之條約權利，連同因二十一條要求而得之一九一五年條約權利在內……』

看上面電訊所述，白里安已替我國答應了四條，並說其餘一條『中國最後亦可承認』，簡直完全替我國全部答應了。我國在日內瓦的總代表口口聲聲說把中國完全置於國聯掌握之中，絕對服從國聯的辦法。現在我們打算怎樣？在他方面據我們所探悉，我國政府對此五條件，有已內定妥協之傳說，聞某老外交家直說『前三條是空話（按立可淪亡全國的第二條在內），不成問題，第四第五兩條雖有困難，但均是二十一條原有的，一點沒有新要求』。嗚呼！除第一第三無關緊要的兩條爲日本有意攙入以混亂我們的耳目心思外，其餘三點都是亡國條件，第二條尤其是淪亡全國國民爲日本順民永遠不得翻身的慘酷條件。而我國政府大有甘之如飴拱手簽押於賣國賣民族賣全國國民的賣身契之傾向！我們一方面仍望號稱革命的政府不至於如此之昏憒，一方面哀痛於形勢之急迫，結果之悲慘，不得不大聲疾呼，喚起全國同胞的注意，以死力爭。

我們決無意而且在目前也決不能侵略到日本的國土裏去，第一條當然不成問題，保障外僑的生命與財產之安全，這是在國際公法上凡屬獨立的國家所當盡的當然的義務，簡直無另列爲特殊條約之必要，所以第三條也當然不成問題，這都是日本人有意加入以淆亂世人對於其他各條的注意。二十一條的苛虐條件，在我國國民因爲日本是用哀的美敦書壓迫簽字的，始終未予以承認，日本亦以做賊心虛，未敢十分放膽做去，故曾派人往美運動，訂其所謂藍辛石井條約，承認日本在滿蒙的特殊權利地位，又曾派人運動英國承認他在滿蒙特殊地位，但國際並未一致加入承認，現在他把這第四第五兩條通過於國聯，便得到國際間的一致承認，加上一重極有力的保障，日本以強盜行爲而得飽大欲以去，無怪他們『頗抱更大樂觀』，但在坐待宰割的中國是否無須掙扎奮鬪，『亦可承認』？

尤其慘酷的是第二條，承認了這條，以後中國教科書裏有了抗日救國的意味，報紙刊物乃至演說有了批評日本的言詞，抵制日貨乃至振興國貨的文字言詞，日本都可根據條約提出抗議，加以壓迫。他可以干涉我們的教育，我們的言論，我們的愛國運動，乃至我們的經濟。第四第五兩條固慘酷，但多少在目前尚屬局部的物質損失（雖其將來影響也足制全國的死命）第二條則以全國全民族爲範圍，立刻淪爲朝鮮第二，永遠不得翻身，其爲慘酷，何以復加？歐戰時，奧國對塞爾維亞的酷虐條件有干涉塞國教科書內容一條，塞雖小國，終以死拒，現在中國當俯首貼耳自願做日本的順民嗎？

我們願傾其熱淚，竭其至誠，求全國同胞，加以嚴重的注意，對政府加以嚴厲的監督，如政府甘心亡國，我們不能坐視偕亡，當起而自救。

图 1-13 《生活周刊》1931 年 10 月 22 日紧急号外

该期刊发邹韬奋的文章，提醒国人注意，亡国就在眼前！（李春艳藏）

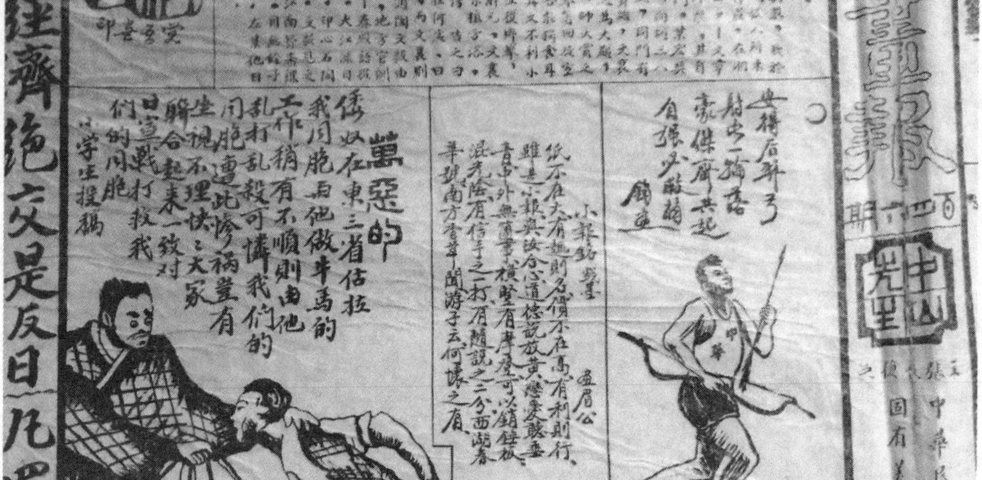

图 1-14 《蜀镜画报》1931 年 11 月 1 日第 146 期

用漫画揭露日军入侵东北，提出对日经济绝交主张。（范光永藏）

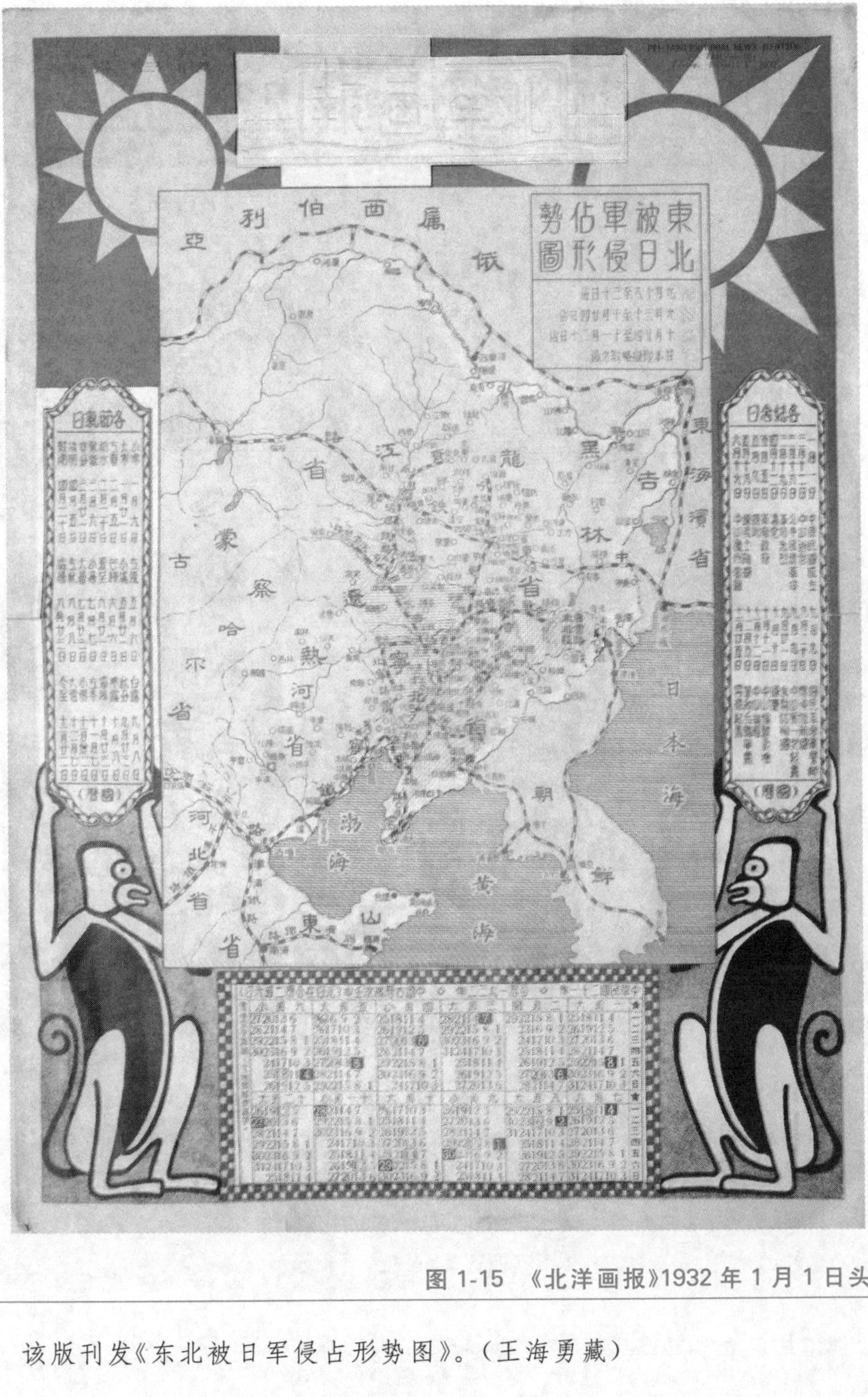

图 1-15 《北洋画报》1932 年 1 月 1 日头版

该版刊发《东北被日军侵占形势图》。（王海勇藏）

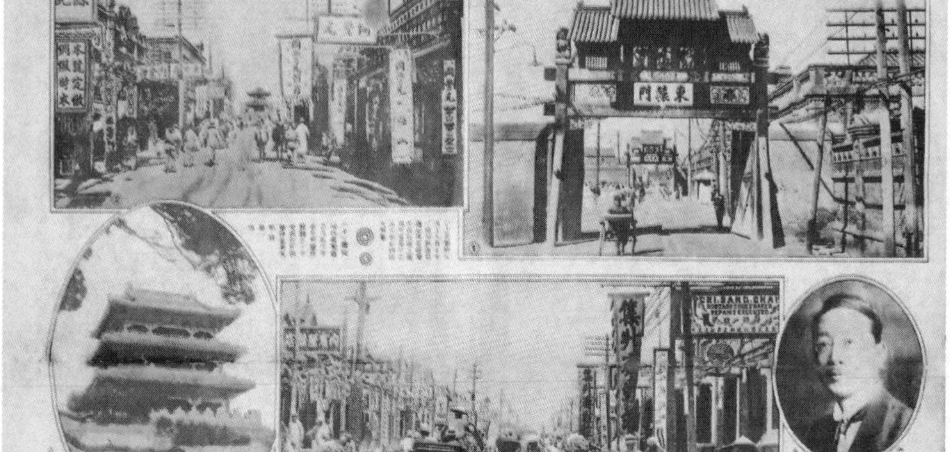
申報圖畫週刊
日本實行侵略中國

图 1-16　《申报图画周刊》1931 年 9 月 27 日第 70 号

该刊从第 70 号开始，连续 3 期对“九一八”事变进行报道。（王海勇藏）

第七十一號　中華民國二十年十月四日　隨報奉贈

申報圖畫週刊

暴日侵佔東北

東三省時局地圖

图 1-17 《申报图画周刊》1931 年 10 月 4 日第 71 号

该期刊发《暴日侵占东北》。(王海勇藏)

图 1-18　《申报图画周刊》1937 年 10 月 10 日第 72 号

纪念“双十”，自强雪耻。（王海勇藏）

二、“一·二八”事变

“九一八”事变后，日本为了转移国际视线，于 1932 年初在上海不断寻衅挑起事端。1 月 28 日晚，日军突然向闸北的国民革命军第 19 路军发起了攻击，随后又进攻江湾和吴淞。19 路军在军长蔡廷锴、总指挥蒋光鼐的率领下，奋起抵抗，“一·二八”事变爆发。

图 1-19　1932 年 2 月日本发行的《上海事变写真画报》和《满洲事变写真全辑》

刊发图片均为日本在进攻上海时使用毒气的画面。（马志春藏）

图 1-20　《青年实话》1932 年 2 月 15 日第 10 期封面

该报为中国共产青年团苏区中央局机关报。(南春荣藏)

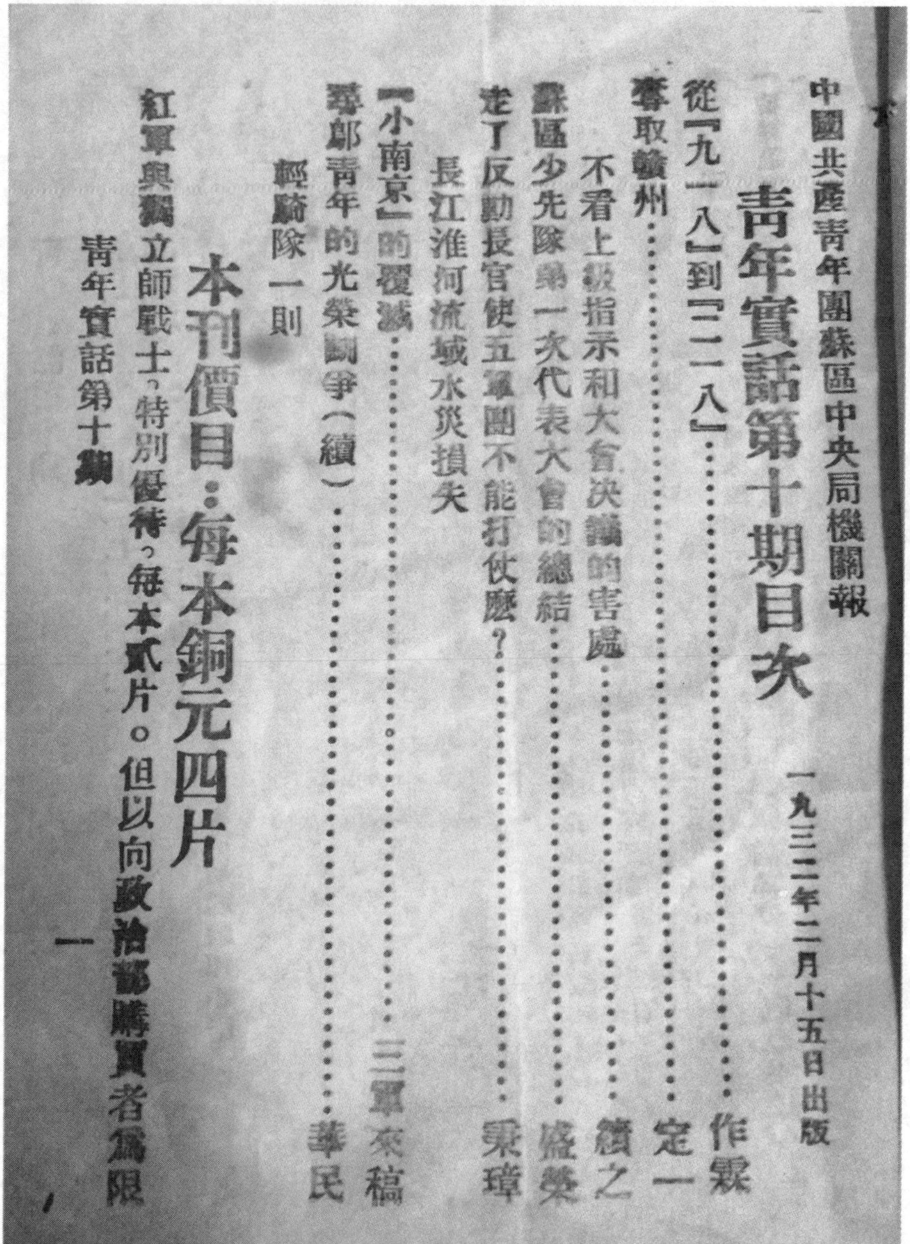

中國共產青年團蘇區中央局機關報

青年實話第十期目次　一九三二年二月十五日出版

從「九一八」到「一二八」……作霖

奪取贛州……定一

不看上級指示和大會決議的害處……續之

蘇區少先隊第一次代表大會的總結……盛榮

走了反動長官使五軍團不能打仗麼？……秉璋

長江淮河流域水災損失

「小南京」的覆滅……三軍來稿

尋鄔青年的光榮鬭爭（續）……華民

輕騎隊一則

本刊價目：每本銅元四片

紅軍與獨立師戰士，特別優待，每本貳片。但以向政治部購買者為限

青年實話第十期　一

图 1-21　《青年实话》1932 年 2 月 15 日第 10 期

该期刊发《从“九一八”到“一·二八”》，揭露日军侵略阴谋。（南春荣藏）

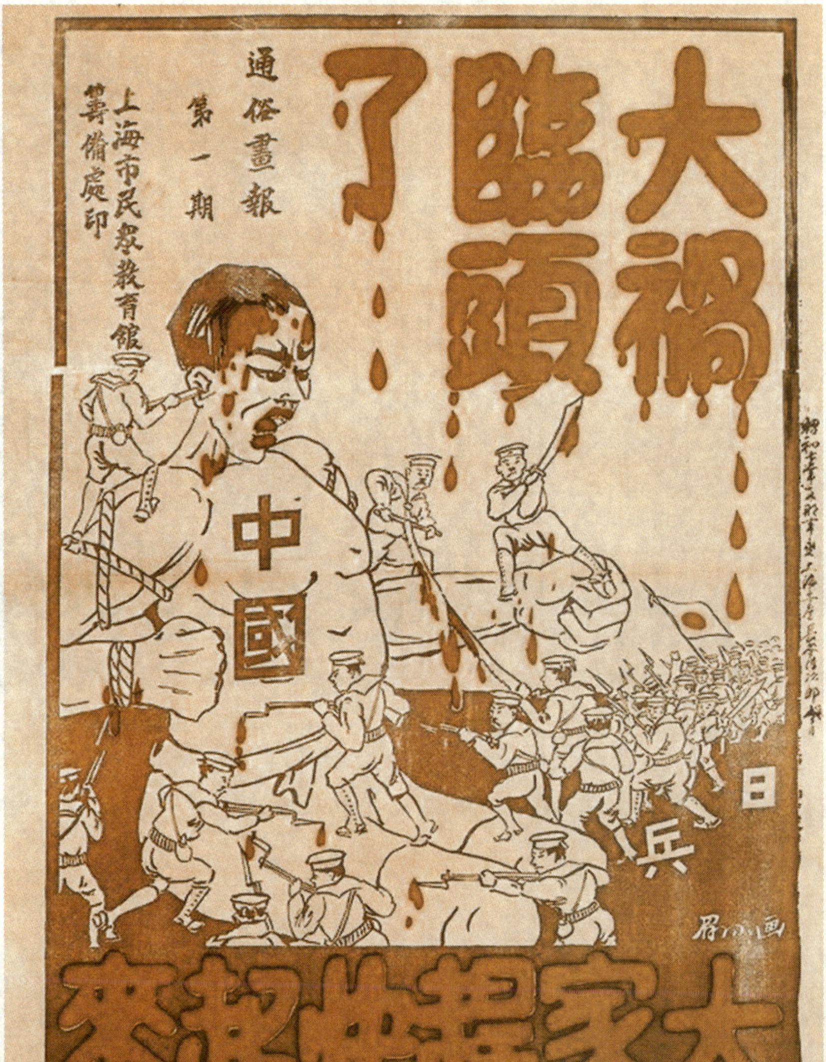

图 1-22　《通俗画报》1932 年第 1 期

该期封面画《大祸临头了》是爱国宣传画，图画中众多手持兵器的小人正在攻击一个被束住手脚的巨人。巨人身上书写“中国”二字，小人边上写着“日兵”二字。宣传画创作时正值淞沪抗战期间，这次会战发生在中国重要大都市上海，是较为惨烈的一次战役。（冯艺藏）

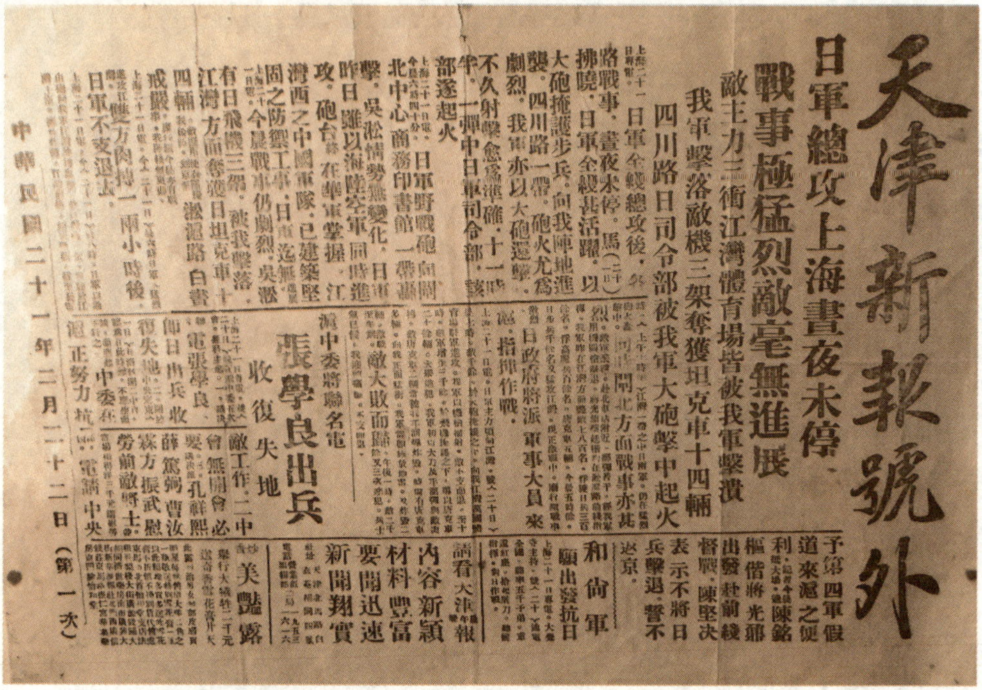
天津新報號外

日軍總攻上海晝夜未停
戰事極猛烈敵毫無進展
敵主力三衝江灣體育場皆被我軍擊潰
我軍擊落敵機三架奪獲坦克車十四輛
四川路日司令部被我軍大砲擊中起火

日軍全綫總攻後，外路戰事，晝夜未停。馬（二十）拂曉，日軍全綫甚活躍，以大砲掩護步兵，向我陣地進襲。四川路一帶，砲火尤為劇烈。我軍亦以大砲還擊，不久射擊愈為準確，十一時半，一彈中日軍司令部，該部遂起火

日軍野戰砲向閘北中心商務印書館一帶轟擊。吳淞情勢無變化，日軍昨日雖以海陸空軍同時進攻，砲台仍在華軍掌握。江灣西之中國軍隊，已建築堅固之防禦工事，日軍迄無進展。今晨戰事仍劇烈，吳淞有日飛機三架，被我擊落。江灣方面奪獲日坦克車十四輛……淞滬路白書……雙方肉搏一兩小時後，日軍不支退去。

閘北方面戰事亦甚……指揮作戰。
日政府將派軍事大員來……
……敵大敗而歸……

張學良出兵
收復失地
滬中委將聯名電
……電張學良，即日出兵收復失地……
中委在……電請中央……

予第四軍假道來滬之便利……陳銘樞借將光鼐出發赴前線督戰，陳堅決表示不將日兵擊退，誓不返京。

和尚軍
願出發抗日

請看大津報
內容新穎
材料豐富
要聞迅速
新聞翔實

美豔露

中華民國二十一年二月二十二日（第一次）

图 1-23 《天津新报》1932 年 2 月 22 日号外

该期刊发《日军总攻上海昼夜未停》。（李春艳藏）

图 1-24　《图画时报上海战刊》1932 年 2 月 24 日第 796 号

左上图：孔祥熙（右一）与宋庆龄（右四）等赴前方慰劳将士。（范光永藏）

中華民國二十一年二月念九日

廣善醫院

中華民國二十一年二月念九日（星期一）

上海日報

第六百○一號

（本報今日全一張售大洋二分八厘）

敵軍士氣已不振

□敵軍已疲—無力總攻—亟待後援

□竹園墩敵我兩軍肉搏—結果全部潰亂

□江灣車站已無敵踪—小隊敵軍被我殲滅

□敵魚雷艦駛入黃浦—有開南市模樣

□敵砲轟閘北未已

□竹園墩兩軍肉搏

□江灣已無敵踪

□吳淞獅子林之戰

□日對南市似有企圖

□西門槍斃敵探侯春城

图 1-25　《上海日报》1932 年 2 月 29 日头版

该版刊发《敌军士气已不振》。（范光永藏）

图 1-26　《图画时报上海战刊》1932 年 3 月 5 日第 801 号

左上图：我忠勇之十九路军谁也不怕死，听得要开到前线去无不精神抖擞。（范光永藏）

中華郵政特准掛號認爲新聞紙類

第三卷臨時增刊之三

以我鐵血

軍聲

爲國干城

代售處：廣州各大書坊　每份銅元四枚

中華民國二十一年三月五日出版　第一集團軍總司令部政治訓練處編印

滬戰號外（三）

解決日本的所謂人口問題

純仲

日軍侵滬，在强佔我東三省以後。長江流域一帶，爲英美帝國主義之勢力範圍，日本帝國主義縱極强横，尙未敢冒險一至于此，公然向英美帝國主義挑釁；故其侵滬之目的，原不在佔領上海彈丸之地，其最大作用則爲搖動我全國經濟重心，進而威脅首都，迫我政府承認日本帝國主義在東三省之所謂「權益」，甚至承認所謂滿蒙「獨立」此種企圖，苟能達到，自可躊躇滿志而去。乃不料水兵登陸，而駐防滬上之十九路軍竟一反東北當局之所爲，此誠出日本帝國主義者意外；滬戰爆發，南京政府即行遷都洛陽，於是意圖威脅之作用又全失。軍事行動既開，騎虎之勢成，益之以連戰皆北，從而日本帝國主義者老羞成怒，大規模的增兵援戰，滬事遂不可收拾，而日漸擴大矣。

滬戰之前途若何？玆不具論。日本侵滬之目的，原冀確認其在東三省之特權，換言之即强迫中國斷送東三省，既如上述。而考之日本帝國主義之侵畧東北，恆藉口於其國家之人口過剩。日本是否人口過剩？過剩之程度，是否甚至於非另求殖民地不可？筆者對於日本社會經濟情形，無深切之認識，書本上之調查統計，未盡可靠，不敢妄斷。然縱令日本島上，確患人滿，猶有台灣高麗，足爲尾閭，玆二地者，自改隸日本版圖以還，固未嘗見日人如何積極開發經營，即日人亦恆不願離家遠戍，從可知所謂人口過剩，決不若帝國主義者宣傳之甚，果需移殖，台灣高麗，亦既足矣，胡爲乎又謀我山東，畧我南滿？且東北各地，自甲午中日戰後，日人已攫取居住墾殖之絕對自由，果目的只求得殖民，得此亦

要目

— 1 —

图 1-27　《军声》1932 年 3 月 5 日沪战号外

该期刊发《解决日本的所谓人口问题》。（王海勇藏）

三、东北抗日

面对日寇疯狂侵略我国土，屠杀我民众，不甘做亡国奴的中国人纷纷拿起武器，与日寇进行战斗。东北人民组织了抗日义勇军，打击侵略者，保卫家园。

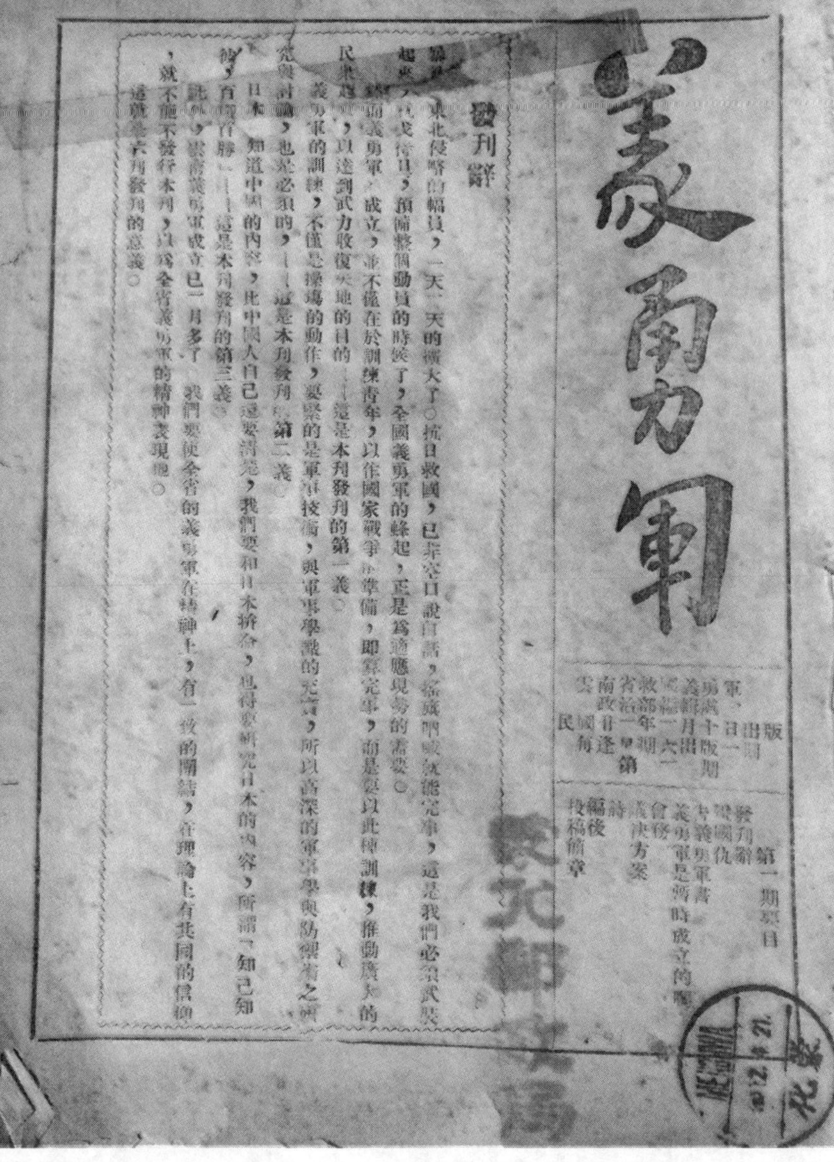

義勇軍

發刊辭

暴日東北侵略的幅員，一天一天的擴大了。抗日救國，已非空口說白話，[illegible]吶喊就能完事，這是我們必須武裝起來，就是說，預備整個動員的時候了，全國義勇軍的蜂起，正是爲適應現勢的需要。

雲南義勇軍，成立，並不僅在於訓練青年，以作國家戰爭的準備，即算完事，而是要以此種訓練，推動廣大的民眾起來，以達到武力收復失地的目的——這是本刊發刊的第一義。

義勇軍的訓練，不僅是操場的動作，要緊的是軍事技術，與軍事學識的充實，所以高深的軍事學與防禦術之研究與討論，也是必須的，——這是本刊發刊的第二義。

日本知道中國的內容，比中國人自己還要清楚，我們要和日本拼命，也得要研究日本的內容，所謂「知己知彼，百戰百勝」——這是本刊發刊的第三義。

現在，雲南義勇軍成立已一月多了。我們要使全省的義勇軍在精神上，有一致的團結，在理論上有共同的信仰，就不能不發行本刊，以爲全省義勇軍的精神表現。

這就是本刊發刊的意義。

第一期要目

發刊辭

告義勇軍書

義勇軍是暫時成立的嗎

會務

議決方案

詩

編後

投稿簡章

图 1-28 《义勇军》1932 年 1 月 10 日第 1 期

“暴日东北侵略的幅员，一天一天的扩大了。抗日救国，已非空口说白话……”，号召民众武装起来。（韩长报藏）

（1）

九一八國難紀念特刊

台山各界紀念九一八國難大會出版

孫總理遺囑

告民衆書

今日何日？

同胞乎！曾經憶日本借口中村被殺事件，派遣大軍，

侵入我東省，

殘殺我人民，

姦淫我婦女，

轟燬我官署，

焚燬我城堡，

劫掠我軍實，

破壞我交通，

強奪我國土，

其藉手野心，以吞併朝鮮，而欲食滿蒙，而佔據中國，而征服世界之一貫計劃，乘列強經濟恐慌之秋，我國天災人禍之秋，冒天下之大不韙，而竟悍然侵入我國土，一佔遼寧，再佔吉林，進攻黑省，直迫錦州。繼而唆使浪徒，暴動天津，派遣大軍，攻陷上海。遂而挾植廢帝，組織滿洲偽國，破壞我國完整之主權。近又藉口石本事案而進窺熱河，要求制止愛國運動而再備戰濱洋，承認滿洲偽組織，互訂攻守同盟之約，直以我國爲殖民地爲藍國矣。噫，一誤於張學良之不抵抗主義，再誤於當國之優柔寡斷之政策，使東北山河變色，漢權宇爲墟。興言及此，能不痛心！

云去年今日乎？今日豈非一痛心疾首、椎胸蹙額之國難紀念日乎！

吾人知九一八之事變，非僅爲東北一隅之問題，實爲我國整個之關係。東北失則中國亡，國亡則吾人必爲日本之奴隸。同胞乎，以堂堂大國之國民，豈甘心俛首而爲奴隸乎？否，則奮起而圖之。

自九一八事變之後，轉瞬已逾一年，在此一年之中，國家對日之政策如何，人民抗日之工作如何，吾人細思之，豈能無慨！在今日而開會紀念，豈非一沈痛之舉！

吾人須知日本帝國之不打倒，則中國永無安寧之一日。今日紀念當中，不能不有深刻之認識，與絕大之努力。自此以後下大決心，一面督促政府實行長期抵抗，一面策動同胞自動經濟絕交。庶幾國仇可復，國難可平。吾人其勿忽之！

台山各界紀念九一八國難大會

大會通告

爲通告事查「九一八」爲日攻陷瀋陽週年紀念之期際此外侮日亟國難方殷凡我同胞自應同深哀悼茲定是日紀念辦法如下：

（一）是日上午十一時召集各界在南門頭公共運動場舉行台山各界紀念「九一八」國難大會社會民衆須臂纏黑紗開會後舉行示威大巡行路徑由會場起經正市街縣前街西門街台西路北盛街西寧路中和路南昌路通濟路率環濟橋散隊

（二）是日停止娛樂讌會同時全城下半旗各機關學校團體工廠商店一律休假一天下午十一時全城民衆起立默哀停止交通三分鐘以誌哀悼合行通告仰希查照爲荷右通告

各機關學校團體工廠商店

台山各界紀念九一八國難大會籌備會

图 1-29　《九一八国难纪念特刊》1932 年 9 月 18 日头版

该版刊发《告民众书》。（范光永藏）

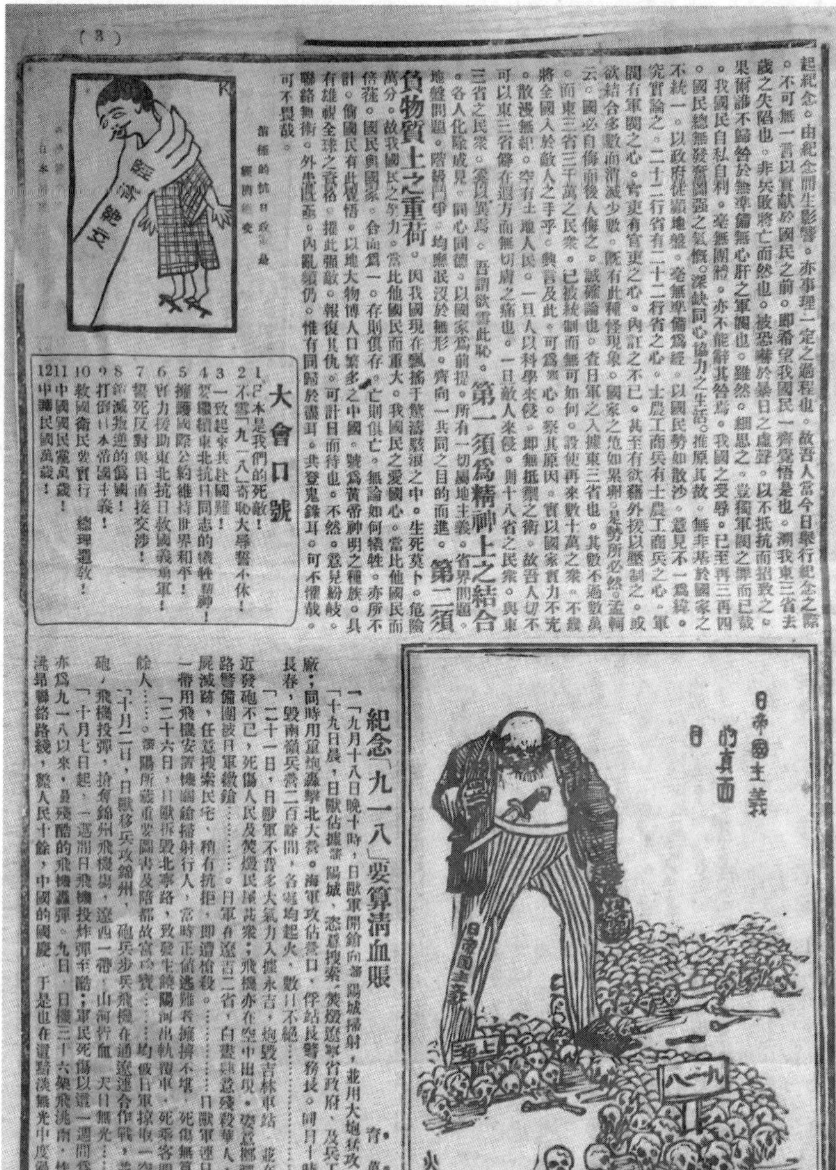

（3）

起紀念。由紀念而生影響。亦事理一定之過程也。故吾人當今日舉行紀念之際。不可無一言以貢獻於國民之前。即希望我國民一齊覺悟是也。溯我東三省去歲之失陷也。非兵敗將亡而然也。被恐嚇於暴日之虛聲。以不抵抗而招致之。果衛諉不歸咎於無準備無心肝之軍閥也。雖然。細思之。豈獨軍閥之罪而已哉。我國民自私自利。毫無團體。亦不能辭其咎焉。我國之受辱。已至再三再四。國民總無發奮圖強之氣慨。深缺同心協力之生活。推原其故。無非基於國家之不統一。以政府徒顯地盤。毫無準備為經。以國民勢如散沙。意見不一為緯。究實論之。二十二行省有二十二行省之心。士農工商兵有士農工商兵之心。軍閥有軍閥之心。官吏有官吏之心。內訌之不已。甚至有欲藉外援以壓制之。或欲結合多數而消滅少數。既有此種怪現象。國家之危如累卵。是勢所必然。孟軻云。國必自侮而後人侮之。誠確論也。查日軍之入據東三省也。其數不滿數萬。而東三省三千萬之民眾。已被統制而無可如何。設使再來數十萬之眾。不幾將全國入於敵人之手乎。興言及此。可為寒心。察其原因。實以國家實力不充。散漫無紀。空有土地人民。一旦人以科學來侵。即無抵禦之術。故吾人切不可以東三省僻在邊方而無切膚之痛也。一旦敵人來侵。則十八省之民眾。與東三省之民眾。寧以異焉。吾謂欲雪此恥。**第一須為精神上之結合**。各人化除成見。同心同德。以國家為前提。所有一切屬地主義。省界問題。地盤問題。階級鬥爭。均應泯沒於無形。齊向一共同之目的而進。**第二須負物質上之重荷**。因我國現在飄搖于驚濤駭浪之中。生死莫卜。危險萬分。故我國民之努力。當比他國民而重大。我國民之愛國心。當比他國民而倍蓰。國民與國家。合而為一。存則俱存。亡則俱亡。無論如何犧牲。亦所不計。倘國民有此覺悟。以地大物博人口繁多之中國。號為黃帝神明之種族。具有雄視全球之資格。握此強敵。報復其仇。可計日而待也。不然。意見紛歧。聯絡無術。外患既亟。內亂頻仍。惟有同歸於盡耳。共登鬼錄耳。可不懼哉。可不畏哉。

大會口號

1 日本是我們的死敵！
2 不雪「九一八」奇恥大辱誓不休！
3 一致起來共赴國難！
4 要繼續東北抗日同志的犧牲精神！
5 擁護國際公約維持世界和平！
6 實力援助東北抗日救國義勇軍！
7 誓死反對與日直接交涉！
8 消滅叛逆的偽國！
9 打倒日本帝國主義！
10 救國衛民要實行　總理遺教！
11 中國國民黨萬歲！
12 中華民國萬歲！

紀念「九一八」要算清血賬

齊萬

一「九月十八日晚十時，日獸軍開槍向瀋陽城掃射，並用大砲猛攻。」

「十九日晨，日獸佔據瀋陽城，恣意搜索，焚燬遼寧省政府、及兵工廠；同時用重砲轟擊北大營。海軍攻佔營口，俘站長暨務長。同日十時，攻陷長春，毀南嶺兵營二百餘間，各處均起火，數日不絕……。」

「二十一日，日獸軍不費多大氣力入據永吉，炮毀吉林車站，並在開島附近發砲不已，死傷人民及焚燬民屋甚衆；飛機亦在空中出現，妄意擲彈，吉長路警備團被日軍繳鎗……。日軍在遼吉二省，白晝肆意殘殺華人，夜則毀屍滅跡，任意搜索民宅，稍有抗拒，即遭槍殺……。日獸軍連日在新民一帶用飛機安置機關鎗掃射行人，當時正值逃難者擁擠不堪，死傷無算……。」

「二十六日，日獸拆毀北寧路，致發生錦陽河出軌覆車，死乘客四百八十餘人……。瀋陽所藏重要圖書及陪都故宮珍寶……均被日軍掠取一空……。」

「十月二日，日獸移兵攻錦州，砲兵步兵飛機在通遼連合作戰，並向錦開砲，飛機投彈，搶奪錦州飛機場，遼西一帶，山河皆血，天日無光……。」

「十月七日起，一週間日飛機投炸彈至踏；軍民死傷以這一週間為最多，亦為九一八以來，最殘酷的飛機轟彈。九日，日機三十六架飛洮南，炸燬四洮洮昂聯絡路綫，斃人民十餘，中國的國慶，于是也在這黯淡無光中度過了。」

图 1-30 《九一八国难纪念特刊》1932 年 9 月 18 日第三版

号召民众武装起来，共赴国难，与日寇算清血账。（范光永藏）

中華民國廿一年十月十二日（星期三）（第二〇四號）

平津曉報

吳佩孚題

昨晨首都行政院會議討論對魯戰川戰辦法

劉珍年請中央速籌有效辦法制止韓軍進攻

政府將派員入川並分電鄧田楊等出任調停

魯戰

川戰

義勇軍佔領彰武

營口至通遼路車不通傳係

日鬼計未成決以重兵猛攻蘇部

日鐵甲車與我軍某團步哨接觸

日本直接與歐美抗爭

不當與世界各國正面衝突

十九路軍出關殺敵

馮玉祥之近況

李白電陳

蔣頒條例三則

鵝油皂

春雪膏

图 1-31　《平津晓报》1932 年 10 月 12 日头版

该版刊发《义勇军占领彰武》。（范光永藏）

救亡情報

救亡情報

第十一期

本期共一大張　每份售價一分

發行及編輯
上海文化界救國會
上海婦女界救國會
上海職業界救國會
上海各大學教授救國會
上海婦難教育社

本期要目

我們所希望于國防會　讀者

中日和戰與存亡研討　李杜

告救亡同志

日本致敗之道

图 1-32　《救亡情报》1933 年 7 月 19 日头版

该版刊发《中日和战与存亡研讨》。（马志春藏）

该版报道了东北义勇军光荣的战绩。（马志春藏）

救亡情報

「三二一」後北平學生的自我教育工作

義勇軍光榮的戰績

图 1-33　《救亡情报》1936 年 7 月 19 日第二版

救亡情報

本期要目

九一八五週年紀念血案號外

本報共一大張 每份售價一分

上海文化界救國會
上海婦女界救國會
上海職業界救國會
上海各大學教授救國會
上海國難教育社

九一八五週年紀念血案紀詳

為九一八慘案發快郵代電

第一報告

第二報告

图 1-34 《救亡情报》1936 年 9 月 22 日头版

出版“九一八”五周年纪念血案号外，详细揭露日寇对东北人民和东北义勇军制造的一桩桩血案，号召血债血偿！（马志春藏）

四、华北事变

东北沦陷之后，日本侵略军为了进一步蚕食中国，相继侵占热河、绥远、察哈尔等，又以武力相威胁，策动华北各省脱离南京中央政府，实行“自治”，制造了一系列事件，统称“华北事变”。

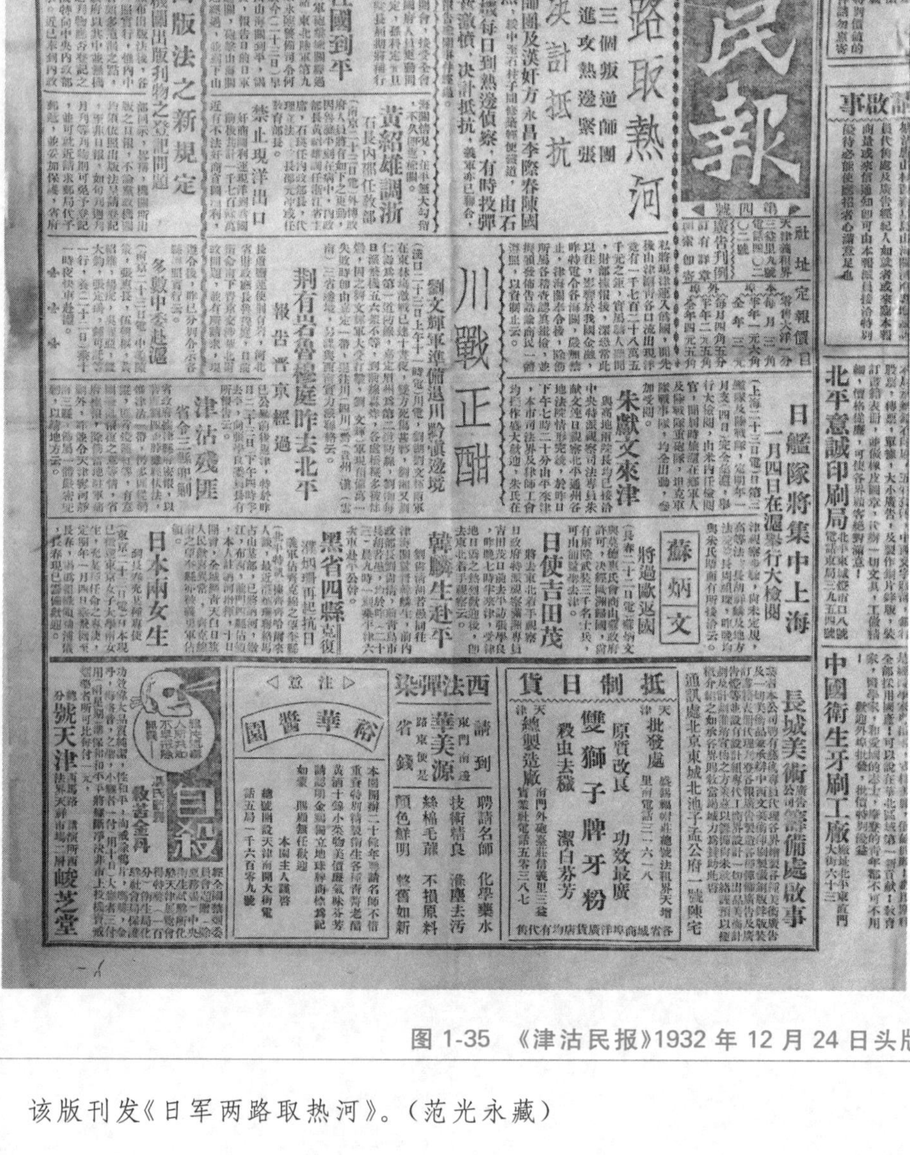

图 1-35　《津沽民报》1932 年 12 月 24 日头版

该版刊发《日军两路取热河》。（范光永藏）

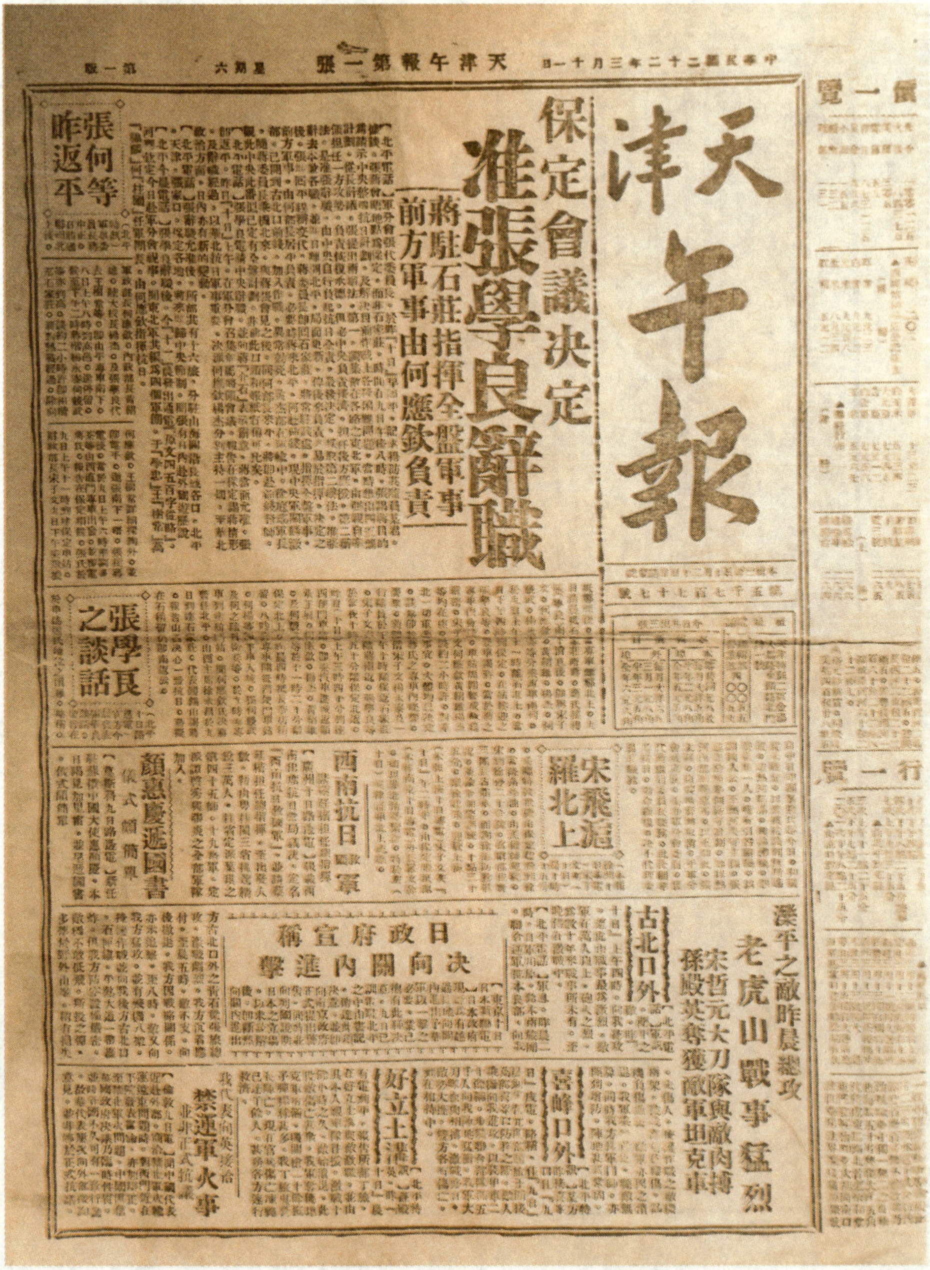

中華民國二十二年三月十一日　天津午報第一張　星期六　第一版

天津午報

保定會議決定
准張學良辭職
蔣駐石莊指揮全盤軍事
前方軍事由何應欽負責

張何等昨返平

張學良之談話

宋飛沪羅北上

西南抗日軍

顏惠慶遞國書

日政府宣稱決向關內進擊

古北口外

灤平之敵昨晨總攻
老虎山戰事猛烈
宋哲元大刀隊與敵肉搏
孫殿英奪獲敵軍坦克車

喜峰口外

好立士

禁運軍火事

價目一覽

行一覽

图 1-36 《天津午报》1933 年 3 月 11 日头版

该版刊发《保定会议决定准张学良辞职》。（范光永藏）

中華民國二十二年四月十九日　河南教育日報　星期三　第一版

河南教育日報

中華郵政特准掛號立劵之報紙

社址河南省教育廳編輯處電話第九三號

（第六〇三號）

東省日蘇之衝突問題

我灤東各軍集中灤河

秦皇島失守喜峯口陷落

宋部血戰前功盡付東流

喜峯口要隘現已失陷

外電紛述秦皇島失守詳情

二大學教育新論

图 1-37　《河南教育日报》1933 年 4 月 19 日头版

报道秦皇岛失守、喜峰口陷落。（王海勇藏）

國強報

偽軍突向蘆台猛攻

日機昨又偵察塘沽

——唐山日軍無撤退模樣——

國亡無日

何能再起內戰

——中央將委蔣殿英主察——

各地慘遭潰兵騷擾

已有頭緒

图 1-38 《国强报》1933 年 6 月 7 日头版

该版刊发《伪军突向芦台猛攻　日机昨又侦察塘沽》。（王海勇藏）

红色中华

中华苏维埃共和国临时中央政府机关报

第一一四期

一九三三年九月三十日

佔日軍又
站車沽塘

日本帝國主義
又來企圖奪取平津

紅軍佔領開化後

紅軍佔領開化後
民衆在杭州宣布戒嚴

日帝國主義窺伺山西

社論
今年十月革命節的獻禮

最後的努力！最後的勝利

已經達到了八十五萬

選舉運動的各地通訊員，仍須繼續做通訊的工作，所有稿件請直寄紅色中華編委，特此通知。

選舉運動報編委
一九三三年九月廿七日

图 1-39　《红色中华》1933 年 9 月 30 日头版

本报为中华苏维埃共和国临时中央政府机关报。该版报道日军侵占塘沽车站。（冯艺藏）

中華民國廿二年十一月十七日　掃蕩日報　星期五　第一版

掃蕩日報　何應欽

第四五九號

長城各口交還有待

日方對交還各口日期迄難確定

喜峯口等地竟又增設大批警隊

僞國遍設分卡征稅

實行縮小範圍

刻已潛赴瀋陽

撫甯農村破產　十室九空

林主席抵京

黃趙不日返綏

章嘉定期西行

中常會議

胡漢民仍在港

孫部縮編

馬盛戰事漸擴大

中央將再派大員前往制止

李濟琛遊閩

杉村離滬赴台灣

古北口發現僞機

日武官發狂作無謂囈語

精神統一中國！復興中國民族！

图 1-40　《扫荡日报》1933 年 11 月 17 日头版

该版刊发《长城各口交还有待》。（王海勇藏）

图 1-41 《汗血周刊》1934 年 3 月 12 日第 2 卷第 10 期

该期刊发《日本人的侵略生活》。（南春荣藏）

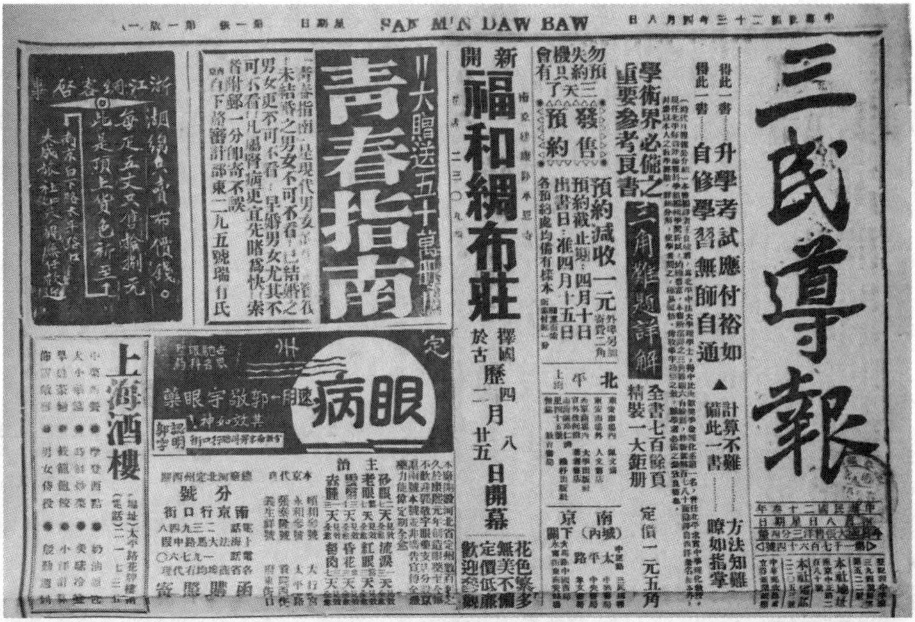
三民導報

升學考試應付裕如　自修學習無師自通

學術界必備之重要參考頁書

勿失機會　預約三天發售有了預約

新開福和綢布莊

青春指南

眼病

上海酒樓

三民導報

華北嚴重狀況中

津日軍又演野戰　我方請縮小演習範圍

日派大批退伍軍官赴各省偵察

傳日方最近對華北有新要求

日在東省布三道防線

延吉發現義勇軍

黃紹竑今可晤閻

汪院長日內飛贛晤蔣商華北外交

監院彈劾兩縣長

華北種種　一言難盡

戴季陶今飛蘭州

图 1-42　《三民导报》1934 年 4 月 8 日第一、二版

第二版刊发《津日军又演野战　我方请缩小演习范围》。(王海勇藏)

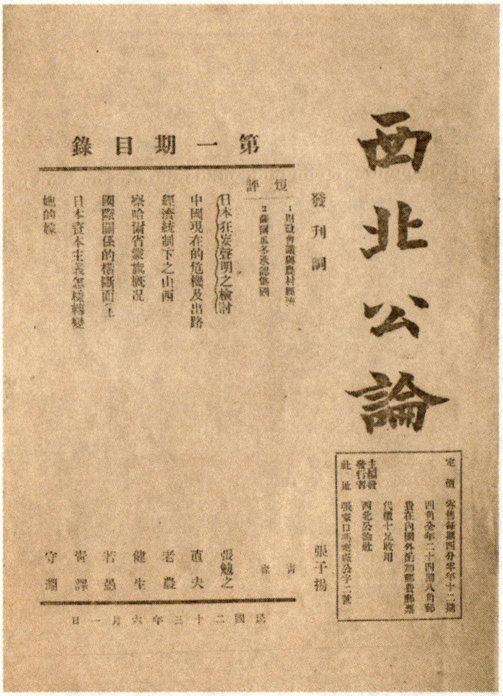

西北公論

第一期目錄

發刊詞	張于揚
短評 1 ……會議與農村經濟 2 蘇聯承認偽國	青霖
日本狂妄聲明之檢討	張勉之
中國現在的危機及出路	直夫
經濟統制下之山西	老農
察哈爾省蒙旗概況	健生
國際關係的橫斷面(上)	若愚
日本資本主義怎樣轉變	嘯譯
她的線	守潮

定價 零售每期四分半年十二期四角全年二十四期八角郵費在內國外酌加郵費郵票代價十足收用

主編發行者 西北公論社

社址 張家口馬神廟公字二號

民國二十三年六月一日

《日本狂妄声明的检讨》一文所指声明，即“天羽声明”，是 1934 年 4 月 17 日由日本外务省情报部长天羽英二发表的旨在独霸中国的声明。按照“天羽声明”，中国即沦为日本的“保护国”，日本成为东亚唯一霸主。毛泽东指出：“（天羽声明）是日本帝国主义企图强占全中国的最明显的表示。”英、美等国对此声明也纷纷表示谴责。（王海勇藏）

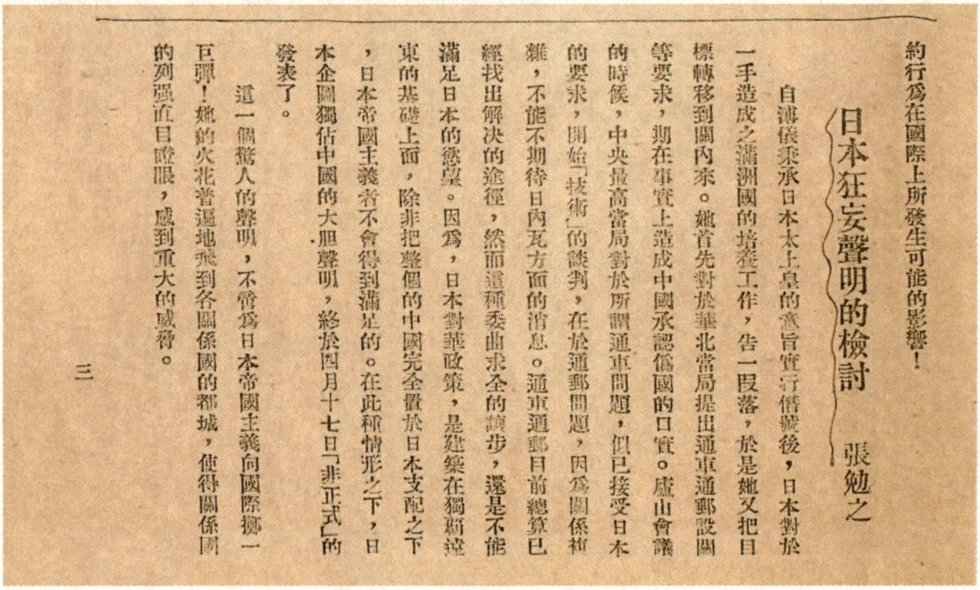

約行為在國際上所發生可能的影響！

日本狂妄聲明的檢討 張勉之

自溥儀秉承日本太上皇的意旨實行僭號後，日本對於一手造成之滿洲國的培養工作，告一段落，於是她又把目標轉移到關內來。她首先對於華北當局提出通車通郵設關等要求，期在事實上造成中國承認偽國的口實。廬山會議的時候，中央最高當局對於所謂通車問題，似已接受日本的要求，開始「技術」的談判，在於通郵問題，因為關係複雜，不能不期待日內瓦方面的消息。通車通郵目前總算已經找出解决的途徑，然而這種委曲求全的讓步，還是不能滿足日本的慾望。因為，日本對華政策，是建築在獨霸遠東的基礎上面，除非把整個的中國完全置於日本支配之下，日本帝國主義者不會得到滿足的。在此種情形之下，日本企圖獨佔中國的大胆聲明，終於四月十七日「非正式」的發表了。

這一個驚人的聲明，不啻為日本帝國主義向國際擲一巨彈！她的火花普遍地飛到各關係國的都城，使得關係國的列強直目瞪眼，感到重大的威脅。

三

图 1-43 《西北公论》1934 年 6 月 1 日第 1 期

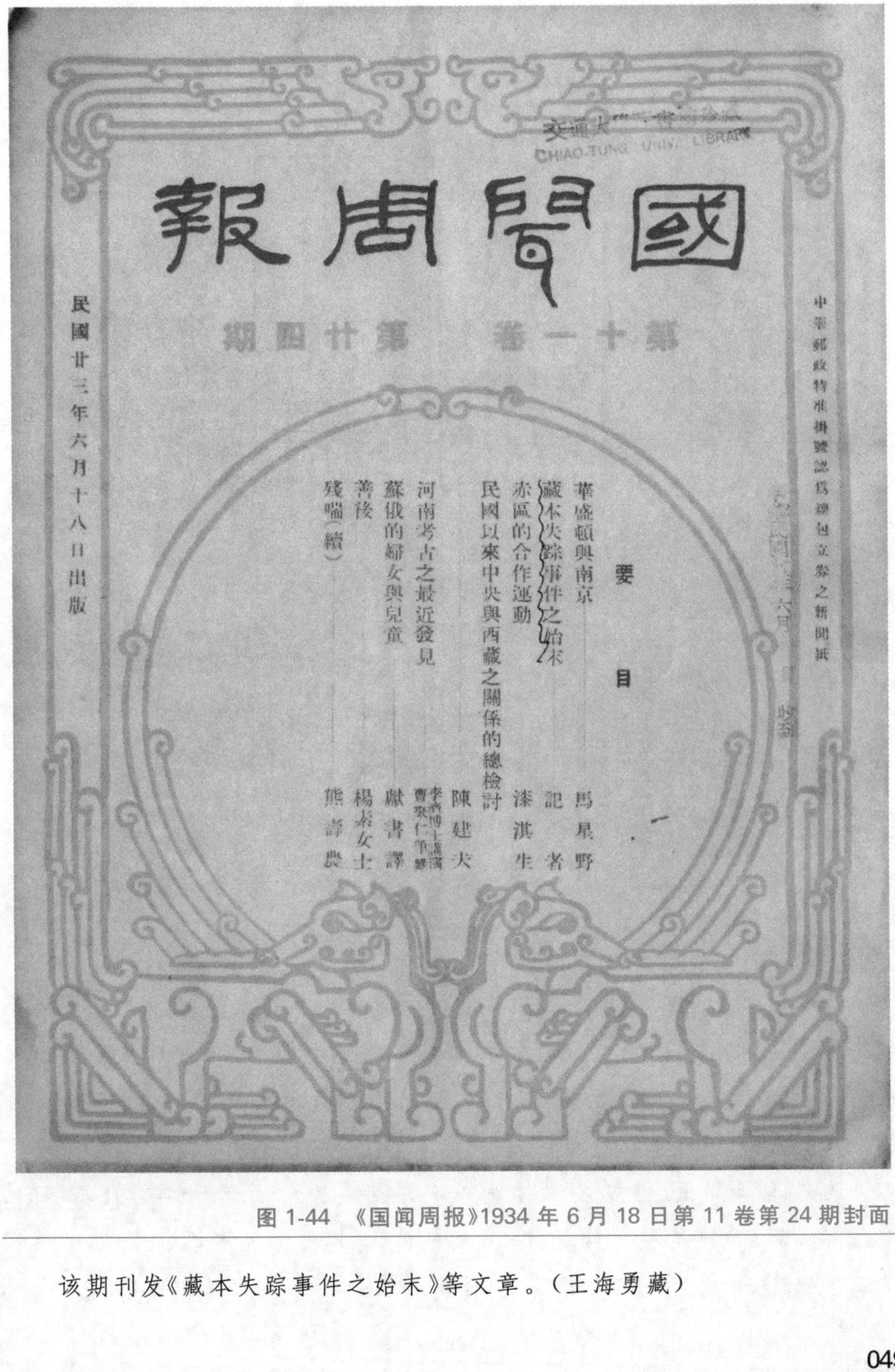
國聞周報

第十一卷　第廿四期

民國廿三年六月十八日出版

中華郵政特准掛號認爲續包立劵之新聞紙

要目

華盛頓與南京……馬星野

藏本失踪事件之始末……記者

赤區的合作運動……漆淇生

民國以來中央與西藏之關係的總檢討……陳建夫

河南考古之最近發見……李濟博士講演　曹聚仁筆記

蘇俄的婦女與兒童……獻書譯

善後……楊素女士

殘喘(續)……熊壽農

图 1-44　《国闻周报》1934 年 6 月 18 日第 11 卷第 24 期封面

该期刊发《藏本失踪事件之始末》等文章。（王海勇藏）

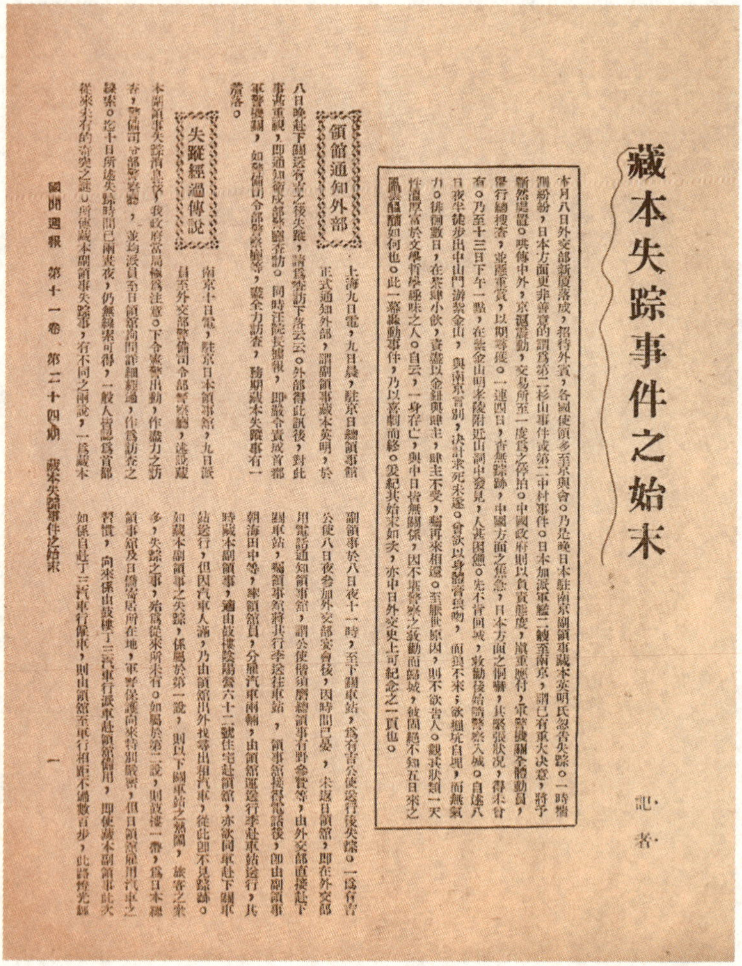

藏本失踪事件之始末

本月八日外交部新廈落成，招待外賓，各國使領多至京與會。乃是晚日本駐南京副領事藏本英明氏忽告失踪。一時猜測紛紛，日本方面更非善意的謂爲第二杉山事件或第二中村事件。日本加派軍艦二艘至南京，謂已有重大決意，將予斷然處置。喧傳中外，京滬震動，交易所至一度爲之停拍。中國政府則以負責態度，慎重應付，軍警機關全體動員，舉行總搜查，並懸重賞，以期尋獲。一連四日，杳無踪跡，中國方面之焦急，日本方面之恫嚇，其緊張狀況，得未曾有。乃至十三日下午一點，在紫金山明孝陵附近山洞中發見，人甚困憊。先不肯回城，敦勸後始隨警察入城。自述八日夜半徒步出中山門游紫金山，與南京告別，決計求死未遂。曾欲以身飼猛獸，而獸不來；欲擲坑自埋，而無氣力。徘徊數日，在茶肆小飲，資盡以金鈕與肆主，肆主不受，囑再來相還。至厭世原因，則不欲告人。觀其狀類一天性溫厚富於文學哲學趣味之人。自云，一身存亡，與中日皆無關係，因不堪警察之敦勸而歸城，彼固絕不知五日來之風雲醞釀如何也。此一幕騷動事件，乃以喜劇而終。爰紀其始末如次，亦中日外交史上可紀念之一頁也。

記者

領館通知外部

上海九日電，九日晨，駐京日總領事館正式通知外部，謂副領事藏本英明，於八日晚赴下關送有吉之後失蹤，請爲查訪下落云云。外部得此訊後，對此事甚重視，即通知衛戍部[illegible]嚴查訪。同時汪院長據報，即嚴令責成首都軍警機關，如警備司令部警察廳等，盡全力訪查，務期藏本失蹤事有一着落。

失蹤經過傳說

南京十日電，駐京日本領事館，九日派員至外交部警備司令部警察廳，述說藏本副領事失踪消息後，我政府當局極爲注意。下令軍警出動，作盡力之訪查，警備司令部警察廳，並均派員至日領館詢問詳細經過，作爲訪查之線索。迄十日所述失踪時間已兩晝夜，仍無線索可得，一般人皆認爲首都從來未有的奇突之謎。所傳藏本副領事失踪事，有不同之兩說，一爲藏本副領事於八日夜十一時，至下關車站，爲有吉公使送行後失踪。一爲有吉公使八日夜參加外交部宴會後，因時間已晏，未返日領館，即在外交部用電話通知領事館，謂公使偕須磨總領事有野參贊等，由外交部直接赴下關車站，囑領事館將其行李送往車站，領事館接得電話後，即由副領事朝海田中等，率領館員，分乘汽車兩輛，由領館運送行李赴車站送行，其時藏本副領事，適由鼓樓陰陽營六十二號住宅赴領館，亦欲同車赴下關車站送行，但因汽車人滿，乃由領館出外找尋出租汽車，從此即不見踪跡。如藏本副領事之失踪，係屬於第一說，則以下關車站之熱鬧，旅客之衆多，失踪之事，殆爲從來所未有。如屬於第二說，則鼓樓一帶，爲日本總領事館及日僑寄居所在地，軍警保護向來特別嚴密，但日領館雇用汽車之習慣，向來係由鼓樓丁三汽車行派車赴領館備用，即使藏本副領事此次如係自赴丁三汽車行僱車，則由領館至車行相距不過數百步，此路燈光線

國聞週報　第十一卷　第二十四期　藏本失蹤事件之始末　一

图 1-45 《国闻周报》1934 年 6 月 18 日第 11 卷第 24 期

日本为扩大侵略，不断制造借口。1934 年 6 月 9 日上午，日本驻南京总领事馆突然通知南京政府：该馆副领事藏本英明“失踪”。日方除向中国政府交涉外，陆续调派第 3 舰队第 27 队的驱逐舰“苇”号、巡洋舰“对马”号等军舰开赴南京下关江边，进行武力威胁。

该期《国闻周报》刊发了《藏本失踪事件之始末》。原来藏本想自杀，自己跑到南京紫金山外“走失”，6 月 13 日上午被找到，送交日本领事馆，从而粉碎了日方酝酿更大规模攻势的阴谋。（王海勇藏）

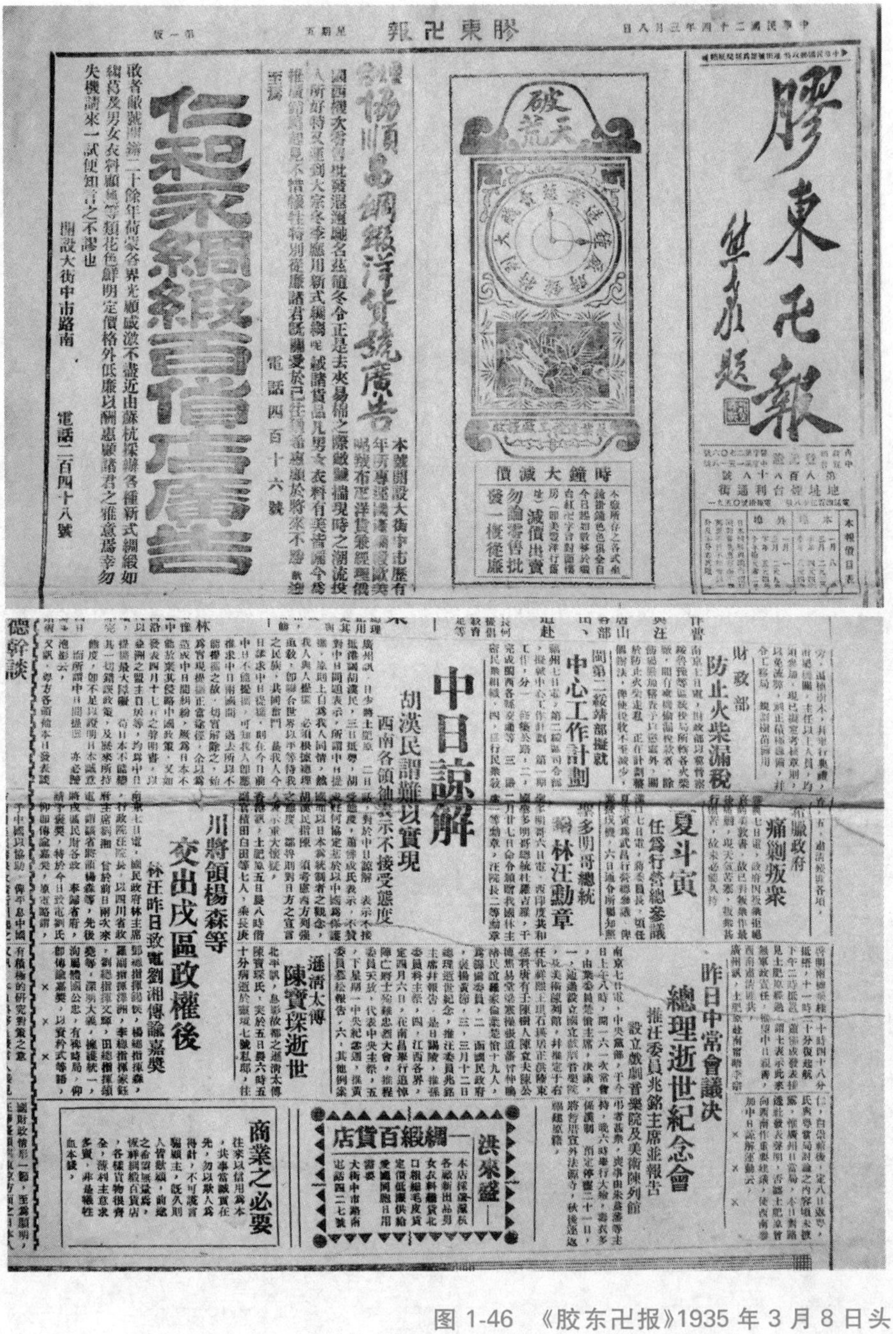

图 1-46　《胶东卍报》1935 年 3 月 8 日头版

该版刊发《中日谅解　胡汉民谓难以实现》。（王海勇藏）

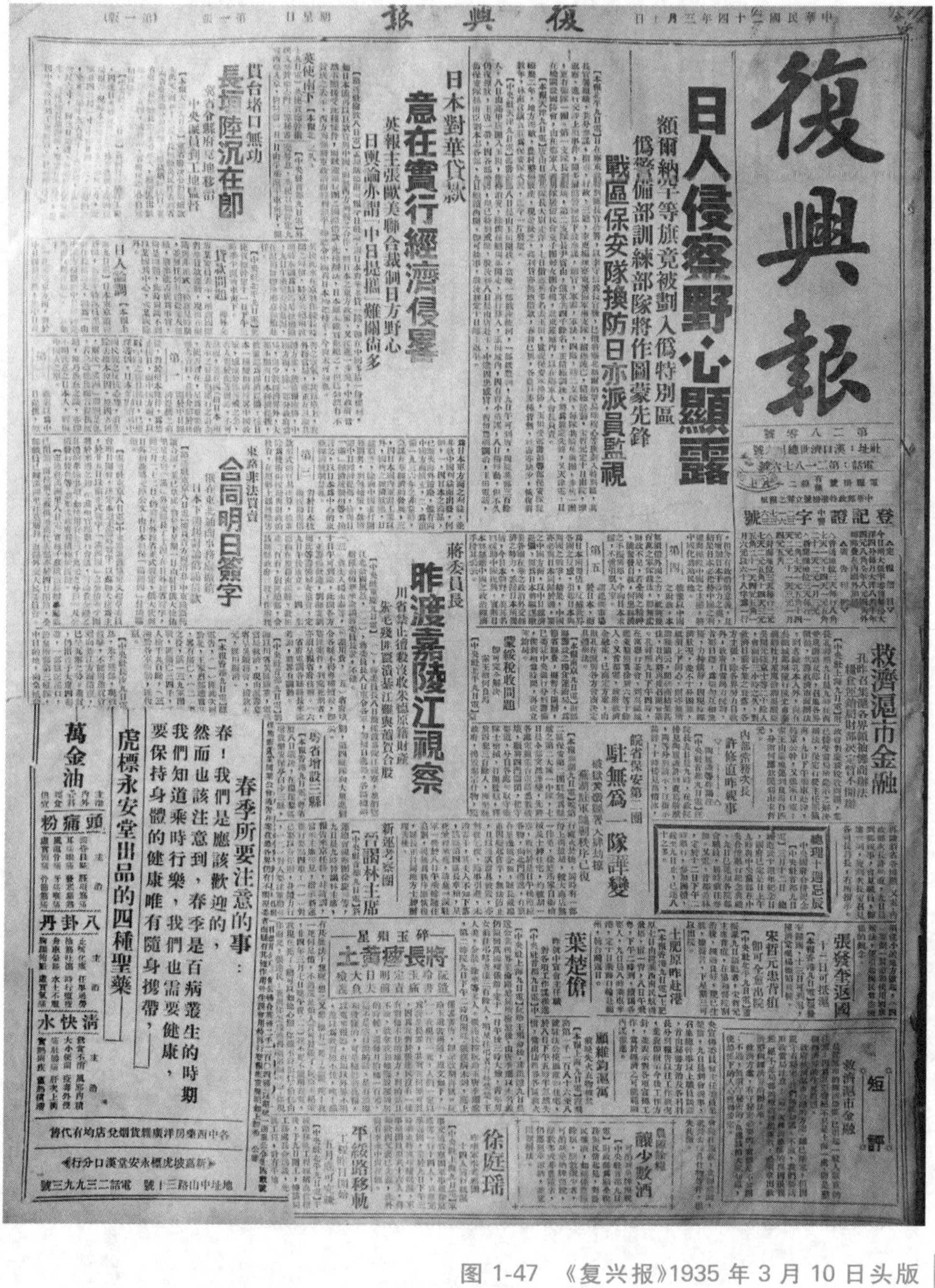
中華民國二十四年三月十日 星期日 第一張 第一版
復興報
日人侵察野心顯露
額爾納旗等旗竟被劃入偽特別區
偽察警備部訓練部隊將作圖蒙先鋒
戰區保安隊換防日亦派員監視
日本對華貸款
意在實行經濟侵略
英報主張歐美聯合裁制日方野心
日輿論亦謂中日提攜難關尚多
貨台堵口無功
長堤陸沉在即
合同明日簽字
蔣委員長
昨渡嘉陵江視察
救濟滬市金融
駐無為一隊譁變
總理十週忌辰
張發奎返國
宋哲元患背疽
土肥原昨赴港
葉楚傖
徐庭瑤
平綏路移軌
短評
春季所要注意的事:
春!我們是應該歡迎的,然而也該注意到,春季是百病叢生的時期,我們知道乘時行樂,我們也需要健康,要保持身體的健康唯有隨身攜帶,
虎標永安堂出品的四種聖藥
萬金油 頭痛粉 八卦丹 清快水

图 1-47 《复兴报》1935 年 3 月 10 日头版

该版刊发《日人侵察野心显露》。(朱军华藏)

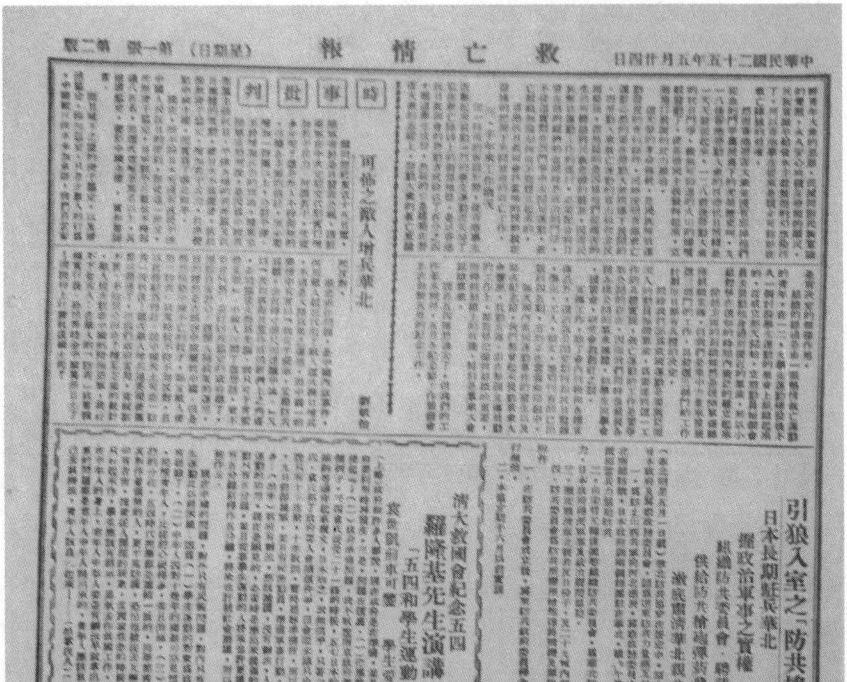
中華民國二十五年五月廿四日　救亡情報　（星期日）　第一張　第二版

時事批判

可怖之敵人增兵華北

引狼入室之「防共協定」

日本長期駐兵華北

清大救國會紀念五四

羅隆基先生演講

「五四和學生運動」

一個受集中軍訓的學生說：

集中軍訓是掛羊頭賣狗肉的勾當

日本向南京政府

提出新要求四項

图 1-48　《救亡情报》1936 年 5 月 24 日第二版

该版刊发《引狼入室之“防共协定”》，揭露《华北防共协定》让日本长期驻兵华北，为进一步侵略中国提供便利的险恶用心。（马志春藏）

五、伪满建立

日本侵占中国东北后，为了欺骗国际视听，便扶植清朝废帝溥仪建了一个傀儡政权。1932 年 3 月 1 日，在日本策划下成立伪满洲国，溥仪为伪满洲国执政，建“年号”为“大同”。1934 年改“国号”为伪满洲帝国，溥仪改称“皇帝”，改“年号”为“康德”。

图 1-49　《新生》1934 年 3 月 17 日第 1 卷第 6 期

该期刊发《傀儡登场》，报道日本侵占东北，一手炮制伪满洲国。（王海勇藏）

图 1-50 《世界知识》1934 年 9 月 16 日创刊号封面

该刊由上海生活书店发行。(王海勇藏)

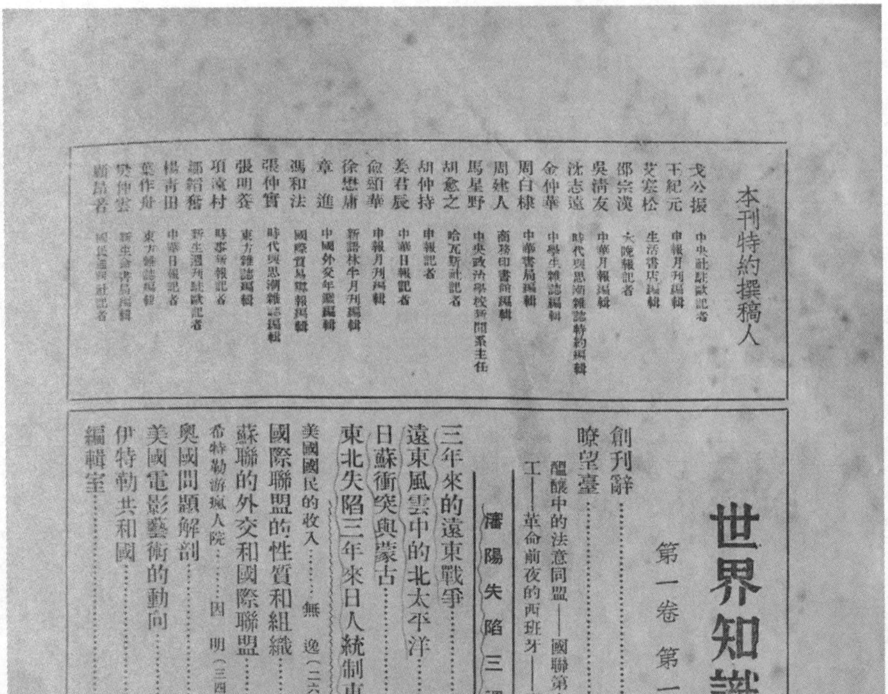

世界知識

（國際政治·經濟·文化半月刊）

第一卷　第一號

民國二十三年九月十六日出版
民國二十三年十一月一日五版

本刊特約撰稿人

戈公振	中央社駐歐記者
王紀元	申報月刊編輯
艾寒松	生活書店編輯
邵宗漢	大晚報記者
吳清友	中華月報編輯
沈志遠	時代與思潮雜誌特約編輯
金仲華	中學生雜誌編輯
周白棣	中華書局編輯
周建人	商務印書館編輯
馬星野	中央政治學校新聞系主任
胡愈之	哈瓦斯社記者
胡仲持	申報記者
姜君辰	中華日報記者
俞頌華	申報月刊編輯
徐懋庸	新語林半月刊編輯
章　進	中國外交年鑑編輯
馮和法	國際貿易導報編輯
張仲實	時代與思潮雜誌編輯
張明養	東方雜誌編輯
項滄村	時事新報記者
鄒韜奮	新生週刊駐歐記者
楊青田	中華日報記者
葉作舟	東方雜誌編輯
樊仲雲	新生命書局編輯
顧昂若	國民通訊社記者

图 1-51　《世界知识》1934 年 9 月 16 日创刊号目录

专门开辟“沈阳失陷三周年”专栏，报道日寇从政治、经济、军事各方面对东北人民的压迫。（王海勇藏）

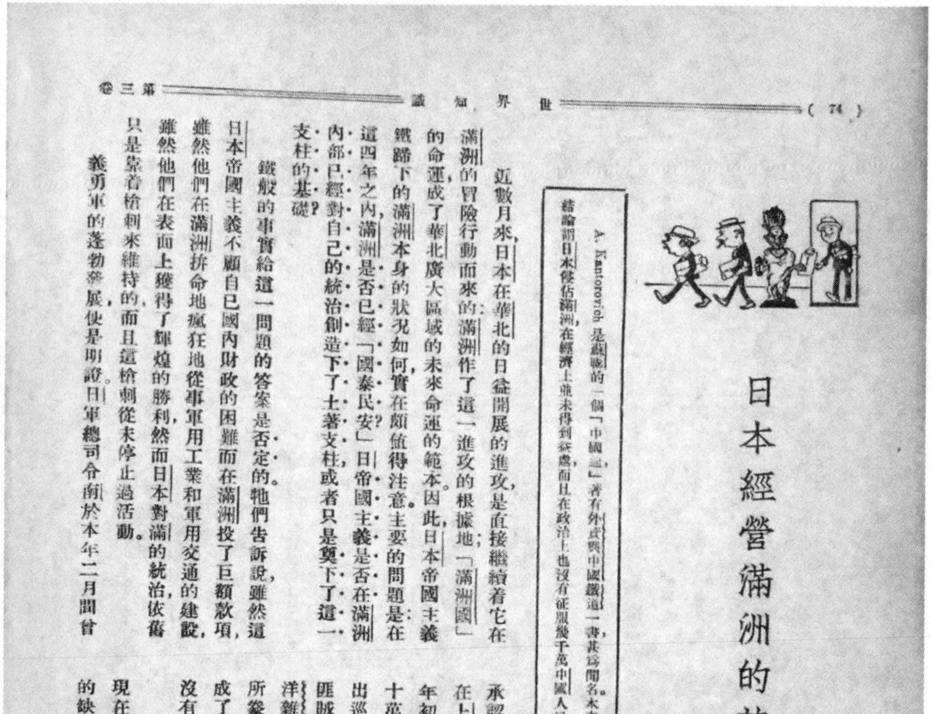

世界知識　（74）　第三卷

日本經營滿洲的若干總結

A. Kantorovich

A. Kantorovich 是蘇聯的一個「中國通」，著有外資與中國鐵道一書，甚爲聞名。本文是從經濟上政治上分析日本於「九一八」後統治東北四省的情形，結論謂日本侵佔滿洲，在經濟上並未得到好處，而且在政治上也沒有征服幾千萬中國人民。爰特譯出，以供關心國事者參考。——譯者

近數月來，日本在華北的日益開展的進攻，是直接繼續着它在滿洲的冒險行動而來的：滿洲作了這一進攻的根據地；「滿洲國」的命運，成了華北廣大區域的未來命運的範本。因此，日本帝國主義鐵蹄下的滿洲本身的狀況如何，實在頗值得注意。主要的問題是在：這四年之內，滿洲是否已經「國泰民安」？日帝國主義是否在滿洲內部已經對自己的統治創造下了土著支柱，或者只是奠下了這一支柱的基礎？

鐵般的事實給這一問題的答案是否定的。牠們告訴說，雖然這日本帝國主義不顧自己國內財政的困難而在滿洲投了巨額款項，雖然他們在滿洲拚命地瘋狂地從事軍用工業和軍用交通的建設，雖然他們在表面上獲得了輝煌的勝利，然而日本對滿的統治，依舊只是靠着槍刺來維持的，而且這槍刺從未停止過活動。

義勇軍的蓬勃發展，便是明證。日軍總司令南於本年二月間曾承認東北各地義軍有五萬。美人在天津所辦的華北明星報和英人在上海所辦的字林西報都估計謂義軍人數至少在十萬以上。據本年初密勒士評論的斷言，謂單在松花江下游區域活動的義軍在二十萬以上。據日本報紙的消息，日本林陸相（現已辭職——譯者）出巡滿洲，返國後亦曾要求增加對滿軍費，「因爲在滿日軍因討伐匪賊作戰，生活異常辛苦之故。」據紐約泰晤士報滿洲通訊和太平洋雜誌所說，繼續武裝反抗日本帝國主義者的因素之一，就是日人所豢養的「滿洲國」僞軍本身，此種軍隊因常常譁變和潰散之故，成了經常地以日本軍火供給義軍的來源，而且在種種關係上，不但沒有使日本帝國主義的地位輕鬆，反使之困難。

滿洲的義軍運動，首先是跟當地農民的失望的生活有關係的。現在這個號稱東亞「倉庫」的滿洲，大半淪於飢荒之境。食物異常的缺乏，從安南、南洋羣島以及中國北方和高麗等地巨量地輸入類

图 1-52　《世界知识》1935 年 10 月 1 日第 3 卷

该期刊发《日本经营满洲的若干总结》。（王海勇藏）

六、“一二·九”运动

1935年12月9日，北京大中学生数千人举行了抗日救国示威游行，反对华北自治，反抗日本帝国主义，要求保全中国领土的完整，掀起全国抗日救亡运动新高潮，得到了全国学生的响应和全国人民的支持，形成了全国人民抗日民主运动的新高潮，史称“一二·九”运动。

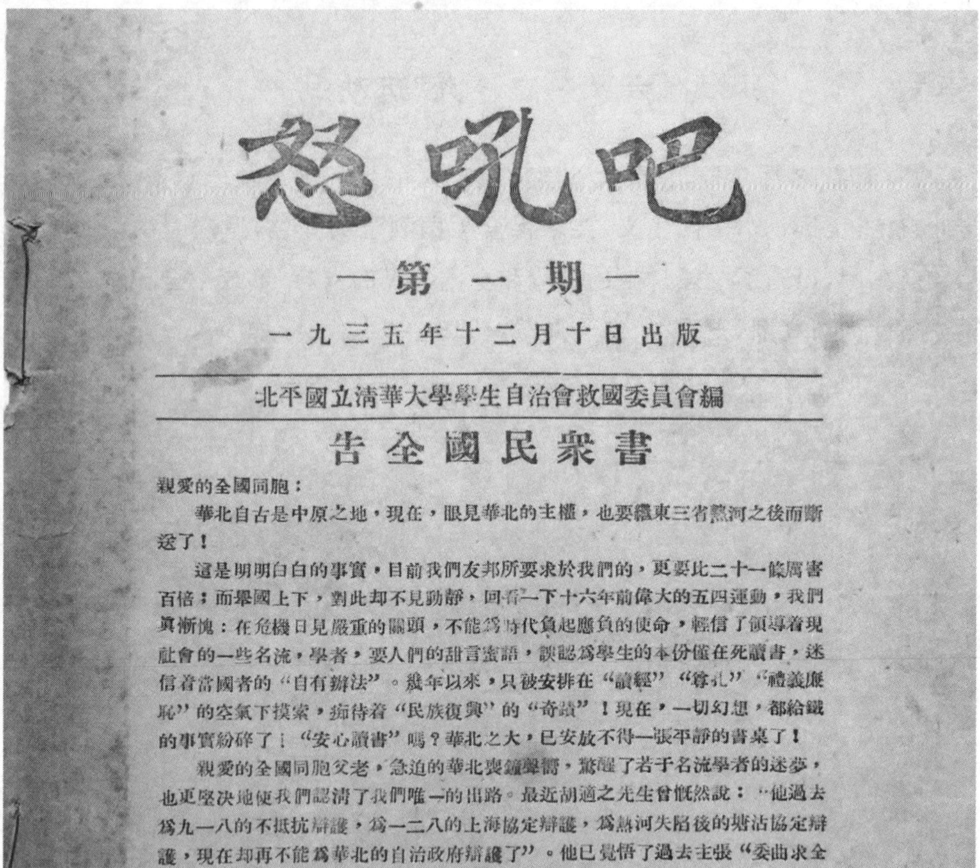

怒吼吧

—第一期—

一九三五年十二月十日出版

北平國立清華大學學生自治會救國委員會編

告全國民衆書

親愛的全國同胞：

華北自古是中原之地，現在，眼見華北的主權，也要繼東三省熱河之後而斷送了！

這是明明白白的事實，目前我們友邦所要求於我們的，更要比二十一條厲害百倍；而舉國上下，對此却不見動靜，回看一下十六年前偉大的五四運動，我們眞慚愧：在危機日見嚴重的關頭，不能爲時代負起應負的使命，輕信了領導着現社會的一些名流，學者，要人們的甜言蜜語，誤認爲學生的本份僅在死讀書，迷信着當國者的“自有辦法”。幾年以來，只被安排在“讀經”“尊孔”“禮義廉恥”的空氣下摸索，痴待着“民族復興”的“奇蹟”！現在，一切幻想，都給鐵的事實紛碎了！“安心讀書”嗎？華北之大，已安放不得一張平靜的書桌了！

親愛的全國同胞父老，急迫的華北喪鐘響，驚醒了若干名流學者的迷夢，也更堅决地使我們認清了我們唯一的出路。最近胡適之先生曾慨然說：“他過去爲九一八的不抵抗辯護，爲一二八的上海協定辯護，爲熱河失陷後的塘沽協定辯護，現在却再不能爲華北的自治政府辯護了”。他已覺悟了過去主張“委曲求全”的完全錯誤，相信唯一的道路，只有抵抗。因此胡先生是希望負有守土之責的華北長官能盡力抵抗不要屈服妥洽。親愛的同胞，我們却還要比胡先生更進一步說：武力抵抗，不但是依賴負有守土之責的長官，尤其希望全體民衆，也都能一致奮起，統一步伐，組織起來，實行武裝自衛。事實告訴我們：在目前反帝自衛的鬥爭中，民衆的地位是更爲重要，民衆的力量是更爲偉大，也只有民衆自己，更爲忠誠而可靠。看吧，曾煊赫一時的民族英雄，抗日將軍，都已化爲“神龍”了；唯有山海關外，英勇的民衆自己組成的義勇軍，始終不屈不撓，在用鮮血寫

图 1-53 《怒吼吧》1935 年 12 月 10 日第 1 期

该期刊发清华大学学生自治会救国委员会《告全国民众书》，号召大众团结起来，反抗日本帝国主义的侵略扩张。（刘利发藏）

图 1-54　《大众生活》1935 年 12 月 21 日第 1 卷第 6 期封面

该期报道学生“一二·九”抗日救亡运动。（王海勇藏）

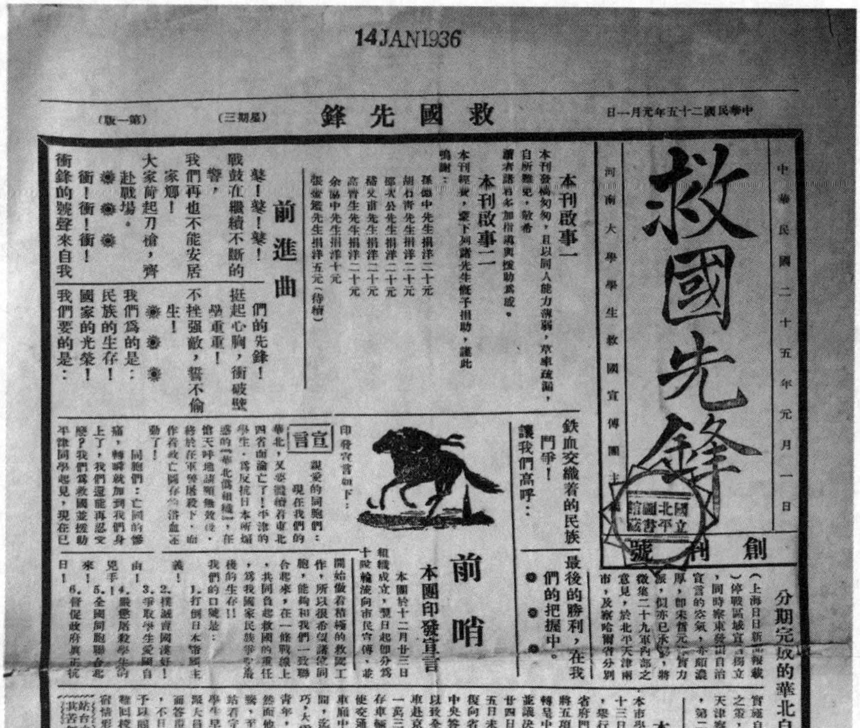

14 JAN 1936

中華民國二十五年元月一日 救國先鋒 (星期三) (第一版)

救國先鋒

中華民國二十五年元月一日

河南大學學生救國宣傳團主編

創刊號

本刊啟事一

本刊發稿匆匆，且以同人能力薄弱，草率疏漏，自所難免，敬希讀者諸君多加指導與援助爲感。

本刊啟事二

本刊經費，蒙下列諸先生慨予捐助，謹此鳴謝：

孫灝中先生捐洋二十元
胡石青先生捐洋二十元
鄧大公先生捐洋二十元
嵇文甫先生捐洋二十元
高賢生先生捐洋二十元
余協中先生捐洋十元
張壽鑑先生捐洋五元（待續）

前進曲

鼕！鼕！鼕！
戰鼓在繼續不斷的響，
我們再也不能安居家鄉！
大家前起刀槍，齊赴戰場。
❀ ❀ ❀
衝！衝！衝！
衝鋒的號聲來自我們的先鋒！
挺起心胸，衝破壁壘重重！
不挫強敵，誓不偷生！
❀ ❀ ❀
我們爲的是：
民族的生存！
國家的光榮！
我們要的是：
鐵血交織着的民族鬥爭！
讓我們高呼：
最後的勝利，在我們的把握中。
❀ ❀ ❀

前哨

本團印發宣言

本團於十二月廿三日組織成立，翌日起即分爲十段輪流向市民宣傳，並印發宣言如下：

宣言

親愛的同胞們：現在我們的華北，又要繼續着東北四省而淪亡了！平津的學生，爲反抗日本所煽惑的「華北僞組織」，在愴天呼地請願無效後，終於在軍警屠殺下，向作着救亡圖存的浴血運動了！

同胞們：亡國的慘痛，轉瞬就加到我們身上了，我們還能再忍受麼？我們爲救國並援助平津同學起見，現在已開始做着積極的救國工作，所以很希望諸位同胞，能夠和我們一致聯合起來，在一條戰線上，共同負起救國的重任，爲我國家民族爭取最後的生存!!

我們的口號是：

1. 打倒日本帝國主義！
2. 撲滅賣國漢奸！
3. 爭取學生愛國自由！
4. 嚴懲屠殺學生的兇手！
5. 全國同胞聯合起來！
6. 督促政府真正抗日！

分期完成的華北自治計劃

（上海日日新聞報載）停戰區域宣言獨立，同時察東發出自治宣言的空氣，亦頗濃厚，即宋哲元之實力派，似亦已承認，將徵集二十九軍內部之意見，於北平天津兩市，及察哈爾省分別實施自治制，以爲應急之策，即第一期爲北平天津察哈爾之一省二市，第二期延長河北省爲二省二市，第三期延長至山東、山西、綏遠及青島，爲五省三市，分爲三期，完成華北聯省自治之計劃。

❀ ❀ ❀

本市學生救國運動近情

本市學生救國運動自二十三日，各校先後出動，舉行遊行示威，旋在省府門前集合請願，當將五項要求，提經省府轉呈中央，省府答覆後，並議決全體罷課待覆。廿四日組織學聯會，廿五日未獲答覆。廿六日復向省府請願，因未得中央答覆，羣情憤激，以致全體開往車站，索車赴京，殊知全體學生一萬三千餘人，車站所存車輛，供不應求，途使交通斷絕，學生露宿車廂中，月台上，路軌間，迄廿八日，天不作巧，大雪紛飛，一般愛國青年，飽嘗冰雪之苦，然而他們的熱血依然澎湃，至廿九日夜仍留車站看守，現聞中央爲促學生早日返校起見，已派大員馮汝民，南來當面答覆，聞氏行抵徐州，不日即可到汴，如能予以圓滿答覆，同學不難回校也，茲將學生露宿情形略記於後：

站台宣誓 其苦無比 學生廿六日夜，在站露宿，住食無着，衣服單容，然天猶未雪，尚可支持，迄廿八日大雪紛飛，天寒地凍，尚有少數學校，因校中停伙，無從得食，忍飢挨餓，立雪臥冰，其苦可想而知。

各界同情 紛往慰勞 本市省立縣立各小學及實驗民衆學校，師生聯合數千人，排隊冒雪，攜帶食物到站慰勞，沿途散發告青年書，小朋友興奮已極，每呼愛國同學萬歲，同時雙足跳起。被慰問同學向之行最敬禮，並答呼「小弟弟萬歲」。各機關各商店捐款者贈物者，途中絡繹不絕。

先生同學 相見痛哭 廿八日本校校長劉季洪先生偕同胡石青先生，於冰天雪地中，往車站，深恐同學受寒致病，勸以返校，相見之間，聲淚俱下，哀慟感人，同者莫不感動。

代表過勞 竟致抱恙 學生聯合救國會主席團代表等，因連日來責任太繁，操勞過甚，致多病倒床褥，其辛勞可以想見。

平訊拾零

頃據由平來汴同學談：「平市各校門前，均爲當地軍警封禁，斷絕出入，且以武力干涉商人，不許與學交易，否則即行封鎖，逢以食物除外，學生外出時不得二人同行，否則即行驅散，每軍警遇學生，必大施搜索，如搜得救國運動文件時，便行逮捕，逢害失蹤。雖處此惡劣環境中，他們救國工作到不稍停，每出外宣傳，逢人便問：『你是不是中國人』，平方學聯決定以平市中等以上二十萬學生，作最大之犧牲，以喚起全國同學共同起來督促政府作有力之抗爭云。」

號角

我們的要求

小卒

我們要求政府立即爲爭民族生存而戰爭！我們要求政府立即爲爭國家人格而戰爭！我們要求全國同胞立即起來去督促政府盡他神聖的使命！

我們認爲：只有戰爭，才能阻止敵人貪得無饜的野心！只有戰爭，才能消滅一切無恥漢奸的活動！只有戰爭，才能打倒傀儡登台的鬼把戲！只有戰爭，才能震起國魂，使全國上下，集合統一在一條戰線上！發然決然的抗戰是救危存亡的唯一辦法！

現在，和平業已宣告絕望，東亞的命運，已經注定，我們縱再一百忍「而不求一全」，但是，戰爭還是不能避免的！我們縱不參戰，而我們的領土，將淪爲戰場，而是不可避免的！我們只要還是動物，還有血，還有動物的本能，我們只有爲着我們生存的神聖戰爭了！我們爲着和平，已經付了莫大的代價，例是，結果，成績在那裏，除去國土淪喪，國權損失，

图 1-55 《救国先锋》1936 年 1 月 1 日创刊号头版

该刊为河南大学学生救国宣传团主编。（范光永藏）

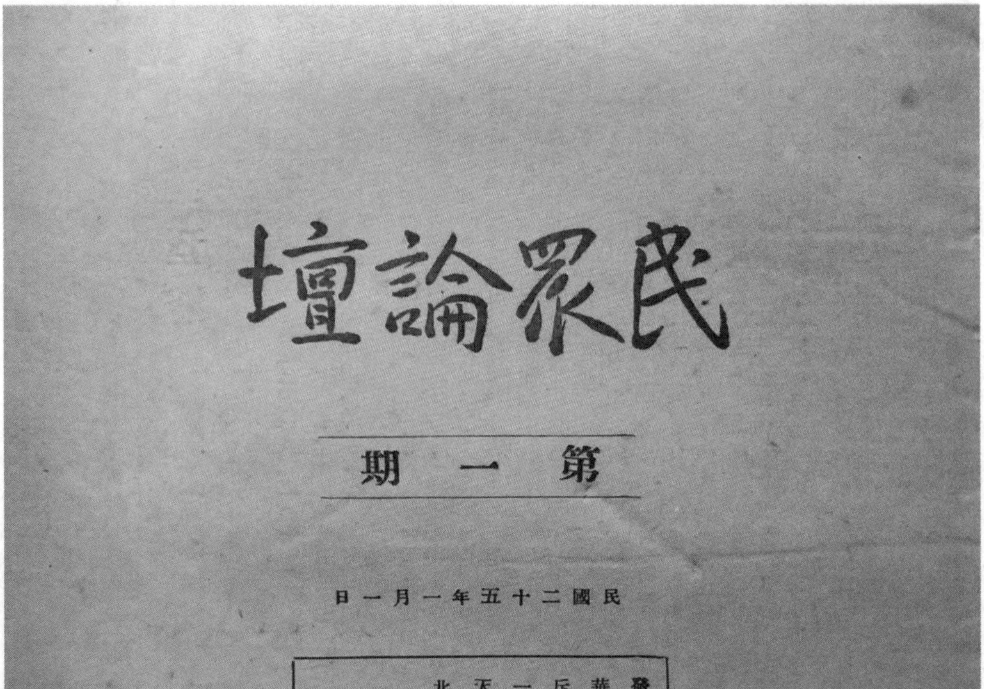

民眾論壇

第一期

民國二十五年一月一日

發刊辭	
華北文化勞動者宣言	老荒
斥待機抗戰論者	
一二九北平學生運動	
天津學生救國運動的展開	亦愚
北平以及全國的學生愛國運動	任仁
什麽話！	滄
當心「一月十五」！	滄
『風雷餘怒』	沉渢

定價：每期銅元十二枚

出版者：華北文化勞動協會

图 1-56　《民众论坛》1936 年 1 月 1 日第 1 期

该期刊发《一二·九北平学生运动》。（刘利发藏）

向一二，九　一二，六受傷同學致最敬禮　1

自由週刊

北平民國大學學生會主編

廿五年一月十六日出版

創刊號

目錄：
寫在前面……S.b.
從歷史上來觀察此次學生運動的特殊任務……F.G.
從國際鬬爭中得來的教訓……大夫
血的回憶：
「一二，九」……秋
「一二，一六」……萍
走，不走，……灞陰
插畫：木刻「一二，一六」……一民
「前門市民大會」……鐵民
編後……編者

寫在前面

S.b.

「九一八」事變以來，由于統治階級對內的欺騙和對外的苟安，形成了今日中國的「殖民地化」的形勢；殖民地國家要想從國際帝國主義及國內一切出賣民族利益的新興軍閥，漢奸，走狗……等重重的鐵鍊下解放出來，憑幾個投機取巧的新興軍閥來挽救民族危亡，這是統治階級欺騙民衆出賣民族利益的護身符，是小布爾喬亞的夢囈！在民族獨立解放的前提下，若以「擁護領袖」！「屠殺羣衆」的方式來從事救國，是和在華北危急時只要求「獨立」不要國家一樣的漢奸行爲！

基于要求民族對外獨立和對內解放而自發的「一二，九，」「一二，一六，」超歷史的學生運動，在垂危的中華民族，是一支有力的強心針！可是，在小布爾喬亞的學生羣衆本身上衡量，牠是負不了挽救國家民族危亡的重任，所以在殖民地國家的學生運動，僅是民族獨立解放的開頭，牠如果要完成歷史所給予的特殊任務，必然地需要由少數的學生智識份子，展開到全國民衆方能收效，這是歷史發展的必然過程，我們爲欲達到這個目的，才決定產生這個細小的生命！希望大家來努力培植這棵「自由之花」發揚光大，以期達到眞正的自由和平等！

一九三六，一，十三。

向一二，九　一二，六被捕同學致前敬禮

图 1-57　《自由周刊》1936 年 1 月 16 日创刊号

该期刊发《写在前面》一文。（刘利发藏）

图 1-58　《学生呼声》1936 年 7 月 1 日第 1 卷第 5 期

该刊由中国学生救国联合会编。（刘利发藏）

七、西安事变

1936 年 12 月 12 日，为了劝谏蒋介石改变“攘外必先安内”的既定国策，停止内战，一致抗日，时任西北剿匪副总司令、东北军领袖张学良和时任国民革命军第 17 路军总指挥、西北军领袖杨虎城在西安华清池发动兵谏，扣留了时任国民政府军事委员会委员长蒋介石，史称“西安事变”，又称“双十二事变”。在中共中央和周恩来同志的主导下，最终以蒋介石接受“停止内战，联共抗日”的主张而和平解决，促成了第二次国共合作，成为国内战争走向抗日民族战争的转折点。

GIU GUO SH BAO

“Au Secours de la Patrie”

救國時報

第十七期

社論

要訊

各地民衆擁護紅軍抗日討逆

全民月刊社啓事

東北義軍抗日記

Life Book and Co.

英勇殉國

上海萬餘人舉行反日大示威

图 1-59　《救国时报》1936 年 3 月 10 日头版

《救国时报》是中共在海外的机关报。该期报道中国红军东征北上抗日。红军提出的“停止内战，一致抗日”的主张，深深影响了东北军统帅张学良和西北军将领杨虎城。（王海勇藏）

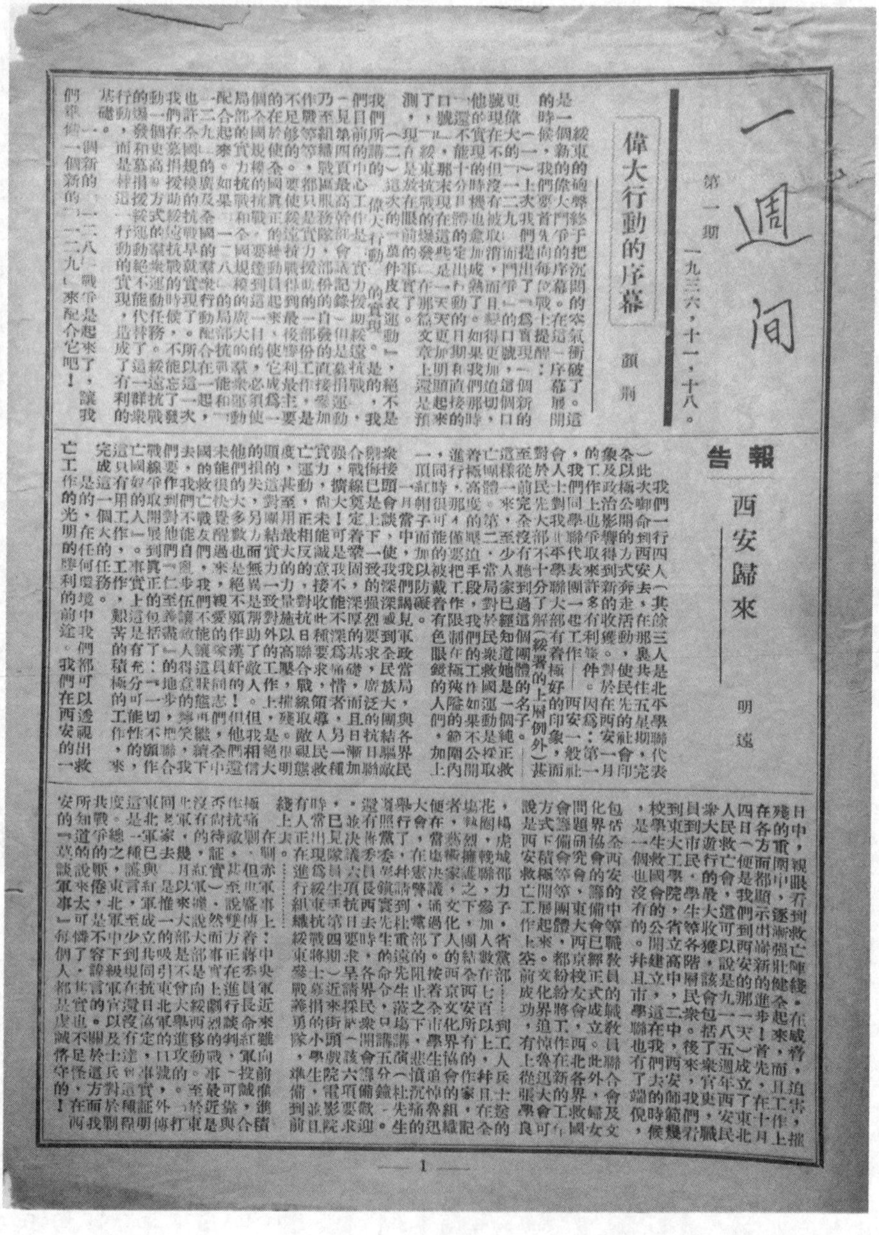

一週间

第一期

一九三六，十一，十八。

偉大行動的序幕

顏荆

報告

西安歸來

明遠

图 1-60　《一周间》1936 年 11 月 18 日第 1 期

该期刊发《西安归来》，报道红军与东北军正式签订了《抗日救国协定》。蒋介石由南京飞抵西安，严令进剿红军。（刘利发藏）

武漢日報

號外

張學良昨在陝率部叛變

通電主張推翻政府

蔣被暫留西安

中央昨晚召開緊急會議

決定政院軍會負責人選

國府令張學良褫職嚴辦

图 1-61　《武汉日报》1936 年 12 月 13 日号外

该期刊发《蒋被暂留西安》，报道西安事变爆发。（冯艺藏）

图 1-62 《庸报》1936 年 12 月 13 日头版

该版刊发《张学良突率部叛乱》。(朱军华藏)

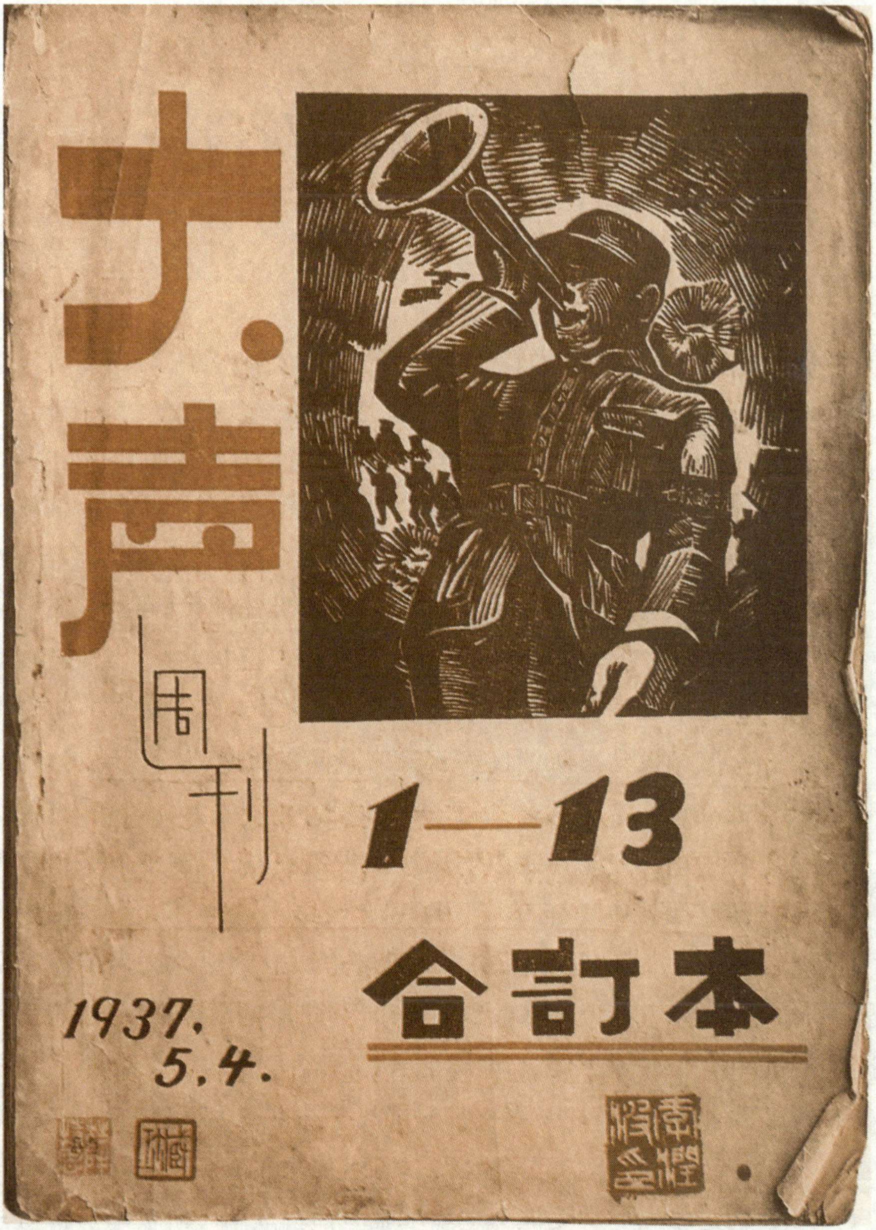

图 1-63 《大声周刊》1937 年第 1—13 期合订本

西安事变和平解决后，第二次国共合作和抗日民族统一战线初步形成。共产党人车耀先主编的《大声周刊》呼吁团结抗日。（李润波藏）

第二章　全面抗战的第一阶段

1937 年 7 月 7 日日本帝国主义制造“卢沟桥事变”，揭开了全面抗战的序幕。在全面抗战初期，国民党先后进行了平津会战、淞沪会战、忻口会战、徐州会战、太原会战、武汉会战等重要战役，并取得了台儿庄战役的胜利，阻滞了日军的推进，粉碎了日军 3 个月灭亡中国的狂妄企图。但是，由于国民党在政治上实行单纯依靠政府和军队的片面抗战路线，在军事上则采取单纯防御的战略方针，所以，尽管国民党军队的许多官兵对日军的进攻进行了英勇的抵抗，但正面战场的战局仍非常不利，先后丢失了华北、华中的大片领土，国民政府亦迁都重庆。而中国共产党代表中华民族的根本利益，开辟了一条依靠人民群众的全面抗战路线。1937 年 8 月下旬，共产党领导的红军主力改编为国民革命军第八路军；10 月间，南方各省的红军游击队也改编为国民革命军陆军新编第四军。八路军和新四军深入敌后，开辟了广阔的敌后战场，放手发动群众，壮大人民武装力量，从战略上积极配合国民党军作战。在山西抗日主战场，八路军取得的平型关大捷使得抗日游击战争在华北地区蓬勃兴起，并取得一次次的胜利，打破了“日军不可战胜”的神话，使华北战局得以初步稳定。

下面提及的老报纸一一见证了这段艰难全面抗战第一阶段即防御阶段的历史。

一、“七七”事变

1937年7月7日夜，日军在卢沟桥附近演习时，借口1名士兵“失踪”，要求进入宛平县城搜查，遭到中国守军第29军严词拒绝。日军遂向中国守军开枪射击，又炮轰宛平城，第29军奋起抗战。这就是震惊中外的“七七”事变，又称卢沟桥事变。“七七”事变是日本帝国主义全面侵华战争的开始，也是中华民族进行全面抗战的起点。

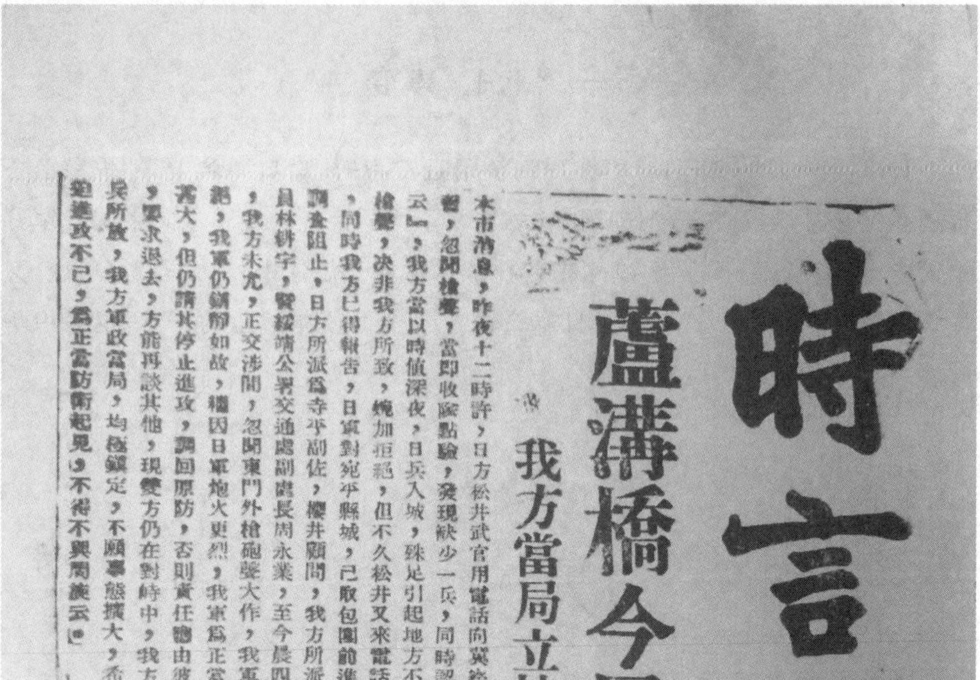

時言報

號外

二十六年七月八日

盧溝橋今晨砲聲

我方當局立持鎮靜態度

本市消息，昨夜十二時許，日方松井武官用電話向冀察軍政當局聲稱『昨夜日軍一中隊，在盧溝橋郊外演習，忽聞槍聲，當即收隊點驗，發現缺少一兵，同時認為放槍者，已入城，要求立即率隊入城搜查該兵云云』，我方當以時值深夜，日兵入城，殊足引起地方不安，同時我方在盧部隊，昨日竟日均未出城，該項槍聲，決非我方所致，婉加拒絕，但不久松井又來電話聲稱，我方如不允許，彼方將以武力保衛前進云云，同時我方已得報告，日軍對宛平縣城，已取包圍前進形勢，於是我方再與日方商定，雙方即派人員前往調查阻止，日方所派為寺平副佐，櫻井顧問，我方所派為冀省第四行政專員兼宛平縣長王冷齋，外委會專員林耕宇，冀綏靖公署交通處副處長周永業，至今晨四時許，到達宛平縣署，寺平仍堅持日軍須入城搜查，我方未允，正交涉間，忽聞東門外槍砲聲大作，我軍未予還擊，俄而西門外大砲機關槍聲又起，連續不絕，我軍仍鎮靜如故，繼因日軍炮火更烈，我軍為正當防衛，萬不得已，始加抵抗，我軍傷亡頗衆，犧牲甚大，但仍請其停止進攻，調回原防，否則責任應由彼方担負，日方答以永定河方面，尚有二十九軍騎兵，要求退去，方能再談其他，現雙方仍在對峙中，我方駐盧者，均為步兵，並無砲兵，昨夜砲聲，均爲日兵所放，我方軍政當局，均極鎮定，不願事態擴大，希望立即停止戰鬬狀態入於外交狀態，倘對方一再壓迫進攻不已，爲正當防衛起見，不得不與周旋云』。

图 2-1　《时言报》1937 年 7 月 8 日号外

该期刊发《卢沟桥今晨炮声》。（记志平藏）

中華民國二十六年七月八日　犧牲救國　第一版

犧牲救國

為實現抗敵救亡統一陣線而鬪爭!

要加緊準備收復失地的一切條件!

反漢奸運動的重要意義

工作的中心

為保衛華北而奮鬥

如何推進反漢奸運動

反對錯誤傾向!

图 2-2　《牺牲救国》1937 年 7 月 8 日头版

该报为我党最早报道卢沟桥事变的报纸。(王海勇藏)

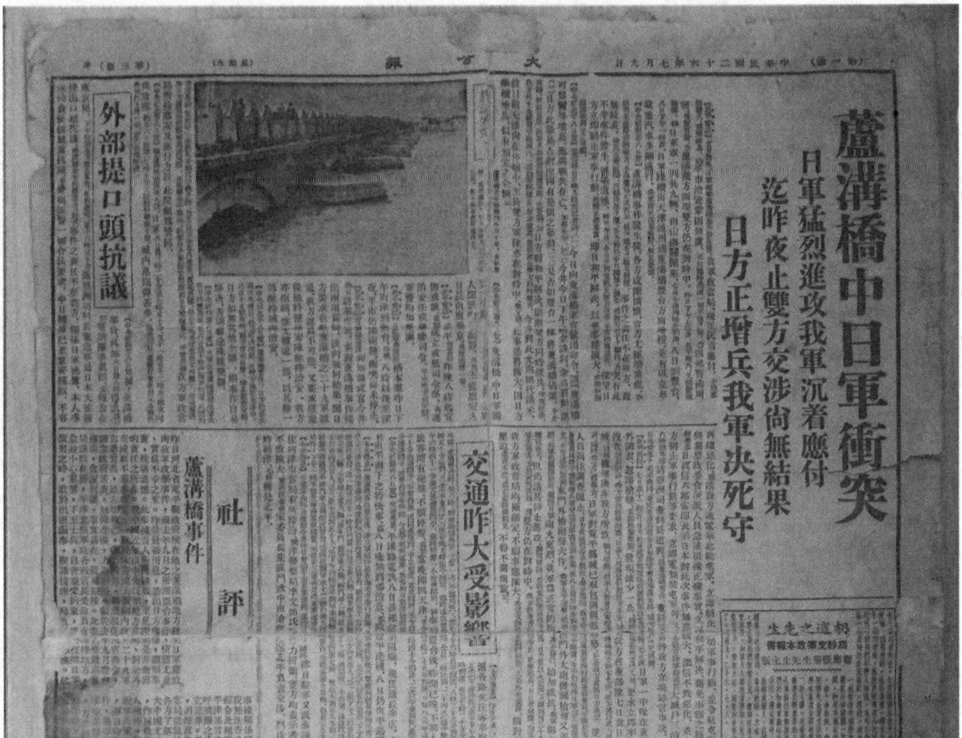
大公報

盧溝橋中日軍衝突

日軍猛烈進攻我軍沉着應付

迄昨夜止雙方交涉尚無結果

日方正增兵我軍決死守

外部提口頭抗議

交通昨大受影響

社評 盧溝橋事件

北平市內人心鎮靜

盧溝橋事件的遠因近因

我方不接受先撤兵條件

各地民衆甚憤慨

图 2-3 《大公报》1937 年 7 月 9 日第三版

该版刊发《卢沟桥中日军冲突》。（范光永藏）

京報

中華民國二十六年七月九日

盧溝橋日軍前夜大演習

昨突向我駐軍挑釁

炮擊宛平縣城我方傷亡頗衆

盧溝橋被砲火轟炸損失極重

今晨停止射擊事態不致擴大

我外部已向日提出抗議

平市治安當局無虞

昨晚宣佈戒嚴

廬山暑期訓練班

今補行開學禮

蔣院長前往訓話

川康整軍委會

昨續開二次會

全經會暨表

水利建設報告

今晨合併隆重舉行

图 2-4　《京报》1937 年 7 月 9 日第二版

该版刊发《卢沟桥日军前夜大演习，昨突向我驻军挑衅》。（冯艺藏）

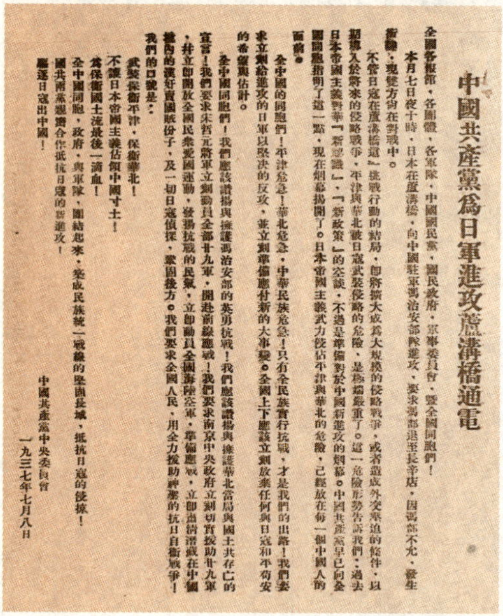

中國共產黨為日軍進攻蘆溝橋通電

全國各報館，各團體，各軍隊，中國國民黨，國民政府，軍事委員會，暨全國同胞們！

本月七日夜十時，日本在蘆溝橋，向中國駐軍馮治安部隊進攻，要求馮部退至長辛店，因馮部不允，發生衝突，現雙方尚在對戰中。

不管日寇在蘆溝橋這一挑戰行動的結局，即將擴大成為大規模的侵略戰爭，或者造成外交壓迫的條件，以期將來的侵略戰爭，平津與華北被日寇武裝侵略的危險，是極端嚴重了。這一危險形勢告訴我們：過去日本帝國主義對華「新認識」，「新政策」的空談，不過是準備對於中國新進攻的煙幕。中國共產黨早已向全國同胞指明了這一點，現在煙幕揭開了。日本帝國主義武力侵佔平津與華北的危險，已經放在每一個中國人的面前。

全中國的同胞們！平津危急！華北危急！中華民族危急！只有全民族實行抗戰，才是我們的出路！我們要求立刻給進攻的日軍以堅決的反攻，並立刻準備應付新的大事變。全國上下應該立刻放棄任何與日寇和平苟安的希望與估計。

全中國同胞們！我們應該讚揚與擁護馮治安部的英勇抗戰！我們應該讚揚與擁護華北當局與國土共存亡的宣言！我們要求宋哲元將軍立刻動員全部廿九軍，開赴前線應戰！我們要求南京中央政府立刻切實援助廿九軍，並立即開放全國民眾愛國運動，發揚抗戰的民氣，立即動員全國海陸空軍，準備應戰，立即肅清潛藏在中國境內的漢奸賣國賊份子，及一切日寇偵探，鞏固後方。我們要求全國人民，用全力援助神聖的抗日自衛戰爭！

我們的口號是：

武裝保衛平津，保衛華北！

不讓日本帝國主義佔領中國寸土！

為保衛國土流最後一滴血！

全中國同胞，政府，與軍隊，團結起來，築成民族統一戰線的堅固長城，抵抗日寇的侵掠！

國共兩黨親密合作抵抗日寇的新進攻！

驅逐日寇出中國！

中國共產黨中央委員會
一九三七年七月八日

图 2-5 《解放》1937 年 7 月 12 日第 1 卷第 10 期

《解放》紧急加印，刊发《中国共产党为日军进攻卢沟桥通电》。该刊为中共中央机关刊。（王海勇藏）

東京朝日新聞

號外

皇軍断乎起つ！宛平縣城の大激戦

木村特派員撮影・昨日天津東京間本社朝風機空輸

寫眞說明

—記事裏面にあり—

图 2-6　《东京朝日新闻》1937 年 7 月 22 日号外

报道宛平县城大激战。（范光永藏）

图 2-7　《月报》1937 年 7 月华北事变临时增刊

刊登敌我双方指挥官照片。（王海勇藏）

前線沉寂無事
我軍仍扼守原陣地
平津業已恢復交通
秦德純等抵京報告

駐平石旅退南口

川越由津來滬

嚴禁造謠

日僑到漢

昨訪徐謨

擲彈轟炸

青市安靜

謁蔣委長

日軍調動益忙碌

日軍開入北平城

募抗敵金

請抗敵電

組慰勞會

汪主席演講詞

委馮治安代理軍事

廣播演說

中政會昨開例會

明日復會

過京入皖

地震未已

救護總處

孫吳兵法

十年來的中國

逸經

图 2-8　《申报》1937 年 8 月 5 日第四版

该版刊发《日军开入北平城》。（朱军华藏）

图 2-9 日本《支那事变画报》1937 年 8 月第 16 辑

报道日军在长城南口方面攻击。（马志春藏）

图 2-10　日本《大东亚战争画报》1937 年 8 月 8 日第 9 号

报道日军入城式。（马志春藏）

二、“八一三”事变

“八一三”事变又称第二次上海事变，是继“七七”事变之后，日本帝国主义为扩大侵华战争在中国上海制造的事变。1937 年 8 月 13 日，日军以租界和黄浦江中的军舰为作战基地，炮击闸北一带，向上海大举进攻，中国军民奋起反击，淞沪抗战正式开始。

“八一三”事变以后，日军对上海的进攻直接威胁着蒋介石的统治中心南京，也威胁到英、美帝国主义的在华利益，这就使国民政府不得不增调军队，实行抗战政策。从此，中国人民的抗日运动在全国范围内进一步开展起来。

图 2-11　日本《大阪每日新闻》1937 年 8 月 14 日临时增页第 39 号

该期报道日军炮击上海闸北，“八一三”事变爆发。（马志春藏）

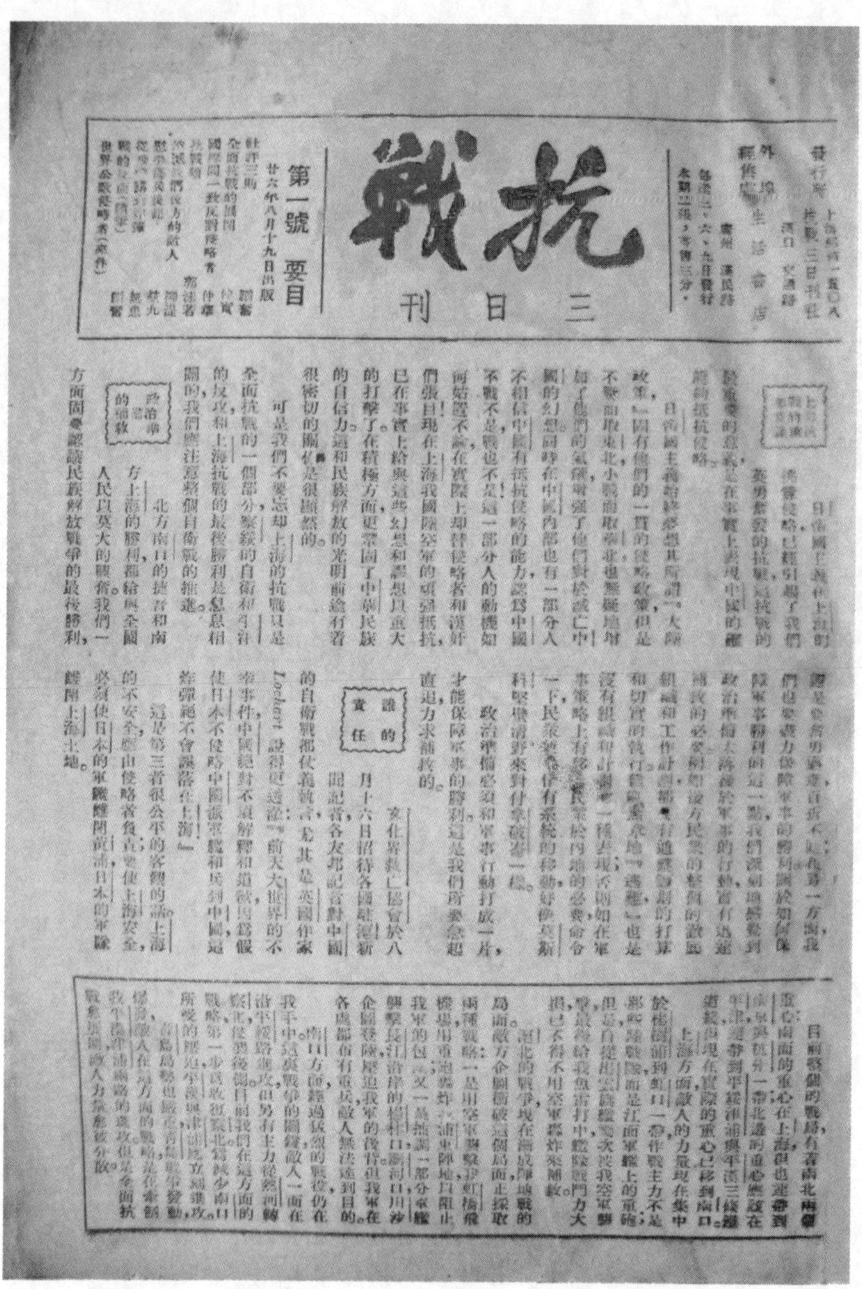

图 2-12 《抗战》三日刊 1937 年 8 月 19 日头版

该刊于“八一三”事变 6 天之后，在上海创刊，邹韬奋任主编。（王海勇藏）

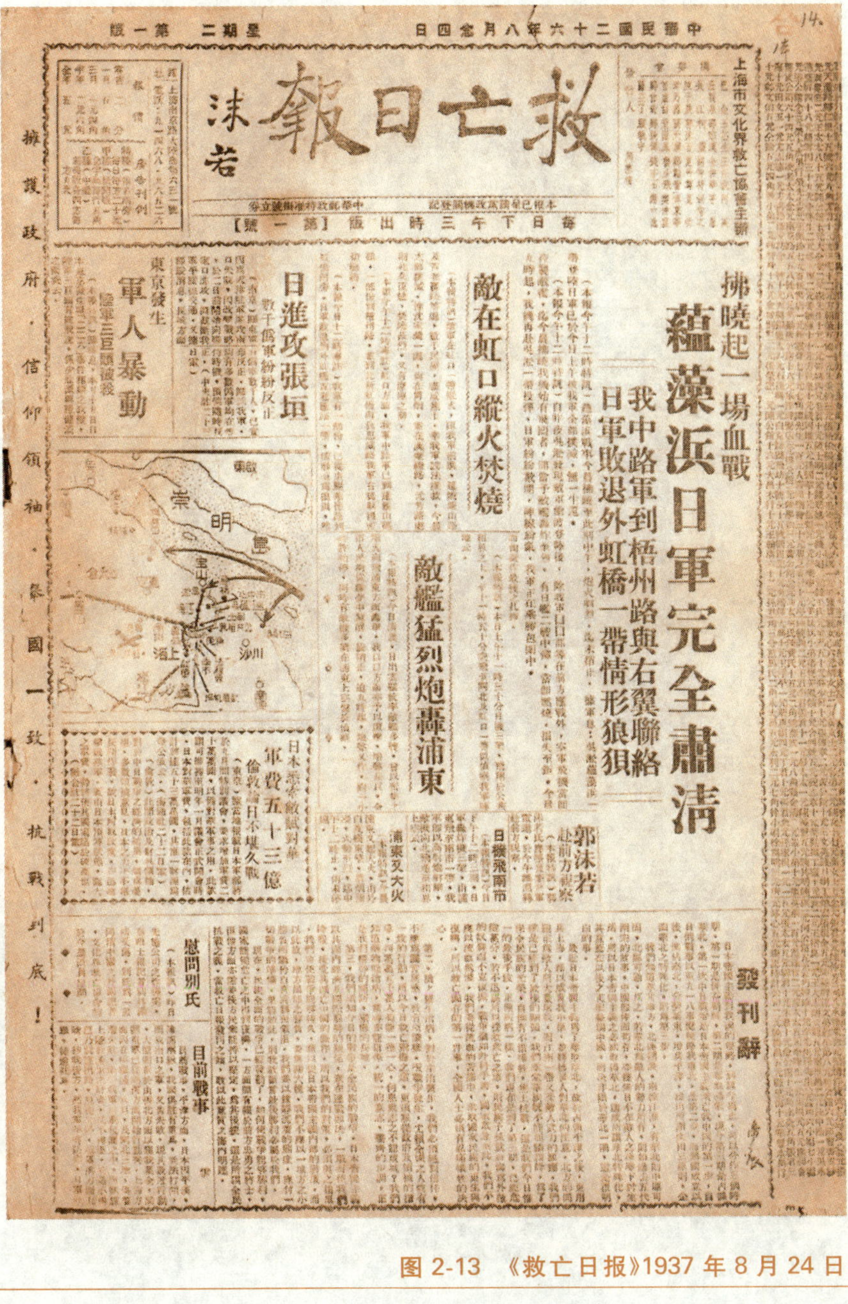

中華民國二十六年八月念四日　星期二　第一版

救亡日報

沫若

上海市文化界救亡協會主辦

每日下午三時出版【第一號】

擁護政府·信仰領袖·救國一致·抗戰到底！

拂曉起一場血戰　蘊藻浜日軍完全肅清

我中路軍到梧州路與右翼聯絡
日軍敗退外虹橋一帶情形狼狽

敵在虹口縱火焚燒

敵艦猛烈炮轟浦東

日進攻張垣

數千偽軍紛紛反正

東京發生軍人暴動

軍費五十三億

倫敦論日不堪久戰

郭沫若赴前方視察

日機飛南市

浦東又大火

發刊辭

慰問別氏

目前戰事

图 2-13　《救亡日报》1937 年 8 月 24 日头版

《救亡日报》是上海市文化界救亡协会的机关报，社长郭沫若，总编辑夏衍。该期报道敌舰猛烈炮击浦东。（范光永藏）

图 2-14　日本《支那战线写真》1937 年 9 月第 12 号

报道中日两军在上海浦东激战。(马志春藏)

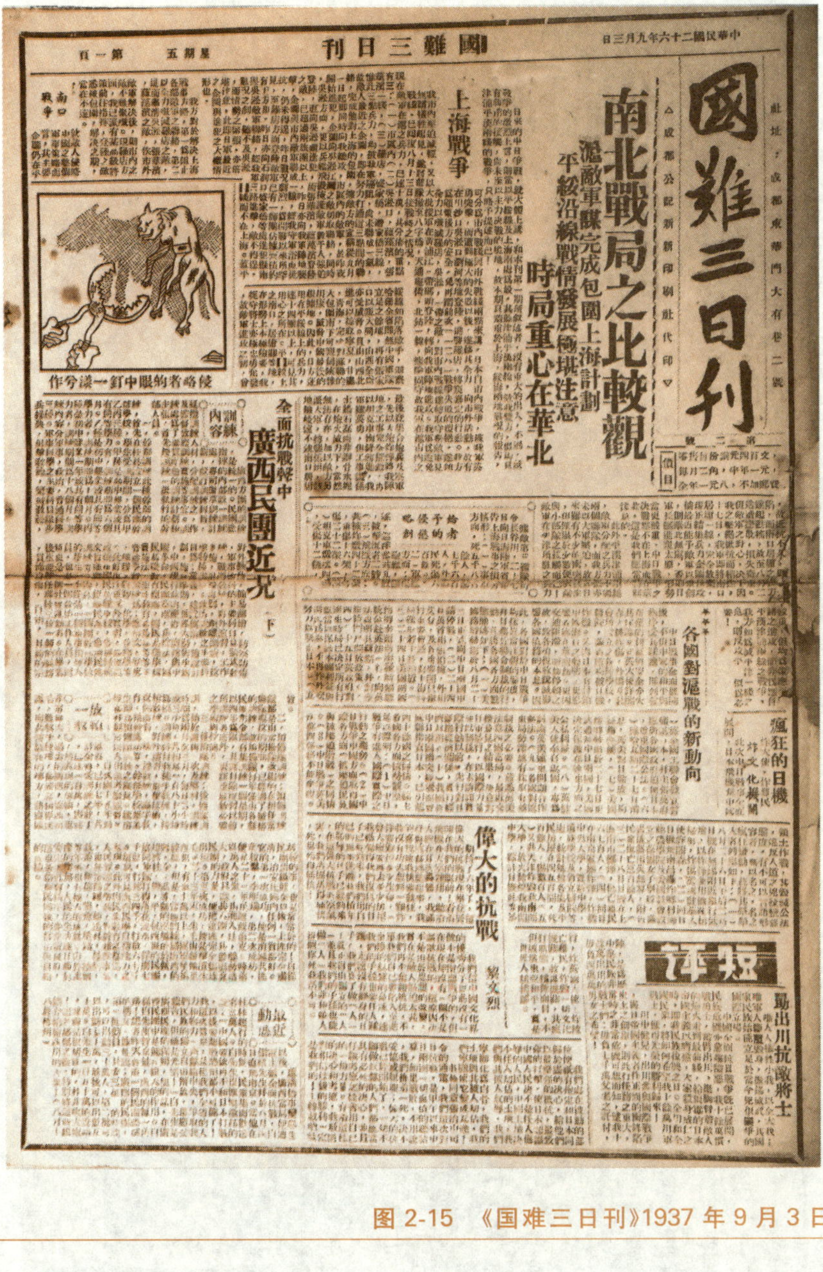
國難三日刊

中華民國二十六年九月三日　星期五　第一頁

南北戰局之比較觀

滬敵軍謀完成包圍上海計劃

平綏沿線戰情發展極堪注意

時局重心在華北

上海戰爭

全面抗戰聲中 廣西民團近況（下）

各國對滬戰的新動向

瘋狂的日機

偉大的抗戰　黎文烈

短評

勗出川抗敵將士

图 2-15　《国难三日刊》1937 年 9 月 3 日头版

该版报道上海战争。该报名义上是四川军阀刘湘批准创办的，社长兼编辑主任为钟汝为，实际工作人员多是中共党员或反蒋人士。同年 12 月被四川省政府查封。（范光永藏）

图 2-16 《抗战画报》1937 年 9 月 6 日第 2 期

刊发《敌机轰炸高昌庙》。

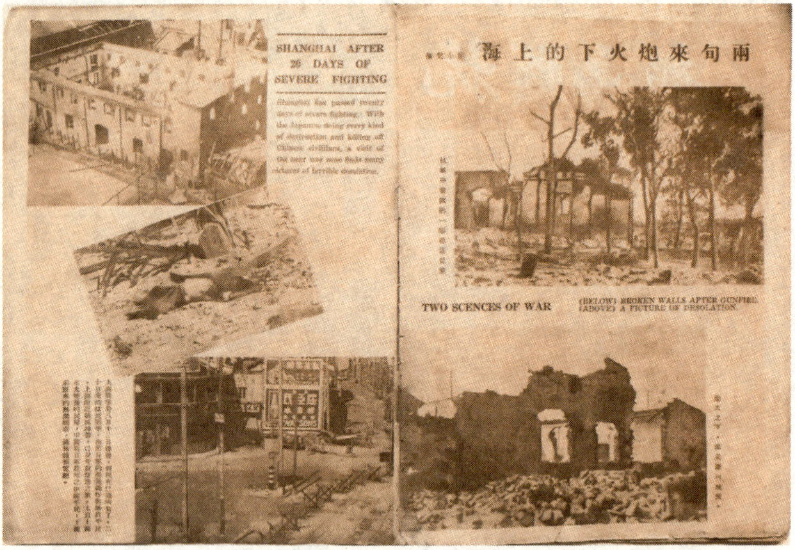

图 2-17 《抗战画报》1937 年 9 月 6 日第 2 期

刊发《两旬来炮火下的上海》。

守衛上海的英勇戰士

HEROIC DEFENDERS OF SHANGHAI

Chinese machine-gunner in action.

A Chinese trench mortar

Chinese sentry at North Station.

Throwing hand grenades.

Chinese machine gun in Chapei area.

图 2-18　《抗战画报》1937 年 9 月 6 日第 2 期

该期刊发《守卫上海的英勇战士》。

我軍奪獲之戰利品

PRIZE OF WAR CAPTURED BY CHINESE TROOPS

— International News Photo —

Since the outbreak of Sino-Japanese clash, many prizes of war have been captured from the Japanese by Chinese troops. Those appeared on this page, including machine guns, radio sets, flags, canteens, etc., only represent a part of them.

我軍炮隊的雄姿

CHINESE ARTILLERY MOVES INTO ACTION.

— International News Photo —

图 2-19　《抗战画报》1937 年 9 月 6 日第 2 期

该期刊发《我军炮队的雄姿　我军夺获之战利品》。

我國空軍發展神威
CHINESE AIRMEN BROUGT DOWN MANY ENEMY PLANES

图 2-20　《抗战画报》1937 年 9 月 6 日第 2 期

该期刊发《我国空军发展神威》。

敵軍困守司令部
JAPANESE TROOPS CLING TO THEIR BARRACKS
(Left) Japanese Naval Barrack hit by Chinese shell. (Below) Entrance of the Japanese Barrack

图 2-21　《抗战画报》1937 年 9 月 6 日第 2 期

该期刊发《敌军困守司令部》。

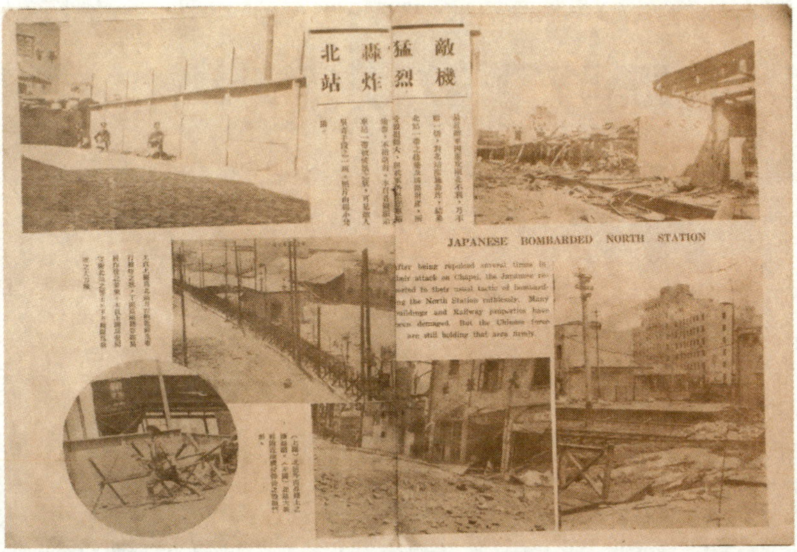

图 2-22　《抗战画报》1937 年 9 月 6 日第 2 期

该期刊发《敌机猛烈轰炸北站》。

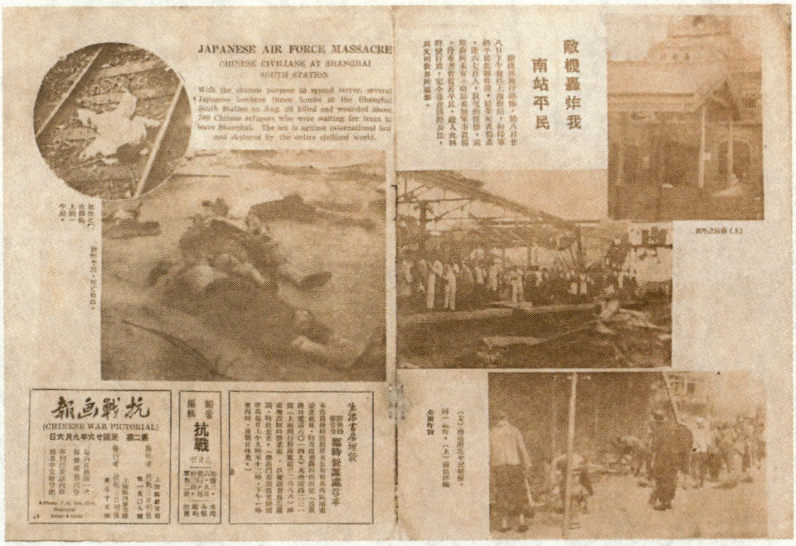

图 2-23　《抗战画报》1937 年 9 月 6 日第 2 期

该期刊发《敌机轰炸我南站平民》。

图 2-24 日本《支那事变画报》1937 年 10 月第 5 辑

报道日本海军在杭州湾登陆，进逼上海。（马志春藏）

三、国共合作

全民抗战促进了国共第二次合作，根据与国民党达成的协议，中共中央军委于 1937 年 8 月 25 日发布了关于中国工农红军改编为国民革命军第八路军(9 月改称第 18 集团军)的命令，朱德任总指挥，彭德怀任副总指挥。1937 年 10 月 2 日，又将南方 8 省边界 13 个地区的红军游击队 1 万余人，改编为国民革命军陆军新编第四军，叶挺为军长，项英为副军长。

戰爭的鳥瞰

廣州

中國共產黨發表宣言
為實現三民主義奮鬥
紅軍改編待命向前線出動

波羅的海游艇中
一幕秘密會議

北方各線士氣振
我生力軍已到津浦

短評

图 2-25 《新闻报》1937 年 8 月 31 日第三版

该版刊发《中国共产党发表宣言，为实现三民主义奋斗》。（马志春藏）

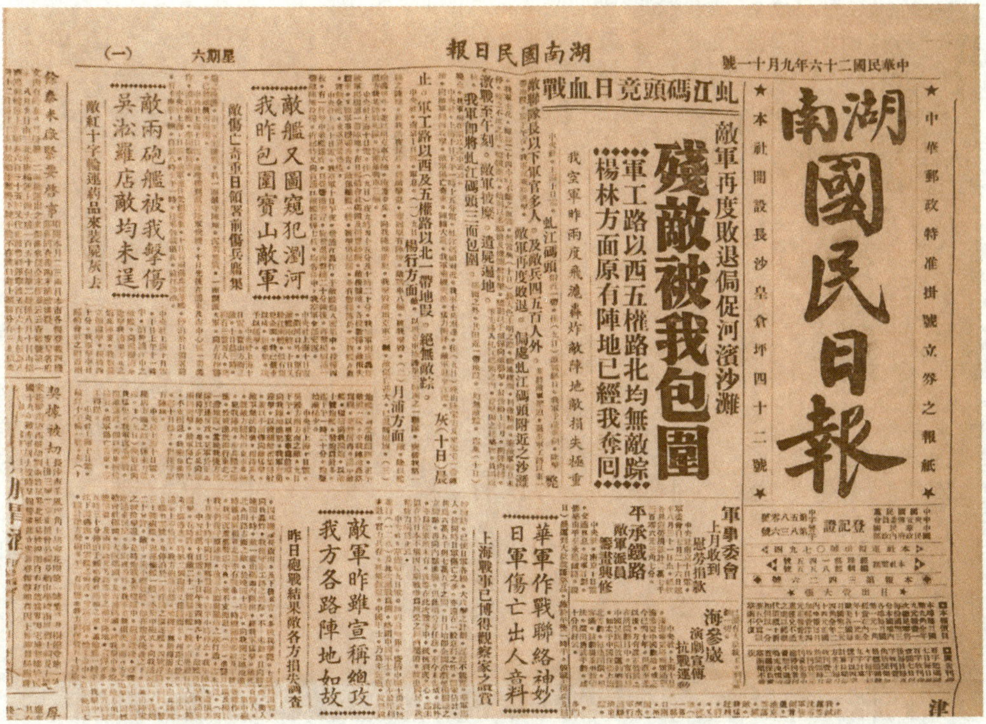

湖南國民日報

中華民國二十六年九月十一號　湖南國民日報　星期六　(一)

★中華郵政特准掛號立券之報紙★

★本社開設長沙皇倉坪四十二號★

虬江碼頭竟日血戰

敵軍再度敗退僞促河濱沙灘

殘敵被我包圍

軍工路以西五權路北均無敵蹤

楊林方面原有陣地已經我奪回

我空軍昨兩度飛滬轟炸敵陣地敵損失極重

我軍卽將虬江碼頭三面包圍

激戰至午刻　敵軍披靡　遺屍遍地

軍工路以西及五權路以北一帶地段　絕無敵踪

敵艦又圖窺犯瀏河　我昨包圍寶山敵軍

敵傷亡奇重日領署前傷兵麕集

敵兩砲艦被我擊傷　吳淞羅店敵均未逞

敵紅十字輪運藥品來裝屍灰去

軍事委會上月收到慰勞捐款

平承鐵路敵軍派員籌畫興修

海參崴演劇宣傳抗戰運動

華軍作戰聯絡神妙　日軍傷亡出人意料

上海戰事已博得觀察家之讚賞

敵軍昨雖宣稱總攻　我方各路陣地如故

昨日砲戰結果敵各方損失調查

图 2-26　《湖南国民日报》1937 年 9 月 11 日头版

该版刊发《残敌被我包围》。（范光永藏）

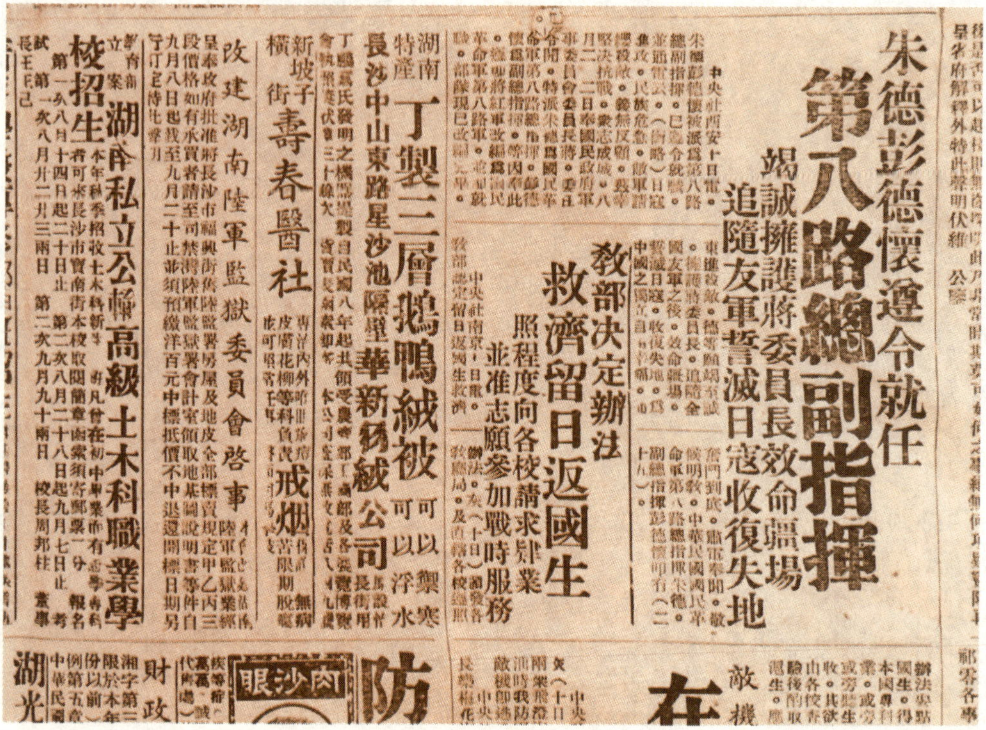

朱德彭德懷遵令就任
第八路總副指揮
竭誠擁護蔣委員長效命疆場
追隨友軍誓滅日寇收復失地

中央社西安十日電。朱德彭德懷被派爲第八路總副指揮。已遵令就職。並通電云。（銜略）日寇集攻。民族危急。敵軍諸將殺敵。義無反顧。我華堅決抗戰。衆志成城。八月二十二日奉國民政府軍事委員會委員長蔣。委任令開。特派朱德爲國民革命軍第八路總指揮。彭德懷爲副總指揮。等因。奉此。德懷等即將紅軍改編爲國民革命軍第八路軍。並即就職。部隊現已改編完畢。東進殺敵。德等願竭至誠。擁護蔣委員長。追隨全國友軍之後。效命疆場。誓滅日寇。收復失地。爲中國之獨立自由幸福而奮鬥到底。臨電奉聞。敬候明教。中華民國國民革命軍第八路總指揮朱德。副總指揮彭德懷叩有（二十八）。

教部決定辦法
救濟留日返國生
照程度向各校請求肄業
並准志願參加戰時服務

中央社南京十日電。教部認定留日返國生救濟辦法。茲（十日）通令發各教廳局。及直轄各校遵照。

湖南特產
丁製三層鵝鴨絨被
可以禦寒 可以浮水
長沙中山東路星沙池隔壁 華新鵝絨公司

新坡子橫街
壽春醫社
戒烟

改建湖南陸軍監獄委員會啓事

湖南私立公輸高級土木科職業學校招生

图 2-27 《湖南国民日报》1937 年 9 月 11 日第二版

该版刊发《朱德、彭德怀遵令就任第八路总副指挥》。（范光永藏）

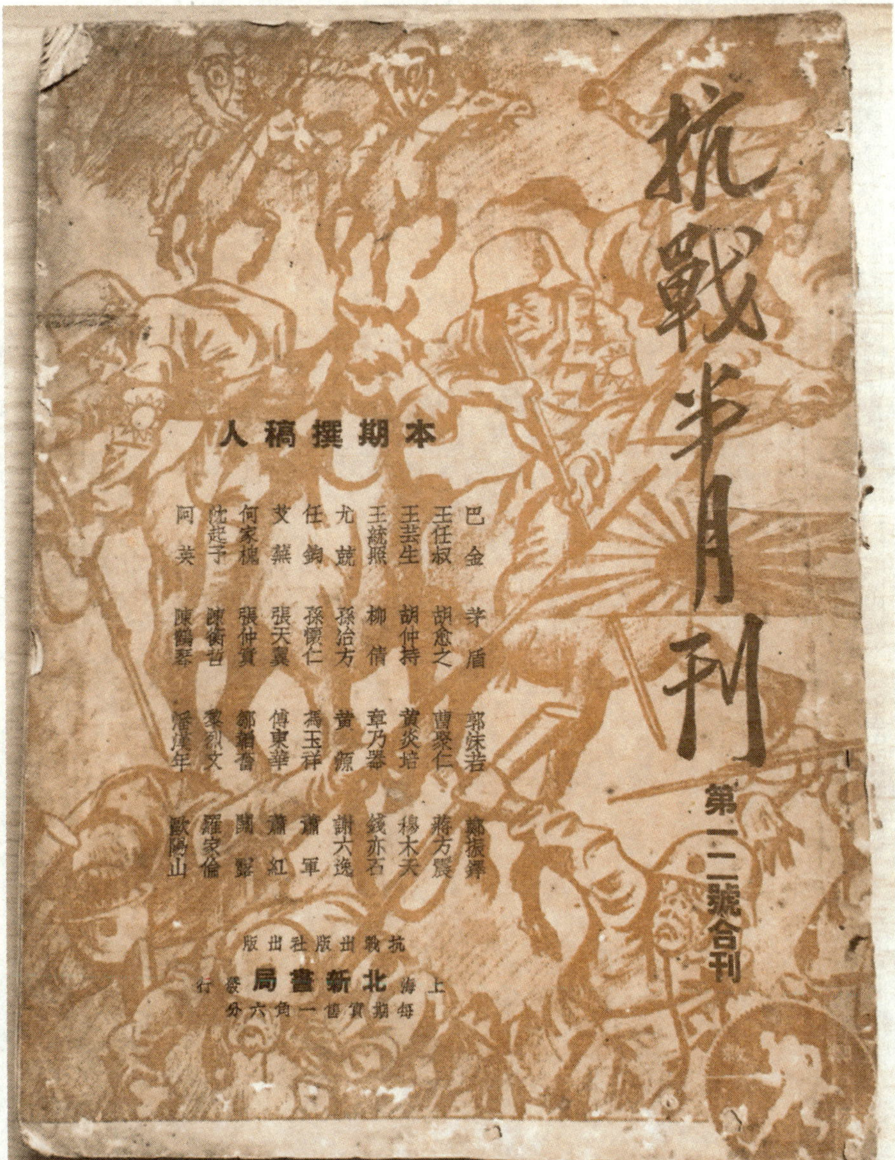

图 2-28 《抗战半月刊》1937 年 10 月 16 日第 1、2 号合刊

第二次国共合作促进了抗日民族统一战线的形成，《抗战半月刊》第 1、2 号合刊，刊载多位文化界名人撰写的抗战文章，号召全体中国人民团结起来，打败日本侵略者。（范光永、冯艺藏）

中華民國二十六年十一月六日　星期六　第一版

救亡日報　沫若

上海市文化界救亡協會主編

第六九號

明日出版

二十年的蘇聯

蘇聯革命與中國抗戰

生活書店

擁護政府，信仰領袖，舉國一致，抗戰到底！

和平國家團結起來

李維諾夫在九國公約會議中演辭

比京會議

九國公約會議

通過組小組委會

平漢綫我軍猛烈反攻

晉北我軍扼守石嶺關

郭沫若田漢等為文藝界救亡協會啓事

編輯部啓事

招請外埠經售人

图 2-29 《救亡日报》(上海版)1937 年 11 月 6 日头版

该版刊发《和平国家团结起来》。(王海勇藏)

图 2-30　《抗敌前锋》1938 年 1 月 10 日创刊号

报道抗战与民众动员等。（韩长报藏）

图 2-31 《少年先锋》1938 年 2 月 20 日创刊号

该期刊发茅盾《珍惜我们民族的未来主人》。(韩长报藏)

图 2-32　《救亡画刊》1938 年 3 月 12 日第 9 期

该画刊为《救亡日报》创办，宣传一致抗日。（王海勇藏）

中華民國二十七年三月十二日 星期六 第一版

救亡日報

沫若

以抗戰到底紀念總理

總理逝世十三週年紀念感言

吳鐵城

實行三民主義鞏固統一抗戰的陣線

图 2-33 《救亡日报》(广州版)1938 年 3 月 12 日头版

该期是主题为“以抗战到底纪念总理”的特刊。(王海勇藏)

中華民國二十八年十一月十九日　桂林版　（星期日）　第一版

救亡日報

第六三六號

美國務副卿威爾斯談話
不承認「新局勢」
美蘇兩國進行外交接觸
菲島軍力即將實行擴張

美國廢約曾轉變英方態度
津寇繼續封鎖租界
否認英飛艇奉命向美國道歉

若繼續以武器輸日
美國應負道德責任
孫院長在英縱談遠東局勢

中央六全會議
昨舉行第六次大會
通過改善傷兵待遇等案

倭寇全國米荒嚴重
已有人建議實行計口授糧
煤源缺乏紡紗產量已大減

社論
鎮定，準備，迎擊

中國飛機四十架
襲擊南京寇機場
上海日寇已加緊戒備

華僑返國

晉西我軍迫黑龍關

图 2-34　《救亡日报》（桂林版）1939 年 11 月 19 日头版

该版刊发社论《镇定，准备，迎击》。（王海勇藏）

四、平型关大捷

1937 年 9 月 25 日，八路军 115 师在山西大同灵丘县平型关附近伏击日军，歼敌 1000 余人，取得抗日首胜，史称平型关大捷。这次胜利打破了日本军队不可战胜的神话，振奋了全国人心，增强了全国人民抗战必胜的信念。

图 2-35　《中国画报》1938 年 9 月 1 日第 2 卷第 1 期

该期刊发八路军将领彭德怀照片。（刘利发藏）

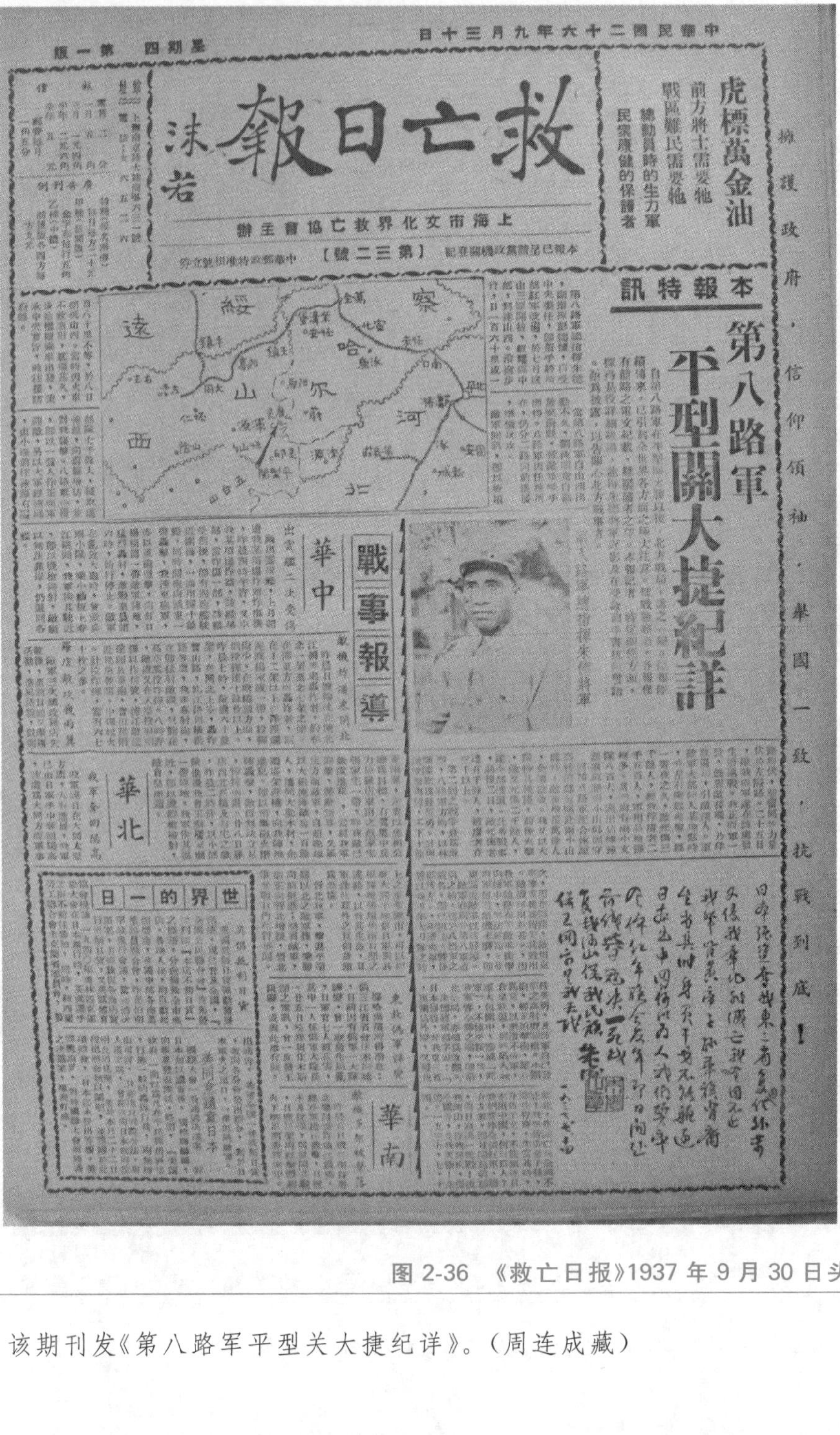
中華民國二十六年九月三十日 星期四 第一版

救亡日報

沫若

上海市文化界救亡協會主辦

【第三二號】

虎標萬金油
前方將士需要牠
戰區難民需要牠
總動員時的生力軍
民衆康健的保護者

擁護政府，信仰領袖，舉國一致，抗戰到底！

本報特訊
第八路軍平型關大捷紀詳

戰事報導

華中

華北

華南

世界的一日

图 2-36 《救亡日报》1937 年 9 月 30 日头版

该期刊发《第八路军平型关大捷纪详》。（周连成藏）

五、正面战场

蒋介石领导的国民革命军承担了抗日战争正面战场的作战任务，先后组织了一系列大仗，特别是全国抗战初期的淞沪、忻口、徐州、武汉等战役，给日军以沉重打击。

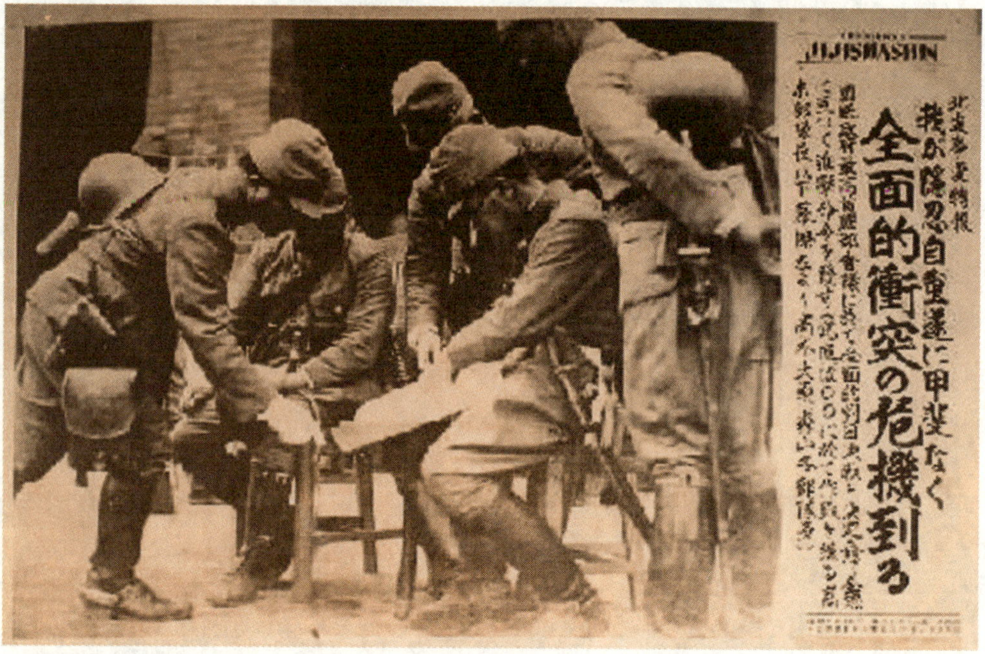

图 2-37 日本《大阪每日新闻》1937 年 11 月 1 日临时增页

报道日军部署进攻太原。（马志春藏）

图 2-38　日本《大阪每日新闻》1937 年 11 月 4 日临时增页

刊发日军太原城外野炮阵地图。（马志春藏）

图 2-39　日本《大阪每日新闻》1937 年 11 月 10 日临时增页

报道日军占领清源、祁县。（马志春藏）

图 2-40　日本《大阪每日新闻》1937 年 12 月 26 日临时增页

报道日军侵占济南。（马志春藏）

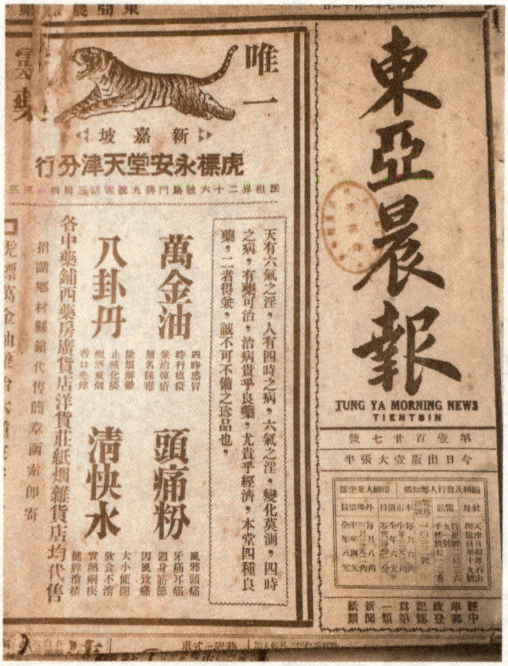

東亞晨報

TUNG YA MORNING NEWS
TIENTSIN

唯一

新嘉坡

虎標永安堂天津分行

天有六氣之淫，人有四時之病，六氣之淫，變化莫測，四時之病，有藥可治，治病貴乎良藥，尤貴乎經濟，本堂四種良藥，一二者得兼，誠不可不備之珍品也。

萬金油

頭痛粉

八卦丹

清快水

各中藥舖西藥房廣貨店洋貨莊紙烟雜貨店均代售

招請鄉村縣鎮代售簡章函索即寄

中華民國二十七年一月十一日

東亞晨報第一張

日特別陸戰先遣隊
昨兩路在青島登陸
佈告安民聲明尊重各國主權

蔣以粵桂新兵組十九集團軍

東京昨續開臨時閣議
對華重大方針已確定

北京新任市長
余晉龢昨就職

展期明日返津

图 2-41 《东亚晨报》1938 年 1 月 11 日第一、二版

报道日军在青岛登陆，蒋以粤桂新兵组 19 集团军。（范光永藏）

图 2-42　日本《大阪每日新闻》1938 年 2 月 1 日临时增页

图中的杭州笕桥中央航空学校，是培养中国空军飞行员的摇篮。（马志春藏）

图 2-43　日本《支那战线写真》1938 年 2 月第 29 号

报道日军 1938 年 1 月 10 日侵占青岛。（马志春藏）

图 2-44　日本《支那战线写真》1938 年 2 月第 29 号

报道日军侵占青岛后对中国实施海上封锁。(马志春藏)

图 2-45 日本《支那战线写真》1938 年 2 月第 29 号

日军于 1937 年 12 月侵占镇江、滁县。随后，便向蚌埠进军，企图夹击徐州。（马志春藏）

空軍初次遠征日本
在九州各地散傳單
夜半出發未明到達傍午歸來
喚醒日民迷夢發揚中國德威

遠征經過

熱烈歡迎

社評
空軍夜襲日本九州

我軍奉令退出徐州
魯境克復鄆城莒縣
空軍飛往皖北助戰

綏西劃行政區
我又克復安北

图 2-46 《大公报》1938 年 5 月 21 日第二版

该版刊发《空军初次远征日本,在九州各地散传单》。(马志春藏)

图 2-47 日本《支那事变画报》1938 年 5 月第 17 辑

1938 年 2 月 2 日凌晨，侵华日军第 13 师团的两个旅团，从临淮关方向沿铁路两侧分数路合击，蚌埠陷落（河南岸）。图为日军侵占蚌埠场景。（马志春藏）

图 2-48　日本《支那事变画报》1938 年 5 月第 17 辑

报道日军占领蒙城。（马志春藏）

图 2-49　日本《支那事变画报》1938 年 5 月第 17 辑

报道 1938 年 4 月 24 日日军占领和县。(马志春藏)

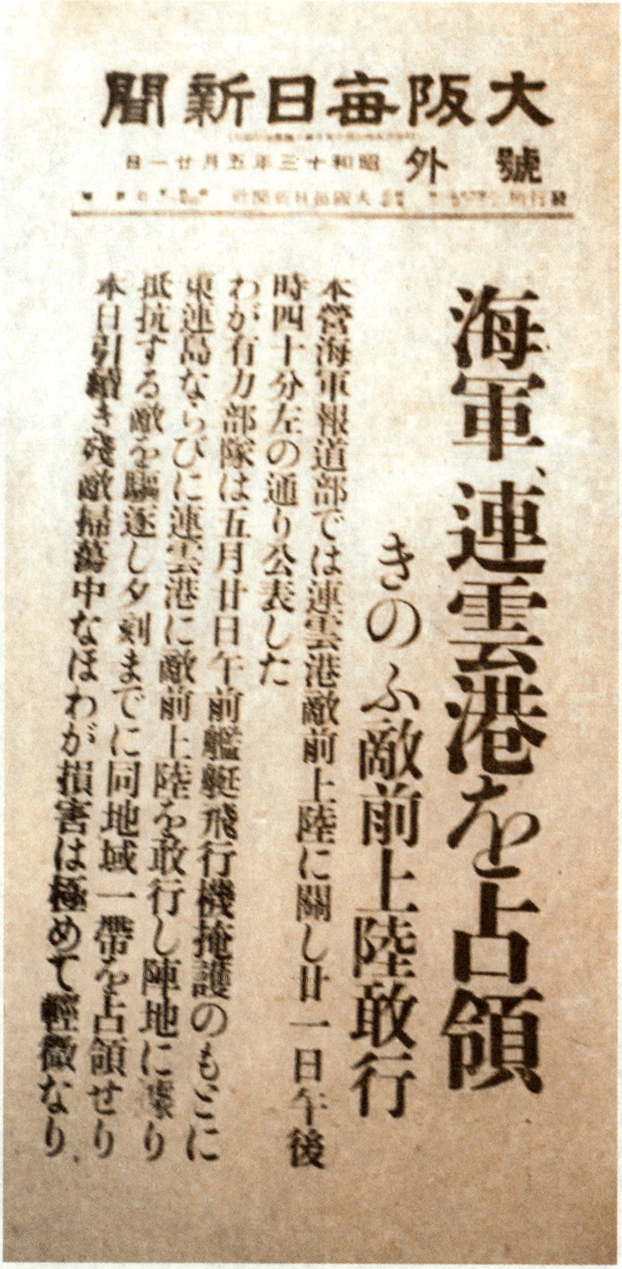

大阪毎日新聞

號外

昭和十三年五月廿一日

海軍、連雲港を占領

きのふ敵前上陸敢行

本營海軍報道部では連雲港敵前上陸に關し廿一日午後
時四十分左の通り公表した
わが有力部隊は五月廿日午前艦艇飛行機掩護のもとに
東連島ならびに連雲港に敵前上陸を敢行し陣地に據り
抵抗する敵を驅逐し夕刻までに同地域一帶を占領せり
本日引續き殘敵掃蕩中なほわが損害は極めて輕微なり

图 2-50　日本《大阪每日新闻》1938 年 5 月 21 日号外

报道日军占领连云港。（马志春藏）

大公報

開封附近戰況激烈

蘭封我軍安全移至新陣地

由鹿邑西犯之敵已被擊退

半週來戰況概要

侯馬新絳圍攻中

臨汾趙城間交通破壞

廣州市頻遭空襲

蔣委員長電慰難民

昨日死傷者逾二千五百

社評

論工業問題

豫北大水

敵人陰謀

抗戰到底

法國醫院亦遭轟炸

婦孺移四鄉

江干之慘象

香港

駐日使館昨起停閉

我游擊隊攻昌平

洛陽空襲

簡報

图 2-51　《大公报》1938 年 6 月 5 日第二版

该版刊发《开封附近战况激烈》。（马志春藏）

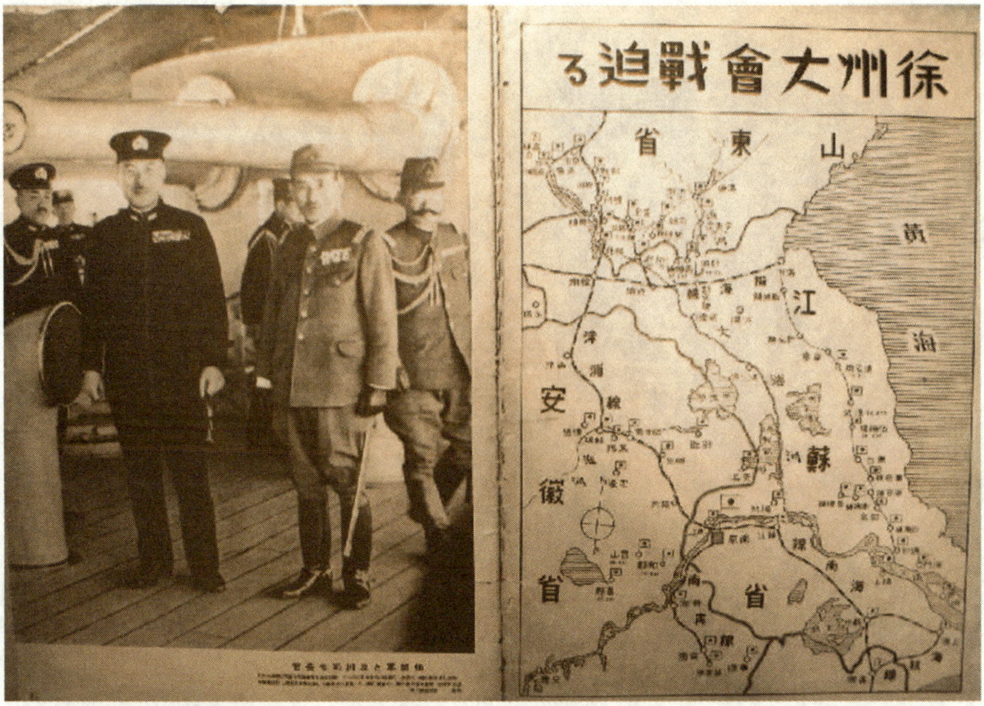

图 2-52　日本《支那事变画报》1938 年 6 月第 19 辑

报道徐州会战。（马志春藏）

图 2-53　日本《支那事变画报》1938 年 6 月第 19 辑

报道日军徐州入城式。（马志春藏）

图 2-54　日本《支那事变画报》1938 年 6 月第 19 辑

报道日军攻占开封。（马志春藏）

图 2-55 日本《支那事变画报》1938 年 6 月第 19 辑

报道日军轰炸陇海铁路。(马志春藏)

图 2-56　日本《支那事变画报》1938 年 6 月第 19 辑

报道日军微山湖黄河渡涉战。（马志春藏）

图 2-57　日本《国际写真情报》1938 年 7 月第 17 卷第 7 号

报道 1938 年 5 月 10 日日军占领厦门。（马志春藏）

图 2-58　日本《国际写真情报》1938 年 7 月第 17 卷第 7 号

为了阻挡日军，蒋介石命令国民革命军炸开花园口黄河大堤，形成大片黄泛区。图为日军退出黄泛区。（马志春藏）

图 2-59　日本《国际写真情报》1938 年 7 月第 17 卷第 7 号

报道日军空袭武汉。（马志春藏）

图 2-60　《大美画报》1938 年 7 月 15 日第 6 期

该期封面刊发蒋介石和宋美龄像，背景为国民革命军正面战场。（刘利发藏）

六、南京大屠杀

1937 年 11 月，中国军队在淞沪会战中失利，上海被日本占领后，日军趁势兵分三路向南京进犯。因敌我力量对比悬殊，12 月 13 日，南京沦陷。日军开始了持续 6 周惨绝人寰的南京大屠杀，30 多万中国同胞罹难。

图 2-61　日本《国际写真新闻》1937 年 11 月第 8 辑第 195 号

报道日本秋季征兵，以便进攻南京。（马志春藏）

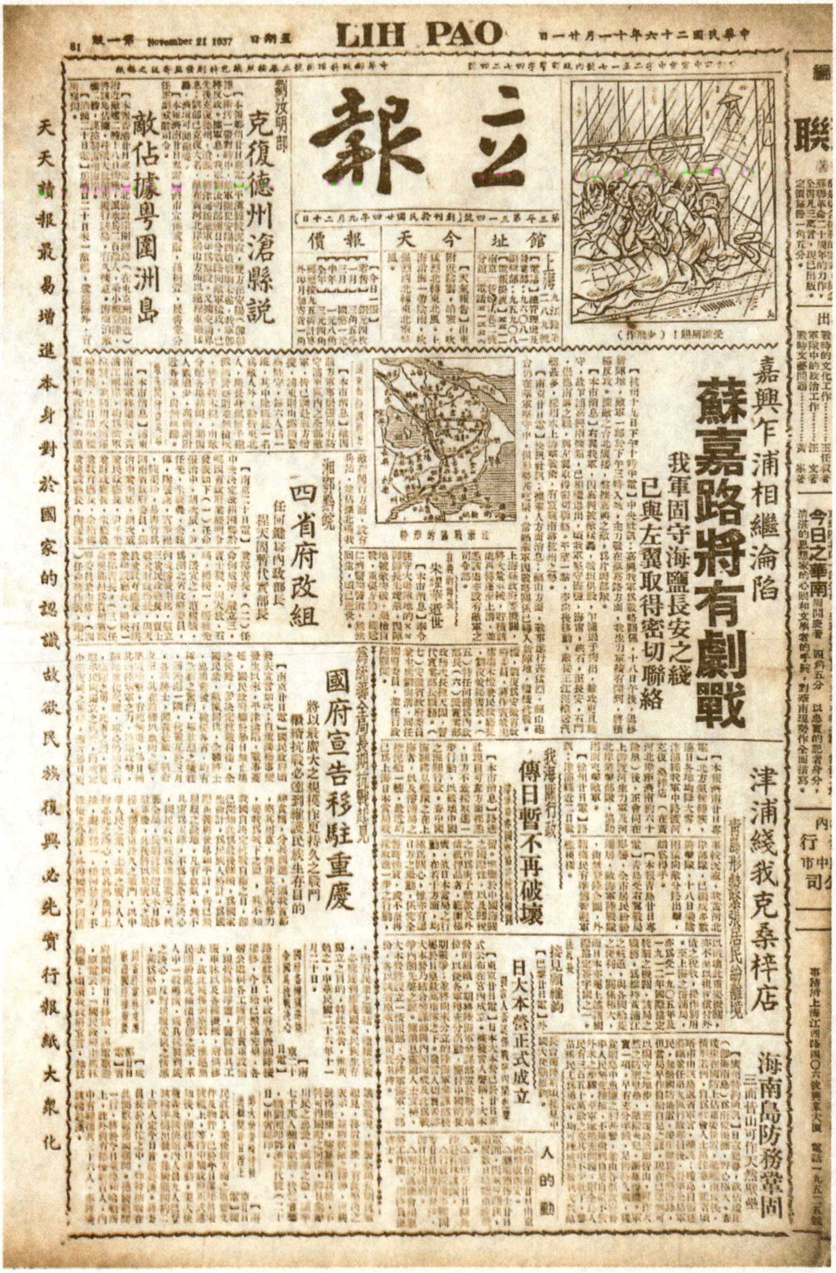
LIH PAO

立報

天天讀報最易增進本身對於國家的認識故欲民族復興必先實行報紙大衆化

嘉興乍浦相繼淪陷

蘇嘉路將有劇戰

我軍固守海鹽長安之綫

已與左翼取得密切聯絡

克復德州滄縣說

敵佔據粵圍洲島

四省府改組

國府宣告移駐重慶

津浦綫我克桑梓店

海南島防務鞏固

傳日暫不再破壞

日大本營正式成立

今日之華南

图 2-62　《立报》1937 年 11 月 21 日头版

报道淞沪会战失利后，国民政府被迫迁都重庆。（朱军华藏）

图 2-63　日本《大阪每日新闻》1937 年 12 月 1 日

报道日军在进攻南京途中遭到中国军队顽强抵抗。(马志春藏)

大阪朝日新聞
號外
昭和十二年十二月十七日
この號外は本紙に再録しません

けふの南京入城式

本社南京特派寫眞報道團 十七日撮影

本社朝風機 南京より福岡へ超快速空輸

中山門より堂々入城の松井最高指揮官（上）、朝香宮殿下（中）

【下】下關より挹江門へ入

城行進の

图 2-64　日本《大阪朝日新闻》1937 年 12 月 17 日号外

报道日军南京入城式。（朱军华藏）

图 2-65　日本《支那战线写真》1938 年 2 月 9 日画页

从图上可以看出，大屠杀过后的南京城一片萧条破败之相。（马志春藏）

七、台儿庄大捷

台儿庄大捷又称台儿庄战役、鲁南会战，从1938年3月16日开始至4月15日结束，由滕县战斗、临沂附近战斗、台儿庄战斗等组成。在历时1个月的激战中，中国军队约29万人参战，日军参战人数约5万。中方伤亡5万余人，毙伤日军2万余人。台儿庄大捷打击了日本侵略者的嚣张气焰，坚定了全国军民坚持抗战的信心。

犯台兒莊敵已敗退
魯西出擊包圍泰安
大汶口至兗州敵交通切斷
臨沂激戰形勢尙穩
敵調來兩師團增援
臨城棗莊我軍暫退
社評
漢賊不兩立！
國民黨臨時全代會
昨在渝舉行開幕禮
李司令長官談
津浦全線戰況
上海各界昨午宣誓
反對一切僞組織

图 2-66　1938 年 3 月 30 日《大公报》第二版

报道进犯台儿庄的日军败退。（马志春藏）

大公報

臨沂我軍再度大捷
台兒莊激烈爭奪戰
昨晨敵退竄當午又增援進犯

魯南敵重創
兩日內五千戰死

光榮的創傷

黔省建設
吳主席對記者談

社評
關於救護負傷將士之緊急呼籲

關于外匯請核事
財部發言人有所說明
對滬分配數高于滬貿易入超
財部短期內在滬設立通訊處

東線戰況
收復泗安海寧等地

國府明令

孤島雜訊

英對華政策不變
孫院長訪晤英財相
英使今抵港即北上

粵境昨日空襲
海口粵漢路被炸

图 2-67 《大公报》1938 年 4 月 1 日第二版

该版刊发《临沂我军再度大捷，台儿庄激烈争夺战》。（马志春藏）

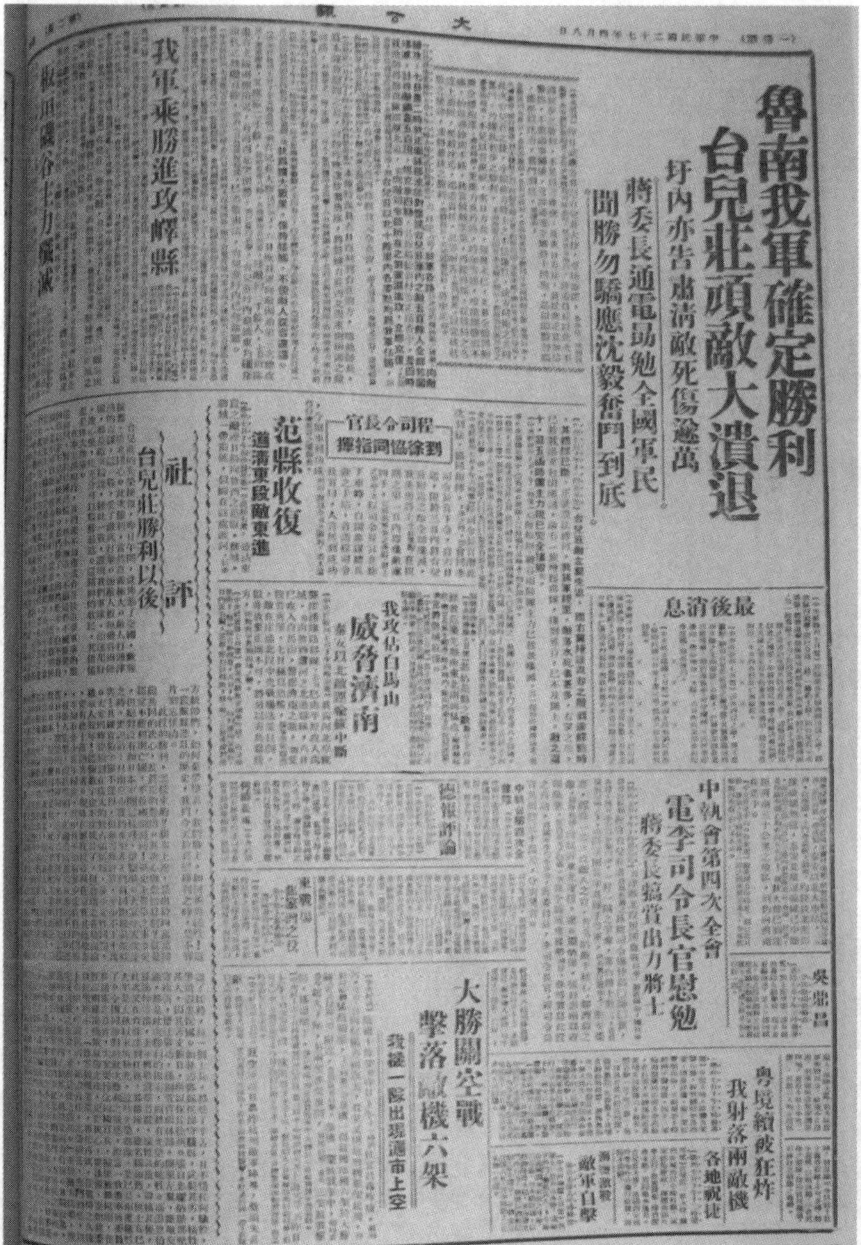

大公報

魯南我軍確定勝利
台兒莊頑敵大潰退
圩內亦告肅清敵死傷逾萬
蔣委長通電勗勉全國軍民
聞勝勿驕應沈毅奮鬥到底

我軍乘勝進攻嶧縣

社評
台兒莊勝利以後

程司令長官到徐協同指揮

范縣收復
道清東段敵東進

最後消息

我攻佔白馬山
威脅濟南

中執會第四次全會
電李司令長官慰勉
蔣委長犒賞出力將士

吳鼎昌

大勝關空戰
擊落敵機六架
我機一隊出現滬市上空

粵境續被狂炸
我射落兩敵機

图 2-68 《大公报》1938 年 4 月 8 日第二版

该版刊发《鲁南我军确定胜利，台儿庄顽敌大溃退》。（马志春藏）

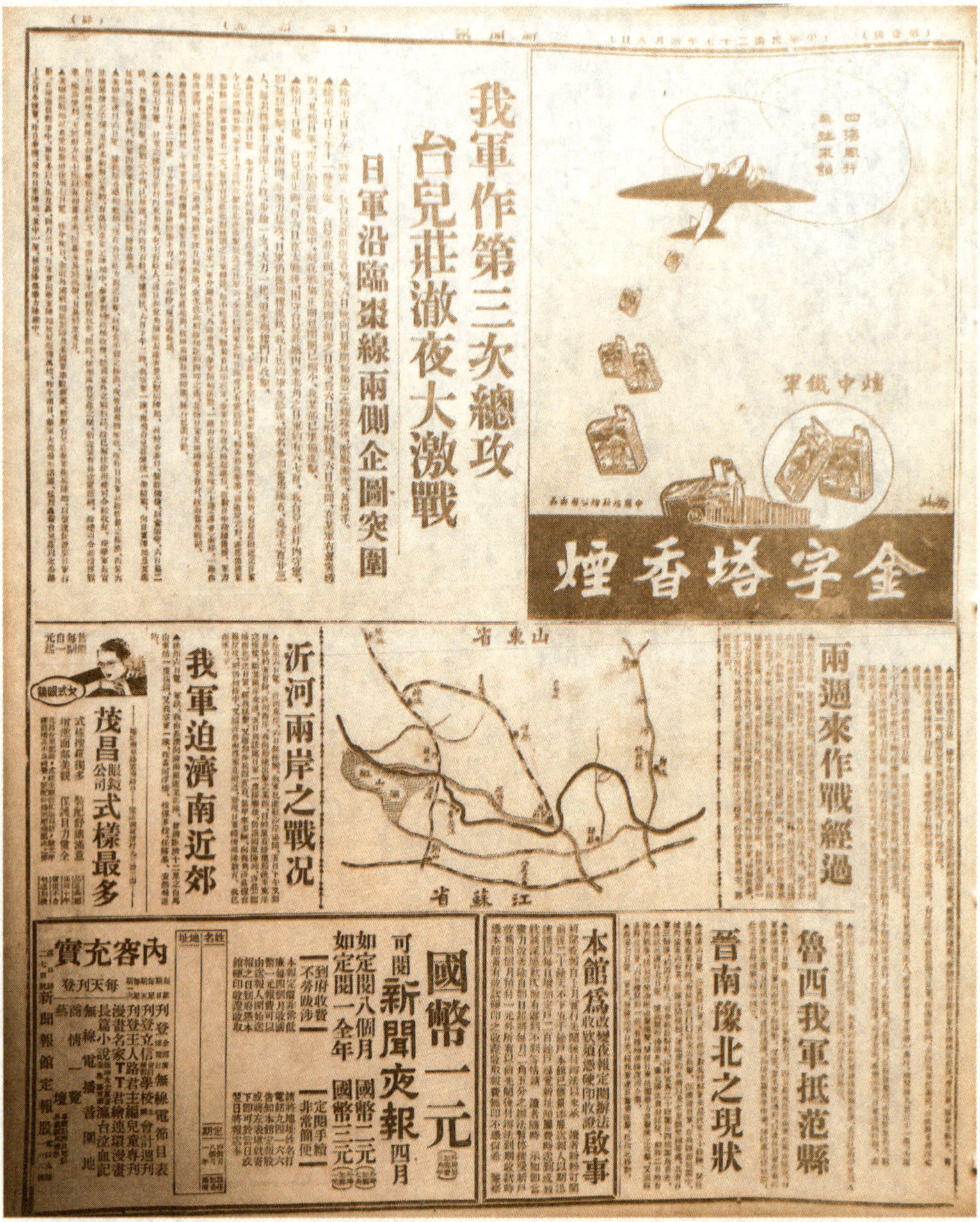
我軍作第三次總攻
台兒莊澈夜大激戰
日軍沿臨棗線兩側企圖突圍

沂河兩岸之戰況

我軍迫濟南近郊

兩週來作戰經過

魯西我軍抵范縣

晉南豫北之現狀

本館爲收費改變夜報定閱辦法啟事

图 2-69 《新闻报》1938 年 4 月 8 日第四版

该版刊发《我军作第三次总攻，台儿庄彻夜大激战》。（朱军华藏）

新聞報　中華民國二十七年四月九日　星期六

南京路河南路轉角

老介福

今日（四月九日）起舉行

春季大廉價

花樣比衆新鮮　質地比衆道地

貨品比衆齊全　售價比衆更廉

台兒莊戰事結束後

向棗莊嶧縣進展中

台兒莊屍體山積血流成渠

茂昌眼鏡公司

聯歡顧客

陳子宜家藏

瘋人奇藥

新式器械初試鋒鋩

台兒莊一戰已大顯神通

日本援軍急趨魯南

濮縣日軍企圖偷渡黃河

何應欽賀李宗仁等

望再接再厲盼續告捷音

黑鷄白鳳丸

一千瓶

特別犧牲

價目

原價每瓶五元

減售貳元

批發暫停

主治

韓奇逢藥房

分售處　公大廣告社

图 2-70　《新闻报》1938 年 4 月 9 日第四版

报道台儿庄战事结束后的形势。（朱军华藏）

第三章 全面抗战的第二阶段

随着抗日战争战局的扩大、战线的延长和长期战争的消耗，日军的财力、物力、兵力严重不足，已无力再发动大规模的战略进攻。敌后游击战争的发展和抗日根据地的扩大，使日军在其占领区内只能控制主要交通线和一些大城市，广大农村均控制在以八路军、新四军为主的中国军队手中。1938 年 9 月，中国共产党召开了六届六中全会，毛泽东提出了中国共产党在民族战争中的地位问题，批判了王明的右倾机会主义路线，坚持了独立自主的原则，保证了抗日战争的顺利进行。在此阶段，日本的侵华方针有了重大变化：逐渐将其主要兵力用于打击在敌后战场的八路军和新四军，而对国民政府则采取以政治诱降为主的方针。日本侵略军集中了大部分兵力和几乎全部伪军，对中国共产党领导的敌后抗日根据地进行了残酷的“大扫荡”。抗日根据地军民开展了艰苦的斗争，坚决地进行反“扫荡”、反“蚕食”斗争，敌后战场逐渐成为抗日战争的主战场。在日本政府的诱降下，国民政府内亲日派头子汪精卫公开投降。1940 年 3 月，他在南京成立了伪国民政府，组织伪军，协同日本侵略军进攻抗日根据地。同时，国民党的反共倾向也日渐浓重，蒋介石采取“消极抗日，积极反共”的政策，掀起反共高潮，妄图消灭共产党和敌后抗日根据地。中国共产党坚持“发展进步势力，争取中间势力，孤立顽固势力”的方针，领导解放区军民一边抗击日伪军的“大扫荡”，一边打退了国民党的三次反共高潮，巩固和发展了抗日根据地。至 1943 年 12 月，日军在兵力严重不足的情况下，被迫收缩战线，华北方面军停止向抗日根据地的进攻。

这一阶段的报刊记录了在抗日战争极其困难的情况下，抗日根据地军民坚持反投降、反倒退，坚持抗战到底，打破了敌人的“大扫荡”和“蚕食”局面，取得了一个个战果。

一、《论持久战》发表

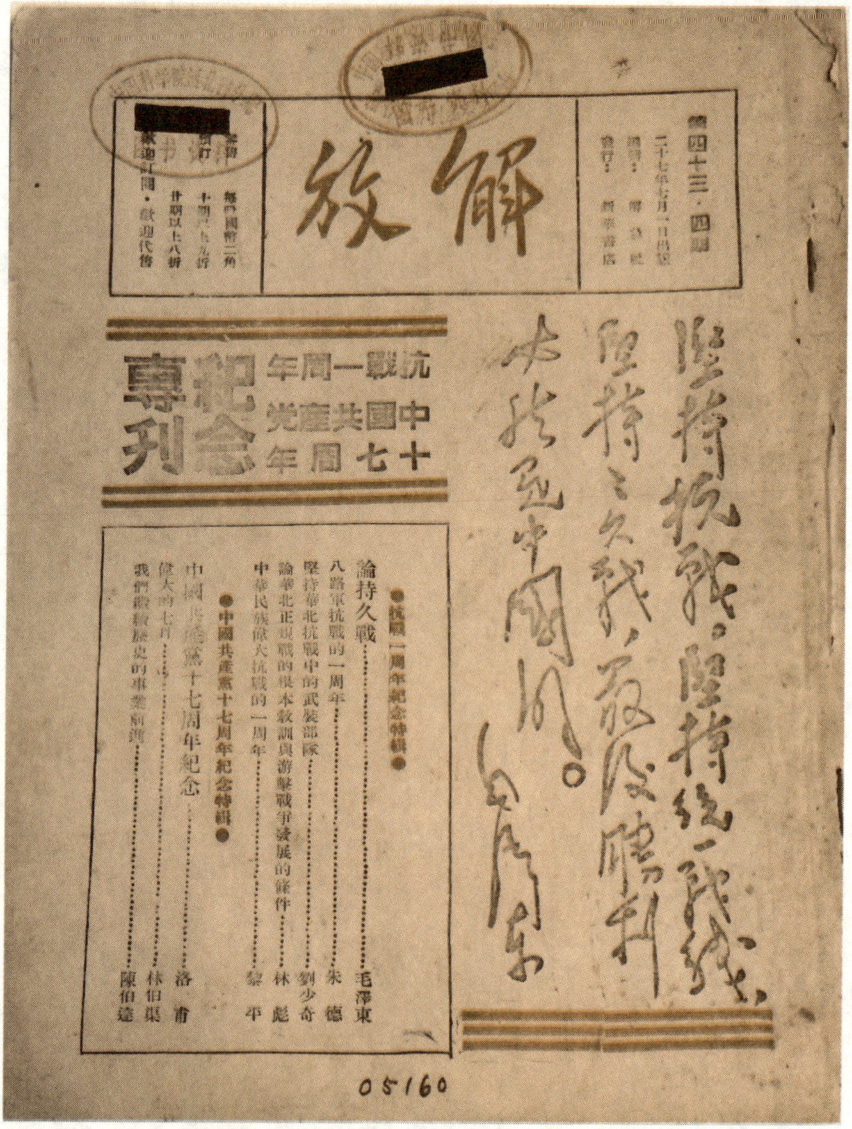
[redacted]
[redacted]
第四十三·四期
二十七年七月一日出版
編輯：解放社
發行：新華書店

解放

定價 每冊國幣二角
預訂 十冊以上九折
廿冊以上八折
歡迎訂閱·歡迎代售

抗戰一周年
中國共產黨十七周年
紀念專刊

堅持抗戰，堅持統一戰線，堅持久戰，最後勝利必然是中國的。毛澤東

●抗戰一周年紀念特輯●
論持久戰……毛澤東
八路軍抗戰的一周年……朱德
堅持華北抗戰中的武裝部隊……劉少奇
論華北正規戰的根本教訓與游擊戰爭發展的條件……林彪
中華民族偉大抗戰的一周年……黎平
●中國共產黨十七周年紀念特輯●
中國共產黨十七周年紀念……洛甫
偉大的七月……林伯渠
我們繼續歷史的事業前進……陳伯達

05160

图 3-1 《解放》1938 年 7 月 1 日第 43、44 期

该期为抗战一周年、中国共产党十七周年纪念专刊。（南春荣藏）

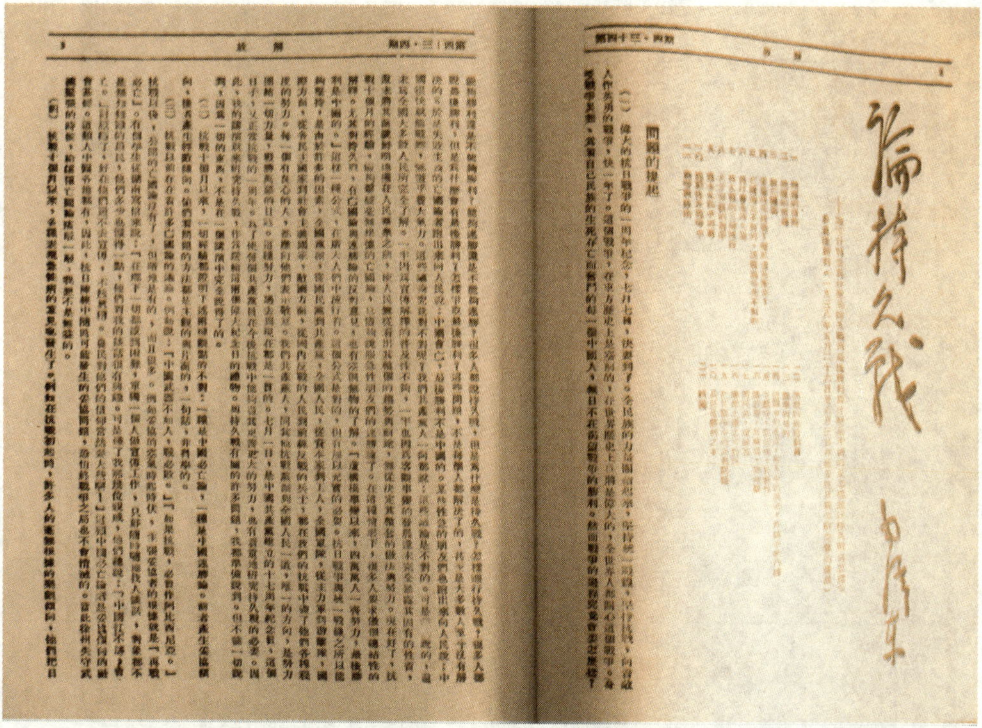

图 3-2　《解放》1938 年 7 月 1 日第 43、44 期

该期刊发毛泽东《论持久战》。（马志春藏）

MONDAY OCTOBER 24, 1938

The News Digest

Published daily by UNIVERSITY PRESS, LTD.

每日譯報

General News (新聞版)

瑞武華軍破西進日軍

一部日軍在鄂城登陸

黃崗登陸日軍遇阻未進展

由沙窩南犯日軍進行甚急

中山縣自衛團抗拒登陸日軍

日軍大隊昨入廣州 市內大火四起 虎門砲台昨亦陷落

皖南華軍全線連日反攻得手

武漢實施戒嚴 規定死刑八條

二度晉南會戰華方勝利 垣曲日軍已被肅清

義報表示欣幸

英報擔慮對華貿易

中國愈抗戰英日矛盾愈深刻

華方準備在湘決戰

譯報周刊 第二期要目

秋季新班 今日上課

中華職業補習學校

图 3-3 《每日译报》1938 年 10 月 24 日头版

该报为中共上海地下党组织为宣传抗日救亡，利用外国报刊在租界的合法地位出版的报纸。（范光永藏）

第五十五期
廿七年十月卅一日出版
編輯：解放社
發行：新華書店

解放

零售　每冊國幣八分
預訂　十期以上九折　廿期以上八折
歡迎訂閱・歡迎代售

論目前抗戰形勢

周恩來

一

中國抗戰，經過了十五個月的英勇戰鬥，完全證實了一個眞理，即是：祇有堅持長期抗戰，才能爭取中華民族解放戰爭的最後勝利。一切對中國抗戰之速亡論或速勝論，均已從事實上宣告破產。因爲速亡論者祇看到中日軍事的強弱懸殊，沒有看到其他許多政治、經濟、自然因素及國際等條件不利於日本，所以他們不能預見也不能相信中國抗戰能支持十五個月之久，而武漢還能保持在我們手中，華北廣大的地區仍舊飄揚着中華民國的國旗，創造出許多游擊運動的根據地，津浦沿綫及長江下游同樣能發展游擊戰爭。速勝論者則存在着另外一種心理，或者錯誤的過低的估計敵人的力量，過高的誇大自己的力量，而忽視自己的弱點，以爲一戰再戰就可以使日本精疲力盡，永遠失敗，或者希望外援，想倚靠國際的變化，來替中國打勝日本，這是一種僥倖心理。十五個月的抗戰史實，已證明中華民族主要的倚靠自力更生的國策和信心，支持了這一血戰，一切速亡論的悲觀心理與速勝論的僥倖心理，已被粉碎無遺。

但是，現在三期抗戰正處在緊要關頭，武漢又告危急，新的悲觀動搖的心理，新的僥倖偷得的企圖，或者會在另一種形式上出現。因此，我們認爲對目前抗戰形勢，有更加闡明的必要。

首先我們應該認明的，中國抗戰是長期的不是短期的，持久戰的方針是確定的。日本強盜既不可能一下子把我們趕到中國的「帕米爾」，追上峨嵋山，我們也不能很快的轉弱爲強，反守爲攻，將日本強盜趕出中國。因此，中日戰爭的形勢，正如毛澤東同志所說：須經過持久戰的三個階段，才能爭取最後勝利。他描寫這三個階段的特點，即是：「第一個階段，是敵之戰略進攻，我之戰略防禦的時期；第二個階段，是敵之戰略保守，我之準備反攻的時期；第三個階段，是我之戰略反攻，敵之戰略退却的時期。」換一句話說，中日戰爭既不是一個階段被敵人一直進攻到我們亡了國，也不是兩個階段敵人進攻中止後被我們一個反攻打出了中國，而是三個階段，先是敵進我退，繼而彼此相持，最後我進敵退，爭取我們的最後勝利。

這三個階段如何演進，如何轉變呢？我們回答：抗戰愈持久，才能愈向有利於我們方面演進，抗戰愈勝利，才能愈有利的轉入新的階段。第一階段敵進我退，我們雖遭受頗大

本期目次

图 3-4　《解放》1938 年 10 月 31 日第 55 期

该期刊发周恩来《论目前抗战形势》，指出华北地区建立了许多游击运动的根据地，这对长期抗战是有利的。（马志春藏）

解放

第五十七期
廿七年十一月廿五日出版
編輯：延安解放社
發行：延安新華書店

零售 每冊國幣八分
預訂 十期以上九折 廿期以上八折
歡迎訂閱 歡迎代售

中國共產黨擴大的六中全會告全國同胞、全體將士和國共兩黨同志書

图 3-5 《解放》1938 年 11 月 25 日第 57 期

该期刊发《中国共产党扩大的六中全会告全国同胞、全体将士和国共两党同志书》，文章指出，广泛的游击战争，正在敌人后方开展着。（王海勇藏）

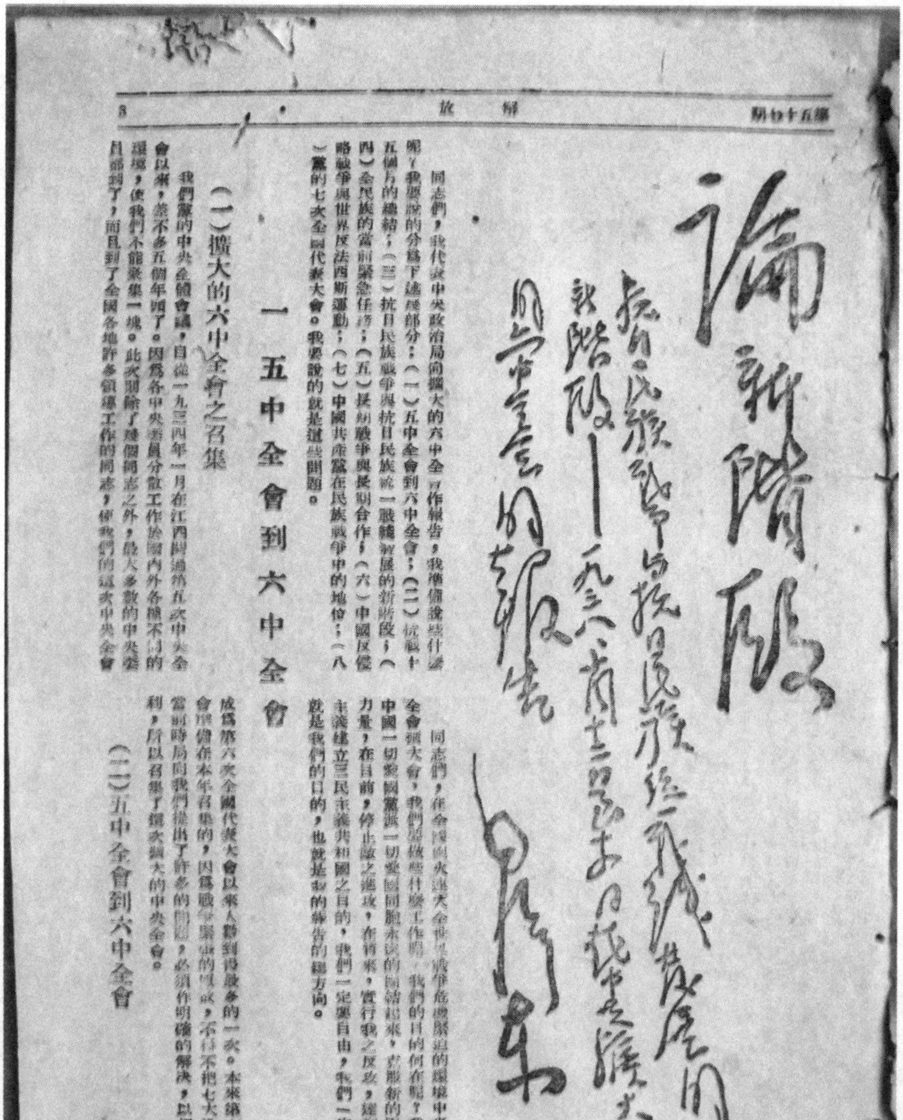

第五十七期　解　放　8

論新階段

抗日民族戰爭與抗日民族統一戰線發展的新階段

一九三八年十月十二日在中共擴大的六中全會的報告

毛澤東

同志們，我代表中央政治局向擴大的六中全會作報告，我準備說些什麼呢？我要說的分為下述幾部分：（一）五中全會到六中全會；（二）抗戰十五個月的總結；（三）抗日民族戰爭與抗日民族統一戰綫發展的新階段；（四）全民族的當前緊急任務；（五）長期戰爭與長期合作；（六）中國反侵略戰爭與世界反法西斯運動；（七）中國共產黨在民族戰爭中的地位；（八）黨的七次全國代表大會。我要說的就是這些問題。

同志們，在全民族與全人類戰爭危機緊迫的環境中來開我們的六中全會擴大會，我們要做些什麼工作呢？我們的目的何在呢？我們一定要同全中國一切愛國黨派一切愛國同胞永久的團結起來，克服新的困難，動員新的力量，在目前，停止敵之進攻，在將來，實行我之反攻，達到驅逐日本帝國主義建立三民主義共和國之目的。我們一定要自由，我們一定要勝利——這就是我們的目的，也就是我的報告的總方向。

一　五中全會到六中全會

（一）擴大的六中全會之召集

我們黨的中央全體會議，自從一九三四年一月在江西開過第五次中央全會以來，差不多五個年頭了。因為各中央委員分散工作於國內外各種不同的環境，使我們不能聚集一塊。此次則除了幾個同志之外，最大多數的中央委員都到了，而且到了全國各地許多領導工作的同志，使我們的這次中央全會成為第六次全國代表大會以來人數到得最多的一次。本來第七次全國代表大會準備在本年召集的，因為戰爭緊張的緣故，不得不把七大推遲到明年，而當前時局向我們提出了許多的問題，必須作明確的解決，以便爭取抗戰的勝利，所以召集了這次擴大的中央全會。

（二）五中全會到六中全會

图 3-6　《解放》1938 年 11 月 25 日第 57 期

该期刊发毛泽东《论新阶段》。（王海勇藏）

二、敌后游击战

中国共产党领导的八路军、新四军等抗日武装力量深入敌后，开展了独立自主的敌后游击战，有力地配合了正面战场作战，牵制了日寇的大量兵力。

图 3-7　《战斗美术》1939 年 4 月 20 日第 1 期

封面图片为一位拿枪的游击队员。（韩长报藏）

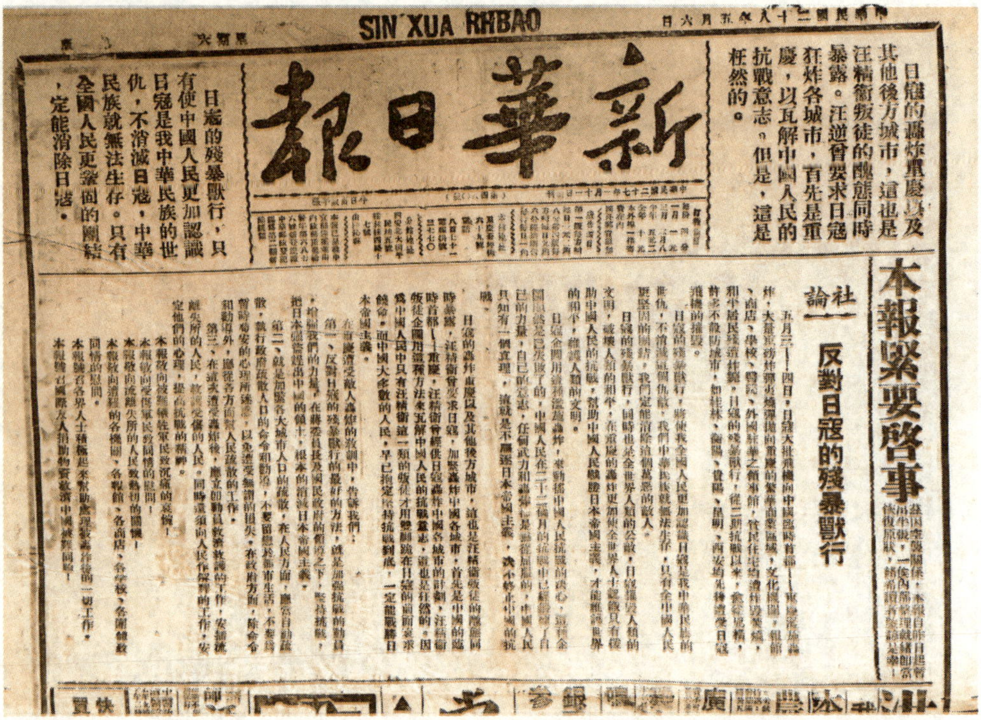
SIN XUA RHBAO

新華日報

日寇的轟炸重慶以及其他後方城市，這也是汪精衛叛徒的醜態同時暴露。汪逆曾要求日寇狂炸各城市，首先是重慶，以瓦解中國人民的抗戰意志，但是，這是枉然的。

日寇的殘暴獸行，只有使中國人民更加認識日寇是我中華民族的世仇，不消滅日寇，中華民族就無法生存。只有全國人民更鞏固的團結，定能消除日寇。

本報緊要啓事

社論

反對日寇的殘暴獸行

图 3-8　《新华日报》(重庆版)1939 年 5 月 6 日头版

《新华日报》是抗战初期中国共产党在国民党统治区公开出版发行的大型机关报。该期刊登社论《反对日寇的残暴兽行》，号召全国人民拿起枪来，到敌人后方去，开展各种形式的游击战，打击侵略者。（牛廷福藏）

DAZHUNG RNBAO

大众日报

·任何敌人的进攻，必须抵抗，任何困难，必须克服，任何投降阴谋，必须反对，国共关系必须调整，抗日民族统一战线必须巩固！

中国共产党中央委员会为
抗战三周年纪念对时局宣言

中国共产党中央委员会

图 3-9　《大众日报》1940 年 7 月 10 日头版

该版刊发《中国共产党中央委员会为抗战三周年纪念对时局宣言》，强调开展敌后游击战争。（马志春藏）

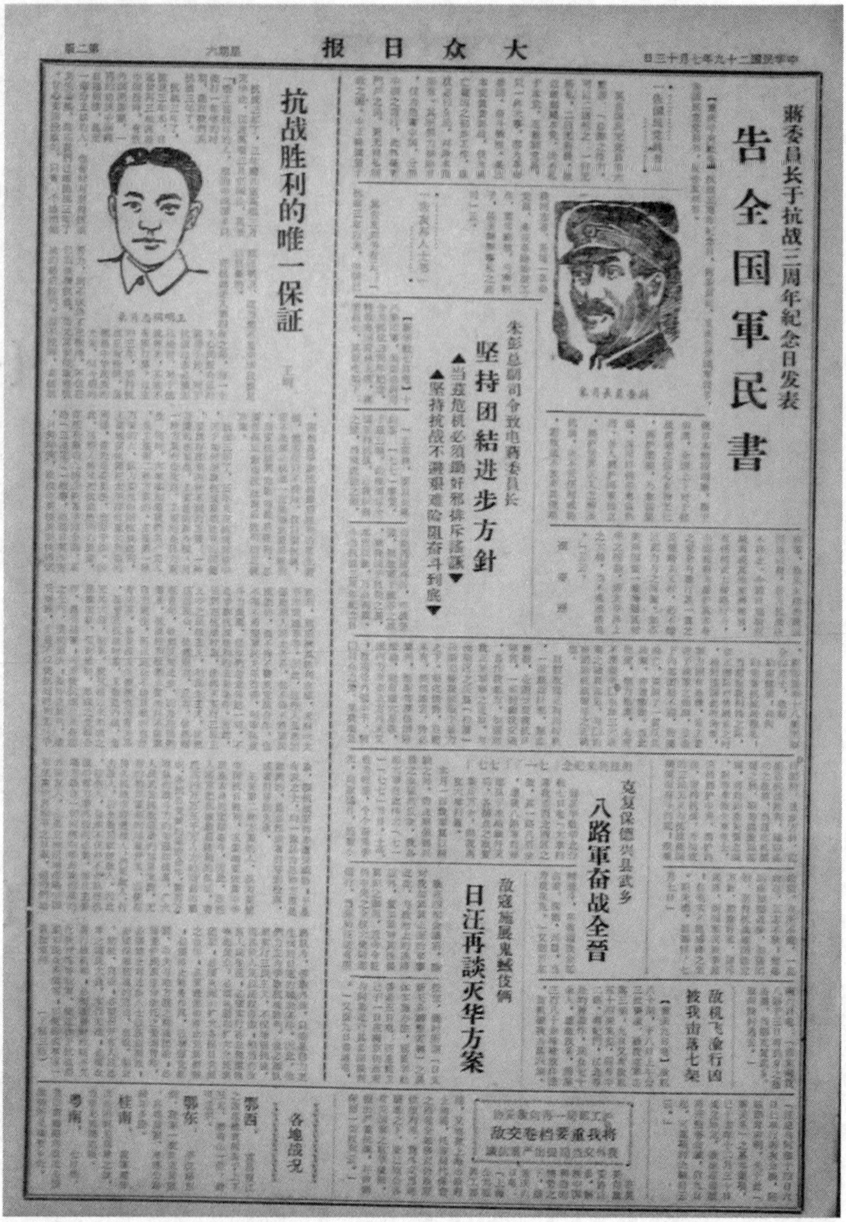

图 3-10 《大众日报》1940 年 7 月 13 日第二版

报道朱德、彭德怀致电蒋介石的内容，强调坚持团结进步方针，以渡过抗战困难时期。（马志春藏）

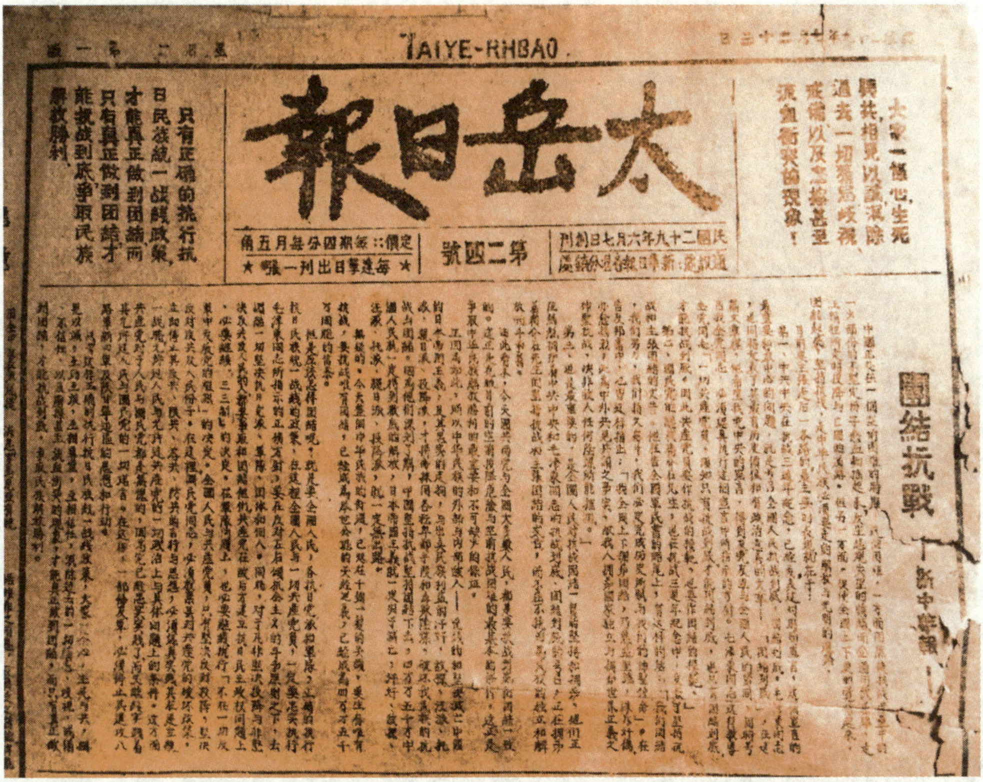

图 3-11　《太岳日报》1940 年 7 月 23 日头版

该版转载《新中华报》社论《团结抗战》。（范光永藏）

中华民国二十九年八月七日　DAZHUNG RNBAO　星期三　第一版

大众日报

坚持团结抗战之方针，击退日寇任何进攻的新花样。最后胜利属于中华民族。

社论　敌阁改组与我国抗战

八路一纵暨山东各界隆重纪念「八一」　接受优良传统坚持抗战

壮举！八路军铁路大队智毁敌寇火车

八路军连袭招远道头敌　新蒙敌东犯溃败

摆脱汪派汉奸欺骗　积极进步奋勇杀敌　山筑成抗战营垒

割断敌寇交通脉管　八路军破路再破路

图 3-12　《大众日报》1940 年 8 月 7 日第一版

报道八路军铁路大队(铁道游击队)智毁敌寇火车。(马志春藏)

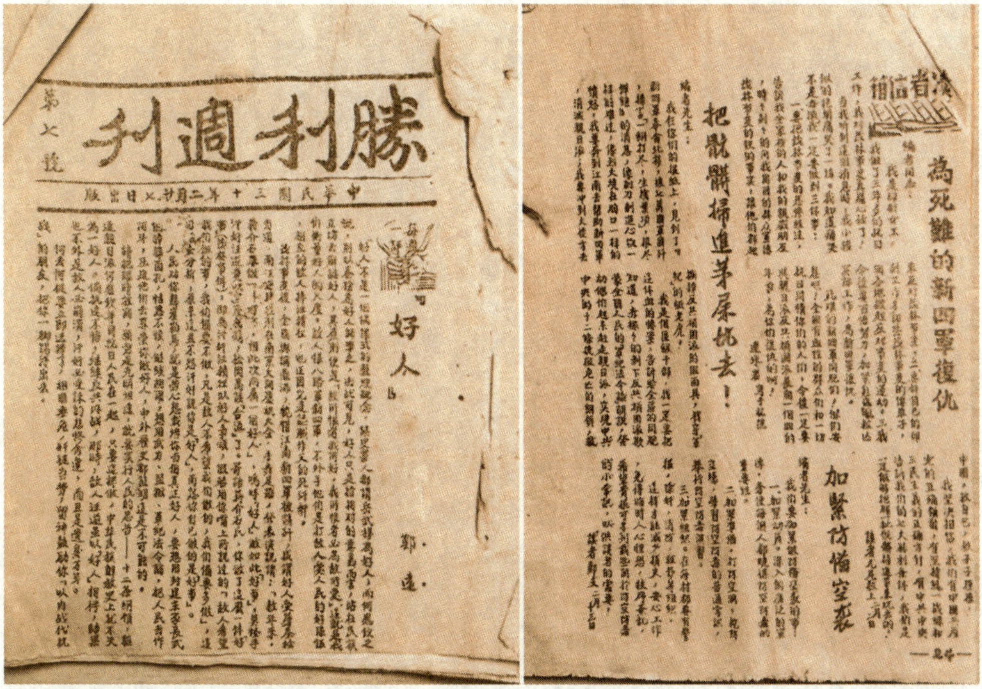
第七號
勝利週刊
中華民國三十年二月廿七日出版
好人
鄭遠
為死難的新四軍復仇
把戰爭掃進茅廁坑去！
加緊防備空襲

图 3-13　《胜利周刊》1941 年 2 月 27 日第 7 号

该期刊发《为死难的新四军复仇》。（范光永藏）

中國共產黨中央
為抗戰五週年紀念宣言

南斯拉夫游擊隊積極活躍
六萬大軍控制南河交通

告淪陷區同胞：明年一定打敗日寇

敵後抗戰第五年
八路軍新四軍光輝戰績

图 3-14　《正义报》1942 年 7 月 10 日第二版

本报由晋绥抗日根据地出版。该版报道八路军、新四军辉煌战绩。（王海勇藏）

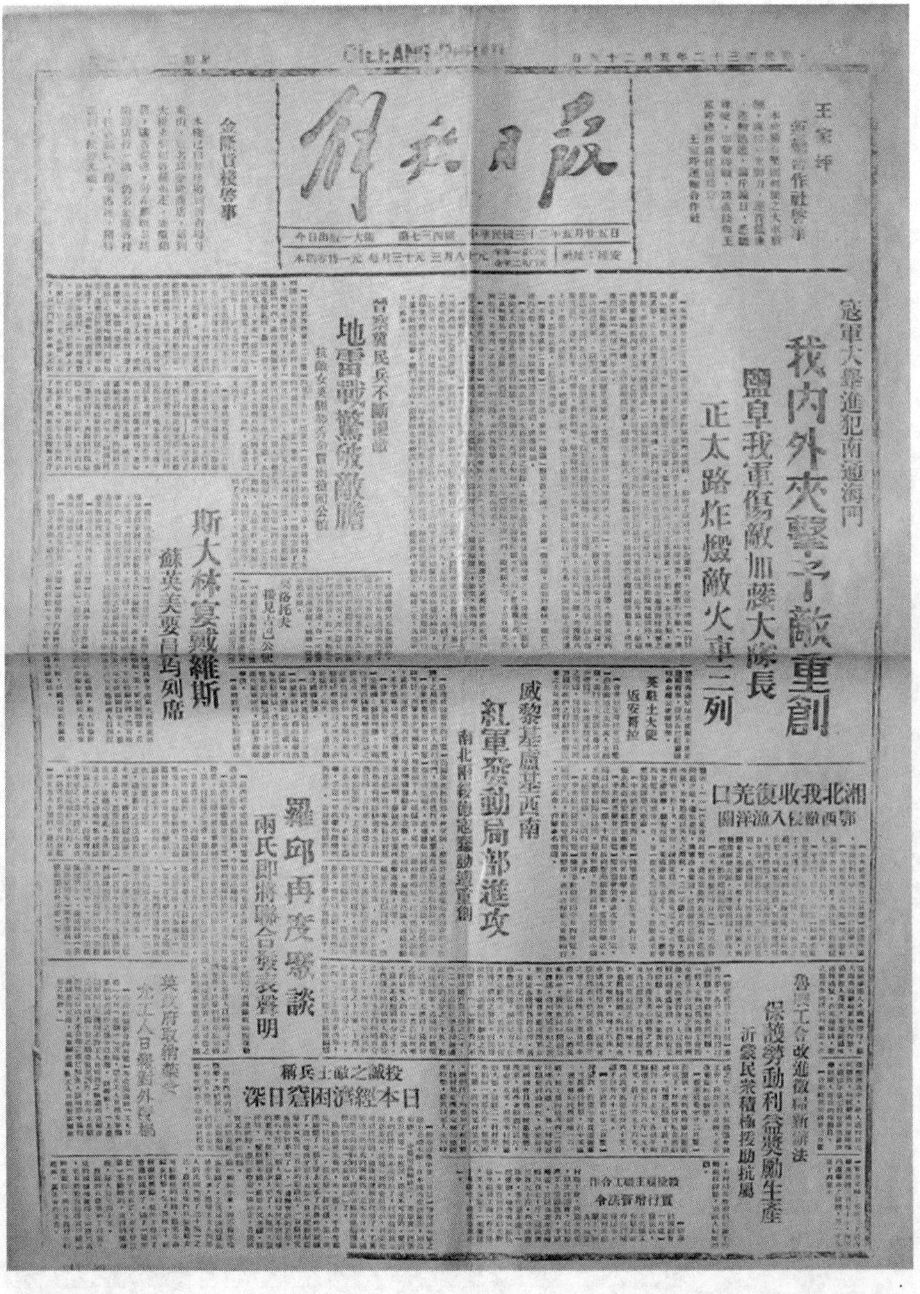
解放日報

寇軍大舉進犯南通海門

我内外夾擊予敵重創

鹽阜我軍傷敵加藤大隊長

正太路炸燬敵火車三列

地雷戰驚破敵膽

斯大林宴戴維斯

蘇英美要員均列席

湘北我收復羌口

紅軍發動局部進攻

日本經濟困窘日深

图 3-15　《解放日报》1943 年 5 月 25 日第一版

该版报道晋察冀民兵地雷战惊破敌胆。（马志春藏）

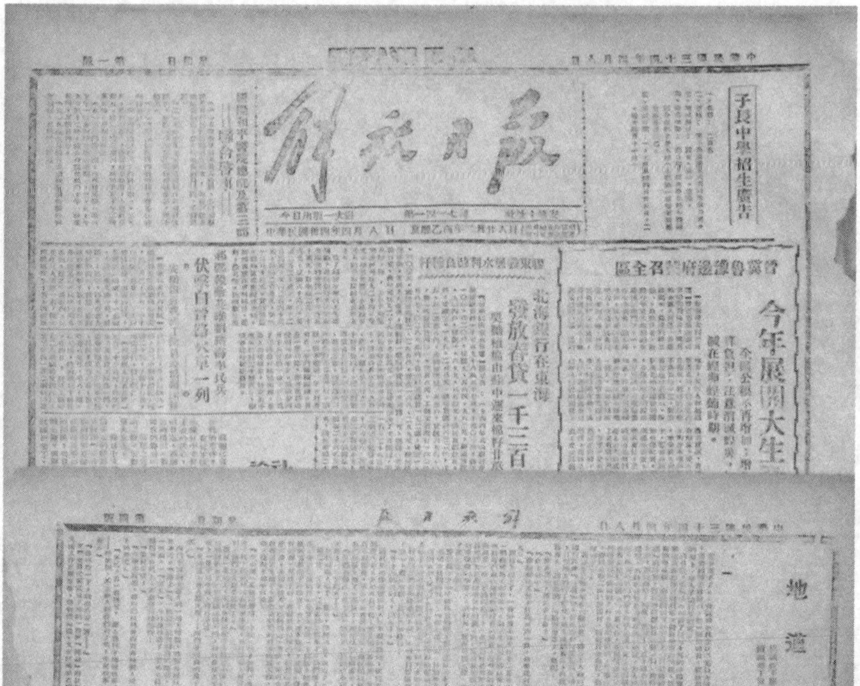

解放日報

子良中學招生廣告

北海銀行在東海 發放春貸一千三百

今年展開大生

地道

談在職幹部的學習文化

图 3-16 《解放日报》1945 年 4 月 8 日第一、四版

刊发周而复的报告文学《地道》，详细报道冀中军民开展地道战的战绩。（马志春藏）

三、百团大战

1940 年下半年，彭德怀指挥八路军 129 师和晋察冀军区等共 105 个团 20 余万兵力，对华北地区的日伪军发动了以破袭正太铁路为重点的进攻战役，史称百团大战。这是抗日战争时期中国共产党领导下的敌后抗日武装力量与日军发生的一次规模最大、持续时间最长的战役，共进行大小战斗 1800 余次，攻克据点 2900 余个，歼灭日伪军 45000 余人，鼓舞了中国军民的抗战斗志，增强了必胜的信心。

DAZHUNG RNBAO

大众日报

中华民国二十九年八月二十九日

拥护百团大战！用八路军牺牲奋斗的精神，积极帮助八路军的补充与发展！

社论

论八路军“百团大战”的伟大胜利

完成三千八百万人民重托厚望　奠定下山东抗战团结更新历史

联合大会圆满闭幕

·朱政委致闭幕词勖勉五大任务·

主席范议长望：大家克服困难　坚持抗战团结

朱政委：勖勉五大任务

中共代表号召　党员要做模范

八路代表保证　维护民主群运

宪政会代表　赠送法宝两件

抗协表示　自卫军团结一致奋斗

中苏文协代表　热望开展组织

参议会反映　民众民主要求

国大代表阐发　实际工作精神

致八路军——　代表山东全体民众　祝贺百团大战胜利

战工会要求　党政军民配合

图 3-17　《大众日报》1940 年 8 月 29 日头版

该版刊发社论《论八路军“百团大战”的伟大胜利》。（马志春藏）

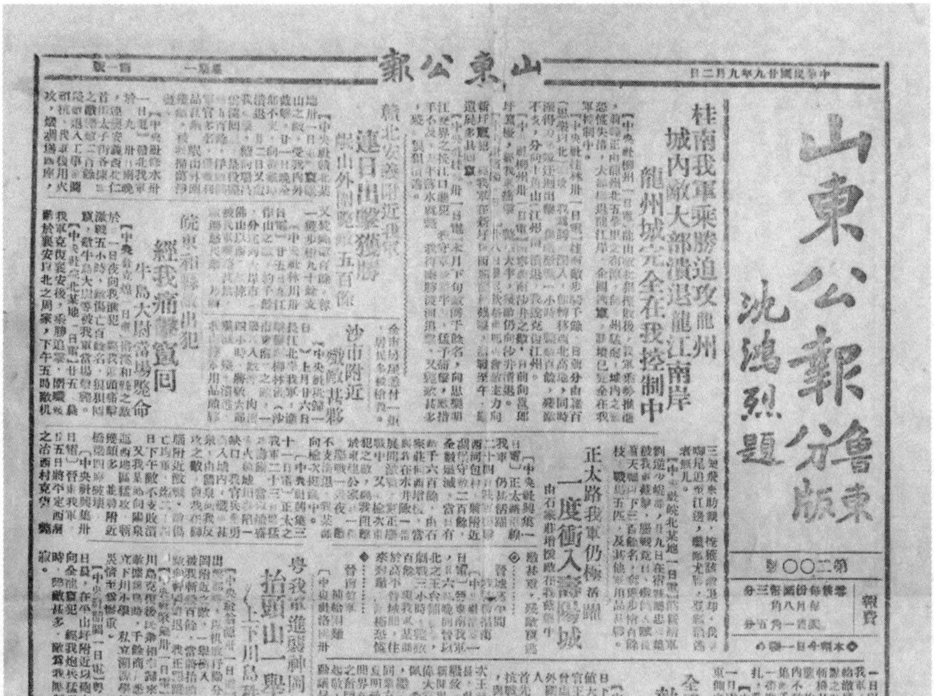
山東公報
魯東分版
沈鴻烈題

中華民國廿九年九月二日

桂南我軍乘勝追攻龍州
城內敵大部潰退龍江南岸
龍州城完全在我控制中

正太路我軍仍極活躍
一度衝入壽陽城

粵我軍進襲神岡
抬頭山一度克復

全國新聞界
熱烈慶祝記者節

皖東和縣敵出犯
經我痛擊竄回

沙市附近戰敵甚夥

图 3-18 《山东公报》(鲁东分版)1940 年 9 月 2 日头版

该版报道正太路我军仍极活跃。(王海勇藏)

大众日报

中华民国二十九年九月七日 星期六 第二版

血战晋冀奇袭察东一战再战屡战屡胜
百团大战猛烈开展

北宁路
我軍冲入唐山市内
民众二万余大破路
敌車一列傾复脱軌

平汉路
冒敌熾盛炮火
攻入方顺桥車站

白晋路
破坏铁桥三座
挖毁路基五里

攻克故城东夏家庄
挖沟德路三百余条
俘伪警长等四十名

津浦路

同蒲路
占領辛治車站攻入霍县車站
鉄道建筑公路被我徹底破坏

特載
山东省临时参議会通过
山东省战时施政綱領

察东八路軍向敌猛击
长城内外展开剧战
攻克龙門所进袭独石口

决死队进袭閰家坪
徹底破坏公路二条

加强内部团结发挥抗战力量
晋冀豫太北区
工人生活初步改善

敌汪秘密会議結束
又将签訂卖国条約

要聞簡报

图 3-19　《大众日报》1940 年 9 月 7 日第二版

该版刊发《百团大战猛烈开展》。（马志春藏）

大众日报

机动迅速顽强猛进血战半月如一日

百团战果与日俱增

△正太路▽

攻克张净等据点歼敌数百

桑掌坡头冒毒血战

同蒲路

破坏铁路一段公路三条

获枪二十八枝俘敌兵八名

白晋路

破坏公路两条

击毁汽车一辆

平绥路

袭入蔚县车站

缴获弹药无数

平汉路

各地战况

·晋冀简报·

专载

十八集团军彭副总司令

关于「百团大战」对华北新华日报记者的談話

山东省参议会为集思广益博采谠议

專函奉达各地名宿耆紳

图 3-20 《大众日报》1940 年 9 月 10 日第二版

该版刊发《百团战果与日俱增》，以及彭德怀关于“百团大战”的谈话。（马志春藏）

DAZHUNG RNBAO

大众日报

全国的将士们积极动作起来，配合「百团大战」这战役的进行，争取各战线上战役战斗的胜利，粉碎日寇新进攻的阴谋！

百团大战的重大意义

数日激战肉搏冲锋
八路軍再克青駝寺

山东青年宪政促进会成立

庆祝国际青年节

欢送　同时举行

沂南軍民开大会
欢送新战士入伍

各救联合会将成立

图 3-21　《大众日报》1940 年 9 月 13 日头版

该版转载《新中华报》社论《百团大战的重大意义》。（马志春藏）

DAZHUNG RNBAO

大众日报

用战斗的胜利来纪念「九·一八」，来庆祝百团大战的胜利，继续青胜战斗与克复大店的胜利，来一个更大的胜利。

社论

纪念「九·一八」庆祝百团大战胜利

用胜利庆祝百团大战

鲁东南八路军总破袭 连克大店碑郭沈疃

毙伤敌伪一百五十余 莒日段公路全部破坏

创造更多更大胜利

庆祝百团大战伟大胜利

鲁南各界祝捷大会热烈举行

主席报告

中共代表说

民众代表称

庆祝百团大战与联合大会

五千自卫团大检阅

总动委会等二十余机关团体

筹备纪念「九一八」

庆祝百团大战庆祝联合大会

追悼张自忠将军及牺牲将士

图 3-22　《大众日报》1940 年 9 月 16 日头版

该版刊发社论《纪念“九一八”，庆祝百团大战胜利》。（马志春藏）

大众日报

中华民国二十九年九月十九日　星期四　第二版

「百团大战」

初步光辉胜利总结

痛創敌寇鎮慑群丑奠定抗战新局面

八路軍創造空前偉績

敌寇華北各路交通肢解瘫痪

半条正太路一扫而光

破路共两千里以上

炸毁鉄桥七十八座

收鉄軌枕木百万条

解放工友同胞五万

蒋委員長特电嘉奖

八路軍「百团大战」予敌寇重大打击

五晝夜連續摧毁

井陘新矿成废墟

正太路北

風馳电掣連續发揚偉大威力

百团大战如火如荼

围攻盂县冲入东冶

击潰四千进犯敌寇

鉄桥石桥連被炸毁

鉄路公路全遭破袭

平汉路

殘酷血搏勇猛冲鋒枪林彈雨中

八路健儿鮮血換来胜利

蒋委員長庆祝百团大战

暨各办事处等团体电

大小战斗三百次

毙伤敌伪六千名

击潰五个师团

及七个独立旅团

图 3-23　《大众日报》1940 年 9 月 19 日第二版

该版报道百团大战战绩。（马志春藏）

四、太平洋战争

1941 年 12 月 7 日凌晨(日本时间 8 日 3 时 20 分，夏威夷时间 7 日 7 时 50 分)，日军在联合舰队司令山本五十六指挥下，偷袭美国在太平洋最大的海空军基地夏威夷群岛的珍珠港。同日，美、英对日宣战，太平洋战争爆发。

文摘日報

第一號

文摘日報

美參戰聲中的擴軍計劃

法人目中德蘇戰事

图 3-24　1941 年 8 月 16 日《文摘日报》创刊号

该期刊发《美参战声中的扩军计划》。（范光永藏）

SATURDAY DECEMBER 6 1941

CHINESE AMERICAN DAILY NEWS

PUBLISHED BY ROOSEVELT PUBLISHING CORPORATION

中美日報

INCORPORATED U.S.A.

日本海軍突向南移動

太平洋大戰一觸即發

日本昨答覆美國尚圖矇蔽

竟謂集兵越南無侵略意嚮

美日談話瀕於決裂

美英將施海軍封鎖

中國歡迎美英行動

平民療養院

脚腫精

大華銀號

神州大旅社啓事

重慶銀行上海分行公告

九星乳白魚肝油

慈善獎券

今日上海賽馬

一九四二年一月十日當衆開奬

新年大香賓票

頭奬國幣卅九萬二千元

嬰孩自己藥片

保小兒康健

图 3-25　《中美日报》1941 年 12 月 6 日头版

报道太平洋战争一触即发。（范光永藏）

THE CINCINNATI TIMES-STAR—Thursday, Dec. 11, 1941

U. S. Dawn Patrol May Have Aided Japs Unwittingly

Spies Could Easily Have Guaged Distance of Flights.

Two-Thirds of Men On British Warships Saved

2,000, Including Newsmen, Landed After Sinkings.

By C. YATES McDANIEL

Held as Alien

Findley Association to Distribute Gifts

Batavia Murder May Be Solved by Arrest in Miami

Florida Police Send Letter to Cincinnati Chief.

DESTROYERS PICK UP MEN

BOMBS OR TORPEDOES?

Pastor To Be Greeted

图 3-26　美国《辛辛那提时报》1941 年 12 月 11 日第二版

报道太平洋战争爆发，美国对日本宣战。（马志春藏）

图 3-27　《贵州日报》1941 年 12 月 18 日第二版

报道日军占领澳门。（马志春藏）

讀賣新聞

香港遂に陥落！英の牙城潰ゆ

敵力盡きて降伏申入

昨夜七時卅分わが軍停戰令

攻撃八日燦たり東亞解放

屠れ米英 我等の敵だ

皇軍の前に堅壘なし

新嘉坡マニラも同運命

香港方面最高指揮官

酒井隆中將 新見政一中將

大東亞に還つた香港

英制覇の野望水泡

蔣陣營に致命的打撃

ルソン島東部へ新上陸

マニラ火の海

邦人廿八名救出

明治生命

第百銀行

三菱モートル

日立モートル

計算尺

冷凍機

芝浦モートル

千代田組

日立ホイスト

安川モートル

图 3-28　日本《读卖新闻》1941 年 12 月 26 日头版

报道日军占领香港。（马志春藏）

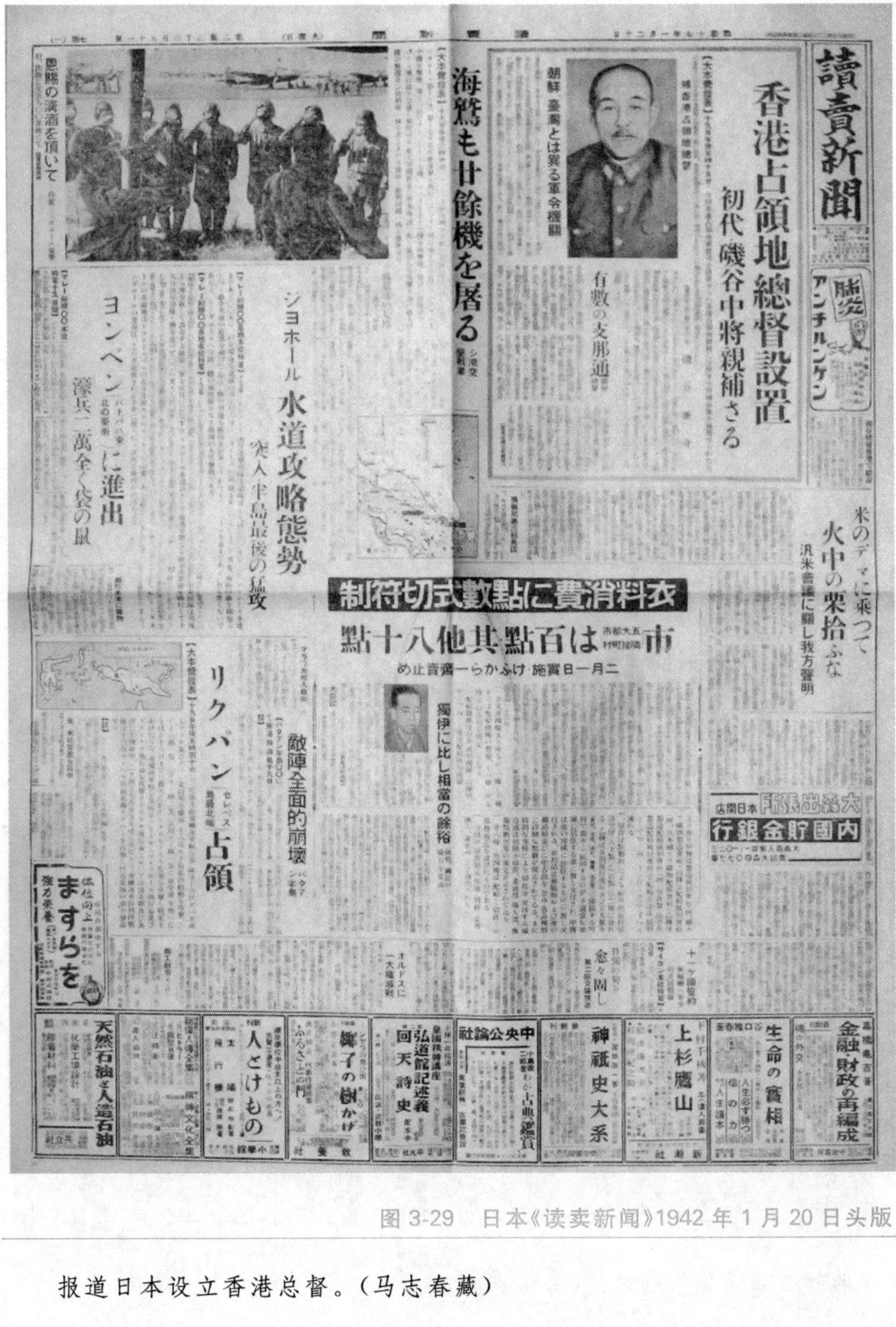

讀賣新聞

香港占領地總督設置
初代 磯谷中將親補さる

朝鮮 臺灣とは異る軍令機關

有數の支那通

海鷲も廿餘機を屠る

ジョホール水道攻略態勢
突入半島最後の猛攻

ヨンベンに進出
濠兵二萬全く袋の鼠

リクパン占領

敵陣全面的崩壊

衣料消費に點數式切符制
市は百點其他八十點
二月一日實施 ふけ・から一齊賣止め

獨伊に比し相當の餘裕

米のデマに乘つて
火中の栗拾ふな
汎米會議に關し我方聲明

内國貯金銀行

ますらを

天然石油と人造石油

人とけもの

椰子の樹かげ

弘道館記述義

回天詩史

中央公論社

神祇史大系

上杉鷹山

生命の實相

金融財政の再編成

图 3-29　日本《读卖新闻》1942 年 1 月 20 日头版

报道日本设立香港总督。（马志春藏）

图 3-30　日本《朝日新闻》1942 年 2 月 16 日头版

报道日军占领新加坡。（马志春藏）

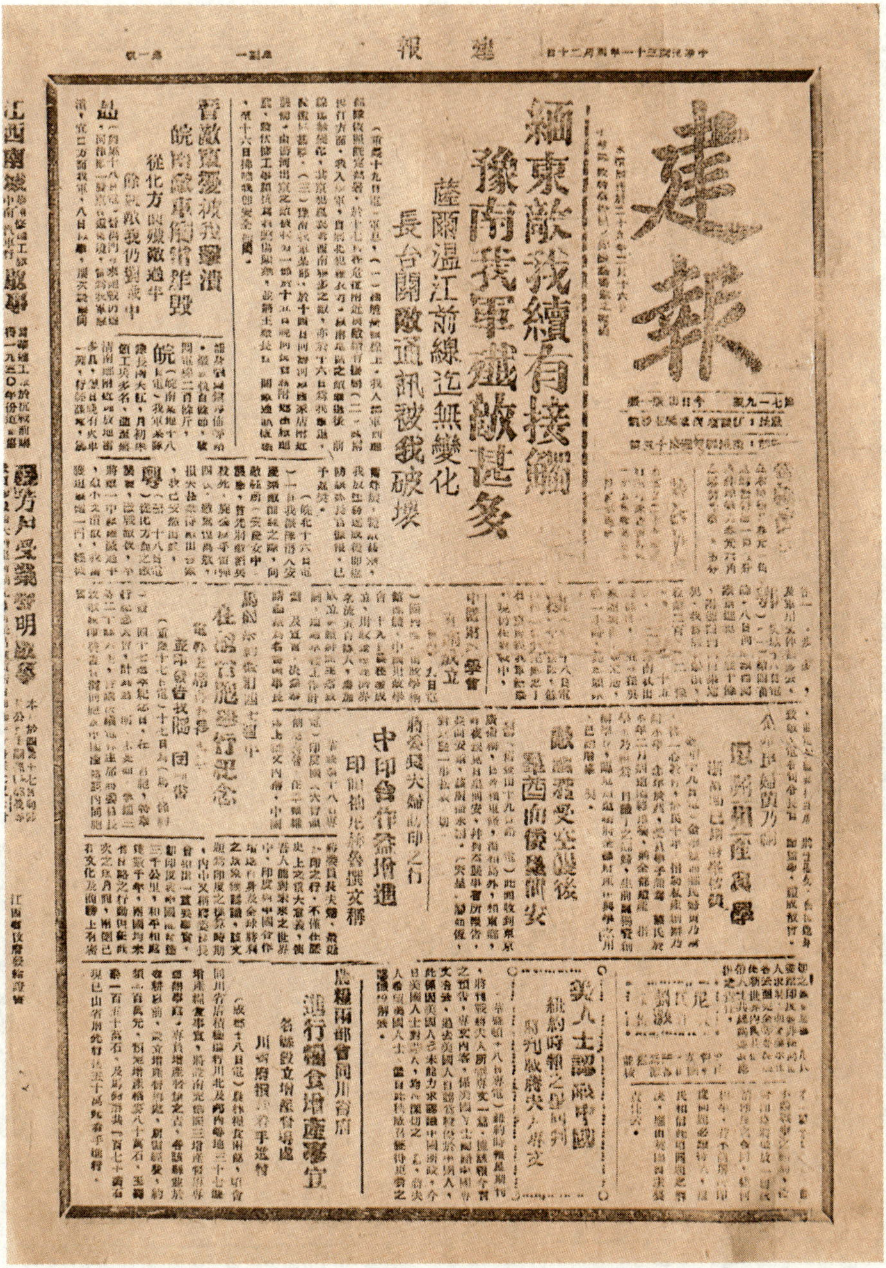
建報

緬東敵我續有接觸

豫南我軍殲敵甚多

薩爾温江前線迄無變化

長台關敵通訊被我破壞

图 3-31　《建报》1942 年 4 月 20 日头版

太平洋战争爆发后，应美国要求，中国组织远征军赴缅甸作战。（王海勇藏）

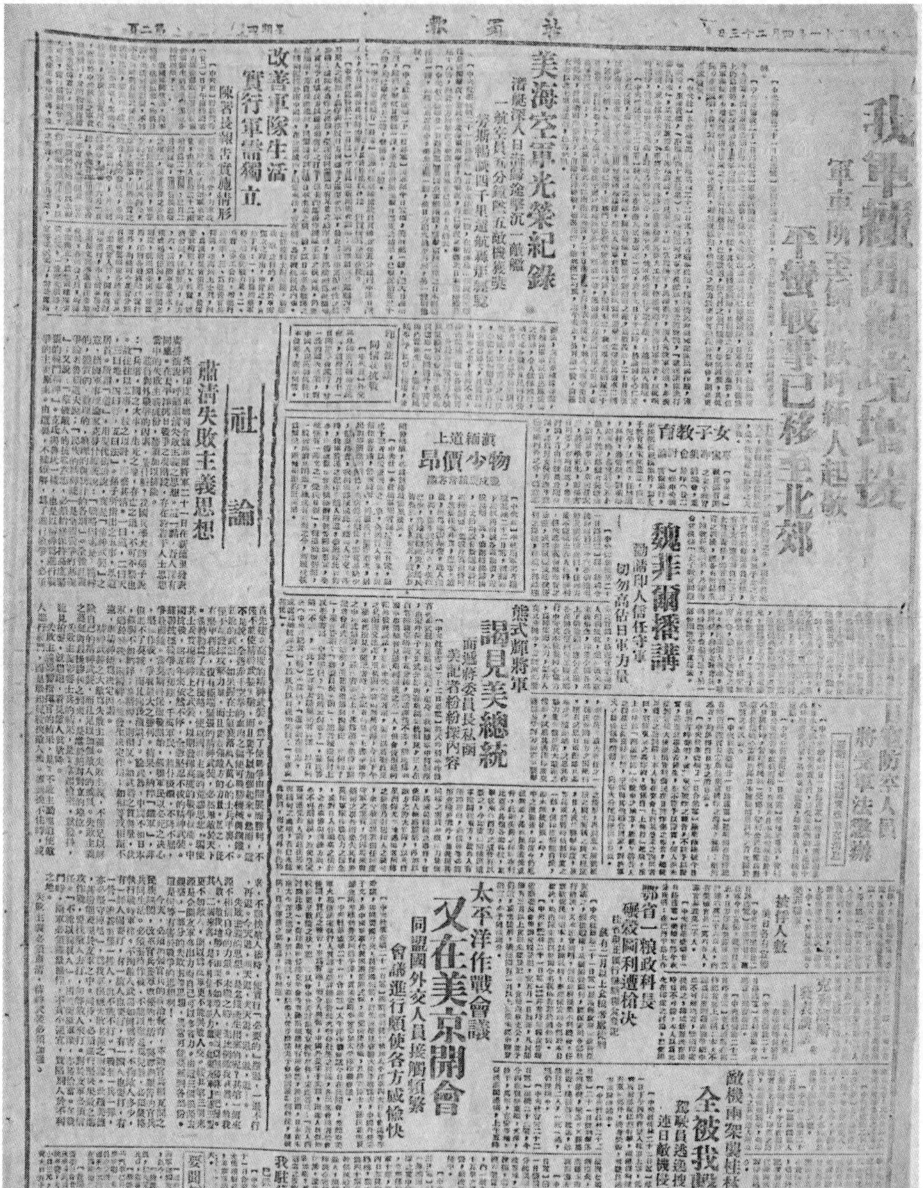

图 3-32　《新蜀报》1942 年 4 月 23 日第二版

该版刊发《我军续开缅境增援》。（王海勇藏）

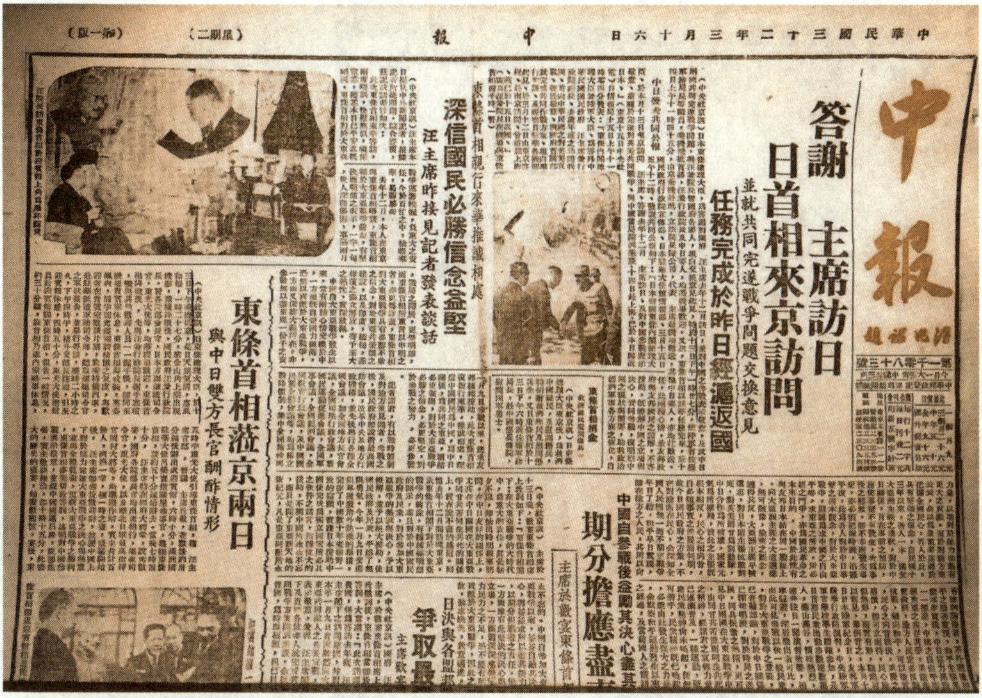
中華民國三十二年三月十六日　中報　（星期二）　（第一版）

中報

答謝主席訪日
日首相來京訪問
並就共同完遂戰爭問題交換意見
任務完成於昨日經滬返國

深信國民必勝信念益堅
汪主席昨接見記者發表談話

東條首相滋京兩日
與中日雙方長官酬酢情形

期分擔應盡
中國自參戰後益顯其決心並其

图 3-33　《中报》1943 年 3 月 16 日头版

《申报》为汪伪政权的报纸。该期报道汪伪政权与日本首相会谈，就参与太平洋战争问题交换意见。（范光永藏）

聯合畫報
週刊
第四十七期
中華民國三十二年十月一日
太平洋战争吃紧

图 3-34　《联合画报》1943 年 10 月 1 日第 47 期

该期刊发《太平洋战争吃紧》。（范光永藏）

聯合畫報

中華民國三十二年十月一日

孔副院長於其官邸舉行園遊會，招待美國駐華軍官，藉資聯歡，上為孫夫人宋慶齡女士與史迪威將軍舉杯共飲，互祝勝利之情況。

世界最高大樓

紐約恩派亞國家大樓，為世界最高之摩天大樓，自第五層起高一、二五〇呎，登該樓，全紐約州均在望。

安全運動警察，護送兒童，由校返家。

图 3-35　《联合画报》1943 年 10 月 1 日第 47 期

宋庆龄女士与史迪威将军举杯共饮，预祝太平洋战争胜利。（范光永藏）

第四章 全面抗战的第三阶段

1944 年,中国共产党领导的敌后军民在华北、华中、华南地区,对日伪军普遍发起局部反攻。与此同时,国民党正面战场却出现了大溃败的局面,先后丧失了河南、湖南、广西、广东等省的大部分和贵州省的一部分。1945 年,八路军、新四军向日军发动了大规模的春、夏季攻势,扩大了解放区,打通了许多解放区之间的联系。当时,由于国民党军队主力分散在中国的西南、西北大后方地区,日军占领的大部分城镇、交通要道和沿海地区都处在解放区军民的包围之中,因此全面反攻的任务,自然地主要由敌后抗日根据地的人民军队来进行。

1945 年 5 月,苏军攻克柏林,德军正式向盟军投降,第二次世界大战欧洲战场的战争宣告结束。1945 年 8 月,美国军队在太平洋战场上对日作战胜利,逼近日本本土。8 月 6 日和 9 日,美国在日本的广岛、长崎投掷了两颗原子弹。8 月 8 日,苏联政府对日宣战,出兵中国东北。8 月 9 日,毛泽东发表了《对日寇的最后一战》的声明,要求八路军、新四军及其他人民军队,在一切可能的条件下,对一切不愿投降的侵略者及其走狗实行广泛的进攻。1945 年 8 月 14 日,日本政府照会美、英、苏、中四国政府,宣布接受《波茨坦公告》。8 月 15 日,日本正式宣布投降。9 月 2 日,日本投降签字仪式在停泊于东京湾的美国战列舰"密苏里"号上举行,宣告日本军国主义的彻底失败和世界反法西斯战争的最后胜利。至此,抗日战争胜利结束。

整个抗日战争期间，中国军队共进行大规模和较大规模的会战22次，重要战役200余次，大小战斗近20万次，总计歼灭日军150余万人、伪军118万人。在抗日战争中，中国军队也付出了巨大代价，最终赢得抗日战争的伟大胜利。

下面这些报刊，真实记录了抗日战争的最后阶段，抗日军民所取得的辉煌战果和赢得的最后胜利，并见证了日本侵略者失败和投降的经过。

一、中共七大

1945 年 4 月 23 日至 6 月 11 日，中国共产党第七次全国代表大会在延安举行。大会通过了毛泽东《论联合政府》的政治报告、朱德《论解放区战场》的军事报告。大会提出党的政治路线是：放手发动群众，壮大人民力量，在党的领导下，打败日本侵略者，解放全国人民，建立一个新民主主义的中国。大会强调毛泽东思想为全党的指导思想，为抗日战争和夺取新民主主义革命在全国的胜利奠定了基础。

解放日報

中國共產黨舉行第七次全國代表大會

團結全黨，團結全民族：打敗日本，建立新中國！

毛澤東同志開幕詞

朱德同志演說

劉少奇同志演說

周恩來同志演說

岡野進同志演說

林伯渠同志演說

图 4-1　《解放日报》1945 年 5 月 1 日头版

报道中国共产党举行第七次全国代表大会。（马志春藏）

解放日報

論聯合政府

（一九四五年四月二十四日在中國共產黨第七次全國代表大會上之政治報告）

毛澤東

一　中國人民的基本要求

二　國際形勢與國內形勢

毛澤東同志

图 4-2　《解放日报》1945 年 5 月 2 日头版

该版刊发毛泽东在中国共产党第七次全国代表大会上的政治报告《论联合政府》。（马志春藏）

晉察冀日報

中國共產黨舉行
第七次全國代表大會
一團結全黨，團結全民族
打敗日本，建立新中國一

積極擴大解放區
我五天連克五城

太行區南部已告肅清

图 4-3　《晋察冀日报》1945 年 5 月 3 日头版

该版报道中国共产党举行第七次全国代表大会。（范光永藏）

解放日報

論解放區戰場

朱德

一　抗戰八年

朱德同志

图 4-4　《解放日报》1945 年 5 月 9 日头版

该版刊发朱德在党的七大上的军事报告《论解放区战场》。（马志春藏）

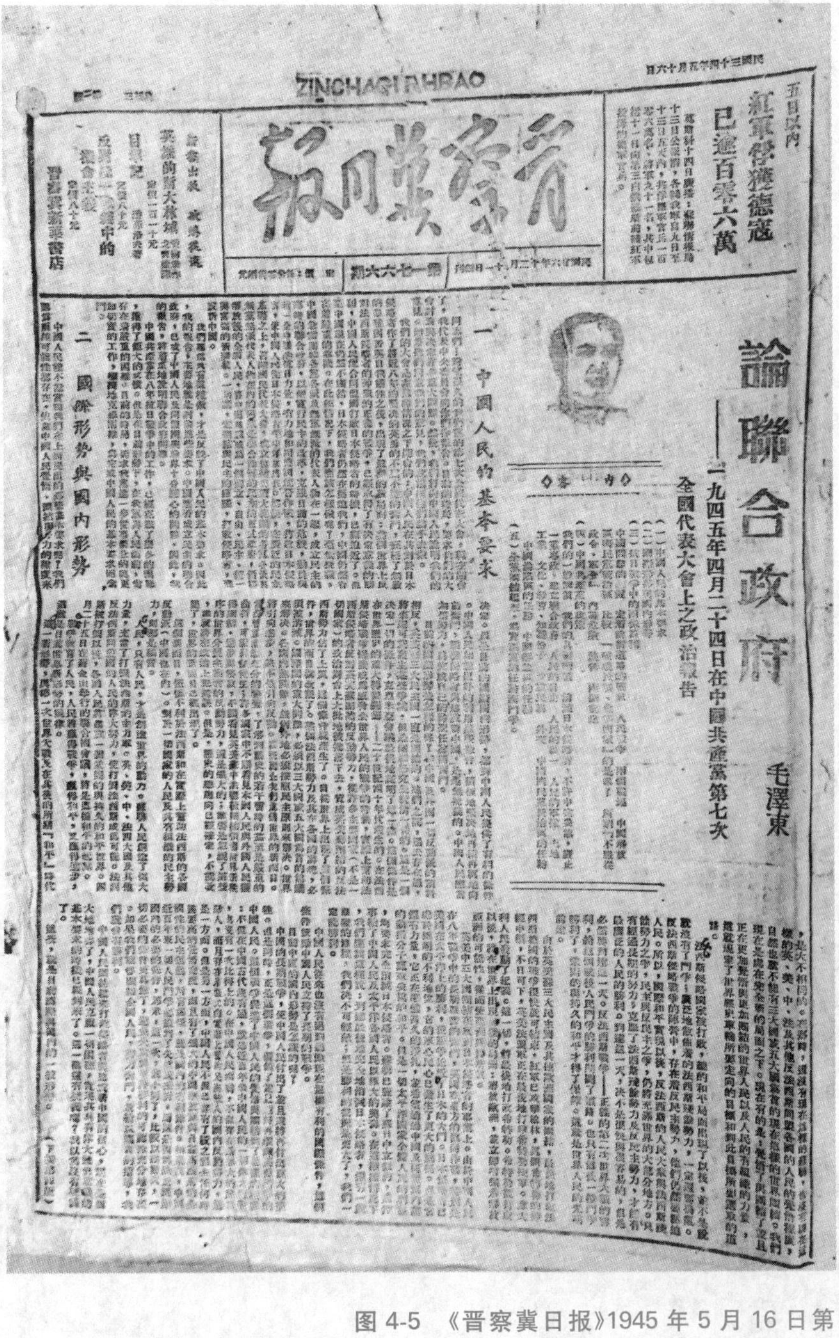

ZINCHAGI RHBAO

晉察冀日報

紅軍俘獲德寇 已逾百零六萬

論聯合政府

毛澤東

一九四五年四月二十四日在中國共產黨第七次全國代表大會上之政治報告

一 中國人民的基本要求

二 國際形勢與國內形勢

图 4-5 《晋察冀日报》1945 年 5 月 16 日第二版

该版刊发毛泽东在七大上的政治报告《论联合政府》。（范光永藏）

GIEFANG RHBAO

解放日報

中國共產黨第七次大會勝利閉幕

社論 團結的大會 勝利的大會

图 4-6 《解放日报》1945 年 6 月 14 日头版

该版刊发《中国共产党第七次大会胜利闭幕》。(马志春藏)

二、《波茨坦公告》

1945 年 7 月 17 日，苏、美、英三国首脑在柏林近郊波茨坦举行会议。7 月 26 日，发表对日最后通牒式公告《中美英三国促令日本投降之波茨坦公告》，简称《波茨坦公告》。《波茨坦公告》由美国起草，英国同意。中国没有参加会议，但公告发表前征得了蒋介石的同意。苏联于 1945 年 8 月 8 日对日宣战后加入该公告。

解放日報

三國領袖舉行會議

協議完成擊敗共同敵人

建立永久和平堅固基礎

菲島美軍 完全佔領馬尼拉

社論 貫徹減租

晉綏區八路軍 去年生產節約九百萬元

直逼曲阜城郊

粉碎敵「掃蕩」百餘次

粵贛湘邊遊擊軍 三路會犯贛州大庾

我攻克西塘據點

图 4-7　《解放日报》1945 年 2 月 9 日头版

该版刊发《三国领袖举行会议》，此会议即雅尔塔会议，成为波茨坦会议的前奏。（马志春藏）

新華日報

三强會議今日開幕

杜邱已舉行第一次會議

認識三國領袖會議

波茨坦

友聲

論花紗布管制之失敗及其托辣斯傾向

論新歐洲

愛國陣線發表政綱

利奧波德堅拒退位

比國會決集會討論

图 4-8　《新华日报》1945 年 7 月 17 日第三版

该版刊发《三强会议今日开幕》，预告波茨坦会议召开。（马志春藏）

新華日報

中華民國三十四年七月十八日　星期三　第三版

斯大林元帥到達波茨坦

三強會議昨開幕

杜魯門邱吉爾曾巡遊柏林

從佛朗哥看偽裝民主

佛朗哥趕扮民主偽裝

英國應給印度獨立

高等法院昨日再審

图 4-9　《新华日报》1945 年 7 月 18 日第三版

该版报道波茨坦会议召开。（马志春藏）

新華日報

緊接東京要求寬大條件
美英中發表聯合公告
宣佈八項投降條件，叫日本走向「理智之路」
敵閣集會研究美英中聯合公告

巨機夜襲敵本土

社論
保守黨的統治結束了

美第三艦隊
還留在日本內海

日寇要求修改條件

日本保衛戰的戰局形勢（三）

血債不能忘記

我軍收復陽朔義寧
敵陷泰和犯吉安

黃金案昨日開庭

將從琉球出擊日本

图 4-10　《新华日报》1945 年 7 月 28 日第二版

该版报道《波茨坦公告》发表。（马志春藏）

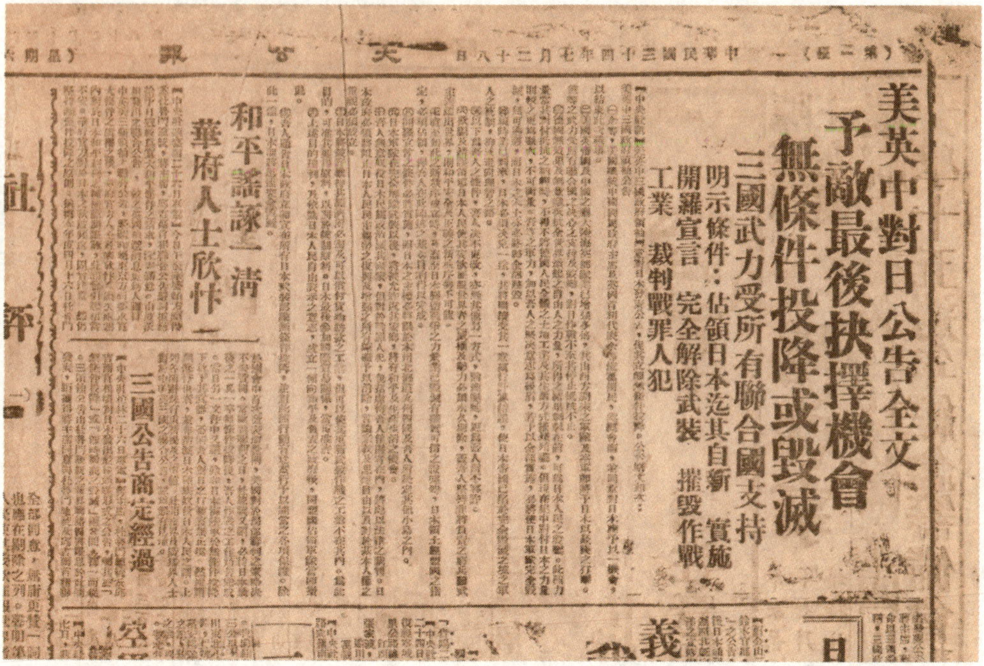

（第二版）中華民國三十四年七月二十八日 大公報（星期六）

美英中對日公告全文

予敵最後抉擇機會

無條件投降或毀滅

三國武力受所有聯合國支持

明示條件：佔領日本迄其自新 實施開羅宣言 完全解除武裝 摧毀作戰工業 裁判戰罪人犯

和平謠諑一清

華府人士欣忭

三國公告商定經過

图 4-11 《大公报》1945 年 7 月 28 日头版

该版刊发《美英中对日公告全文》。（彭援军藏）

新華日報

建立持久與公正的和平

三强會議發表公報

社論

歷史又前進了一步

波茨坦三强領袖會議

關於軍事會談公報

關於處置德國

關於德國賠償協定

應該讓與蘇聯

图 4-12　《新华日报》1945 年 8 月 4 日第二版

该版刊发《波茨坦公告》全文。（马志春藏）

三、全面反攻

随着美军在太平洋战场的节节胜利，世界反法西斯战场形势发生了变化，从 1943 年开始，中国战场开始局部反攻，到 1945 年进入全面反攻阶段。

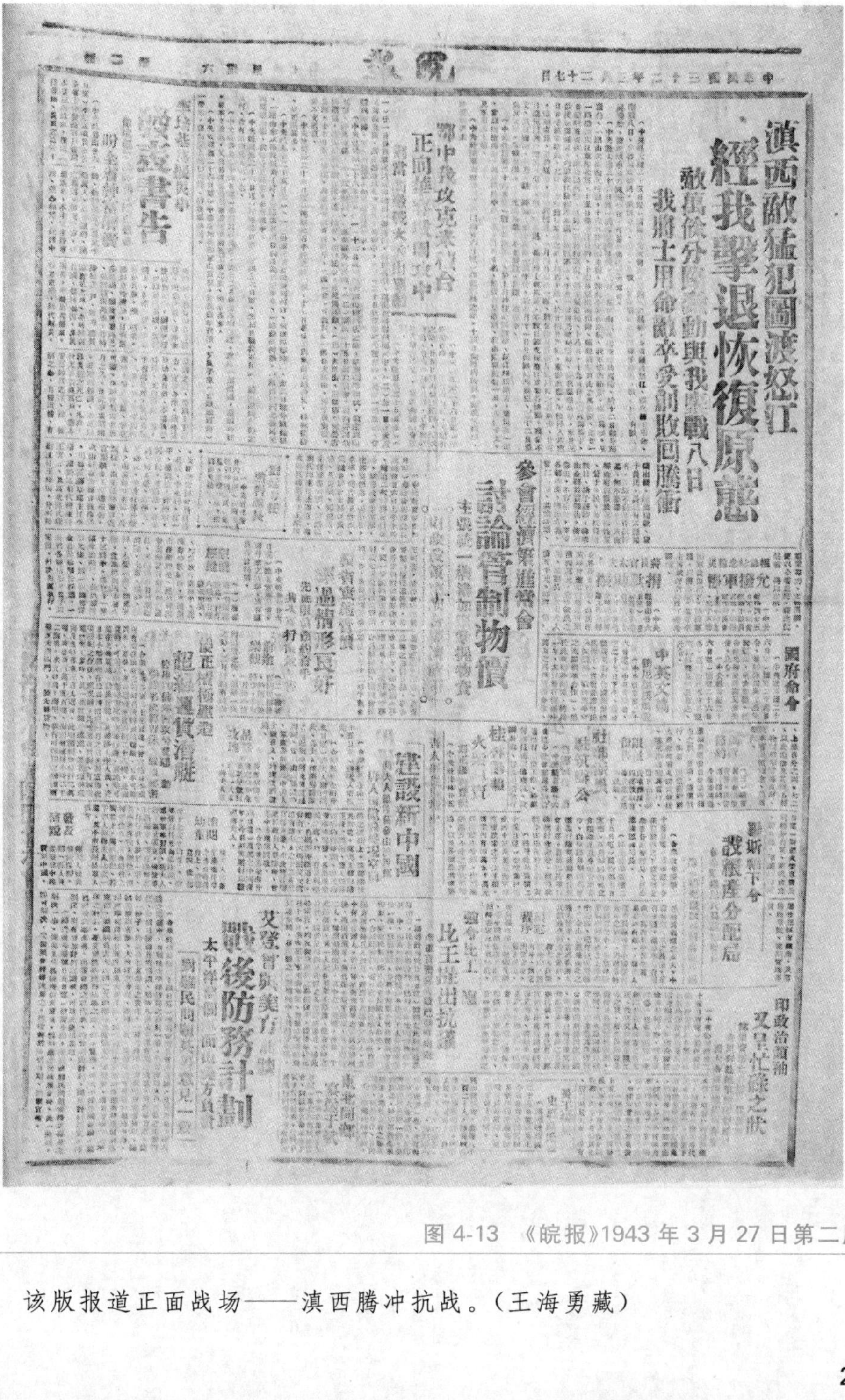
滇西敵猛犯圖渡怒江
經我擊退恢復原態
敵寇依分隊蠢動與我激戰八日
我將士用命敵卒受創敗回騰衝

參會經濟審查會
討論管制物價

建設新中國

戰後防務計劃

圖 4-13　《皖报》1943 年 3 月 27 日第二版

该版报道正面战场——滇西腾冲抗战。（王海勇藏）

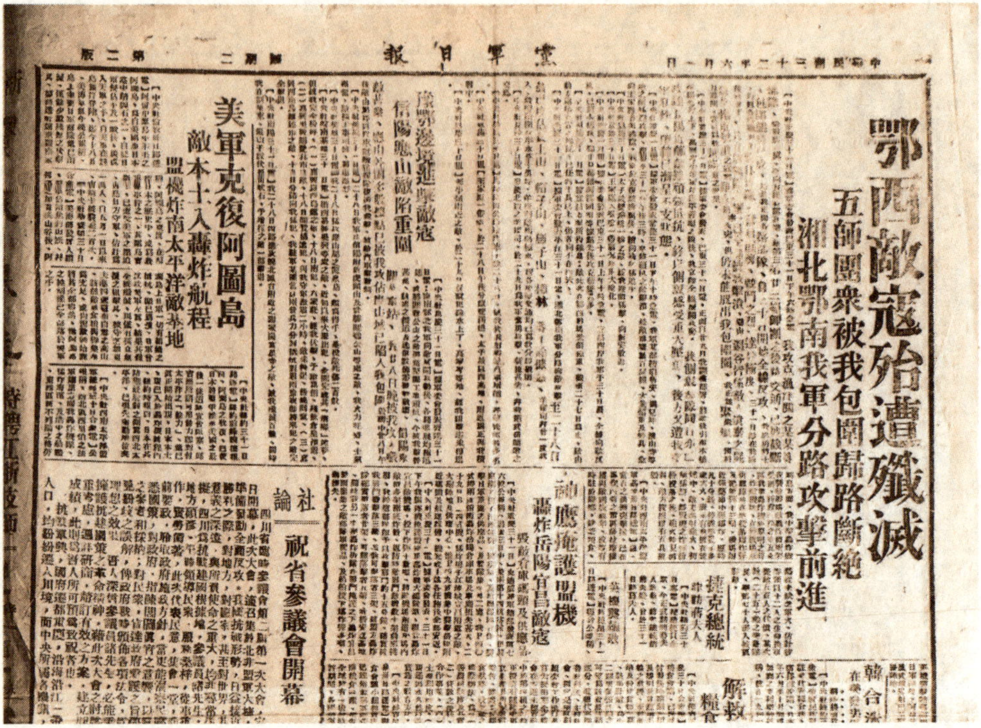
中華民國三十二年六月一日　黨軍日報　星期二　第二版

鄂西敵寇殆遭殲滅
五師團衆被我包圍歸路斷絕
湘北鄂南我軍分路攻擊前進

美軍克復阿圖島
敵本土入轟炸航程
盟機炸南太平洋敵基地

豫鄂邊境進擊敵寇
信陽雞山敵陷重圍

神鷹掩護盟機
轟炸岳陽宜昌敵寇

社論
祝省參議會開幕

图 4-14　《党军日报》1943 年 6 月 1 日第二版

该版报道鄂西大歼灭战。（朱军华藏）

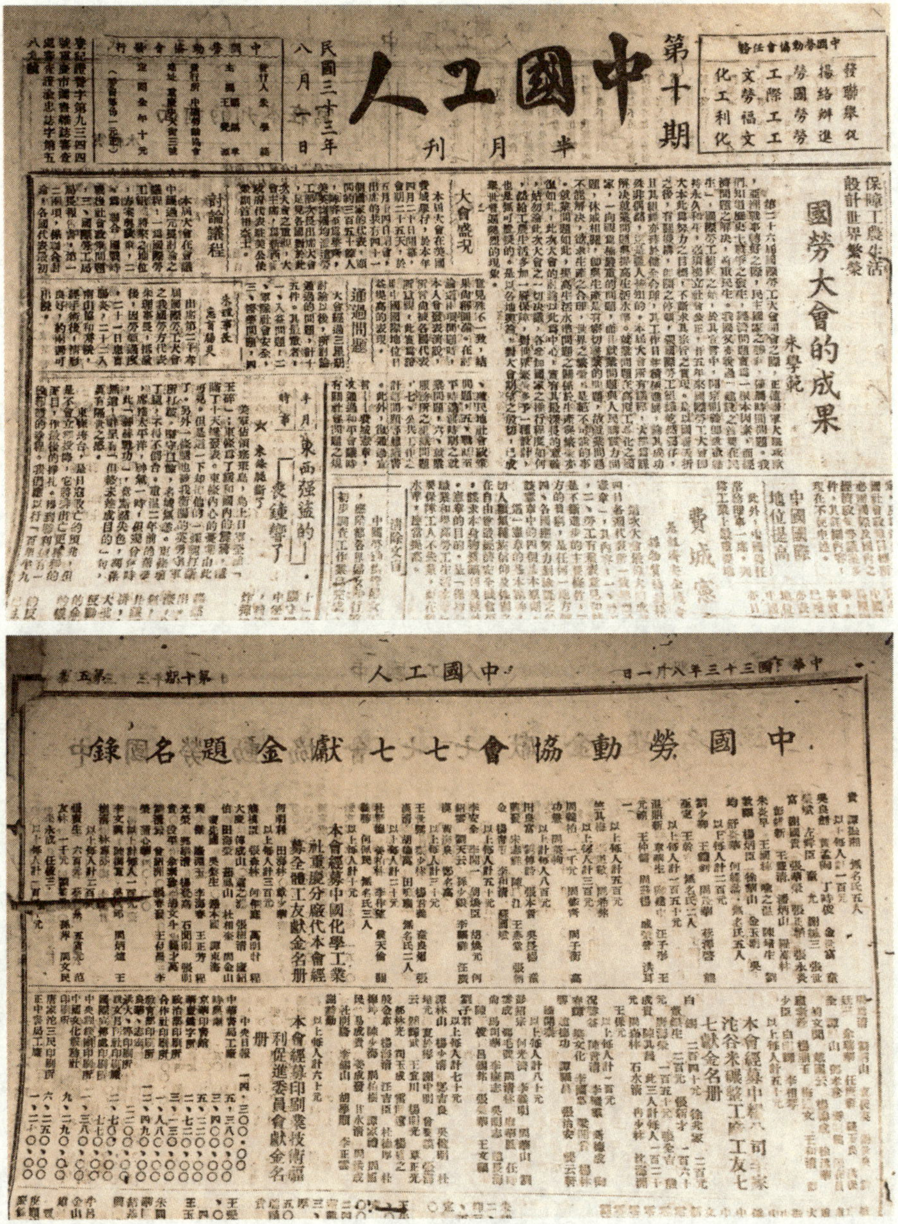
中國工人
第十期
半月刊
民國三十三年八月一日
國勞大會的成果
中國勞動協會七七獻金題名錄

图 4-15　《中国工人》1944 年 8 月 1 日第 10 期

中国社会各界积极为大反攻贡献力量。该期刊发《中国劳动协会七七献金题名录》。（范光永藏）

图 4-16　《新华日报》1945 年 8 月 8 日第二版

该版刊发《原子弹首次炸广岛》。（马志春藏）

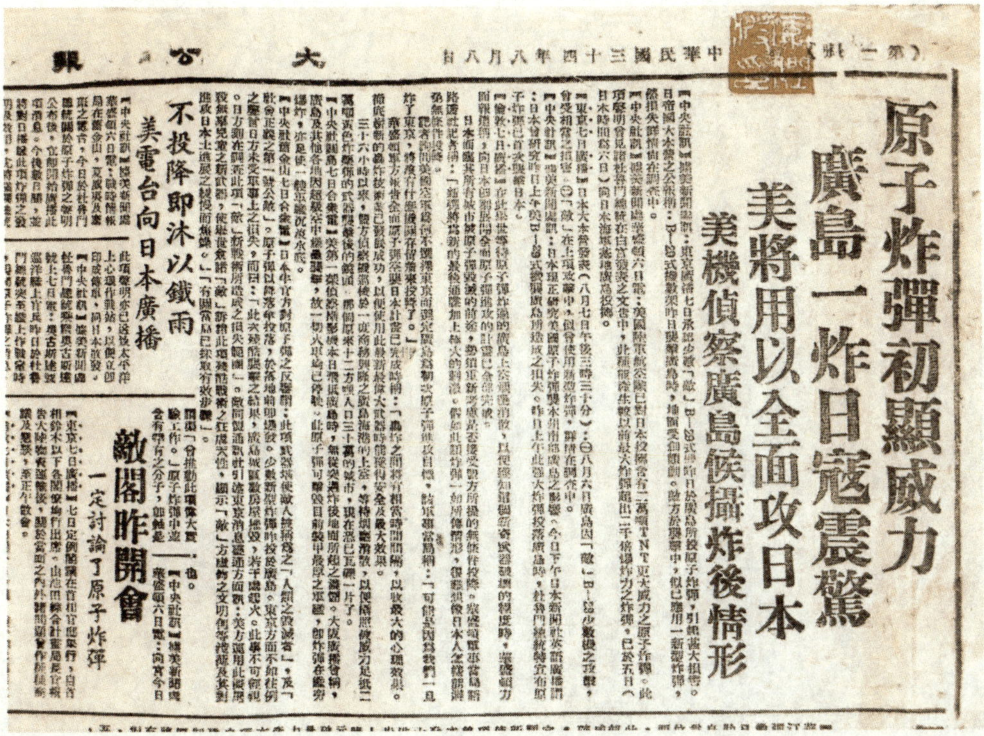
中華民國三十四年八月八日
大公報

原子炸彈初顯威力
廣島一炸日寇震驚
美將用以全面攻日本
美機偵察廣島候攝炸後情形

不投降即沐以鐵雨
美電台向日本廣播

敵閣昨開會
一定討論了原子炸彈

图 4-17　《大公报》1945 年 8 月 8 日头版

该版刊发《原子炸弹初显威力，广岛一炸日寇震惊》。（李润波藏）

增張

新華日報

三十四年八月九日

隨報附送 不另加價

為縮短戰爭時間減少人民犧牲

蘇聯今日對日宣戰

莫洛託夫昨天正式發表聲明

蘇聯已參加中美英三國宣言

[illegible]

图 4-18 《新华日报》1945 年 8 月 9 日增张(号外)

刊发《苏联今日对日宣战》。(马志春藏)

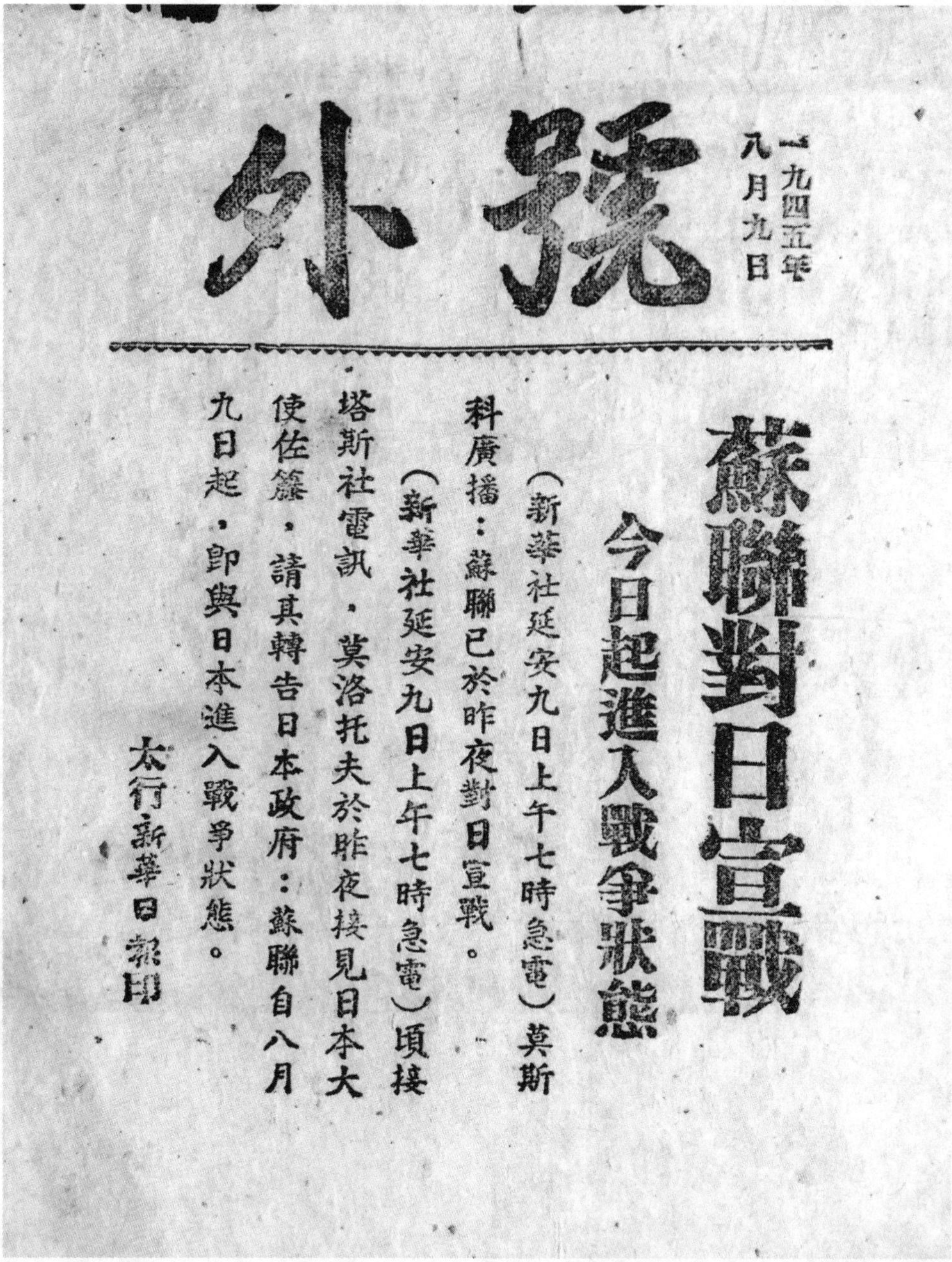

號外

一九四五年八月九日

蘇聯對日宣戰

今日起進入戰爭狀態

（新華社延安九日上午七時急電）莫斯科廣播：蘇聯已於昨夜對日宣戰。

（新華社延安九日上午七時急電）頃接塔斯社電訊，莫洛托夫於昨夜接見日本大使佐籐，請其轉告日本政府：蘇聯自八月九日起，即與日本進入戰爭狀態。

太行新華日報印

图 4-19　《新华日报》(太行版)1945 年 8 月 9 日号外刊发《苏联对日宣战》。(朱军华藏)

图 4-20 《奥克兰论坛报》1945 年 8 月 9 日

报道苏联对日宣战。（马志春藏）

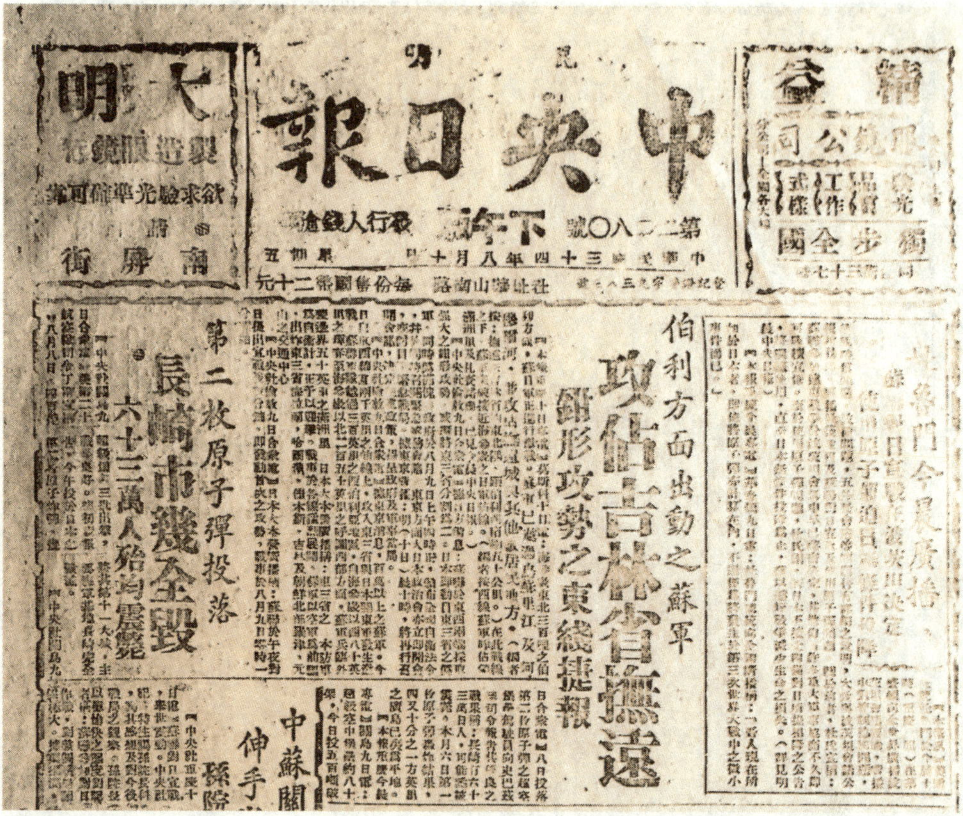

中央日報

伯利方面出動之蘇軍
攻佔吉林省撫遠
鉗形攻勢之東綫捷報

第二枚原子彈投落
長崎市幾全毀
六十三萬人殆均震斃

图 4-21　昆明《中央日报》1945 年 8 月 10 日头版

该版刊发《第二枚原子弹投落，长崎市几全毁》。（朱军华藏）

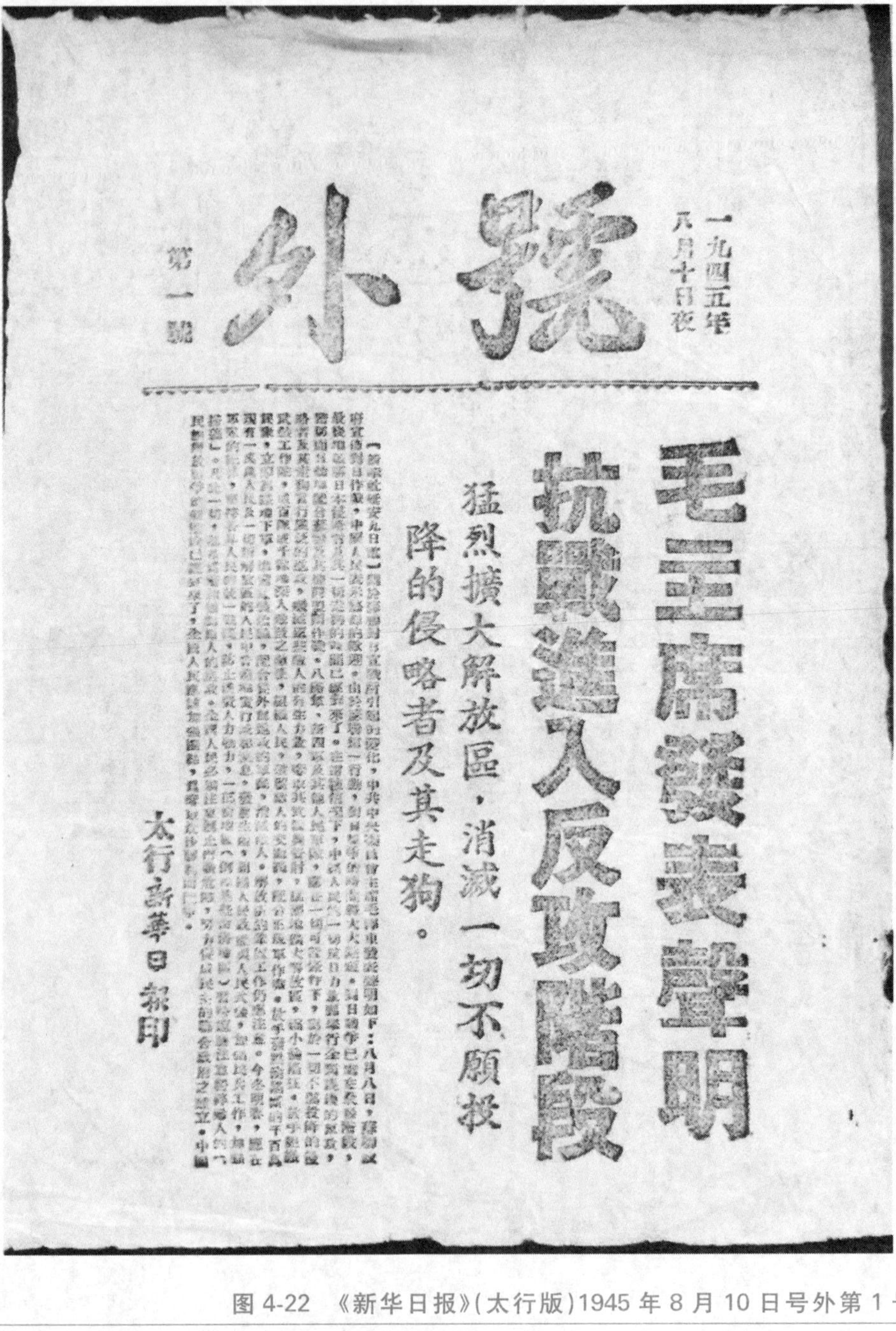
一九四五年八月十日夜

號外

第一號

毛主席發表聲明

抗戰進入反攻階段

猛烈擴大解放區，消滅一切不願投降的侵略者及其走狗。

太行新華日報印

图 4-22 《新华日报》(太行版)1945 年 8 月 10 日号外第 1 号

该期刊发《毛主席发表声明，抗战进入反攻阶段》。（范光永藏）

四、日本投降

在盟军的联合打击下，1945 年 8 月 10 日，日本被迫致电同盟国，宣布接受《波茨坦公告》。8 月 15 日，日本天皇向全国广播了《终战诏书》，宣布投降。9 月 2 日上午 9 时，在停泊于东京湾的美国战列舰“密苏里”号上举行向同盟国投降的签字仪式。日本新任外相重光葵代表日本天皇和政府、陆军参谋长梅津美治郎代表帝国大本营在投降书上签字。9 月 9 日上午，中国战区受降仪式在南京中央军校大礼堂举行。

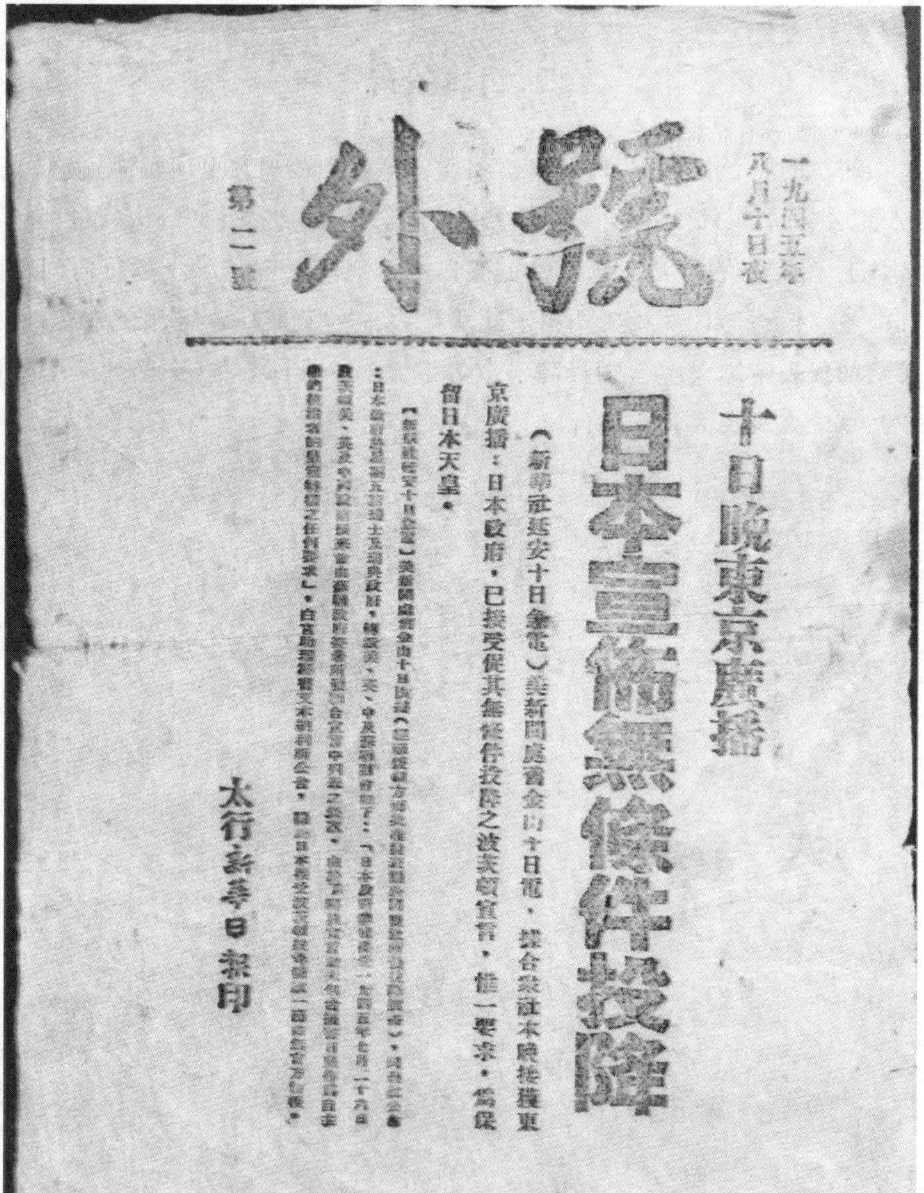

一九四五年八月十日夜

號外

第二號

十日晚東京廣播

日本宣佈無條件投降

（新華社延安十日急電）美新聞處舊金山十日電，據合衆社本晚截獲東京廣播：日本政府，已接受促其無條件投降之波茨坦宣言，惟一要求，爲保留日本天皇。

太行新華日報印

图 4-23　《新华日报》(太行版)1945 年 8 月 10 日号外第 2 号

该期刊发《日本宣布无条件投降》。(范光永、朱军华藏)

新華日報

日本政府無條件投降

接受波茨坦宣言 向中美英蘇投降

唯一要求是保留日本天皇

杜魯門召集內閣特別會議

社論

日本法西斯無條件投降 中國抗戰勝利萬歲！

蘇軍克呼倫綏芬河

並沿遼關前綫進攻朝鮮

蒙古人民共和國 昨晨向日本宣戰

毛澤東號召反攻

图 4-24　《新华日报》1945 年 8 月 11 日第二版

该版报道日本政府投降。（马志春藏）

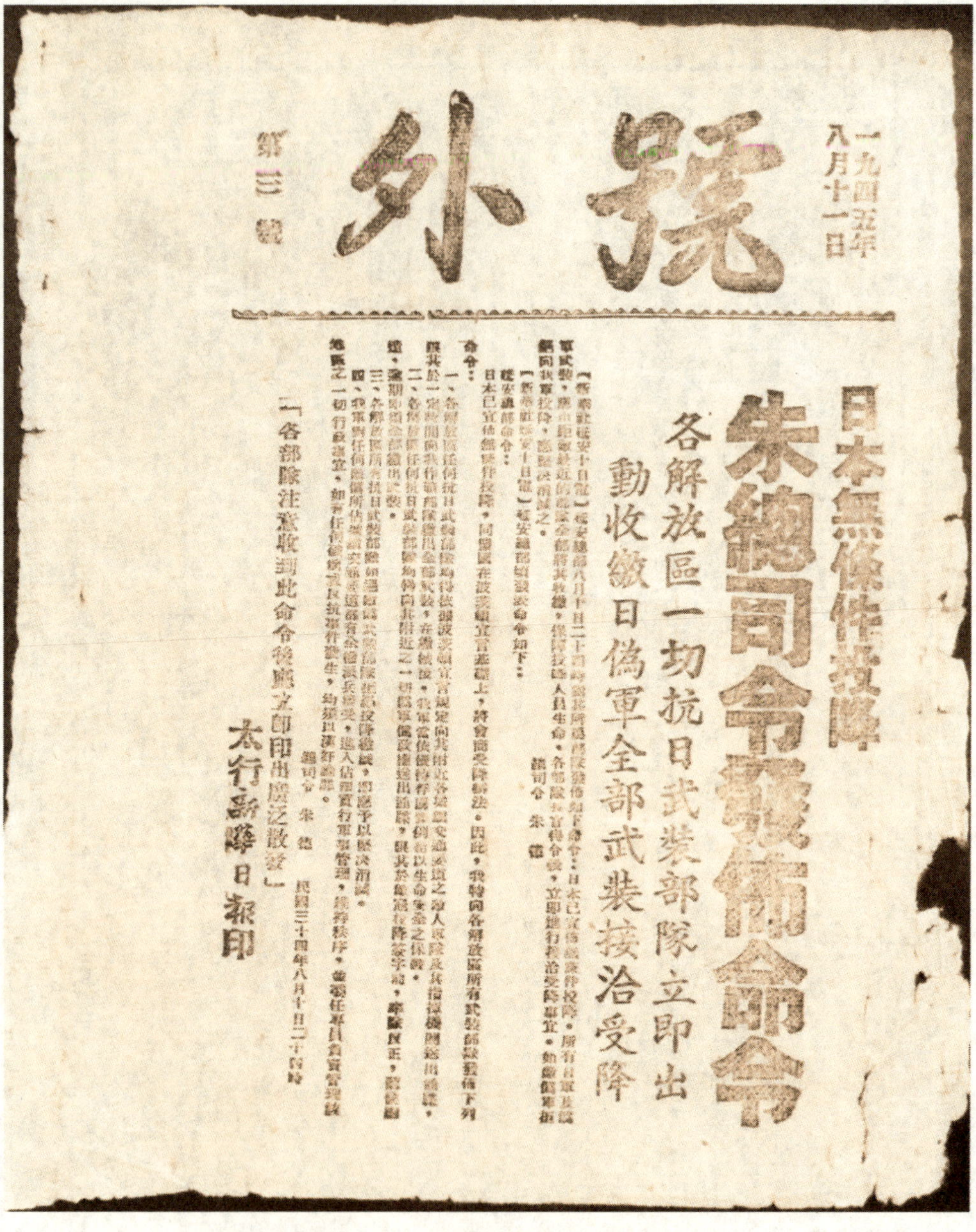
號外

第三號

一九四五年八月十一日

日本無條件投降

朱總司令發佈命令

各解放區一切抗日武裝部隊立即出動收繳日偽軍全部武裝接洽受降

「各部隊注意收到此命令後照文即印出廣泛散發」

太行新華日報印

图 4-25 《新华日报》(太行版)1945 年 8 月 11 日号外第 3 号

该期刊发《日本无条件投降,朱总司令发布命令》。(范光永藏)

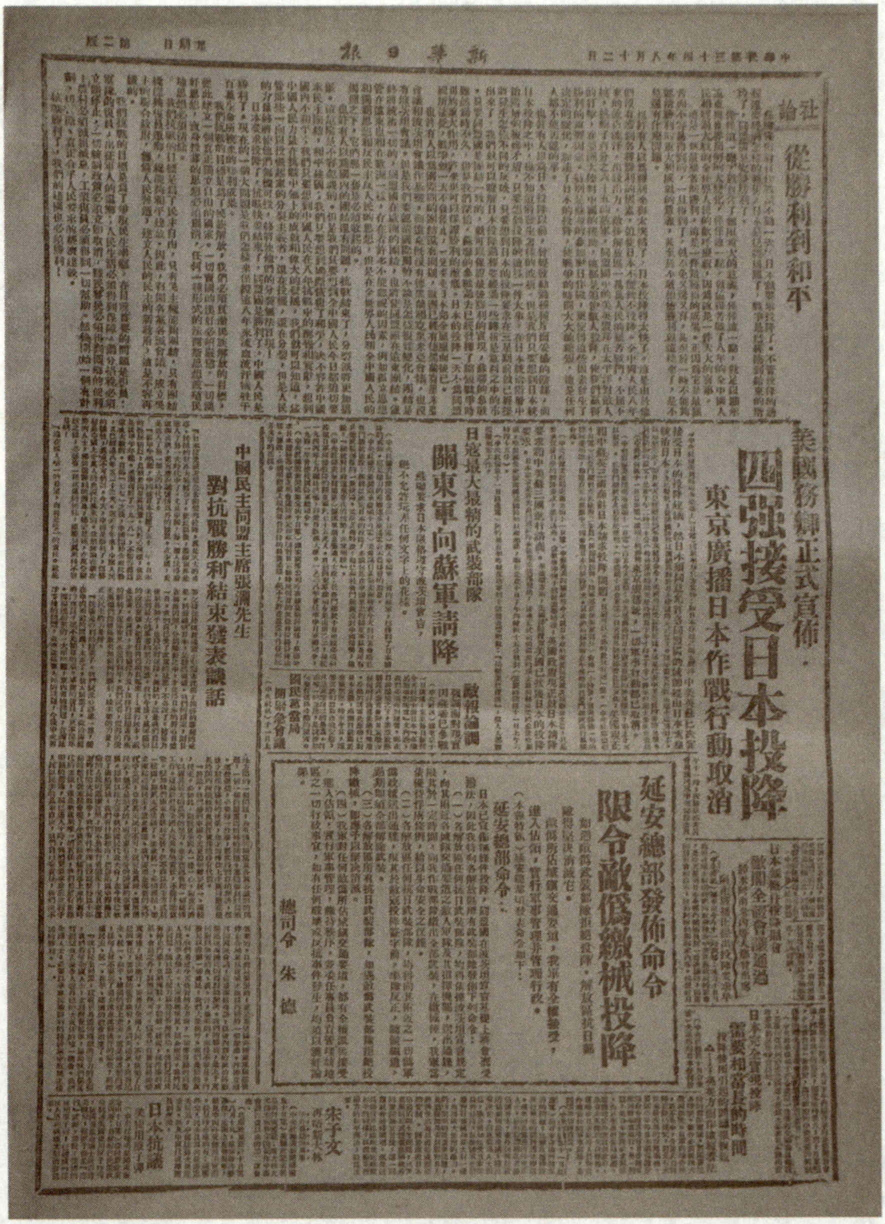

新華日報

社論　從勝利到和平

美國務院正式宣佈

四強接受日本投降

東京廣播日本作戰行動取消

延安總部發佈命令

限令敵偽繳械投降

延安總部命令

總司令　朱德

日寇最大最精的武裝部隊

關東軍向蘇軍請降

中國民主同盟主席張瀾先生

對抗戰勝利結束發表談話

图 4-26　《新华日报》1945 年 8 月 12 日第二版

该版刊发《四强接受日本投降》《延安总部发布命令，限令敌伪缴械投降》。（马志春藏）

New York World-Telegram

EXTRA
BASEBALL—RACING
Five Cents

Local Forecast: Warm and humid today, tonight and tomorrow; thunderstorms tomorrow afternoon.

VOL. 78—NO. 37 NEW YORK, TUESDAY, AUGUST 14, 1945

EXTRA EXTRA EXTRA

WAR ENDS!!!

Truman Announces Japs Accept Terms

By the United Press

WASHINGTON, Aug. 14.—President Truman announced tonight that the Japanese government has accepted the surrender terms without qualification.

He made the announcement at a press conference.

U. S. Drafts Stern Code to Rule Japanese

'Unprecedented' News Due At 11 P. M., Japs Tell People

Nation May Get First Word of Its Surrender

Funereal Broadcast Cut Short in Tokyo

Gen. Hsu May Head Armistice Group

World-Telegram Index

Times Sq. Fizzes But Fails to Pop

By CAROL TAYLOR

Local Baseball Results

Belmont Park Racing Results

The Weather

图 4-27　美国《纽约世界电讯》1945 年 8 月 14 日号外

该期刊发《WAR ENDS!!!》(李润波藏)

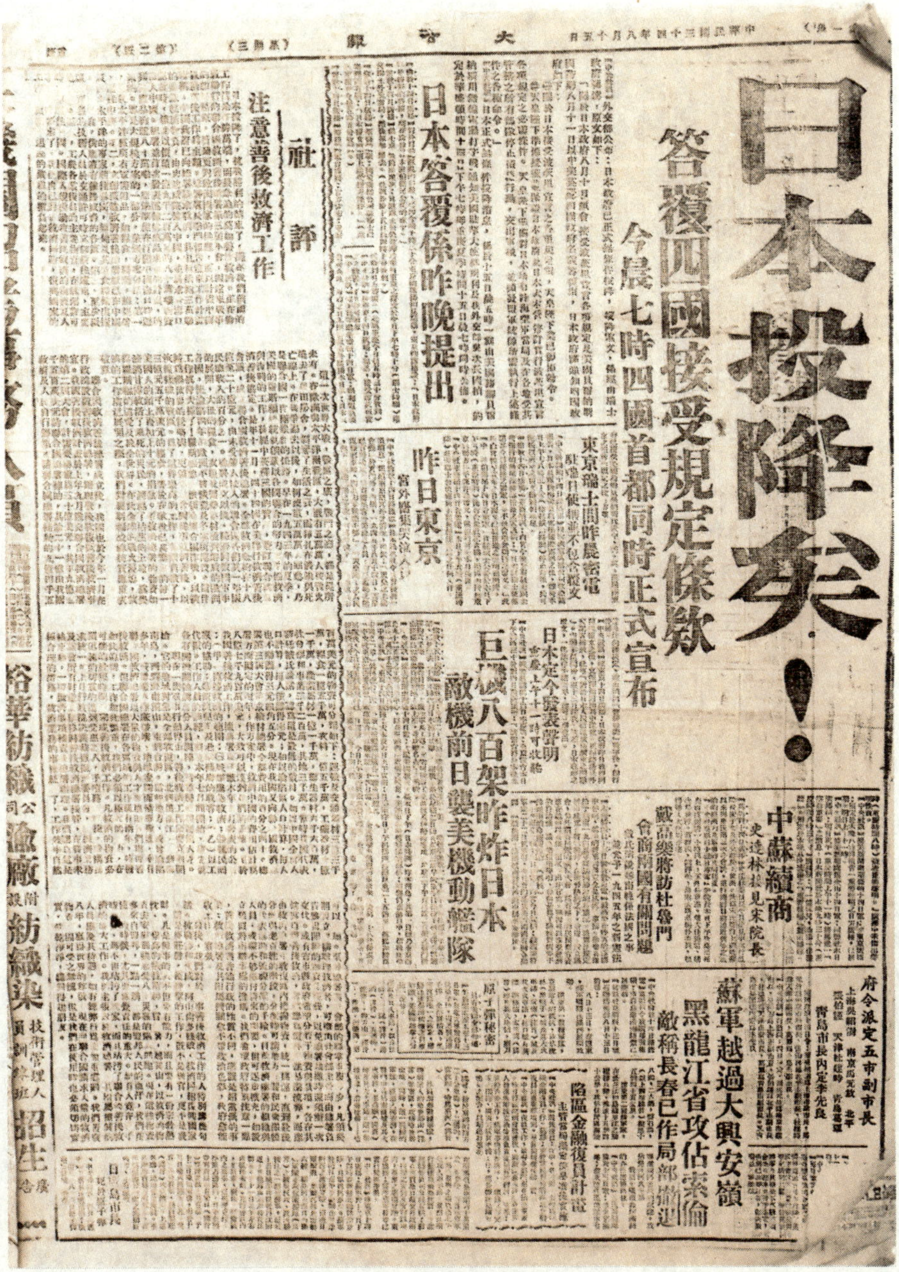

大公報

中華民國三十四年八月十五日

日本投降矣！

答覆四國接受規定條款

今晨七時四國首都同時正式宣布

日本答覆係昨晚提出

社評　注意善後救濟工作

東京瑞士間昨晨密電

昨日東京

日本定今發表聲明

巨機八百架昨炸日本

敵機前日襲美機動艦隊

中蘇續商　史達林接見宋院長

府令派定五市副市長

蘇軍越過大興安嶺　黑龍江省攻佔索倫　敵稱長春已作局部撤退

淪區金融復員計畫

图 4-28　《大公报》1945 年 8 月 15 日第二版

以特号字为标题，报道日本投降。（李润波藏）

图 4-29 《抗战日报》1945 年 8 月 15 日头版

该版刊发《延安总部命令》。（冯艺藏）

CITY ★ 2 STAR ★

PHILADELPHIA RECORD

VICTORY EXTRA

NO. 26,826　WEDNESDAY, AUGUST 15, 1945　THREE CENTS

'We Will Gain the Inevitable Triumph, So Help Us God'

—From Franklin D. Roosevelt's War Message to Congress, December 8, 1941.

PEACE

Truman Announces Jap Surrender

WASHINGTON, Aug. 14 (UP)—President Truman announced tonight that the Japanese Government has accepted the surrender terms without qualification. He made the announcement at a press conference. He read a statement which said: "I have received this afternoon a message from the Japanese Government in reply to the message forwarded to that Government by the Secretary of State on August 11. I deem this reply a full acceptance of the Potsdam declaration which specifies the unconditional surrender of Japan. In the reply there is no qualification."

800 SUPERFORTS HAMMER JAPAN IN ALL-DAY RAIDS

6000 Tons of Fire and Demolition Bombs Hit Home Islands

City's Spree Dampened As Japan Delays V-J

Crowds Stage Mild Celebration as They Await Official Word; Not Much Work Done in Offices and War Plants

DR. JAMES CREESE ELECTED HEAD OF DREXEL INSTITUTE

Noted Technologist Will Leave Stevens to Take Post Here

Emperor Has 'Decided,' Japs 'Bow in Shame'

M'Arthur to Receive Surrender

V-J Waits On Signing

Emperor To Insure Signature

SALOONS CLOSE AS JAPAN QUITS

Okinawa May Be Scene

Text of Truman Statement

The Weather

NATIONAL LEAGUE

AMERICAN LEAGUE

Garden State Race Chart

图 4-30　美国《费城记录》1945 年 8 月 15 日号外

报道杜鲁门宣布日本投降。（朱军华藏）

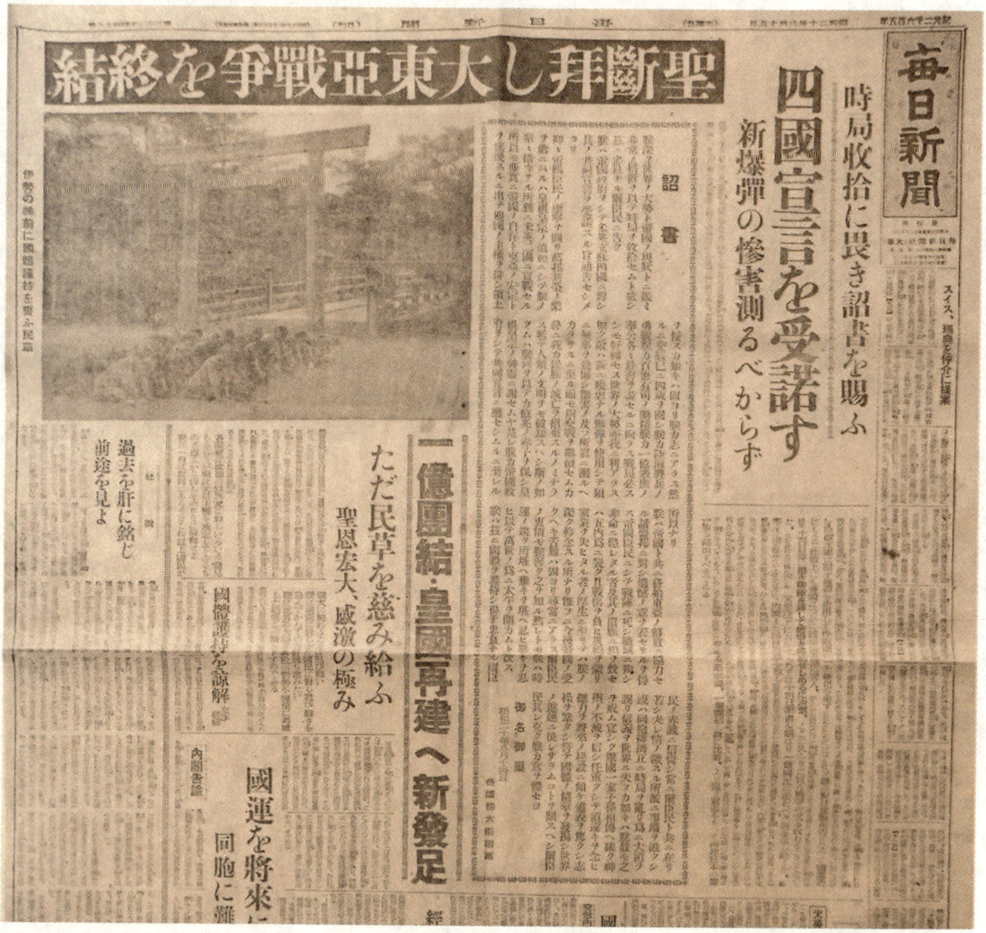

毎日新聞

聖斷拜し大東亞戰爭を終結

四國宣言を受諾す

時局收拾に畏き詔書を賜ふ

新爆彈の慘害測るべからず

詔書

一億團結・皇國再建へ新發足

ただ民草を慈み給ふ

聖恩宏大、感激の極み

國運を將來に

過去を肝に銘じ前途を見よ

國體護持を諒解

内閣告諭

图 4-31　日本《每日新闻》1945 年 8 月 15 日头版

该版刊发日本天皇《终战诏书》全文。（李民藏）

新華日報

中美英蘇四國同時公佈
日本實行投降
投降簽字式將在馬尼剌舉行

貝爾納斯照會日本
指示正式投降步驟

鈴木內閣引咎辭職
事前曾對無條件投降發表文告

日皇詔書全文

阿南畏罪自殺

蘇軍深入遼寧熱河
攻佔洮南林西魯北瞻榆等城

代論
當前的緊急任務
延安「解放日報」十三日社論

美國下令三軍停戰

蓄意挑撥內戰

蔣主席發表廣播詞

蔣主席致電毛澤東

图 4-32　《新华日报》1945 年 8 月 16 日第二版

该版刊发《中美英苏四国同时公布日本实行投降》。（马志春藏）

康德新聞

中華民國最高指導者
告東北民衆書

據重慶無線電臺廣播中華民國最高指導者告東北民衆書

原文如次

世界人類戰爭、到此終了、日本退去、我求和平而戰爭、中國求公和平而戰爭、和平既已實現、由現在起、中日兩族、一律平等、此後中日民族、應特別親善、努力建設東亞、

一、對於日本人生命財產、應特別加以保護、

二、對於日方工廠資材要保持、並照常工作、不得破壞、

三、現在各機關職員、應確安職守、加倍努力、以俟中央接收、如有貽誤、將嚴懲、

四、各自安分守己、不要隨局部蠢動、

美國總統杜曼聲明

蒲爾摩爾島政權已返還

日對中美英蘇四國
交換外交文書內容

一、天皇陛下衷心期望世界和平之實現、又為救濟人類、切望戰爭早日告終、日本帝國政府遵旨、籌備中立地位之蘇聯政府終從與敵對國之和平、

一、右努力以失敗終、日本帝國政府爲恢復和平使戰爭之爆發終結、乃須有接受波丹共同宣言之意、

一、殺有領會者、因波丹宣言有（不包含最高統治者之陛下大權無損之任何要求）的諒解一、切望四國迅速回答、代表中美英蘇四國之美國國務長官對日本帝國政府之通告文要旨、

一、天皇陛下及日本帝國政府之統制權、於允諾諸條件實施前置聯合國最高指揮官之下、

一、天皇陛下須對日本陸海軍及所有軍隊、發停止軍事行動之命令、聯合軍最高指揮官爲實施諸條件發所必要之其他命令、

一、日本政府須將俘虜及扣留者、以聯合國船舶、輸送向安全地點、

一、日本政體、按國民之自由意志樹立、

一、聯合各國武裝兵力、達到宣言所提示諸目的之前、駐於日本國內、

日本新內閣親任式

日內閣名簿

奉天省當局談

图 4-33 《康德新闻》1945 年 8 月 19 日第一、二版

刊发《告东北民众书》《日对中美英苏四国交换外交文书内容》。（范光永藏）

新華日報

反法西斯戰爭勝利結束
日本昨日簽定降書
日皇發表詔書率領全國投降

杜魯門總統廣播詞

麥克阿瑟致詞

歡迎毛澤東等同志

社論　慶祝勝利

慶祝抗日勝利
中華民族解放
萬歲
毛澤東

國府明令褒揚全國軍民

图 4-34　《新华日报》1945 年 9 月 3 日第二版

该版报道日本签订投降书，并刊登毛泽东题词。（马志春藏）

青年報

殘酷戰爭於今結束

日本投降正式簽字典禮

昨晨在東京灣隆重舉行

正義勝利

各國代表名錄

米蘇里號簽字

日降書要點

慶祝勝利

日人直接上書首相

國軍分駐寧滬

美總統講演詞

台灣行署組織大綱

國府明令公佈

切實指摘日本戰敗之眞原因

何總司令在遂川

山海關

社論

慶祝勝利

图 4-35 《青年报》1945 年 9 月 3 日头版

该版刊发《残酷战争于今结束》。(范光永藏)

图 4-36　《民国报》1945 年 9 月 6 日复刊第 1 期头版

该版刊发《在华日军正式投降，签字仪式今日举行》。（冯艺藏）

新華日報

中華民國三十四年九月十日

侵華日軍簽訂降書

投降儀式昨在南京舉行

日軍降書全文

日寇又一陰謀

友聲

談判之際與問題的解決

澈底消滅敵財閥

太平洋各區敵軍

陸續向盟軍投降

懲辦日本戰爭罪犯

建立革命秩序

簡訊

图 4-37 《新华日报》1945 年 9 月 10 日第二版

该版刊发《侵华日军签订降书》。(马志春藏)

八年抗戰勝利結束

中國戰區日軍投降

簽字典禮昨在南京舉行

何總司令代表蔣委員長受降

㈠中國戰區中國陸軍總司令一級上將何應欽，代表中國戰區最高統帥蔣委員長，已於中華民國三十四年九月九日上午九時，在中華民國首都接受駐中

日軍最高指揮官岡村寧次之投降，

蔣委員長致岡村

投降之日軍暫留原地聽命

武器物資等不加損壞

須保證嚴守紀律

應繼續供給

倘有遲延或不

图 4-38　《大公报》1945 年 9 月 10 日头版

该版刊发《中国战区日军投降》。（彭援军藏）

图 4-39 美国《生活》杂志 1945 年 9 月 17 日第 19 卷第 12 期封面

图为麦克阿瑟。(王海勇藏)

Japanese Surrender CONTINUED

Shigemitsu signs for Emperor Hirohito after his aide (left) has looked over the papers. There were two copies of the surrender, one in English and one in Japanese, ... 17 by 18 inches. Shigemitsu sat down awkwardly, laid his hat to his right, peeled off a cream-colored glove. He tinkered with the pen a moment, then scrawled his name. ... Japan to accept the Potsdam Declaration, surrender all forces unconditionally, ... prisoners and make all Japanese officialdom including the emperor subservient to MacArthur.

Umezu signs for the Japanese imperial staff while Admiral Halsey (third from left in line of officers at left) cranes his neck to watch critically. Unlike all others, Umezu signed standing up. As he did, a Japanese colonel in the enemy delegation wiped tears from his eyes. General Spaatz (eighth from left) revealed afterward that U. S. planes were ready with ... bombs to foil any last-minute treachery on the part of Jap diehards, ...

30

图 4-40　美国《生活》杂志 1945 年 9 月 17 日第 19 卷第 12 期

图为日本投降签字现场。（王海勇藏）